Bürgergesellschaft und Demokratie
Band 46

Herausgegeben von
A. Klein, Berlin, Deutschland
R. Kleinfeld, Osnabrück, Deutschland
H. Krimmer, Berlin, Deutschland
F. Nullmeier, Bremen, Deutschland
B. Rehder, Bochum, Deutschland
S. Teune, Berlin, Deutschland
H. Walk, Berlin, Deutschland
U. Willems, Münster, Deutschland
A. Zimmer, Münster, Deutschland

Die Schriftenreihe wird unterstützt vom Verein „Aktive Bürgerschaft e.V." (Berlin)

Annette E. Zimmer · Ruth Simsa (Hrsg.)

Forschung zu Zivilgesellschaft, NPOs und Engagement

Quo vadis?

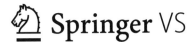

Herausgeber
Annette E. Zimmer
Universität Münster
Deutschland

Ruth Simsa
Wirtschaftsuniversität Wien
Österreich

ISBN 978-3-658-06176-0 ISBN 978-3-658-06177-7 (eBook)
DOI 10.1007/978-3-658-06177-7

Die Deutsche Nationalbibliothek verzeichnet diese Publikation in der Deutschen Nationalbibliografie; detaillierte bibliografische Daten sind im Internet über http://dnb.d-nb.de abrufbar.

Springer VS
© Springer Fachmedien Wiesbaden 2014
Das Werk einschließlich aller seiner Teile ist urheberrechtlich geschützt. Jede Verwertung, die nicht ausdrücklich vom Urheberrechtsgesetz zugelassen ist, bedarf der vorherigen Zustimmung des Verlags. Das gilt insbesondere für Vervielfältigungen, Bearbeitungen, Übersetzungen, Mikroverfilmungen und die Einspeicherung und Verarbeitung in elektronischen Systemen.

Die Wiedergabe von Gebrauchsnamen, Handelsnamen, Warenbezeichnungen usw. in diesem Werk berechtigt auch ohne besondere Kennzeichnung nicht zu der Annahme, dass solche Namen im Sinne der Warenzeichen- und Markenschutz-Gesetzgebung als frei zu betrachten wären und daher von jedermann benutzt werden dürften.

Gedruckt auf säurefreiem und chlorfrei gebleichtem Papier

Springer VS ist eine Marke von Springer DE. Springer DE ist Teil der Fachverlagsgruppe Springer Science+Business Media.
www.springer-vs.de

Inhalt

Helmut Anheier
Vorwort 9

Ruth Simsa/Annette Zimmer
1 Quo vadis? 11

Teil I: Wirtschaft, Staat, Gesellschaft, im Wandel – Herausforderungen für Engagement und zivilgesellschaftliche Organisationen

Birgit Weitemeyer
2 Eine neue Gemeinnützigkeit? Organisations- und Rechtsformen von Nonprofit-Organisationen 41

Berit Sandberg
3 Nackte Kaiser retten die Welt – Philanthrokapitalismus 63

Ingo Bode
4 Wohlfahrtsstaatlichkeit und Dritter Sektor im Wandel: Die Fragmentierung eines historischen Zivilisationsprojekts 81

Eckhard Priller
5 Von der Jobmaschine Dritter Sektor zum Billiglohnsektor? 97

Holger Backhaus-Maul/Miriam Hörnlein
6 Vorstellungswelten und Steuerungsversuche – Engagement in der verbandlichen Wohlfahrtspflege 115

Sebastian Braun
7 Engagementforschung im vereins- und verbandsorganisierten Sport –
Themen, Ergebnisse und Herausforderungen 133

Rupert Graf Strachwitz
8 Zivilgesellschaftliche Organisation Kirche? 149

Annette Zimmer
9 Money makes the world go round! Ökonomisierung
und die Folgen für NPOs 163

Ruth Simsa
10 ›Drifting apart‹? Unterschiedliche Handlungslogiken
von formalisierten und nichtformalisierten
zivilgesellschaftlichen Akteuren 181

Heike Walk
11 Veränderungen lokaler Governance 197

Gabriele Wilde
12 Zivilgesellschaftsforschung aus Geschlechterperspektive.
Zur Ambivalenz von Begrenzung und Erweiterung
eines politischen Handlungsraumes 209

Teil II: Auswirkungen auf Engagement, NPOs und ihr Management

Dorothea Greiling
13 Qualität und Transparenz von NPOs: Pflichtübung oder Chance? . . . 231

Ludwig Theuvsen
14 Alle Macht den Stakeholdern? Das Management
von Anspruchsgruppen in zivilgesellschaftlichen Organisationen . . . 245

Christian Schober/Olivia Rauscher
15 Alle Macht der Wirkungsmessung? 261

Reinhard Millner/Peter Vandor
16 Neues Unternehmertum: Social Entrepreneurship
und die Rolle des Umfelds 283

Eva More-Hollerweger
17 Entwicklungen von Freiwilligenarbeit 301

Teil III: Zivilgesellschaftsforschung: The Next Generation

Patrick Droß/Christina Rentzsch
18 Zwischen Heterogenität und großen Erwartungen –
    Schwere Zeiten für Dritte-Sektor-Organisationen in Deutschland? . . . 317

Matthias Freise/Florian Pomper
19 Im Mainstream angekommen und dennoch großes Potential:
    Zivilgesellschafts- und Nonprofit-Forschung in Deutschland
    und Österreich 331

Andrea Kropik
20 Das Maß aller Dinge? – Eine Kontrastierung
    von Nonprofit-Organisationen und Unternehmen
    aus systemtheoretischer Perspektive 343

Žana Simić/Fiona Predović
21 Managerialismus und Hybridisierung von NPOs –
    Veränderungen und Folgen 357

Teil IV: Instrumente und Formate aus Sicht von Praxis und Forschungsförderung

Antje Bischoff/Sandra Hagedorn
22 Stiftungsforschung heute und morgen – eine Einschätzung
    des Bundesverbandes Deutscher Stiftungen 373

Holger Krimmer
23 Der Stifterverband für die Deutsche Wissenschaft.
    Zivilgesellschaftsforschung als Zivilgesellschaftsförderung 385

Christoph Linzbach
24 Die Förderung der Engagementforschung durch das BMFSFJ
    als Grundlage einer zukunftsweisenden Engagementpolitik 399

Stefan Nährlich
25 Es geht nicht nur um Forschung, es sind die Daten ...
Über Möglichkeiten datengestützter Steuerung
von Arbeits- und Förderbereichen 415

Ansgar Klein/Thomas Olk
26 Transsektorale Vernetzung und assoziative Demokratie.
Erfahrungen des Bundesnetzwerks Bürgerschaftliches
Engagement (BBE) 431

Autorinnen und Autoren 449

Vorwort

Helmut Anheier

Was hat das hoch abstrakte Konzept Zivilgesellschaft mit dem Dritten Sektor und Nonprofit-Organisationen zu tun? Die Antwort ist einfach: Gemeinnützige Organisationen, NPOs und NGOs, Vereine, Verbände, Gewerkschaften und Parteien sind die Infrastruktur von Zivilgesellschaft.

Doch die Infrastruktur der Zivilgesellschaft stammt hier weitgehend noch aus dem späten 19. Jahrhundert. Der Dritte Sektor in Deutschland wie in Österreich ist ein institutionelles Arrangement, das auf einem historischen Kompromiss zwischen Staat, gesellschaftlichen Gruppen und der Wirtschaft basiert und im 19. und 20. Jahrhundert sicherlich sinnvoll war, heute aber in weiten Teilen überholt und nicht mehr zeitgemäß ist.

Insofern stellt sich die Frage: Wie sieht die Zukunft der Zivilgesellschaft aus? Der Dritte Sektor und seine Organisationen sind in Deutschland – wie überall – mit massiven Veränderungen konfrontiert. Globalisierung, Individualisierung, das schleichende Auflösen der klassischen sozialen Milieus und das Ende traditioneller Wohlfahrtsstaatlichkeit sind hier die Stichworte.

Wollen NPOs überleben, insbesondere die der freien Wohlfahrt, müssen sie sich auf diese Veränderungen und die unterliegenden Bedingungen einstellen. Dies betrifft Ressourcenbeschaffung und Management ebenso wie Interessenvertretung und Governance. Doch erscheint es auch im Dritten Sektor einfacher, »bei der Stange zu bleiben«, Bestehendes zu bewahren und weiterzumachen wie bisher, als Neues zu wagen, sich auf Unbekanntes einzulassen und hierbei auch Risiken einzugehen.

Die Beiträge dieses Bandes machen deutlich: Der Forschung kommt hierbei eine ganz zentrale Aufgabe zu. Es gilt Wandel zu gestalten. Der Zivilgesellschaft kommt zweifellos für die Weiterentwicklung von Demokratie, sozialer Gerechtigkeit und Chancengleichheit eine ganz zentrale Bedeutung zu. Zivilgesellschaft ist der Unterpfand, der sozialen Wandel nachhaltig absichert, Legitimation und gesellschaftliche Rückendeckung verschafft.

Doch die Zivilgesellschaft selbst befindet sich derzeit in einem massiven Wandlungsprozess von einer schön nach gesellschaftlichen Gruppen geordneten und neo-korporatistischen Veranstaltung hin zu einem offenen, pluralistischen Arrangement unterschiedlicher Akteure, die zum Teil miteinander in Konkurrenz stehen.

Der Band »Quo vadis« setzt daher an der richtigen Stelle an. Er ist keine Bestandsaufnahme, obgleich die Beiträge einen guten Einblick vermitteln, wie es um zivilgesellschaftliche Organisationen derzeit insbesondere in Deutschland und Österreich bestellt ist. »Quo vadis« ist schon gar keine Gebrauchsanweisung, was in den nächsten Jahren zu tun ist. Aber die Beiträge machen deutlich, dass Forschung zu Zivilgesellschaft, NPOs und NGOs heute notwendiger ist als je zuvor, und zwar weil die alten Rezepte, Handlungsanweisungen und Routinen weniger zu taugen scheinen, da sie unserer veränderten individualisierten und globalisierten Welt kaum entsprechen. Die Beiträge zeigen nicht auf, wo die Reise hingeht; doch es wird mehr als deutlich, dass sich zivilgesellschaftliche Organisationen verändern und sich auf die Reise begeben müssen.

Quo vadis? 1

Ruth Simsa/Annette Zimmer

1 Worum es geht!

Wie ist es gegenwärtig um die Zivilgesellschaftsforschung bestellt? Welche Themen, Forschungsbereiche und -felder werden in den kommenden Jahren die Agenda bestimmen? Diese Fragen stehen im Zentrum des Bandes, dessen Ziel nicht darin besteht, einen umfassenden Überblick über den State of the Art zu vermitteln. Der Schwerpunkt liegt hingegen mit Fokus auf den deutschsprachigen Raum auf der Benennung von Trends, der Identifikation von Forschungslücken und der Benennung von Forschungsbedarfen. Diese werden besonders vor dem Hintergrund der Konjunkturen der Zivilgesellschafts-, NPO und Dritte-Sektor-Forschung deutlich. Auf diese wird zunächst eingegangen. Daran schließt sich eine Erläuterung der Begrifflichkeiten und des den Beiträgen dieses Buches zu Grunde liegenden Verständnisses von Zivilgesellschaft, Drittem Sektor und NPOs an. Abschließend werden der Aufbau des Buches vorgestellt und die Beiträge unter besonderer Berücksichtigung der jeweils identifizierten Forschungsbedarfe skizziert.

2 Ein Blick zurück: Konjunkturen der Zivilgesellschafts- und Dritte-Sektor-Forschung

Disziplinär sind die Konzepte »Zivilgesellschaft« und »Dritter/Nonprofit-Sektor« verschiedenen Wissenschaftstraditionen zuzurechnen. »Zivilgesellschaft« kann auf eine lange Tradition zurückblicken, ist in der Politischen Theorie und Philosophie verankert und weist in der empirischen Ausdifferenzierung und Anwendung enge Bezüge zur Politischen Kultur- und Partizipationsforschung auf. Demgegenüber handelt es sich bei dem »Dritten oder Nonprofit-Sektor« um eine vergleichsweise junge Begriffsschöpfung sowie um ein bereichsspezifisches Konzept, das diejenigen Organisationen moderner Gesellschaften in den Blick nimmt, die weder eindeutig dem Markt bzw. der Wirtschaft noch dem Staat und seiner Verwaltung zuzuordnen sind. Der Fokus der Dritte-Sektor-Forschung war daher von Anfang vergleichsweise begrenzt und primär organisationsbezogen. Im Gegensatz hierzu nehmen Arbeiten und Analysen zur »Zivilgesellschaft« häufig gesamtgesellschaftliche Phänomene im Blick, sind eher theoretisch angelegt und in der Regel stärker normativ konnotiert. Empirische Forschung zur Zivilgesellschaft ist weitgehend gleichzusetzen mit Surveyforschung und hat die Analyse des individuellen Verhaltens, der Einstellung und Werte sowie der Intensität und der Formen politischer Partizipation zum Ziel.

Trotz unterschiedlicher Traditionen besteht dennoch ein enger Nexus zwischen den Konzepten Zivilgesellschaft und Nonprofit-Sektor (vgl. Taylor 2010). NPOs sind insofern zivilgesellschaftliche Organisationen, als sie Möglichkeiten der Partizipation, Beteiligung und Selbstorganisation eröffnen. In gewisser Weise bilden sie in Form von Parteien, Vereinen, Verbänden, Gewerkschaften, Initiativen und Projekten die Infrastruktur für belastbares gesellschaftliches und soziales Engagement jenseits kurzfristiger Proteste, Sit-ins und Demonstrationen. Diese zivilgesellschaftliche Qualität von NPOs wird allerdings disziplinär unterschiedlich gewürdigt. Für die Wirtschafts- und Verwaltungswissenschaften spielt sie keine besondere Rolle. Hier wird in Anlehnung an die Institutional Choice Schule insbesondere der *nonprofit constraint* der NPOs als Proprium, Alleinstellungskriterium und Abgrenzung gegenüber Wirtschaftsunternehmen herangezogen. Aus Sicht von Politikwissenschaft und Soziologie wird dagegen entweder unter Bezugnahme auf Tocqueville insbesondere die Mitgliederbasierung der Organisation (Vereine, Verbände) herausgestellt, auf ihre Gemeinschaftsorientierung sowie Intermediarität als Koppelungsinstanz zwischen Individuum und Gesellschaft rekurriert oder aber in Abgrenzung zur staatlichen Hierarchie ihr Potential für Selbstorganisation und damit auf ihre Qualität als Nicht-Regierungsorganisation abgehoben.

Betrachtet man im Rückblick die »Konjunkturen« der NPO-Forschung, so waren diese in hohem Maße kontextabhängig, wobei die zivilgesellschaftliche Qualität von NPOs sehr unterschiedlich gewürdigt wurde. NPOs waren Thema der Forschung:

- im »Wohlfahrtsstaatskapitalismus« der Nachkriegszeit bzw. als Alternative zu Markt und Staat, zum real existierenden Sozialismus und zum Kapitalismus in seiner liberalen Ausprägung,
- als Ausdruck des Wertewandels und der Neuen Sozialen Bewegungen ab Mitte der 1970er Jahre,
- im Kontext der third wave of democratization (vgl. Huntington 1990) insbesondere des ehemaligen Ostblocks ab Ende der 1980er Jahre,

- gegenwärtig unter dem Fokus auf Möglichkeiten der organisationalen Effizienzsteigerung, Wirkungsmessung und Kompensation der Rücknahme (wohlfahrts)staatlicher Politik.

2.1 NPOs im »golden age of democratic capitalism«

Nach 1945 entwickelte sich im »Westen« infolge der Konkurrenz der Systeme ein »demokratischer Kapitalismus« (Kriesi 2013: 612) bzw. ein »Sozialkapitalismus der Nachkriegszeit« (Streeck 2013: 18f.), der die marktwirtschaftliche Ordnung mit Demokratie und sozialer Sicherheit in Einklang brachte. Hinsichtlich des Ausgleichs zwischen Kapital und Arbeit kam NPOs eine wichtige Funktion zu: Unter Garantie ihrer Eigenständigkeit und bei Berücksichtigung ihrer spezifischen Einbettung in unterschiedliche Communities wurden sie in großem Umfang in die Erstellung wohlfahrtsstaatlicher Leistungen eingebunden.

Im »liberalen Wohlfahrtsstaat« der USA ermöglichten NPOs die Bereitstellung von sozialen Leistungen und Diensten jenseits von Big Government. In einem viel beachteten Aufsatz hatte Amitai Etzioni bereits 1973 die besondere Qualität von NPOs für die Erstellung von öffentlichen bzw. sozialstaatlichen Leistungen herausgestellt. In der Folge entwickelte sich die Analyse sowie quantitative Erfassung des »third party government« (Salamon 1987), der engen Kooperation zwischen Staat und NPOs zu einem wichtigen Zweig der international vergleichenden NPO-Forschung. Die besondere Vertrauenswürdigkeit von NPOs wurde von den Wirtschaftswissenschaften mit Blick auf den nonprofit constraint, dem Verbot der Gewinnausschüttung, erklärt. Ihre Einbindung und Verankerung in lokale Gemeinschaften, etwa durch das Engagement von freiwilligen MitarbeiterInnen, trug weiter zu ihrem positiven Image bei. Gleichzeitig galten NPOs als Ausdruck des American civic life (vgl. Skocpol 2003), eines engagierten Eintretens für die Community und für die Demokratie vor Ort als eine Spielart der »nation of joiners«.

In den »konservativen Wohlfahrtsstaaten« und korporatistisch geprägten Ländern Mitteleuropas wurde weniger der nonprofit constraint von NPOs herausgestellt, sondern primär in der Tradition der Verbändeforschung auf ihre Mitgliederbasierung fokussiert. Verbände avancierten zu einer alternativen Ressource des staatlichen Steuerungsrepertoires jenseits hierarchischer Koordination (vgl. Lehmbruch 1996). Die Befriedung des Gegensatzes von Kapital und Arbeit basierte danach auf dem Tauschgeschäft zwischen Staat, Wirtschaftsverbänden und Gewerkschaften. »Private interest government« (Streeck/Schmitter 1985), Regieren durch Verbände rückte in der Folge ins Zentrum steuerungstheoretischer Analysen. In einer weitergehenden demokratietheoretischen Perspektive wurde die Einbindung von Großverbänden als kollektive Gemeinschaften in Politikgestaltung und -umsetzung als Inkorporierung kollektiver Identitäten in das politische System und damit als eine umfassende Form »assoziativer Demokratie« (Warren 2001) charakterisiert (vgl. Streeck 1999, 2006). Die besondere Rolle und Funktion der Wohlfahrtsverbände im deutschen Sozialstaat gilt als Paradebeispiel für die Inkorporierung kollektiver Identitäten bzw. für assoziative Demokratie, während die Tarifautonomie als klassisches Beispiel für private interest government herangezogen wurde und wird.

2.2 NPOs und Neue Soziale Bewegungen

Kritik am Status-quo, an der überbordenden Bürokratie des Staates, an den verkrusteten Strukturen der repräsentativen Parteiendemokratie und an der einseitigen Orientierung auf Wohlfahrtsgewinne und Konsumvergnügen waren zentrale Anliegen und Forderungen der Neuen Sozialen Bewegungen der späten 1970er und 1980er Jahre (vgl. Roth/Rucht 2008). Diese setzten sich bewusst von ihren Vorgängern – wie etwa der ArbeiterInnen- oder der klassischen Frauenbewegung – durch neue Ausdrucksformen und Symbole ab. Die »alten« zivilgesellschaftlichen Organisationen – Gewerkschaften, Wohlfahrtsverbände, etablierte Parteien, lokale Vereine – wurden als Teil des Establishments und als Inkarnation überholter Wertvorstellung sowie traditioneller Lebensentwürfe kritisiert und abgelehnt (vgl. Raschke 1988).

Zumindest in den ersten Jahren gab es kaum Berührungspunkte zwischen den beiden, sich im deutschsprachigen Raum nur allmählich etablierenden Forschungsrichtungen zu Neuen Sozialen Bewegungen und zum Dritten Sektor bzw. zu NPOs. Zugespitzt formuliert bestand ein »tiefer Graben« zwischen der kleinen Community der Neuen Sozialen Bewegungsforschung, die als hipp, innovativ und insbesondere anti-institutionell betrachtet wurde, und der eher verwaltungswissenschaftlich orientierten Dritte-Sektor-Forschung, die als konformistisch und vor allem organisationslastig galt.

Dies ändert sich jedoch grundlegend als die Sozialen Bewegungen real an Mobilisierungskraft und zivilgesellschaftlicher Dynamik einbüßten. Sobald sich die Neue Soziale Bewegungsforschung unter den Leitmotiven Professionalisierung und Institutionalisierung mit der nachlassenden Dynamik der Bewegungen auseinander zu setzen begann, wurden die Parallelen zwischen Bewegungs- und Nonprofit-Forschung deutlich. Im Geleitzug der zunehmenden Akzeptanz des aus dem angelsächsischen Kontext stammenden Ressourcenmobilisierungsansatzes der Bewegungsforschung mit seinem spezifischen Fokus auf organisationsbezogene Themen und Fragestellungen sowie mit Verweis auf den »Bewegungsunternehmer« als Motor bzw. Driver von Bewegungsprozessen wurde die »Nähe« zwischen NPOs und Bewegungsunternehmen offensichtlich (vgl. Rucht 1991). Oder anders ausgedrückt: Auch von der Bewegungsforschung wurde jetzt anerkannt, dass es sich bei Bewegungsunternehmen um NPOs handelt.

In Deutschland entwickelte sich das 1988 gegründete und seither rein ehrenamtlich gemanagte Forschungsjournal Soziale Bewegung zu einer wichtigen Plattform des Austausches zwischen NPO- und Bewegungsforschung (vgl. z. B. 1992, 1996, 2003, 2004, 2005, 2008, 2010). Aus der Landschaft der wissenschaftlichen Zeitschriften ragt das Journal insofern heraus, als es einerseits hochprofessionell gemacht ist, sich aber andererseits in Format, Habitus und Duktus von der Mehrheit der sozialwissenschaftlichen Periodika deutlich unterscheidet. Die Artikel sind dank intensiver redaktioneller Bearbeitung sehr gut lesbar. Es finden sich in den Heften, thematisch nah an den entsprechenden Themen, Cartoons, und mit jeder Ausgabe werden viele Informationen, z. B. zu Tagungen, Publikationen oder zu sog. grauer Literatur, mitgeliefert, die das Journal zu einem zentralen Medium der Kommunikation der Bewegungs- und Zivilgesellschaftsforschung im deutschsprachigen Raum machen.

Neben dem Journal sind als weitere Foren des interdisziplinären Austausches die im zweijährigen Turnus stattfinden Tagungen »NPO-Kolloquien« der deutschsprachigen NPO-ForscherInnen zu nennen, die jeweils alternierend in der Schweiz, in Deutschland und Österreich stattfinden. Ausgerichtet werden die Tagungen zwar von den KollegInnen aus der BWL, doch wie ein Blick auf Titel und Beiträge der Tagungsbände erkennen lässt, sind diese Tagungen ebenfalls als interdisziplinäre Foren angelegt, wenn auch mit einem leichten Bias in Richtung Betriebswirtschaftslehre der NPOs (vgl. u. a. Witt et al. 1999, Schauer et al. 2002). Um das Bild der sich in den späten 1980er und frühen 1990er Jahren mit einem Fokus auf NPOs intensivierenden Zusammenarbeit zwischen den Disziplinen abzurunden, sind an dieser Stelle noch die Zeitschrift für öffentliche und gemeinwirtschaftliche Unternehmen (ZögU/Journal for Public and Nonprofit Services)[1] sowie eine Reihe von Initiativen zu nennen, die das Themenfeld NPOs auch in den wissenschaftlichen Fachgesellschaften verankern. Für die Politikwissenschaft war diesbezüglich der »Arbeitskreis Verbände« richtungsweisend, in dem Verbände und Gewerkschaften erstmals auch als Dienstleister sowie als Bewegungsunternehmen thematisiert wurden und der frühzeitig eine enge Zusammenarbeit mit dem »Arbeitskreis Soziale Bewegungen« der Deutschen Vereinigung für Politikwissenschaft (DVPW) angestrebt hat. Ein Ergebnis dieser Zusammenarbeit war u. a. die Etablierung der Publikationsreihe »Bürgergesellschaft und Demokra-

---

1 http://www.zoegu.nomos.de

tie«[2]. In Österreich wurde der interdisziplinäre Diskurs ab Mitte der 90er-Jahre mit starker Einbindung der NPO-PraktikerInnen und von KollegInnen aus dem deutschsprachigen Raum vom NPO-Institut an der Wirtschaftsuniversität Wien betrieben. Hier wurden regelmäßig NPO-Tage zum Austausch von Wissenschaft und Praxis veranstaltet und ein Überblick über den Forschungsstand im Rahmen des Handbuchs der Nonprofit-Organisation angestrebt (vgl. Simsa et al. 2013, erstmals Badelt 1997).

Trotz der doch beachtlichen Präsenz der NPO-Forschung in den wissenschaftlichen Medien und ihrer Attraktivität gerade für diese Generation von NachwuchswissenschaftlerInnen ist als Resümee festzuhalten, dass weder die Bewegungs- noch die Dritte-Sektor- bzw. NPO-Forschung vom Mainstream der Soziologie und Politikwissenschaft sowie der Betriebswirtschaftslehre umfänglich zur Kenntnis genommen wurde. Eine nachhaltige Integration der Thematik in die wissenschaftlichen Fachgesellschaften sowie insbesondere auch in die zentralen Programme der wissenschaftlichen Förderorganisationen, wie insbesondere der DFG, gelang nicht. Förderung erfolgte und erfolgt durch private Institutionen, in der Regel Stiftungen, sowie Bundesministerien und war bisher auf die Unterstützung von Einzelprojekten beschränkt: Eine Situation, an der sich bis heute nicht viel geändert hat.

2.3 Zivilgesellschaft als treibende Kraft der Third Wave of Democratization

Die größte Aufmerksamkeit erfuhr der Bereich jenseits von Markt und Staat jedoch nicht aufgrund akademischer Fleißarbeit, sondern infolge der massiven politischen Umbrüche in den 1990er Jahren. Unter dem Einfluss der DissidentInnenbewegung des ehemaligen Ostblocks sowie der Demokratisierungsbestrebungen in Lateinamerika erlebte das traditionelle Konzept der »Zivilgesellschaft« eine nachhaltige Renaissance. Zivilgesellschaft als Topos und Label entwickelte sich zum Hoffnungsträger der BürgerInnen- und Demokratiebewegungen in den Ländern des damaligen Ostblocks, der AnhängerInnen der Neuen Sozialen Bewegungen in den »alten« Demokratien des Westens sowie der Befreiungs- und Emanzipationsbewegungen in einigen afrikanischen Ländern, wie etwa in Südafrika (vgl. Klein 2001).

Während Zivilgesellschaft als sozialwissenschaftliches Konzept primär von der Politischen Theorie und Philosophie (vgl. Cohen/Arato 1992) sowie von der So-

---

2 http://www.aktive-buergerschaft.de/buergergesellschaft/analysen/reihe_buergergesellschaft_ und_demokratie, Zugriff 19.03.2014

ziologie (vgl. Habermas 1992, Etzioni 1996, Giddens 1999) wiederaufgegriffen und modernisiert wurde, knüpfte die empirische Forschung zum einen an die Klassiker der Politischen Kulturforschung (vgl. Almond/Verba 1963) sowie an die der Vergleichenden Politikwissenschaft zuzuordnenden Transformationsforschung (vgl. Linz/Stepan 1996) an. »The Third Wave« (1990) als breit rezipiertes Werk Samuel Huntingtons diente als »Brücke« zur Demokratieforschung und gab der Zivilgesellschaftsforschung letztlich auch eine historisch-teleologische Dimension, die Francis Fukuyama mit »The End of History and the Last Man« (1992) ideengeschichtlich untermauerte.

Retroperspektiv betrachtet sind die 1990er und frühen 2000er Jahre sicherlich zu Recht als die große Zeit der Zivilgesellschafts- und NPO-Forschung zu betrachten. »Zivilgesellschaft« als Konzept und sozialwissenschaftlicher Ansatz entwickelte sich zu einer, durchaus unterschiedliche wissenschaftstheoretische Zugänge verbindenden Klammer (vgl. Zimmer/Freise 2008). Unter dem Dach »Zivilgesellschaft« fand eine Vielfalt von Zugängen wie auch methodischen Vorgehensweisen Platz. Zu nennen sind hier u. a. die der Partizipations- und z. T. auch der Wertewandelforschung zuzurechnenden Arbeiten zum Engagement bzw. zur gesellschaftspolitischen Betätigung sowie zur freiwilligen und unentgeltlichen Mitarbeit in NPOs (Priller/Zimmer 1999, Hollerweger/Rameder 2013). Aber auch die Transformationsforschung, die den politischen wie sozialen Wandel von Gesellschaften und Regimen bei ihrem Übergang von Diktatur, Autoritarismus und Sozialismus zu Demokratie und marktwirtschaftlicher Ordnung zum Thema hat, ist hier anzuführen (vgl. Merkel 2010, Zimmer/Priller 2004). Da sich neben Politikwissenschaft und Soziologie auch die Geschichtswissenschaft zunehmend der Zivilgesellschaft als eine der wesentlichen Schubkräfte für die Entwicklung moderner Gesellschaft annahm, war die Zivilgesellschaftsforschung in dieser Zeit zweifellos in den Sozial- und Gesellschaftswissenschaften »breit aufgestellt« (vgl. u. a. Kocka/Mitchell 1993).

In Deutschland und z. T. auch Österreich erhielt die der Survey-Forschung zuzurechnende Richtung der Zivilgesellschaftsforschung Ende der 1990er Jahre beachtlichen Rückenwind aus der Politik. Das durch die UN initiierte Internationale Jahr der Freiwilligen ist hier zu nennen sowie speziell für den deutschen Kontext die Einsetzung der Enquetekommission des Deutschen Bundestages »Zukunft des Bürgerschaftlichen Engagements« (2002). In der Folge entwickelte sich eine Vielfalt von Aktivitäten rund um das breitgefächerte Thema Bürgerschaftliches Engagement. Forschungsarbeiten wurden z. T. initiiert und begleitet durch das Bundesnetzwerk Bürgerschaftliches Engagement (BBE), das ebenfalls in Folge der Enquetekommission mit ministerieller Unterstützung gegründet worden und auch maßgeblich an der Etablierung von »Engagementpolitik« (Olk et al. 2010) als politische Querschnittsaufgabe jenseits von Ressortgrenzen beteiligt war. Praxisorientierte Forschung zum Bürgerschaftlichen Engagement wurde und wird insbesondere durch das Bundesministerium für Familie, Senioren, Frauen und Jugend (BMFSFJ) in Deutschland bzw. durch das Ministerium für Arbeit, Soziales und Konsumentenschutz in Österreich gefördert (vgl. Hollerweger/Rameder 2013). Für den europäischen Kontext gewannen ab den späten 1990er Jahren die Forschungsrahmenprogramme der Europäischen Union zunehmend an Bedeutung. Während die nationale Forschung primär das individuelle Engagement in den Blick nahm und u. a. den Freiwilligensurvey als repräsentative empirische Untersuchung des Bürgerschaftlichen Engagements in Deutschland und den Freiwilligenbericht in Österreich etablierte, war die Europäische Forschungsförderung unter dem Leitmotiv von Governance von Anfang an stärker an NPOs interessiert und zwar einerseits an deren Verwendbarkeit als alternativer Steuerungsressource bei politischen Gestaltungsprozessen sowie andererseits an den Kapazitäten und Kompetenzen der Organisationen als bürgernahe und ggf. auch kostengünstige Dienstleister (vgl. u. a. Kendall 2009, Malohney/van Deth 2008). In grosso modo ist die durch die EU geförderte Zivilgesellschaftsforschung stärker NPO- bzw. organisationsbezogen als die primär auf bürgerschaftliches Engagement fokussierte zivilgesellschaftliche Auftragsforschung der Bundesministerien.

Schubkraft erhielt die Zivilgesellschaftsforschung aber nicht nur aus der Politik. Als sehr einflussreich sollte sich der Band von Robert D. Putnam »Making Democracy Work. Civic Traditions in Modern Italy« (1993) erweisen. Die deutlich bessere Performanz in wirtschaftlicher und politischer Hinsicht der norditalienischen Regionen im Vergleich zum Süden wurde von ihm nicht mit Hinweis auf ökonomische Strukturdaten, sondern unter Verweis auf das im Norden in größerem Umfang vorhandene »Sozialkapital« erklärt. Gemäß Putnam ist wirtschaftliche Stärke einer Region sowie »Good government [...] a by-product of singing groups and soccer clubs« (Putnam 1993: 176). Die sich daran anschließende Diskussion und Forschungen zu Sozialkapital gehören zweifellos unter die Klammer der Zivilgesellschaftsforschung. Allerdings – und dies sollte für die weitere Entwicklung folgenreich sein – wurde die wissenschaftliche Analyse der positiven Konnotation bzw. der Vermutung, dass individuelles Engagement sowie das Vorhandensein und die Vielfalt von NPOs in ihrem Zusammenspiel zu positiven Effekten sowohl für den/die einzelne/n BürgerIn als auch für die Gesellschaft führt, eben nicht mehr unter dem Leitmotiv Zivilgesellschaft geführt. Wurde zunächst noch auf die »civic traditions« abgehoben, so ging es in der Folge primär um das »Kapital«, das investiert im Sozialbereich der Nahkontakte und des reziproken Austausches der BürgerInnen miteinander zu messbaren gesamtgesellschaftlichen Returns on Investment führt. Vermutlich so nicht intendiert, wurde mit dem Hype um »Sozialkapital« der zunehmenden »Ökonomisierung« der Zivilgesellschafts- und NPO-Forschung der Weg bereitet. Allerdings ist dies nach wie vor und zum Glück nicht die einzige Facette, mit der die Betrachtung und Analyse des Bereichs jenseits von Staat und Markt erfolgt.

2.4 Und heute? Zivilgesellschaftsforschung aktuell

Auch in den aktuellen Diskussionen zu Post-Demokratie und zur Persistenz des Neo-Liberalismus wird auf Zivilgesellschaft und ihre Organisationen Bezug genommen (vgl. Crouch 2011, 2008). Entsprechendes gilt für die Debatten über neue Formen der Gemeinschaftsbildung sowie der gemeinnützigen Organisationen, die durch die digitale Revolution initiiert wurden und sich mit der Relevanz des Internets, von Facebook, Twitter und anderen »sozialen Netzwerken« für gesellschaftlichen Wandel und eben auch Zivilgesellschaft beschäftigen (vgl. Voss 2014). Thema zivilgesellschaftlicher Forschung ist zweifelsfrei auch die neue Protestkultur der sog. WutbürgerInnen (vgl. Leggewie 2011, Walter 2013, Kaldor/Selchow 2013). Aber auch die neuen Formen von Protest und Resilienz gegenüber dem Status-quo, wie sie in den Ländern des ehemaligen Ostblocks sowie in Lateinamerika zunehmend auftreten, sind selbstverständlich aktuell wichtige Themen zivilgesellschaftlicher Forschung. Es ist nicht nur den Ressourcen der HerausgeberInnen geschuldet, dass dieser Band keinen Anspruch auf eine umfassende Perspektive auf den State of the Art der Forschung zu Zivilgesellschaft, Partizipation und Nonpropfit-Organisationen bieten kann. Dazu ist das Feld zu heterogen und facettenreich. Die Auswahl der Beiträge ist daher in gewisser Weise selektiv und erhebt keinen Anspruch auf Vollständigkeit. Zudem liegt der Fokus primär auf dem deutschsprachigen Raum. Trotz dieser Einschränkung wird eine zunehmende Zweiteilung oder besser ein zweigeteilter Fokus auf Zivilgesellschaft und NPOs deutlich: Management- und Gesellschaftsorientierung klaffen weiterhin und zunehmend auseinander. Zum einen gestaltet sich die verwaltungs- und betriebswirtschaftliche Perspektive auf NPOs zunehmend unternehmenskonformer. Ja – dieser Zweig der NPO-Forschung droht im Mainstream von Business Administration bzw. Betriebswirtschaftslehre aufzugehen. Die im Zuge der Ökonomisierung beobachtbare Orientierung vieler NPOs an Werten und Logiken der Wirtschaft ist auch in der NPO-Forschung beobachtbar (vgl. Meyer/Simsa 2013). AutorInnen dieses Bandes arbeiten die Problematik dieses Trends dezidiert heraus und zeigen Forschungswege auf, die zum Überleben der NPOs als zivilgesellschaftliche Organisationen beitragen können. Zum anderen wird, von wenigen Ausnahmen abgesehen, die organisationsbezogene Forschung zu Zivilgesellschaft, Partizipation und Engagement von der Mehrheit der KollegInnen in der Politikwissenschaft und Soziologie kaum zur Kenntnis genommen. Dies ist bedauerlich, spiegelt aber die Realität des wissenschaftlichen Betriebs wieder, der zunehmend strikt disziplinär getaktet ist. Zwar wird insbesondere von den wissenschaftlichen Förderorganisationen Interdisziplinarität groß geschrieben, wenn es jedoch um die Auflage von Förderprogrammen, Schwerpunktthemen sowie um die Organisation wissenschaftlicher Karrieren geht, so zählt in der Regel vor allem die disziplinäre Verortung. Leider hat sich Zivilgesellschaftsforschung bislang nicht zu einer »Marke« im Wissenschaftsbetrieb entwickelt, obgleich der Ansatz aufgrund seiner Offenheit, Responsivität und Anschlussfähigkeit gerade als interdisziplinäres Konzept geeignet wäre, um unsere komplexe und vernetzte Welt, die eben nicht schön funktional ausdifferenziert ist, besser zu verstehen und auf dieser Grundlage praktikablere Antworten auf aktuelle Probleme zu geben. Hier bleibt noch viel zu tun. Ein kleiner Schritt in diese Richtung soll der vorliegende Band sein.

3 Begriffe sind nicht »Schall und Rauch«

Heterogenität als Charakteristikum der Zivilgesellschafts- und NPO-Forschung ist im Hinblick auf Anschlussfähigkeit der Diskurse sicherlich von Vorteil. Doch zeichnet sie sich aufgrund der Vielfalt der Ansätze und methodologischen Zugänge immer noch durch »babylonische Sprachverwirrung« aus. Für die Forschung entsteht hieraus eine, um es vorsichtig zu formulieren, Herausforderung: Selbst nach Jahrzehnten des Bemühens um eine einheitliche Begrifflichkeit steht zu Beginn jeder Diskussion und Forschung über Zivilgesellschaft und ihre Organisationen eine Begriffsdiskussion. Nicht nur der negativ-abgrenzende Charakter des NPO-Begriffs führt immer wieder zu Diskussionsbedarf, sondern auch die unterschiedlichen Facetten und Bezeichnungen zivilgesellschaftlicher Organisationen, wie etwa Sozialökonomie, Social Entrepreneurship oder Freiwilligenorganisationen, die in ihrer Verwendung u. a. abhängig sind von der jeweiligen Disziplin, nationalen Gepflogenheiten der ForscherInnen wie auch gegenwärtigen Moden. Neben diesen verschiedenen Organisationen bzw. Organisationsbezeichnungen gibt es noch ein breites Spektrum zivilgesellschaftlicher Phänomene, die nicht im Rahmen von Organisationen stattfinden, etwa Proteste, blogs sowie vielfältige Formen nichtformalisierten Engagements.

Wir haben für diesen Band keine zwingend zu verwendende Begrifflichkeit vorgeschrieben, können aber folgendes Begriffsverständnis voranstellen: Zentral und auch weitestgehend geklärt ist der NPO-Begriff des »Johns Hopkins Project«. NPOs sind demnach private, nicht-gewinnorientierte, formale Organisationen mit einem Mindestmaß an Freiwilligkeit (vgl. Salamon/Anheier 1992). Es gibt eine Reihe an Untersuchungen und Publikationen, die sich an diesem Begriff orientieren. Verwandt damit, aber nicht immer überschneidungsfrei verwendet, sind Begriffe wie Voluntary Organization, NGO oder Sozialorganisation. In aller Regel werden NPOs als Teil der Zivilgesellschaft verstanden.

Die Zivilgesellschaft ist schwer eindeutig zu definieren. Dies führt Keane auf die intensive Verwendung des Begriffs zurück: »There are even signs that the meanings of the term ›civil society‹ are multiplying to the point where, like a catchy advertising slogan, it risks imploding through overuse.« (Keane 1998: 36). Zivilgesellschaft meint unserem Verständnis nach eine Sphäre zwischen Staat, Wirtschaft und Privatem, in der BürgerInnen ihre Anliegen selbst vertreten und zu gestalten versuchen (vgl. Edwards 2009), meist verbunden mit Ideen von Partizipation, Demokratie und sozialer Gerechtigkeit (vgl. Pollack 2004, Zimmer/Priller 2007).

Die Trennlinie zwischen Zivilgesellschaft und NPO-Sektor bzw. bürgerschaftlichem Engagement ist oft diffus. »Zivilgesellschaft« und »Dritter Sektor« oder »NPO-Sektor« werden häufig synonym verwendet, sind allerdings keineswegs identisch. Hier soll Zivilgesellschaft verstanden werden als die Summe von AkteurInnen und Handlungen, die ein Mindestmaß an Autonomie von Markt und Staat aufweisen; die auf die Gestaltung politischer Prozesse und/oder sozialer Lebensbedingungen gerichtet sind und im Rahmen kollektiven Handelns stattfinden. Soziale Bewegungen, die an Themen kondensieren und sozialen Wandel durch Protest herbeiführen wollen, konstituieren zweifelsfrei zivilgesellschaftliches Engagement. All jene NPOs, die auch politisch orientiert sind und Advocacy betreiben, also Gesellschaft und Staat mit neuen Themen und dem Wunsch nach Veränderung und bürgerschaftlicher Mitgestaltung konfrontieren, sind selbstverständlich Teil von Zivilgesellschaft. Bürgerschaftliches Engagement wie auch Freiwilligenarbeit bzw. Volunteering sind ebenfalls Aktivitäten mit zivilgesellschaftlichen Bezügen, unabhängig davon, ob sie im Rahmen von NPOs oder nichtformalisiert stattfindet.

Die AutorInnen assoziieren und definieren den von ihnen gewählten Fokus auf Zivilgesellschaft, Partizipation und NPOs jeweils unterschiedlich, und explizieren die verwendeten Begriffe. Im Zentrum steht die Frage nach der Weiterentwicklung der Zivilgesellschaftsforschung als gemeinsame Klammer eines interdisziplinären Spektrums von methodologischen Zugängen, Fragestellungen und Themen, die das Interesse an gesellschaftlichem Wandel, Demokratie und sozialer Gerechtigkeit, auch im Hinblick auf die Verfügbarkeit sozialer Dienstleistungen eint. Dies geschieht aus unterschiedlichen Perspektiven, so dass in »Quo vadis« WissenschafterInnen verschiedener Disziplinen sowie neben etablierten ForscherInnen auch junge KollegInnen zu Wort kommen und zudem die Sicht von Förderorganisationen Berücksichtigung findet.

4 Zum Aufbau dieses Buches

4.1 Wirtschaft, Staat, Gesellschaft, im Wandel

Im Teil I geht es unter dem Titel »Wirtschaft, Staat, Gesellschaft, im Wandel – Herausforderungen für Engagement und zivilgesellschaftliche Organisationen« um gegenwärtige Entwicklungen und Trends. Aufbauend auf einer Bestandsaufnahme sowie kritischen Reflektion des Status-quo in ausgewählten Wissenschaftsdisziplinen, wie der Rechtswissenschaft oder der Wohlfahrtsstaatsforschung, werden Forschungslücken aufgezeigt, weitergehende Fragestellung entwickelt und z. T. konkrete Vorschläge für Forschungsprojekte gemacht.

Im ersten Beitrag geht es um rechtliche Rahmenbedingungen von Zivilgesellschaft. Unter dem Titel »Eine neue Gemeinnützigkeit? Organisations- und Rechtsformen von Nonprofit-Organisationen« zeigt *Birgit Weitemeyer*, mit Fokus auf Deutschland, dass NPOs heute wesentlich marktnäher operieren und sich zunehmend aus der Wirtschaft entlehnter Operations- und Handlungsmodi bedienen. Allerdings sind die rechtlichen Rahmenbedingungen bisher wenig geeignet, wirtschaftliche Aktivitäten von NPOs zu unterstützen oder gar zu fördern. Hierin unterscheidet sich die deutsche Rechtslage maßgeblich von der Situation in anderen Ländern, wie etwa GB, den USA oder auch Italien. Die Defizite der deutschen Rechtssituation werden aufgezeigt, mögliche Reformen aufgeführt und schließlich rechtsvergleichend ein Blick über den Tellerrand gewagt und Beispiele aus anderen Ländern angeführt. Als besonders defizitär wird die Rechtssituation in Deutschland für Soziales Unternehmertum und Soziale Investitionen diagnostiziert. Es zeigen sich auch deutliche Forschungslücken, u. a. ein stärker rechtsvergleichender Blick auf Beispiele von Best Practices zur Adaption an veränderte Umweltbedingungen.

Philanthrokapitalismus, das Modewort des Jahres 2008, steht im Mittelpunkt von *Berit Sandbergs* Beitrag »Nackte Kaiser retten die Welt«. Gemeint ist die Anwendung von Wirtschaftsinstrumenten und Marktlogiken v. a. durch reiche Stifterpersönlichkeiten mit Unternehmerhintergrund auf soziales Engagement. Sandberg charakterisiert das unter diesem ideologischen Dach entstandene globale Modell institutionalisierter Förderung. Hier gibt es viele offene Fragen, etwa, wie weit Handlungslogiken des Marktes und des Dritten Sektors vereinbar sind oder wie weit gerade jene Mechanismen, die extrem hohe individuelle Einkommen ermöglichen, geeignet sind, die Folgen sozialer Ungleichheit auszugleichen. Mit zum Teil großen investierten Summen haben Stiftungen hohe politische Bedeutung ohne demokratisch kontrolliert und legitimiert zu sein, kritisiert wird zudem, dass die dem Philanthrokapitalismus zugeschriebene Handlungslogik eher auf die Linderung von Symptomen als auf die Beseitigung von Ursachen abzielt. Dass das Thema bislang wenig erforscht ist, ändert nichts an seiner Popularität, die ihrerseits wiederum Folgen für die Forschung hat, da Forschungsprogramme den Stiftungsinteressen angepasst werden und Stiftungen Forschungsprogramme zunehmend eher an Think Tanks delegieren anstatt Universitäten einzubinden.

Im Beitrag »Wohlfahrtsstaatlichkeit und Dritter Sektor im Wandel: Die Fragmentierung eines historischen Zivilisationsprojekts« beschreibt *Ingo Bode* die drastischen Veränderungen der Beziehungen zwischen Staat und Drittem Sektor bei der Erstellung sozialer Dienstleistungen. Die enge Partnerschaft mit NPOs ist für ihn Ausdruck eines historischen Zivilisationsprojektes. Der Wohlfahrtsstaat wurde in Deutschland nicht als top-down Veranstaltung organisiert, sondern sozusagen mit »Bodenhaftung«. Doch die demokratische Basis wird infolge eines Paradigmenwechsels wohlfahrtsstaatlicher Politik zunehmend zugunsten von Leistung und Wettbewerb aufgegeben. Die Zusammenarbeit zwischen Verbänden und Staat steht auf dem Prüfstand und das Projekt einer auf Assoziationen und bürgerschaftlichem Engagement basierenden Wohlfahrtsstaatlichkeit wird zunehmend in Frage gestellt.

Auch der Beitrag von *Eckhard Priller*, »Schöne neue Arbeitswelt?« geht indirekt auf die veränderte Zusammenarbeit zwischen Staat und NPOs ein, indem er den Blick auf die Entwicklung von Beschäftigung und Arbeitsbedingungen in Organisationen des Dritten Sektors lenkt. Infolge veränderter staatlicher (Wohlfahrts-)politiken haben diese viele ihrer privilegierten Positionen verloren. Der Staat arbeitet heute gleichermaßen mit profit- und nichtgewinnorientierten Anbietern unter Konkurrenzbedingungen zusammen. Dies hat erhebliche Auswirkungen auf Beschäftigungsverhältnisse in NPOs, sie sind kompetitiver, instabiler und zeitlich überwiegend befristet geworden. Das Lohnniveau ist hier traditionell gering, die Frauenbeschäftigung besonders hoch. Noch, so die Befunde empirischer Studien, wird eine Beschäftigung bei einer NPO aufgrund normativ-ideeller Motive einer Anstellung bei einem kommerziellen Unternehmen vorgezogen. Es bestehen aber Risiken massiven Attraktivitätsverlusts und möglicherweise sogar der Entwicklung hin zu einem dezidierten Billiglohnsektor speziell für Frauen mit entsprechend geringer Arbeitsqualität. Da der Sektor den beschäftigungsintensivsten Bereich der privaten Wirtschaft darstellt und in den letzten Jahrzehnten die größten Wachstumsraten der Beschäftigung verzeichnen konnte, wäre verstärkte Forschung zu diesen Themen sinnvoll.

Wie sich Arbeiten in NPOs verändert und welchen Herausforderungen sich insofern die Wohlfahrtsverbände als größte ArbeitgeberInnen des Dritten Sektors in Deutschland gegenüber sehen, wird von *Holger Backhaus-Maul und Miriam Hörnlein* in ihrem Beitrag »Vorstellungswelten und Steuerungsversuche – Engagement in der verbandlichen Wohlfahrtspflege« thematisiert. Bei NPOs handelt es sich in einer besonderen Weise um »offene Organisationen«. Engagement, die Mitarbeit von Freiwilligen, gehört bei ihnen einfach dazu. Infolge von massiven Veränderungen des Kontextes wird es zunehmend schwierig, freiwillige MitarbeiterInnen passgenau in die Routinen des Arbeitsablaufs einzubinden. Dies gilt in besonderem Maße für die Einrichtungen der Wohlfahrtsverbände, die sich infolge einer veränderten Sozialpolitik längst zu effizient gemanagten NPOs des Sozial- und Gesundheitsmarktes verändert haben, die in starker Konkurrenz mit anderen Einrichtungen stehen. In dem Beitrag wird auf Grundlage der Ergebnisse einer umfangreichen empirischen Untersuchung der Frage nachgegangen, wie der Paritätische Wohlfahrtsverband sowie seine angeschlossenen Mitgliederorganisationen freiwilliges Engagement binden und Freiwillige in die organisationalen Abläufe und betriebswirtschaftlichen Alltagsroutinen einbinden können. Freiwilligenmanagement alleine scheint dafür nicht ausreichend, so dass in diesem Feld beachtliche Forschungsbedarfe deutlich werden.

Der Beitrag von *Sebastian Braun* lenkt den Blick auf die »wichtigste Nebensache der Welt«: den Sport. Ergebnisse der Freiwilligensurveys zeigen, dass im vereinsorganisierten Sport die Mehrheit des bürgerschaftlichen Engagements in Deutschland gebunden ist. Doch die Attraktivität des vereinsorganisierten Sports sinkt. Andere, niedrigschwelliger organisierte und eher lebensstilbezogene Formen der Vergemeinschaftung, wie etwa Skaten oder Streetball, finden bei Jüngeren hohes Interesse, Vereine werden hierzu als infrastruktureller Unterbau nicht mehr benötigt. Damit stellt sich die Frage nach der Legitimität sowie der Funktion der Sportverbände als traditionelle Partner des Staates in einem zunehmend wichtigeren Politikbereich. Forschungslücken und -bedarfe diagnostiziert der Beitrag sowohl im Bereich der Vereins- wie auch der sportsoziologischen Verbandsforschung. Hat der Sportverein angesichts der Fülle der über Märkte vermittelten Lifestyle-Sportangebote längst ausgedient? Hätten sich Sportverbände nicht schon längst umstellen und Engagementpolitik als Verbundlösung und Querschnittsaufgabe in ihr neues Portfolio integrieren müssen?

Rupert Graf Strachwitz stellt in seinem Beitrag die Frage, in wie weit die Kirche als zivilgesellschaftliche Organisation gelten kann. Obwohl Studien zum bürgerschaftlichen Engagement und zur Religiosität der Menschen immer wieder einen engen Zusammenhang zwischen diesen beiden dokumentieren, konstatiert er ein eher geringes Forschungsinteresse der Zivilgesellschaftsforschung an dem Thema. Zunächst muss bei der Frage des Verhältnisses von Kirchen und Zivilgesellschaft zwischen Religion und Kirche unterschieden und Kirchen als »normale« soziale Konstrukte betrachtet werden. Es stellt sich die Frage, wie weit Kirchen aufgrund staatlicher Privilegierung und der teilweisen Übernahme von sozialstaatlichen Aufgaben dem öffentlichen Sektor zugehören. Auch inhaltlich gibt es Zuordnungsschwierigkeiten: Einerseits sieht sich die Kirche als gebundene Organisation und nicht als freie Assoziation mit ständigem freien Willensbildungsprozess, andererseits deuten Befunde darauf hin, dass ihr soziales Handeln wirksamer ist, wenn sich Kirchen statt Bezugnahme auf staatliche Macht als Teil der Zivilgesellschaft verstehen. Der Beitrag verweist auf viele offene Fragen in dem Zusammenhang und appelliert an die Zivilgesellschaftsforschung, die Organisation Kirche stärker in den Blick zu nehmen.

Annette Zimmer geht in ihrem Beitrag »Money makes the world go round?« auf »Ökonomisierung« als gesamtgesellschaftlichen Trend ein. Haben NPOs unter den Bedingungen einer zunehmenden Ökonomisierung aller Lebensbereiche überhaupt noch eine Chance, ihre Strukturbesonderheiten zu bewahren und bieten sie gegenüber Staat sowie insbesondere gegenüber dem Markt noch eine Alternative? Zunächst wird die Bedeutung von Ökonomisierung in marktwirtschaftlichen Ordnungen bzw. kapitalistischen Systemen aus Sicht der Wirtschaftssoziologie behandelt. Daran anschließend wird das Besondere bzw. das Proprium der Zivilgesellschaft und ihrer Organisationen thematisiert. Auch wenn es sich bei NPOs um hybride Organisationen handelt, so ist zu befürchten, dass ihnen ihre zunehmende Angleichung an die Wirtschaft perspektivisch die Legitimation entziehen könnte. Forschungsbedarfe werden hinsichtlich der Analyse der Folgen von Ökonomisierung auf NPOs und ihre MitarbeiterInnen gesehen. Als bisher kaum untersucht wird ferner der sog. Business-Talk herausgestellt, der zunehmend die Diskurse im NPO-Bereich prägt sowie inzwischen auch Einfluss auf den Zuschnitt der Förderprogramme von Stiftungen und anderen Unterstützern der Zivilgesellschaftsforschung gewonnen hat.

Im Beitrag von *Ruth Simsa* wird unter dem Schlagwort »Drifting apart?« die These vertreten, dass sich gegenwärtig das Zusammenspiel von nicht-institutionalisierter Partizipation und den Institutionen der Zivilgesellschaft neu gestaltet. Befunde der internationalen Zivilgesellschaftsforschung zeigen nicht nur eine Zunahme von Protest und zivilgesellschaftlichem Engagement. Sie deuten auch darauf hin, dass neue Formen des Protests häufig in Distanz zu etablierten Formen politischer Repräsentation und damit auch zu traditionellen Organisationen der Zivilgesellschaft, den NPOs, gehen: Dimensionen des Prozesses werden betont, Struktur und Organisation dagegen eher abgelehnt. NPOs wiederum antworten auf den zunehmend auf sie ausgeübten wirtschaftlichen Druck mit ökonomischer Professionalisierung, Effizienzsteigerung, Wirkungsnachweisen und ähnlichen Bemühungen, die allesamt eine zunehmende Angleichung an Wirtschaftsorganisationen und möglicherweise geringere Anschlussfähigkeit an Soziale Bewegungen und andere nichtformalisierten Aktivitäten zur Folge haben. Die in der Literatur konstatierte wachsende Kluft zwischen traditionellen Institutionen der Zivilgesellschaft und den AktivistInnen der neueren Bewegungen zeigt sich in einer qualitativen Erhebungen der Autorin allerdings nicht.

Im nächsten Beitrag diskutiert *Heike Walk* Veränderungen lokaler Governance, also veränderter Steuerungs- und Partizipationsbedingungen mit dem Ziel eines stärkeren Einbezugs der Bevölkerung durch neue Formen direkter Demokratie. Dass dies gegenwärtig in Zusammenhang mit sinkenden öffentlichen Budgets diskutiert wird, führt zu der Gefahr, die Kooperation mit der Zivilgesellschaft als Mittel der Kompensation sinkender öffentlicher Gelder und sinkender Qualität staatlicher Leistungen zu funktionalisieren. Weitere potenzielle Gefahren liegen in demokratietheoretischen Dilemmata in Bezug auf Transparenz, Repräsentations- und Kontrollfragen. Die Wirkungen von Governancesystemen müssten daher mit Ansätzen der Partizipationsforschung analysiert werden. Ziel des Beitrages ist v. a. die Einschätzung von Wirkungen in Bezug auf (Ent)Demokratisierung. Als theoretische bzw. normative Orientierungshilfe wird auch das Konzept der partizipativen Governance vorgestellt, das stärker auf Repräsentation, Transparenz und Legitimität abzielt und nicht nur NGOs, sondern auch zivilgesellschaftliche und private Gruppen einbezieht und Fragen der Mitgestaltung vor jene der Effektivität stellt.

Gabriele Wilde verweist in ihrem Beitrag »Zivilgesellschaftsforschung aus Geschlechterperspektive – Zur Ambivalenz von Begrenzung und Erweiterung eines politischen Handlungsraumes« auf den »blinden Fleck« der Forschung. Generell wird mit Zivilgesellschaft ein positives Projekt verbunden, das mehr Demokratie und soziale Gerechtigkeit zum Ziel hat. Aus Perspektive der Genderforschung wird dies jedoch radikal in Frage gestellt. Danach kann Zivilgesellschaft auch ganz anders! Ungerechtigkeiten werden perpetuiert, bestehende Machtstrukturen verfestigt, Diskriminierung und Ausgrenzung als Teil des Status-quo auf Dauer gestellt. Aus der Genderperspektive sind die gemeinhin positiv konnotierten Wirkungen von Zivilgesellschaft einer differenzierten und kritischen Analyse zu unterziehen, um auch die mittels Zivilgesellschaft auf Dauer gestellten Ungleichheitsverhältnisse und Machtstrukturen in den Blick zu bekommen.

4.2 Management im Fokus

In Teil II geht es um Auswirkungen der Entwicklungen auf NPOs, um die gegenwärtige Situation dieser Organisationen und um Fragen des Managements.

Dorothea Greiling konstatiert in ihrem Beitrag »Qualität und Transparenz von NPOs: Pflichtübung oder Chance?« zunehmende Qualitäts- und Transparenzanforderungen als Basis für Legitimität von NPOs. Heutige Qualitätsdiskurse zielen stark auf die Eigenschaften von Organisationen ab, was in einer Fülle von Akkreditierungs- und Zertifizierungsanforderungen mündet, einem betriebswirtschaftlichen Qualitätsverständnis den Vorzug vor einem professionsbezogenen gibt und letztlich auf sehr vereinfachten Kausalkettenvermutungen basiert. Transparenzanforderungen wiederum zielen nicht nur auf die Nachfrager von Leistungen der NPO ab, sondern auch auf ein systemkonformes Verhalten gegenüber allen für die Ressourcensicherung notwendigen StakeholderInnen. Ein Hintergrund dafür liegt im Verlust des Glaubwürdigkeitsbonus von NPOs aufgrund von zugeschriebenen Ineffizienzen, Missbrauchserwartungen sowie der in der zunehmenden Forderung nach Wirkungsnachweisen mündenden misstrauensbasierten Logik des New Public Management. In der Entwicklung liegen Chancen, wie etwa der stärkere Stakeholder-Fokus und die Dokumentation der Leistungsfähigkeit des Sektors, gleichzeitig aber auch massive Belastungen der Organisationen durch »audit explosion«, bürokratische Anforderungen diverser Berichtspflichten und einem insgesamt steigenden, mit inhaltlichen Zielen nur bedingt in Zusammenhang stehenden organisationalen Aufwand.

Ludwig Theuvsen behandelt unter der Frage »Alle Macht den Stakeholdern?« aus betriebswirtschaftlicher Sicht das Management von Anspruchsgruppen in NPOs. Dieses umfasst Identifizierung und Beschreibung von StakeholderInnen, Bewertung der StakeholderInnen sowie Maßnahmen des StakeholderInnen-Managements. Die Bewertung von StakeholderInnen kann u. a. nach Bedrohungs- oder Kooperationspotenzial erfolgen oder, typologisiert nach den Dimensionen Macht, Dringlichkeit und Legitimität, Orientierung für eine Priorisierung der StakeholderInnen geben. Insgesamt ortet der Autor Defizite der Berücksichtigung der Spezifika zivilgesellschaftlicher Organisationen. Er fordert zusätzliche empirische Studien, eine Intensivierung der Suche nach geeigneten Maßnahmen zur Bewertung des Stakeholder-Managements und der Wirkungsforschung insgesamt.

Christian Schober und Olivia Rauscher konstatieren im Beitrag »Alle Macht der Wirkungsmessung?«, dass das Thema Social Impact und Wirkungsmessung boomt. Die Gründe hierfür sehen sie u. a. in der zunehmenden Vergabe öffentlicher Gelder auf Basis von Wirkungsorientierung sowie auch in der (davon nicht ganz unabhängigen) Verbetriebswirtschaftlichung der NPOs selbst. Auch auf Seiten privater Financiers wird Altruismus zunehmend durch eine Investorenlogik und entsprechende Renditeerwartungen verdrängt. In dem Beitrag werden verschiedene Methoden der Wirkungsmessung und deren Anwendung auf unterschiedliche Organisationen vorgestellt. Außerdem werden offene Fragen im Zusammenhang von Wirkungsmessung diskutiert. Die AutorInnen plädieren v. a. für eine stärkere theoretische Fundierung der dominierenden praxisorientierten Methodendiskussion.

Reinhard Millner und Peter Vandor beschäftigen sich unter dem Titel »Neues Unternehmertum: Social Entrepreneurship und die Rolle des Umfelds« ebenfalls mit einem sehr »zeitgeistigen« Thema. Trotz einer gewissen Ernüchterung bezüglich der Größe, Relevanz und der gesellschaftlichen Bedeutung dieser neuen Unternehmer, die soziale Anliegen mit wirtschaftlichen Methoden und unter Aufgabe des Gewinnausschüttungsverbots erfüllen wollen, ist das Thema unter Stiftern, in der Forschungs- und Förderungslandschaft und auch im Dritten Sektor derzeit hoch aktuell. Der Beitrag diskutiert unterschiedliche Typen von Social Entrepreneurship und geht v. a. auf die Rolle unterstützender Umfeldbedingungen und Finanzierungsformen ein. Wie die Wirkungsmessung ist auch dieses Thema derzeit eher praxisgetrieben und vermehrte Theoriearbeit und Forschung daher empfehlenswert.

Eva More-Hollerweger diskutiert »Entwicklungen von Freiwilligenarbeit« und deren Anforderungen an das Management. Die gezielte Auswahl von Freiwilligen und die Optimierung ihres Einsatzes in den Organisationen des Dritten Sektors haben sich in den letzten Jahren zu einem wichtigen Thema des Managements von NPOs entwickelt. Die Autorin gibt einen Überblick über die Entwicklung des Bereichs, geht auf den Strukturwandel des Engagements und damit auf die Volatilität, Kurzfristigkeit und Projektbezogenheit des freiwilligen Engagements ein und identifiziert zentrale Forschungslücken. Es bleibt noch viel zu tun, so das Resümee des Beitrags. Insbesondere der Nexus zwischen Organisationen bzw. verschiedenen NPO-Typen und ihren besonderen Governancestrukturen wie auch spezifischen Bedarfen und diesen entsprechendem Freiwilligenmanagement ist bisher noch kaum in den Blick genommen worden.

4.3 Zivilgesellschaftsforschung: The Next Generation

Wie sieht die Zukunft der Zivilgesellschafts- und Dritte-Sektor-Forschung aus der Perspektive der NachwuchswissenschaftlerInnen aus? Dieses Thema wird in Teil III des Bandes aus unterschiedlichen Perspektiven angegangen.

Matthias Freise (Universität Münster) *und Florian Pomper* (Caritas Wien), die sich während ihrer Dissertationen Anfang 2000 im Rahmen des European PhD-Network Third Sector and Civil Society kennengelernt haben, tauschen ihre Positionen im Hinblick auf die Weiterentwicklung der Zivilgesellschaftsforschung aus. Beide sind einer Meinung: Man geht derzeit – gerade auch im Wissenschaftsbetrieb – vor allem mit der Konjunktur! War Zivilgesellschaft in der Folge des Zusammenbruchs des sogenannten Ostblocks einfach »in«, so ist es heute »ein alter Hut«. Soziale Innovationen, soziales Investment und soziales Entrepreneurship sind dagegen angesagt und werden von Seiten der Stiftungen und der EU forciert. Beide sind äußerst skeptisch, ob der schnelle Themenwechsel und die Orientierung an jeweils herrschenden Moden zum Erfolg führen, geht es doch jenseits herrschender Moden um die Stabilisierung und Weiterentwicklung von Demokratie und Wohlfahrtsstaatlichkeit sowie um eine gerechte, innovative und qualitative soziale Dienstleistungserstellung.

Während Matthias Freise und Florian Pomper dem Kommen und Gehen von Forschungsthemen und Fördergeldern mit der Gelassenheit, die eine vergleichsweise sichere Position im öffentlichen Dienst der Universität oder einer großen NPO garantiert, zusehen können, trifft dies für *Christina Rentzsch* (Münster) *und Patrick Droß* (WZB) nicht in gleicher Weise zu. Sie stehen noch am Anfang ihrer wissenschaftlichen Karriere im Forschungsbereich Zivilgesellschaft und NPOs. Wird sich die »blood and tears« Investition in die Promotionsarbeit à la longue auszahlen? Nein, so die Einschätzung beider: Es gibt schlechte Job-Aussichten. Es ist schon schwierig, ein Stipendium für eine wissenschaftliche Arbeit in diesem Bereich zu bekommen. Die Mittel sind knapp, die Projekte in der Regel sehr kurzfristig terminiert. »Ökonomisierung« – das Thema ihrer Dissertationen – prägt nicht nur NPOs sondern auch ihre eigene Lebenswelt und macht die Zukunft ungewiss. Beide kritisieren die Schnelllebigkeit des Wissenschaftsbetriebs mit dem raschen Wechsel von Themen und Förderschwerpunkten. Hier wird zu sehr auf Eintagsfliegen gesetzt, solide Forschung kann so nicht betrieben werden.

Ökonomisierung als gesellschaftliches Phänomen treibt auch die Nachwuchswissenschaftlerin *Andrea Kropik* um, die an der Wirtschaftsuniversität Wien gerade eine Masterarbeit vorgelegt hat. Bei der Befragung von Führungskräften, die jeweils im Profit- und im Nonprofit-Bereich Erfahrung haben, zeigten sich unterschiedliche Haltungen gegenüber Ökonomisierung. Während die MitarbeiterInnen nach wie vor an einer »klassischen« NPO-Orientierung festhalten und gegenüber dem Einzug von Handlungslogiken und Managementpraktiken aus der Welt der Unternehmen eher skeptisch sind, sehen Führungskräfte oft auch deren Vorteile. Dennoch nehmen auch die Führungskräfte wahr, dass der zunehmende Druck in Richtung Wirtschaftlichkeit und Professionalisierung NPOs tendenziell in Gefahr bringt, ihre Besonderheiten durch die undifferenzierte Übertragung betriebswirtschaftlicher Konzepte und Instrumente zu verlieren Die Autorin sieht diese Besonderheiten in der Intermediarität und systembezogenen Mehrsprachigkeit von NPOs und plädiert für mehr Selbstbewusstsein des Sektors, das sich u. a. auch in der Kommunikation und der Begrifflichkeit ausdrücken sollte.

Zana Simic und Fiona Predovic – ebenfalls Wirtschaftsuniversität Wien – nehmen in ihrem Beitrag »Managerialismus und Hybridisierung von NPOs – Veränderungen und Folgen« Entwicklungen des Managements in den Blick. Für ihre Masterarbeit haben sie Interviews mit ExpertInnen, Führungskräften und zivilgesellschaftlichen AktivistInnen u. a. mit der Frage durchgeführt, welche Folgen die zunehmende Effizienzorientierung im Dritten Sektor hat. Was bedeutet es, wenn NPOs immer mehr »business-like« werden und wenn die Rationalisierung von Arbeitsabläufen wichtiger wird als die Orientierung an ideellen Zielen? Auch hier wird eine zunehmende Ökonomisierung konstatiert: Es kommt auch bei NPOs zunehmend »aufs Geld an«. So wird notgedrungen sukzessive Qualität zugunsten von Effizienzgewinnen zurückgestellt. In ihrer strategischen Orientierung fokussieren Organisationen in erster Linie auf Aktivitäten und Themen, die profitabel sind. Demgegenüber verlieren Interessenvertretung und Gemeinschaftsbildung an Wertschätzung und Bedeutung für das Selbstverständnis der NPOs. Wie weit die Verwendung betriebswirtschaftlicher Techniken, Regeln, Werte und Logiken letztendlich sinnvoll ist, bleibt eine offene Forschungsfrage.

4.4 Instrument und Formate aus der Sicht von Praxis und Forschungsförderung

In den Beiträgen des Teil IV wird darauf eingegangen, wie Forschungsförderung und Mittlerorganisationen auf die veränderten Kontextbedingungen der Zivilgesellschaft und des Engagements reagieren, welche Themen als forschungsrelevant und zielführend und welche Förderformate und -instrumente als zukunftsweisend erachtet werden.

Stiftungen boomen und sehen sich gleichzeitig neuen Anforderungsprofilen gegenüber. Daher, so die Autorinnen *Antje Bischoff und Sandra Hagedorn* in ihrem Beitrag »Stiftungsforschung heute und morgen«, war es eine kluge Entscheidung des Bundesverbandes Deutscher Stiftungen, ein Kompetenzzentrum für Stiftungsforschung zu etablieren. Dieses widmet sich in erster Linie »anwendungsorientierter Forschung«: Es geht um praxisnahe Handreichungen für die Mitgliedseinrichtungen des Verbandes und um die Erhebung von Basisinformationen über das Stiftungswesen. In nächster Zukunft sollen u. a. die Themen »kleine Stiftungen«, Engagement und Nachfolge bei Stiftungen, Wirkungen, Selbstverständnis und gesellschaftliche Funktion von Stiftungen untersucht werden. Zentrale Fragen sind hierbei: Sind Stiftungen heute zunehmend Lückenbüßer und Ressourcenlieferanten in Bereichen, wo dem Staat schon längst das Geld ausgegangen ist? Wie einflussreich sind Stiftungen eigentlich? Sind sie gute Lobbyisten für ihre Themen und gelingt es ihnen, von Politik und Wirtschaft gehört zu werden?

Holger Krimmer geht in seinem Beitrag »Der Stifterverband für die Deutsche Wissenschaft – Zivilgesellschaftsforschung als Zivilgesellschaftsförderung« auf den Verband als traditionsreiche Fördereinrichtung der Wissenschaft in Deutschland ein. Der Stifterverband berät Unternehmen in ihrer Wissenschaftsförderpolitik, betreut eine Vielzahl von unternehmensnahen Stiftungen und führt in seinem An-Institut, dem Deutschen Stiftungszentrum, Forschungen durch, z. B. das Projekt »Zivilgesellschaft in Zahlen«, einer statistischen Erfassung der Infrastruktur der Zivilgesellschaft. Diese soll eine Dauerbeobachtung der NPOs in Deutschland etablieren und wird von einer Reihe namhafter deutscher Stiftungen ermöglicht.

In seinem Beitrag »Die Förderung der Engagementforschung durch das BMFSFJ als Grundlage einer zukunftsweisenden Engagementpolitik« gibt *Christoph Linzbach* einen Überblick über die derzeitigen Förderschwerpunkte des deutschen Bundesministeriums für Familie, Senioren, Frauen und Jugend (BMFSFJ). U. a. werden der im fünfjährigen Turnus durchgeführte »Freiwilligensurvey«, die bundesweite repräsentative Untersuchung zum bürgerschaftlichen Engagement,[3] sowie die »Engagementberichte der Bundesregierung«[4] genannt. Ferner soll sowohl die Infrastruktur des Engagements mittels »Modellprojekten« wie auch die Weiterentwicklung von Engagement durch Begleitforschung gefördert werden, etwa durch Forschungen zur besseren Vernetzung von Infrastruktureinrichtungen der Engagementförderung auf lokaler Ebene (z. B. Freiwilligenagenturen oder Mehrgenerationenhäuser) oder bereichsspezifischen Untersuchungen, etwa zum Engagement im Sport und in der Freien Wohlfahrtspflege. Auch Themen, die gegenwärtig den Mainstream der Forschung prägen, werden aufgegriffen. Zu nennen sind hier zum einen die »Wirkungsmessung« von NPOs sowie das Themenfeld der sozialen Innovation, welche sowohl als Motor der Erneuerung wie auch als zentrale Herausforderung für etablierte NPOs gesehen werden.

Stefan Nährlich, Geschäftsführer der Aktiven Bürgerschaft, einer Initiative der Genossenschaftsorganisationen im Dienst des bürgerschaftlichen Engagements, nimmt sich in seinem Beitrag »Es geht nicht nur um Forschung, es sind die Daten … Über Möglichkeiten datengestützter Steuerung von Arbeits- und Förderbereichen« der Frage an, wie Informationen zu NPOs nachhaltig, aktuell und kostengünstig erhoben und einer breiteren Öffentlichkeit zur Verfügung gestellt werden können. Er zeigt dies exemplarisch an dem von der Aktiven Bürgerschaft vor einigen Jahren erfolgreich implementierten Monitoring der Bürgerstiftungen in Deutschland. Mit etwas Geduld, Kreativität und gutem Willen lässt sich in puncto Datenermittlung ganz gut etwas erreichen, so das Fazit seines Beitrags, der als praxisorientierte Handlungsanleitung zu verstehen ist.

In ihrem Beitrag »Transsektorale Vernetzung und assoziative Demokratie: Erfahrungen des Bundesnetzwerkes Bürgerschaftliches Engagement (BBE)« gehen *Ansgar Klein und Thomas Olk* auf die Genese des Netzwerkes als zivilgesellschaftliches Experiment ein, das sich immer wieder mit Schwierigkeiten und Problemen konfrontiert sieht, aber in der Rückschau seit seiner Konstituierung Mitte der 2000er Jahre zu einem aktiven, streitbaren und keineswegs konfliktfreien Forum des Austausches zwischen AkteurInnen aus Zivilgesellschaft, Markt und Staat ent-

---

3 http://www.dza.de/forschung/fws.html, Zugriff 19. 03. 2014
4 http://www.zweiterengagementbericht.de, Zugriff 19. 03. 2014

wickelt hat. Das Netzwerk wird von den Autoren als Nukleus der Entwicklung assoziativer Formen von Demokratie betrachtet. Aus ihrer Sicht sind die unterschiedlichen Logiken von Staat, Markt und Zivilgesellschaft stärker auszubalancieren und die Synergieeffekte, die sich aus der Zusammenarbeit der drei Sektoren ergeben, im Dienst einer Weiterentwicklung von Demokratie und sozialer Gerechtigkeit besser zu nutzen. Das BBE versteht sich als Lobbyist für eine Zivilgesellschaftsforschung, die Trisektoralität zum Ausgangspunkt ihrer Überlegungen macht.

5 Resümee: Ein Sektor unter Generalverdacht: Wie viel Ökonomisierung verträgt die Zivilgesellschaft?

Zwei Aspekte ziehen sich wie ein roter Faden durch einen Großteil der Beiträge: Zivilgesellschaft ist zum einen zunehmend von Ökonomisierung, von einer sich in unterschiedlichen Facetten ausdrückenden Übernahme der Logiken der Wirtschaft geprägt. Zum anderen scheint es, dass NPOs zunehmend unter Generalverdacht geraten, sich vermehrt legitimieren und beweisen müssen, effizient und wirtschaftlich zu handeln. Beide Aspekte sind thematisch verwandt: Wenn Werte, Handlungsmuster und Strategien der Wirtschaft zur dominierenden, andere Bereiche sukzessive beeinflussenden Orientierung werden, dann werden all jene gesellschaftlichen Bereiche, die nicht direkt dieser Logik folgen zum Erklärungsbedürftigen, zum mit Skepsis betrachtetem »Anderen«. Dies betraf zunächst den öffentlichen Sektor. Bemühungen im Zuge von New Public Management waren darauf gerichtet, Methoden und Tools aus der Profitwelt vermehrt auch hier zu verankern und generell muss die Ausführung von Aufgaben durch die öffentliche Hand zunehmend stärker gerechtfertigt und legitimiert werden.

Dieser Trend betrifft jetzt auch NPOs, Dorothea Greiling etwa spricht vom Wandel von einer trust me- zu einer prove me-Kultur (vgl. Kapitel II.1) und sieht eine deutliche Ausweitung der Qualitäts- und Transparenzanforderungen an NPOs. Der traditionelle Glaubwürdigkeitsbonus von NPOs ist demnach in den vergangenen Jahrzehnten sukzessive in Frage gestellt worden. Angesichts gegenwärtig deutlich werdender und mit Bedarf an massiver Unterstützung durch öffentliche Gelder einhergehender Misswirtschaft in zentralen Teilen des Wirtschaftssektors, ist es doch verwunderlich, dass gerade gemeinwohlorientierte Organisationen vermehrt ihre Berechtigung unter Beweis stellen müssen und dies noch dazu unter Rekurs auf Legitimationsmuster, die der Wirtschaft entstammen (vgl. Kapitel I.8).

Wenig überraschend ist in diesem Kontext auch der Bedeutungsgewinn der Thematik der Social Entrepreneurs (vgl. Kapitel II.4), zielen diese doch darauf ab, mit unternehmerischen Mitteln effizientere Problemlösungen für gesellschaftliche Probleme zu gewährleisten, als Wohlfahrtsbürokratien oder NPOs. Auch im an Bedeutung gewinnenden Modell des Philanthrokapitalismus (vgl. Kapitel I.2) ist der ideologische Hintergrund die Überzeugung, dass erwerbswirtschaftliche Handlungsmuster auch in sozialen und ökologischen Belangen den nichtkommerziellen bzw. zivilgesellschaftlichen deutlich überlegen sind. In dieser an Marktmechanismen und erwerbswirtschaftlichem Kalkül orientierten Philanthropie werden Handlungslogiken wie Gewinnerzielung oder das Effizienzpostulat sowie Management-Strategien aus der Wirtschaft auf den Dritten Sektor angewendet. In ähnliche Richtung weist der Boom der Wirkungsmessung (vgl. Kapitel II.3). Die von PhilanthropInnen und gemeinnützigen Stiftungen für zivilgesellschaftliche Zwecke aufgewendeten Gelder sollen mit möglichst hoher, wenn auch sozialer »Rendite« investiert werden. Die Folge könnte eine Minderung gesellschaftspolitischer Funktionen von NPOs sein (vgl. Kapitel I.9). Auch die Beiträge der NachwuchswissenschaftlerInnen konstatieren durchgängig Tendenzen der Verbetriebswirtschaftlichung, der Ökonomisierung, der Dominanz von Geld über Sinn (vgl. Kapitel III).

Demgegenüber sind die Beiträge, die nicht die Verbetriebswirtschaftlichung der Zivilgesellschaft und der NPOs zum Thema haben, von einer gewissen Melancholie geprägt. Das Ende eines historischen Zivilisationsprojektes wird im Hinblick auf die sich verändernde Rolle von NPOs in der sozialen Dienstleistungserstellung prognostiziert (vgl. Kapitel I.3). Ebenfalls sehr kritisch, wenn auch nicht so schwarzgemalt, wird bei NPOs eine weitere Prekarisierung der Beschäftigungsverhältnisse in Aussicht gestellt (vgl. Kapitel I.4). Aus der Genderperspektive wird der Zivilgesellschaft ihre emanzipatorische und auf die Zukunft gerichtete positive Utopie in Richtung einer Weiterentwicklung von Demokratie und sozialer Gerechtigkeit sogar gänzlich abgesprochen und Zivilgesellschaft in toto als asymmetrisches, Machtverhältnisse verschleierndes Konstrukt entlarvt (vgl. Kapitel I.11).

Insgesamt bestätigen die Beiträge eine zunehmende disziplinäre wie thematische Auseinanderentwicklung der verschiedenen Facetten und Richtungen der Zivilgesellschaftsforschung. Um ein weiteres Auseinanderdriften der unterschiedlichen Stränge und Richtungen zu verhindern, ist es angezeigt, dass sich die Zivilgesellschafts- und NPO-Forschung wieder ihres besonderen, nämlich normativ gebundenen Charakters und ihres genuinen Anliegens erinnert. Statt im wissenschaftlichen Mainstream einfach nur mitzuschwimmen, sollte wieder mehr kritische Kompetenz eingebracht und Staat, Gesellschaft und Wirtschaft »der Spiegel vorgehalten« werden. Möglicherweise wären da oder dort Effizienzgewinne von NPOs erreichbar. Im Sinn einer nachhaltigen ökonomischen und sozialen Entwicklung wäre aber auf gesellschaftlicher Ebene eine stärkere Orientierung an jenen Werten, die tendenziell der Zivilgesellschaft und NPOs zugeschrieben werden, mittlerweile vermutlich hilfreicher als weitere einseitige Ökonomisierung. Dass im Zuge von Wirtschaftsförderung gegenwärtig massive staatliche Korrekturen der Märkte soziale Probleme und eine kritische Wirtschaftsentwicklung der neoliberalen Ideologie einer Glorifizierung von Märkten, kurzfristigem Effizienzdenken und Engführung des Blicks auf rein ökonomische Faktoren keinen Abbruch tun, ist erstaunlich genug. Dass auch die NPO- und Zivilgesellschaftsforschung diese zunehmend mittragen, ist weder notwendig noch sinnvoll.

Literatur

Almond, G. A. & S. Verba (1963): The Civic Culture. Political Attitudes and Democracy in Five Nations, Princeton: Princeton University Press.

Badelt, Ch. (Hrsg.) (1997): Handbuch der Nonprofit-Organisation. Strukturen und Management, Stuttgart: Schäffer-Poeschel.

Cohen, J. L. & A. Arato, (1992): Civil Society and Political Theory, Cambridge: MIT-Press.

Crouch, C. (2008): Postdemokratie, Frankfurt: Suhrkamp Verlag

Crouch, C. (2011): Das befremdliche Überlegen des Neoliberalismus. Postdemokratie II, Berlin: Suhrkamp Verlag.

Edwards, M. (2009): Civil society, Cambridge u. a.: Polity Press.

Enquete-Kommission »Zukunft des Bürgerschaftlichen Engagements« Deutscher Bundestag (Hrsg.) (2002): Bericht Bürgerschaftliches Engagement auf dem Weg in eine zukunftsfähige Bürgergesellschaft, Opladen: Leske+Budrich.

Etzioni, A. (1973): The Third Sector and Domestic Missions. In: Public Administration Review, Volume 33, S. 314–323.

Etzioni, A. (1996): Der moralische Dialog – Ein kommunitaristischer Blick auf die Demokratie. In: Weidenfeld, W. (Hg.): Demokratie am Wendepunkt. Die demokratische Frage als Projekt des 21. Jahrhunderts, Berlin: Siedler Verlag.

Forschungsjournal Neue Soziale Bewegungen (1992), Heft 4: Der Dritte Sektor zwischen Markt und Staat. Ökonomische und politologische Theorieansätze. Wiesbaden: Westdeutscher Verlag.

Forschungsjournal Neue Soziale Bewegungen (1996), Heft 2: Soziale Bewegungen und Nicht-Regierungsorganisationen. Stuttgart: Lucius &Lucius.

Forschungsjournal Neue Soziale Bewegungen (2003), Heft 2: Konturen der Zivilgesellschaft. Zur Profilierung eines Begriffs. Stuttgart: Lucius &Lucius.

Forschungsjournal Neue Soziale Bewegungen (2004), Heft 1: Zwischen Meier und Verein. Modernisierungspotentiale im Ehrenamt. Stuttgart: Lucius & Lucius.

Forschungsjournal Neue Soziale Bewegungen (2005), Heft 3: Local Power. Mehr Bürgerengagement durch Governance? Stuttgart: Lucius & Lucius.

Forschungsjournal Neue Soziale Bewegungen (2008), Heft 2: Zivilgesellschaft in Brüssel – Mehr als ein demokratisches Feigenblatt? Stuttgart: Lucius & Lucius.

Forschungsjournal Neue Soziale Bewegungen (2010), Heft 4: Europas Zivilgesellschaften. Engagementpolitik im Jahr der Freiwilligen 2011. Stuttgart: Lucius & Lucius.

Fukuyama, F. (1992): The End of History and the Last Man, New York: Avon books.

Giddens, A. (1999): Der dritte Weg. Die Erneuerung der sozialen Demokratie, Frankfurt: Suhrkamp.

Habermas, J. (1992): Faktizität und Geltung. Beiträge zur Diskurstheorie des Rechts und des demokratischen Rechtsstaats, Frankfurt: Suhrkamp.

Huntington, S. P. (1990): The Third Wave. Democratization in the Late Twentieth Century, Norman: University of Oklahoma Press.

More-Hollerweger, E. & P. Rameder (2013): Freiwilligenarbeit in Nonprofit-Organisationen. In: Simsa, R., Meyer, M. & Ch. Badelt (Hrsg.): Handbuch der Nonprofit-Organisation. Strukturen und Management, Stuttgart: Schäfer-Poeschel, S. 381–399.

Kaldor, M. & S. Selchow (2013): The ›Bubbling Up‹ of Subterranean Politics in Europe. In: Journal of Civil Society, Volume 9, Heft 1, S. 78–99.

Keane, J. (1998): Civil society. Old images, new visions, Cambridge: Polity Press.

Kendall, J. (Hrsg.) (2009): Handbook on Third Sector Policy in Europe. Multi-level Processes and Organized Civil Society, Cheltenham: Edgar Elgar.

Klein, A. (2001): Der Diskurs der Zivilgesellschaft. Politische Hintergründe und demokratietheoretische Folgerungen, Opladen: Leske+Budrich.

Klein, A., Kern, K., Geißel, B. & M. Berger (Hrsg.) (2004): Zivilgesellschaft und Sozialkapital. Herausforderungen politscher und sozialer Integration, Wiesbaden: VS Verlag.

Kocka, J. & A. Mitchell (Hrsg.) (1993): Bourgeois Society in Nineteenth-Century Europe, Oxford, New York: Berghahn Books.

Kriesi, H. (2013): Democratic legitimacy: Is there a legitimacy crisis in contemporary politics?. In: Politische Vierteljahresschrift, Volume 54, Heft 4, S. 609–638.

Leggewie, C. (2011): Mut statt Wut. Aufbruch in eine neue Demokratie, Hamburg: Körber Stiftung.

Lehmbruch, G. (1996): Der Beitrag der Korporatismusforschung zur Entwicklung der Steuerungstheorie. In: Politische Vierteljahresschrift, Heft 4, S. 735–751.

Linz, J. & A. Stepan (1996): Problems of Democratic Transition and Consolidation. Southern Europe, South America, and Post-Communist Europe, Baltimore: The John Hopkins University Press.

Maloney, W. A. & J. W. van Deth (Hrsg.) (2008): Civil Society and Governance in Europe, Cheltenham: Edgar Elgar.

Merkel, W. (2010): Systemtransformation, 2. Auflage, Wiesbaden: VS Verlag.

Meyer, M. & R. Simsa: Entwicklungsperspektiven des Nonprofit-Sektors. In: Simsa, R., Meyer, M. & Ch. Badelt (Hrsg.) (2013): Handbuch der Nonprofit-Organisation, 5. überarbeitete Auflage, Stuttgart: Schäffer-Poeschel.

Olk, Th., Klein, A. & B. Hartnuß (Hrsg.) (2010): Engagementpolitik. Die Entwicklung der Zivilgesellschaft als politische Aufgabe, Wiesbaden: VS Verlag.

Pollack, D. (2004): Zivilgesellschaft und Staat in der Demokratie. In: Klein, A., Kern, K., Geißel, B. & M. Berger (Hrsg.): Zivilgesellschaft und Sozialkapital. Herausforderungen politischer und sozialer Integration, Wiesbaden: VS Verlag, S. 23–40.

Putnam, R. D. (1993): Making Democracy Work. Civic Traditions in Modern Italy, Princeton: Princeton University Press.
Raschke, J. (1988): Soziale Bewegungen. Ein historisch-systematischer Grundriss, Frankfurt: Campus Verlag.
Roth, R. & D. Rucht (Hrsg.) (2008): Die Sozialen Bewegungen in Deutschland seit 1945, Frankfurt: Campus Verlag.
Rucht, D. (Hrsg.) (1991): Research on Social Movements. The State of the Art in Western Europe and the USA, Frankfurt, Boulder: Campus Verlag.
Salamon, L. (1987): Of market failure, voluntary failure and third party government: Toward a theory of government-nonprofit relations in the modern welfare state. In: Journal of Voluntary Action Research, Volume 16, Heft 1, S. 29–49.
Salamon, L. M. & H. K. Anheier (1992): In Search of the Nonprofit Sector I: The Question of Definitions (Working Paper), Baltimore.
Schauer, R., Purtschert, R. & D. Witt (Hrsg.) (2002): Nonprofit-Organisationen und gesellschaftliche Entwicklungen: Spannungsfeld zwischen Mission und Ökonomie, Linz: Universitätsverlag Rudolf Tauner.
Schmitter, Ph. C. (2008): The Changing Politics of Organized Interests. In: West European Politics, Volume 31, Heft 1-2, S. 195–210.
Simsa, R., Meyer, M. & Ch. Badelt (Hrsg.) (2013): Handbuch der Nonprofit-Organisation. Strukturen und Management, Stuttgart: Schäffer-Poeschel.
Skocpol, Th. (2003): Diminished Democracy. From Membership to Management in American Civic Life, Norman: University of Oklahoma Press.
Streeck, W. (2013): Gekaufte Zeit. Die vertagte Krise des demokratischen Kapitalismus. Berlin: Suhrkamp Verlag.
Streeck, W. (1999): Korporatismus in Deutschland. Zwischen Nationalstaat und Europäischer Union, Frankfurt: Campus.
Streeck, W. (2006): The study of organized interest: before »The Century« and after. In: Crouch, C. & W. Streeck (Hrsg.): The Diversity of Democracy. Corporatism, Social Order and Political Conflict, Cheltenham: Edgar Elgar, S. 3–45.
Streeck, W. & Ph. C. Schmitter (1985): Private Interest Government, London: Sage.
Taylor, R. (Hrsg.) (2010): Third Sector Research, New York: Springer.
Voss, K. (Hrsg.) (2014): Internet und Partizipation. Bottom-up oder Top-down? Politische Beteiligungsmöglichkeiten im Internet, Wiesbaden: Springer VS.
Walter, F., Marg, S., Geiges, L. & F. Butzlaff (Hrsg.) (2013): Die neue Macht der Bürger. Was motiviert die Protestbewegungen?, Reinbeck b. Hamburg: Rowohlt.
Warren, M. E. (2001): Democracy and Association, Princeton: Princeton University Press.
Witt, D., Blümle, E-B., Schauer, R. & H. K. Anheier (Hrsg.) (1999): Ehrenamt und Modernisierungsdruck in Nonprofit-Organisationen, Wiesbaden: DUV.
Zimmer, A. & M. Freise (2008): Bringing society back in: civil society, social capital and the third sector. In: Maloney, W. A. & J. W. van Deth (Hrsg.): Civil Society and Governance in Europe, Cheltenham: Edgar Elgar, S. 19–42.
Priller, Eckhard/Zimmer, Annette, 1999: Ende der Mitgliederorganisationen?, In: Witt, Dieter/Blümle, Ernst-Bernd/Schauer, Reinbert/Anheier, Helmut K. (Hrsg.): Ehrenamt und Modernisierungsdruck in Nonprofit-Organisationen, Wiesbaden: Gabler, S. 127–147.

Zimmer, A. & E. Priller (Hrsg.) (2004): Future of Civil Society. Making Central European Nonprofit-Organizations Work, Wiesbaden: VS Verlag.
Zimmer, A. & E. Priller (2007): Gemeinnützige Organisationen im gesellschaftlichen Wandel. Ergebnisse der Dritte-Sektor-Forschung, Wiesbaden: VS Verlag.

Teil I
Wirtschaft, Staat, Gesellschaft, im Wandel – Herausforderungen für Engagement und zivilgesellschaftliche Organisationen

Eine neue Gemeinnützigkeit? Organisations- und Rechtsformen von Nonprofit-Organisationen

Birgit Weitemeyer

Abstract: Zunehmend suchen unternehmerisch denkende Einzelpersonen ebenso wie Stiftungen von Unternehmen und Unternehmerpersönlichkeiten nach Wegen, wirtschaftliche Dynamik in sozialen Projekten umzusetzen. Innovative Ansätze des sozialen Engagements in Form von Venture Philanthropie, Social Entrepreneurship und Social Investments sind bereits Gegenstand der Wirtschafts- und Sozialwissenschaften, jedoch hat die Rechtswissenschaft das Thema erst in Ansätzen erfasst. Angesichts der Aufgabe der Rechtswissenschaft, einen sinnvollen Rechtsrahmen für erfolgreiches Handelns von Social Entrepreneurs zu entwickeln, wendet sich der Beitrag der Frage zu, welche Problemfelder zivilrechtlicher und steuerrechtlicher Art für die verschiedenen Erscheinungsformen innovativer Philanthropie bestehen und wie die Rechtswissenschaft entgegen ihrer bisherigen zögerlichen Zuwendung zu diesem Forschungsbereich dazu beitragen kann, sinnvolle Lösungsansätze anzubieten. So wird untersucht, inwieweit das Gesetz zur Stärkung des Ehrenamts des Jahres 2013 unternehmerisch handelnde Nonprofit-Organisationen tatsächlich »gestärkt« hat und welche weiteren Verbesserungen im Steuerrecht sowie im Recht der Genossenschaft und im Vereinsrecht notwendig sind.

Keywords: Nonprofit-Organisationen, Dritter Sektor, Zivilgesellschaft, Rechtsformen, Soziales Unternehmertum, Soziale Investitionen, Gemeinnützigkeit

1 Neue Formen gemeinnützigen Handelns durch Social Entrepreneurship, Social Business und Social Investment

Dieser Beitrag wendet sich der Frage zu, welche Problemfelder zivilrechtlicher und steuerrechtlicher Art für die verschiedenen Erscheinungsformen innovativer Philanthropie bestehen und wie die Rechtswissenschaft entgegen ihrer bisherigen zögerlichen Zuwendung zu diesem Forschungsbereich dazu beitragen kann, sinnvolle Lösungsansätze anzubieten.

1.1 Turnaround im NPO-Management oder bloße Modeerscheinung?

Die Statistiken zeigen eine unverminderte Attraktivität von Stiftungen in Deutschland. 638 rechtsfähige Stiftungen des bürgerlichen Rechts sind in Deutschland im vergangenen Jahr gegründet worden; der Bestand an Stiftungen ist um 3,1 % auf 20 150 gewachsen.[1] Angesichts des schwierigen wirtschaftlichen Umfelds für die Vermögensanlage von Stiftungen, da im Zuge der Finanz- und Eurokrise mit vielen Anlageklassen nur niedrige Zinsen zu erwirtschaften sind, gehen Stiftungen zunehmend alternative Wege zu ihrer Zweckverwirklichung.[2] Auch in anderen Organisationen des Dritten Sektors versucht man, stärker unternehmerisch und wirkungsorientiert kulturelle, soziale oder ökologische Zwecke zu verfolgen. Venture Philanthropie, Social Entrepreneurship und Social Investments nennen sich diese Phänomene mit vielfältigen Erscheinungsformen, die der Innovationsfreude ihrer Akteure geschuldet sind. Die Entwicklung nahm in den USA bereits in den 1980er Jahren ihren Lauf. In Europa fand das Konzept mit der Schaffung neuer Genossenschaftsformen etwa für Arbeitslose in Italien im Jahr 1991 erste Verbreitung (vgl. Defourny/Nyssens 2010: 33, 36 f., 44, 46). Die Politik fordert die Verbesserung von Infrastrukturmaßnahmen für soziales Unternehmertum[3] und auf der Basis von EU-Initiativen (vgl. Europäische Kommission 2011a, 2011b) sind nationale Förderprogramme für Social Entrepreneurs aufgelegt worden.[4] So haben die in der G8 verbundenen führenden Industriestaaten eine Taskforce für Social Impact Investment gegründet, um Social Impact Bonds zu fördern, mit denen private Geldanleger in soziale Projekte investieren. Die Rendite speist sich aus staatlichen Zahlungen, die erfolgen, wenn es dem Projekt gelingt, seine sozialen Ziele zu verwirklichen, etwa die Rückfallquote von entlassenen Häftlingen zu senken, da die Kosten für den Staat ohne solche Erfolge um ein Vielfaches höher wären und man privaten Organisationen offenbar mehr Engagement und Ideenreichtum zutraut als Behörden. Mehr als 20 Bonds solcher Art soll es bereits in Großbritannien, den USA, Australien und den Niederlanden geben (vgl. Michler 2014).

---

1 vgl. www.stiftungen.org, Zugriff 10. 02. 2014.
2 vgl. www.stiftungen.org, Zugriff 10. 02. 2014.
3 vgl.www.dialog-ueber-deutschland.de/DE/20-Vorschlaege/20-Wovon-Leben/Einzelansicht/Vorschlaege, Zugriff 10. 02. 2014.
4 Förderprogramm der KfW, vgl. http://www.kfw.de/kfw/de/Inlandsfoerderung/Programmuebersicht/Finanzierung_von_Sozialunternehmen/index.jsp, Zugriff 10. 02. 2014.

Insgesamt ist zu beobachten, dass es sich nicht nur um eine bloße Modeerscheinung handelt, sondern Aufgaben des sozialen Wohlfahrtsstaates vermehrt in private Hände gelegt werden. Privater Innovationskraft wird nicht nur in der Wirtschaft, sondern auch im Sozialwesen ein höherer Wirkungsgrad zugemessen als staatlicher Verwaltung. »Eine ansteigende Welle von sozialem Unternehmertum folgt der Welle des geschäftlichen Unternehmertums.« – so beschrieb *Sir Ronald Cohen* (2014, zitiert nach Michler 2014), Gründer des Finanzinvestors Apax Partners, die Hintergründe dieser Entwicklung auf einer Tagung der Bertelsmann Stiftung.

1.2 Stand der sozial- und wirtschaftswissenschaftlichen Forschung

Seit Beginn der Entwicklung in den 1980er Jahren ist innovatives soziales Engagement Gegenstand vor allem der sozial- und wirtschaftswissenschaftlichen Forschung (vgl. Achleitner 2007, Aiken 2010: 153 ff., Ashoka Deutschland 2007, Harbrecht 2010, Mair et. al 2006, Nicholls 2006, Perrini 2006, Rummel 2011, Waddock 2009). Die Forschergruppe EMES (Emergence des Enterprises Sociales en Europe) hat im Vergleich zwischen 15 Mitgliedstaaten die EU Kriterien für »Social Enterprise« erarbeitet: Es handelt sich um »not-for-profit« Organisationen, die Produkte oder Dienstleistungen anbieten, um hierdurch unmittelbar soziale Zwecke zu erfüllen (vgl. Defourny/Nyssens 2010: 43). Die Stiftung Mercator lässt im Rahmen des Mercator Forscherverbundes »Innovatives Soziales Handeln. Social Entrepreneurship« der Frage nachgehen, ob dieser Ansatz geeignet ist, die Gesellschaft nachhaltig zu verbessern (vgl. Lorentz/Streiter 2012: 28)[5] und das Centrum für Soziale Investitionen der Universität Heidelberg (CSI) hat »Soziale Investitionen als Leitbegriff einer neuen Forschungsagenda« ausgemacht (Anheier et. al. 2012: 5, Bundesarbeitsgemeinschaft der Freien Wohlfahrtspflege 2013, Scheuerle et al. 2013).

---

5   Nähere Informationen, auch zur Abschlusskonferenz am 29.06.2012 an der Zeppelin University in Friedrichshafen, unter www.stiftung-mercator.de/social-entrepreneurship, Zugriff 10.02.2014.

1.3 Begleitung des NPO-Managements als Aufgabe der Rechtswissenschaft

Die rechtlichen und steuerlichen Rahmenbedingungen von Social Entrepreneurship, Social Fonds und Venture Philanthropie und deren besonderen Fragestellungen sind hingegen bislang weniger untersucht worden (vgl. Schönenberg 2011, Linklaters LLP 2006).[6] Während sich die benachbarten Gesellschaftswissenschaften früh mit diesen Phänomenen beschäftigt haben, erstaunt die weitgehende Abstinenz der Rechtswissenschaft, ist die Grundlage erfolgreichen Handelns von Social Entrepreneurs und Social Investment doch das passende Rechtskleid. Die mangelnde wissenschaftliche Beschäftigung mag auch ein Grund dafür sein, dass die rechtlichen und steuerlichen Rahmenbedingungen in Deutschland noch kaum ausgerichtet sind auf wirtschaftliche Betätigungen von Social Entrepreneurs (vgl. Weitemeyer 2012a: 91). Wirtschaftliches Handeln von sozialunternehmerisch tätigen gemeinnützigen Nonprofit-Organisationen und nicht gemeinnützigen, aber im Low-Profit-Bereich tätigen Social Business Organisationen mit dem Ziel einer »sozialen Rendite«[7] wird im Grunde allenfalls akzeptiert. Deshalb sollte die rechtswissenschaftliche Forschung im Zusammenspiel mit den Sozial- und Politikwissenschaften dazu beitragen, notwendige Reformen zu erkennen, in der Öffentlichkeit anzumahnen, ihre – inzwischen im Koalitionsvertrag (2013) der 18. Legislaturperiode vorgesehene – Umsetzung vorzubereiten und zu begleiten, um Social Entrepreneurship zu unterstützen und zu fördern.

Auf welchen Gebieten aktueller Reformbedarf besteht, soll im Folgenden aufgezeigt werden. Hierzu werden zunächst die zivilrechtlichen Rechtsformen für sozialunternehmerische Tätigkeiten einer Revision unterzogen und sodann die steuerlichen Rahmenbedingungen untersucht, die trotz der Fortschritte, die das Gesetz zur Stärkung des Ehrenamts vom 21.3.2013 gebracht hat, weiter verbesserungswürdig sind. Abschließend wird vor dem Hintergrund eines vielfältigen Angebots an speziellen Rechtsformen für Social Entrepreneurs im Ausland gefragt, ob sich hieraus Vorschläge für die Schaffung neuer Rechtsformen in Deutschland gewinnen lassen.

---

6   vgl. http://www.linklaters.com/pdfs/publications/community/Schwab2.pdf, Zugriff 10.02.2014.
7   www.visionsummit.org/newsdetail.html, Zugriff 10.2.2014.

2 Social Entrepreneurship als Gegenstand rechtswissenschaftlicher Forschung

Insbesondere die als Social Business bezeichneten Organisationen versuchen, ihre Erträge selbst zu erwirtschaften und wieder zu refinanzieren, um eigenwirtschaftliche soziale »Renditen« zu erzielen.[8] Angesichts der zumeist geringen Gewinnmargen muss die Rechtsform einfach zu handhaben und kostengünstig sein, was mit den bestehenden Rechtsformen nicht ohne weiteres zu verwirklichen ist. Dies soll anhand der von Social Entrepreneurs gewählten Rechtsformen Gesellschaft bürgerlichen Rechts, Verein, Genossenschaft, Kooperationsgesellschaft, gemeinnützige GmbH, Unternehmergesellschaft und Aktiengesellschaft gezeigt werden.

2.1 Gesellschaft bürgerlichen Rechts

Da das Handeln von engagierten Einzelpersonen mit Haftungsrisiken behaftet ist, entsteht für viele Social Entrepreneurs die Frage der Wahl einer geeigneten Rechtsform mit Haftungsbeschränkung, zumal nur Organisationen in der Form einer Körperschaft nach § 51 Abs. 1 Abgabenordnung (AO) den Status der Gemeinnützigkeit erlangen, also steuerfreie Einnahmen generieren (§ 5 Körperschaftsteuergesetz [KStG], § 9 Gewerbesteuergesetz [GewStG]) und als Sonderausgaben steuerbegünstigt Spenden empfangen (§ 10b Einkommensteuergesetz [EstG]) können. Nicht durchgesetzt hat sich die Forderung, auch rechtsfähigen Personengesellschaften solle die steuerliche Gemeinnützigkeit zuerkannt werden (vgl. Ullrich 2011: 82 ff.).

2.2 Verein

Wollen Social Entrepreneurs einen Idealverein gründen, sind gem. § 56 Bürgerliches Gesetzbuch (BGB) mindestens sieben Gründer erforderlich. Die Rechtsform eignet sich daher vor allem dann, wenn mehrere Personen ihre Interessen bündeln, um etwa im Rahmen der Selbsthilfe einen Dorfladen oder eine Kita zu betreiben. Werden solche Vereine jedoch überwiegend wirtschaftlich tätig, handelt es sich von der Struktur her um einen wirtschaftlichen Verein im Sinne des § 22 Bürgerliches Gesetzbuch (BGB). Diese Rechtsform wird durch die zustän-

---

8 www.visionsummit.org/newsdetail.html, Zugriff 10. 2. 2014.

digen Vereinsbehörden nur in Ausnahmefällen erlaubt, wenn keine andere passende Rechtsform zumutbar ist (vgl. Reuter 2012: §§ 21, 22 Randnummer 74). Hintergrund ist, dass wirtschaftliche Betätigungen zum Schutz des Rechtsverkehrs vorrangig in den Formen der Kapitalgesellschaften oder der Genossenschaft durchgeführt werden sollen (vgl. Schmidt 2002: 680). Unschädlich für den idealen Charakter eines Vereins sind wirtschaftliche Betätigungen nur dann, wenn sie lediglich eine Nebentätigkeit des Vereins darstellen (Entscheidungen des Bundesgerichtshofs in Zivilsachen [BGHZ], Band 15, S. 315, 319). Wann dies konkret der Fall ist, wird unterschiedlich bewertet (vgl. Reuter 2012: §§ 21, 22 Randnummer 8) und wird in der jüngeren Praxis der Registergerichte, etwa bei Kita-Vereinen, zunehmend enger gesehen als in der Vergangenheit (vgl. ebd.). Auf dem Prüfstand stehen könnten in der Zukunft auch etwa Weltläden, die sich überwiegend nicht durch Mitgliedsbeiträge, sondern durch den Verkauf von Waren finanzieren, oder die als Idealverein firmierende Fraunhofer-Gesellschaft (Fraunhofer-Gesellschaft zur Förderung der angewandten Forschung e. V.), die laut ihrer Internetseite 60 % ihrer Forschungseinnahmen aus Auftragsforschung erzielt.[9] Auch die durch das ADAC-Urteil des BGH (Entscheidungen des Bundesgerichtshofs in Zivilsachen [BGHZ]Band 85, S. 84) früher bejahte Frage, ob der Verein als Holding noch ideelle Zwecke verfolgt, wenn er eine umfangreiche wirtschaftliche Tätigkeit in selbständige Tochterkapitalgesellschaften ausgliedert, ist durch die jüngst aufgedeckten Unregelmäßigkeiten bei der Vergabe des »Gelben Engels« an erfolgreiche Automarken durch den ADAC neu aufgeworfen worden und wird jetzt durch das zuständige Registergericht neu geprüft. Die Diskussion über die Reichweite des Nebenzweckprivilegs (vgl. Reuter 2012: §§ 21, 22 Randnummer 19) ist hierdurch wieder eröffnet worden. Die gegenwärtige Rechtslage ist damit geprägt von fehlender Rechtssicherheit für die Einordnung als wirtschaftlicher Verein, während für historisch gewachsene Vereine ein Vollzugsdefizit konstatiert wurde, wenn diese sich im Laufe der Zeit zu wirtschaftlich umfangreich tätigen Vereinen entwickelt haben (vgl. Segna 2009: 39 ff.).

Die Diskussion darüber, ob man nach einem Vorschlag des Bündnisses für Gemeinnützigkeit[10] § 22 Bürgerliches Gesetzbuch (BGB) in der Weise fassen sollte, dass gemeinnützige Vereine trotz einer umfangreichen wirtschaftlichen Tätigkeit im Rahmen eines Zweckbetriebs oder eines unschädlichen wirtschaftlichen Geschäftsbetriebs als bloßes Instrument der Mittelbeschaffung auch zivilrechtlich unbeanstandet Idealvereine sein sollen (kritisch Weitemeyer 2012a: 91), ob man die Rechtsform des Idealvereins auf kleinere, überschaubare Strukturen ohne

---

9   vgl. http://www.fraunhofer.de/ueber-fraunhofer/geschaeftsmodell, Zugriff 10.02.2014.
10 vgl. Bündnis für Gemeinnützigkeit, www.buendnis-gemeinnuetzigkeit.org, Gesetzgebungsinitiative, letzter Zugriff am 10.6.2012.

nennenswerte wirtschaftliche Tätigkeiten beschränkt und eine Beherrschung von wirtschaftlichen Tochtergesellschaften als schädlich ansieht (vgl. Reuter 2012: §§ 21, 22 Randnummer 19), alternativ die Rechtsform des wirtschaftlichen Vereins aktiviert, wenn nach Größe und Struktur, bezogen auf Umsatz- und Gewinngrenzen sowie bei überwiegend ehrenamtlicher Mitarbeit nicht genug Gewinn für die Rechtsform der GmbH, der Unternehmergesellschaft (haftungsbeschränkt) oder der Genossenschaft erwirtschaftet wird (vgl. Bösche 2010: 40, 51), oder schließlich das Recht des Idealvereins reformiert, indem entsprechend nach Größenklassen stärkere verpflichtende Transparenz- und Governancestrukturen geschaffen werden, ist derzeit völlig offen und sollte von einer breiten gesellschaftlichen und rechtswissenschaftlichen Diskussion begleitet werden.

2.3 Genossenschaft und Kooperationsgesellschaft

Obwohl an sich eine klassische Rechtsform zur Hilfe zur Selbsthilfe, werden Genossenschaften in Deutschland zunehmend unattraktiv. Im Jahre 2008 gab es in Deutschland 7 491 Genossenschaften, im Jahr 2013 konnte man nur noch 5 669 Genossenschaften zählen (vgl. Beiter 2009: 14 ff., Bösche 2005: 105 ff.). Viele Genossenschaften haben sich in Aktiengesellschaften und GmbH umgewandelt (vgl. Beuthien 2011: Einleitung Randnummer 17). Dies wird auch darauf zurückgeführt, dass die Prüfungspflichten für Genossenschaften recht umfangreich sind und gerade kleine Genossenschaften im Vergleich zum Verein oder zur kleinen GmbH mit Kosten von 1 000 bis 4 000 Euro sowie mit der doppelten Gründungsprüfung durch das Registergericht und den Prüfverband übergebührlich belasten (vgl. Beuthien 2011: § 53 Randnummer 13). So geht die Pflichtprüfung über die von Kapitalgesellschaften nach §§ 316 ff. Handelsgesetzbuch (HGB) hinaus und stellt die intensivste Art der Prüfung dar, da das Genossenschaftsgesetz sie nicht als reine Jahresabschlussprüfung versteht, sondern auch die wirtschaftlichen Verhältnisse, die Ordnungsgemäßheit der Geschäftsführung und die Zweckmäßigkeit und Förderwirtschaftlichkeit der Gesamtgeschäftsführung untersucht werden (vgl. Beuthien 2011: § 53 Randnummer 13). Die Erleichterungen für Kleinstkapitalgesellschaften im Sinne des § 267a Handelsgesetzbuch (HGB) sind auf Genossenschaften nicht anzuwenden.

Das Entstehen von neuen genossenschaftlichen Strukturen zeugt jedoch von Bedarf für diese Rechtsform. So bündelt die *Regionalwert AG*[11] das Geld und die Interessen von Kleinaktionären zu Investitionen in ökologische Landwirtschaft

---

11 vgl. www.regionalwert-ag.de, Zugriff 10. 02. 2014.

und versorgt ihre Aktionäre mit einer Rendite in Form von Geld und von ökologischem »Mehrwert« und Energiegenossenschaften erzeugen Ökostrom und setzten sich für eine nachhaltige Energieerzeugung vor Ort ein.[12] Die bereits 2006 geschaffene kleine Genossenschaft mit erleichterten Organisationsvoraussetzungen ist nach § 24 Genossenschaftsgesetz (GenG) jedoch auf maximal 20 Mitglieder beschränkt, was für einen Dorfladen oder eine Bürger-Energiegenossenschaft zu wenig sein wird. Letztlich sollte auf dieser Grundlage in Deutschland über die Schaffung einer Mini-Genossenschaft nachgedacht werden. Der Petitionsausschuss des Bundestages unterstützt dies[13] und das Bundesministerium der Justiz hat in der vergangenen Legislaturperiode den Entwurf einer Kooperationsgesellschaft vom 8.3.2013 vorgelegt, der die Forderungen nach einer Verschlankung des Genossenschaftsrechts umsetzen soll.[14] Nach dem Vorbild einer Unternehmergesellschaft (haftungsbeschränkt) soll eine Kooperationsgesellschaft (haftungsbeschränkt) für sehr kleine Zusammenschlüsse gegründet werden, die von der Pflichtprüfung und Pflichtmitgliedschaft in einem Prüfverband befreit wären. Die Grenzen sollen bei 500 000 EUR Umsatzerlösen und 50 000 EUR Jahresüberschuss liegen, § 122 Genossenschaftsgesetz-Entwurf (GenG-E). Im Übrigen werden etwa die Anforderungen an die Rechnungslegung von Kleinstgenossenschaften an die für Kleinstkapitalgesellschaften angeglichen, § 336 Abs. 2 S. 3 Handelsgesetzbuch-Entwurf (HGB-E). Auch nach der Bundestagswahl im September 2013 ist der Referentenentwurf auf der Homepage des BMJ verblieben und soll dem Vernehmen nach weiter verfolgt werden, allerdings ohne dass der Vorschlag in der rechtswissenschaftlichen Community nennenswert diskutiert worden ist.

2.4 GmbH und UG

Wird der Social Entrepreneur tatsächlich überwiegend am Markt tätig und bietet Leistungen gegen Entgelt am Dritte an, ohne dass es sich um eine genossenschaftliche Struktur der Hilfe zur Selbsthilfe handelt, bietet sich die Rechtsform einer für alle Zwecke offen stehenden Kapitalgesellschaft an. Eine Organisationsbefragung der Initiative Zivilgesellschaft in Zahlen (ZIVIZ) hat bereits 10 006 gemeinnützige GmbHs ausgemacht (Bertelsmann Stiftung et. al. 2012: 13). Für die Gründung einer GmbH sind allerdings 25 000 EUR an Stammkapital aufzubrin-

---

12 vgl. etwa die www.buergerenergie-stuttgart.de, Zugriff 10.02.2014.
13 vgl. http://www.bundestag.de/presse/hib/2012_05/2012_227/01.html, Zugriff 10.06.2012.
14 Referentenentwurf eines Gesetzes zur Einführung der Kooperationsgesellschaft und zum weiteren Bürokratieabbau bei Genossenschaften,www.bmj.de, Zugriff 20.02.2014.

gen, § 5 Gesetz betreffend die Gesellschaften mit beschränkter Haftung (GmbHG). Während größere Nonprofit-Organisationen als Trägerkörperschaften solcher gGmbHs (etwa die *Start-Stiftung gGmbH* der *Gemeinnützigen Hertie-Stiftung*[15]) diesen Betrag leicht aufbringen können, ist dies für einzelne Social Entrepreneurs schwieriger. Als Alternative mit geringerem Kapitalbedarf kommt seit dem MoMiG (Gesetz zur Modernisierung des GmbH-Rechts und zur Bekämpfung von Missbräuchen vom 23.10.2008, Bundesgesetzblatt [BGBl.], Teil I, Jahrgang 2008, S. 2026) allerdings die als Antwort auf ausländische Rechtsformen ohne Mindestkapital geschaffene Unternehmergesellschaft in Betracht, die als »UG (haftungsgeschränkt)« firmieren muss, § 5a Gesetz betreffend die Gesellschaften mit beschränkter Haftung (GmbHG). Die gemeinnützige Unternehmergesellschaften, also die geradezu wörtliche Entsprechung für »Social Entrepreneurship«, bietet wie die GmbH eine Beschränkung der Haftung auf das Gesellschaftsvermögen, § 13 Gesetz betreffend die Gesellschaften mit beschränkter Haftung (GmbHG), kann aber ohne ein Mindestkapital gegründet werden, wenn sie jeweils ein Viertel ihres Jahresgewinns in eine Kapitalrücklage bis zur Höhe von 25 000 EUR einstellt. Inzwischen ist nach Vorarbeiten in der Wissenschaft auch geklärt, dass die Mittel für die Kapitalrücklage nicht frei zur Verfügung stehen und daher auch nicht nach gemeinnützigkeitsrechtlichen Vorgaben (§ 55 Abs. 1 Nr. 5 Abgabenordnung [AO]) zeitnah ausgegeben werden müssen (Bayerisches Landesamt für Steuern, Verfügung v. 31.03.2009, Der Betrieb [DB], Jahrgang 2009, S. 934, Ullrich 2009: 750, Hüttemann 2012b: 250, 251, BMF-Schreiben v. 17.01.2012 – IV A 3-S 0062/08/10007-12, IV C 4-S0171/07/0038-007, Nr. 21 zu § 55 AO).

Die Annahme der neuen Rechtsform UG (haftungsbeschränkt) durch die gemeinnützige Praxis hat gezeigt, dass ein Bedarf nach einer neuen, kostengünstigen und flexiblen Rechtsform für Social Entrepreneurs besteht. Entstanden ist sie in intensiver wissenschaftlicher, auch rechtsvergleichender Diskussion um die Funktion eines Mindestkapitals im Rahmen der Reform des GmbH-Rechts durch das MoMiG. Ob die Rechtsform den Praxistest für Gemeinnützige bestehen wird, muss die weitere, auch empirisch angelegte rechtswissenschaftliche Forschung belegen. Bezeichnend ist allerdings, dass diese intensive und hochkarätige wissenschaftliche Diskussion vorrangig um die For-Profit-Variante der UG geführt worden ist (vgl. Roth 2014, im Erscheinen), da die Vertreter des traditionellen For-Profit-Gesellschaftsrechts sich kaum mit den Nonprofit-Organisationen beschäftigen. Dies ist bedauerlich, zeigt die MoMiG-Diskussion doch, wie stark sich eine Reform des Gesellschaftsrechts dogmatisch durchdenken und vorbereiteten lässt. Für die Reform des Vereins- und des Genossenschaftsrechts wünscht man sich

---

15 vgl. www.start-stiftung.de/stiftung_stiftung, Zugriff 10.06.2012.

eine vergleichbar intensive Diskussion. Zum Vorschlag einer Kooperationsgesellschaft findet man aber vergleichsweise wenig. So äußern sich lediglich die Interessenvertreter, etwa der Bundesverband deutscher Wohnungs- und Immobilienunternehmen sowie der Deutsche Industrie- und Handelskammertag, und zwar durchweg kritisch.[16]

2.5 Aktiengesellschaft

Als neuer Akteur im Gemeinnützigkeitssektor findet vermehrt die Aktiengesellschaft (AG) Zuspruch, so etwa die Berliner Zoo AG. Ihr Vorteil ist, dass man Interessierte als Aktionäre an der Organisation beteiligen kann. Dies bietet sich an, wenn eine größere Zahl von Akteuren gebündelt werden soll, weil der Vorstand einer AG anders als der Geschäftsführer der GmbH keinen Weisungen der Gesellschafter unterworfen ist, § 76 Aktiengesetz (AktG), und daher das Unternehmen im Tagesgeschäft eigenständig nach unternehmerischen Leitlinien führen kann. Zudem kann man den Beteiligten mit einer Aktie einen eher symbolischen Gegenwert für ihre Beteiligung in die Hand geben. Denn ist die AG gemeinnützig, kann der Aktionär lediglich seine Einlage zurückerhalten (§ 55 Abs. 1 Nr. 2 Abgabenordnung [AO]), an einem Liquidationsgewinn darf er nicht teilhaben und es dürfen keine Dividenden ausgeschüttet werden, was in der Satzung zu regeln ist (vgl. Weber 2014, erscheint demnächst). Ungeklärt ist aber, ob die Aktien, die immerhin einen hohen ideellen Wert haben können, nicht doch mit Gewinn an einen Erwerber verkauft werden können (vgl. ebd.).

3 Steuerrechtliche Aspekte und Stärkung des bürgerschaftlichen Engagements

Neben dem Recht der zivilrechtlichen Rechtsformen spielen die steuerlichen Rahmenbedingungen für betriebswirtschaftlich sinnvolle Strukturen von Social Entrepreneurs eine wichtige Rolle und sind im Gegensatz zu der Diskussion im Zivilrecht bereits länger und breiter diskutiert worden.

---

16 vgl. www.dihk.de, Zugriff 20. 02. 2014, www.gdw.de, Zugriff 20. 02. 2014.

3.1 Gesetz zur Stärkung des Ehrenamts

Beklagt wurde vor allem eine eingeschränkte und wenig flexible Rücklagenbildung für gemeinnützige Organisationen (vgl. Scheuerle et. al. 2013: 72). Das Gesetz zur Stärkung des Ehrenamts vom 21. 3. 2013 (Bundesgesetzblatt [BGBl.], Teil I, Jahrgang 2013, S. 556) hat diese Forderungen im Interesse von wirtschaftlich handelnden Organisationen in einem beträchtlichen Umfang umgesetzt.

So wurde durch die Änderung des § 55 Abs. 1 Nr. 5 Satz 3 Abgabenordnung (AO) die Möglichkeit verbessert, hohe Spendenaufkommen zu bewältigen, indem die zeitnah zu verwendenden Mittel nicht wie bisher bis zum nächsten auf den Zufluss folgenden Kalenderjahr, sondern bis zum zweiten folgenden Kalenderjahr zu verwenden sind. Damit beträgt die Frist maximal drei Kalenderjahre. Diese Änderung kommt auch wirtschaftlich handelnden hybriden Organisationen zugute, die damit die Verwendung ihrer Einnahmen aus Spenden oder Zustiftungen längerfristig planen können.

Die rechnerische Darstellung von Rücklagen für die Wiederbeschaffungen von abnutzbaren Wirtschaftsgütern wurde durch § 62 Abs. 1 Nr. 2 Abgabenordnung (AO) erleichtert, indem die Rücklage nach der regulären Abschreibung bemessen werden kann. Auch die Bildung freier Rücklagen nach § 58 Nr. 7 Buchst. a Abgabenordnung (AO) wurde flexibilisiert. Nunmehr heißt es in § 62 Abs. 1 Nr. 3 Abgabenordnung (AO): »Eine Körperschaft kann die Bildung der Rücklage aus Überschüssen der Einnahmen über den Kosten der Vermögensverwaltung bis zum Ende des vierten auf das Jahr der Überschusserzielung folgenden Jahres nachholen.« Selbst wenn der Zeitraum entgegen Vorschlägen aus der Wissenschaft (vgl. Hüttemann/Weitemeyer 2009: 107 ff.) auf zwei Nachholjahre begrenzt ist, stellt dies bereits eine Erleichterung für die gemeinnützigen Körperschaften dar.

3.2 Weiterer Reformbedarf im Gemeinnützigkeitsrecht

Trotz dieser sinnvollen Neuregelungen besteht weiterer Reformbedarf im steuerlichen Gemeinnützigkeitsrecht, der vor allem für hybride Organisationen mit gemeinnützigen und nicht gemeinnützigen Doppelzwecken, die in Wettbewerb zu kommerziellen Wirtschaftsteilnehmern treten, für komplexe Organisationsstrukturen im Dritten Sektor sowie für die Social Entrepreneurs gesehen wird, die das bürgerschaftliche Engagement Dritter fördern (vgl. Presse- und Informationsamt der Bundesregierung 2012: 141 ff.). Denn innovative Herangehensweisen gemeinnütziger Organisationen als Sozialunternehmen und engagierter Einzelpersonen als Social Entrepreneurs zeichnen sich dadurch aus, dass Leistungen gegen Entgelt angeboten werden und zugleich ein sozialer Mehrwert angestrebt wird. Beispiele sind die rund 300 lokalen *Oxfam-Läden* mit ihrem Mix aus Secondhandverkäufen und Spenden oder »*Dialog im Dunkeln*« in Hamburg mit der gewerblichen *ConsensAusstellungs GmbH* und dem gemeinnützigen Förderverein e. V. *Dialog im Dunkeln*,[17] die Sehende in dunklen Ausstellungs- und Restauranträumen durch Blinde mit den Sinneswahrnehmungen in einer dunklen Welt vertraut machen. Auf solche Doppelzwecke und die zunehmende wirtschaftliche Betätigung von gemeinnützigen Organisationen ist das Gemeinnützigkeitsrecht immer noch nicht ausreichend eingestellt (vgl. Scheuerle 2013: 77, 90).

3.3 Hybride Organisationen mit gemeinnützigen und nicht gemeinnützigen Doppelzwecken

Zur Förderung einer wirtschaftlichen Betätigung von gemeinnützigen Organisationen wurde kürzlich die Zweckbetriebsgrenze für Sportveranstaltungen durch das Gesetz zur Stärkung des Ehrenamts (Bundesgesetzblatt [BGBl.], Teil I, Jahrgang 2013, S. 556) in § 67a Abs. 1 S. 1 Abgabenordnung (AO) von 35 000 Euro auf 45 000 Euro Einnahmen erhöht. Aus Gründen der Vereinfachung sollte darüber nachgedacht werden, die Bagatellgrenze für die Besteuerung weiterer wirtschaftlicher Geschäftsbetriebe mit anderen als sportlichen Zwecken nach § 64 Abs. 3 Abgabenordnung (AO) von 35 000 Euro Einnahmen auf den gleichen Betrag zu erhöhen. Da es nicht um Gewinn-, sondern um Umsatzgrenzen in dieser Höhe geht, dürfte der Steuerausfall gering sein.

Gegen das gemeinnützigkeitsrechtliche Verbot der Gewinnausschüttung an Gesellschafter, Stifter oder Mitarbeiter (§ 55 Abs. 1 S. 1 Abgabenordnung [AO], »Non Distribution Constraint«) verstoßen Unternehmen des Social Business, wenn sie neben der Verfolgung des sozialen Zwecks Gewinnbeteiligungen für Mitarbeiter, Spenden an andere Organisationen und Ausschüttungen an soziale Investoren vorsehen (vgl. Spiegel 2012: 30).[18] Ob man derartige Modelle dennoch steuerlich privilegieren soll, ist ebenfalls eine spannende, bislang kaum diskutierte Frage (vgl. Höll 2012: 11, 14, Hüttemann 2012a: § 4 Randnummer 86, Scheuerle et al. 2013: 77).[19]

---

17 vgl. www.dialog-im-dunkeln.de, Zugriff 10. 02. 2014.
18 So vorgeschlagen von *Rahaus* auf www.goodimpact.org, Start Mitte Mai 2012.
19 vgl. www.clearlyso.com, Zugriff 02. 02. 2014, www.global-economic-symposium.org/solutions/the-global-society/funding-social-enterprisees/strategyperspectivefolder/the-fiscal-code-needs-to-be-more-tilted, Zugriff 02. 02. 2014.

3.4 Konkurrenz von gemeinnützigen und kommerziellen Akteuren im Bereich von sozialen Diensten

Aus den Reihen des Dritten Sektors wird die Neuformulierung der Wettbewerbsklausel des § 65 Nr. 3 Abgabenordnung (AO) und die Einfügung eines neuen Satzes 2 vorgeschlagen: »... der wirtschaftliche Geschäftsbetrieb nach den konkreten Umständen vor Ort zu nicht begünstigten Betrieben derselben oder ähnlicher Art nicht in größerem Umfang in Wettbewerb tritt, als es bei Erfüllung der steuerbegünstigten Zwecke unvermeidbar ist. Die Voraussetzungen des Satzes 1 gelten nicht für Zweckbetriebe im Sinne der §§ 66 bis 68.« Hintergrund des Vorschlags ist es, dass Zweckbetriebe gemeinnütziger Organisationen, etwa Krankentransporte, Rettungsdienste, Krankenhäuser, Altenpflegeeinrichtungen, Schwimmbäder oder Eislaufhallen, immer stärker einer kommerziellen Konkurrenz gegenüber stehen. Bisher zweifelsfrei als Zweckbetrieb gem. § 65 Nr. 3 Abgabenordnung (AO) behandelte Tätigkeiten verlieren diese Zuordnung, da der Gesetzestext durch den BFH dahingehend ausgelegt wird, dass bereits ein potenzieller Wettbewerb ohne Beachtung der Verhältnisse am räumlich relevanten Markt zu einer Versagung der Zweckbetriebseigenschaft führt (BFH v. 18.8.2011 – V R 64/09, Höchstrichterliche Finanzrechtsprechung [HFR], Jahrgang 2012, S. 784 – andere Eissporthallen *über den maßgeblichen Umkreis von 50 km hinaus* zeigten, dass es einen potenziellen Wettbewerb gebe).

Zugleich ist vorgeschlagen worden, durch einen neuen Satz 2 in § 65 Nr. 3 Abgabenordnung (AO) klarzustellen, dass die besonderen Zweckbetriebe der §§ 66 bis 68 Abgabenordnung (AO) der allgemeinen Zweckbetriebsregelung in § 65 Abgabenordnung (AO) vorgehen, so dass es bei diesen nicht darauf ankommt, ob der Wettbewerb zu kommerziellen Anbietern unvermeidlich ist. Diese Vorrangstellung der speziellen Vorschriften entspricht der Rechtsprechung des BFH (BFH v. 04.06.2003 – I R 25/02, Bundessteuerblatt [BStBl.], Teil II, Jahrgang 2004, S. 660, 661; v. 18.3.2004 – V R 101/01, Bundessteuerblatt [BStBl.], Teil II, Jahrgang 2004, S. 798; v. 16.12.2009 – I R 49/08, Bundessteuerblatt [BStBl.], Teil II, Jahrgang 2011, S. 398; v. 17.02.2010 – I R 2/08, Bundessteuerblatt [BStBl.], Teil II, Jahrgang 2010, S. 1006) und wohl der allgemeinen Auffassung in der Literatur (vgl. Hüttemann 2012a: § 6 Randnummer 218). In der Rechtsprechung des BFH ist jüngst allerdings eine deutlich wettbewerbsfeindlichere Haltung (Hüttemann/Schauhoff 2011: 319 ff.) auszumachen, so dass eine grundsätzliche Klärung auch dieser Frage angesichts weiterer problematischer Urteile notwendig erscheint. So hat der BFH die Konkurrenzsituation zwischen gewerblichen und gemeinnützigen Rettungsdiensten restriktiv zulasten der Gemeinnützigen aufgelöst (BFH v. 18.09.2007 – I R 30/06, Der Betrieb [DB], Jahrgang 2008, S. 383, mit Nichtanwendungserlass durch BMF, Schreiben vom 20.01.2009, Bundessteuerblatt [BStBl.], Teil I, Jahrgang 2009, S. 339) und hat einem ausgegliederten Krankenhauslabor (BFH v. 06.02.2013 – I R 59/11, Bundessteuerblatt [BStBl.], Jahrgang 2013, S. 603) sowie einem mit Langzeitarbeitslosen arbeitenden Mahlzeitendienst zur Belieferung von Schulen und Kindergärten (BFH v. 13.06.2012 – I R 71/11, Sammlung der Entscheidungen des Bundesfinanzhofs [BFH/NV], Jahrgang 2013, S. 89) die Gemeinnützigkeit versagt.

3.5 Komplexe Organisationsstrukturen im Dritten Sektor

Gemeinnützige Wohlfahrtsorganisationen sind oftmals in betriebswirtschaftlich sinnvoller Weise konzernähnlich strukturiert, etwa indem einzelne Sparten in getrennten Kapitalgesellschaften eigenständig wirtschaften und die Verantwortlichkeit der jeweiligen Geschäftsleiter begrenzt ist. Auch wegen öffentlicher Zuschüsse für bestimmte Dienste aus allgemeinem wirtschaftlichen Interesse (DAWI) werden diese Zuschussbetriebe (etwa Universitätskliniken) von anderen (etwa Serviceeinrichtungen) getrennt gehalten.

Wegen des Erfordernisses des Grundsatzes der Unmittelbarkeit gem. § 57 Abgabenordnung (AO) ist es allerdings problematisch, ob die Organisation, die an der Spitze steht, etwa ein Verein, die Gemeinnützigkeit verliert, wenn sie sich allein auf ihre Holdingaufgaben konzentrieren würde. Um derartige, durchaus sinnvolle Gestaltungen zu ermöglichen, ist vorgeschlagen worden, eine ausdrückliche Regelung z. B. in § 58 Nr. 2 Abgabenordnung (AO) (»... eine Körperschaft ausschließlich Anteile an einer anderen steuerbegünstigten Körperschaft hält ...«) oder in § 57 Abs. 12 Abgabenordnung (AO) zu schaffen (vgl. Hüttemann 2012a: § 4 Randnummer 66). Das Bundesministerium der Finanzen (BMF) reagiert gegenüber derartigen Vorschlägen zurückhaltend, weil man auf die eigene Verfolgung gemeinnütziger Zwecke durch die Mutterorganisation nicht verzichten wolle. Es bestehe sonst die Gefahr, dass rein gewerblich handelnde Holdinggesellschaften in das Gemeinnützigkeitsrecht hineindrängen. So ist etwa der ADAC als Verein mit Holdingfunktion mit seinen zahlreichen kommerziellen Tochtergesellschaften zwar Idealverein, aber nicht gemeinnützig.

3.6 Förderung des bürgerschaftlichen Engagements als Zweck von Social Entrepreneurs

Seit der Verabschiedung des Gesetzes zur weiteren Stärkung des bürgerschaftlichen Engagements vom 10.10.2007 (Bundesgesetzblatt [BGBl.], Teil I, Jahrgang 2007, S. 2332) wird gefordert, die Ausgestaltung des damals geschaffenen gemeinnützigen Zwecks der Förderung des bürgerschaftlichen Engagements zu verbessern. In dem Maße, in dem die traditionellen Netzwerke aus Familie, weiterer Verwandtschaft und Nachbarschaft die Aufgaben der Kindererziehung und Pflege Kranker und Alter wegen kleinerer Familien, einer zunehmenden Überalterung und weniger tragfähigen Beziehungen aufgrund der höheren Mobilität der Menschen nicht mehr übernehmen können, wird es wichtiger, die ehrenamtliche Tätigkeit auf diesen Gebieten zu unterstützen und auszudehnen. Das freiwillige Engagement wird zunehmend einen Teil der Netzwerke in Familien und Nachbarschaft ersetzen müssen. Der demografische Wandel führt aber auch dazu, dass mehr Ältere, von der Last der Familien- und der Erwerbsarbeit befreit, die Möglichkeit zum bürgerschaftlichen Engagement und mit abnehmenden sozialen Kontakten in Beruf und Familie sogar ein Bedürfnis hiernach haben.»Früher waren die Alten vor allem alt, heute sind sie Streetworker« (Jakobs 2012: 19). Hier gilt es zu informieren, soziale Netzwerke zu schaffen und Schwellenängste vor dem Unbekannten abzubauen. Kurz: Für die Vernetzung ehrenamtlich Tätiger untereinander müssen sinnvolle rechtliche Rahmenbedingungen bereitgestellt werden.

Organisationen, deren Ziel in der Förderung anderer gemeinnützig Handelnder liegt, etwa Ehrenamtsbörsen oder Freiwilligenagenturen (vgl. Kemnitzer/Schaarschmidt 2011: 34 ff., Bertelsmann Stiftung 2008), haben aber Schwierigkeiten, einen gemeinnützigen Zweck zu wählen. Innovative Ansätze halten Informationen über gemeinnützige Organisationen bereit, lenken Spendengelder in bestimmte Projekte und bewegen Privatleute durch die Schaffung von Vertrauen oder durch innovative Formen des Spendens zu Zuwendungen, etwa die Initiative von »Deutschland rundet auf«.[20] Anderen Social Entrepreneurs dient das Internet dazu, etwa über *Betterplace.org*,[21] Spender und soziale Einzelprojekte zusammenzubringen. Die von der Bertelsmann Stiftung zusammen mit anderen Akteuren gegründete *PhineogAG* versucht einen sozialen Marktplatz zu schaffen, der durch größere Transparenz der untersuchten Nonprofit-Organisationen die Angebote mit der größtmöglichen gesellschaftlichen Wirkung deutlich macht, hierdurch die knappen Spendengelder in die besten Organisationen fließen lässt und unter den spendensammelnden Organisationen einen Wettbewerb initiiert, wie er vergleichbar auf dem For-Profit-Markt um Nachfrager herrscht (vgl. Rickert 2011: 14 f., Phineo 2010, Epkenhans 2011). Der Förderung der Tätigkeit anderer gemeinnützig, ehrenamtlich oder sozial innovativ tätiger Personen verschrieben haben sich auch Organisationen, die diesen Unterstützung in Form von Know How, Anschubfinanzierung, Werbung oder ideeller Hilfe anbieten. Hierzu gehört die *Bon-*

---

20 vgl. www.deutschland-rundet-auf.de, Zugriff 10.06.2012.
21 vgl. www.betterplace.de, Zugriff 10.06.2012.

Venture Gruppe, die Spendern in Form eines Investment Fonds die Möglichkeit bietet, sich an einer Gruppe sozialer und gemeinnütziger Projekte als Kommanditisten oder in Form von Spenden zu beteiligen, die nach bestimmten Kriterien ausgewählt, geprüft und zum Teil auch anschubfinanziert, beraten und angeleitet werden. Wie in einem normalen Fonds soll die Streuung im Portfolio helfen, das Gesamtrisiko der sozialen Investition zu senken, falls sich eine Organisation oder ein Projekt als nicht wirkungsvoll erweist. Soweit die Investoren Gewinne erwirtschaften, werden diese in Form von Zuwendungen und Spenden an die gemeinnützige Fonds-GmbH transferiert.[22] Ein ähnliches Projekt ist *Ashoka,* in den 1980er Jahren von einem McKinsey-Berater gegründet, sowie die *Schwab Foundation* des Weltwirtschaftsforum-Gründers *Klaus Schwab. Ashoka* ist durch einen ihrer Geförderten berühmt geworden, den Mikrokredit-Banker und Friedensnobelpreisträger *Mohamed Yunus.* Auch kleinere Initiativen nutzen diesen Ansatz. So finanziert die »*brandstiftung«* das *Social Lab Köln,* einen Verbund von zwölf Social Entrepreneurs im Bildungsbereich, die dort Informationen, Know How und Kontakte austauschen (vgl. Aloui 2011: 16 f.).

Als die Förderung des bürgerschaftlichen Engagements als 25. gemeinnütziger Zweck durch das Gesetz zur weiteren Stärkung des bürgerschaftlichen Engagements in § 52 Abs. 2 Abgabenordnung (AO) aufgenommen wurde, war die Praxis davon ausgegangen, dass derartige Förderorganisationen seitdem die Förderung des bürgerschaftlichen Engagements Dritter als alleinigen gemeinnützigen Zweck verfolgen können. Die Finanzverwaltung stellte sich jedoch in der darauf folgenden Änderung des Anwendungserlasses zur Abgabenordnung (AEAO) auf den Standpunkt, der neue gemeinnützige Zweck entbinde nicht von der Pflicht, die sonstigen Voraussetzungen der Gemeinnützigkeit einzuhalten. Hierzu gehöre auch der Grundsatz der Unmittelbarkeit, so dass die alleinige Förderung anderer Gemeinnütziger nicht ausreiche (AEAO zu § 52 Nr. 2.5.). In der Praxis behilft man sich damit, dass weitere eigene Zweck verfolgt werden, etwa die Bildung der Ehrenamtlichen. Gleichwohl sollte entgegen der engen Auslegung der Finanzverwaltung durch die folgende Formulierung klargestellt werden, dass die Förderung des bürgerschaftliches Engagement durch Förderung Dritter nach § 52 Abs. 2 Nr. 25 Abgabenordnung (AO) alleiniger gemeinnütziger Zweck sein kann: »*die Förderung des bürgerschaftlichen Engagements zugunsten der eigenen steuerbegünstigten Zwecke oder zugunsten anderer steuerbegünstigter Körperschaften oder der Verwirklichung steuerbegünstigter Zwecke durch Körperschaften des öffentlicher Rechts.*« (Weitemeyer 2012a: 91 ff.) Der dahingehende Vorschlag des Finanzausschusses des Bundesrats (Drucksache. 663/1/12, 2) ist daher aufzugreifen. Wichtig erscheint mir in der weiteren Diskussion, dass dem Bedenken begegnen kann,

---

22 vgl. www.bonventure.de/de/bonventure/Ziele.html, Zugriff 10. 06. 2012.

dass rein gewerbliche Dienstleistungen, etwa die Bereitstellung von Buchführungs-, IT- oder Consultingleistungen für Gemeinnützige durch Dritte, aufgrund der neuen Zwecksetzung in den Genuss der Gemeinnützigkeit kommen können.

4 Fazit

Einige der vornehmlich in der Praxis geforderten Reformen für unternehmerisches Handeln von NPOs sind bereits umgesetzt worden. So hat das Gesetz zur Stärkung des Ehrenamts des Jahres 2013 unternehmerisch handelnde Nonprofit-Organisationen durch die Flexibilisierung der Rücklagenbildung tatsächlich darin »gestärkt«, in betriebswirtschaftlich sinnvoller Weise ihre Eigenkapitalbasis zu verbreitern, ohne dass dem Sektor auf Dauer gemeinnützige Mittel entzogen werden. Das als Referentenentwurf vorliegende Gesetz zur Schaffung einer Kooperationsgesellschaft hat die Forderung aufgegriffen, Genossenschaften endlich wieder auch in Deutschland mit seiner historisch reichen Genossenschaftsbewegung als gangbare Alternative für wirtschaftliche Organisationen im Low-Profit-Bereich auszugestalten, indem die Pflichtprüfung einer Genossenschaft durch einen Prüfungsverband entfallen kann.

Weitere Reformen sind notwendig, bedürfen jedoch der genaueren rechtswissenschaftlichen Untersuchung und Begleitung, auch um in der Politik ausreichend wahrgenommen zu werden. Hierzu gehören Überlegungen zu den Möglichkeiten und Grenzen wirtschaftlicher Betätigungen von Ideal- und von Wirtschaftsvereinen im Zivilrecht sowie von Mittelbeschaffungs-, von Zweckbetrieben und von Holdingstrukturen im steuerlichen Gemeinnützigkeitsrecht. Auch der Ausstieg »zu erfolgreich« gewordener NPOs aus der Gemeinnützigkeit und ihre Eingliederung in die gewerbliche Wirtschaft, etwa durch den Verkauf von Anteilen an NPOs, durch den Wegfall der Gemeinnützigkeit oder durch eine Umgestaltung von NPOs durch Verkauf ihres Geschäftsbetriebs und die Fortführung der Organisation mit neuen, durch die Wirtschaft noch nicht ausreichend angebotenen sozialen Leistungen sowie die Bedingungen von Kooperationen von NPOs untereinander sind aktuelle praktische Herausforderung an die Rechtsgestaltung.

Die Möglichkeiten, die rechtsvergleichende Untersuchungen hierzu bieten können, sind noch längst nicht ausgeschöpft. So bestehen in England allein 13 verschiedene Rechtsformen für Charities und in einigen Staaten der USA ermöglicht die Low Profit Limited Liability Company die Verfolgung sozialer Zwecke ohne ein Mindestkapital, aber mit Haftungsausschluss für die Gesellschafter, die zugleich einen Anreiz in Form einer moderaten Gewinnausschüttung schaffen soll (vgl. Krause/Kindler 2011: 85, 97). Die häufigste Verbreitung von NPOs in England findet die Company Limited by Guarantee, die wie der deutsche Verein Mitglieder ohne Anteil am Vereinsvermögen und eine Haftungsbeschränkung aufweist und dessen Zweck gemeinnützig sein muss (vgl. ebd.: 85, 100). Die im Jahr 2004 eingeführte neue UK-Rechtsform der Community Interest Company für Social Entrepreneurs steht für gemeinnützige Zwecken zur Verfügung, es bestehen aus Gründe des Gläubigerschutzes aber hohe Publizitätspflichten (vgl. ebd.: 85, 100 f.). Durch den Charities Act 2006 wurde in UK die Charitable Incorporated Organisation als neue Rechtsform für Charities geschaffen, deren Umsetzungsregeln aber erst im Jahre 2011 folgten, so dass noch kaum Erfahrungen hiermit vorliegen (vgl. ebd.). Ob es sich aus der Sicht der Praxis eher um Rechtsformen handelt, die infolge ihrer engen Voraussetzungen ähnlich einer Zertifizierung Spendern, Stiftern und sozialen Investoren Seriosität gewährleisten (vgl. Höll 2012: 11, 13), oder ob hier doch Innovationen für deutsche Social Entrepreneurs zu erwarten wären, sollte intensiv diskutiert werden.

Auch für die Frage der konkreten Ausgestaltung der Governance und der Transparenzanforderungen von wirtschaftlich handelnden Nonprofit-Organisationen bieten rechtsvergleichende Untersuchungen wertvolle Erkenntnisquellen (vgl. Breen 2013: 853 ff., von Hippel 2007: 335 ff., Hopt/von Hippel 2010, Dafne 2011, Förschner 2009, Gálvez Rodriguez et. al. 2012: 661 ff., Lehrack 2012, ICFO 2013).[23] So hat die EU-Kommission nach Vorarbeiten aus der Wissenschaft (vgl. von Campenhausen et. al 1998, Hopt/Reuter 2001, Hopt/Walz/von Hippel 2006, Richter/Wachter 2007, Universität Heidelberg et. al. 2009: 209) eine Verordnung über eine europaweit einheitliche supranationale Rechtsform der Europäischen Stiftung (SE) ausschließlich für gemeinnützige Zwecke vorgeschlagen (Begründung zur FE-VO (Fn. 73), Ziffer 3.1.). Auch das Europäische Parlament befürwortete mehrheitlich die Schaffung geeigneter Rechtformen für Gesellschaften auf Gegenseitigkeit, Vereine und Stiftungen (vgl. Weitemeyer 2012b: 1001 ff., Weitemeyer 2013: 277 ff.),[24] jedoch scheint das Vorhaben nach kurzer rechtswissenschaftlicher Diskussion in der Tagespolitik versandet.

An der Weiterentwicklung der zivilrechtlichen Rechtsformen und der steuerlichen Grundlagen für sozialunternehmerische Betätigung von Organisationen des Dritten Sektors rechtssystematisch und rechtsvergleichend zu arbeiten ist daher weiterhin eine lohnende und spannende Aufgabe, die die Rechtswissenschaft stärker entdecken und aus ihrer »NPO-Nische« herausholen sollte.

---

23 vgl. auch die internationalen Datenbanken »A database of civil society self-regulatory initiatives des One World Trust, www.oneworldtrust.org, Zugriff 12. 02. 2014, »Compendium of Standards, Codes, and Principles of Nonprofit an Philanthropic Organizations« von Independent Sector, www.independentsector.org, Zugriff 12. 02. 2014.
24 Written declaration on establishing European statutes for mutual societies, associations and foundations, WD 84/2010

Literatur

Achleitner, A.-K. (2007): Social Entrepreneurship und Venture Philanthropie. Erste Ansätze in Deutschland. In: Hausladen, I. (Hrsg.): Management am Puls der Zeit: Strategien, Konzepte und Methoden. Festschrift für Univ.-Prof. Dr. Dr. h. c. mult Horst Wildemann, Band 1: Unternehmensführung, München, S. 55–70.

Aiken, M.: Social enterprises: Challenges from the field. In: Billis, D. (Hrsg.): Hybrid Organizations and the Third Sector. Challenges for Practice, Theory and Policy, London: Palgrave Macmillan, S. 153–175.

Aloui, M. (2011): Social Lab. Gründungszentrum für kooperationsbereitende soziale Innovatoren. In: Stiftung & Sponsoring, Heft 1, S. 16–17.

Anheier, H. K., Schröer, A. & V. Then (2012): Soziale Investitionen. Interdisziplinäre Perspektiven, Wiesbaden: VS Verlag.

Ashoka Deutschland (2007) (Hrsg.): Everyone a Changemaker. Social Entrepreneurs und die Macht der Menschen, die Welt zu verbessern, Frankfurt a. M.

Beiter, K.-H. (2009): Erleichterungen für Genossenschaftsgründer – Neue Wege zu mehr Genossenschaften. Fachtagung der Arbeitsgruppe Recht der SPD-Bundestagsfraktion am 25. März 2009. Erfahrungsberichte von Genossenschaften, Hamburg: Zentralverband Deutscher Konsumgenossenschaften e. V.

Bertelsmann Stiftung (Hrsg.) (2008): Grenzgänger, Pfadfinder, Arrangeure. Mittlerorganisationen zwischen Unternehmen und Gemeinwohlorganisationen, Gütersloh: Verlag Bertelsmann Stiftung.

Bertelsmann Stiftung, Stifterverband für die Deutsche Wissenschaft & Fritz Thyssen Stiftung (Hrsg.) (2012): ZIVIZ-Survey 2012: Instrument und erste Ergebnisse, Berlin.

Beuthien, V. (2011): Genossenschaftsgesetz, München: Beck.

Bösche, B. (2005): Zu Tode Prüfen? Entwicklungstendenzen der genossenschaftlichen Prüfung in Deutschland. In: Bösche, B. & R. Walz (Hrsg.): Wie viel Prüfung braucht der Verein – wie viel Prüfung verträgt die Genossenschaft?, Beiträge zum Symposium am 10. Juni 2005 an der Bucerius Law School Hamburg.

Bösche, B. (2010): Wirtschaftliche Vereine als kleine Genossenschaften. In: Grumbach, D. & B. Bösche (Hrsg.): Wirtschaftliche Vereine, Hamburg: Zentralverband deutscher Konsumgenossenschaften e. V..

Breen, O. (2013): The Disclosure Panacea: A Comparative Perspective on Charity Financial Reporting. In: Voluntas, Heft 3, S. 852–880.

Bundesarbeitsgemeinschaft der Freien Wohlfahrtspflege (2013): Soziale Innovationen in den Spitzenverbänden der Freien Wohlfahrtspflege – Strukturen, Prozesse und Zukunftsperspektiven. Eine Studie des Centrums für soziale Investitionen und Innovationen, Universität Heidelberg (CSI). Im Auftrag der BAGFW mit Unterstützung durch das BMFSFJ, Berlin.

Defourny, J. & M. Nyssens (2010): Conceptions of Social Enterprise and Social Entrepreneurship in Europe and the United States: Convergences and Divergences. In: Journal of Social Entrepreneurship, Heft 1, S. 32–53.

Epkenhans, I. (2011): Transparenz über die Wirkungen gemeinnütziger Aktivitäten. Die Arbeit der PHINEO gAG. In: Arbeitsgemeinschaft für Wirtschaftliche Verwaltung (Hrsg.): Bürokratieentlastung des Dritten Sektors und des bürgerschaftlichen Engagements. Notwendigkeit – Praxis – Perspektiven, Eschborn, S. 271–291.

Europäische Kommission (2011): Mitteilung der Kommission an das europäische Parlament, den Rat, den europäischen Wirtschafts- und Sozialausschuss und den Ausschuss der Regionen. Eine neue EU- Strategie (2011-14) für die soziale Verantwortung der Unternehmen (CSR). KOM (2011) 681 endgültig, Brüssel.

Europäische Kommission (2011a): Mitteilung der Kommission an das europäische Parlament, den Rat, den europäischen Wirtschafts- und Sozialausschuss und den Ausschuss der Regionen. Initiative für soziales Unternehmertum. Schaffung eines »Ökosystems« zur Förderung der Sozialunternehmen als Schlüsselakteure der Sozialwirtschaft und der sozialen Innovation. KOM (2011) 682 endgültig, Brüssel.

European Foundation Centre & Donors and Foundation Networks in Europe (Dafne) (2011): Exploring Transparency and Accountability. Regulation of Public Benefit, Brüssel.

Förschner, J. L. (2009): Effizienzuntersuchung gemeinnütziger Stiftungen: ein internationaler Vergleich aus Managementperspektive. Opusculum Nr. 32, Berlin: Maecenata Institut für Philanthropie und Zivilgesellschaft.

Gálvez Rodriguez, M., Caba Pérez, M. & M. López Godoy (2012): Determing Factors in Online Transparency of NGOs: A Spanish Case Study. In: Voluntas, Heft 3, S. 661–683.

Harbrecht, A. (2010): Social Entrepreneurship – Gewinn ist Mittel, nicht Zweck. Eine Untersuchung über Entstehung, Erscheinungsweisen und Umsetzung, Karlsruhe: Schriften des Interfakultativen Instituts für Entrepreneurship (IEP) des Karlsruher Instituts für Technologie.

Höll, R.-P. (2012): Wie bereite ich (m)eine soziale Innovation auf Finanzierung und Verbreitung vor? Das Jonglieren mit Rechtsformen in der Praxis von Social Entrepreneurs. In: npoR, Heft 1, S. 11–14.

Hopt, K. & D. Reuter (2001): Stiftungsrecht in Europa, Köln: Carl Heymanns Verlag.

Hopt, K., Walz, R., von Hippel, T. & V. Then (Hrsg.) (2006): The European Foundation – A New Legal Approach, Gütersloh: Verlag Bertelsmann Stiftung.

Hopt, K. & T. von Hippel (2010): Comparative Corporate Governance of Non-Profit Organizations, Cambridge: Cambridge University Press.

Hüttemann, R. (2012a): Gemeinnützigkeits- und Spendenrecht, 2. Aufl., Köln: Dr. Otto Schmidt Verlag.

Hüttemann, R. (2012b): Der neue Anwendungserlass zum Abschnitt »Steuerbegünstigte Zwecke«. In: DB, Heft 5, S. 250–257.

Hüttemann, R. & B. Weitemeyer (2009): Flexibilisierung der Rücklagenbildung bei gemeinnützigen Stiftungen. In: npoR, Heft 4, S. 107–108.

Hüttemann, R. & S. Schauhoff (2011): Der BFH als Wettbewerbshüter. In: DB, Heft 6, S. 319–325.

International Committee on Fundraising Organizations (ICFO) (2013): Bridges of Trust: Independent Monitoring of Charities, Amsterdam.

Jakobs, H.-J. (2012): Fit ab 50? Fit bis 100!. In: Süddeutsche Zeitung, München: Süddeutscher Verlag, S. 19.

Kemnitzer, T. & A. Schaarschmidt (2011): Voneinander lernen – gemeinsam etwas bewegen. Freiwilligenagenturen führen Unternehmen und gemeinnützige Organisationen zusammen. In: Stiftung & Sponsoring, Heft 1, S. 34–36.

Koalitionsvertrag (2013): Deutschlands Zukunft gestalten. Koalitionsvertrag zwischen CDU, CSU und SPD. 18. Legislaturperiode. https://www.cdu.de/sites/default/files/media/dokumente/koalitionsvertrag.pdf, Zugriff 16. 03. 2014.

Krause, N. & E. Kindler (2011): Brauchen wir neue Rechtsformen für NPO's: UG, Low Profit Limited, Europäische Privatgesellschaft, wirtschaftlicher Verein oder kleine Genossenschaft?. In: Hüttemann, R., Rawert, P., Schmidt, K. & B. Weitemeyer (Hrsg.): Non Profit Law Yearbook 2010/2011, Hamburg: Bucerius Law School Press, S. 85–104.

Linklaters LLP (2006): Fostering social entrepreneurship. Legal, regulatory and tax barriers: a comparative Study, London.

Lorentz, B. & F. Streiter (2012): Auf der Suche nach dem Sozialunternehmertum. Social Entrepreneurship unter der wissenschaftlichen Lupe. In: Stiftung & Sponsoring, Heft 2, S. 28.

Mair, J., Robinson, J. & K. Hockerts (Hrsg.) (2006): Social Entrepreneurship, Hampshire: Palgrave Macmillan.

Michler, I. (2014): G-8-Initiative: So investieren Sie in Häftlinge und Obdachlose. http://www.welt.de/wirtschaft/article125012096/So-investieren-Sie-in-Haeftlinge-und-Obdachlose.html, Zugriff 16. 03. 2014.

Nicholls, A. (Hrsg.) (2006): Social Entrepreneurship. New Models of Sustainable Social Change, Oxford, New York: Oxford University Press.

Perrini, F. (2006): The New Social Entrepreneurship. What Awaits Social Entrepreneurial Ventures?, Northampton: Edward Elgar.

Phineo (Hrsg.) (2010): Engagement mit Wirkung, Berlin.

Presse- und Informationsamt der Bundesregierung (Hrsg.) (2012): Dialog über Deutschlands Zukunft. Ergebnisbericht des Expertendialogs der Bundeskanzlerin 2011/2012. https://www.dialog-ueber-deutschland.de/SharedDocs/Downloads/DE/Ergebnisbericht/2012-09-10-Langfassung-barrierefrei.pdf?__blob=publicationFile&v=2, Zugriff 16. 03. 2014.

Reuter, D. (2012): Münchner Kommentar zum Bürgerlichen Gesetzbuch. Band 1 Allgemeiner Teil, München: Verlag C. H. Beck.

Richter, A. & T. Wachter (2007): Handbuch des internationalen Stiftungsrechts, Bonn: Zerb Verlag.

Rickert, A. (2011): Wirkung wird wichtiger. Phineo als Marktplatz für soziale Investoren. In: Stiftung & Sponsoring, Heft 1, S. 14–45.

Roth, G. (2014): Gläubigerschutz und Verbandszweck, Habilitationsschrift, Hamburg: Bucerius Law School Press, im Erscheinen.

Rummel, M. (2011): Wer sind die Social Entrepreneurs in Deutschland? Soziologischer Versuch einer Profilschärfung, Wiesbaden: VS Verlag.

Scheuerle, T., Glänzel, G., Knust, R. & V. Then (2013): Social Entrepreneurship in Deutschland – Potentiale und Wachstumsproblematiken. Eine Studie im Auftrag der KfW, Heidelberg: Centrum für soziale Investitionen und Innovationen.

Schmidt, K. (2002): Gesellschaftsrecht. 4. Auflage, Köln u. a.: Heymann.

Schönenberg, D. (2011): Venture Philanthropie. Zulässigkeit und haftungsrechtliche Konsequenzen für Schweizer Stiftungen und deren Organe, Basel: Helbing Lichtenhahn Verlag.

Segna, U. (2008): Rechtsformverfehlung und Holdingkonstruktionen bei Idealvereinen – eine Nachlese des »Kolpingwerk«-Urteils. In: Hüttemann, R., Rawert, P., Schmidt, K. & B. Weitemeyer (Hrsg.): Non Profit Law Yearbook 2008, Hamburg: Bucerius Law School Press.

Spiegel, P. (2012): Social Impact Business. Sozial wirken und unternehmerisch handeln. In: Stiftung & Sponsoring, Heft 2, S. 30–31.

Ullrich, B. (2009): Gemeinnützige Unternehmergesellschaft und Verzinsung von »eigenkapitalersetzenden« Gesellschafterdarlehen?. In: GmbHR, Heft 14, S. 750–759.

Ullrich, B. (2011): Gesellschaftsrecht und steuerliche Gemeinnützigkeit. Die gemeinnützige GmbH und andere Rechtsformen im Spannungsfeld zwischen Gesellschafts- und Steuerrecht, Köln: Carl Heymanns Verlag.

Universität Heidelberg, Centrum für soziale Investitionen und Innovationen & Max Planck Institute for Comparative and International Private Law (Hrsg.) (2009): Feasibility Study on a European Foundation Statute. Final Report. http://ec.europa.eu/internal_market/company/docs/eufoundation/feasibilitystudy_en.pdf, Zugriff: 16.03.2014.

von Campenhausen, A., Kronke, H. & O. Werner (1998): Stiftungen in Deutschland und Europa, Düsseldorf: IDW-Verlag.

von Hippel, T. (2007): Grundprobleme von Nonprofit-Organisationen, Tübingen: Mohr Siebeck Verlag.

Waddock, S. (2009): Pragmatische Visionäre. Veränderer als Soziale Unternehmer, Berlin: Centrum für Corporate Citizenship Deutschland.

Weber, I. J. (2014): Die gemeinnützige Aktiengesellschaft, Hamburg: Bucerius Law School Press, erscheint demnächst.

Weitemeyer, B. (2012): Innovative Formen der Philanthropie – Ein Problemaufriss zu den Grenzen des geltenden Gemeinnützigkeits- und Zivilrecht. In: Hüttemann, R., Rawert, P., Schmidt, K. & B. Weitemeyer (Hrsg.): Non Profit Law Yearbook 2011/2012, Hamburg: Bucerius Law School Press, S. 91–114.

Weitemeyer, B. (2012): Der Kommissionsvorschlag zum Statut einer Europäischen Stiftung. In: NZG, Heft 26, S. 1001–1009.

Weitemeyer, B. (2013): Fundatio Europaea – Risk of abuse by tax shopping. In: ERA Forum, Heft 2, S. 277–295.

Winheller, S. (2012): Kindergärten sind Unternehmen! Warum die Rechtsform des e. V. für zweckbetriebsdominierte NPOs nicht taugt und Alternativen (gGmbH, e. G.) gefragt sind. Eine Anmerkung zu KG Berlin v. 18.1.2011, 20.1.2011 und 7.3.2012 sowie Menges, ZStV 2012, 63 f., In: DStR, Heft 31, S. 1562–1565.

3 Nackte Kaiser retten die Welt – Philanthrokapitalismus

Berit Sandberg

Abstract: Philanthrokapitalismus gehört zu den Spielarten einer neuen Philanthropie, die Handlungslogiken und Management-Strategien aus der Wirtschaft auf den Dritten Sektor überträgt. Das Phänomen wird mit philanthropischen Aktivitäten vermögender Unternehmerpersönlichkeiten und mit deren einflussreichen Stiftungen konnotiert, beeinflusst aber auch die Arbeitsweise und Förderpraxis anderer Organisationen. Philanthrokapitalismus steht für ein globales Modell institutionalisierter Förderung mit international ausgerichteter Programmatik, dessen empirische Relevanz, Funktionsweisen und Auswirkungen noch weitgehend unerforscht sind. Philanthrokapitalismus besitzt eine soziale, eine geographische, eine ökonomische, eine sozioökonomische, eine politische, eine kulturelle und eine ethische Dimension, die Ansatzpunkte für die Forschung liefern.

Keywords: Nonprofit-Organisationen, Dritter Sektor, Zivilgesellschaft, Philanthropie, Philanthrokapitalismus, Stiftung, Ökonomisierung

1 Definition eines Modewortes

25. Oktober 2025 im Low Earth Orbit: »Der Anführer der philanthrokapitalistischen Revolution wird 70«. Bill Gates feiert in Richard Branson's Weltraum-Villa SpaceForceOne mit Jeff Skoll, Larry Page, Paul Hewson, besser bekannt als Bono, und Oprah Winfrey Geburtstag und bringt einen Toast aus: »I am proud to tell you that this year's World Development Report will confirm that malaria has been eradicated from the planet. ... So, what shall we tackle next?« (Bishop/Green 2010: 266 f., 284) Die Gäste repräsentieren Wirtschaft, Politik und Kultur; Wissenschaftler sind nicht eingeladen – bezeichnend für den Umgang mit dem jungen Phänomen.

Der Begriff Philanthrokapitalismus geht auf einen Artikel im Magazin The Economist zurück (vgl. o. V. 2006). Die fiktive Szene stammt aus dem Buch »Philanthrocapitalism – How the Rich Can Save the World«, in dem Bishop und Green (2008) das Konzept populärwissenschaftlich aufbereiteten und »das goldene Zeitalter des Philanthrokapitalismus« (Bishop/Green 2011: 6) beschwören. Die daran anknüpfende intensive Rezeption in Blogs[1] und Presseberichten (vgl. z. B. Gertner 2008, Mejias 2010, Fischermann 2010) machte Philanthrokapitalismus zum Modewort des Jahres 2008. Auf der Liste der Phrasen des Jahrzehnts landete es auf Platz 6 (vgl. Bernholz 2008, 2011). Die wichtigste Replik – ebenfalls populärwissenschaftlicher Natur – lieferte Edwards (2008) mit der Monographie »Just another Emperor? The Myths and Realities of Philanthrocapitalism«, deren Titel u. a. andeutete, es handele sich um nichts Neues.[2]

Tatsächlich wird die Verbindung von philanthropischem und unternehmerischem Handeln in der Literatur mit verschiedenen Begriffen belegt: *venture philanthropy* (vgl. Letts et al. 1997), *strategic philanthropy* (vgl. Sandfort 2008), *creative philanthropy* (vgl. Anheier/Leat 2006), *enterprising philanthropy* (vgl. Dees 2008). Der Begriff Philanthrokapitalismus selbst ist unscharf und wird von diesen verwandten Konzepten nicht klar abgegrenzt. Die Schöpfer des Neologismus *philanthrocapitalism* sind eine präzise Definition schuldig geblieben. Die pointierteste charakterisiert das Konstrukt so: »philanthrocapitalism is the use of business tools and market forces, especially by the very wealthy, for the greater social good.« (Rogers 2011: 376)

Philanthrokapitalismus wird als Philanthropie schwerreicher Unternehmer konnotiert (vgl. Jenkins 2011: 10) und mit Stifterpersönlichkeiten in Verbindung gebracht, die einen Hintergrund als Unternehmer haben: Bill Gates (Microsoft), Warren Buffet (Berkshire Hathaway), Pierre Omidyar (eBay), Gordon Moore (Intel), Larry Ellison (Oracle) etc. Alle diese Milliardäre sind in der Lage, über leistungsfähige Netzwerke soziale und wirtschaftliche Problemlagen in einer Weise anzugehen (vgl. Schervish 2000, 2003), die Politikfelder mitgestaltet: »a move from palliative to developmental giving« (Ball 2012: 69). Ein weltweiter Aktionsradius ist typisch, denn Philanthrokapitalisten verstehen sich als »Weltsanierer« (Brinkbäumer/Fichtner 2007).

Daraus ist ein globales Modell institutionalisierter Förderung entstanden, in dem Stiftungen mit international ausgerichteter Programmatik dominieren. Sie sind nicht die einzigen institutionellen Vehikel des Philanthrokapitalismus,[3] doch

---

1   Die Stichwortsuche nach der Begriffskombination »Blog« + »Philanthrocapitalism« liefert über die Websuche mit Google ca. 21 100 Treffer (Stand: 20. 12. 2013). Für eine Übersicht ausgewählter Blog-Beiträge s. o. V. (2008).
2   Der Titel dieses Beitrages spielt sowohl auf Bishop/Green (2008) und Edwards (2008) als auch auf das Märchen »Des Kaisers neue Kleider« von Hans Christian Andersen an.
3   Das Omidyar Network des eBay-Gründers Pierre Omidyar ist eine Investment Company, in die eine gemeinnützige Stiftung eingebunden ist. Larry Page und Sergey Brin verzichten bei

es sind vor allem die US-amerikanischen »Mega-Stiftungen« (Fischermann 2006), die mit dem Begriff assoziiert werden. Als oft beschriebenes Paradebeispiel gilt die Arbeit der Bill & Melinda Gates Foundation. Mit Philanthrokapitalismus verbindet sich zum einen die Überzeugung, dass erwerbswirtschaftliche Handlungsmuster nicht-kommerziellen auch in Bezug auf den Fortschritt der Menschheit überlegen sind. Zum anderen beruhen die Aktivitäten auf dem Glauben, dass persönlicher Erfolg als Unternehmer in der Philanthropie wiederholbar ist (vgl. Bosworth 2011: 383, Jenkins 2011: 11). Der Prominenten-Status, den seine Protagonisten genießen, steht einer kritischen Auseinandersetzung mit Nutzen und Gefahren des Philanthrokapitalismus im Weg (vgl. Shaw et al. 2011: 581), zumindest gilt das für den populärwissenschaftlichen und medialen Diskurs.[4]

Die akademische Auseinandersetzung mit Philanthrokapitalismus als eigenständigem Phänomen ist überschaubar. Jenkins (2011) und McGoey (2012) haben umfassende Beiträge vorgelegt. Andere Autoren behandeln Philanthrokapitalismus in einen größeren Kontext: als Erscheinungsform von Philanthropie (vgl. Fridell/Konings 2013, Thorup 2013), als Philanthropie von Unternehmern (vgl. Shaw et al. 2010, 2011, Gordon 2011, Seghers 2007, 2009), in Bezug auf die Rolle von Stiftungen (vgl. Fleishman 2007, Marten/Witte 2008) und schließlich mit Blick auf bestimmte Politikfelder (vgl. Ball 2012, Brown 2012, Holmes 2012). Die Zeitschrift Society widmete ihre September-Ausgabe 2011 »The Politics of Philanthrocapitalism«.

Der vorliegende Beitrag konzentriert sich auf Forschungsarbeiten zum Wesen, zu den Mechanismen und zur Wirkung des Philanthrokapitalismus (Abschnitt 3). Um den Besonderheiten des Philanthrokapitalismus auf die Spur zu kommen, werden zunächst Verbindungslinien zu verwandten Konzepten aufgezeigt, ohne diese jedoch im Hinblick auf den jeweiligen Forschungsstand auszuloten (Abschnitt 2). Die Einordnung dient vielmehr dem Versuch, das eigentlich Neue am Philanthrokapitalismus herauszuarbeiten und Perspektiven für die Forschung aufzuzeigen (Abschnitt 4).

---

den philanthropischen Aktivitäten von Google.org ganz auf den Status der steuerprivilegierten Charity.

4 »Philanthrocapitalism is the Martha Stewart of philanthropy: haughty and self-important, but simultaneously charming with mass appeal.« (Jenkins 2011: 7)

2 Philanthrokapitalismus als neue Philanthropie

Philanthrokapitalismus bezeichnet eine Form der Philanthropie, die sich an Marktmechanismen und erwerbswirtschaftlichem Kalkül orientiert. Dabei werden Handlungslogiken (Gewinnerzielung, Effizienzpostulat etc.) und Management-Strategien aus der Wirtschaft auf den Dritten Sektor angewendet. Der Gedanke, dass sich betriebswirtschaftliche Grundsätze auf die Lösung sozialer Probleme übertragen lassen, verweist auf Konzepte wie *Corporate Social Responsibility* (vgl. Garriga/Melé 2004) und *Social Entrepreneurship* (vgl. Dees 2008). Bei der »philanthropy 3.0« (Charles Bronfman) geht es jedoch weniger darum, bestehende Nonprofit-Organisationen zu fördern oder Unternehmen mit sozialer Zwecksetzung zu betreiben, sondern darum, unternehmensähnlich agierende Stiftungen zu gründen.

Philanthropisches Handeln wird zur sozialen Investition, die sowohl eine finanzielle Rendite abwerfen als auch einen Social Return on Investment (SROI) maximieren soll. Insofern ist Philanthrokapitalismus kein neues Konzept, sondern eine Spielart strategischer Philanthropie (vgl. Porter/Kramer 1999, Frumkin 2006, Sandfort 2008, McGoey 2012: 189), die ihre Botschaft über Vokabeln wie »›strategic‹, ›market-conscious‹, ›impact oriented‹, ›knowledge-based‹, .. ›high-engagement‹« (Bishop/Green 2010: 6) transportiert. Kennzeichnend sind ein Mix aus ökonomischen, sozialen und kulturellen Ressourcen, eine langfristige Perspektive in Kombination mit Exit-Strategien, Risikobereitschaft, das Handeln auf der Basis einer Theory of Change bzw. eines Logic Models sowie ein starkes Vertrauen in Wirkungsmessung (vgl. Shaw et al. 2010: 3). Die Größenordnung der eingesetzten Budgets macht Philanthrokapitalismus zu einer fortgeschrittenen Version der *Venture Philanthropy* (vgl. Letts et al. 1997, Fleishman 2007).

Anhand ihrer Handlungsmuster lassen sich die genannten Konzepte allerdings kaum voneinander abgrenzen (vgl. Katz 2005: 130). Ihnen allen ist gemein, dass sie die Politik weitgehend bedingungslosen Gebens der Unternehmer und Philanthropen des frühen 20. Jahrhunderts, wie Rockefeller, Carnegie und Mellon (vgl. Harvey et al. 2011), in eine Förderung nach dem Reziprozitätsprinzip verwandeln (vgl. Adloff 2010: 41). Bei diesen »konditionalisierten Formen des Gebens« (Adloff 2010), werden Gelder mit Auflagen verknüpft (vgl. Adloff 2010: 47 f.). Leitgedanken wie *impact investing* (vgl. Duncan 2004), *performance measurement* (vgl. Leat 2006) und *donor control* (vgl. Ostrander 2007, Jenkins 2011: 13 f.) prägen die Förderpraxis. Stiftungen, die sich daran orientieren, streben eine enge Partnerschaft mit den Destinatären an, um die Wirkung ihrer »Investitionen« zu erhöhen (vgl. Adloff 2010: 39). Das Ergebnis sind zunehmend hierarchische Beziehungen, in denen die Programme und Projekte der Empfänger von den Mittelgebern kontrolliert werden (vgl. Ostrander 2007: 359).

Alle diese Mechanismen werden in der Literatur als Merkmale einer neuen Philanthropie diskutiert. Neu am Philanthrokapitalismus ist also nicht die Anwendung betriebswirtschaftlicher Grundsätze als solche, sondern vielmehr die Tatsache, dass ein Stifter, der als Unternehmer erfolgreich ist, seine persönlichen Erfahrungen in philanthropisches Handeln übersetzt (vgl. Jenkins 2011: 12). Oft werden Stiftungsformen mit begrenzter Lebensdauer gewählt, die anders als klassische Stiftungen ihr Kapital aufzehren (Verbrauchsstiftung). Sie ermöglichen dem Stifter ein »giving while living« und ein hohes Maß an persönlichem Engagement (vgl. IoF 2012: 14), stellen aber vor allem in der Endphase Stiftung und Destinatäre vor Herausforderungen. Beispiele sind die Bill & Melinda Gates Foundation, die John M. Olin Foundation und The Andrea and Charles Bronfman Philanthropies.

Die nächste Generation von Philanthropen, die »new new philanthropists« (Wiley 2007), folgt diesem Vorbild und verlässt dabei sogar die bei Stiftungen im Hinblick auf den Kapitalerhalt üblichen risikoarmen Strategien der Vermögensanlage. Es sind Hedgefonds- und Private Equity-Manager, die über eigene Stiftungen ein Portfolio an philanthropischen Investitionen managen (vgl. ebd.). Beispiele sind die Robin Hood Foundation, einer der Pioniere im Bereich *Venture Philanthropy*, die Children's Investment Fund Foundation, die sich an den Grundsätzen des *Impact Investing* orientiert, und die Pershing Square Foundation, die ihr Vermögen in den Hedgefond ihres eigenen Gründers investiert.

Eine weitere Facette, um die Philanthrokapitalismus die strategische Philanthropie bereichert, ist der Ansatz, durch die gezielte Einbindung von Partnern (Zustifter, NGOs, öffentliche Hand) eine Hebelwirkung *(leverage)* zu erzielen (vgl. Frumkin 2000, Jenkins 2011: 14 f.): »always driven by the goal of maximizing ›leverage‹ of the donor's money.« (Bishop/Green 2010: 6) Bündnisse wie die Clinton Hunter Development Initiative nutzen nicht nur persönliche Netzwerke, sondern nehmen durch finanzielle Anreize zur Ko-Finanzierung von Programmen auch Einfluss auf die öffentliche Ausgabenpolitik (vgl. Jenkins 2011: 65).

Befürworter glauben an die Überlegenheit unternehmerischer Prinzipien über das politisch-administrative System, das sie als Teil des zu lösenden Problems identifizieren (vgl. Thorup 2013: 569): »Philanthrocapitalists are therefore looking to partner with government to help public resources be used more effectively.« (Michael Green zit. nach Erskine 2013) Gewinnstreben erscheint als beste Lösung für globale Probleme: »The profit motive may be the best tool for solving the world's problems, more effective than any government or private philanthropy.« (Larry Ellison zit. nach Edwards 2008: 12)

Eine weitere Besonderheit liegt insofern in einem immanenten Widerspruch, den der »creative capitalism« (Gates 2008) in sich birgt: Philanthrokapitalisten profitieren von Zuständen, die sie gleichzeitig bekämpfen (vgl. Health Watch 2011: 267, McGoey 2012: 191). Sie sind Nutznießer eines ökonomischen Systems, das es ihnen u. a. erlaubt, in der Wissensgesellschaft temporäre Monopole zu errichten und damit große Vermögen aufzubauen, das aber zugleich soziale Bedingungen schafft, die beispielsweise gemeinwohlorientierte Bildungsinitiativen auf den Plan rufen, die letztlich wiederum Nachfrage nach den Produkten der betreffenden Unternehmen schaffen.

3 Philanthrokapitalismus als Gegenstand empirischer Forschung

Philanthrokapitalisten sind »successful entrepreneurs trying to solve big social problems because they believe they can, and because they feel they should.« (Bishop/Green 2010: 30) Das dürftige Erklärungsmuster ist nicht nur der vereinfachenden populärwissenschaftlichen Perspektive geschuldet, sondern auch der spärlichen Empirie. Die Forschung zur Philanthropie vermögender Personen hat deren Motive, Einflussfaktoren und Entscheidungsprozesse eingehend untersucht (vgl. Schervish 2000, Supphellen/Nelson 2001, Brady et al. 2002, Lloyd 2004, Lauterbach 2011), den Unternehmer aber bisher vernachlässigt (vgl. Shaw et al 2011: 586 f.). Hypothesen zu philanthropischem Verhalten von Unternehmern erklären dies mit einem Streben nach Anerkennung, Legitimation, Macht und Zugehörigkeit zu einer sozialen Elite, der auch einflussreiche Politiker und andere Prominente angehören (vgl. Ostrower 1995, Harvey et al. 2011).

Vor diesem Hintergrund erscheint Philanthrokapitalismus als soziales Phänomen. Für dessen theoretische Fundierung ziehen Shaw et al. (2011) die Kapital-Theorie Bourdieus heran und charakterisieren unternehmerische Philanthropie als Mischung von ökonomischem, kulturellem, sozialem und symbolischem Kapital. Unternehmer, die über ein großes Vermögen, unternehmerisches Knowhow, Kontakte und persönliche Reputation bzw. einen unternehmensbezogenen Markenstatus verfügen, haben das Potenzial, sozialen Wandel herbeizuführen (vgl. Shaw et al. 2011: 584). Dieser Erklärungsansatz beruht auf Fallstudien zur unternehmerischen Philanthropie in Großbritannien (vgl. Shaw et al. 2011, Gordon 2011). Er korrespondiert mit der These, vermögende Personen seien in der Lage, sowohl die eigenen Lebensbedingungen als auch die anderer Menschen zu gestalten. Dieses zentrale Merkmal »*hyperagency*« lässt solche Personen eher selbst Programme initiieren als bestehende zu unterstützen (vgl. Schervish 2000: 8, 14).

Dabei zeigen Philanthrokapitalisten eine Tendenz zum »philanthropischen Paternalismus« (Salomon 1987). Im Sinne der bereits erwähnten *donor control* verordnen ihre Stiftungen den Geförderten »eine Art ökonomisches Erziehungsprogramm« (Adloff 2010: 40), das die Stiftung als Expertin und Change Agent erscheinen lässt »relegating grantees to the role of subcontractors expected to execute the grand vision of the private foundation funder.« (Jenkins 2011: 17) Diese Rollenverteilung instrumentalisiert geförderte Organisationen anstatt sie zu autonomem Handeln zu befähigen (vgl. Jenkins 2011: 18, 47). In solchen Mechanismen sehen Kritiker eine wesentliche Schwäche philanthrokapitalistischer Leitgedanken: der Beitrag, den Soziale Bewegungen zu gesellschaftlichen Umbrüchen geleistet haben, wird ignoriert (vgl. Weisblatt 2008, Ramdas 2011). Der Philanthrokapitalismus selbst wird zur »Bewegung« (Jenkins 2011: 5) erhöht.

Die Funktionsweisen und Auswirkungen des Philanthrokapitalismus werden vor allem am Beispiel bestimmter Politikfelder beleuchtet. Die geringe Anzahl der Beiträge macht deutlich, dass die Diskussion noch im Anfangsstadium ist.

Eines der Felder, auf denen Mega-Stiftungen am intensivsten arbeiten, ist der Bereich Gesundheit: »philanthrocapitalism and other noxious forces .. operate through the guise of health.« (King 2013: 98) Die Bill & Melinda Gates Foundation dient als Paradebeispiel für das Spannungsfeld zwischen Geschäftsinteressen und einer philanthropischen Investitionspolitik, dessen Folgen für die globale Gesundheitspolitik kontrovers diskutiert werden (vgl. Health Watch 2011: 267). Thematisiert werden insbesondere Beteiligungen der Stiftung an Unternehmen, deren Geschäftszweck den erklärten Zielen der Stiftung zuwiderläuft. Auch bei anderen unternehmensnahen Stiftungen sind solche Interessenkonflikte empirisch belegt (vgl. Bosworth 2011: 387, Stuckler/Basu/McKee 2011).

In einer umfassenden Studie zur Rolle von Stiftungen in der internationalen Entwicklungszusammenarbeit untersuchen Marten und Witte (2008) das Volumen der Investitionstätigkeit und Besonderheiten des Förderverhaltens und zeigen damit Möglichkeiten und Grenzen des Philanthrokapitalismus in diesem Feld auf. Sie weisen auf das Innovationspotenzial der Stiftungen, deren zunehmende Professionalisierung und Erfolge beim medienwirksamen Agenda Setting hin, aber auch auf Umsetzungsdefizite in Bezug auf effektive und unbürokratische Organisationsstrukturen, Transparenz und Wirkungsmessung, obwohl gerade letztere für den Ansatz zentral ist (vgl. Marten/Witte 2008: 15–22).

Die Rolle von Stiftungen im Bildungswesen wird selten analysiert, obwohl dokumentiert ist, dass US-amerikanische Unternehmer über ihre Stiftungen auf das Bildungswesen intensiv Einfluss nehmen (vgl. Lederman 2012, Lewis et al. 2013, o. V. 2013). Die Hypothese, eine philanthrokapitalistisch motivierte private Finanzierung öffentlicher Schulen würde zu einer Verstetigung sozialer und ethnischer Segregation führen, beruht auf einer einzigen Fallstudie (vgl. Brown 2012: 367–380).

Insgesamt ist zu konstatieren, dass die begrifflichen Unschärfen und der Mangel an empirischer wie theoretischer Fundierung die Diskussion über die Mechanismen und Wirkungen des Philanthrokapitalismus erheblich behindern.

4 Philanthrokapitalismus als Forschungsfeld

Philanthrokapitalismus kann anhand mehrerer Dimensionen beschrieben werden, die zugleich Ansatzpunkte für die (interdisziplinäre) Forschung liefern. Mögliche Perspektiven sind eine soziale, eine geographische, eine ökonomische, eine sozioökonomische, eine politische, eine kulturelle und eine ethische.

4.1 Soziale Dimension

Bei der Beschreibung des Phänomens werden immer wieder dieselben prominenten Akteure erwähnt, was vermutlich zu kurz greift. Was bedeutet es beispielsweise, dass die Philanthropen von heute jünger sind als ihre geistigen Vorfahren (vgl. Resource Alliance 2012: 8)? Unter den 1 426 Milliardären weltweit sind 138 Frauen,[5] über deren philanthropische Aktivitäten wenig bekannt ist. Wie ist es aus einer Gender-Perspektive zu interpretieren, dass Oprah Winfrey als *celanthropist*[6] und nicht als *philanthrocapitalist* eingeordnet wird (vgl. Bishop/Green 2010: 198)? Ist Philanthrokapitalismus männlich?

Auch wenn die komplexen Motive von Philanthrokapitalisten erst ansatzweise untersucht wurden, dürften vertiefende Bezüge zur Elitenforschung weiterführen (vgl. Shaw et al. 2011: 595). Welche Normen innerhalb sozialer Eliten greifen beispielsweise bei Initiativen wie The Giving Pledge (vgl. Shaw et al. 2011: 584)? Welche Rolle spielen Stiftungsgründungen von Unternehmern in einer elitären Kultur? Das sind nur zwei Fragen von vielen.

4.2 Geographische Dimension

Philanthrokapitalismus wird bislang ausschließlich aus einer US-zentrierten Perspektive beleuchtet. Hay und Muller (2013) weisen auf geographische Aspekte hin, die für philanthropisches Handeln relevant sein können, darunter wirtschaftspolitische und kulturelle Unterschiede. Daraus ergibt sich u. a. die Frage, welche Rolle Philanthrokapitalismus in Schwellenländern wie Indien, China und Russland spielt.

---

5 http://www.forbes.com/billionaires/ (Stand 04. 03. 2013).
6 Zum Begriff s. u. »Kulturelle Dimension«.

4.3 Ökonomische Dimension

Auf der Makroebene wird Philanthrokapitalismus als Handlungsoption in einem Systemwettbewerb diskutiert. Auf der Mesoebene wird verhandelt, ob und wie er das Stiftungswesen prägt.

Strittig ist vor allem, ob philanthrokapitalistische Handlungslogiken innovativere Lösungen hervorbringen als die des öffentlichen und Dritten Sektors. Einerseits sind private Akteure frei von politischen und ökonomischen Zwängen und können Risiken eingehen (vgl. Bishop/Green 2010: 12). Andererseits führt die Kontrolle des Mittelgebers über die Empfänger zu einer eher kurzfristigen Orientierung am kennzahlenbasiert messbaren Erfolg, die andere Wirkungen ignoriert. Geförderte Organisationen werden dazu verleitet, sich auf risikoarme Projekte zu beschränken, die mit hoher Wahrscheinlichkeit zu einem nachweisbaren Erfolg führen (vgl. Edwards 2008: 71).

Mit dem Übergang zu strategischer Philanthropie zeichnet sich nämlich eine grundlegende Veränderung der Förderpolitik US-amerikanischer Stiftungen ab. Die Programmförderung löst die institutionelle Förderung ab. Um ihre Wirkung zu erhöhen und besser kontrollieren zu können, werden Fördermittel zu größeren Paketen gebündelt und zweckgebunden vergeben. Dies ist mit einer Tendenz zu pro-aktiver Förderung verbunden. Die Stiftung legt ein Programm auf und sucht sich für dessen Umsetzung ausführende Organisationen (vgl. Jenkins 2011: 21–26). Dieser »Top-down-Ansatz« behindert den Ideenwettbewerb und damit soziale Innovation (vgl. Jenkins 2011: 48). Inwieweit diese Hypothese zutrifft und ob eine solche Entwicklung durch *philanthrokapitalistische Stiftungen* verstärkt wird, ist unklar. Offen ist auch, ob europäische Stiftungen diese Politik übernehmen.

Die Beziehungen zwischen Stiftungen und Destinatären sind in einem philanthrokapitalistischen Kontext anders zu deuten. Auch über die Funktion und die Erfolgsfaktoren von Netzwerken, z.B. der Rolle der »virtue's middlemen« (vgl. Bishop/Green 2010: 215 ff.), ist in diesem Zusammenhang noch wenig bekannt. Agenturtheorie und Stakeholder-Theorie sind mögliche Ansatzpunkte für eine Analyse. Die Organisationstheorie führt zu weiteren Fragen. Wie wirkt sich der Ansatz auf die Organisationskultur und -struktur von Stiftungen aus? Führen *performance measurement* und *donor control* zu mehr Bürokratie? Nähern sich die »neuen Stiftungen« in ihrer strategischen Ausrichtung, ihrem institutionellen Design und ihren Governance-Strukturen allmählich den Stiftungen alten Typs an, weil ihre technokratischen Lösungen nicht ausreichen, um strukturelle soziale Probleme zu bewältigen (vgl. Edwards 2009: 245)?

4.4 Sozioökonomische Dimension

Vordergründig gehören Verfahren der Wirkungsmessung zu den immanenten Herausforderungen philanthrokapitalistischen Handelns. Dass methodische Zugänge fehlen bzw. noch nicht ausgereift sind, ist zugleich eine Schwierigkeit bei der Beurteilung gesellschaftlicher Wirkungen der Stiftungsaktivitäten. Noch wird die Diskussion über Erfolge und Gefahren des Philanthrokapitalismus häufiger ideologisch als auf der Basis von Fakten geführt.

Kritiker konstatieren, dass die Handlungslogik, die dem Philanthrokapitalismus zugeschrieben wird, die Lösung für komplexe gesellschaftliche Probleme in einem mechanistischen Ansatz sucht, der Symptome lindert anstatt deren Ursachen zu adressieren (vgl. Katz 2005: 126, Edwards 2008: 63 f., Marten/Witte 2008: 15 f.). Beispielsweise wird die Aufgabe, die Gesundheit der Bevölkerung zu verbessern, auf deren Zugang zu Medikamenten reduziert, ohne Umweltfaktoren wie Armut und soziale Ungleichheit anzugehen (vgl. King 2013: 97).

Welche Folgen das hat und ob dieser marktbasierte Ansatz erfolgreich ist, bleibt offen. Der vermeintliche Widerspruch zwischen einem auf kurzfristige Intervention ausgerichteten Philanthrokapitalismus und nachhaltigem sozialem Wandel wird nicht aufgelöst, da unklar ist, wie sich unterschiedliche Herangehensweisen auswirken (vgl. Edwards 2009: 244).

Als vermeintlich überlegene Form der Problemlösung legitimiert Philanthrokapitalismus eine ungleiche Verteilung von Vermögen, ohne die Philanthropie im großen Stil nicht möglich wäre (vgl. McGoey 2012: 196). Diejenigen Faktoren, die es ermöglichen, ein Milliardenvermögen anzusammeln, gelten aber zugleich als Treiber von Ungleichbehandlung und sozialer Ungerechtigkeit (vgl. Ramdas 2011: 1). Mehr noch: angeblich zementieren die philanthropischen Aktivitäten den Status quo statt ihn grundlegend zu verändern (vgl. McGoey 2012: 191). Das ökonomische System als solches wird nicht in Frage gestellt (vgl. Edwards 2008: 71, Ramdas 2011: 2).

4.5 Politische Dimension

Stiftungen werden als unpolitisch wahrgenommen, obwohl sie auf politische Entscheidungen Einfluss nehmen und öffentliche Förderprogramme unterwandern (vgl. Health Watch 2011: 271 f.). Im Kontext der internationalen Entwicklungszusammenarbeit wäre beispielsweise zu untersuchen, ob einflussreiche Stiftungen eine autonome Entwicklung verhindern und stattdessen einen Neokolonialismus kultivieren (vgl. Cohen/Küpçü/Khanna 2008). Auf welcher staatlichen Ebene und unter welchen Bedingungen Stiftungen mit ihrer Förderpolitik direkt oder indirekt auf politische Prozesse Einfluss nehmen, ist auch auf nationaler Ebene noch weitgehend unklar (vgl. Carr 2012: 168). Untersuchungen zu Advocacy-Mechanismen im Kontext von Philanthrokapitalismus gibt es nicht.

Philanthrokapitalisten können frei entscheiden, wo und wie sie ihre Gelder einsetzen. Dass sie dabei ihren eigenen Interessen und nicht notwendigerweiser einem öffentlichen Interesse folgen, unterläuft demokratische Prozesse und wirft grundlegende Fragen von Transparenz, Rechenschaft und Legitimation auf (vgl. Edwards 2008, Jenkins 2011, Rogers 2011). Einflussreiche Milliardäre betreiben Agenda Setting und nehmen gezielt Einfluss auf politische Entscheidungen (vgl. Rogers 2011: 376): »I try to use my money to influence how governments spend money.« (George Soros zit. nach Bishop/Green 2010: 246) Ein Beispiel für kollektive Akteure ist The Good Club, in dem sich US-Milliardäre dem Thema Überbevölkerung widmen.

Wie lässt sich Philanthrokapitalismus politiktheoretisch deuten? Agieren Philanthrokapitalisten als Weltbürger? Welches Potenzial birgt diese Handlungsform für den gesellschaftlichen Wandel und welchen Platz hat sie in einer supranationalen Ordnung? Konkurrieren individuelle Akteure mit etablierten staatlichen Einrichtungen, internationalen Organisationen und NGOs oder spielen sie eine komplementäre Rolle (vgl. Stein 2011: 30 f.)? Wie ist das »philanthro-policymaking« (vgl. Rogers 2011: 377), demokratietheoretisch zu bewerten? Braucht es Kontrollmechanismen, die die Macht dieser globalen Elite eindämmen?

4.6 Kulturelle Dimension

Philanthrokapitalismus gilt als »kultureller Ausdruck des weltweiten Siegeszugs von Individualismus, Kapitalismus und Zivilgesellschaft« (Adloff 2010: 41). Ein verwandtes kulturelles Phänomen ist *celanthropy* – eine Wortschöpfung des Time Magazine, die sich auf das Spendenverhalten und das politische Engagement prominenter Musiker und Schauspielerinnen bezieht. Die »*celanthropists*« (Luscombe 2006) nutzen ihre Popularität, um die Aufmerksamkeit auf globale Problemlagen wie Armut, Hunger und Völkermord zu lenken (vgl. Thorup 2013: 569 f.). Wie die Unternehmer, die zu Philanthrokapitalisten werden, bieten sie Lösungen für Probleme an, die zum großen Teil einem Wirtschaftssystem geschuldet sind, ohne dessen Mechanismen sie ihren Status nicht hätten erreichen können. Sie propagieren eine kapitalismuskritische Haltung, profitieren aber zugleich von den Events und Kampagnen, die sie initiieren (vgl. Fridell/Konings 2013). Beispiele sind Bob Geldof (u. a. Band Aid, Live Aid, Live 8) und Paul David Hewson (u. a. Live 8, ONE).

Philanthrokapitalisten genießen »königlichen Status«, der sich in einer überwiegend unkritischen Medienberichterstattung widerspiegelt und ihnen Zugang zu den höchsten politischen Kreisen garantiert (vgl. Bosworth 2011: 383). Die Wechselwirkungen zwischen *celanthropy* und Politik, die Prominente zu *Big Citizens* macht, denen globale Problemlösungskompetenz zugeschrieben wird, sind nicht zuletzt angesichts der wenig beachteten langfristigen Folgen *celanthropischer* Events eine (Medien-)Analyse wert (vgl. Rojek 2013).

4.7 Ethische Dimension

Philanthrokapitalismus basiert auf der Prämisse, dass dieselben Werte und Management-Mechanismen, die extrem hohe Einkommen generieren, geeignet sind, soziale Folgen von Einkommensunterschieden auszugleichen (vgl. Bosworth 2011: 383). Eigennutz ist nicht mehr nur ein verborgener Begleiter altruistischer Motive, sondern eine ausdrückliche und offensichtliche Triebfeder für gemeinnütziges Engagement. Die Frage ist nicht mehr, ob Gewinnmaximierung soziale Verantwortung erfordert, sondern ob Philanthropie der persönlichen Bereicherung dienen darf (vgl. McGoey 2012: 188, 193).

Eine weitere Frage ist, inwieweit die Handlungslogiken des Marktes und des Dritten Sektors vereinbar sind. Entgegen der »Blended Value Proposition« (Emerson 2003) würden durch die Marktlogik des Philanthrokapitalismus genuine Werte der Zivilgesellschaft wie Kooperation, Teilhabe und Solidarität unterminiert, meinen die Skeptiker (vgl. Edwards 2008: 60–68, Jenkins 2011: 7). Trifft das zu, und wie ist diese Entwicklung zu werten? Welche ethischen Folgen hat das Verschwimmen sektoraler Grenzen?

5 Fazit

Philanthrokapitalismus wird zur Projektionsfläche für die Bekämpfung ungelöster globaler Probleme. Er ist Ausdruck eines tiefgreifenden ideologischen Wandels, den der Verweis auf Prinzipien des Neoliberalismus (vgl. Holmes 2012, King 2013: 96f., Peck 2013) allein nicht zu erhellen vermag.

Als Forschungsgegenstand ist Philanthrokapitalismus ein Nischenthema, dem es sowohl an begrifflicher Schärfe als auch an empirischer wie theoretischer Fundierung mangelt. Welches finanzielle Volumen involviert ist und welche Relevanz das Phänomen jenseits polarisierender Rhetorik überhaupt besitzt, ist erst ansatzweise bekannt (vgl. Marten/Witte 2008: 12). Gemeinsamkeiten und Unterschiede zu verwandten Konzepten sind noch nicht hinreichend herausgearbeitet, obwohl sich damit zeigen ließe, wie sich Philanthropie angesichts eines umfassenden technologischen und gesellschaftlichen Wandels verändert (vgl. Rogers 2011: 378).

Die Motive von Philanthrokapitalisten erscheinen ähnlich verschwommen wie das Wesen und die Wirkungsmechanismen ihrer Aktivitäten. Wie sich diese auf die Unternehmer selbst, auf ihre Stiftungen und Sozialunternehmen, auf die Begünstigten und auf das politische, wirtschaftliche und gesellschaftliche Umfeld sowie auf das Stiftungswesen und den Dritten Sektor auswirken, ist noch weitgehend unklar. Insbesondere im Hinblick auf den angestrebten sozialen Wandel fehlen methodische Zugänge, mit denen sich Einflüsse abbilden lassen. Insofern lässt sich auch noch nicht einschätzen, ob der Ansatz erfolgreich ist; Hype und Realität scheinen auseinanderzufallen (vgl. Marten/Witte 2008: 15).

Das, was am Philanthrokapitalismus neu ist und was ihn von anderen Formen strategischer Philanthropie unterscheidet, wird (noch) nicht untersucht: der Stifter in seiner Rolle als Unternehmer, Stiftungsmodelle mit andersartigem Lebenszyklus und neuen Formen der Vermögensanlage, strategische Partnerschaften und Netzwerke, Interessenkonflikte, die sich aus dem Widerspruch zwischen Unternehmens- und Stiftungszielen ergeben etc.

Eine Begleiterscheinung strategischer Philanthropie scheint zu sein, dass Stiftungen Forschungsprojekte zunehmend an Think Tanks delegieren anstatt Universitäten einzubinden. Forschungsprogramme werden Stiftungsinteressen angepasst (vgl. Katz 2005: 130 f.). Es geht also nicht nur um Philanthrokapitalismus als Forschungsgegenstand, sondern auch darum, wer ihn erforscht. Werden Wissenschaftler 2025 zur Party im Weltraum eingeladen oder feiern sie ihre eigene?

Literatur

Adloff, F. (2010): Venture Philanthropy. Von der Gabe zu konditionalisierten Formen des Gebens. In: Hoelscher, P., Ebermann, T. & A. Schlüter (Hrsg.): Venture Philanthropy in Theorie und Praxis, Stuttgart: Lucius & Lucius, S. 39–48.
Anheier, H. K. & D. Leat (2006): Creative Philanthropy, Oxford: Routledge.
Ball, S. (2012): Global Education Inc. New policy networks and the neo-liberal imaginary, London: Routledge.
Bernholz, L. (2008): Buzzword 2008. 10 – Philanthrocapitalism, 18.12.2008. http://philanthropy.blogspot.de/2008/12/buzzword-200810-philanthrocapitalism.html, Zugriff 27.12.2013.
Bernholz, L. (2011): Philanthropy's 10 Favorite Buzzwords of the Decade Show How Nonprofits Are Changing. 03.01.2011. http://philanthropy.com/article/Philanthropys-Buzzwords-of/125795/, Zugriff 27.12.2013.
Bishop, M. & M. Green (2008): Philanthrocapitalism. How the Rich Can Save the World, New York: Bloomsbury Press.

Bishop, M. & M. Green (2010): Philanthrocapitalism. How Giving Can Save the World, New York: Bloomsbury Press.
Bishop M. & M. Green (2011): Neues goldenes Zeitalter. In: Schweizer Monat, Sonderdruck Nr. 4, S. 4–6.
Bosworth, D. (2011): The Cultural Contradictions of Philanthrocapitalism. In: Society, Volume 48, Heft 5, S. 382–388.
Brady, M. K., Noble, C. H., Utter, D. J. & G. E. Smith (2002): How to give and receive. An exploratory study of charitable hybrids. In: Psychology & Marketing, Volume 19, Heft 11, S. 919–944.
Brinkbäumer, K. & U. Fichtner (2007): Die Weltsanierer. In: Der Spiegel, Nr. 30, 23.07.2007, S. 42–56.
Bronfman, C. & J. R. Solomon (2009): The Art of Giving. Where the Soul Meets a Business Plan, San Francisco: Jossey-Bass.
Brown, A. (2012): A good investment? Race, philanthrocapitalism and professionalism in a New York City small school of choice. In: International Journal of Qualitative Studies in Education, Volume 25, Heft 4, S. 375–396.
Carr, P. J. (2012): Private Voices, Public Forces. Agenda Setting and the Power of Foundations in the NCLB Era. Diss. University of Georgetown. https://reposito ry.library.georgetown.edu/bitstream/handle/10822/557598/Carr_georgetown_ 0076D_11768.pdf?sequence=1, Zugriff 09.01.2014.
Cohen, M. A., Küpçü, M. F. & P. Khanna (2008): The New Colonialists. In: Foreign Policy, Nr. 167, 16.06.2008, S. 74–79.
Dees, J. G. (2008): Philanthropy and Enterprise. Harnessing the Power of Business and Social Entrepreneurship for Development. In: Brainard L. & D. Chollet (Hrsg.): Global Development 2.0. Can Philanthropists, the Public and the Poor Make Poverty History?, Washington, DC: Brookings Institution Press, S. 120–135.
Duncan, B. (2004): A theory of impact philanthropy. In: Journal of Public Economics, Volume 88, Heft 9/10, S. 2159–2180.
Edwards, M. (2008): Just Another Emperor? The Myths and Realities of Philanthrocapitalism, New York: Demos.
Edwards, M. (2009): Why ›Philanthrocapitalism‹ Is Not the Answer. Private Initiatives and International Development. In: Kremer, M., van Lieshout, P. & R. Went (Hrsg.): Doing Good or Doing Better. Development Policies in a Globalizing World, Amsterdam: Amsterdam University Press, S. 237–254.
Emerson, J. (2003): The Blended Value Proposition. Integrating Social and Financial Returns. In: California Management Review, Volume 45, Heft 4, S. 35–51.
Erskine, B. (2013): Philanthrocapitalism. The new charitable paradigm. In: The Chronical Herald, 26.04.2013. http://thechronicleherald.ca/business/1125596-philan throcapitalism-the-new-charitable-paradigm, Zugriff 09.01.2014.
Fischermann, T. (2006): 32000000000. Warren Buffett hat Bill Gates 32 Milliarden Dollar geschenkt – für einen guten Zweck. In: DIE ZEIT, Nr. 27, 29.06.2006, http://www.zeit.de/2006/27/32000000000, Zugriff 09.01.2014.
Fischermann, T. (2010): Räuber oder Retter. Warum die Riesenspenden amerikanischer Milliardäre sogar in den USA solch leidenschaftliche Debatten auslösen.

In: DIE ZEIT, Nr. 33, 17.08.2010. http://www.zeit.de/2010/33/Superreiche, Zugriff 09.01.2014.
Fleishman, J. (2007): The Foundation: A Great American Secret. How Private Wealth is Changing the World, New York: Public Affairs.
Fridell, G. & M. Konings (2013): Age of Icons. Exploring Philanthrocapitalism in the Contemporary World, Toronto: University of Toronto Press.
Frumkin, P. (2000): Philanthropic Leverage. In: Society, Volume 37, Heft 6, S. 40–46.
Frumkin, P. (2006): Strategic Giving. The Art and Science of Philanthropy, Chicago, London: University of Chicago Press.
Garriga, E. & D. Melé (2004): Corporate Social Responsibility Theories. Mapping the Territory. In: Journal of Business Ethics, Volume 53, Heft 1/2, S. 51–71.
Gates, B. (2008): A New Approach to Capitalism in the 21st Century. Transcript of Remarks, World Economic Forum, Davos, Switzerland, 24.01.2008. http://www.microsoft.com/en-us/news/exec/billg/speeches/2008/01-24wefdavos.aspx, Zugriff 27.12.2013.
Gertner, J. (2008): For Good, Measure. In: The New York Times, 09.03.2008. http://www.nytimes.com/2008/03/09/magazine/09metrics-t.html?pagewanted=all&_r=0, Zugriff 09.01.2014.
Gordon, J.C. (2011): Power, Wealth and Entrepreneurial Philanthropy in the New Global Economy, Diss. University of Strathclyde. http://oleg.lib.strath.ac.uk/R/?func=dbin-jump-full&object_id=16830, Zugriff 14.01.2014.
Harvey, C., MacLean, M., Gordon, J. & E. Shaw (2011): Andrew Carnegie and the foundations of contemporary entrepreneurial philanthropy. In: Business History, Volume 53, Heft 3, S. 425–450.
Hay, I. & S. Muller (2013): Questioning generosity in the golden age of philanthropy. Towards critical geographies of super-philanthropy. In: Progress in Human Geography, 02.09.2013. http://phg.sagepub.com/content/early/2013/09/04/0309132513500893.abstract, Zugriff 14.01.2014.
(Health Watch) People's Health Movement, Medact, Health Action International, Medico International & Third World Network (2011): Global Health Watch 3. An Alternative World Health Report, London, New York: Zed Books.
Holmes, G. (2012): Biodiversity for Billionaires. Capitalism, Conservation and the Role of Philanthropy. In: Development and Change, Volume 43, Heft 1, S. 185–203.
(IoF) Institute of Fundraising (Hrsg.) (2012): Major Donor Giving Research Report. A synthesis of the Current research into major donors and philanthropic giving. London. http://www.institute-of-fundraising.org.uk/library/major-donor-giving-research-report/, Zugriff 14.01.2014.
Jenkins, G.W. (2011): Who's Afraid Of Philanthrocapitalism?. In: Case Western Reserve Law Review, Volume 61, Heft 3, S. 753–821.
Katz, S.N. (2005): What Does It Mean to Say that Philanthropy is »Effective«? The Philanthropists' New Clothes. In: Proceedings of the American Philosophical Society, Volume 149, Heft 2, S. 121–131.
King, S. (2013): Philanthrocapitalism and the Healthification of Everything. In: International Political Sociology, Volume 7, Heft 1, S. 96–98.

Lauterbach, W. (2011): Vermögend handeln? Ein allgemeines Handlungsmodell zur Erklärung gesellschaftlichen Engagements. In: Druyen, T. (Hrsg.): Vermögenskultur. Verantwortung im 21. Jahrhundert, Wiesbaden: VS, S. 85–100.

Leat, D. (2006): Grantmaking Foundations and Performance Measurement. Playing Pool?. In: Public Policy and Administration, Volume 21, Heft 3, S. 25–33.

Lederman, D. (2012): Foundations' Newfound Advocacy, 13.04.2012. http://www.insidehighered.com/news/2012/04/13/study-assesses-how-megafoundations-have-changed-role-higher-ed-philanthropy, Zugriff 09.01.2014.

Letts, C. W., Ryan, W. & A. Grossman (1997): Virtuous Capital. What Foundations Can Learn from Venture Capitalists. In: Harvard Business Review, Volume 75, Heft 2, S. 35–44.

Lewis, C., Holmberg, E., Campbell, A. & L. Beyoud (2013): Koch millions spread influence through nonprofits, colleges, 01.07.2013. http://investigativereportingworkshop.org/investigations/the_koch_club/story/Koch_millions_spread_influence_through_nonprofits/, Zugriff 09.01.2014.

Lloyd, T (2004): Why Rich People Give, London: Association of Charitable Foundations.

Luscombe, B. (2006): Madonna Finds A Cause. In: TIME Magazine, 06.08.2006. http://content.time.com/time/magazine/article/0,9171,1223372,00.html, Zugriff 14.01.2014.

Marten, R. & J. M. Witte (2008): Transforming Development? The role of philanthropic foundations in international development cooperation, GPPi Resarch Paper Series No.10, Berlin. http://www.gppi.net/fileadmin/gppi/GPPiRP10_Transforming_Development_20080526final.pdf, Zugriff 02.02.2014.

McGoey, L. (2012): Philanthrocapitalism and its critics. In: Poetics, Volume 40, Heft 2, S. 185–199.

Mejias, J. (2010): Profitgeier im Schafspelz. In: Frankfurter Allgemeine Zeitung, 10.08.2010. http://www.faz.net/aktuell/feuilleton/debatten/amerikas-milliardenspender-profitgeier-im-schafspelz-11025848.html, Zugriff 09.01.2014.

O. V. (2006): The birth of philanthrocapitalism. The leading new philanthropists see themselves as social investors. In: The Economist, 23.02.2006. http://www.economist.com/node/5517656, Zugriff 30.08.2013.

O. V. (2008): Philanthrobuzz, 18.12.2008. http://philanthrocapitalism.net/philanthrobuzz/ Zugriff 27.12.2013.

O. V. (2013): Philanthrocapitalism, 20.08.2013. http://socialismoryourmoneyback.blogspot.de/2013/08/philanthrocapitalism.html, Zugriff 09.01.2014.

Ostrander, S. A. (2007): The Growth of Donor Control. Revisiting the Social Relations of Philanthropy. In: Nonprofit and Voluntary Sector Quarterly, Volume 36, Heft 2, S. 356–372.

Ostrower, F. (1995): Why the Wealthy Give. The Culture of Elite Philanthropy, Princeton, NJ: Princeton University Press.

Peck, J. (2013): The »Oprah Effect«. The Ideological Work of Neoliberalism. In: Fridell, G. & M. Konings: Age of Icons. Exploring Philanthrocapitalism in the Contemporary World, Toronto: University of Toronto Press, S. 50–71.

Porter, M. E. & M. R. Kramer (1999): Philanthropy's New Agenda. Creating Value. In: Harvard Business Review, Volume 77, Heft 6, S. 121–130.
Ramdas, K. N. (2011): Philanthrocapitalism. Reflections on Politics and Policy Making. In: Society, Volume 48, Heft 5, S. 393–396.
Resource Alliance (2012): Philanthropy – Current Context. Issues, Actors and Instruments. http://www.resource-alliance.org/data/files/medialibrary/2821/Philanthropy-Current-Context.pdf, Zugriff 09. 01. 2014.
Rogers, R. (2011): Why Philanthro-Policymaking Matters. In: Society, Volume 48, Heft 5, S. 376–381.
Rojek, C. (2013): ›Big citizen‹ celanthropy and its discontents. In: International Journal of Cultural Studies, 16. 04. 2013, http://ics.sagepub.com/content/early/2013/04/16/1367877913483422.abstract, Zugriff 14. 01. 2014.
Salamon, L. M. (1987): Partners in Public Service. The Scope and Theory of Government-Nonprofit Relations. In: Powell, W. W. (Hrsg.): The Nonprofit Sector. A Research Handbook, New Haven, London: Yale University Press, S. 99–117.
Sandfort, J. (2008): Using Lessons From Public Affairs to Inform Strategic Philanthropy. In: Nonprofit and Voluntary Sector Quarterly, Volume 37, Heft 3, S. 537–552.
Schervish, P. G. (2000): The Modern Medici. Patterns, Motivations and Giving Strategies of the Wealthy, Boston: Boston College, Social Welfare Research Institute. https://www.bc.edu/content/dam/files/research_sites/cwp/pdf/usc1.pdf, Zugriff 14. 01. 2014.
Schervish, P. G. (2003) Hyperagency and High-Tech Donors. A New Theory of the New Philanthropists, Boston: Boston College, Social Welfare Research Institute. http://www.bc.edu/content/dam/files/research_sites/cwp/pdf/haf.pdf, Zugriff 14. 01. 2014.
Seghers, V. (2007): Ce qui motive les entreprises mécènes. Philanthropie, investissement, responsabilité sociale?, Paris: Editions Autrement.
Seghers, V. (2009): La nouvelle philanthropie. (Ré)invente-t-elle un capitalisme solidaire?, Paris: Editions Autrement.
Shaw, E., Gordon, J., Harvey, C. & K. Henderson (2010): Entrepreneurial Philanthropy. Theoretical Antecedents and Empirical Analysis of Economic, Social, Cultural and Symbolic Capital. http://www.strath.ac.uk/media/departments/huntercentre/research/workingpapers/Babson_Paper__2010_Shaw,_Gordon,_Harvey_and_Hendersonfinal%5B1%5D.pdf, Zugriff 09. 01. 2014.
Shaw, E., Gordon, J., Harvey, C. & M. MacLean (2011): Exploring contemporary entrepreneurial philanthropy. In: International Small Business Journal, Volume 31, Heft 5, S. 580–599.
Stein, T. (2011): Global Social Entrepreneurship. Komplement oder Konkurrenz zu Global Governance. In: Hackenberg, H. & S. Empter (Hrsg.): Social Entrepreneurship – Social Business. Für die Gesellschaft unternehmen, Wiesbaden: VS, S. 29–48.
Stuckler, D., Basu, S. & M. McKee (2011): Global health philanthropy and institutional relationships. How should conflicts of interest be addressed? In: PLoS Medicine, Volume 8, Heft 4, S. 1–10.

Supphellen, M, & M. R. Nelson (2001): Developing, exploring and validating a typology of private philanthropic decision making. In: Journal of Economic Psychology, Volume 22, Heft 5, S. 573–603.

Thorup, M. (2013): Pro Bono? On philanthrocapitalism as ideological answer to inequality. In: Ephemera: Theory & Politics in Organization, Volume 13, Heft 3, S. 555–576.

Weisblatt, K. (2008): Individual giving, collective action, 22. 04. 2008. http://www.opendemocracy.net/article/individual_giving_collective_action, Zugriff 07. 01. 2014.

4 Wohlfahrtsstaatlichkeit und Dritter Sektor im Wandel: Die Fragmentierung eines historischen Zivilisationsprojekts

Ingo Bode

Abstract: In diesem Beitrag wird aus sozialwissenschaftlichem Blickwinkel erörtert, wie Entwicklung und Beforschung des Dritten Sektors vor dem Hintergrund der Tatsache seiner Einbindung in den Kontext moderner Wohlfahrtsstaatlichkeit gegenwärtig einzuschätzen sind. Fokussiert werden die Architektur des *welfare mix* in zeitgenössischen westlichen Gesellschaften sowie vorherrschende normative Orientierungen auf deren aktuelle Dynamik. Betrachtet werden zudem die empirische Basis des wissenschaftlichen Diskurses zum Dritten Sektor sowie prominente Trends und Fallstricke der auf diesen Sektor bezogenen Forschungspraxis. Den Abschluss bilden Überlegungen zu aktuellen Herausforderungen für eben diese Praxis, auch im Lichte normativer Richtungsentscheidungen.

Keywords: Nonprofit-Organisationen, Dritter Sektor, Zivilgesellschaft, soziale Dienstleistungen, Wohlfahrtsstaat, Wohlfahrtsverbänden

1 Fragestellung und Zielsetzung des Beitrags

Der Hype ist längst vorbei. Die nach dem »golden age« des Wohlfahrtskapitalismus und dem Fall des »eisernen Vorhangs« sehr lebhafte Debatte über den »Dritten Sektor« als produktiven Sozialraum *jenseits* von Staat und Markt ist (wenigstens in Deutschland) mittlerweile spürbar abgeflaut. Gleiches gilt auch für das fachwissenschaftliche Interesse an diesem Thema. Das mag auch daran liegen, dass alles Wesentliche – v. a. im Hinblick auf die Bedeutung des »dritten Faktors« im Sozialgefüge spätmoderner Gesellschaften – irgendwann gesagt war. Gleichzeitig scheint es mit Blick auf bestehende Gesellschaftsprobleme aber auch so zu sein, dass der Glaube an die »Heilkraft« dieses Faktors geschwunden ist.

Dies zeigt sich besonders deutlich im Bereich der *sozialen Wohlfahrtsproduktion* – also bei der Organisation von Aktivitäten, die die Lebenssituation der Bürgerinnen und Bürger im Sinne allgemein anerkannter Wohlfahrtsziele und abseits der Ressourcenallokation im System der gewerblichen Wirtschaft beeinflussen. Jenseits der routinemäßigen Würdigung freiwilligen Engagements gibt es heute wenig, was als genuiner Beitrag des Dritten Sektors zur Organisation dieser Wohlfahrtsproduktion ins Bewusstsein der (politischen) Öffentlichkeit dringt. Die Dinge mögen sich im Ausland, v. a. in Gesellschaften angelsächsischer Prägung, anders darstellen, auch weil der Dritte Sektor dort vielfach als letzter Helfer in der Krise bzw. Erfüllungsgehilfe eines ›small state‹ betrachtet wird (vgl. Milbourne/ Cushman 2013) – was im Übrigen ein klassisches Thema stark (wirtschafts)liberal eingestellter Gesellschaften darstellt. *In der Sache* bleibt das Verhältnis zwischen Sozialstaat und Drittem Sektor allerdings grundlegend für das Verständnis der Art und Weise, wie (auch spät)moderne Gesellschaften »ihre« soziale Wohlfahrtsproduktion organisieren. Wer dieses Verhältnis und seine Dynamiken durchschaut, der (die) kann auch im Hinblick auf aktuelle normative Agenden der Dritte-Sektor-Forschung informiert Stellung beziehen.

In diesem Beitrag soll zunächst erörtert werden, worum es – aus im weitesten Sinne sozialwissenschaftlichem Blickwinkel – eigentlich geht, wenn die Entwicklung und Beforschung des Dritten Sektors in den Kontext von Wohlfahrtsstaatlichkeit gestellt wird: nämlich um den *welfare mix* der Gegenwartsgesellschaft und normative Perspektiven darauf. In einem zweiten Teil geht es um den Stand der Dinge zu diesem Thema, konkret: die empirische Basis des entsprechenden wissenschaftlichen Diskurses zum Dritten Sektor einerseits, prominente Trends und Fallstricke der auf den Sektor bezogenen Forschungspraxis andererseits. Den Abschluss bilden Überlegungen zu aktuellen Herausforderungen für diese Praxis, auch im Lichte normativer Richtungsentscheidungen.

2 Die Entwicklung und Beforschung des Dritten Sektors im Kontext einer neuen Wohlfahrtsstaatlichkeit

In Deutschland hätte der Dritte Sektor, soweit es um Leistungen der sozialen Wohlfahrtsproduktion geht, ohne den Sozialstaat nie jene Bedeutung erlangen können, die ihn bis heute auszeichnet. Die kooperativen Arrangements zwischen Sozialbürokratie und Wohlfahrtsorganisationen waren die basale Grundlage seiner Erfolgsgeschichte (vgl. Sachße 2011) – wobei von Erfolg (ungeachtet einiger Schönheitsfehler) insofern gesprochen werden kann, als zeitgenössische Leistungserwartungen an die Wohlfahrtsproduktion in wachsendem Maße befriedigt wurden und *gleichzeitig* Räume für intrinsisch motiviertes zivilgesellschaftliches Handeln erhalten blieben oder – nach zwischenzeitlichen Blockaden – für neue, »bewegte«, Akteure neu erschlossen wurden. Gewiss: Heute wirken die Interventionen Freiwilliger in vielen Bereichen der gemeinnützigen Wohlfahrtsproduktion eher arrondierend; aber eine geringere Quantität sagt wenig Substanzielles über die Qualität dieser zivilgesellschaftlichen Ressource aus. Noch immer gibt es zahlreiche ehrenamtliche und »sozial bewegte« Verwalter, vernetzen sich Akteure des Sektors in weltanschaulichen Verbänden und leisten Freiwillige in Teilsegmenten der Wohlfahrtsproduktion wertvolle Hilfe.

Es gibt also eine reale empirische Basis des wissenschaftlichen Diskurses zum Verhältnis von Sozialstaat und Drittem Sektor. Allerdings haben sich die Vorzeichen geändert, unter denen Organisationen des Sektors »wohlfahrtsproduzierend« tätig sind: Einerseits erzeugen Entwicklungen in Wirtschaft, Staat und Gesellschaft wachsenden Interventionsbedarf für wohlfahrtsproduzierende Einrichtungen; andererseits werden die Ressourcen des Dritten Sektors prekärer – es gibt Wohlfahrtsmärkte, auf denen sich die Organisationen untereinander bekämpfen und auch mit privat-gewerblichen Wettbewerbern auseinandersetzen (müssen). Im Kontext einer neu ausgerichteten Wohlfahrtsstaatlichkeit ist der Kurzschluss mit wesentlichen politischen Stakeholdern vielfach unterbrochen und mancherorts durch strategisches »Teilen und Herrschen« von Seiten der Kostenträger ersetzt worden (vgl. Golbeck 2011). Innovationen bleiben oft in Pilotprojekten stecken; Leistungsausweitungen sind nur mehr temporär oder für einzelne Adressaten möglich; der Druck auf »organizational citizenship«, also die Dehnung des intrinsischen Commitments beim Kernpersonal der »Humandienstleister« (vgl. Yagil 2008: 108 ff.) – oder kürzer: deren Selbstausbeutungsbereitschaft –, wächst unaufhörlich, so dass bestehende Leistungsniveaus (von ihrer Qualität her) notorisch gefährdet sind (vgl. Hielscher et al. 2013).

Das Ehrenamt ist sporadischer geworden und v. a. dort dynamisch, wo es *nicht* um das Alltagsgeschäft der sozialen Hilfe geht (s. u.). Mehr noch: Im Kern des fraglichen Organisationsspektrums machen sich unter dem Druck der Verhältnisse Praktiken breit, die unzweideutig aus der gewinnorientierten Geschäftswelt der Mainstream-Ökonomie übernommen worden sind. Ein wesentlicher Effekt dieser Trends ist der Ersatz intrinsischer durch extrinsische Anreizstrukturen; dies gilt auch für so manche als sozialunternehmerische »Innovation« bezeichnete Initiative innerhalb bzw. im Umfeld des Sektors selbst (s. u.). Die neue Geschäftsgrundlage des Dritten Sektors ist damit immer mehr eine Belastung für den zivilgesellschaftlichen Input in den Wohlfahrtsstaat und immer weniger eine Quelle desselben.

Wenn es um die *wissenschaftliche Befassung* mit diesen Zuständen und Dynamiken geht, so bildet das Konzept des *welfare mix* (vgl. Evers 1993, Ascoli/Ranci 2002, Hogg/Baines 2011) einen wichtigen Kristallisationspunkt. Der Rekurs auf diesen Terminus hatte in der Vergangenheit oft einen normativen Bias, denn er orientierte sich an neuen (z. B. basisdemokratischen) und alten (z. B. wirtschaftsliberalen) Ordnungsideen: Exklusionstendenzen im kriselnden Wohlfahrtsstaat und Unzufriedenheiten von Bevölkerungsmehrheiten im Hinblick auf die Leistungen der Wohlfahrtsproduktion könnten, so die »Message«, beseitigt werden, wenn es gelänge, zivilgesellschaftliche Praxis zu (re)aktivieren und althergebrachte (bürokratisierte oder paternalistische) Formen der gemischten Wohlfahrtsproduktion zu überwinden. Selbsthilfe, Partizipation und nicht zuletzt die Mobilisierung privater Ressourcen »für das Gute« – hierauf ruhten und ruhen noch immer die Hoffnungen jener, die den Dritten Sektor als gesellschaftliche Reformagentur betrachten. Die implizite Agenda der auf dieses Konzept bezogenen Forschung bestand dementsprechend lange darin, den Beweis für den effektiven Mehrwert einer solchermaßen neu komponierten Mischung von Markt, Staat und bürgerschaftlicher Selbst- bzw. Fremdhilfe zu führen (vgl. für viele: Evers/Olk 1996). Wie weiter unten noch erläutert werden wird, hat sich allerdings das Gravitationszentrum der normativen Diskussion mittlerweile verschoben: Es geht heute sehr viel mehr um die Rolle von Unternehmern, Sponsoren und Geschäftsführern, und der normative Fokus verschiebt sich in Richtung »soziale Investitionen«, oft sogar unabhängig von sektoriellen Unterschieden (s. u.).

Jenseits dieser normativen Agenden lässt sich das Konzept des *welfare mix* aber auch empirisch-analytisch mit dem Ziel einer (sozial)wissenschaftlichen Aufklärung der interessierten Öffentlichkeit über die assoziative, also nicht-staatliche und nicht-marktliche Basis moderner Wohlfahrtsstaaten nutzen, nicht zuletzt bezogen auf die Realitätstauglichkeit des o. g. »Mehrwerts-Versprechens«. Die empirische Analyse des Dritten Sektors ist dann eine zu den Erfolgsbedingungen dessen, was man – wenigstens in Kontinentaleuropa – als *historisches Zivilisationsprojekt* begreifen könnte: nämlich eine sozial inklusive und gleichzeitig gruppendemokratisch organisierte Wohlfahrtsproduktion unter Beteiligung eines staatlich eingebetteten Dritten Sektors – wobei gruppendemokratisch auf beides verweist: eine innerhalb des Dritten Sektors ausgebildete Verständigung von »Stakeholdern« auf gemeinsame Ziele einerseits, deren kollektiver Dialog mit anderen Gruppen und mit dem Staat andererseits.

Es ist dabei eine empirisch gesättigte Beobachtung, dass der deutsche Wohlfahrtsstaat, wie wir ihn heute kennen, mit seinem »Grundsatzprogramm« aus Existenzsicherung, Teilhabegerechtigkeit und sozialem Ausgleich von nicht-staatlichen, assoziativ verfassten Organisationen nicht nur auf den Weg gebracht, sondern vielfach auch praktisch ins Werk gesetzt worden ist (vgl. Evers 1993, Sachße 2011). Das empirische Proprium des Dritten Sektors bestand und besteht mithin im Wesentlichen darin, Interessen und Ideen von gesellschaftlichen Teilgruppen einerseits in praktische Projekte umzusetzen und andererseits in den Staat »hinein zu vermitteln«, um sich mit diesem sowie mit anderen Gruppen auf Kompromisse zu verständigen, die v. a. die öffentliche Förderung dieser Projekte betrafen. Der häufig bemühte Begriff des *Korporatismus* erscheint, so sehr er auch an Verkrustungen und Engführungen des o. g. Dialogs bzw. Verständigungsprozesses erinnert, zur Beschreibung dieser Praxis noch immer alternativlos (vgl. Thränhardt 1981, Bode 2011).

Insofern war und ist mit dem Begriff des *welfare mix* zunächst einmal etwas typisch Deutsches bzw. Kontinentaleuropäisches angesprochen: nämlich das Neben- und Miteinander verschiedener Akteure in einem nach dem Prinzip der Subsidiarität gestalteten Prozess der sozialen Wohlfahrtsproduktion – wobei die beteiligten Organisationen des Dritten Sektors sich v. a. durch Formen der assoziativen Steuerung sowie der Kollektivorientierung auszeichnen (vgl. Wex 2004). Zwar stellt sich die Frage, welche Akteure dabei *konkret* federführend sind – z. B. war in der deutschen Debatte zum Wohlfahrtskorporatismus das Oligopol konfessionell orientierter Vereinigungen lange ein Stein des Anstoßes. Auch kommt es auf die *Merkmale* dieser Vereinigungen an: Der Grad an assoziativer Steuerung und interner Partizipation kann unterschiedlich sein, so dass sie *mehr* oder *weniger* den idealtypischen Beschreibungen zivilgesellschaftlich »geerdeter« Organisationen entsprechen – auch darauf bezog sich lange Zeit die kritische Debatte zur Realität des etablierten Dritten Sektors im deutschen Wohlfahrtsstaat (vgl. Bauer 1978). Empirisch war es jedoch stets möglich, dass neue Akteure mit spezifischen Merkmalen Teil des *welfare mix* wurden und so »frischen Wind« in den Wohlfahrtsstaat brachten (man denke nur an unabhängige Behinderteninitiativen, Frauenhäuser, Kinderläden, die AIDS-Hilfe, neue Jugendhilfeprojekte etc.).

De facto waren und sind solche Vereinigungen *von jeher* hybride konstruiert: Sie basier(t)en auf freiwilligen Beiträgen aus der Lebenswelt von Adressaten und Aktivisten, ferner auf ökonomischen Ressourcen, die in ihrer Umwelt mobilisiert und administriert werden mussten und – nicht zuletzt – auf häufig genug auf »organischen« Verbindungen zur Politik in Gestalt von Honoratioren und Förderern, die wenigstens mittelbar in das Staatswesen (z. B. eine Kommune) eingebunden waren. Entsprechend unterhalten sie auch *parallel* Beziehungen zu artverschiedenen gesellschaftlichen Sektoren (vgl. Simsa 2001). Der wissenschaftliche Diskurs zum Dritten Sektor im Wohlfahrtsstaat ist mithin immer einer über die Gestalt und Veränderung eines hybriden *welfare mix* – und dies von den Anfängen der gemischten Wohlfahrtsproduktion bis in die Gegenwart. Alle, die diese Hybridität heute zum Gegenstand konzeptioneller Innovationen machen (vgl. Glänzel/Schmitz 2012, Heinze et al. 2013), können also nur eine *bestimmte* Form der Hybridität meinen und nicht den Umstand hybrider Organisationsbezüge *per se* (s. u.).

3 Der Stand der Dinge zum Thema *welfare mix*: Trends und Fallstricke der Forschungspraxis

Betrachtet man die Wirklichkeit, auf die sich die Forschung zum Verhältnis zwischen Drittem Sektor und Wohlfahrtsstaatlichkeit gegenwärtig bewegt, so besteht im Hinblick auf das oben umrissene Zivilisationsprojekt – also die Vision einer zugleich sozial inklusiven und gruppendemokratischen Wohlfahrtsproduktion – eine ambivalente Gemengelage (vgl. auch Bode 2004): Einerseits bildet der Dritte Sektor mehr denn je *das* Forum für die Artikulation von Erwartungen an die soziale Moderne – teilweise sogar in wachsendem Maße, wie die international an Fahrt gewinnende »Menschenrechtsagenda« oder auch die lautstarken Forderungen nach Nutzer- und Partizipationsrechten vor Augen führen. Letzteres korrespondiert sicherlich auch mit der seit den 1970er Jahren deutlich gewachsenen Menge und Diversität assoziativer Organisationszusammenhänge (vgl. Salamon et al. 1999, Coffé/Bolzendahl 2011).

Andererseits gibt es viele Anzeichen dafür, dass Aktivitäten im Dritten Sektor – gemessen an der Vision des o. g. Zivilisationsprojekts – soziale Verwerfungen übergehen oder sogar befördern. Um nur zwei Beispiele zu nennen: Zunehmend fließen zivilgesellschaftliche Energien in karitative Projekte, die – nach US-amerikanischem Vorbild – Adhoc-Hilfen für Mittellose mobilisieren (z. B. die sog »Tafeln«); demgegenüber fehlt offenbar die Kraft für direkte(re) Reaktionen auf politische und ökonomische Transformationen, die den entsprechenden Bedarf überhaupt erst schaffen. Das Ergebnis ist, zugespitzt formuliert, eine neue »Almosen(sozial)ökonomie« (in Anlehnung an Groenemeyer/Kessl 2013), die von freiwilligem Engagement lebt, aber soziale Exklusion letztlich nur verwaltet. Ein zweites Beispiel: Viele der in den *welfare mix* aktiv eingebundenen, gemeinnützigen »Humandienstleister« haben mittlerweile ein Wettbewerbsdenken internalisiert, bei dem es zuvorderst darum geht, Konkurrenten auszustechen und Ansprüche externer Geldgeber zu bedienen – auch solchen, die sozialen Ausgleich garantierenden Institutionen skeptisch gegenüberstehen (z. B. wirtschaftsnahe Stiftungen). Abgesehen davon, dass das Konkurrenztreiben rein materiell oft (mehr) Ungleichheit hervorbringt, weil es systematisch Gewinner *und* Verlierer erzeugt (vgl. Bode 2013: 288 ff.), werden dabei vielfach Organisationsprozesse auf Kosten interner Partizipation durchrationalisiert; originäre Organisationsziele rücken in den Hintergrund, und der (gruppen)demokratische Einfluss auf den *welfare mix* wird geschwächt (ähnlich, mit Bezug auf angelsächsische Länder: Eikenberry 2009, Milbourne/Cushman 2013, Thompson/Williams 2014).

Im Ergebnis gibt es zwar reichlich Dynamik im nicht-staatlichen Bereich des *welfare mix*. Aber sowohl hinsichtlich zivilgesellschaftlicher Partizipationspotenziale als auch mit Blick auf soziale Inklusion scheint die im Dritten Sektor realisierte Wohlfahrtsproduktion gemessen an den oben skizzierten »Mehrwerterwartungen« in der Fläche eher an Substanz zu verlieren. Die gegebene Konstellation führt dazu, dass nur *einige* der angestammten Funktionen bedient werden oder nur *ausgewählte* (sich im Wettbewerb durchsetzende) Projekte erfolgreich umgesetzt werden. Obwohl es also heutzutage viele zivilgesellschaftliche Aktivitäten gibt, die auf soziale Probleme der Gegenwartsgesellschaft proaktiv reagieren, unterliegt das o.g. historische Zivilisationsprojekt einer Tendenz der Fragmentierung.

Mit diesen Entwicklungen korrespondieren nun bestimmte *forschungspolitische Schwerpunktsetzungen* in der Auseinandersetzung mit dem Verhältnis von Wohlfahrtsstaat und Drittem Sektor. In den letzten zwei Jahrzehnten hat es zahlreiche Studien und Untersuchungen gegeben, die sich unmittelbar auf Leistungen und Funktionsprobleme der zivilgesellschaftlich »geerdeten« Wohlfahrtsproduktion bezogen, z.B. bei der Förderung von Minderheiten (vgl. Schulz 2009) oder im Hinblick auf Partizipationspotenziale in Einrichtungen für die breite Bevölkerung (vgl. Hämel 2012). Von Surveys zum freiwilligen Engagement abgesehen, dominieren organisationsbezogene Untersuchungen – teils mit Fragebogendesigns, teils als qualitative Fallstudie. Man kann also von einer durchaus reichhaltigen Forschungspraxis sprechen.

Ein größerer Teil des wissenschaftlichen Engagements bewegt sich allerdings im Rahmen dessen, was man als »regressive« Modernisierungstendenzen bezeichnen kann – zumindest wenn man das zu Grunde legt, was die Mehrheit der Bevölkerung noch immer unter sozialem Fortschritt (z.B. in puncto Wohlfahrtsgarantien) versteht. Zu letzteren zählt die sozialpolitisch forcierte Aufwertung der Marktlogik auf den Arbeitsmärkten in der gewerblichen Wirtschaft, aber auch innerhalb der Dienstleistungsarenen der sozialen Wohlfahrtsproduktion (vgl. für viele: Crouch 2011 oder Sesselmeier 2012) – mit der Folge steigender Ungleichheit und wachsender Einflusschancen für wirtschaftsnahe (in Märkten reüssierende bzw. diese dominierende) Eliten. Indem nun vor exakt diesem Hintergrund die Forschung zum wohlfahrtsproduzierenden Dritten Sektor auf bestimmte Themen fokussiert wird, geraten die Fundamente des o.g. historischen Zivilisationsprojekts aus dem Blick. Hier zeigen sich die Fallstricke einer all zu sehr an den Zeitgeist angeschmiegten Forschungsorientierung, die einer Entfremdung der Mehrheitsbevölkerung vom Wissenschaftsbetrieb sicherlich Vorschub leistet. An drei Beispielen lässt sich das gut verdeutlichen:

- *Freiwilliges Engagement im welfare mix:* Eines der zentralen Felder der den Dritten Sektor betreffenden Sozialforschung ist das der Erforschung von Praktiken und Potenzialen im Bereich des freiwilligen oder auch bürgerschaftlichen Engagements, auch in theoretischer Perspektive (vgl. Vogt 2005).

Empirisch gibt es mittlerweile zahlreiche interessante Erkenntnisse, beispielsweise zum Sozialprofil und zu Trajektorien freiwillig Engagierter (vgl. BMFSFJ 2010, Rauschenbach/Zimmer 2011). Gleichzeitig hat diese Forschung und v. a. das, was aus ihr gemacht wird, eine gewisse Schieflage: Vorliegende Befragungsergebnisse differenzieren oft nicht trennscharf zwischen Tätigkeits- bzw. Interesseschwerpunkten; wachsende Beteiligungswerte beziehen sich häufig vor allem auf Aktivitäten im privaten Interesse derer, die sich engagieren. Durch die Verbreitung grobschlächtiger Daten wird suggeriert, dass soziale Wohlfahrtsproduktion flächendeckend und zunehmend um ehrenamtliche Ressourcen bereichert wird, während die Realität eigentlich auf anderes verweist – nämlich auf schwache Partizipationspotenziale in wesentlichen Teilgruppen der Bevölkerung, konkret: den unteren (Mittel-)Schichten (vgl. Dathe 2011, Fischer 2011). Um Hilfe für Fremde in schwierigen Lebenslagen geht es ohnehin selten; vielmehr konzentriert sich das real existierende »Wohlfahrtsengagement« auf besser Gebildete und gehobene Schichten (z. B. in Erziehungseinrichtungen).

Die viel beschworene »assocational revolution« (Salamon et al. 1999: 4) des späten 20. Jahrhunderts ist empirisch betrachtet sozial fragmentiert (vgl. Böhnke 2011), und angesichts der gleichzeitigen Erosion stärker bevölkerungsrepräsentativer Großverbände (z. B. der Gewerkschaften) spricht wenig dafür, dass sie Gesellschaften inklusiver (ge)macht (hat). Die immer wieder neu vorgetragenen, mit (z. B. demografischen) Sachzwängen begründeten, Aufforderungen zu stärkerem Engagement im sozialen Bereich (vgl. z. B. Klie 2013) gehen an dieser Realität vorbei; sie unterstützt faktisch Versuche der »Zwangsaktivierung«, die der freiwilligen Beteiligung ihren intrinsischen Kern nehmen könnte. Diese Dynamik ist in Deutschland bisher kaum näher analysiert worden (vgl. aber Pick et al. 2011 für den Fall Australiens).

- Die *Professionalisierung des Managements* im Dritten Sektor: Die v. a. im Umfeld der Betriebswirtschaftslehre angesiedelten Arbeiten zu Führung, Leitung und Governance (auch) in mit sozialer Wohlfahrtsproduktion befasster Einrichtungen hat sicherlich zur Konsolidierung einer Produktionssphäre jenseits von Gewinnwirtschaft und Staatsbürokratie beigetragen; so gab es Versuche, sektorsensible Management- und Steuerungskonzepte (z. B. spezifische Balance Score Cards, vgl. Esslinger et al. 2012) zu entwickeln, mit denen dem »Amateurismus« vieler Träger entgegengewirkt werden sollte (vgl. auch Greiling 2009 oder Langer/Schröer 2011). Gleiches gilt für Konzepte zum »Management von Freiwilligen«. Und doch ist die Fokussierung auf betriebswirtschaftliche »Performance«, die die entsprechenden Arbeiten oft transportieren, nicht unproblematisch: Sie geht mit Tendenzen einher, Leistungen der sozialen Wohlfahrtsproduktion auf unmittelbar Meß- bzw. Zählbares zu reduzieren und de facto die Perspektive zweier für das Proprium des Dritten Sektors eher unsensibler Anspruchsgruppen zu übernehmen: die der »freien Wirtschaft« und die einer Sozialpolitik, welche den Sektor unter permanenten »Lieferdruck« setzt. Das Ergebnis ist ein »Managerialismus«, der im Hinblick auf assoziative Verständigung und nachhaltige Zielverfolgung zerstörerisch wirken kann, aber bislang in seinen Effekten selten untersucht wurde (vgl. aber Meyer/Leiter 2011).

- Die Rekonstruktion sektorieller und organisationaler Dynamiken mit Hilfe des *Konzepts der Hybridisierung:* Wie oben bereits erläutert, ist die Erkenntnis, der Dritte Sektor basiere auf hybriden Strukturen, ein »alter Hut«. Zuletzt hat es aber Arbeiten gegeben, die diese Erkenntnis reaktualisiert bzw. neu konturiert haben – auch im Anschluss an angelsächsische Debatten (vgl. Billis 2010). Die entsprechenden Analysen stellen stark auf den Marktbezug bzw. auf unternehmerische Dimensionen in gemeinwohlorientierten Organisationen ab und verweisen auf Praktiken der sozialen Wohlfahrtsproduktion, die mit vergleichsweise großen wirtschaftlichen Risiken einhergehen (vgl. Hackenberg/Empter 2011, Glänzel/Schmitz 2012, Heinze et al. 2013). Viele vermuten in solchen Projekten ein besonderes Innovationspotenzial sowie eine Tugend des *sozialen Investierens,* sprich: des riskanten, numerisch kontrollierten und kompetitiv evaluierten Handelns zu Gunsten des Gemeinwohls – auch und v. a. aus der Sphäre der Erwerbswirtschaft heraus (vgl. Anheier 2012).

Die entsprechende Debatte ist durchaus aufschlussreich, erscheint aber diffus bezüglich wesentlicher Unterscheidungen. Aufgegriffen werden einerseits Phänomene wie Nischenprojekte, die im Dunstkreis der traditionellen Genossenschaftsidee überleben, die z. B. in einigen Ländern Lateineuropas auch heute noch einflussreich ist (vgl. Rodrigues Guerra 2011), oder aber philanthropische Initiativen, welche kleinteilige, mitunter ohne das Gemeinnützigkeitslabel auskommende, Hilfsprojekte (z. B. ein Mentoring für Bildungsschwache) betreiben (vgl. Heinze et al. 2013). Was das qualitativ »Neue« an diesen Nischenaktivitäten ist, erscheint unklar. Vielfach wird hier schlicht nach deutschen Anschlussmöglichkeiten für die angelsächsische Tradition der »Elitenphilanthropie« gesucht. Unterbelichtet bleibt zudem, inwieweit dezidiert auf Selbstfinanzierung (durch Verkäufe, Projektwettbewerberfolge, Sponsoring etc.) kaprizierte Projekte nicht in (Gewissens-)Konflikte mit den eigentlichen Sachzielen geraten, hier also ein strukturell labiler Organisationsansatz verfolgt wird (vgl. Bode 2014).

Andererseits beziehen sich die benutzten Begrifflichkeiten *de facto* auf die alltägliche »Entrepreneurialisierung« und Vermarktlichung der Wohlfahrtsproduktion im Kern des Dritten Sektors (vgl. Bode 2013: 227 ff.), welche nicht zuletzt von Agenturen vorangetrieben wird, die *wettbewerblich organisiertes*

»Unternehmertum« als ordnungspolitisches Leitbild für die gesamte soziale Wohlfahrtsproduktion propagieren (ASHOKA etc.). Die Folgen der seit längerem beobachtbaren Ausbreitung der neuen, *marktzentrierten* Hybridität bleiben dabei oft ausgeblendet: Die bislang vorliegenden Studien zu Kernorganisationen des wohlfahrtsproduzierenden Dritten Sektors verweisen auf zunehmende Prekarität und Kurzatmigkeit in den Organisationsprozessen (vgl. Bode/Graf 2000, Kotlenga et al. 2005 oder Droß et al. 2013) sowie Tendenzen wachsender Selbstausbeutung (vgl. Manzeschke/Brink 2010) – also auf Effekte, die kaum im Sinne der meisten Stakeholder seien dürften.

Voreilig erscheint es im Übrigen, wenn aus der empirischen Wirklichkeit verschwimmender Grenzen zwischen Markt und Drittem Sektor der Schluss gezogen wird, dass die Quelle zivilgesellschaftlicher Impulse heute nicht mehr zwingend in diesem Sektor liege (vgl. Evers/Ewert 2010). Denn bis heute sind es v. a. die in assoziativen Kontexten organisierten Verständigungsprozesse, die dem Wohlfahrtsstaat Zivilität beibringen. Nur diese Kontexte sind *von ihrem sozialen Sinn* her darauf spezialisiert, Probleme des Gemeinwesens jenseits der Rationalität von Geld und Macht zu verhandeln (selbst wenn dies immer nur teilweise gelingt).

Insgesamt fehlen robuste Erkenntnisse zu der Frage, wie sich die neue Hybridität auf die zivilgesellschaftliche »Produktionsleistung« des Dritten Sektors auf Dauer auswirkt. Jedenfalls kann nicht umstandslos von einer besonderen Innovativität der o. g. Formen sozialunternehmerischer Praxis ausgegangen werden: Einerseits hat es schon immer rege Aktivitäten zur Entwicklung neuer Konzepte und Praktiken im Dritten Sektor gegeben, andererseits ist fraglich, inwieweit die o. g. »Entrepreneurialisierung« nicht auf eine betriebswirtschaftliche Engführung von Partizipations- und Wohlfahrtszielen hinausläuft, was bezogen auf das o. g. historische Zivilisationsprojekt eher destruktiv als sozial innovativ wäre.

4 Die Fragmentierung eines Zivilisationsprojekts und wie sich die Forschung dazu verhalten kann

Das Desiderat der auf aktuelle Zustände und Dynamiken im wohlfahrtsproduzierenden Dritten Sektor bezogenen Forschung lässt sich einfach zusammenfassen: Ein größerer Teil dieser Forschung verhält sich opportunistisch gegenüber einem Zeitgeist bzw. gesellschaftlichen Kräften, welche Räume für soziale und demokratische Emanzipation eher *einengen* als ausweiten – v. a. aus der Perspektive jener, die in der heutigen Wettbewerbsgesellschaft das Nachsehen haben. Die empirisch beobachtbare Fragmentierung jenes Zivilisationsprojekts, das im 20. Jahrhundert aus der Aktionseinheit von Sozialstaat und Zivilgesellschaft hervorgegangen ist, wird durch den Mainstream der Forschung gewissermaßen repliziert. Ansätze einer kritischen Forschungsorientierung sind erkennbar, bleiben aber zarte Pflänzchen.

Derzeit hat es den Anschein, dass der Dritte Sektor in seinen wohlfahrtsproduzierenden Funktionen selektiver und weniger nachhaltig wird – jedenfalls vor dem Hintergrund des o. g. Zivilisationsprojekts; und es ist unklar, was die gegenwärtigen Transformationsprozesse im Kern des Sektors von diesem Projekt übrig lassen. Dies wäre sicherlich eine Frage, der sich die Forschung in nächster Zeit widmen könnte. Darüber hinaus sollte die Demokratiefrage neu gestellt werden: Kann der Dritte Sektor in seiner heutigen Verfassung, angesichts von »Entrepreneurialismus« und zunehmender Markt(wirtschafts)orientierung, überhaupt noch das leisten, was ihn – ungeachtet aller Vermachtungsdynamiken – »groß gemacht« hat: nämlich eine assoziative Praxis, die Menschen dazu bringt, über das Gemeinwesen nachzudenken und den Gedanken Taten folgen zu lassen? An welchen Stellen wird soziale Wohlfahrtsproduktion im Dritten Sektor auch heute noch assoziativ strukturiert? Und wem nützt das? Genereller wäre auch danach Ausschau zu halten, wie sich die aktuelle Praxis des Sektors zur Fragmentierung von Lebenschancen in westlichen Gegenwartsgesellschaften, also zum Phänomen wachsender sozialer Ungleichheit verhält? Wo setzt er Gegenimpulse, wo verwaltet oder verschärft er sie? Ob es mit solchen Fragen gelingt, die Forschung zum (wohlfahrtsproduzierenden) Dritten Sektor aus dem Nischendasein herauszulösen, welches sie – jedenfalls in den Kernen der klassischen Bezugswissenschaften Soziologie, Ökonomie und Politikwissenschaft – gegenwärtig fristet, muss offen bleiben. Allerdings erscheinen sie anschlussfähiger als das angestrengte Suchen nach Rettung aus anderen Kulturräumen oder aus jener sozialen Sphäre, von der sich der Dritte Sektor genealogisch und funktional gerade abhebt: nämlich der der gewerblichen Wirtschaft.

Vieles ist auch eine normative Frage: Die in vielen neueren Arbeiten im Dunstkreis der Dritte-Sektor-Forschung durchscheinende Suche nach Ersatzkandidaten für den Wohlfahrtsstaat – also nach Akteuren, die »die Rolle des sich verändernden Staates« sowie »eine Wächterfunktion über die Gemeinwohlproduktion [...] einnehmen« (Anheier 2012: 17) – verabschiedet *de facto* jenes Zivilisationsprojekt, das Staat und Zivilgesellschaft im Kontinentaleuropa des 20. Jahrhunderts zusammengeführt hat. Gewiss lässt sich argumentieren, dass der Dritte Sektor von Sachzwängen getrieben ist und es heute nur mehr darum gehen kann, Schlimmeres zu verhindern – z. B. weil der sozial-emanzipative Wohlfahrtsstaat klassischer Prägung »nicht mehr finanzierbar« oder individualisierungsbedingt fragil ist. Die achselzuckende Akzeptanz der Folgen, i. e. wachsende Fremdbestimmung und soziale Ungleichheit, steht allerdings in diametralem Gegensatz zum o. g. Zivilisationsprojekt und wohl auch zu den Erwartungen der Mehrheitsbevölkerung. Noch hat der wohlfahrtsproduzierende Dritte Sektor Substanz: Er verfügt über ein breites Netz von Trägern und Einrichtungen, er ist verbandlich dicht organisiert, und er trifft in der Bevölkerung nach wie vor auf große Sympathien. Aber: Zwischen den Ansprüchen, die in der Mehrheitsgesellschaft an die Wohlfahrtsproduktion (auch und gerade) im Dritten Sektor gestellt werden, und dem, wohin sich maßgebliche seiner Segmente entwickeln, gibt es wachsende Diskrepanzen. Forderungen nach der Rückkehr zum »guten alten Ehrenamt« oder der Aufruf zu »heldenhaftem« sozialen Unternehmertum werden daran *in der Fläche* kaum etwas ändern können. Wer die Fragmentierung aufhalten und das historische Zivilisationsprojekt nicht aufgeben will, wird sich der genuinen Alleinstellungsmerkmale des Dritten Sektors neu vergewissern müssen – dabei kann eine aufklärerische Forschung zum Zusammenhang von Wohlfahrtsstaat und Drittem Sektor sicherlich von Nutzen sein.

Literatur

Anheier, H. K. (2012): Von Non-Profit-Organisationen und Philanthropie zu Sozialer Investition – Auf dem Weg zu einer neuen Forschungs-Agenda. In: Anheier, H. K., Schroer, A. & V. Then (Hrsg.): Soziale Investitionen. Interdisziplinäre Perspektiven, Wiesbaden: Springer VS, S. 17–38.

Ascoli, U. & C. Ranci (Hrsg.) (2002): Dilemmas of the Welfare Mix. The New Structure of Welfare in an Era of Privatization, New York: Kluwer Academic/Plenum Publishers.

Bauer, R. (1978): Wohlfahrtsverbände in der Bundesrepublik. Materialien und Analysen zu Organisation, Programmatik und Praxis, Weinheim, Basel: Beltz.

Billis, D. (Hrsg.) (2010): Hybrid Organizations and the Third Sector: Challenges for practice, theory and policy, Basingstoke: Palgrave Macmillan.

BMFSFJ (2010): Freiwilliges Engagement in Deutschland. 1999 – 2004 – 2009. Kurzbericht des 3. Freiwilligensurveys, Berlin.

Bode, I. (2004): Nicht mit ihm und nicht ohne ihn. Dritter Sektor und Gerechtigkeitsproduktion im gesellschaftlichen Wandel. In: Liebig, S., Lengfeld, H. & S. Mau (Hrsg.): Verteilungsprobleme und Gerechtigkeit moderner Gesellschaften, Frankfurt a. M., New York: Campus: S. 247–270.

Bode, I. (2011): Creeping Marketization and Post-corporatist Governance: The Transformation of State-Nonprofit Relations in Continental Europe. In: Phillips, S. D. & S. Rathgeb Smith (Hrsg.): Governance and Regulation in the Third Sector, London: Routledge: S. 115–141.

Bode, I. (2013): Die Infrastruktur des postindustriellen Wohlfahrtsstaats. Organisation, Wandel, gesellschaftliche Hintergründe, Wiesbaden: Springer VS.

Bode, I. (2014): In Futile Search of Excellence. The ›muddling through agenda‹ of service-providing ›social enterprises‹ in contemporary Europe. In: Simon, D. & F. Seddon (Hrsg.): Social Enterprise: Accountability and Evaluation around the World, London: Routledge: S. 196–212.

Bode, I. & A. Graf (2000): Im Trend, aber auf eigenen Wegen. Arbeit und Organisation im Dritten Sektor. In: Brose, H.-G. (Hrsg.): Die Reorganisation der Arbeitsgesellschaft, Frankfurt a. M., New York: Campus: S. 139–172.

Böhnke, P. (2011): Ungleiche Verteilung politischer und zivilgesellschaftlicher Partizipation. In: Aus Politik und Zeitgeschichte, Heft 1-2, S. 18–25.

Coffé, H. & C. Bolzendahl (2011): Civil Society and Diversity. The Oxford Handbook on Civil Society. M. Edwards, Oxford: Oxford University Press, S. 245–256.

Crouch, C. (2011): Über das befremdliche Überleben des Neoliberalismus. Postdemokratie II, Berlin: Suhrkamp.

Dathe, D. (2011): Engagement: Unbegrenzte Ressource für die Zivilgesellschaft? In: Priller, E., Alscher, M., Dathe, D. & R. Speth (Hrsg.): Zivilengagement. Herausforderungen für Gesellschaft, Politik und Wissenschaft, Berlin: Lit, S. 41–56.

Eikenberry, A. M. (2009): Refusing the Market – A Democratic Discourse for Voluntary and Nonprofit Organizations. In: Nonprofit and Voluntary Sector Quarterly, Volume 38, Heft 4, S. 582–596.

Esslinger, A. S., Rager, E. & R. Rieg (2012): Die Balanced Scorecard in der stationären Altenpflege – ein Fallbeispiel. In: Gmür, M., Theuvsen, L & R. Schauer (Hrsg): Perspektiven und Grenzen des Performance Management in Nonprofit-Organisationen, Bern: Haupt.

Evers, A. (1993): The Welfare Mix Approach. Understanding the Pluralisms of Welfare States. In: Evers, A. & I. Svetlik (Hrsg.): Balancing Pluralism. New Welfare Mixes in Care for the Elderly, Aldershot: Avebury, S. 4–31.

Evers, A. & A. Zimmer (Hrsg.) (2010): Third Sector Organizations Facing Turbulent Environments. Sports, Culture and Social Services in Five European Countries, Baden-Baden: Nomos.

Evers, A. & B. Ewert (2010): Hybride Organisationen im Bereich sozialer Dienste. Ein Konzept, sein Hintergrund und seine Implikationen. In: Klatetzki, T. (Hrsg.): Soziale personenbezogene Dienstleistungsorganisationen. Soziologische Perspektiven, Wiesbaden: VS Verlag, S. 103–128.

Evers, A. & T. Olk (Hrsg.) (1996): Wohlfahrtspluralismus. Vom Wohlfahrtsstaat zur Wohlfahrtsgesellschaft, Opladen: Westdeutscher Verlag.

Fischer, R. (2011): Freiwilligenengagement und soziale Ungleichheit. Eine sozialwissenschaftliche Studie, Stuttgart: Kohlhammer.

Glänzel, G. & B. Schmitz (2012): Hybride Organisationen – Spezial- oder Regelfall? In: Anheier, H.K, Schröer, A. & V. Then (Hrsg.): Soziale Investitionen. Interdisziplinäre Perspektiven, Wiesbaden: Springer VS, S. 181–203.

Golbeck, C. (2011): Auf der Suche nach produktiven Kompromissen. Wohlfahrtsverbände zwischen sozialem Anspruch und wirtschaftlicher Effizienz. In: Zimmer, A. (Hrsg.): Jenseits von Bier und Tulpen. Sport, Kultur und Soziales in Deutschland und den Niederlanden, Münster: Waxmann, S. 87–110.

Groenemeyer, A. & F. Kessl (2013): Die »neue Almosenökonomie« – ein neues System der Armutshilfe? In: Böllert, K., Alfert, N. & M. Humme (Hrsg.): Soziale Arbeit in der Krise, Wiesbaden: Springer VS.

Hackenberg, H. & S. Empter (Hrsg.) (2011): Social Entrepreneurship – Social Business: Für die Gesellschaft unternehmen, Wiesbaden: VS Verlag.

Hämel, K. (2012): Öffnung und Engagement. Altenpflegeheime zwischen staatlicher Regulierung, Wettbewerb und zivilgesellschaftlicher Einbettung, Wiesbaden: VS Verlag.

Heinze, R. G., Schönauer, A. L., Schneiders, K., Grohs, S. & C. Ruddat (2013). Social Entrepreneurship im etablierten Wohlfahrtsstaat. Aktuelle empirische Befunde zu neuen und alten Akteuren auf dem Wohlfahrtsmarkt. In: Jansen, S. A. (Hrsg.): Soziale Unternehmen, Wiesbaden: Springer VS, S. 315–346.

Hielscher, V., Nock, L., Kirchen-Peters, S. & K. Blass (2013). Zwischen Kosten, Zeit und Anspruch. Das alltägliche Dilemma sozialer Dienstleistungsarbeit, Berlin: Springer.

Hogg, E. & S. Baines (2011): Changing Responsibilities and Roles of the Voluntary and Community Sector in the Welfare Mix. In: Social Policy and Society, Volume 10, Heft 3, S. 341–352.

Klie, T. (2013): Zivilgesellschaft und Aktivierung. In: Hüther, M. & G. Naegele (Hrsg.): Demografie, Wiesbaden: Springer VS, S. 344–362.

Kotlenga, S., Nägele, B., Pagels, N. & B. Ross (Hrsg.) (2005): Arbeit(en) im Dritten Sektor. Europäische Perspektiven, Mössingen-Talheim: Talheimer Verlag.

Langer, A. & A. Schröer (Hrsg.) (2011): Professionalisierung im Nonprofitmanagement, Wiesbaden: VS Verlag.

Manzeschke, A. & A. Brink (2010): Versprechen, Vertrag und Supererogation in Nonprofit-Organisationen. In: Theuvsen, L., Schauer, R. & M. Gmür (Hrsg.): Stakeholder-Management in Nonprofit-Organisationen. Theoretische Grundlagen, empirische Ergebnisse und praktische Ausgestaltungen, Linz: Trauner.

Meyer, M. & J. Leitner (2011): Warnung: Zuviel Management kann Ihre NPO zerstören. Managerialismus und seine Folgen in NPO. In: Langer, A. und A. Schröer (Hrsg.): Professionalisierung im Nonprofitmanagement, Wiesbaden: VS Verlag, S. 87–104.

Milbourne, L. & M. Cushman (2013): From the Third Sector to the Big Society: How Changing UK Government Policies Have Eroded Third Sector Trust. In: Voluntas, Volume 24, Heft 2, S. 485–508.

Münch, R. (2010): Das Regime des Pluralismus. Zivilgesellschaft im Kontext der Globalisierung, Frankfurt a. M., New York: Campus.

Pick, D., Holmes, K. & M. Brueckner (2011): Governmentalities of Volunteering: A study of regional Western Australia. In: Voluntas, Volume 22, Heft 3, S. 390–408.

Rauschenbach, T. & A. Zimmer (Hrsg.) (2011): Bürgerschaftliches Engagement unter Druck? Analysen und Befunde aus den Bereichen Soziales, Kultur und Sport, Opladen: Barbara Budrich.

Rodrigues Guerra, R. Y. (2011): Der gesellschaftliche Beitrag von Produktivgenossenschaften im Dritten Sektor. In: Elsen, S. (Hrsg.): Ökosoziale Transformation. Solidarische Ökonomie und die Gestaltung des Gemeinwesens – Perspektiven und Ansätze von unten, Frankfurt: AG SPAK, S. 281–314.

Sachße, C. (2011): Zur Geschichte Sozialer Dienste in Deutschland. In: Evers, A., Heinze, R. G. & T. Olk (Hrsg.): Handbuch Soziale Dienste, Wiesbaden: VS Verlag, S. 94–116.
Salamon, L. M., Anheier, H. K., Toepler, S. & S. W. Sokolowsky (1999): Global Civil Society: Dimensions of the Nonprofit Sector, Baltimore: The John Hopkins University: Institute for Policy Studies.
Simsa, R. (2001): Gesellschaftliche Funktionen und Einflussformen von Nonprofit-Organisationen. Eine systemtheoretische Analyse, Frankfurt a. M. u. a.: Lang.
Schulz, A. D. (2009): Organisationen zwischen Markt, Staat und Zivilgesellschaft. Arbeitsmarktförderung von Langzeitarbeitslosen im Deutschen Caritasverband, Wiesbaden: VS Verlag.
Sesselmeier, W. (2012): Widersprüche sozialer Integration in Zeiten der Ökonomisierung sozialer Sicherung. In: Sozialer Fortschritt, Volume 61, Heft 5, S. 104–110.
Thompson, P. & R. Williams (2014): Taking Your Eyes off the Objective: The Relationship between Income Sources and Satisfaction with Achieving Objectives in the UK Third Sector. In: Voluntas, Volume 25, Heft 1, S. 109–137.
Thränhardt, D. (1981): Kommunaler Korporatismus. Deutsche Traditionen und moderne Tendenzen, in: Thränhardt, D. & H. Uppendahl (Hrsg.): Alternativen lokaler Demokratie, Königstein/Taunus: Hain, S. 5–34.
Vogt, L. (2005): Das Kapital der Bürger. Theorie und Praxis zivilgesellschaftlichen Engagements, Frankfurt a. M., New York: Campus.
Wex, T. (2004): Der Nonprofit-Sektor der Organisationsgesellschaft, Wiesbaden: Gabler.

Von der Jobmaschine Dritter Sektor zum Billiglohnsektor?

Eckhard Priller

Abstract: Der Dritte Sektor in Deutschland vermittelt in der Beschäftigungssituation ein Bild von Stabilität und Wachstum. Doch der Schein trügt. Die Beschäftigungsentwicklung ist differenziert zu sehen. Es zeigen sich deutliche Veränderungen in den Beschäftigungsverhältnissen und Arbeitsbedingungen. Die »schöne Arbeitswelt« des Dritten Sektors hat Beschädigungen erfahren. Zwar folgt die beträchtliche Zunahme atypischer Beschäftigungsverhältnisse dem allgemeinen Trend auf dem Arbeitsmarkt, doch im Dritten Sektor ist dieser besonders stark ausgeprägt. Veränderungen der staatlichen Rahmenbedingung und eine zunehmende Marktorientierung haben die Organisationen unter Ökonomisierungsdruck gesetzt, dem sie häufig durch flexible Beschäftigungsverhältnisse und Einschnitte bei den Arbeitsbedingungen begegnen.

Die künftige Forschung muss daher den qualitativen Aspekten der Beschäftigung mehr Aufmerksamkeit schenken. Es ist besonders zu untersuchen, inwiefern Dritte-Sektor-Organisationen als Arbeitsplatz für Frauen an Attraktivität verlieren. Teilweise bessere Beschäftigungs- und Arbeitsplatzangebote von Marktunternehmen können dazu führen, dass jüngeres Personal sich bewusst gegen Dritte-Sektor-Organisationen entscheidet.

Keywords: Nonprofit-Organisationen, Dritter Sektor, Zivilgesellschaft, soziale Dienstleistungen, Wohlfahrtsstaat, Beschäftigung Arbeitsbedingungen Beschäftigungsverhältnisse, Prekarisierung

1 Einleitung

Dem Dritten Sektor kommen in Deutschland gewichtige gesellschaftliche Funktionen bei der Bündelung, Artikulation und Vertretung von Interessen, bei der Sozialintegration sowie der Dienstleistungserstellung zu. Die Organisationen des Dritten Sektors haben zugleich ein besonderes Gewicht in arbeitsmarktpolitischer

Hinsicht. Dies betrifft zum einen die beachtliche Anzahl von Arbeitsplätzen in den Organisationen. Zum anderen trägt ein beachtlicher Teil dieser Organisationen zur Realisierung öffentlich geförderter Beschäftigungsprogramme bei und hilft bei der Umsetzung staatlicher Arbeitsmarktpolitik. Der Sektor erweist sich dabei als ein arbeitsmarktpolitisches Experimentierfeld, denn eine Reihe von Entwicklungen auf dem Arbeitsmarkt zeigen sich hier zuerst oder treten hier in einer besonderen Schärfe und Deutlichkeit auf (vgl. Dathe et al. 2009).

Der vorliegende Beitrag konzentriert sich auf die Betrachtung der Beschäftigung im Dritten Sektor. Ausgehend von einer Analyse zur Situation der vorhandenen Beschäftigungsverhältnisse werden bestimmte Zustände und Entwicklungen untersucht, die das bislang zumeist sehr positiv geprägte Bild der Arbeitswelt des Dritten Sektors kritisch hinterfragen. Vor diesem Hintergrund wird herausgearbeitet, was thematisch künftig näher zu untersuchen ist und wie der bestehende Forschungsbedarf gedeckt werden kann.

2 Arbeitsmarktpolitischer Stellenwert des Dritten Sektors

Zum Dritten Sektor zählt man ein breites Spektrum von Organisationen: große Wohlfahrtsverbände mit ihren vielfältigen Einrichtungen, freizeitorientierte Sport- und Hobbyvereine bis hin zu Initiativen und Projekten, die sich mit Umweltfragen beschäftigen. Ob in der Rechtsform des Vereins, gemeinnütziger GmbHs, gemeinnütziger Genossenschaften oder Stiftungen – der Dritte Sektor ist vielfältig und thematisch breit aufgestellt. Er ist traditionsreich und zugleich immer wieder innovativ, wenn es um das Aufgreifen neuer Tätigkeitsfelder und die Realisierung damit verbundener Aufgaben geht. Nach wie vor ist der Sektor, gemessen am Zuwachs an Organisationen, dem Leistungsspektrum und Leistungsvolumen sowie der Zahl der Beschäftigten in Deutschland auf Wachstumskurs (vgl. Zimmer et al. 2013).

Obwohl eine große Anzahl von Organisationen nur auf der Grundlage von bürgerschaftlichem Engagement tätig ist, sind hauptamtliche Beschäftigte in rund jeder fünften Organisation und deren Einrichtungen vorhanden. Dies kommt besonders in den dienstleistungsorientierten Bereichen zum Tragen. Die Gesamtzahl der in Dritte-Sektor-Organisationen Beschäftigten wird zwischen 2 und 3 Millionen geschätzt. Exakte Angaben sind hier, wie zu vielen anderen Aspekten des Dritten Sektors in Deutschland nur schwer möglich. Die entsprechenden Rechtsformen werden in den amtlichen Statistiken zumeist nicht gesondert ausgewiesen, und zahlreiche Aspekte bleiben deshalb statistisch gesehen im Dunkeln oder in einem Graubereich.

Hinzu kommt, dass eine Reihe von begonnenen Ansätzen zur Erfassung der Beschäftigungssituation im Dritten Sektor zurzeit nicht oder nur partiell weitergeführt werden (vgl. Hohendanner/Stegmaier 2012, Dathe et al. 2009, Rosenski 2012). Im Rückblick auf bisherige Untersuchungsergebnisse und in Anbetracht gegenwärtiger Entwicklungen kristallisiert sich die künftige Forschungsaufgabe heraus, neben der reinen Erfassung der Anzahl von Arbeitsplätzen im Dritten Sektor noch stärker deren qualitative Momente in den Blickpunkt von Untersuchungen zu rücken. Während in den 1990er Jahren unter beschäftigungspolitischen Gesichtspunkten der Dritte Sektor vor allem als Jobmotor gesehen wurde und die Zuwachsraten der Arbeitsplätze im Mittelpunkt standen (vgl. Kotlenga 2005, Zimmer/Priller 2007), verlangen die eingetretenen Veränderungen in den Beschäftigungsverhältnissen eine stärkere Aufmerksamkeit. Untersuchungen zu den Arbeitsbedingungen, den Arbeitsbelastungen und der Arbeitszufriedenheit sollten deshalb künftig die Forschungsagenda stärker bestimmen. In die Betrachtung müssen dabei Fragen einfließen, die sich mit dem besonders hohen Frauenanteil der Beschäftigung in den Organisationen auseinandersetzen. Wurden vor noch nicht langer Zeit die Vorzüge der Beschäftigungsmöglichkeiten im Dritten Sektor mit der guten Vereinbarkeit von Beruf und Familie für Frauen herausgestellt, ist die Qualität dieser Arbeitsplätze unter den eingetretenen Entwicklungen näher in den Blick zu nehmen. Es ist zu untersuchen, ob die vorhandene hohe Frauenbeschäftigung nicht eher traditionelle Rollenmuster aufrechterhält und Frauen eine Zuständigkeit für Pflege und Erziehung in einer anderen Form zuweist. Hinzu kommt, dass dem Dritten Sektor unter arbeitsmarktpolitischen Gesichtspunkten in der Vergangenheit in mehrfacher Hinsicht besondere Vorzüge als Übergangsarbeitsmarkt bescheinigt wurden (vgl. Dathe/Priller 2010). Demnach konnten Frauen aus Zeiten von Mutterschaft, Erziehungszeit oder Familienzeit hier unkomplizierter als in anderen Bereichen ins Berufsleben zurückkehren. Diese Aussage ist unter dem Gesichtspunkt neuer sozialpolitischer Regelungen, die allgemein für die Beschäftigten in dieser Situation zu Verbesserungen geführt haben, speziell für den Dritten Sektor auf den Prüfstand zu stellen.

Der folgende Beitrag kann diese bislang wenig berücksichtigten Fragestellungen lediglich streifen. Auf die künftig zu bearbeitenden Aspekte ist aber aus dem Blickwinkel aktueller Ergebnisse zur Untersuchung der Beschäftigungssituation und der Arbeitsbedingungen in Dritte-Sektor-Organisationen aufmerksam zu machen. Die empirischen Grundlagen für den Beitrag liefert das von der Hans-Böckler-Stiftung in den Jahren 2011/12 geförderte Projekt »Veränderungen in Dritte-Sektor-Organisationen und ihre Auswirkungen auf die Arbeits- und Beschäftigungsverhältnisse«. In dessen Rahmen wurden eine Organisationsbefragung[1] und eine Befragung von Beschäftigten in Dritte-Sektor-Organisationen[2] realisiert. Dadurch konnte ein komplexer Ansatz verfolgt werden, der sowohl die Perspektive der Organisationen als Arbeitgeber und jene der Beschäftigten als Arbeitnehmer berücksichtigt. Insofern kann eine erste Bilanz gezogen werden, ob der Dritte Sektor in beschäftigungspolitischer Hinsicht hält, was er lange Zeit versprochen hat.

3 Veränderte Rahmenbedingungen

Die Dritte-Sektor-Organisationen sehen sich in den letzten Jahren zunehmend einem Wettbewerbs-, Ökonomisierungs- und Rationalisierungsdruck ausgesetzt (Bode 2004, Wex 2005, Priller et al. 2012, Droß/Priller 2012, Priller/Schmeißer 2013). Dies führt zu beträchtlichen Veränderungen in der Arbeitsweise der Organisationen, die sich auch auf die Gestaltung der Beschäftigungsverhältnisse und Arbeitsbedingungen niederschlagen. In diesem Kontext stellt sich die Frage, ob es den Organisationen gelingt, der in ihrer Mission verankerten ideellen Ausrichtung bei der Gestaltung ihrer Beschäftigungsverhältnisse weiter zu folgen oder sie infolge des ökonomischen Drucks gerade hier Abstriche vornehmen. Mit Hilfe der Angaben aus den Erhebungen lässt sich untersuchen, wie diese Veränderungen organisationsseitig aussehen und wie sie von den Beschäftigten wahrgenommen werden.

Während die Gesamtzahl der Dritte-Sektor-Organisationen mit über 600 000 (vgl. Zimmer/Priller 2012) zu beziffern ist, konnte mit Analysen auf der Grundlage des Unternehmensregisters im Jahr 2007 in rund 105 000 Organisationen zumindest ein sozialversicherungspflichtig Beschäftigter ermittelt werden (vgl. Rosenski 2012: 214). Bereits im Jahr 1995 arbeiteten in Dritte-Sektor-Organisationen rund

---

1 Die Organisationsbefragung »Organisationen heute 2011/2012« ist eine Ende 2011 bis Anfang 2012 deutschlandweit unter Vorständen und GeschäftsführerInnen von Dritte-Sektor-Organisationen durchgeführte Befragung. Ziel der Untersuchung war es, aktuelle Entwicklungen und Problemlagen in den Organisationen anhand einer fundierten Datengrundlage zu untersuchen. Insgesamt beteiligten sich 3 111 Dritte-Sektor-Organisationen (Vereine, gemeinnützige GmbHs, Genossenschaften und Stiftungen). Es wurde mit der Befragung eine Rücklaufquote von 26 % erzielt.

2 Die Angaben der Beschäftigten in Dritte-Sektor-Organisationen resultieren aus der DGB-Erhebung »Gute Arbeit«. Befragt werden in dieser seit 2007 jährlich durchgeführten Untersuchung deutschsprachige Erwerbstätige im Alter von 15 bis 64 Jahren, deren Haupterwerbstätigkeit einen wöchentlichen Arbeitsumfang von mindestens 10 Stunden hat. Freiberufler und Selbstständige werden nicht berücksichtigt(Fuchs 2010: 4). In der Erhebung 2011 konnte eine Zusatzstichprobe von 733 Beschäftigten im Dritten Sektor realisiert werden (WZB-Oversampling).

2,1 Millionen Personen. Die Gesamtzahl der Beschäftigten entsprach 1,4 Millionen Vollzeitarbeitsplätzen und einem Anteil von 4,9 % an der Gesamtbeschäftigung in Deutschland (vgl. Priller/Zimmer 2001: 202 f., Zimmer/Priller 2007: 54 f., Priller/ Schmeißer 2013: 228). Im Jahr 2007 hatten insgesamt rund 2,3 Millionen sozialversicherungspflichtig und rund 300 000 geringfügig entlohnt Beschäftigte hier einen Arbeitsplatz (vgl. Rosenski 2012: 214). Die Gesamtzahl der Arbeitsplätze belief sich nach Berechnungen mit dem Unternehmensregister auf 2,6 Millionen. Zu den regulären Beschäftigten kamen jene in öffentlich geförderter Beschäftigung in Arbeitsbeschaffungsmaßnahmen (ABM), als Zivildienstleistende, die Arbeitsgelegenheiten mit Mehraufwendungen (MAE) oder im Bundesfreiwilligendienst hinzu. Die beschäftigungspolitischen Maßnahmen erreichen zeitabhängig die Zahl von rund 100 000 Plätzen. Wenn in der Vergangenheit eine zunehmende arbeitsmarktpolitische Bedeutung des Dritten Sektors konstatiert wurde, basierte die Einschätzung zumeist auf dieser beeindruckenden Beschäftigungsentwicklung (vgl. Zimmer/Priller 2007).

Die demographische Struktur der Beschäftigten des Dritten Sektors ist dabei weiter zunehmend weiblich geprägt. Besonders im Sozialwesen ist nach den Ergebnissen der DGB-Untersuchung »Gute Arbeit« der Frauenanteil mit 83 % besonders hoch. Doch nicht nur in den klassischen Tätigkeitsfeldern des Sozial- und Gesundheitswesens sind Frauen überdurchschnittlich präsent. Insgesamt sind mehr als drei Viertel (76 %) der Beschäftigten im Dritten Sektor Frauen. Der Frauenanteil auf dem Arbeitsmarkt in Deutschland beläuft sich hingegen nur auf 47 %. Die Untersuchungsergebnisse aus der »Guten Arbeit« belegen zugleich, dass der Dritte Sektor neben dem besonders hohen Frauenanteil durch eine Überalterung der Beschäftigten geprägt wird. Die Altersstruktur weist einen deutlichen Trend zu älter werdenden MitarbeiterInnen auf. Mehr als jede/r dritte Beschäftigte (36 %) ist 50 bis 64 Jahre alt, weitere 29 % sind im Alter von 40 bis 49 Jahren. Auf die Altersgruppen unter 30 Jahre und 30 bis 39 Jahre entfallen anteilig jeweils weniger als ein Fünftel der Beschäftigten. Das Sozialwesen ist von einer besonders starken Überalterung der MitarbeiterInnenstruktur betroffen: 73 % der Beschäftigten sind 40 Jahre und älter, davon gehören 44 % zur Gruppe der 50- bis 64-Jährigen.

Die aktuellen Entwicklungen im Dritten Sektor resultieren aus Veränderungen der institutionellen, rechtlichen und organisatorischen Rahmenbedingungen. So begünstigen die Regelungen zur Etablierung eines Niedriglohnsektors in den 1990er Jahren die Entstehung atypischer Beschäftigungsverhältnisse in einem besonderen Maße. Die Neuregelungen bei der geringfügigen Beschäftigung, die Förderung der sozialversicherungspflichtigen Teilzeit und die Einführung der Ein-Euro-Jobs hatten zudem maßgeblichen Einfluss bei der Neugestaltung der Beschäftigungsverhältnisse (vgl. Oschmiansky 2010: 48, Schmeißer

2013: 16). Beträchtliche Auswirkungen für das Sozialwesen hatten außerdem die seit den 1990er Jahren durchgeführten Veränderungen in der Sozialgesetzgebung – wie die Einführung der gesetzlichen Pflegeversicherung (SGB XI seit 1995), die Neufassung des Bundessozialhilfegesetzes (1996 und 1999) sowie die Novellierung des Kinder- und Jugendhilfegesetzes (1999). In deren Folge wurden unter dem Leitsatz, mehr Wettbewerb zu schaffen, die Bevorzugung gemeinnütziger Träger gegenüber privaten Anbietern zunehmend aufgehoben und neue Anforderungen an die Wirtschaftlichkeit der Organisationen gestellt (vgl. Droß 2013: 9 f., Dahme et al. 2012: 38 f.).

Für die Organisationen selbst bedeutet die von Seiten des Staates forcierte Herausbildung so genannter Quasi-Märkte die Entstehung neuer Spannungsfelder. Die Organisationen haben traditionell eine starke ideelle Ausrichtung, die sich in hohem Maße in ihrer Mission und ihrem Leitbild der Gemeinnützigkeit äußert. Den Alltag der Organisationen bestimmen jedoch neben der starken Orientierung an Werten wie Solidarität, Gemeinwohl und Fürsorge zunehmend Anforderungen einer Effizienz- und Marktorientierung (vgl. Seibel 2002, Zimmer/Priller 2007, Oschmiansky 2010: 44 f., Priller et al. 2012: 48 f.). Besonders die Organisationen in den sozialen Wirkungsfeldern registrieren infolge der Veränderungen eine Zunahme des Wettbewerbs in ihrer Arbeit (vgl. Priller et al. 2012: 45 f.). Dieser kann sich sowohl in einer Auseinandersetzung um öffentliche Mittel und Mitglieder, NutzerInnen und ehrenamtlich Engagierte als auch in einer Konkurrenz um MitarbeiterInnen äußern. Die Organisationen haben wenig Spielraum und sind deshalb gezwungen, vor allem die Arbeitskosten zu senken und zur Verfügung stehende Arbeitskraft effektiv zu nutzen. Vor diesem Hintergrund setzen sie in erster Linie auf eine hohe Flexibilität in den Beschäftigungsverhältnissen. Mit zeitlich befristeten Arbeitsverträgen und dem Einsatz von variabler Teilzeit können sie besser auf finanzielle Unsicherheiten reagieren. Durch die Ausweitung atypischer Beschäftigungsverhältnisse in Form von Befristungen und Teilzeit werden aber Interessenlagen der ArbeitnehmerInnen negativ berührt. Den Lebensunterhalt sichernde, individuell planbare und sozialrechtlich stabile Beschäftigungsverhältnisse geraten in Gefahr. Die bislang ausgeprägte Attraktivität des Dritten Sektors als Arbeitgeber wird dadurch sinken. Mehr oder weniger zeigt sich dies bereits in den spürbaren Personalproblemen und einem Fachkräftemangel (vgl. Priller/Schmeißer 2013: 233). Nach den Ergebnissen der Organisationserhebung »Organisationen heute 2011/12« hatten 70 Prozent der Organisationen mit hauptamtlichen Mitarbeiterinnen und Mitarbeitern Personalprobleme. Einen Fachkräftemangel beklagen bereits 40 Prozent der Organisationen (vgl. Priller et al. 2012: 35 f.).

4 Flexible Beschäftigungsverhältnisse im Dritten Sektor

Sowohl die Organisationserhebung als auch die Beschäftigtenbefragung belegen eine starke Flexibilisierung der Beschäftigungsverhältnisse in gemeinnützigen Organisationen.

Allgemein kann festgehalten werden: Für Beschäftigte im Dritten Sektor gehören Normalarbeitsverhältnisse längst nicht mehr zur Normalität. Nur 38 % der MitarbeiterInnen haben nach den Angaben aus der Erhebung »Gute Arbeit 2011« eine unbefristete Vollzeitstelle. D. h. also, auf einen normal Beschäftigten kommen in der Regel zwei atypisch Beschäftigte (vgl. Tab. 4.1).[3]

Mit einem Anteil von 39 % ist die unbefristete Teilzeitbeschäftigung die im Dritten Sektor am weitesten verbreitete und zugleich häufigste atypische Anstellungsform. Zudem gehen 13 % der Beschäftigten einer befristeten Vollzeittätigkeit nach und 11 % einer befristeten Teilzeittätigkeit. Etwa ein Viertel aller MitarbeiterInnen sind demnach nur für einen begrenzten Zeitraum in den Organisationen angestellt.

Frauen haben eher selten eine unbefristete Vollzeitstelle. Mehr als zwei Drittel der Frauen im Dritten Sektor (72 %) sind atypisch beschäftigt – im Vergleich trifft dies nur auf 33 % der Männer zu. Etwa 45 % der weiblichen Beschäftigten arbeiten auf einer unbefristeten Teilzeitstelle. Bei den männlichen Beschäftigten ist es jeweils nur etwa ein Fünftel. Zwischen Frauen und Männern zeigt sich nicht nur, dass Männer seltener einer befristeten Beschäftigung nachgehen, sondern zugleich diese eher in Form einer Vollzeittätigkeit ausüben. Frauen hingegen arbeiten zu gleichen Teilen befristetet Vollzeit oder Teilzeit.

Für Frauen in sozialen Dienstleistungsberufen ist die unbefristete Teilzeit offenbar die typische Beschäftigungsform. Ob sie den meisten eine perspektivisch sichere und, sofern mit einem entsprechenden Stundenumfang ausgestattet, tendenziell den Lebensunterhalt sichernde Erwerbstätigkeit bietet, ist fraglich. Aufgrund der gegenwärtigen Daten kann diese Frage nicht beantwortet werden. An dieser Stelle sind deshalb weitere Untersuchungen erforderlich, die besonders den Haushaltskontext der Beschäftigten berücksichtigen.

---

3   Atypische Beschäftigungsverhältnisse kommen häufig in Abgrenzung zur unbefristeten Vollzeitstelle, dem Normalarbeitsverhältnis, zum Einsatz. Sie unterscheiden sich zum einen in puncto Arbeitszeit und zum anderen hinsichtlich der vertraglichen Gestaltung der Arbeitsverträge vom Normalarbeitsverhältnis. Bei der rechtlichen und sozialen Absicherung weichen diese Beschäftigungsformen vom Normalarbeitsverhältnis ab und bieten den Betroffenen einen geringeren Schutz. Zudem gehen atypische Beschäftigungsverhältnisse mit einem erhöhten Prekaritätsrisiko einher, sind aber nicht per se prekär (vgl. u. a. Brehmer/Seifert 2008: 503, Oschmiansky 2010: 33, Mückenberger 1989: 211). In diesem Sinne werden hier alle Formen der Teilzeitarbeit, befristete Verträge und Leiharbeit sowie deren Kombination als atypische Beschäftigungsverhältnisse verstanden.

Tabelle 4.1 Beschäftigungsverhältnisse im Dritten Sektor nach Geschlecht und Alter (in %)

	Normalarbeits-verhältnis	Vollzeit (befristet)	Teilzeit (unbefristet)	Teilzeit (befristet)
Beschäftigte gesamt	64	10	23	3
Dritter Sektor gesamt	38	12	39	11
Geschlecht				
Frauen	28	14	45	13
Männer	67	9	20	4
Alter				
Unter 30 Jahre	35	37	14	14
30 bis 39 Jahre	36	15	35	15
40 bis 49 Jahre	36	5	46	13
50 bis unter 65 Jahre	41	5	48	5

Datenbasis: Gute Arbeit 2011 – WZB-Oversampling.

Zwischen der Art des Beschäftigungsverhältnisses und dem Alter bestehen im Dritten Sektor ebenfalls enge Zusammenhänge. Zwei von drei MitarbeiterInnen (65 %) unter 30 Jahren haben eine Anstellung jenseits des Normalarbeitsverhältnisses, sind also atypisch beschäftigt. In der Altersgruppe 50 bis 64 Jahre fällt dieser Anteil mit 59 % geringer aus. Mit zunehmendem Alter steigt bei den im Dritten Sektor Beschäftigten zudem der Anteil derjenigen, die unbefristet in Teilzeit beschäftigt sind von 14 % bei den unter 30-Jährigen auf 48 % bei den mindestens 50- bis 64-Jährigen an. Besonders auffallend ist der hohe Anteil befristet Vollzeitbeschäftigter bei den Jüngeren: Mehr als ein Drittel der abhängig Erwerbstätigen in dieser Gruppe haben einen solchen Arbeitsvertrag. In der Altersgruppe der 30- bis 39-Jährigen fällt der entsprechende Anteil nicht einmal halb so groß aus. Unter den Älteren sind nur noch 6 % in dieser Form angestellt. Befristet und in Teilzeit arbeiten Ältere im Vergleich zu den anderen Altersgruppen eher selten. Ein weit verbreiteter Karriereverlauf im Dritten Sektor beginnt offenbar häufig mit einer befristeten Vollzeitstelle und geht dann in eine unbefristete Teilzeitstelle über. Inwieweit diese Entwicklung von den Beschäftigten selbst gewählt oder dem Druck der Organisationen geschuldet ist, muss künftig geprüft werden.

5 Arbeitsbedingungen der Beschäftigten

Bislang ist über die konkreten Arbeitsbedingungen der Beschäftigten im Dritten Sektor aus wissenschaftlicher Perspektive wenig bekannt. Spezielle Untersuchungen fehlen und in allgemeinen Untersuchungen zu den Arbeitsbedingungen sind Beschäftigte des Dritten Sektors durch eine fehlende spezielle Kennung der Rechtsform des Arbeitgebers zumeist nicht zu identifizieren. Für die künftige Forschung zu diesem wichtigen Untersuchungsfeld bietet sich nach unseren Erfahrungen die Erhebung »Gute Arbeit« an. Gerade ihre Kernelemente, die in der Messung von Arbeits- und Einkommensbedingungen bestehen, sind für die erforderliche verstärkte Betrachtung von Beschäftigung in Dritte-Sektor-Organisationen geeignet. Die Erhebung der zahlreichen Einflussfaktoren in dieser Untersuchung sind geeignet, um die Arbeitsrealität näher zu beschreiben und Defizite aufzuzeigen (vgl. Fuchs 2010: 4, Georg et al. 2010: 17). Vorteile liegen zudem in der Nutzung eines ausgefeilten Erhebungsinstruments und einer bewährten Erhebungsmethodik. Außerdem bestehen durch die Anlage der Erhebung weitgehende Vergleichsmöglichkeiten zur Situation aller Beschäftigten und zu speziellen Gruppen wie zum Beispiel zum Bereich der Dienstleistungen. Diese Gegenüberstellungen sind für die Dritte-Sektor-Thematik von besonderer Relevanz, da sie Maßstäbe für Interpretationen und Bewertungen liefern.

Eine wichtige Komponente, zu der die Erhebung »Gute Arbeit« Daten liefert, betrifft die Gehälter und Einkommen. Sie fallen in der Höhe im Dritten Sektor geringer aus als bei vergleichbaren Tätigkeiten in der privaten Wirtschaft und bei öffentlichen Arbeitgebern. Diese Situation hat sich, wenn man dies mit Einschätzungen von vor mehr als 10 Jahren vergleicht, kaum verändert (vgl. Wex 2005: 32, Bellmann et al. 2002: 4). Die Angaben aus der Erhebung »Gute Arbeit 2011« weisen dabei auf einen besonders hohen Anteil von Beschäftigten mit niedrigen Gehältern sowie auf jene mit gering entlohnten Tätigkeiten im Dritten Sektor hin (vgl. Tab. 5.1).

Die Einkommensgruppen mit einem monatlichen Bruttoeinkommen unter 1 500 Euro sind im Dritten Sektor deutlich stärker besetzt als bei allen abhängig Beschäftigten in Deutschland. Das trifft sowohl auf Vollzeit- bzw. Teilzeitbeschäftigte als auch auf unbefristete und befristete Beschäftigte zu. Nur ein geringer Anteil der Beschäftigten im Dritten Sektor fällt in die Einkommensgruppe mit einem Bruttoeinkommen von über 3 000€.

Das verhältnismäßig geringe Lohnniveau schlägt sich entsprechend in der Zufriedenheit mit dem Einkommen nieder. Mehr als jeder zweite (55 %) in einer Dritten-Sektor-Organisation Beschäftigte hält sein Einkommen in Bezug auf seine Arbeitsleistung für nicht angemessen. Diese Einschätzungen unterscheiden sich

Tabelle 5.1 Einkommensverteilung im Dritten Sektor und bei abhängig Beschäftigten insgesamt

Monatliches Bruttoeinkommen	Vollzeit		Teilzeit	
	Dritter Sektor	Beschäftigte gesamt	Dritter Sektor	Beschäftigte gesamt
	in %		in %	
bis 400 Euro	2,4	2,6	28,0	14,0
mehr als 400 bis 800 Euro	8,4	6,2	7,2	14,5
mehr als 800 bis 1 500 Euro	15,6	11,2	37,5	35,3
mehr als 1 500 bis 2 000 Euro	12,6	14,2	12,1	16,1
mehr als 2 000 bis 3 000 Euro	37,5	31,3	13,3	12,8
mehr als 3 000 bis 4 000 Euro	15,3	19,2	1,2	5,6
mehr als 4 000 Euro	8,1	15,2	0,9	1,8

Datenbasis: Gute Arbeit 2011 – WZB-Oversampling.

bei Beschäftigten in Normalarbeitsverhältnissen (50 %) und in atypischer Beschäftigung (55 %) kaum (vgl. Schmeißer 2013: 41).

Aus dem vielschichtigen Spektrum der Arbeitsbedingungen sind an dieser Stelle einige weitere Aspekte herauszugreifen. Dabei besteht ein bemerkenswertes Spannungsverhältnis zwischen der Wertschätzung, die die Beschäftigten ihrer Tätigkeit beimessen und positiven Bewertungen bestimmter Arbeitsbedingungen auf der einen Seite sowie den eher kritischen Einschätzungen zu weiteren Aspekten auf der anderen Seite. Gerade die letzteren Bewertungen machen deutlich, dass gegenwärtig durchaus Gefahren eines Attraktivitätsverlustes für Arbeitsplätze im Dritten Sektor existieren. Sie können künftig die Bereitschaft zur Beschäftigungsaufnahme in diesem Bereich nachteilig beeinflussen.

Eine hohe Zustimmung erfahren von den Beschäftigten Aussagen zum Wert und zur Identifikation mit ihrer Tätigkeit. Mehr als zwei Drittel (68 %) der befragten Beschäftigten des Dritten Sektors haben den Eindruck, mit ihrer Tätigkeit einen wichtigen gesellschaftlichen Beitrag zu leisten (vgl. Tabelle 5.2).

Von allen abhängig Erwerbstätigen stimmten hingegen nur 45 % dieser Aussage voll und ganz zu. Dritte-Sektor-Beschäftigte identifizieren sich auch in einem höheren Maße mit ihrer Arbeit und sind zu einem größeren Anteil stolz auf sie. Zugleich hat die Mehrheit von ihnen keine bis geringe Sorgen um die eigene berufliche Zukunft und die Stabilität des Arbeitsplatzes wird hoch eingeschätzt. Dies kann u. a. an den Möglichkeiten und der Unterstützung bei der Weiterbildung so-

Tabelle 5.2 Einschätzungen von Arbeitsbedingungen mit einer positiven Bewertung

	Dritter Sektor	Gesamtarbeitsmarkt
	in %	
Ich habe den Eindruck, einen wichtigen gesellschaftlichen Beitrag zu leisten. (Antwort: trifft voll und ganz zu)	68	45
Ich identifiziere mich mit meiner Arbeit. (Antwort: trifft voll und ganz zu)	71	64
Ich bin insgesamt stolz auf meine Arbeit. (Antwort: trifft voll und ganz zu)	72	64
Ich mache mir Sorgen, dass mein Arbeitsplatz überflüssig wird. (Antwort: trifft überhaupt nicht zu)	65	57
Mein Vorgesetzte/r unterstützt mich bei meiner beruflichen Entwicklung. (Antwort: trifft voll und ganz zu)	52	43
Mein/e Qualifizierungswünsche werden durch konkrete Angebote unterstützt. (Antwort: trifft voll und ganz zu)	49	38

Datenbasis: Gute Arbeit 2011 – WZB-Oversampling.

wie beruflichen Entwicklung durch die Organisationen liegen. Etwas mehr als die Hälfte der Befragten erhält demnach Unterstützung bei der Weiterbildung, konkrete Qualifizierungsangebote bekommt ein etwa gleicher Anteil.

Allerdings werden die Arbeitsbedingungen nicht durchweg positiv bewertet. Vor allem die materielle Sicherheit in Form von Einkommen und die später zu erwartenden Rentenleistungen werden im Vergleich zu den abhängig Beschäftigten auf dem Gesamtarbeitsmarkt eher kritisch gesehen (vgl. Tab. 5.3).

Etwa ein Fünftel der MitarbeiterInnen empfindet ihr Einkommen entsprechend der Arbeitsleistung für nicht angemessen. Unter allen Beschäftigten sind es lediglich 14 %, die sich in dieser Hinsicht äußern. Noch drastischer wird die Situation bei der Bewertung der künftigen gesetzlichen Rente gesehen: Mehr als ein Drittel der Befragten im Dritten Sektor rechnet damit, dass sie mit ihren Rentenleistungen später nicht auskommen.

Doch nicht nur die materiellen Aspekte der Erwerbstätigkeit sind Grund für Kritik an der Situation im Dritten Sektor. Der Stress am Arbeitsplatz steigt und es wird ein anhaltend hohes Niveau psychischer Belastungen diagnostiziert (vgl. Lohmann-Haislah 2012). Etwa ein Fünftel der MitarbeiterInnen in den Organi-

Tabelle 5.3 Einschätzungen von Arbeitsbedingungen mit einer negativen Bewertung

	Dritter Sektor	Gesamt-arbeitsmarkt
	in %	
Mein Einkommen ist angemessen für meine Arbeitsleistung. (Antwort: trifft überhaupt nicht zu)	21	14
Wie schätzen Sie die spätere (gesetzliche) Rente ein? (Antwort: ich werde damit nicht auskommen)	34	29
Die gestellten Anforderungen sind schwer zu vereinbaren. (Antwort: trifft voll und ganz zu)	15	9
Wie häufig fühlen Sie sich bei der Arbeit gehetzt und unter Zeitdruck? (Antwort: sehr häufig)	21	21
Es fällt mir schwer, nach der Arbeit abzuschalten. (Antwort: trifft überhaupt nicht zu)	27	34

Datenbasis: Gute Arbeit 2011 – WZB-Oversampling.

sationen steht sehr häufig unter Zeitdruck. Leistungsdruck, Effizienz und Wirtschaftlichkeit in der täglichen Arbeit werden damit für die MitarbeiterInnen eine besondere Zerreißprobe. Der Stress bei der Arbeit wird auch mit in den Feierabend genommen. Nur rund ein Viertel der Beschäftigten hat keine Schwierigkeiten, nach der Arbeit abzuschalten, d. h. drei von vier MitarbeiterInnen nehmen Probleme mit nach Hause. Für den Gesamtarbeitsmarkt trifft dies lediglich für jeden dritten Beschäftigten zu.

6 Arbeitsorganisation braucht Aufmerksamkeit

Eine weitere Forschungslücke besteht in den bislang kaum untersuchten arbeitsorganisatorischen Aspekten der Beschäftigung im Dritten Sektor. Nach ersten Untersuchungsergebnissen finden Maßnahmen, mit denen die Organisationen ihre MitarbeiterInnen unterstützen, noch zu geringe Aufmerksamkeit. Bei den künftig zu erwartenden geringen Spielräumen, die den Organisationen zur Entlohnung ihrer Beschäftigten zur Verfügung stehen, kann die Nutzung bestimmter arbeitsorganisatorischer Faktoren die finanziellen Defizite zumindest zum Teil ausgleichen. Deutlich wird zudem, dass das Niveau der arbeitsorganisatorischen Praxis sich innerhalb des Sektors beträchtlich unterscheidet. Als ein wichtiger Dif-

Tabelle 6.1 Unterstützungsleistungen der Organisationen insgesamt und nach der Beschäftigtenzahl

	Dritter Sektor	Beschäftigtenzahl		
		1–5	6–20	mehr als 20
		in %		
Berücksichtigung familiärer Situation bei Planung des Arbeitseinsatzes	64	55	67	66
Organisationseigene Gesundheitsförderung	15	4	8	26
Angebote zur Kinderbetreuung	8	3	7	13
Zuschuss zur Kita-Gebühr	6	1	4	9
Freistellung oder Finanzierung bei Fort- und Weiterbildung	73	57	71	85
Vermögenswirksame Leistungen	53	31	52	68
Organisationseigene Altersversorgung/ Zuschuss Altersversorgung	47	21	40	68
Geldwerte Vorteile (z. B. Verpflegung, Tankgutscheine)	17	8	16	24

Datenbasis: Organisationen heute 2011/2012.

ferenzierungsfaktor zeichnet sich die unterschiedliche Zahl der Beschäftigten ab (vgl. Tab. 6.1).

Die Berücksichtigung der familiären Situation bei der Planung des Arbeitseinsatzes ist bislang ein wesentliches Plus der arbeitsorganisatorischen Gestaltung im Dritten Sektor. Mehr als jede zweite Organisation mit Beschäftigten (64 %) praktiziert diese Möglichkeit. Bei den nach der Beschäftigtenzahl sehr kleinen Organisationen ist dies etwas schwächer ausgeprägt, da hier offensichtlich durch die geringere MitarbeiterInnenzahl weniger Flexibilität besteht. Stärker fallen die größenbedingten Unterschiede bei den anderen untersuchten Faktoren auf. Das betrifft nicht nur die unmittelbaren finanziellen Unterstützungsleistungen wie bestimmte Zuschüsse oder andere geldwerte Vergünstigungen. Auch bei der organisationsgebundenen Gesundheitsförderung und den Angeboten zur Kinderbetreuung fallen die Unterstützungsleistungen der kleinen Organisationen vergleichsweise gering aus. Ob dies mit der finanziellen Situation der Organisationen in Verbindung steht oder es eher auf Grund der hohen Belastung und der damit geringeren Aufmerksamkeit des Personals für diese Fragen zusammenhängt, ist näher zu untersuchen. Insgesamt fällt auf, dass trotz der hohen Affinität für die

Tabelle 6.2 Arbeitszeitmodelle der Organisationen insgesamt und nach der Beschäftigtenzahl

	Dritter Sektor	Beschäftigtenzahl		
		1–5	6–20	mehr als 20
		in %		
Arbeitszeitkonten	50	32	45	66
Gleitzeit	44	54	44	34
Vertrauensarbeitszeit	41	57	41	29
Home-Office	31	31	34	30
Altersteilzeit	20	39	12	2
Sabbatical	7	0	3	11

Datenbasis: Organisationen heute 2011/2012.

Frage der Vereinbarkeit der Beschäftigung mit der familiären Situation Unterstützungsleistungen im Bereich von Kindern und Gesundheitsförderung durch die Organisationen nur einen geringen Stellenwert erfahren.

Nach der Beschäftigtenzahl differierende Angaben sind ebenfalls beim Einsatz unterschiedlicher Arbeitszeitmodelle zu finden (vgl. Tab. 6.2).

Eine weite Verbreitung haben Arbeitszeitkonten (50 %), Gleitzeit (44 %) und Vertrauensarbeitszeit (41 %). In fast jeder dritten Organisation ist auch Arbeit von zu Hause (Home-Office) möglich. Bei den einzelnen Positionen werden bei differenzierter Betrachtung nach der Anzahl der Beschäftigten bestimmte Muster erkennbar. In den kleineren Organisationen finden in einem größeren Umfang Arbeitszeitmodelle Anwendung, die stark auf Vertrauen und Flexibilität setzen (Gleitzeit, Vertrauensarbeitszeit). Hingegen setzen die größeren Organisationen eher auf Modelle, die eine klare Abrechenbarkeit und zeitliche Erfassbarkeit ermöglichen (Arbeitszeitkonten, Sabbatical). Altersteilzeit und die Möglichkeit einer beruflichen Auszeit mit einem Sabbatical werden allgemein vergleichsweise in einem geringen Umfang praktiziert.

Insgesamt stellt sich die Frage, inwiefern sich in Dritte-Sektor-Organisationen weitere arbeitsorganisatorische Gestaltungsmöglichkeiten anbieten. In diesem Feld muss künftig verstärkt geforscht werden. Gerade unter den Gesichtspunkten des zunehmenden Fachkräftemangels und des Wettbewerbs mit Wirtschaftsunternehmen und öffentlichen Einrichtungen sind vorhandene Potentiale und Möglichkeiten besser durch die Organisationen als Arbeitgeber zu nutzen.

7 Fazit

Der Dritte Sektor in Deutschland vermittelt hinsichtlich der Beschäftigungssituation ein Bild von Stabilität und Wachstum. Doch der Schein trügt. Die nach wie vor positive Beschäftigungsentwicklung ist bei den Dritte-Sektor-Organisationen differenziert zu sehen. Bei genauerer Analyse zeigen sich deutliche Veränderungen in den Beschäftigungsverhältnissen und Arbeitsbedingungen. Die »schöne Arbeitswelt« des Dritten Sektors hat demnach bedenkliche Beschädigungen erfahren. Zwar folgt die beträchtliche Zunahme atypischer Beschäftigungsverhältnisse dem allgemeinen Trend auf dem Arbeitsmarkt, doch im Dritten Sektor ist dieser besonders stark ausgeprägt. Diese Entwicklung war vor dem Hintergrund der besonderen ideellen Orientierung und der Mission Dritter-Sektor-Organisationen nicht zu erwarten. Die Veränderung der staatlichen Rahmenbedingung und eine zunehmende Marktorientierung haben die Organisationen unter Ökonomisierungsdruck gesetzt, dem sie häufig durch flexible Beschäftigungsverhältnisse und Einschnitte bei den Arbeitsbedingungen zu begegnen versuchen.

Bei der Bewertung der Arbeitsbedingungen durch die Beschäftigten im Dritten Sektor tragen gegenwärtig offensichtlich noch ideelle Anreize, die in den Grundstrukturen gemeinnütziger Organisationen verankert sind, zu einer relativ positiven Bewertung bei. Gleichzeitig werden bestimmte materielle Faktoren wie das Einkommen und Arbeitsbelastungen bereits heute eher negativ eingeschätzt.

Die künftige Forschung muss daher neben der quantitativen Entwicklung – gemessen an der Zahl der Arbeitsplätze – den qualitativen Aspekten der Beschäftigung mehr Aufmerksamkeit schenken. In dieser Hinsicht ist besonders zu untersuchen, inwiefern Dritte-Sektor-Organisationen als Arbeitsplatz für Frauen an Attraktivität verlieren. Die teilweise besseren Beschäftigungs- und Arbeitsplatzangebote von Marktunternehmen im Pflege-, Gesundheits- und Bildungsbereich können gerade dazu führen, dass jüngeres Personal sich bewusst gegen Dritte-Sektor-Organisationen entscheidet. Welche Gefahren mit einer weiteren Überalterung der Beschäftigten verbunden sind, ist analytisch näher in den Blick zu nehmen.

Zu untersuchen ist ebenfalls, inwiefern der Dritte Sektor als Übergangsarbeitsmarkt ausgedient hat. Veränderungen in der arbeitsmarktpolitischen Gesetzgebung der letzten Jahre haben u. a. dazu geführt, dass bestimmte Regelungen des Wiedereinstiegs von Frauen in die Beschäftigung, die von Dritte-Sektor-Organisationen bislang auf freiwilliger Basis praktiziert wurden, allgemein eine breite und verbindliche Anwendung finden. Bestimmte Vorzüge sind damit verloren gegangen. Insofern ist nach Regelungen und Anreizen zu suchen, die zu einem erneuten Attraktivitätszuwachs führen. Hierzu gehört auch, zu untersuchen, wie mit einem guten Arbeitsklima die gegenwärtig vorhandene finanzielle Schlechtstellung gegenüber anderen Beschäftigungsbereichen aufgewogen werden kann. Ein Thema der weiteren Forschung ist dabei zugleich, ob analog zu Wirtschaftsunternehmen die Schere zwischen den Top-Verdienern in Form der Führungskräfte oder Aufsichtsgremien in großen Nonprofit-Organisationen und deren Einrichtungen im Vergleich zu den anderen Beschäftigten weiter auseinander geht. Unter beschäftigungspolitischen Gesichtspunkten sind also insgesamt arbeitsorganisatorische Forschungsfragen stärker in das Blickfeld zu rücken. Entsprechende Untersuchungen und deren Umsetzung können dazu beitragen, dass die Arbeitswelt im Dritten Sektor wieder schöner wird.

Literatur

Bellmann, L., Dathe, D. & E. Kistler (2002): Der »Dritte Sektor« – Beschäftigungspotentiale zwischen Markt und Staat. In: IAB Kurzbericht 18.

Bode, I. (2004): Disorganisierter Wohlfahrtskapitalismus. Die Reorganisation des Sozialsektors in Deutschland, Frankreich und Großbritannien, Wiesbaden: VS Verlag.

Brehmer, W. & H. Seifert (2008): Sind atypische Beschäftigungsverhältnisse prekär? Eine empirische Analyse sozialer Risiken. In: ZAF, Heft 4, S. 501–531.

Dahme, H.-J., Kühnlein, G., Stefaniak, A. & N. Wohlfahrt (2012): Leiharbeit und Ausgliederung in diakonischen Sozialunternehmen: Der »Dritte Weg« zwischen normativem Anspruch und sozialwirtschaftlicher Realität, Bochum, Dortmund, Magdeburg, überarbeitete Fassung vom 29.08.2012.

Dathe, D. & E. Priller (2010): Der Dritte Sektor in der Arbeitsmarkt- und Beschäftigungspolitik. In: Olk, Th., Klein, A. & B. Hartnuß (Hrsg.): Engagementpolitik. Die Entwicklung der Zivilgesellschaft als politische Aufgabe, Wiesbaden: VS Verlag, S. 525–546.

Dathe, D., Hohendanner, C. & E. Priller (2009): Wenig Licht, viel Schatten – der Dritte Sektor als arbeitsmarktpolitisches Experimentierfeld. In: WZBrief Arbeit, 03, Oktober 2009.

Droß, P. J. & E. Priller (2012): Ökonomisierung im Dritten Sektor. Ergebnisse einer Organisationsbefragung. In: Stiftung & Sponsoring, Heft 3, S. 28–29.

Droß, P. J. (2013): Ökonomisierungstrends im Dritten Sektor. Verbreitung und Auswirkungen von Wettbewerb und finanzieller Planungsunsicherheit in gemeinnützigen Organisationen, Discussion Paper SP V 2013-301, Berlin: Wissenschaftszentrum Berlin für Sozialforschung (WZB).

Fuchs, T. (2010): Potentiale des DGB-Index Gute Arbeit für die betriebliche Anwendung und arbeitswissenschaftliche Forschung. Replik auf den Artikel von G. Richenhagen und J. Prümper in der ZfA 63 (2) 2009. In: Zeitschrift für Arbeitswissenschaft, Volume 64, S. 3–15.

Georg, A., Dechmann, U. & G. Peter (2010): Der DGB-Index Gute Arbeit und seine Kritiker (Eine Stellungnahme zu Prümper, J. & Richenhagen, G., Arbeits-

wissenschaftliche Bewertung des DGB-Index ›Gute Arbeit‹. In: Z.Arb.wiss (63) 2009/2). In: Zeitschrift für Arbeitswissenschaft, Volume 64, S. 17–21.
Hohendanner, C. & J. Stegmaier (2012): Geringfügige Beschäftigung in deutschen Betrieben. Umstrittene Minijobs. In: IAB-Kurzbericht 24.
Kotlenga, S. (2005): Der Dritte Sektor im europäischen Kontext. Zentrale Fragestellungen vor dem Hintergrund einer lokalen Untersuchung. In: Kotlenga, S., Nägele, B., Pagels, N. & B. Ross (Hrsg.): Arbeit(en) im Dritten Sektor. Europäische Perspektiven, Mössingen-Talheim: Talheimer Verlag, S. 9–26.
Lohmann-Haislah, A. (2012): Stressreport Deutschland 2012. Psychische Anforderungen, Ressourcen und Befinden, Dortmund, Berlin, Dresden: Bundesanstalt für Arbeitsschutz und Arbeitsmedizin.
Mückenberger, U. (1989): Der Wandel des Normalarbeitsverhältnisses unter Bedingungen einer »Krise der Normalität«. In: GMH, 4, S. 211–223.
Oschmiansky, H. (2010): Wandel der Erwerbsformen in einem Frauenarbeitsmarkt. Das Beispiel »Altenpflege«. In: Zeitschrift für Sozialreform (ZSR), Volume 56, Heft 1, S. 31–57.
Priller, E. & A. Zimmer (2001): Wachstum und Wandel des Dritten Sektors in Deutschland. In: Priller, E. & A. Zimmer (Hrsg.), Der Dritte Sektor international. Mehr Markt – weniger Staat?, Berlin: edition sigma, S. 199–228.
Priller, E., Alscher, M., Droß, P. J., Paul, F., Poldrack, C. J., Schmeißer, C. & N. Waitkus (2012): Dritte-Sektor-Organisationen heute: Eigene Ansprüche und ökonomische Herausforderungen. Ergebnisse einer Organisationsbefragung, Discussion Paper SP IV 2012-402, Berlin: Wissenschaftszentrum Berlin für Sozialforschung (WZB), www.wzb.eu/org2011.
Priller, E. & C. Schmeißer (2013): Die Beschäftigungssituation in Dritte-Sektor-Organisationen. Das Sozialwesen im Vergleich. In: Sozialer Fortschritt, Heft 8-9, S. 227–234.
Rosenski, N. (2012): Die wirtschaftliche Bedeutung des Dritten Sektors. In: Wirtschaft und Statistik, März 2012, S. 209–217.
Schmeißer, C. (2013): Die Arbeitswelt des Dritten Sektors. Atypische Beschäftigung und Arbeitsbedingungen in gemeinnützigen Organisationen, Discussion Paper SP V 2013-302, Berlin: Wissenschaftszentrum Berlin für Sozialforschung (WZB).
Seibel, W. (2002): Das Spannungsfeld zwischen »Mission« und »Ökonomie« im Nonprofit-Sektor – Eine organisationstheoretische Einordnung. In: Schauer, R., Purtschert, R. & D. Witt (Hrsg.),: Nonprofit-Organisationen und gesellschaftliche Entwicklung: Spannungsfeld zwischen Mission und Ökonomie, Linz: Universitätsverlag Rudolf Trauner, S. 15–37.
Wex, T. (2005): Facetten von Arbeit und Beschäftigung im Dritten Sektor. In: Kotlenga, S., Nägele, B., Pagels, N. & B. Ross (Hrsg.), Arbeit(en) im Dritten Sektor. Europäische Perspektiven, Mössingen-Talheim: Talheimer Verlag, S. 67–97.
Zimmer, A. & E. Priller (2007): Gemeinnützige Organisationen im gesellschaftlichen Wandel. Ergebnisse der Dritte-Sektor-Forschung, Wiesbaden: VS Verlag.
Zimmer, A. & E. Priller (2012): Zivilgesellschaft in Deutschland: Entwicklung, Strukturen, Wachstum und Wandel. In: Hüttemann, R., Rawert, P., Schmidt, K. &

B. Weitemeyer (Hrsg.), Non-profit law yearbook 2011: Das Jahrbuch des Instituts für Stiftungsrecht und das Recht der Non-Profit-Organisationen, Hamburg, S. 7–27.

Zimmer, A., Priller, E. & H. K. Anheier (2013): Der Nonprofit-Sektor in Deutschland. In: Simsa, R., Meyer, M. & C. Badelt (Hrsg.): Handbuch der Nonprofit-Organisation. Strukturen und Mangement, 5. Auflage, Stuttgart: Schäffer-Poeschel Verlag, S. 15–36.

6 Vorstellungswelten und Steuerungsversuche – Engagement in der verbandlichen Wohlfahrtspflege

Holger Backhaus-Maul/Miriam Hörnlein

Abstract: Engagement ist entgegen weitverbreiteter veröffentlichter Annahmen nicht erodiert und keine ritualisierte Erinnerung an eine retrospektiv geschönte Vergangenheit, sondern hat eine Schlüsselfunktion in der verbandlichen Wohlfahrtspflege als politische Legitimation, sozialkulturelle Grundlage und betriebswirtschaftliche Ressource. Im Beitrag werden der Bedeutungswandel und -zuwachs von Engagement in der verbandlichen Wohlfahrtspflege, die damit einhergehenden Dissonanzen und Dilemmata sowie die daraus erwachsenden Managementaufgaben herausgearbeitet. Dazu werden ausgewählte Befunde aus der empirischen Studie »Engagementpotenziale der Freien Wohlfahrtspflege« (Backhaus-Maul et al. 2014) präsentiert, die die Institution der Freien Wohlfahrtspflege analytisch anhand des Dritte-Sektor-Konzeptes und des Begriffs der intermediären Organisation untersucht. Die Befunde verdeutlichen anhand empirisch gesättigter Organisationstypen, dass sich Engagement und Engagementförderung in den Organisationen der Freien Wohlfahrtspflege überaus heterogen darstellen. Vor diesem Hintergrund wird der Frage nachgegangen, welche Formen des Managements beziehungsweise der Steuerung und Koordination sinnvoll und zweckmäßig sind.

Keywords: Freie Wohlfahrtspflege, Wohlfahrtsverbände, Dritter Sektor, intermediäre Organisationen, Engagement, Engagementpotenziale, Management

1 Einleitung

Der Beitrag geht der Frage nach, wie sich in der verbandlichen Wohlfahrtspflege – als einem der wichtigsten Handlungsfelder von Nonprofit-Organisationen in Deutschland – die Vorstellungen vom Engagement und die Versuche, dieses fragile, flüchtige und sich wandelnde Engagement zu koordinieren und zu steuern, aktuell darstellen.

Die Freie Wohlfahrtspflege in Deutschland bildet mit ihren sechs Spitzenverbänden sowie zahlreichen Mitgliedsorganisationen, stationären Einrichtungen und ambulanten Diensten weltweit eine der größten Nonprofit-Institutionen, die laut Erhebung der Bundesarbeitsgemeinschaft der Freien Wohlfahrtspflege (BAGFW) zum Stichtag 1.1.2008 über 3 699 025 Betten oder Plätze in Einrichtungen verfügte. Die Freie Wohlfahrtspflege ist als wirtschaftlicher Akteur beziehungsweise als »Sozialwirtschaft« einer der wichtigsten Wirtschaftszweige und einer der größten Arbeitgeber in Deutschland. So waren nach Angaben der BAGFW zum Stichtag der letzten Selbsterhebung (01.01.2008) rund 1 541 829 hauptamtliche Mitarbeiter/innen, davon 708 523 vollzeitbeschäftigt, sowie schätzungsweise 2,5 Millionen ehrenamtlich Mitarbeitende in der Freien Wohlfahrtspflege tätig (vgl. Bundesarbeitsgemeinschaft der Freien Wohlfahrtspflege 2009). Im Zuge dieser fortwährenden Prosperität haben sich zugleich der Stellenwert als auch die organisationalen Perspektiven auf Engagement als konstitutivem Faktor der Freien Wohlfahrtspflege gewandelt.

Für die Freie Wohlfahrtspflege in Deutschland ist Engagement eine entscheidende politische Legitimationsgrundlage in korporatistischen Verhandlungen mit dem Sozialstaat. Dem deutschen Sozialstaat gegenüber konnte die Freie Wohlfahrtpflege ihre engagementpolitische Legitimation jahrzehntelang unter Verweis auf eigene Schätzungen und ohne zu Grunde liegende empirische Untersuchungen einfach auf Dauer stellen (vgl. Backhaus-Maul/Olk 1994). Gleichzeitig erlebte sie in ihren Verbänden, Einrichtungen und Diensten mit dem Wachstum des deutschen Sozialstaates in den 1970er Jahren einen starken Entwicklungsschub, der eine Zunahme des hauptamtlichen Personals und dessen Professionalisierung sowie erhebliche Dissonanzen zwischen haupt- und ehrenamtlichem Mitarbeitern nach sich zog (vgl. Sachße 2011). Seitdem stehen der Stellenwert und die Bedeutung ehrenamtlichen Engagements innerhalb der Freien Wohlfahrtspflege zur Diskussion und Disposition, während gleichzeitig – vor allem gegenüber öffentlichen Zuwendungsgebern – versucht wird, die engagementpolitische »Legitimationsfassade« im Sinne neo-institutionalistischer Theorien bruchlos aufrecht zu erhalten.

Im Mittelpunkt des Beitrags stehen ausgewählte Befunde einer in den Jahren 2012 bis 2014 durchgeführten und breit angelegten empirischen Untersuchung (vgl. Backhaus-Maul et al. 2014). Der exemplarisch ausgewählte Paritätische Wohlfahrtsverband, seine Mitgliedsorganisationen, Einrichtungen und Dienste stehen für plurale Vorstellungen von Engagement, die in den vergangenen Jahren stark von ökonomisch geprägten Deutungen überzogen wurden.

Die zugrundeliegende Studie (vgl. zum Folgenden Backhaus-Maul et al. 2014) basiert auf einer Fragebogenerhebung mit 2 276 beteiligten Organisationen und 74 theoriegenerierenden Experteninterviews (65 Einzelinterviews und 9 Gruppeninterviews). Die quantitativen Daten wurden mit SPSS ausgewertet. Neben der

Interpretation aller Häufigkeitsauszählungen und bivariaten Zusammenhänge wurden komplexe Wirkungszusammenhänge analysiert und beschrieben. Im Rahmen der qualitativen Teilstudie wurden alle Experteninterviews qualitativ-inhaltsanalytisch ausgewertet und basierend auf den Einzelfallauswertungen wurde eine Typenbildung vorgenommen. Die Ergebnisse der qualitativen und quantitativen Gesamtauswertung wurden in Form einer Ergebnistriangulation überprüft und erweitert.

Im Anschluss an theoretische Vorüberlegungen werden im Folgenden anhand der Befunde zunächst die Ausprägungen des Engagements in der verbandlichen Wohlfahrtspflege beschrieben und analysiert sowie die damit einhergehenden Managementaufgaben und deren Grenzen herausgearbeitet.

2 Engagement in der verbandlichen Wohlfahrtspflege

Um die Institution der Freien Wohlfahrtspflege verstehen und untersuchen zu können, bedarf es eines geeigneten analytischen Rasters und Instrumentariums, wie etwa des Konzeptes des Dritten Sektors und des Begriffs der intermediären Organisation.

2.1 Dritter Sektor und intermediäre Organisationen

Organisationen des Dritten Sektors zeichnen sich »durch eine eigene Handlungslogik, spezifische Funktionen und spezielle organisatorische Strukturen aus« (Zimmer 2004: 16). Der Begriff des Dritten Sektors verweist zunächst darauf, dass es neben Staat und Markt ein weitgehend unterschätztes organisationales Feld gibt. Gemeinsam ist diesen Nonprofit-Organisationen eine spezifische Governancestruktur, die sie von Staat und Markt unterscheidet: Weder Hierarchie noch preisvermittelter Markttausch steuern und koordinieren Dritte-Sektor-Organisationen, sondern vielmehr solidarisch-reziproke Formen der Handlungssteuerung und -koordination erweisen sich als konstitutiv (vgl. ebd.: 17). Erfahrungs- und vertrauensbasierte Erwartungen auf Gegenseitigkeit bilden die soziokulturellen Grundlagen des Austausches in Dritte-Sektor-Organisationen. Dementsprechend wird Dritte-Sektor-Organisationen – im Unterschied etwa zu staatlichen Organisationen und privatgewerblichen Unternehmen – zugeschrieben, dass sie in der Lage seien, die soziokulturellen Grundlagen der Gesellschaft, von denen sie zehren, fortlaufend selbst zu reproduzieren.

Organisationen des Dritten Sektors sind multifunktionale Organisationen, die – mit unterschiedlichen Akzent- und Schwerpunktsetzungen und je nach Aufgabenfeld und Organisationsform – zumeist eine assoziative, eine interessenverbandliche und eine betriebliche Funktion wahrnehmen. Diese Multifunktionalität lässt sich am Beispiel der Spitzenverbände der Freien Wohlfahrtspflege sowie ihrer Mitgliedsorganisationen, Dienste und Einrichtungen anschaulich darstellen:

- In den Vereinen und Gruppen der Freien Wohlfahrtspflege schließen sich Bürger freiwillig – assoziativ – zusammen (Assoziation),
- die Verbände der Freien Wohlfahrtspflege vertreten die Interessen der persönlichen Mitglieder und korporativen Mitgliedsorganisationen (Interessenverband) und
- in den Betrieben, d. h. den stationären Einrichtungen und ambulanten Diensten der Freien Wohlfahrtspflege, werden soziale Dienstleistungen produziert (Betrieb) (vgl. Angerhausen et al. 1998).

2.2 Umweltänderungen

Mit der »Ökonomisierung der Gesellschaft« (vgl. Schimank/Volkmann 2008) haben sich auch die Rahmenbedingungen der Freien Wohlfahrtspflege verändert. Die Wohlfahrtsverbände geraten in eine Auseinandersetzung zwischen verbandlichem Selbstverständnis und ökonomischen Umweltbedingungen. Im Unterschied zu privatgewerblichen Unternehmen, deren Zielsetzung auf Gewinnmaximierung und private Gewinnentnahme gerichtet ist, verfolgen Wohlfahrtsverbände als multifunktionale Organisationen mehrere und zugleich divergierende Zielsetzungen, die in komplexen Aushandlungsprozessen immer wieder in Einklang miteinander zu bringen sind. So sind etwa Mitgliederinteressen zu befriedigen, Vorgaben der öffentlichen Zuwendungsgeber zu erfüllen und vor allem ist politisch-administrativen Wettbewerbsbedingungen Rechnung zu tragen.

Vor diesem Hintergrund werfen Annette Zimmer und Thomas Rauschenbach (2011) die Frage auf, ob »Ehrenamtliche überhaupt noch in der Lage [sind, d. A.], unter den neuen, von Konkurrenz und Leistungsvereinbarungen geprägten Bedingungen eine effektive und effiziente Leitung und Führung gemeinnütziger Organisationen zu gewährleisten« (ebd.). Die Förderung von Engagement konkurriert aufgrund der beschriebenen Multifunktionalität von Wohlfahrtsverbänden zudem mit anderen, oftmals als essentiell beschriebenen Aufgaben. So würden sich Wohlfahrtsverbände unter Ökonomisierungsbedingungen eindimensional zu Betrieben entwickeln, die mit hauptamtlichem Personal arbeiten würden – ein Prozess, der als Verbetrieblichung der Freien Wohlfahrtspflege beschrieben (vgl. Liebig 2005, Meyer 2009) und in dem Engagement entweder als dysfunktional ausblendet oder einseitig als wirtschaftliche Ressource verstanden wird. Als wirtschaftliche Ressource kann Engagement dazu beitragen, Personalkosten einzusparen und als volkswirtschaftliche Ressource kann Engagement gesellschaftliche Kosten senken. Dabei ist aber zu bedenken, »dass die Förderung von sozialem Engagement als eine Form sozialer Entwicklungspolitik in jedem Falle verbandliche Ressourcen bindet« (Steinbacher 2004: 201).

Die Einrichtungen und Dienste der Freien Wohlfahrtspflege ihrerseits legen besonderen Wert auf Formen eines mittel- und langfristigen Engagements, die sich an ihren organisatorischen Routinen und Abläufen sowie spezifischen Bedarfen orientieren. In einer wirtschaftlichen Perspektive stehen damit konsequenterweise die betrieblichen Bedarfe im Mittelpunkt der verbandlichen Engagementförderung und nicht die Interessen und Bedürfnisse engagementbereiter und zumeist eigensinniger Bürger. Die Ökonomisierung und Verbetrieblichung legt der Freien Wohlfahrtspflege eine professionelle, an ökonomischen Rationalitäten orientierte verbandliche Engagementförderung nahe, für die Eigenmittel der Verbände der Freien Wohlfahrtspflege erforderlich sind. Passen sich Wohlfahrtsverbände in stärker werdendem Maß an die ökonomischen Anforderungen ihrer institutionellen Umwelt an, dann wirkt sich dieses wiederum auf die Gewinnung von Engagierten aus. So scheint es fraglich, ob sich Bürger/innen in Organisationen engagieren, die keinen wesentlichen Unterschied gegenüber privatgewerblichen, auf private Gewinnverfügung abzielende Unternehmen erkennen lassen. In diesem Zusammenhang verweisen Annette Zimmer und Eckhard Priller (1997: 263) darauf, dass für Engagierte nicht Management und Strukturbedingungen des Engagements, sondern die Interessenidentität zwischen engagementbereiten Bürgern und Organisationen ausschlaggebend für tatsächliches Engagement sei: »Nonprofit-Organisationen sind nicht deshalb attraktiv für Mitgliedschaft und aktives Engagement, weil sie effizient gemanagt werden, sondern weil sie die richtigen Ziele verfolgen und die richtigen, das heißt aktuell gesellschaftsrelevanten Werte vertreten« (ebd.).

Als weiterer relevanter Umweltfaktor für Dritte-Sektor-Organisationen ist die Dynamisierung des sozialen Wandels anzuführen, die im Engagement der Bürger in der Freien Wohlfahrtspflege zum Ausdruck kommt. Grundsätzlich betrachtet haben in Deutschland in den vergangenen Jahren das Engagement und die Bereitschaft zum Engagement im Allgemeinen – so die Befunde der Freiwilligensurveys – keine Erosion, sondern eine relative Stabilität erfahren (vgl. Gensicke et al. 2006). Gleichwohl haben sich in den vergangenen Jahrzehnten die Vorstellungen vom Engagement und die Bereitschaft zum Engagement analog zum sozialen Wandel pluralisiert und individualisiert. Begriffe wie Strukturwandel des Ehrenamts sowie ehrenamtliches, freiwilliges und bürgerschaftliches Engagement veranschaulichen diese Veränderungen und Wandlungen (vgl. Jakob 1993, Olk 1989, Beher et al. 2000). Das klassische Engagement, das mit selbstlosem Handeln und langfristiger Bindung umschrieben wird, ist heute nur noch eine Ausprägung von Engagement; neue Varianten sind dazugekommen, die im Unterschied zum traditionellen Ehrenamt von den Engagierten eher kurzfristiger und projektorientierter angelegt werden (vgl. Sachße 2011: 24).

Die skizzierten Umweltveränderungen wirken sich auf das organisationale Selbstverständnis der Verbände, Einrichtungen und Dienste der Freien Wohlfahrtspflege aus, die sich zunehmend selbst als Unternehmen in der (»Sozial-«) Wirtschaft verstehen, für die Engagement zur Managementaufgabe wird und als eigenständiger und eigensinniger Ausdruck des Engagements von Bürgern an Bedeutung verlieren kann.

3 Aktuelle empirische Befunde zu den Vorstellungen und Ausprägungen des Engagements in der verbandlichen Wohlfahrtspflege

Im Folgenden werden ausgewählte Befunde aus der empirischen Studie »Engagementpotenziale der Freien Wohlfahrtspflege« (Backhaus-Maul et al. 2014) präsentiert, die die Freie Wohlfahrtspflege und ihre Mitgliedsorganisationen als intermediäre Organisationen analysieren, die multiple Funktionen erfüllen und entsprechend differenzierte Vorstellungen und Handlungspraxen in Bezug auf Engagement, Engagierte und Engagementpotenziale erwarten lassen.

3.1 Engagementbezogene Haltungen und Vorstellungen

In der Studie wurde herausgearbeitet, dass für die engagementbezogenen Handlungspraktiken der Organisationen der Freien Wohlfahrtspflege vor allem zwei wesentliche Begründungszusammenhänge existieren: Zum einen hat das Selbstverständnis der Organisationen als Akteur im intermediären Handlungsfeld Einfluss auf ihre engagementbezogenen Deutungen und Vorstellungen. Zum anderen begründen die jeweiligen engagementbezogenen Vorstellungen und Auseinandersetzungen der Organisationen nachweislich die engagementbezogenen Handlungspraktiken.

3.2 Organisationales Selbstverständnis

In Bezug auf die Funktionslogiken intermediärer Organisationen zeigte vor allem die quantitative Teilstudie, dass die meisten Organisationen gleichzeitig ihre assoziative und ihre gesellschaftspolitische Funktion betonen. Ihre betriebswirtschaftliche Funktion hebt demgegenüber nur ein Drittel der Organisationen hervor. Das jeweilige Selbstverständnis spiegelt sich in den Begründungen wider, die Organisationen für die Einbindung Engagierter angeben. Je stärker Organisationen sich in einer assoziativen und – in weit geringerem Ausmaß – in einer gesellschaftspolitischen Funktion sehen, desto eher binden sie Engagierte ein, um sich dem eigenen Umfeld gegenüber zu öffnen und das »Miteinander vor Ort« zu stärken. Organisationen mit einer starken betriebswirtschaftlichen Funktion unterstreichen die verbesserte Arbeitsqualität, die ihrer Meinung nach durch den Einsatz Engagierter und den damit geschaffenen zusätzlichen Angeboten erreicht wird. Organisationen, die ihrem Selbstverständnis nach für sich kaum eine assoziative oder gesellschaftspolitische Funktion reklamieren, verbinden mit dem Einsatz Engagierter eher Eigeninteressen als gesellschaftliche Bedeutsamkeit.

3.3 Engagementbezogene Vorstellungen und Auseinandersetzungen

Die qualitative Teilstudie zeigt, dass die engagementbezogenen Vorstellungen nachweislich die Förderung von Engagement prägen. Organisationale Rahmenbedingungen, wie beispielsweise das Arbeitsfeld der Organisationen oder die Anzahl der hauptamtlich Mitarbeitenden, wirken sich hingegen auf die Ausgestaltung der Engagementförderung nur nachrangig aus. Dieses bedeutet, dass in Bezug auf die Engagementförderung kulturelle Faktoren eine mindestens ebenso große Rolle spielen wie die bisher in diesem Kontext häufig hervorgehobenen strukturellen Faktoren.

Weiterhin wirkt sich eine differenzierte Auseinandersetzung mit dem Thema Engagement günstig auf die Engagementförderung in den Organisationen der Freien Wohlfahrtspflege aus. So wird Engagement in den meisten Organisationen als professionelle oder partizipative Ressource wahrgenommen und entsprechend gefördert. Die inhaltliche Auseinandersetzung mit dem eigenen Selbstverständnis und mit den eigenen Vorstellungen von Engagement zeigt sich als eine notwendige Voraussetzung für die Formulierung engagementbezogener Zielsetzungen und Leitbilder in den Organisationen. Diese heterogenen Zielsetzungen wiederum prägen die organisationalen Handlungspraktiken. Organisationen, die für sich das Thema Engagement reflektieren, weisen eine zielgerichtete Engagementförderung und damit die Entwicklung einer institutionalisierten und formalisierten oder auch informellen Handlungspraxis auf.

Aber auch der Umgang mit den Rahmenbedingungen von Engagement gehört neben der organisationalen Engagementförderung, zu den engagementbezogenen

Handlungspraktiken von Organisationen. Eine externe Engagementinfrastruktur, etwa mit Freiwilligenagenturen, Bürgerstiftungen und kommunalen Stabsstellen, kann für die organisationale Engagementförderung förderlich sein. Doch zeigt die Untersuchung, dass Organisationen, die ihrem Selbstverständnis zufolge die Förderung von Engagement zu ihren Aufgaben zählen, auch selbstverantwortlich andere Ressourcen nutzen und entwickeln. Ein selbstbewusster und selbstbestimmter Umgang mit externen Akteuren und Rahmenbedingungen ist somit förderlich für die Entwicklung institutionalisierter Engagementpraktiken. Die Verantwortungszuweisung für die Engagementförderung an externe Akteure hingegen hemmt eher die Entwicklung von Engagement in der eigenen Organisation.

3.4 Organisationstypen

Die Befunde verweisen auf Zusammenhänge zwischen dem organisationalen Selbstverständnis als intermediärer Organisation sowie den engagementbezogenen Vorstellungen und Auseinandersetzungen. Die thematisierten engagementbezogenen Vorstellungen und Deutungen sowie das organisationale Selbstverständnis differieren in den untersuchten Organisationen je nach Organisationstyp.

Im Folgenden sollen zunächst die vier am häufigsten identifizierten Organisationstypen, d. h.

- der bürgergesellschaftliche,
- der funktionalistische,
- der pragmatische und
- der Engagement als Gegebenheit (»so wie es ist, ist es«) einstufende Typ

anhand ihrer Engagementvorstellungen beschrieben werden. Daran anschließend werden drei weitere Typen, d. h. der mythische, der idealistische und der skeptische Typ dargestellt, die im Datenmaterial deutlich seltener vertreten sind, aber Aufschluss über die Heterogenität des Engagements in der Freien Wohlfahrtspflege geben.

3.4.1 Der bürgergesellschaftliche Typ

Die bürgergesellschaftlichen Organisationen vertreten eine differenzierte Vorstellung von Engagement, die dessen Eigensinn hervorhebt. Organisationen des bürgergesellschaftlichen Typus fördern nach eigener Aussage kontinuierlich das Engagement von Bürgern vor Ort. Sie weisen dabei der Teilhabe und der Mitgestaltung durch Engagierte einen besonderen Stellenwert zu. Die organisationale

Engagementförderung berücksichtigt die Interessen und Auffassungen der Engagierten und versucht diese mit den Interessen der Organisation in Einklang zu bringen. Innerhalb dieser Organisationen gibt es vielfältige Mitbestimmungs- und Betätigungsmöglichkeiten für die Engagierten.

Die bürgergesellschaftlichen Organisationen »warnen« davor, »Engagement zu instrumentalisieren«. Stattdessen fordern sie, dem Eigensinn von Engagement Rechnung zu tragen. Vor diesem Hintergrund erwarten die Organisationen von Seiten der Freien Wohlfahrtspflege fachliche Debatten, um über Engagement jenseits einer schlichten und einseitigen »Verwertungslogik« zu diskutieren.

3.4.2 Der funktionalistische Typ

Die funktionalistischen Organisationen haben eine differenzierte Vorstellung von Engagement, deren Schwerpunkt eine ressourcenorientierte Einbindung von Engagierten in die bestehenden fachlichen Angebote der Organisationen bildet. Sie fördern nach eigener Aussage kontinuierlich das Engagement der Menschen vor Ort und schreiben dem Engagement vor allem einen professionellen Wert zu. Organisationen dieses Typs betonen für sich einen betrieblichen Fokus im Zusammenspiel mit den assoziativen Interessen der Organisation. Engagement stellt in diesem Sinn unter anderem ein Mittel dar, um die zielgruppenorientierten Angebote der Organisationen dauerhaft und in Abgrenzung zum privatwirtschaftlichen Sektor gewährleisten und erweitern zu können. Sie wollen mit Engagement zusätzliche Angebote im Rahmen ihres fachlichen Organisationsprofils schaffen und das »Miteinander vor Ort« im Sinne ihrer jeweiligen Zielgruppe stärken. Die organisationale Engagementförderung ist professionalisiert und hebt den Aspekt der Nutzenorientierung für die Organisation hervor. Dieses zeigt sich einerseits in einer ausgeprägten Steuerung von Engagement und andererseits in eingeschränkten Mitbestimmungsmöglichkeiten für Engagierte.

3.4.3 Der pragmatische Typ

Die pragmatischen Organisationen befinden sich in einem innerorganisationalen Wandlungsprozess. Sie zeigen eine beginnende Auseinandersetzung mit ihren stark idealisierten Vorstellungen von Engagement, die vor allem altruistische Motive betonen. Grund für die beginnende Reflektion sind negativ eingestufte Entwicklungen in der eigenen Engagementsituation, wie der Rückgang der Zahl der Engagierten, große Probleme bei der Gewinnung Engagierter und antizipierte Veränderungen der Motivationslagen von Engagierten. Organisationen des pragmatischen Typs verbinden mit dem Einsatz Engagierter eine »Stärkung des sozialen Zusammenhalts« sowie die Sicherung der eigenen Funktionsfähigkeit.

Obwohl sie sich vom Engagement existenziell abhängig fühlen, schreiben sie Engagement keinen eigenständigen Wert zu. Für diese Organisationen ist Engagement ein notwendiges Element, um ihre organisationale Funktionsfähigkeit überhaupt erst herzustellen Die pragmatischen Organisationen sehen sich in ihrem Selbstverständnis weniger stark in einer assoziativen oder gesellschaftspolitischen Funktion, als die bürgergesellschaftlichen oder funktionalistischen Organisationen. Die organisationale Engagementförderung lässt sich als spontan reaktiv beschreiben und ist nur in geringem Ausmaß strukturell verankert. Pragmatische Organisationen sehen für sich wenige Einflussmöglichkeiten auf die eigene Engagementsituation. Sie verweisen die Verantwortlichkeit dafür an den Sozialstaat und an übergeordnete Verbandsstrukturen.

3.4.4 Engagement als Gegebenheit (»so wie es ist, ist es«)

Es lassen sich außerdem Organisationen identifizieren, die Engagement als Gegebenheit und nicht als existenziell für ihre organisationalen Aufgaben ansehen. Diese Organisationen geben an, in einem allenfalls sehr geringen Ausmaß assoziative oder gesellschaftspolitische Interessen wahrzunehmen. Sie bemühen sich wenig um eine spezielle organisationale Engagementförderung und sehen die allgemeine Förderung von Engagement nicht als eine ihrer originären Aufgaben an. Diese Organisationen erleben bezogen auf Engagement keinen Handlungsdruck und sind mit den engagementbezogenen Gegebenheiten »voll auf zufrieden«.

3.4.5 Der mythische Typ

Die mythischen Organisationen folgen einer idealistischen Vorstellung von Engagement. Dieses wird aus ihrer Sicht als altruistisch und intrinsisch motiviert eingeschätzt und bedarf deshalb keiner organisationalen Engagementförderung. Da die Organisationen gegenwärtig keine Probleme beim Umgang mit Engagement wahrnehmen, sehen sie auch keine Notwendigkeit der Unterstützung durch externe Akteure.

3.4.6 Der idealistische Typ

Die idealistischen Organisationen gehen von einem »eigenständigen« Engagement aus, das keiner Förderung bedarf. Daher wird Engagement, obwohl es in diesen Organisationen in großem Umfang stattfindet, nicht thematisiert. Es stellt eine Selbstverständlichkeit dar. Gleichzeitig sind diese Organisationen durch eine hohe organisationale Reflektion geprägt, die in Bezugnahmen auf die gesellschaftliche Engagementdebatte deutlich werden. Diese Organisationen agieren daher durchaus strategisch und selbstbewusst. Da Engagement jedoch – dem eigenen Selbstverständnis folgend – »eigenständig« stattfindet, bedarf es keiner spezifischen organisationalen Förderung.

3.4.7 Der skeptische Typ

Die skeptischen Organisationen lehnen Engagement für sich ab. Gesamtgesellschaftlich betrachtet wird Engagement dagegen durchaus begrüßt. Vor allem der spezifische eigene Arbeitsbereich macht die Einbindung von Engagement aus Sicht der Organisationen nicht möglich. Dabei wird auf professionelle Handlungsanforderungen verwiesen, die Engagierte nicht erfüllen können. Eine zukünftige organisationale Engagementförderung wird aber nicht strikt ausgeschlossen.

3.5 Engagementbezogene Vorstellungswelten und Handlungspraktiken

Es zeigt sich mit Blick auf die unterschiedlichen empirisch gesättigten Organisationstypen, dass sich Engagement und Engagementförderung in den Organisationen der Freien Wohlfahrtspflege überaus heterogen darstellen. In Bezug auf das organisationale Selbstverständnis konnte ein starker Zusammenhang zwischen einer Betonung der assoziativen Funktion sowie einer intensiven und als erfolgreich eingeschätzten Einbindung von Engagement nachgewiesen werden. Außerdem konnte gezeigt werden, dass vor allem Organisationen, die Engagement differenziert betrachten und unterschiedliche Motivationen Engagierter als legitim einschätzen, eine mehr oder weniger stark institutionalisierte Steuerung von Engagement aufweisen. Es konnte auch gezeigt werden, dass eine strukturierte Engagementförderung organisationale Ressourcen bindet, die von den Organisationen teilweise aus eigenen Mitteln aufgebracht werden müssen. Einige Organisationstypen verweisen diese Aufgabe an externe Akteure, wie den Sozialstaat oder die jeweiligen Dachverbände, während andere eigenständig Ressourcen mobilisieren. Kulturelle Aspekte, wie das organisationale Selbstverständnis und engagementbezogene Vorstellungen, haben somit insgesamt eine hohe Relevanz für die jeweilige organisationale Handlungspraxis, während ökonomische Aspekte bemerkenswerter Weise nur bei einem Organisationstyp von besonderer Wichtigkeit sind.

4 Selbststeuerung oder Management des Engagements in der Freien Wohlfahrtspflege?

Die empirisch unterlegten Ausführungen haben deutlich gemacht, dass Engagement entgegen weitverbreiteter öffentlicher Annahmen nicht erodiert und allenfalls eine ritualisierte Erinnerung an eine retrospektiv geschönte Vergangenheit darstellt, sondern dass Engagement eine Schlüsselfunktion in der verbandlichen Wohlfahrtspflege als politische Legitimationsformel, sozialkulturelle Grundlage und betriebswirtschaftliche Ressource einnimmt.

Vor dem Hintergrund der dargestellten typenspezifischen Engagementvorstellungen stellt sich die Frage, welche Formen des Managements beziehungsweise der (Selbst- und Fremd-)Steuerung und Koordination jeweils sinnvoll und zweckmäßig sind bzw. sein könnten.

Die empirisch fundierten Typen lassen sich zunächst in zwei Gruppen unterscheiden: Einerseits in diejenigen, die eine wie auch immer geartete Form der Engagementförderung betreiben und andererseits in diejenigen, die dieses aus unterschiedlichen Gründen nicht tun. Die zweitgenannte Gruppe von Organisationen ist entweder mit der eigenen Engagementsituation zufrieden oder verzichtet bewusst auf die Einbindung von Engagement, so dass sich hier keine engagementbezogenen Steuerungsmodi benennen lassen.

(1) Zur erstgenannten Gruppe gehören die *Organisationen des bürgergesellschaftlichen Typs,* die auf eine weniger stark institutionalisierte Engagementförderung verweisen und die durch Mitbestimmungsmöglichkeiten den Eigensinn und die Interessen der Engagierten berücksichtigen. Grundlage dieser Handlungspraxis sind geteilte Vorstellungen über die Möglichkeiten und Grenzen des Engagements in der jeweiligen Organisation. Diese werden in demokratischen innerorganisationalen Aushandlungsprozessen, an denen auch Engagierte partizipieren, erarbeitet. Dadurch ergeben sich Handlungs- und Entscheidungsspielräume, in denen neue – Innovationen generierende – Praktiken entwickelt, ausprobiert und auch wieder verworfen werden können. Durch die explizite Berücksichtigung der Interessen von Engagierten und die eher geringe Formalisierung der Engagementförderung ergeben sich hier Gelegenheiten, Engagement als Quelle sozialer Innovation zu kultivieren.

(2) Im Vergleich dazu verkörpern die *Organisationen des funktionalistischen Typs* eine ausgeprägt institutionalisierte Form der Engagementförderung, die durchaus mit organisationalem Personalmanagement vergleichbar ist. Die Steuerung und die hohen professionellen Anforderungen an Engagierte seitens der Organisation gehen einher mit eher geringen Möglichkeiten der Mitbestimmung. Diese Umgangsweise mit Engagement und Engagierten wird – so die empirischen Befunde – maßgeblich durch die jeweiligen Geschäftsführungen geprägt und um-

zusetzen versucht. Die Engagierten haben dabei relativ wenige Möglichkeiten, die organisationalen Bedingungen ihres Engagementfeldes mitzugestalten. Ein Befund, der nicht überrascht, da in funktionalistischen Organisationen die Interessen der Organisation gegenüber den Interessen von Engagierten im Vordergrund stehen.

(3) Auch die *pragmatischen Organisationen* verfolgen mit der Einbindung von Engagement vorwiegend auf den Organisationsbestand bezogene Interessen. Aktuell betreiben sie eine eher unstrukturierte und wenig institutionalisierte Engagementförderung, die nicht in einer organisationalen Auseinandersetzung mit dem Thema gründet. Für einen nennenswerten Teil dieser Organisationen scheint die Auseinandersetzung mit dem Thema Engagement gerade erst zu beginnen, wobei die Organisationen eine intensive Unterstützung durch ihre Verbände reklamieren. Wie sich die Engagementförderung in diesen Organisationen in Zukunft entwickeln wird, hängt nicht zuletzt von einer Positionierung der Freien Wohlfahrtspflege gegenüber dem Thema Engagement und dem Verlauf der öffentlichen Engagementdiskussion ab.

Die empirischen Befunde und deren Analyse verdeutlichen – je nach Perspektive – die Vielfalt oder die Heterogenität des Engagements in den exemplarisch ausgewählten Mitgliedsorganisationen des Paritätischen Wohlfahrtsverbandes im Besonderen und in der Freien Wohlfahrtspflege im Allgemeinen. Jeder der skizzierten sieben Organisationstypen weist spezifische engagementbezogene Haltungen und Vorstellungen auf, die wiederum deutliche Auswirkungen auf das Management des Engagements haben.

Grundsätzlich ist erkennbar, dass nur der funktionalistische Typ eine starke Fremdsteuerung des Engagements praktiziert, die zumeist mit betriebswirtschaftlichen Erwägungen unterlegt wird. Bei bürgergesellschaftlichen Organisationen hingegen steht die Selbststeuerung des Engagements im Vordergrund. Eine zu starke externe Strukturierung unterminiert den Eigensinn und die Selbststeuerung bürgerschaftlichen Engagements und widerspricht den Vorstellungen dieser Organisationen von Engagement als demokratischem Wert. Aber auch bei Organisationstypen, die über eine gering ausgeprägte Engagementförderung verfügen, entspricht die Selbststeuerung des Engagements eher den organisationalen Haltungen und Vorstellungen. Das Management des Engagements im Sinne einer Top-down-Steuerung ist bei weitem nicht die geeignete und alles umfassende Form des Engagementmanagements, sondern erweist sich als geeignet für funktionalistische Organisationstypen. Konventionelle Managementinstrumente und -verfahren, wie sie in den 1990er Jahren aus der Welt privatgewerblicher Unternehmen auf Organisationen der Freien Wohlfahrtspflege zu übertragen versucht wurden, scheinen die Freiräume, die Potenziale und die Innovationskraft des Engagements in der Regel eher einzuengen.

Ausgehend von diesen Befunden bleibt zu fragen, ob die bisher häufig proklamierte Übertragung betriebswirtschaftlicher Managementmodelle auf den komplexen und heterogenen Themenbereich des Engagements in der Freien Wohlfahrtspflege nicht ungeeignet und geradezu kontraproduktiv ist. Vielmehr scheint die Entwicklung organisationstypenspezifischer Formen des Managements von Engagement, die dem Eigensinn und dem Selbststeuerungspotenzial von Engagierten und Engagement Rechnung tragen, überfällig zu sein. Sowohl innerhalb der Freien Wohlfahrtspflege als auch beim »mutigen« Blick über die Freie Wohlfahrtspflege hinaus, werden entsprechende Instrumente und Verfahren der engagementbezogenen Selbst- und Fremdsteuerung seit Jahren praktiziert – (Lern-) Erfahrungen des Scheiterns inbegriffen.

Auf jeden Fall aber macht es die in der vorliegenden Untersuchung vorgenommene sorgfältige und wohlbegründete Auswahl des konkreten Untersuchungsgegenstandes möglich, verallgemeinerbare – über den Paritätischen Wohlfahrtsverband und seine Mitgliedsorganisationen hinausreichende – Aussagen über Engagementpotenziale in der Freien Wohlfahrtspflege insgesamt zu treffen. Vor diesem Hintergrund wäre zu diskutieren, inwiefern die aus dem empirischen Material entwickelten Engagementtypen auf die Freie Wohlfahrtspflege in ihrer Gesamtheit zutreffen und wo gegebenenfalls Modifikationen erforderlich sind.

Im Hinblick auf die in der Freien Wohlfahrtspflege angewandten Managementinstrumente und -verfahren könnte es anregend sein, die Erfahrungen aus anderen Handlungsfeldern von Nonprofit-Organisationen in Deutschland, wie etwa dem Sport- und Umweltbereich, systematisch zu erfassen, um die jeweiligen Spezifika vergleichend herauszuarbeiten. Ein über den nationalen Rahmen hinausgehender internationaler Vergleich des engagementbezogenen Managements ist angesichts einer national geprägten Institution wie der Freien Wohlfahrtspflege nur bedingt möglich. So können Erkenntnisse der internationalen Diskussion über Non-Profit- und Engagementmanagement zwar nicht einfach auf die Freie Wohlfahrtspflege in Deutschland übertragen werden, gleichwohl können international bewährte Instrumente und Verfahren unter Berücksichtigung der jeweiligen sozial-kulturellen Kontexte instruktiv für die wohlfahrtsverbandliche Engagementdiskussion in Deutschland sein.

Vordringlich wäre es aber für den Paritätischen Wohlfahrtsverband zunächst, eine empirische Untersuchung der Engagierten selbst und ihrer engagementbezogenen Vorstellungen und Erfahrungen vorzunehmen. Die Sicht der Engagierten lässt eine kontrastierende Perspektive gegenüber dem in der vorliegenden Untersuchung gewonnenen Expertenwissen von Führungs- und Leitungskräften in der Freien Wohlfahrtspflege erwarten. Und nicht zuletzt sind regelmäßige – etwa in einem Fünfjahresrhythmus stattfindende – Wiederholungsbefragungen sowohl der Engagierten als auch des Führungs- und Leitungspersonals beziehungsweise der thematisch einschlägigen Expertinnen und Experten in Verbänden, Mitgliedsorganisationen, Einrichtungen und Diensten der Freien Wohlfahrtspflege erforderlich, um engagementbezogene Entwicklungen überhaupt nachzeichnen und herausarbeiten zu können.

Literatur

Angerhausen, S., Backhaus-Maul, H., Offe, C., Olk, T. & M. Schiebel (1998): Überholen ohne einzuholen. Die freie Wohlfahrtspflege in Ostdeutschland, Opladen: Westdeutscher Verlag.
Anheier, H. K., Priller, E., Seibel, W. & A. Zimmer (1997) (Hrsg.): Der Dritte Sektor in Deutschland. Organisationen zwischen Staat und Markt im gesellschaftlichen Wandel, Berlin: edition sigma.
Backhaus-Maul, H. & T. Olk (1994): Von Subsidiarität zu ›outcontracting‹. Zum Wandel der Beziehungen zwischen Staat und Wohlfahrtsverbänden in der Sozialpolitik. In: Streeck, W. (Hrsg.): Staat und Verbände, Opladen: Westdeutscher Verlag, S. 99–134.
Backhaus-Maul, H. & K. Speck (2005): Bürgerschaftlichen Engagement 2005. Eine empirische Untersuchung zum bürgerschaftlichen Engagement in den Mitgliedsorganisationen des Paritätischen Wohlfahrtsverbandes Berlin. http://www.paritaet-berlin.de/upload/download2383_studie.pdf, Zugriff 28.02.2014.
Backhaus-Maul, H., Speck, K., Hörnlein, M., Langner, C., Mühle, K. & M. Krohn (2014): Engagement in der Freien Wohlfahrtspflege, Wiesbaden: Springer VS Verlag.
Beher, K., Krimmer, H. R., Rauschenbach, T. & A. Zimmer (2008): Die vergessene Elite. Führungskräfte in gemeinnützigen Organisationen, Weinheim, München: Juventa.
Beher, K., Liebig, R. & T. Rauschenbach (1998): Das Ehrenamt in empirischen Studien – ein sekundäranalytischer Vergleich, Stuttgart: Kohlhammer.
Beher, K., Liebig, R., & T. Rauschenbach (2000): Strukturwandel des Ehrenamts. Gemeinwohlorientierung im Modernisierungsprozess, Weinheim, München: Juventa.
Bundesarbeitsgemeinschaft der Freien Wohlfahrtspflege (2009): Einrichtungen und Dienste der Freien Wohlfahrtspflege. Gesamtstatistik 2008, Berlin.
Boeßenecker, K.-H. (2008): Intermediäre Organisationen. In: Maelicke, B. (Hrsg.): Lexikon der Sozialwirtschaft, Baden-Baden: Nomos, S. 520–522.
Evers, A. (1990): Im intermediären Bereich – Soziale Träger und Projekte zwischen Haushalt, Staat und Markt. In: Journal für Sozialforschung, Volume 35, Heft 2, S. 189–210.
Gensicke, T., Picot, S. & S. Geiss (2006): Freiwilliges Engagement in Deutschland 1999–2004, Wiesbaden: VS Verlag.
Heinze, R. G. & T. Olk (1981): Die Wohlfahrtsverbände im System sozialer Dienstleistungsproduktion. Zur Entstehung und Struktur der bundesrepublikanischen

Verbändewohlfahrt. In: Kölner Zeitschrift für Soziologie und Sozialpsychologie, Volume 33, Heft 1, S. 94–114.
Heinze, R. G., Schmid, J. & C. Strünck (1999): Zur Politischen Ökonomie der sozialen Dienstleistungsproduktion. Der Wandel der Wohlfahrtsverbände und die Konjunkturen der Theoriebildung. In: Kölner Zeitschrift für Soziologie und Sozialpsychologie, Volume 52, Heft 2, S. 242–271.
Jakob, G. (1993): Zwischen Dienst und Selbstbezug. Eine biographieanalytische Untersuchung ehrenamtlichen Engagements, Opladen: Leske + Budrich.
Liebig, R. (2005): Wohlfahrtsverbände im Ökonomisierungsdilemma. Analysen zu Strukturveränderungen am Beispiel des Produktionsfaktors Arbeit im Licht der Korporatismus- und der Dritte Sektor-Theorie, Freiburg: Lambertus.
Meyer, M. (2009): Wieviel Wirtschaft verträgt die Zivilgesellschaft? Über Möglichkeiten und Grenzen wirtschaftlicher Rationalität in NPOs. In: Bode, I., Evers, A. & A. Klein (Hrsg.): Bürgergesellschaft als Projekt. Eine Bestandsaufnahme zu Entwicklung und Förderung zivilgesellschaftlicher Potentiale in Deutschland, Wiesbaden: VS Verlag, S. 127 – 144.
Olk, T. (1989): Vom »alten« zum »neuen« Ehrenamt. In: Blätter der Wohlfahrtspflege, Volume 136, Heft 1, S. 7–10.
Priller, E. & A. Zimmer (2001) (Hrsg.): Der Dritte Sektor international. Mehr Markt – weniger Staat?, Berlin: edition sigma.
Priller, E., Alscher, M., Droß, P., Paul, F., Poldrack, C. J., Schmeißer, C. & N. Waitkus (2013): Dritte-Sektor-Organisationen heute. Eigene Ansprüche und ökonomische Herausforderungen. Ergebnisse einer Organisationsbefragung, Berlin: Wissenschaftszentrum für Sozialforschung Berlin.
Rauschenbach, T. & A. Zimmer (2011) (Hrsg.): Bürgerschaftliches Engagement unter Druck? Analysen aus den Bereichen Soziales, Kultur und Sport, Opladen: Leske + Budrich.
Sachße, C. (1995): Verein, Verband und Wohlfahrtsstaat. Entstehung und Entwicklung der ›dualen‹ Wohlfahrtspflege. In: Rauschenbach,T., Sachße,C. & T. Olk (Hrsg.): Von der Wertgemeinschaft zum Dienstleistungsunternehmen. Jugend- und Wohlfahrtsverbände im Umbruch, Frankfurt: Suhrkamp, S. 123–149.
Sachße, C. (2011): Traditionslinien bürgerschaftlichen Engagements in Deutschland. In: Olk, T. & B. Hartnuß (Hrsg.): Handbuch bürgerschaftliches Engagement, Weinheim, München: Juventa, S. 17–27.
Schimank, U. & U. Volkmann (2008): Ökonomisierung der Gesellschaft. In: Maurer, A. (Hrsg.): Handbuch der Wirtschaftssoziologie, Wiesbaden: VS Verlag, S. 382–393.
Steinbacher, E. (2004): Bürgerschaftliches Engagement in Wohlfahrtsverbänden. Professionelle und organisationale Herausforderungen in der Sozialen Arbeit, Wiesbaden: Deutscher Universitätsverlag.
Streeck, W. (1986): Vielfalt und Interdependenz. Überlegungen zur Rolle intermediärer Organisationen in sich ändernden Umwelten. In: Kölner Zeitschrift für Soziologie und Sozialpsychologie, Volume 39, Heft 2, S. 452–470.
Zimmer, A. (1996): Vereine – Basiselemente der Demokratie, Opladen: Leske + Budrich.

Zimmer, A. & E. Priller (1997): Zukunft des Dritten Sektors in Deutschland. In: Anheier, H. K., Priller, E., Seibel, W. & A. Zimmer (Hrsg.): Der Dritte Sektor in Deutschland. Organisationen zwischen Staat und Markt im gesellschaftlichen Wandel, Berlin: edition sigma, S. 249–283.

Zimmer, A. & E. Priller (2004): Gemeinnützige Organisationen im gesellschaftlichen Wandel. Ergebnisse der Dritte-Sektor-Forschung, Wiesbaden: VS Verlag.

Engagementforschung im vereins- und verbandsorganisierten Sport – Themen, Ergebnisse und Herausforderungen

Sebastian Braun

Abstract: In dem Beitrag werden sport- und verbandssoziologisch orientierte Debatten über das freiwillige und ehrenamtliche Engagement in den zivilgesellschaftlichen Strukturen der Sportvereine in Deutschland aufgegriffen, um auf dieser Grundlage Herausforderungen des vereins- und verbandsorganisierten Sports unter dem Dach des Deutschen Olympischen Sportbundes (DOSB) im Hinblick auf eine engagementpolitisch orientierte Forschung im Sport zu skizzieren. Zu diesem Zweck werden einerseits Diskussionen der Sportvereinsforschung herangezogen, die vor allem in der Sportsoziologie geführt werden. Da die entsprechenden Ergebnisse nicht losgelöst von den gesellschaftlichen Funktionszuschreibungen an die Sportvereine zu betrachten sind, werden andererseits Befunde der politikwissenschaftlich ausgerichteten Sportverbändeforschung und dabei speziell Thesen zum neo-korporatistischen Raster zwischen Sportverbänden und öffentlicher Sportverwaltung einbezogen. Auf dieser Grundlage werden anschließend Herausforderungen einer »sportbezogenen Engagementpolitik« skizziert. In diesem Kontext werden sowohl Desiderate in sportpolitischen und -verbandlichen Diskussionen als auch in der Sportvereins- und Sportverbändeforschung umrissen.

Keywords: Nonprofit-Organisationen, Dritter Sektor, Zivilgesellschaft, Sport, Sportverbände Verbandsforschung

1 Zielstellung und Aufbau des Beitrags

In dem Beitrag werden sport- und verbandssoziologisch orientierte Debatten über das freiwillige und ehrenamtliche Engagement in den zivilgesellschaftlichen Strukturen der Sportvereine in Deutschland aufgegriffen, um auf dieser Grundlage Herausforderungen des vereins- und verbandsorganisierten Sports unter dem Dach des Deutschen Olympischen Sportbundes (DOSB) im Hinblick auf eine engagementpolitisch orientierte Forschung im Sport zu skizzieren. Zu diesem Zweck werden einerseits Diskussionen der Sportvereinsforschung herangezogen, die vor allem in der Sportsoziologie geführt werden und die eine Vielzahl von empirischen Befunden zur »Verfasstheit« der Sportvereine und speziell auch zum freiwilligen und ehrenamtlichen Engagement in den Vereinen produziert haben. Da diese Ergebnisse nicht losgelöst von den »extrafunktionalen Leistungen« der bzw. »gesellschaftlichen Funktionszuschreibungen« an die Sportvereine zu betrachten sind, werden zudem Befunde der politikwissenschaftlich ausgerichteten Sportverbändeforschung und dabei speziell Thesen zum neo-korporatistischen Raster zwischen Sportverbänden und öffentlicher Sportverwaltung einbezogen. Auf dieser Grundlage werden anschließend Herausforderungen einer »sportbezogenen Engagementpolitik« skizziert. In diesem Kontext werden sowohl Desiderate in sportpolitischen und -verbandlichen Diskussionen als auch in der Sportvereins- und Sportverbändeforschung angedeutet.

2 Themen, Thesen und Befunde der sportbezogenen Vereins- und Verbändeforschung

2.1 Der vereinsorganisierte Sport im Kontext von Expansion und Pluralisierung der Bewegungskultur

Die Sport- und Bewegungskultur in Deutschland ist im Laufe der letzten Jahrzehnte zunehmend vielfältiger geworden. Auf der gesellschaftlichen Ebene hat die sportsoziologische Forschung zentrale Entwicklungen als »Expansion« und »Pluralisierung der Sportkultur« beschrieben, die auf der Ebene der Sportaktiven mit einer »Veralltäglichung« und »Individualisierung von Sportengagements« einhergehen (vgl. dazu ausführlich Baur/Braun 2001: 18–21, Nagel 2003). So wurden auf der gesellschaftlichen Ebene im Zuge der Expansion der Sportkultur immer breitere Bevölkerungsgruppen in Sportaktivitäten und Sportsettings eingeschlossen. Mit dieser Expansion haben Sportaktivitäten auch außerhalb der Sportvereine enorme Verbreitung gefunden: Die kommerziellen Sportanbieter haben sich auf dem Markt etabliert; darüber hinaus treibt eine quantitativ nicht genau zu erfassende Zahl von Menschen allein und in Gruppen informell Sport.

Diese Entwicklungen zeigen an, dass mit der Expansion eine Pluralisierung der Sportkultur einherging. Entsprechende Veränderungen werden in der sportsoziologischen Forschung auch als sport- und bewegungsbezogener »Interessenwandel« beschrieben, wonach das traditionelle Verständnis vom Sporttreiben, das auf dem sportlichen Leistungsvergleich mit seiner »Kombination von Siegescode und Leistungsprinzip« (Schimank 1992: 33) basiert, durch alternative Sinnmuster »aufgeweicht wird, die Gesundheit, Fitness, Spaß, Körperausdruck und Geselligkeit als Wertpräferenzen aufweisen« (Cachay et al. 2001: 19). Mit dieser Expansion und Pluralisierung der Sportkultur auf der gesellschaftlichen Ebene haben Sportengagements auch in der Lebensführung und im Lebenslauf des Einzelnen an Bedeutung gewonnen. Man kann durchaus von einer »Veralltäglichung von Sportengagements« (Baur/Braun 2001: 18) sprechen. Zugleich haben sich Sportengagements insofern »individualisiert«, als sich mit der Pluralisierung von Sportformen auch die Optionen für den Einzelnen vervielfältigt haben, eine den persönlichen Interessen entsprechende Sportaktivität zu finden (vgl. Nagel 2003).

Diese Expansion und Pluralisierung der Sportkultur einerseits und die damit verbundene Veralltäglichung und Individualisierung von Sportengagements andererseits reflektieren auch sportbezogene Analysen der breit angelegten Bevölkerungsbefragungen in Deutschland wie z. B. die Freiwilligensurveys 1999–2009 (vgl. Gensicke/Geiss 2010). So ist das Handlungsfeld »Sport und Bewegung« im Vergleich zu den 13 anderen Handlungsbereichen, die in den Freiwilligensurveys empirisch erfasst werden, das Feld mit der höchsten Quote zivilgesellschaftlicher Beteiligung in der Bevölkerung. Rund 42 % der ab 14-Jährigen waren im Jahr 2009 aktiv in diesem Handlungsfeld beteiligt. Dabei ist im Zehnjahreszeitraum ein Zuwachs von Aktiven im Umfang von 5,3 Prozentpunkten zu verzeichnen (vgl. Braun 2011). Und speziell bei der »klassischen Klientel« des Vereinssports – den Jugendlichen – liegt die Beteiligungsquote konstant deutlich über der 50 %-Marke (vgl. Braun 2013c).

Eine zentrale Rolle spielt in diesem Zusammenhang seit Jahrzehnten der DOSB als Dachorganisation des komplexen Sportverbandswesens in Deutschland, unter dem die vielfältigen Sportvereine auf lokaler Ebene organisiert sind. Seit Gründung des Deutschen Sportbundes (DSB) im Jahr 1950 bzw. des DOSB im Jahr 2006 hat der vereinsorganisierte Sport in quantitativer Hinsicht einen »Mitgliedschaftsboom« erlebt. Dieser Boom hat die Dachorganisation der deutschen Turn- und Sportbewegung zügig zur größten Personenvereinigung in Westdeutschland und – nach der staatlichen Vereinigung – in Deutschland insgesamt avancieren lassen. Mittlerweile werden rund 27.5 Mio. Mitgliedschaften in mehr als 91 000 Sportvereinen in Deutschland registriert (vgl. Braun 2013b).

Angesichts dieser Zahlen ist der vereins- und verbandsorganisierte Sport nicht nur zu einem zentralen Organisationsfaktor mit lebensweltlicher Einbindung in der deutschen Zivilgesellschaft geworden, sondern auch zu einem maßgeblichen Untersuchungsobjekt der sozialwissenschaftlich orientierten Sportforschung in Deutschland, wenn man etwa die bislang eher defizitäre Forschungslage zu kommerziellen Sportanbietern oder informellen Sportsettings als Vergleichsmaßstab heranzieht (vgl. z. B. Breuer 2011, Heinemann/Schubert 1994, Emrich et al. 2001, Zimmer et al. 2011). Bis hinein in die lokalen Verästelungen organisieren sich Individuen auf freiwilliger Basis in den »Wahlgemeinschaften« (vgl. Strob 1999), die als »Produzenten-Konsumenten-Gemeinschaften« (vgl. Horch 1983) ihre jeweils spezifischen Interessen in die Praxis umzusetzen suchen.

2.2 Ehrenamtliches und freiwilliges Engagement als vereinsökonomisches und -kulturelles »Bestandserhaltungsgebot«

In diesem Kontext spielt traditionell das ehrenamtliche und freiwillige Engagement der Sportvereinsmitglieder eine zentrale Rolle in der Sportvereinspraxis und Sportvereinsforschung (vgl. z. B. Baur/Braun 2000, Braun 2011; 2013c, Jütting 1994, Zimmer et al. 2011). Es lässt sich in doppelter Hinsicht als ein »Bestandserhaltungsgebot« von Sportvereinen interpretieren: einerseits um die Vereinsleistungen und -angebote über das Spenden von Zeit, Wissen und Geld der Mitglieder zu erstellen; und andererseits um die vereinskulturellen Grundlagen der »Wahl-Gemeinschaft« zu (re-)produzieren. Insofern gilt in der Sportvereinsforschung das ehrenamtliche und freiwillige Engagement der Mitglieder mehr als ein unentgeltliches Engagement, um die Vereinsziele in die soziale Praxis umzusetzen. Darüber hinaus kann es die affektive Bindung der Mitglieder untereinander und an den Verein erzeugen, stabilisieren und fördern; und umgekehrt dürfte diese emotionale Bindung wiederum die Bereitschaft stützen und anregen, sich in dem und für den Verein bzw. die einzelne Sportgruppe zu engagieren (vgl. z. B. Braun 2003, Horch 1983, Strob 1999).

Wie umfangreich diese maßgebliche vereinsökonomische und -kulturelle Ressource in der Bevölkerung verfügbar ist, lassen die Ergebnisse der sportbezogenen Sonderauswertung der Freiwilligensurveys erkennen (vgl. Braun 2011). Das Handlungsfeld Sport und Bewegung bindet den mit Abstand vergleichsweise höchsten Anteil ehrenamtlich und freiwillig engagierter Personen: Rund ein Zehntel der Bevölkerung in Deutschland im Alter ab 14 Jahre engagierte sich im Jahr 2009 im Feld Sport und Bewegung, davon rund 90 % in den Sportvereinen. Trotz der Expansion und Pluralisierung der Sport- und Bewegungsarrangements jenseits des vereinsorganisierten Sports gelingt es den Sportvereinen bisher offenbar relativ konstant, im Handlungsfeld Sport und Bewegung das »knappe Gut« des freiwilligen und ehrenamtlichen Engagements quasi »monopolartig« an sich zu binden.

2.3 Erosionstendenzen im freiwilligen und ehrenamtlichen Engagement

Allerdings deuten sich unterhalb dieser imposanten »zivilgesellschaftlichen Infrastrukturdaten« zum freiwilligen und ehrenamtlichen Engagement im vereins- und verbandsorganisierten Sport Erosionstendenzen an. Diese Erosionstendenzen werden in der Sportvereinsforschung wie auch in den sportpolitischen Debatten zwar schon seit längerem thematisiert und auch beklagt, bisher lagen allerdings keine personenbezogenen Bevölkerungsbefragungen vor, die der vielzitierten »Krise des Ehrenamts« empirischen Nährboden geben konnten (vgl. z. B. Braun 2003, Heinemann/Schubert 1994, Pitsch 1999). Die sportbezogene Sonderauswertung der Freiwilligensurveys von 1999 bis 2009 lässt nunmehr einen deutlichen Rückgang des freiwilligen und ehrenamtlichen Engagements im Handlungsfeld Sport und Bewegung erkennen – und das bei einer ansonsten stabilen Engagementquote in der Bevölkerung von rund 36 % (vgl. Braun 2011, Gensicke/Geiss 2010).

Während sich im Jahr 1999 noch 11,2 % der Bevölkerung ab 14 Jahren im Handlungsfeld Sport und Bewegung engagierten und im Jahr 2004 die Quote geringfügig auf 11,1 % sank, ging das freiwillige und ehrenamtliche Engagement der ab 14-Jährigen im Jahr 2009 auf 10,1 % zurück. Zwar könnte dieser Rückgang prozentual betrachtet gering erscheinen; hochgerechnet und in Absolutzahlen ausgedrückt bedeutet er aber Verluste im Umfang von ca. 650 000 Engagierten. Dass dieser Rückgang sport- und engagementpolitisch als ausgesprochen bedeutsam zu bewerten ist, lassen nicht zuletzt die Daten zu den anderen Engagementbereichen erkennen, die im Freiwilligensurvey berücksichtigt wurden. Lediglich im Bereich »Freizeit und Geselligkeit« sind ähnlich umfangreiche, zeitlich aber auf den Zehnjahreszeitraum gestreckte Rückgänge zu verzeichnen (vgl. Braun 2011). Speziell bei den Jugendlichen und jungen Erwachsenen fallen dabei die Rückgänge besonders hoch aus, während für die »jungen Alten« beachtliche Zuwächse zu konstatieren sind (vgl. Braun 2013c).

2.4 Die Sportvereine auf dem Weg zur Dienstleistungsorganisation?

Offenbar haben sich mit den veränderten individuellen Interessen, die im Zuge der Expansion und Pluralisierung der Sportkultur an eine Sportvereinspartizipation herangetragen werden, nicht nur die Anforderungen an die Sportvereine zur Ausgestaltung der sport- und bewegungsbezogenen Angebotsstrukturen verändert, sondern auch die Modi der Gewinnung und Bindung freiwillig und ehrenamtlich engagierter Mitglieder. In diesem Kontext wird schon seit langem die Frage gestellt, ob es den als »traditional« bezeichneten Sportverein überhaupt noch gibt. So konstatierte bereits Lenk (1972: 104) zu Beginn der 1970er Jahre, dass der Sportverein nicht mehr als »ganzheitlich bindende ›Lebensform‹« und als »›wahre Lebensgemeinschaft‹ empfunden« werde, »sondern mehr als Zweckorganisation, die freiwillig benutzt wird, um private Freizeitbedürfnisse zu erfüllen. Man dient keiner Idee mehr, besitzt kaum noch eine Ideologie, sondern steht dem Verein in einer ›Benutzerhaltung‹ ... gegenüber.« (ebd.)

Auf diese Thesen wurde in späteren Untersuchungen immer wieder Bezug genommen: Aufgrund von Individualisierungsprozessen hätten sich, so die grundsätzliche Argumentationsfigur, einerseits traditionale und wertrationale zugunsten zweckrationaler sozialer Beziehungen aufgelöst, wobei »offensichtlich gerade die ›neuen‹ Nachfrager anstatt einer ›klassischen‹ Beziehung zum Verein eine Austauschbeziehung auf monetärer Basis« bevorzugten (Cachay et al. 2001: 19). Andererseits hätten sich gegenüber den ehemals dauerhaften, festen Mitgliedschaften und der hohen interaktiven Konnektivität zwischen den Mitgliedern zeitbegrenzte, revisionsoffene Mitgliedschaften und distanzierte, instrumentelle Mitgliedschaftsbeziehungen durchgesetzt. Der »Vereinsmeier«, der nach landläufiger Meinung in der eigenen Welt seines geselligen Sportvereins nach festgelegten Werten und Normen lebt, gilt insofern als Auslaufmodell – und mit ihm scheint auch die Bereitschaft zu ehrenamtlichem, freiwilligem Engagement sukzessive abzunehmen (vgl. dazu im Überblick Braun/Nagel 2005, Jütting 1994, Nagel 2006, Strob 1999, Zimmer 2007).

Folgt man diesen Annahmen, dann hätten sich die Sportvereine in den letzten Jahrzehnten von »Wertgemeinschaften zu Dienstleistungsorganisationen« gewandelt – ein Prozess, den Rauschenbach, Sachße und Olk (1996) schon vor längerem für die Jugend- und Wohlfahrtsverbände dokumentiert haben. Insofern erstaunt es nicht, dass auch vereinzelt – und speziell im europäischen Kontext – Stimmen lauter werden, die unter Verweis auf die »Marktfähigkeit« des »Gutes Sport« den Gemeinnützigkeitsstatus des vereins- und verbandsorganisierten Sports sowie die damit verbundene staatliche Privilegierung kritisch hinterfragen, da – so die These – das Leistungsangebot der Sportvereine längst in Konkurrenz zu steuerpflichtigen Sportanbietern auf dem Markt stünde (vgl. dazu grundlegend Kirsch/Kempf 2003).

Auch wenn diese vielfältigen Thesen der Sportvereinsforschung zu Wandel und institutioneller Verfasstheit des Sportvereinswesens in Deutschland in der Regel Einzelbeobachtungen und -phänomene überbetonen und substanzielle andere Perspektiven und Argumentationszusammenhänge vernachlässigen, so scheinen sie doch zumindest auf eine ambivalente Entwicklung hinzudeuten: dass die »zivilgesellschaftlichen Gemeinwohlbeiträge« des vereins- und verbandsorganisierten Sports, die seit Jahrzehnten öffentlich kommuniziert werden und immanenter Bestandteil des Konzepts der »partnerschaftlichen Zusammenarbeit« zwischen Staat und DSB bzw. DOSB sind, zwar nicht grundlegend in Frage gestellt werden, aber zumindest umfangreicher und unter verschiedenen Perspektiven problematisiert werden (vgl. dazu Braun 2013b, Rittner/Breuer 2004).

2.5 »Partnerschaftliche Zusammenarbeit« zwischen Staat und Sport im Kontext (neo-)korporatistischer Beziehungsmuster

Dieses Konzept der »partnerschaftlichen Zusammenarbeit« zwischen staatlichen Akteuren und dem verbandsorganisierten Sport hat sich über Jahrzehnte hinweg als ein komplexes Raster von Leistung und Gegenleistung im Rahmen des – für die Bundesrepublik Deutschland charakteristischen – Modells der (neo-)korporatistischen Interessenvermittlung entwickelt und ausdifferenziert (vgl. dazu z. B. Meier 1995, Schröder 1989, Streeck 1999). Bei diesem Modell handelt es sich um eine wechselseitige Tauschbeziehung zum gegenseitigen Nutzen, die sich vereinfacht wie folgt zusammenfassen lässt: Auf der einen Seite kann sich z. B. der Staat von gesellschaftlichen Herausforderungen und der Umsetzung entsprechender Lösungsansätze entlasten (z. B. bei der Integrations-, Jugend- oder Gesundheitsförderung). Dabei kann er nicht nur auf die personellen, infrastrukturellen und kulturellen Ressourcen des DOSB und dessen Mitgliedsorganisationen rekurrieren; er nutzt auch deren sportpolitische und praktische Expertise, um gesellschaftspolitische Herausforderungen mit Hilfe der sportverbandlichen Infrastruktur und der Sportvereine »vor Ort« zu bearbeiten.

Auf der anderen Seite – und quasi im Gegenzug – kann der DOSB eine besondere staatliche Anerkennung einfordern, die dazu beiträgt, dass er seit Jahrzehnten »ein stabiles Organisationsmonopol mit staatlicher Lizensierung« (Meier 1995: 104) in sportpolitischen Angelegenheiten innehat. Diese Anerkennung drückt sich insbesondere in staatlichen Privilegierungen und Leistungen aus. Dazu gehören z. B. die Beteiligung an politischen Entscheidungsfindungen und Gesetzesinitiativen, der privilegierte Zugang zur Formulierung und Umsetzung sport- und sozialpolitischer Programme sowie materielle, sachliche und personelle Unterstützungsleistungen, die der Staat gemäß des Subsidiaritätsprinzips zur Verfügung stellt (vgl. Braun 2013b).

Diese überwiegend freiwilligen Leistungen legitimiert der Staat vor allem mit den »gesellschaftlichen Funktionen«, die er dem vereins- und verbandsorganisierten Sport zuschreibt. Hervorzuheben sind die Integrations-, Sozialisations-, Partizipations-, Demokratie-, Repräsentations-, Gesundheits- und ökonomischen Funktionen, die sich der DOSB und dessen Mitgliedsorganisationen in nahezu identischer Form auch selbst zuschreiben (vgl. Baur/Braun 2003, Rittner/Breuer 2004). Auf dieser Grundlage gelingt es den Sportverbänden seit Jahrzehnten, mit Hilfe staatlicher Förderung ein breites Spektrum unterschiedlicher Aktivitäten und Maßnahmen umzusetzen, die sich des Mediums »Sport und Bewegung« bedienen, um auf diese Weise »gesellschaftliche Verantwortung« in unterschiedlichen sozialpolitischen Handlungsfeldern zu signalisieren und zu übernehmen.

Die sportpolitischen Kampagnen der letzten Jahrzehnte, die vielfältige gesellschaftspolitische Herausforderungen »sportspezifisch« übersetzen, stehen exemplarisch dafür. Eingängige Slogans wie »Keine Macht den Drogen«, »Sport spricht alle Sprachen«, »Im Verein ist Sport am schönsten« oder »Sport tut Deutschland gut« sind Ausdruck der vielfältigen gesellschaftlichen Funktionen und Aufgaben, die der DOSB als ein verbandlich komplex organisierter Akteur in der Zivilgesellschaft wahrzunehmen versucht. Diese gesellschaftlichen Aufgaben weisen vielfach weit über den eigentlichen Organisationszweck eines Sportvereins hinaus – nämlich der Bereitstellung von Sportgelegenheiten, die von Mitgliedern für Mitglieder in selbst organisierter »Gemeinschaftsarbeit« (Strob 1999) geschaffen werden, um die jeweils präferierten Sport- und Bewegungsformen in der jeweils gewünschten Weise auszuüben.

In den öffentlichen und gesellschaftspolitischen Diskussionen scheinen die extrafunktionalen gesellschaftlichen Aufgaben aber mitunter nicht nur den eigentlichen Organisationszweck von Sportvereinen zu überformen und auch zu präformieren; sie machen die Sportverbände und -vereine auch von den freiwilligen gesetzlichen Leistungen und der projektbezogenen Förderung staatlicher Akteure zumindest in Teilbereichen abhängig. Insofern ist zu erwarten, dass der DOSB und dessen Mitgliedsorganisationen im Kontext der aktuellen Debatten über einen Wandel von Staatsaufgaben und dem zunehmenden Bedeutungsverlust des deutschen Modells der (neo-)korporatistischen Interessenvermittlung vor neue Herausforderungen gestellt werden (vgl. Braun 2013a).

3 Aktuelle Herausforderungen der sportbezogenen Vereins- und Verbändeforschung

3.1 Wohlfahrtspluralistische Modelle im Kontext des Wandels von Staatlichkeit: die Sportverbände als Forschungsgegenstand

Im Rahmen dieser Debatten über einen Wandel von Staatsaufgaben wird – jenseits klassisch staatsfixierter Ansätze auf der einen und klassisch marktliberaler Ansätze auf der anderen Seite – das freiwillige Engagement in Vereinen, Projekten und Initiativen als alternative Steuerungsressource zur Umgestaltung des institutionellen Arrangements des Wohlfahrtsstaats (wieder-)entdeckt (vgl. Braun 2001, Zimmer 2007). Diese Akzent- und Perspektivverlagerung begründet auch die Popularität von Ansätzen, die unter Begriffen wie »Wohlfahrtsgesellschaft« (Evers/Olk 1996) diskutiert werden. Diese Ansätze betonen vor allem den Unterschied zur Sozialstaatlichkeit, insofern als sie bei der Herstellung wohlfahrtsrelevanter Güter und Dienste auf eine »neue Verantwortungsteilung« zwischen Staat und Gesellschaft setzen (vgl. Enquete-Kommission 2002).

Dabei geht es nicht nur um den vieldiskutierten »Rückzug des Staates« aus öffentlichen Aufgaben. Darüber hinaus sucht der Staat auch kooperierende Organisationen für Modelle »neuer Staatlichkeit«, weil er auf deren Kompetenz, Know-how oder Ressourcen angewiesen ist, um öffentliche Güter zu erstellen (vgl. Schuppert 2008, Jann/Wegerich 2004). Staatliche Aktivitäten sollen z.B. mit Eigeninitiative des in Vereinen, Projekten und Initiativen assoziierten Bürgers verbunden werden und auf diese Weise eine neue Leistungsaktivierung in allen Stufen der Wertschöpfungskette öffentlicher Leistungen erzielen (vgl. z.B. Blanke 2001). Dabei beschränkt sich der »Gewährleistungsstaat« zusehends auf die Gewährleistungsfunktion im Sinne der Bereitstellung geeigneter Regelungsstrukturen, während er die Vollzugs- und Finanzierungsverantwortung bei der Bereitstellung öffentlicher Güter und Dienstleistungen – zumindest in Teilbereichen – zunehmend Nonprofit-Organisationen wie Sportvereinen und Sportverbänden überlässt (z.B. beim Management von Sportstätten) (vgl. z.B. Zimmer 2007).

Im Zuge der laufenden Debatten über ein sich wandelndes Verständnis von Staatsaufgaben und ein neues institutionelles Arrangement der Wohlfahrtsproduktion ist zu erwarten, dass sich auch der DOSB und dessen Mitgliedsorganisationen wenn nicht unbedingt neu, aber doch zumindest anders positionieren müssen. Denn die grundlegende Entscheidung, inwieweit soziale Dienstleistungen vom Staat, Markt oder Nonprofit-Sektor angeboten werden, ist nicht nur eine Frage von Nachfrage und Angebot auf dem Markt. Bedeutsam sind ebenfalls historische Entwicklungen und politische Konstellationen, die auch für den Nonprofit-Sektor und damit für das Agieren der Nonprofit-Organisationen zu spezifischen Ordnungsmodellen führen.

Vor diesem Hintergrund fällt allerdings auf, dass im Kontrast zur Sportvereinsforschung eine substanzielle Sportverbändeforschung in Deutschland bislang eher ein stiefmütterliches Dasein fristet (vgl. Braun 2013a, dazu schon Winkler/Karhausen 1985). Dieses markante Defizit ist insofern erstaunlich, als der DOSB und dessen Mitgliedsverbände mit ihren zentralen Funktionen im vereins- und verbandsorganisierten Sport – der Ordnungs-, Programm- und Dienstleistungsfunktion – einen initiierenden, programmatischen, moderierenden und prozessbegleitenden Beitrag zur Sportvereinsentwicklung im komplexen innerverbandlichen Geflecht der Mitgliedsorganisationen einerseits und im Austausch mit gesellschaftlichen Anspruchsgruppen aus Staat, Wirtschaft und Zivilgesellschaft andererseits leisten. Insofern erscheint es lohnenswert, im Rahmen der Forschung zu zivilgesellschaftlichen Organisationen die Sportvereinsforschung um eine wissenschaftlich anschlussfähige Sportverbändeforschung zu ergänzen.

3.2 Mobilisierung der Bevölkerung jenseits des Sportvereins: zivilgesellschaftliche Selbstorganisation im Sport als Forschungsgegenstand

Diese forschungsstrategische Ausrichtung erscheint umso bedeutsamer, als traditionelle intermediäre Großorganisationen in der Zivilgesellschaft – von Parteien und Gewerkschaften über Wohlfahrtsverbände und Kirchen bis hin zu den Sportverbänden – immer substanzieller mit strukturellen Problemen beim Rückgriff auf vororganisatorische Mobilisierungsmechanismen in den sozial-moralischen Milieus konfrontiert sein werden, um Mitglieder und vor allem freiwillig engagierte Mitglieder zu gewinnen und zu binden (vgl. dazu u. a. Heinemann/ Schubert 1994, Streeck 1999, Zimmer 2007, Zimmer et al. 2011). Darüber hinaus scheinen diese Probleme auch den Humus für vielfältige neue und wenig formalisierte Beteiligungs- und Engagementformate zu bilden. Diese Formate sind – so lässt sich mit Streeck (1999: 229) argumentieren – nicht nur ein Reflex auf die geschwächte »Moral- und Ideologiefähigkeit des vorhandenen Institutionensystems«; sie setzen an die Stelle affektiv aufgeladener Mitgliedschaften und der damit verbundenen »generalisierten und unspezifischen Loyalitätsverpflichtung« gegenüber organisierten Gemeinschaftsstrukturen vor allem auch »institutionell ungebundene Moralsubstitute« in eher spontaneren, temporär inszenierten und wenig formalisierten Gruppierungen und Netzwerken. Folgt man dieser Argumentation, dann könnte damit auch das – für die Bundesrepublik Deutschland charakteristische – Modell der (neo-)korporatistischen Interessenvermittlung an seinem unteren Ende der bürgerschaftlichen Graswurzeln im lebensweltlich gebundenen Vereinswesen zunehmend austrocknen (vgl. Braun 2012).

Nicht nur Soziale Bewegungen im politischen Raum, die ihre wachsende Mobilisierungskraft aus neuen Kommunikationsmedien und virtuellen Netzwerken moderner Medienvielfalt zu ziehen scheinen, kann man als Reaktion darauf verstehen, dass quer durch die gesellschaftlichen Großgruppen die Loyalität gegenüber verbandlich organisierten intermediären Großorganisationen abgenommen hat, während das Selbstorganisationspotenzial von Bürgerinnen und Bürgern an Effektivität und Effizienz sowie an gesellschaftspolitischem Einfluss gewinnt und weiterhin gewinnen dürfte. »Stuttgart 21« ist bestenfalls das medial inszenierte

Großereignis, das diese Entwicklung exemplifiziert; längst lassen sich auch in vermeintlich »unpolitischeren« Handlungsfeldern wie der Sport- und Bewegungskultur ähnliche Entwicklungen beobachten. Allerdings ist über die Vielfalt von Sportformen, die in loseren, spontaneren, flexibleren und kurzlebigeren Assoziationsformen ausgeübt und von freiwillig Engagierten organisiert werden, bislang nur bruchstückhaftes Wissen verfügbar, so dass sich auch hier ein breites Forschungsfeld für eine sportbezogene Zivilgesellschafts- und Engagementforschung abzeichnet.

4 Sportbezogene Engagementpolitik – Perspektiven und Bedarfe in Forschung und Praxis

In dem vorliegenden Beitrag wurde mit Bezug auf die Sportvereinsforschung in Deutschland, die in den letzten Jahrzehnten insbesondere in der Sportsoziologie durchgeführt wurde, das freiwillige und ehrenamtliche Engagement als vereinsökonomisch und -kulturell maßgebliche Ressource des Sportvereinswesens unter dem Dach des DOSB untersucht. Lässt man ausgewählte Befunde und Argumentationen Revue passieren, dann kann man festhalten, dass das Medium »Sport« für große Teile der Bevölkerung einen ausgesprochen hohen Aufforderungscharakter hat, in selbstorganisierten Strukturen der Zivilgesellschaft aktiv zu werden. Zeitgleich reduzierte sich in den letzten Jahren allerdings auch der Anteil in der Bevölkerung, der sich freiwillig an der Leistungserstellung der Sportvereine durch das Spenden von Zeit und Wissen beteiligt. In dieser Perspektive scheint also der Anteil der Vereinsmitglieder kontinuierlich zu steigen, die das Leistungsspektrum der jeweiligen »Wahlgemeinschaft« (Strob 1999) eher als Angebot einer Dienstleistungsorganisation und weniger als das Produkt einer »Produzenten-Konsumenten-Gemeinschaft« (Horch 1983) betrachten. Parallel dazu expandierte die Sport- und Bewegungskultur jenseits des – einst zutiefst milieugebundenen – verbandlich organisierten Vereinssports in den letzten Jahrzehnten so dynamisch, dass längst eine Vielfalt von Sportformen in loseren, spontaneren, flexibleren und kurzlebigeren Produzenten-Konsumenten-Zusammenschlüssen ausgeübt werden. Insofern scheinen sich auch immer mehr Sportverbände und – vertikal eingebundene – Vereine zunehmend dazu gezwungen zu sehen, »Leistungen an Nichtmitglieder im Einzelhandel abzugeben und um der Erhaltung ihrer Wettbewerbsfähigkeit willen auf das Zustandekommen formalisierter unspezifischer Dauerbindungen (›Mitgliedschaft‹) als Voraussetzung der Nutzung von Vereinsleistungen zu verzichten« (Streeck 1999: 232).

In dieser Argumentationsrichtung steht der vereinsorganisierte Sport im Zuge der Expansion und Pluralisierung der Sportkultur der letzten Jahrzehnte also offenkundig zunehmend in Konkurrenz zu Alternativen (vgl. Baur/Braun 2001), so dass sich auch immer mehr Sportvereine zu wandeln scheinen: von der vielfach als traditional bezeichneten, solidargemeinschaftlichen Wertgemeinschaft, in der die Mitglieder ihr Handeln an den Werten, Normen und strukturellen Besonderheiten des Vereins(lebens) ausrichteten, zu modernen Dienstleistungsanbietern auf (Quasi-)Märkten, auf denen zielgruppenspezifische Angebote für Sportkonsumenten bzw. -konsumentinnen offeriert werden.» ›In‹ ist ein zeitlich absehbarer und genau kalkulierbarer ›Return on Social Investment‹. Innovation entsteht nicht mehr durch soziales Miteinander, in Diskurs und Auseinandersetzung. Neuerungen werden gesetzt durch soziales Unternehmertum, individuell, genial und medienwirksam. Der Business Talk hat längst Einzug gehalten in die Welt der Vereine, die eigentlich keine mehr sind«, formulierte Zimmer (2012: 586) unlängst. Und man kann die These hinzufügen, dass dieser »Business Talk« auch genau jene Leitbilder (re-)produzieren dürfte, die hinter dem Diskurs über einen »Strukturwandel des Ehrenamts« stehen, der den Weltversionen und Lebensstilen (sich selbst thematisierender) Mittelschichten besonders entgegenkommt.

Auch wenn solche Szenarien vielfach ausgewählte Sachverhalte überbetonen und gegenläufige Entwicklungen ausblenden, so erscheinen vor diesem Hintergrund die verbandssoziologisch orientierten Thesen vom »Aussterben der Stammkunden«, die Streeck (1999) schon vor rund 25 Jahren als Zukunftsszenario für intermediäre Großorganisationen und ihr lebensnahes Unterfutter in Gestalt der Vereine vor Ort entwarf, durchaus Plausibilität beanspruchen zu können (vgl. Braun 2013b). Der damit angedeutete und zugleich seit langem ablaufende Struktur- und Funktionswandel von Sportverbänden als intermediäre Großorganisationen in der Gesellschaft könnte sich perspektivisch sogar zu einer demokratie- und sozialpolitischen Herausforderung zuspitzen, die auch als strukturelle Herausforderung für eine sich nach und nach entfaltende »Engagementpolitik« in Deutschland verstanden werden kann – und zwar für die sportpolitische und -verbandliche Praxis ebenso wie für die wissenschaftliche Forschung und auch die engagementbezogene Beratungsszene (vgl. Braun 2012, Deutscher Bundestag 2012).

Denn ohne rückwärtsgewandte normative Weltversionen revitalisieren zu wollen, so erscheint doch zumindest die These nicht unbegründet, dass die kurzfristigen, spontanen und flexibleren Formen zivilgesellschaftlicher Selbstorganisation im Sportbereich die auf Dauer angelegten Vergemeinschaftungs- und Vergesellschaftungsfunktionen des Sportvereinswesens unter dem Dach der Verbände nicht so ohne weiteres übernehmen können. Ihnen scheint es nämlich – so lässt sich mit Zimmer (2012: 586) zugespitzt formulieren – »an einer gemeinsamen Idee der Allmende, die zum Engagement für allgemeine Anliegen und Zwecke motiviert«, zu fehlen.

In diesem Diskussionszusammenhang ist der Begriff der »Engagementpolitik« einerseits zwar schillernd und deutungsoffen; andererseits geht es dabei aber im Kern um politik-praktische Übersetzungsversuche einer zivilgesellschaftlichen Reformpolitik gesellschaftlicher Institutionen in Deutschland, die bereits in dem Bericht der Enquete-Kommission des Deutschen Bundestages (2002) zu Fragen der »Zukunft des Bürgerschaftlichen Engagements« angelegt waren (vgl. Olk et al. 2010). In diesem Kontext thematisiert Engagementpolitik Fragen der Entwicklung des freiwilligen Engagements dezidiert als Querschnittsthema, das vielfältige Verflechtungen mit anderen Politikfeldern aufweist. Dazu gehört neben der Sozial-, Arbeitsmarkt-, Integrations-, Bildungs- oder Sozialpolitik auch die Sportpolitik, denen in den laufenden engagementpolitischen Debatten allerdings unterschiedliche Aufmerksamkeit zuteil wird.

Bereits an anderer Stelle wurde ausführlich dargestellt, dass Formen, Inhalte und Prozesse von Engagementpolitik insofern immer auch von Interessenverbänden wie den Sportverbänden aktiv mitgestaltet werden (vgl. dazu Braun 2013b). Dazu zählt insbesondere der DOSB als Dachorganisation der Turn- und Sportbewegung in Deutschland und die Deutsche Sportjugend (dsj) als autonom verwalteter und geführter Jugendorganisation mit einer spezifischen Sonderstellung innerhalb der komplexen Struktur des DOSB. Deren Aktivitäten als Pressure-Groups vollziehen sich vielfach situations- und themenbezogen, indem z. B. gezielt Einfluss genommen wird auf gesetzgeberische Initiativen im Feld der Engagementpolitik. Die Rolle des Mitgestaltens zivilgesellschaftlicher Reformprojekte kann sich aber auch über die Entwicklung verbandlicher Konzeptionen von Engagementpolitik wie z. B. einer »sportbezogenen Engagementpolitik« vollziehen, um z. B. sportspezifische Besonderheiten, Anliegen, Bedarfe oder Positionen bei der Konturierung des Politikfelds inner- und außerverbandlich herauszuarbeiten und sichtbar zu machen.

Die spezifische Thematisierung von Engagementpolitik als einem eigenen sportverbandlichen Handlungsfeld entwickelt sich in den letzten Jahren erst nach und nach; und die zu beobachtenden Suchbewegungen der Sportverbände können durchaus sport- und engagementpolitische Zeitfenster eröffnen, um entsprechende engagementpolitische Konzepte in sportbezogenen Kontexten zu präzisieren und zu erproben (vgl. Braun 2013a). Die komplexe Struktur des DOSB lässt allerdings auch erahnen, welche Herausforderungen für die Sportverbände bei der Weiterentwicklung und Implementation einer sportbezogenen Engagementpolitik zu bewältigen sind. Diese Herausforderungen sind keineswegs spezifisch für das deutsche Sportverbandssystem, sondern charakteristisch für komplexere und mitgliederreiche intermediäre Organisationen in modernen Gesellschaften. Streeck (1999) hat die damit verbundenen Probleme schon vor längerem als »Vielfalt und

Interdependenz« im Spannungsverhältnis zwischen »Mitgliedschafts-« und »Einflusslogik« von Verbänden charakterisiert und differenziert analysiert.

Vor diesem Hintergrund kann eine elaborierte Forschung zu zivilgesellschaftlichen Organisationen auch mit Blick auf die weit verbreiteten innerverbandlichen und externen Beratungseinrichtungen im Feld des Sports einen Beitrag leisten, den Struktur- und Funktionswandel der Sportverbände im Kontext gesellschaftlicher Modernisierungsprozesse und deren Auswirkungen auf die Sport- und Bewegungskultur in Deutschland zu beschreiben, zu erklären und auch in beratender Hinsicht konstruktiv zu begleiten.

Literatur

Baur, J. & S. Braun (Hrsg.) (2003): Integrationsleistungen von Sportvereinen als Freiwilligenorganisationen, Aachen: Meyer & Meyer.

Baur, J. & S. Braun (2001): Der vereinsorganisierte Sport in Ostdeutschland, Köln: Sport und Buch Strauß.

Baur, J. & S. Braun (2000): Freiwilliges Engagement und Partizipation in ostdeutschen Sportvereinen. Empirische Befunde zum Institutionentransfer, Köln: Sport und Buch Strauß.

Blanke, B. (2001): Aktivierender Staat – aktive Bürgergesellschaft. Eine Analyse für das Bundeskanzleramt, Hannover: Universität Hannover, Abteilung Sozialpolitik und Public Policy.

Braun, S. (Hrsg.) (2013a): Der Deutsche Olympische Sportbund in der Zivilgesellschaft. Eine sozialwissenschaftliche Analyse zur sportbezogenen Engagementpolitik, Wiesbaden: Springer VS.

Braun, S. (2013b): Gesellschaftlicher Wandel als Gestaltungsoption: Eine »sportbezogene Engagementpolitik« als Zielperspektive? In: Braun, S. (Hrsg.): Der Deutsche Olympische Sportbund in der Zivilgesellschaft. Eine sozialwissenschaftliche Analyse zur sportbezogenen Engagementpolitik, Wiesbaden: Springer VS, S. 18–39.

Braun, S. (2013c): Freiwilliges Engagement von Jugendlichen im Sport. Eine empirische Untersuchung auf Basis der Freiwilligensurveys von 1999 bis 2009, Köln: Sportverlag Strauß.

Braun, S. (2012): Struktur- und Funktionswandel intermediärer Großorganisationen als demokratie- und sozialpolitische Herausforderung – Kernanliegen des ersten Engagementberichts »Für eine Kultur der Mitverantwortung«. Arbeitspapier des Forschungszentrums für Bürgerschaftliches Engagement, Berlin: Humboldt-Universität zu Berlin. http://www.for-be.de/publikationen.html, Zugriff 10.12.2012.

Braun, S. (2011): Ehrenamtliches und freiwilliges Engagement im Sport. Sportbezogene Sonderauswertung der Freiwilligensurveys 1999, 2004 und 2009, Köln: Sport & Buch Strauß.

Braun, S. (2003): Leistungserstellung in freiwilligen Vereinigungen. Über »Gemeinschaftsarbeit« und die »Krise des Ehrenamts«. In: Baur, J. & S. Braun (Hrsg.): Integrationsleistungen von Sportvereinen als Freiwilligenorganisationen, Aachen: Meyer & Meyer, S. 191–241.

Braun, S. (2001): Bürgerschaftliches Engagement – Konjunktur und Ambivalenz einer gesellschaftspolitischen Debatte. In: Leviathan. Zeitschrift für Sozialwissenschaft, Volume 29, S. 83–109.

Braun, S. & M. Nagel (2005). Zwischen Solidargemeinschaft und Dienstleistungsorganisation. Mitgliedschaft, Engagement und Partizipation im Sportverein. In: Alkemeyer, T., Rigauer, B. & G. Sobiech (Hrsg.): Organisationsentwicklungen und De-Institutionalisierungsprozesse im Sport, Schorndorf: Hofmann, S. 123–150.

Breuer, C. (Hrsg.) (2011): Sportentwicklungsbericht 2009/2010. Analyse zur Situation der Sportvereine in Deutschland, Köln: Sport & Buch Strauß.

Cachay, K., Thiel, A. & H. Meier (2001): Der organisierte Sport als Arbeitsmarkt. Eine Studie zu Erwerbsarbeitspotenzialen in Sportvereinen und Sportverbänden, Schorndorf: Hofmann.

Deutscher Bundestag (2012): Erster Engagementbericht – Für eine Kultur der Mitverantwortung. Bericht der Sachverständigenkommission und Stellungnahme der Bundesregierung. Drucksache 17/10580 vom 23.08.2012. http://www.bmfsfj.de/BMFSFJ/freiwilliges-engagement,did=187960.html, Zugriff 01.01.2013.

Emrich, E., Pitsch, W. & V. Papathanassiou (2001): Die Sportvereine. Ein Versuch auf empirischer Grundlage, Schorndorf: Hofmann.

Enquete-Kommission »Zukunft des Bürgerschaftlichen Engagements« Deutscher Bundestag (2002): Bericht Bürgerschaftliches Engagement: auf dem Weg in eine zukunftsfähige Bürgergesellschaft, Opladen: Leske + Budrich.

Evers, A. & T. Olk (1996): Wohlfahrtspluralismus – Analytische und normativ-politische Dimensionen eines Leitbegriffs. In: Evers, A. & T. Olk (Hrsg.): Wohlfahrtspluralismus. Vom Wohlfahrtsstaat zur Wohlfahrtsgesellschaft, Opladen: Westdeutscher Verlag, S. 9–60.

Gensicke, T. & S. Geiss (2010): Hauptbericht des Freiwilligensurveys 2009. Ergebnisse der repräsentativen Trenderhebung zu Ehrenamt, Freiwilligenarbeit und bürgerschaftlichem Engagement, Berlin: Bundesministerium für Familie, Senioren, Frauen und Jugend.

Heinemann, K. & M. Schubert (1994): Der Sportverein. Ergebnisse einer repräsentativen Untersuchung, Schorndorf: Hofmann.

Horch, H.-D. (1983): Strukturbesonderheiten freiwilliger Vereinigungen. Analyse und Untersuchung einer alternativen Form menschlichen Zusammenarbeitens, Frankfurt a.M.: Campus.

Jann, W. & K. Wegrich (2004): Governance und Verwaltungspolitik. In: Benz, A (Hrsg.): Governance – Regieren in komplexen Regelsystemen, Wiesbaden: VS Verlag, S. 193–214.

Jütting, D.H. (1994): Management und Organisationsstruktur. In: Jütting, D.H. (Hrsg.): Sportvereine in Münster. Ergebnisse einer empirischen Bestandsaufnahme, Münster: LIT, S. 136–162.

Kirsch, G. & H. Kempf (2003): Staatliche Finanzierung des Sports – ein Auslaufmodell? In: Verbandsmanagement – Fachzeitschrift für Verbands- und Nonprofit-Management, Volume 29, Heft 1, S. 60–69.

Lenk, H. (1972): Materialien zur Soziologie des Sportvereins, Ahrensburg: Czwalina.

Meier, R. (1995): Neokorporatistische Strukturen im Verhältnis von Sport und Staat. In: Winkler, J. & K. Weis (Hrsg.): Soziologie des Sports, Opladen: Westdeutscher Verlag, S. 91–106.

Nagel, S. (2006): Sportvereine im Wandel. Akteurtheoretische Analysen zur Entwicklung von Sportvereinen, Schorndorf: Hofmann.

Nagel, M. (2003): Soziale Ungleichheiten im Sport, Aachen: Meyer & Meyer.

Olk, T., Klein, A. & B. Hartnuß (Hrsg.) (2010): Engagementpolitik. Die Entwicklung der Zivilgesellschaft als politische Aufgabe, Wiesbaden: VS Verlag.

Pitsch, W. (1999): Ideologische Einflüsse in der empirischen Sozialforschung im Sport. Aufgezeigt am Beispiel der Untersuchung von Sportvereinen, Köln: Sport und Buch Strauß.

Rauschenbach, T., Sachße, C. & T. Olk (1996): Von der Wertgemeinschaft zum Dienstleistungsunternehmen. Wohlfahrts- und Jugendverbände im Umbruch, Frankfurt a. M.: Suhrkamp.

Rittner, V. & C. Breuer (2004): Soziale Bedeutung und Gemeinwohlorientierung des Sports, Sport & Buch Strauß.

Schimank, U. (1992): Größenwachstum oder soziale Schließung. Das Inklusionsdilemma des Breitensports. In: Sportwissenschaft, Volume 22, S. 32–45.

Schröder, H. (1988): Der Deutsche Sportbund im politischen System der Bundesrepublik Deutschland, Münster: Lit.

Schuppert, G. F. (2008): Der Staat bekommt Gesellschaft. Warum die Bilder »Rückzug« und »Zerfaserung« nicht weiterhelfen. In: WZB-Mitteilungen, Heft 121, S. 15–17.

Streeck, W. (1999): Korporatismus in Deutschland. Zwischen Nationalstaat und Europäischer Union, Frankfurt a. M.: Campus.

Strob, B. (1999): Der vereins- und verbandsorganisierte Sport: ein Zusammenschluß von (Wahl)Gemeinschaften? Ein Analysemodell auf der Grundlage des Dritter-Sektor-Ansatzes, Münster u. a.: Waxmann.

Winkler, J. & R.-R. Klarhausen unter Mitarbeit von Meier, R (1985): Verbände im Sport, Schorndorf: Hofmann.

Zimmer, A. (2012): Lokales Vereinswesen und bürgerschaftliches Engagement: Bestandsaufnahme, Herausforderungen, Perspektiven. In: Deutscher Bundestag (2012): Erster Engagementbericht – Für eine Kultur der Mitverantwortung. Bericht der Sachverständigenkommission und Stellungnahme der Bundesregierung. Drucksache 17/10580 vom 23.08.2012. http://www.bmfsfj.de/BMFSFJ/freiwilliges-engagement,did=187960.html, Zugriff 01.01.2013, S. 583–586.

Zimmer, A., Basic, A. & T. Hallmann (2011). Sport ist im Verein am schönsten? Analysen und Befunde zur Attraktivität des Sports für Ehrenamt und Mitgliedschaft. In: Rauschenbach, T. & A. Zimmer (Hrsg.): Bürgerschaftliches Engagement unter Druck? Analysen und Befunde aus den Bereichen Soziales, Kultur und Sport, Opladen: Barbara Budrich, S. 269–386.

Zimmer, A. (2007): Vereine – Zivilgesellschaft konkret, Wiesbaden: VS Verlag.

Zivilgesellschaftliche Organisation Kirche? 8

Rupert Graf Strachwitz

Abstract: In der internationalen sozialwissenschaftlichen Literatur besteht schon lange kein Zweifel mehr, daß auch Kirchen zur Zivilgesellschaft gehören. Vom subjektiven Gemeinwohlinteresse und der Orientierung auf selbst gewählte Grundsätze und Ziele über die Autonomie der Entscheidungen bis zum Verzicht auf hoheitliche Gewalt, Gewinnerzielungsabsicht und Beteiligung der Mitglieder an eventuellen finanziellen Überschüssen weisen sie alle Merkmale einer zivilgesellschaftlichen Organisation auf. In den USA und vielen anderen Ländern gehört die Zugehörigkeit zur Zivilgesellschaft unwidersprochen zum Selbstverständnis aller Religionsgemeinschaften. In Deutschland ist diese Zuordnung jedoch nicht unumstritten. Sie findet ihren Ausdruck in der sog. Kirchenautonomie, die an den staatsrechtlichen Status einer Körperschaft öffentlichen Rechts gebunden ist. Weitere Bindungen unterstreichen die Zuordnung insbesondere der großen christlichen Volkskirchen zum Staatsbereich. Daß damit schwerwiegende Dilemmata verbunden sind, liegt auf der Hand. Dies ist in den Kirchen auch erkannt. Nicht umsonst hat Papst Benedikt XVI. 2011 in Freiburg einen größeren Abstand zum Staat eingefordert.

Keywords: Kirche, Religion, Zivilgesellschaft, Nonprofit-Organisationen, Dritter Sektor

1 Einführung

Von 561 zur Begutachtung eingereichten Abstracts für den 11. Weltkongreß der International Society for Third Sector Research im Juli 2014 befassten sich nur 8 mit dem vorgegebenen Themenfeld *Civil Society, Faith and Religion*. Hiervon behandelte nur einer ein allgemeines Forschungsthema, die übrigen 7 regionale Probleme in Afrika (3), Asien (2), Australien (1) und Lateinamerika (1). Aus Europa wurde kein Abstract zu dieser Thematik eingereicht, obwohl insgesamt gesehen, 44 % der Einreichungen aus europäischen Forschungseinrichtungen kamen. Nur einer der eingereichten Abstracts (der von den Gutachtern zurückgewiesen wurde) nahm eine Religionsgemeinschaft im engeren in den Blick, während drei Religion in einem umfassenderen Sinn und vier kirchliche Aktivitäten thematisierten.[1]

Es wäre gewiß übertrieben, dies als repräsentativ für die wissenschaftliche Auseinandersetzung mit der Frage anzusehen, in welchem Verhältnis Kirchen und Zivilgesellschaft zueinander stehen; doch ist es ebenso gewiß ein Indikator für das geringe Forschungsinteresse. Dies erstaunt umso mehr, als Studien zum bürgerschaftlichen Engagement und zur Religiosität der Menschen gerade auch in Europa und in Deutschland im Besonderen immer wieder einen relativ engen Zusammenhang zwischen diesen beiden Werten dokumentieren (vgl. bspw. Priller/Sommerfeld 2005: 32, Timmer 2005: 59 ff., Adloff 2009: 36). Außerdem gibt es zahlreiche Indikatoren dafür, daß sich die Empirie der Zivilgesellschaft erheblich verändern würde, wenn die Kirchen als Organisationen mit ihren Tätigkeiten, personellen und finanziellen Ressourcen usw. in die quantitativen Aggregierungen einbezogen würden. Ein Beispiel unter vielen bilden die vermutlich rd. 100 000 Kirchen- und Kirchenpfründestiftungen, die, zu den üblicherweise gezählten 20 000 – 40 000 säkularen Stiftungen hinzugerechnet, ganz andere Aussagen zum Stiftungswesen in Deutschland erforderlich machen würden (vgl. Strachwitz 2013 b: 53).

In der internationalen sozialwissenschaftlichen Literatur besteht freilich schon lange kein Zweifel mehr, daß auch Kirchen grundsätzlich zur Zivilgesellschaft gehören, wenn man diesem Begriff, wie ebenfalls weithin üblich, eine eher formale Bereichsdefinition zugrunde legt (vgl. Liedhegener 2010: 133). »Die zivilgesellschaftliche Öffentlichkeit wird zu einem Raum kommunikativer Sinn- und Interessensvermittlung, in dem die Kirche für viele nicht mehr einen Vorrang genießt, sondern nur noch als eine vermittelnde Institution neben anderen betrachtet wird« (Marx 2002: 7). Vom subjektiven Gemeinwohlinteresse und der Orientierung auf selbst gewählte Grundsätze und Ziele über die Autonomie der Entscheidungen bis zum Verzicht auf hoheitliche Gewalt, Gewinnerzielungsabsicht und Beteiligung der Mitglieder an eventuellen finanziellen Überschüssen weisen die Kirchen alle zentralen Merkmale einer zivilgesellschaftlichen Organisation auf. In den USA und vielen anderen Ländern gehört die Zugehörigkeit zur Zivilgesellschaft denn auch unwidersprochen zum Selbstverständnis aller Religionsgemeinschaften, von kleinen freikirchlichen Gemeinden bis zur Römisch-Katholischen Kirche. »Religiöse Organisationen bilden in den meisten Nationalstaaten

---

1 Die Zahlen beruhen auf eigenen Auswertungen des Verfassers.

ein Herzstück der Zivilgesellschaft« (Crawford 2010: 1307); sie sind sogar »intrinsisch mit der Entwicklung der Zivilgesellschaft verbunden« (Froehle 2010: 1303). Deutschland allerdings scheint in diesem Sinne zu den Ländern zu gehören, von denen das nicht mit solcher Bestimmtheit gesagt werden kann. »Unter den staatskirchenrechtlichen Systemen in Europa dürfte Deutschland eine Mittelstellung zwischen Staatskirchentum und strikter Trennung von Staat und Kirche einnehmen« (Robbers 2005: 86). »In Mitteleuropa […] sind Kirchen quasi eher etwas wie ein öffentliches Gut als eine Privatorganisation« (Davie, zit. nach Adloff 2009: 31f.). Das Fragezeichen hinter dem Titel dieses Beitrags hat insoweit seine Berechtigung. Im Folgenden soll versucht werden, die Argumente der Zuordnung zusammenzufassen und zu analysieren. Neben theoretischen Argumenten sollen auch das Selbstverständnis der Kirchen und Erwägungen für die Praxis und insbesondere ein Ausblick für die Zukunft zur Sprache kommen. Zuvor allerdings erscheint es im Licht der deutschen Diskussion erforderlich zu klären, was mit Kirche überhaupt gemeint ist. Denn »Zivilgesellschaft, Kirchen und Religion thematisch zusammenzuführen, ist ein schwieriges Unterfangen. Allein die Konzepte der Zivilgesellschaft und Religion sind für sich genommen soziologisch schon schwer genug zu analysieren« (Adloff 2009: 25).

2 Religion und Kirche

Die Schwierigkeit besteht unter anderem darin, daß in der öffentlichen Debatte regelmäßig unterstellt wird, Religiosität habe inherent etwas mit Kirchenzugehörigkeit zu tun. Die Vermischung der beiden Ebenen läßt sich etwa bei der 2005 von Karsten Timmer vorgelegten Stifterstudie zeigen: In zwei aufeinander folgenden Fragen wurden Stifter zunächst gefragt: »Würden Sie sich als einen religiösen Menschen bezeichnen?«; sodann »Welcher Religion gehören sie an?« (vgl. Timmer 2005: 60). Gemeint war bei der letzteren Frage ausdrücklich die Zugehörigkeit zu einer Religionsgemeinschaft bzw. Kirche (»evangelisch«, »katholisch«, »andere«). Kein Wunder, daß 26 % der Befragten hierauf mit »keine« antworteten. Eine andere Untersuchung kommt zu ähnlichen Ergebnissen. Während sich etwa 70 % aller Bürgerinnen und Bürger in Deutschland als religiös bezeichnen, sind es unter den Kirchenmitgliedern 80 %, also keineswegs alle. Und von den Konfessionslosen haben nur ⅔ keinen Zugang zu religiösen Inhalten und Formen, ⅓ also sehr wohl. (vgl. Rieger 2008: 15)

Dennoch sehen nicht nur die Kirchen selbst, sondern auch Kirchengegner den Unterschied zwischen Religion und Kirche oft nicht. Dies mag zwar einem traditionellen Anspruch zumal der römischen Kirche entsprechen, der von Cyprian von Karthago im 3. Jhdt. mit dem Satz *extra ecclesiam nulla salus* (außerhalb der

Kirche kein Heil) formuliert und auf dem Konzil von Florenz im 15. Jhdt. zum Dogma erhoben wurde. Im 21. Jhdt. ist dieser Anspruch aber eher jenem vergleichbar, den die politischen Parteien in ihrer Interpretation der im Grundgesetz niedergelegten Ermächtigung sehen, an der politischen Willensbildung des Volkes mitzuwirken. Sie wollen diese bestimmen. Die Realität sieht zunehmend anders aus. Während die Suche nach Sinn, Werten, Spiritualität zunimmt, kommen den Kirchen die Mitglieder abhanden. Dies gilt im Besonderen für die Religion im Sinne einer Transzendenzerfahrung, die von vielen Menschen ohne Zugehörigkeit zu einer institutionalisierten Kirche als lebensbestimmend ernst genommen wird. Es hat sich »eine enorme Verbreitung des sogenannten expressiven Individualismus durchgesetzt, die nicht mehr auf einen größeren Zusammenhang verweist. […] In einem expressivistischen Glaubenssystem besteht keine Notwendigkeit mehr, die Verbindung zum Sakralen in einen größeren Rahmen, sei es die Kirche oder die Gesellschaft, einzufügen« (Adloff 2009: 28). Unter Religion läßt sich eine kollektive oder individuelle Transzendenzerfahrung subsummieren, wie sie je verschieden von Moses, Buddha, Jesus, Mohammed und anderen in diese Welt getragen wurde. Dass dieser Wesenskern für eine Kirche oder andere Religionsgemeinschaft von existenzieller Bedeutung ist, ist nicht zu bestreiten. Dennoch erscheint es empirisch und theoretisch unzulässig, Kirche und Religion synonym zu verwenden. Es gilt vielmehr, präzise zu unterscheiden.

Wenn für nicht wenige Menschen Abschreckendes oder nicht Nachvollziehbares aus dem Leben einer konkreten Kirche zu einer Absage an das Religiöse schlechthin führt, so greift dies auf ein traditionelles Religionsverständnis zurück. Im Zusammenhang mit der Frage der Zugehörigkeit zur Zivilgesellschaft kann es aber in Betrachtung der Akteure der zivilgesellschaftlichen Arena nur um die Organisation Kirche gehen. Nur eine Kirche im Sinne einer Religionsgemeinschaft kann dementsprechend ein kollektiver Akteur in der Arena der Zivilgesellschaft sein. Religion als Wertekanon findet sich dagegen offenkundig als handlungsleitender Impuls für zivilgesellschaftliches, ebenso aber auch für staatliches und wirtschaftliches Handeln. Anders ausgedrückt: Geht es bei Betrachtung der Mikro-Ebene des bürgerschaftlichen Engagements in hohem Maße um Religion und in anderen Zusammenhängen auch um Kirche, werden bei einer sozialwissenschaftlichen Betrachtung der Mesoebene nur Kirchen als soziale Konstrukte zum Gegenstand der Forschung. Diese lassen sich wie andere Akteure analysieren, und zwar unabhängig davon, wie der religiöse Kern vom persönlichen Standpunkt des Analysierenden aus beurteilt wird.

3 Die staatliche Privilegierung der Kirchen

Nach dieser Klärung kann nun gefragt werden, ob die Kirchen in diesem Sinn als zivilgesellschaftliche Akteure gesehen werden können. Legt man ein Modell der Gesellschaft zugrunde, nach dem diese jenseits des persönlich-familiären Umfelds aus drei Arenen (Zivilgesellschaft, Staat und Markt) besteht, so scheidet eine Zuordnung zum Markt offensichtlich aus. Schwieriger ist die Frage zu beantworten, ob sie dem Staat oder der Zivilgesellschaft zuzuordnen sind (vgl. hierzu ausführlich: Strachwitz 2009). Vokabeln wie Staatskirche oder öffentlich-rechtliche Körperschaft könnten für ersteres sprechen.

Die Kirchen genießen in Deutschland als Religionsgemeinschaften den besonderen Schutz des Grundgesetzes (GG) nach dem in Art. 4 und 140 niedergelegten bzw. ausgestalteten Prinzip der Religionsfreiheit (vgl. Hallermann 2002: 171). Das Grundgesetz garantiert außerdem in Art. 7 den Religionsunterricht als ordentliches Lehrfach an öffentlichen Schulen. Diese Rechte gelten freilich im Grundsatz nicht nur für die christlichen Kirchen, schon gar nicht nur für die beiden großen. Allerdings wird den etablierten Kirchen gemäß dem in Art. 140 inkorporierten Art. 137 der Reichsverfassung von 1919 (WRV) insofern eine Sonderstellung zugebilligt, als sie auf Antrag vom zuständigen Land den Status von Körperschaften des öffentlichen Rechts verliehen bekommen können (und haben), sofern sie durch ihre Verfassung und die Zahl ihrer Mitglieder die Gewähr der Dauer bieten können (vgl. Robbers 2005: 88). Religionsgemeinschaften, die dies nicht können, können privatrechtlich (etwa als eingetragene Vereine) verfaßt werden.

Von besonderer Bedeutung ist, daß der öffentlich-rechtliche Charakter, der üblicherweise die Einbindung in die Hoheitsverwaltung des Staates nach sich zieht, im Fall der Kirchen eine Ausnahmedefinition erfährt, indem den Kirchen zugleich, ebenfalls nach Art. 140 GG/137 WRV, das Selbstbestimmungsrecht in ihren inneren Angelegenheiten zugebilligt wird. Dadurch wurden schon 1919 zwei fundamental gegensätzliche Grundsätze pragmatisch miteinander verknüpft. Die einfache Feststellung, »[a]nders als andere Körperschaften des öffentlichen Rechts sind die Religionsgemeinschaften mit diesem Status jedoch nicht in den Staatsaufbau eingegliedert« (Robbers 2005: 88, vgl. auch Hallermann 2002: 175) bleibt allerdings unbefriedigend. Ob und inwieweit öffentlich-rechtliche Körperschaften eben doch der mittelbaren Staatsverwaltung zuzurechnen sind, bleibt ungeklärt, was nicht zuletzt der Vernachlässigung der Typenlehre in der öffentlich-rechtlichen Organisationsdogmatik geschuldet ist (vgl. Kilian 2003: 73). Mit dem Status der Körperschaft verbindet sich auch die Dienstherreneigenschaft, d. h. das Recht, Beamte zu beschäftigen. Zudem ist eine öffentlich-rechtliche Körperschaft nicht konkursfähig. Ob und wann der Staat für eventuelle Verbindlichkeiten dieser Körperschaften zu haften hat, musste nie entschieden werden. Das Grundgesetz nennt als ausdrückliche Rechtsfolgen des öffentlich-rechtlichen Körperschaftsstatus in Art. 140 bzw. Art. 137 WRV die Berechtigung, Steuern zu erheben sowie die Organisationsgewalt, d. h. die Berechtigung, Untergliederungen oder Einrichtungen mit ebenfalls öffentlich-rechtlichem Status zu gründen oder aufzuheben (vgl. Hallermann 2002: 176). Das heißt, die Kirchen handeln tatsächlich in vielerlei Hinsicht wie öffentlich-rechtliche Gebietskörperschaften, ohne solche zu sein und schon gar, ohne über eine vergleichbare demokratische Legitimation zu verfügen. Um die Frage, wie weit die Autonomie gehen kann, wird freilich gestritten. Zumindest haben die Kirchen unbestritten daraus das Recht zu eigener Rechtsetzung abgeleitet, so beispielsweise im Arbeits- und im Stiftungsrecht. Besonders das Arbeitsrecht unterscheidet sich im Grundansatz wesentlich vom öffentlichen Arbeitsrecht, indem es den Gedanken der Dienstgemeinschaft in den Vordergrund stellt.

Ein in der öffentlichen Debatte besonders häufig diskutiertes Thema ist die Finanzierung der Kirchen und ihrer Einrichtungen. Sie setzt sich im Wesentlichen aus acht Quellen zusammen, von denen mindestens fünf unmittelbar, die übrigen mit einer Ausnahme mittelbar in Verbindung zu den Staatsfinanzen stehen (vgl. Strachwitz 2009: 346). Die wichtigste Einnahmequelle ist die Kirchensteuer, die rd. 80% zu den Einnahmen der kirchlichen Haushalte beiträgt. Sie wird – gegen Gebühr – vom Staat eingehoben und weitergeleitet. Entgegen einem weitverbreiteten Mißverständnis dient sie von ihrem Grundansatz her gerade nicht zur Finanzierung diakonischer, d. h. sozialer Dienste, sondern der Aufgaben, die Ernst-Wolfgang Böckenförde (2007: 71) meint, wenn er sagt:»Der freiheitliche, säkularisierte Staat lebt von Voraussetzungen, die er selbst nicht garantieren kann.« Böckenförde hatte dabei gerade die Kirchen im Blick; wie nah das am zivilgesellschaftlich relevanten Begriff des sozialen Kapitals ist, hat Robert Putnam überzeugend herausgearbeitet, der ebenfalls von den Voraussetzungen in Form von Netzwerken und anderen Zusammenschlüssen spricht, deren Dichte und Qualität maßgeblichen Einfluss auf die Qualität von Staat und Wirtschaft haben (vgl. Putnam 1994). Als allerdings Papst Benedikt XVI. (2011) forderte, »um so mehr ist es wieder an der Zeit, die wahre Entweltlichung zu finden, die Weltlichkeit der Kirche beherzt abzulegen«, (ebd.), wurde dies von deutschen Bischöfen ausdrücklich und mit Schrecken so verstanden und prompt in Abrede gestellt, dass der Papst für einen Verzicht auf die vom Staat eingehobene Kirchensteuer einträte (vgl. die Äußerungen von Zollitsch bei Benedikt XVI. 2011).

Neben der Kirchensteuer erhalten die Kirchen auch unmittelbar aus der Staatskasse Zuwendungen, etwa aus Kompensationen für die 1803 erlittenen Vermögensverluste. Hierzu zählen staatliche Baulasten für kircheneigene Gebäude ebenso wie Besoldungsregelungen für kirchliche Amtsträger. Der deutsche Gesetzgeber hat darüber hinaus weitere kirchenspezifische Ausnahmetatbestände geschaffen, ohne daß diese zwingend aus der Religionsfreiheit oder dem Körperschaftsstatus abzuleiten wären. So ist etwa den Kirchen das Recht der Seelsorge in öffentlichen Einrichtungen (z. B. Krankenhäusern, Justizvollzugsanstalten, der Bundeswehr oder der Polizei) garantiert. Kirchliche Amtsträger genießen ein Zeugnisverweigerungsrecht und sind im Wesentlichen von der Wehrpflicht freigestellt. Nicht nur ist die Religion auch strafrechtlich geschützt, auch kirchliche Amtsabzeichen und Trachten sowie bewegliche Sachen in Verwahrung der Kirchen unterliegen dem besonderen Schutz des Staates. Schließlich ist den Kirchen eine Definitionshoheit in Bezug auf die Inhalte der Lehre an den theologischen Fakultäten staatlicher Hochschulen eingeräumt. Ohne kirchliche Lehrbefugnis – im Fall der katholischen Kirche die *missio canonica* – darf ein Hochschullehrer innerhalb einer theologischen Fakultät nicht lehren.

Ebenso hat der Staat den Kirchen in vielfältiger Weise die Wahrnehmung ihres Öffentlichkeitsauftrags garantiert. Von ständigen Sitzen in Rundfunkräten bis zur ständigen Praxis der Einladung zu Anhörungen von Parlamenten und Regierungen reicht die Palette der eingeräumten Möglichkeiten. Dabei sind die Kirchen paradoxerweise in der Wahrnehmung ihres in die Gesellschaft hinein wirkenden Auftrags schon deswegen formell weniger unabhängig als etwa Verbandsvertreter, weil zumindest die Bischöfe in der Regel auf Grund von Konkordats- bzw. Kirchenvertragsbestimmungen einen Treueid auf die Verfassung abgelegt haben. So sind zwar ihre Stellungnahmen wie die jedes Bürgers vom Recht der freien Meinungsäußerung gedeckt, jedoch ist eine Konfliktsituation theoretisch nicht auszuschließen. Dieser Treueid bildet aus der Sicht des Staates eine unabdingbare Voraussetzung für die Einräumung des quasi-öffentlichen Status.

Diesen zahlreichen Rechten steht die Position der Kirchen als bedeutende Träger von sozialen, medizinischen und Bildungs-Einrichtungen mit im weiteren Sinne öffentlichem Auftrag und damit auch als größte nicht-staatliche Arbeitgeber gegenüber. Ohne die Kirchen hätte der Staat seine spätestens 1919 verfassungsmäßig übernommenen Garantien als Sozialstaat (heute gemäß Art. 20 und 28 GG) nicht übernehmen können und könnte sie auch heute nicht einlösen (vgl. Robbers 2005: 90). Allerdings ist dies, spätestens seit dem drastischen Rückgang der Ordensleute in Pflegeberufen nur theoretisch so; in der Praxis wäre die Vergabe entsprechender Kontrakte an andere Träger nicht unvorstellbar. Dennoch: besonders Krankenhäuser waren bis vor kurzem in hohem Maße und Kindergärten sind bis heute überwiegend in kirchlicher Trägerschaft. Nach dem Subsidiaritätsprinzip ist ihnen, allerdings ebenso auch anderen freien Trägern, wo immer möglich, die Durchführung öffentlicher Aufgaben in diesen Bereichen zu übertragen. Eine Ausnahme bilden allerdings die Schulen, für die in enger Auslegung von Art. 7 GG primär der Staat verantwortlich ist. Insgesamt gilt: Ohne die kirchlichen Wohlfahrtsverbände, Caritas und Diakonie, wäre der Wohlfahrtsstaat nicht zu verwirklichen gewesen und könnte auch heute nicht im Entferntesten verwirklicht werden. Die von Ulrich Beck (2008: 153) diagnostizierte Ironie des Wohlfahrtsstaates, die dazu führt, daß die individuellen Ansprüche zu einer Erosion der Position der Kirchen führen, sei ebenso angemerkt wie, daß manche Einzelregelung dem Umstand zu verdanken ist, daß sie von kirchlich gebundenen Beamten in den zuständigen Ministerien entworfen wurde. Traten im einen Fall Effekte ein, die nicht unbedingt dem Willen der kirchlichen Akteure entsprachen, so wurde im anderen der Wille der politischen Akteure in gewissem Sinne unterlaufen. Die Eckpfeiler der traditionellen Position der Kirchen im öffentlichen System – Kirchenautonomie, öffentlich-rechtlicher Status und Subsidiaritätsprinzip – entwickeln also durchaus eine eigene, nicht notwendigerweise systemerhaltende Dynamik.

Letztlich sind die Kirchen als Eigentümer zahlreicher Kulturdenkmäler und beweglicher Kulturgüter, als Orte der Musikpflege und anderer kultureller Prozesse, nicht zuletzt der Laienmusik als einem der wichtigsten Kristallisationspunkte von Solidaritätsstiftung, auch wesentliche Akteure des kulturellen Lebens. Es ist zudem nicht zu übersehen, daß die Kirchen wichtige Zentren von bürgerschaftlichem Engagement darstellen. Sich in einem der zahllosen kirchlichen Vereine und Verbände, in der Kirchengemeinde oder im Kirchenchor zu engagieren, bildet nach wie vor eine attraktive, nachhaltig erfolgreiche und vielfach genutzte Engagement-Option. Insofern bewegen sich die Kirchen tatsächlich in einer Hybridzone zwischen Staat und Zivilgesellschaft; welcher Arena sie näher stehen, ist anhand formaler Kriterien ohne weiteres nicht zu klären.

Vergleicht man dieses Geflecht von Bindungen und Verpflichtungen mit anderen Ländern, fällt bei geringen Unterschieden im Grundsatz der Religionsfreiheit neben der Vielzahl der Verknüpfungen insbesondere der historisch gewachsene Kompromisscharakter der deutschen Lösung auf (vgl. hierzu ausführlich Robbers 2005). So sind die Kirchen in Frankreich bei voller Anerkennung der Religionsfreiheit in vollem Umfang dem Privatrecht unterworfen. Ausnahmen halten sich in sehr engen Grenzen. Das traditionell mit der katholischen Kirche eng verbundene Italien bekennt sich offen zu einer starken öffentlichen Stellung der Kirche. Das ebenso katholisch geprägte Österreich zeichnet sich durch ein ebenso gewachsenes, aber andere Religionsgemeinschaften wie den Islam gleichrangig berücksichtigendes Kirchenverständnis aus. Besonders komplex ist die Situation in Großbritannien, wo ein Staatskirchenstatus der (anglikanischen) Kirche von England an vielen Stellen mit dem Partikularrecht der Landesteile und mit dem Recht der Religionsfreiheit kollidiert, ohne daß dies in der Praxis das Leben der Kirchen wesentlich behindern würde. Allen europäischen Ländern ist jedoch gemein, daß das Verhältnis zwischen Staat und Kirchen historisch gewachsen ist und beide Seiten stets eine pragmatisch-unsystematische einer prinzipiell-dogmatischen Lösung vorgezogen haben. Eine unterscheidbar singuläre Stellung der Kirchen im Staat ist überall zu konstatieren, indem alle Staaten unabhängig von demokratie-theoretischen Überlegungen einerseits und Glaubensinhalten andererseits das kulturelle Fundament des Christentums für die europäische Gesellschaft anerkennen. Jedoch wird im internationalen Vergleich deutlich, daß dies nicht zu der spezifischen Verflechtung führen muss, die für Deutschland typisch ist.

4 Ja oder nein?

Im Ergebnis lässt sich eine eindeutige Antwort auf die Frage, ob die Kirchen in Deutschland angesichts ihrer Bindungen an den Staat als der Zivilgesellschaft zugehörig angesehen werden können, kaum finden, wenn man Handlungslogik, Eigensinn, Merkmale und Selbstverständnis als Kriterien heranzieht. Dies gilt nicht nur für die Sozialwissenschaften einerseits und die unterschiedlichen Religionsgemeinschaften andererseits, sondern auch innerhalb der einzelnen Kirchen. Dem heutigen Kardinal und Erzbischof von München und Freising, Dr. Reinhard Marx (2002: 8), war frühzeitig bewußt: »Das neue Nachdenken über die Zivilgesellschaft eröffnet der Kirche die Chance, ihr Profil als eine sinnstiftende Glaubens- und Wertegemeinschaft zukunftsweisend zu schärfen«. Daß dieses Selbstverständnis von allen Amtsträgern der großen Kirchen geteilt wird, muss bezweifelt werden. Zumal die Kirchen der Reformation sich über sehr lange Zeit schwer damit taten, sich anders zu sehen, denn als dem Staat eng verbundene Körperschaften (vgl. Strachwitz 2013 a: 100). Noch schwieriger wird die Einordnung, wenn man Zivilgesellschaft aus einem funktionalen Ansatz sieht und fragt, was die Kirchen in den einzelnen Funktionen beitragen. »Die beiden Kirchen sind nicht nur nach wie vor die Institutionen in der Gesellschaft mit den – nominell – meisten Mitgliedern. Zusammen unterhalten sie wohl auch die meisten Institutionen – zumindest in der »Fürsorge«, wie es früher hieß. Die Kirchen sind aber auch der bedeutendste Träger von Bildungseinrichtungen (Universitäten ausgenommen). Alles zusammengenommen sind sie damit wohl auch der größte nichtstaatliche Arbeitgeber Deutschlands.« (Deckers 2002: 81 f.) Aber, so fährt Deckers (ebd.: 82) fort: »Andererseits macht es stutzig, wenn inmitten der Krise, die den Wohlfahrtsstaat wie das Bildungswesen erfaßt hat, profilierte kirchliche Stimmen kaum zu vernehmen sind. […] Sicher gibt es das eine oder andere hier und da: ein Experiment, ein Modell. Doch was wird davon kommuniziert oder gar verallgemeinert?«

Neben den formalen Problemen werden hier auch inhaltliche erkennbar. So hat etwa die katholische Kirche nach eigenem Selbstverständnis »von ihrem Stifter die Sendung empfangen, das Reich Christi und Gottes anzukündigen und in allen Völkern zu begründen« (*Lumen Gentium*, zit. nach Hallermann 2002: 159) und sieht sich dementsprechend ganz offenkundig als gebundene Organisation und nicht als freie Assoziation, in der ein ständiger freier Willensbildungsprozess abläuft. Etwas anderes wäre gewiß theologisch auch nicht vertretbar. Der Rückzug auf diese Werte, von Max Weber ([1906] 2002: 234) mit den Worten beschrieben, »[d]ie Kirche will eine Anstalt sein, eine Art göttlicher Fideikommißstiftung zur Seelenrettung der Einzelnen, die in sie hineingeboren werden«, genügt zur zivilgesellschaftlichen Legitimation nicht. Vielmehr ist zu untersuchen, ob und in welchem Maße die Kirchen als Dienstleister, Themenanwälte, Wächter, Selbsthilfeorganisationen, Mittler, Solidaritätsstifter und Orte der politischen Deliberation ihr Gewicht einbringen, dabei zivilgesellschaftliche Werte wie Respekt, Toleranz, einen zivilen Umgang miteinander, verwirklichen und einen zivilgesellschaftlichen Mehrwert in Form von Inklusion, der Erzeugung von sozialem Kapital und dergl.»erwirtschaften«. Papst Benedikt wusste um diese Konsequenzen: Entweltlichung heißt für ihn nicht, sich aus der Welt zurückzuziehen, denn »[e]ine vom Weltlichen entlastete Kirche vermag gerade auch im sozial-karitativen Bereich den Menschen, den Leidenden wie ihren Helfern, die besondere Lebenskraft des christlichen Glaubens vermitteln.« (Benedikt XVI. 2011) Ob dies am Selbstverständnis der Kirchen und an der Wirkung, die kirchliche Arbeit erzielt, universell abzulesen ist, kann bezweifelt werden. Dabei »legen jüngere soziologische Studien nahe, daß Kirchen und andere Glaubensgemeinschaften die Möglichkeiten sozialen Handelns besser nutzen können, wenn sie sich dabei auf ihren Beitrag in der Zivilgesellschaft konzentrieren. Anstatt sich direkten oder indirekten Zugang zu politischer Macht zu verschaffen, vermögen religiöse Gruppierungen auf diesem Wege politische Kritik, Sozialprogramme und Bildung in öffentlich wirksamer Weise zu unterstützen. Damit werden sie Teil der Zivilgesellschaft.« (Fergusson 2009: 48)

5 Entwicklung und Forschungsstand

Die Zahl der Publikationen zu diesem Themenfeld hält sich nach wie vor in engen Grenzen. Groß angelegte Forschungsprojekte fehlen. Warum so wenig dazu getan wird, die Verankerung der Kirchen in der Zivilgesellschaft einerseits positiv zu artikulieren, andererseits durch Forschung zu untermauern, bleibt aus heutiger Sicht unbeantwortbar. Schon Max Weber (2006: 533) hat eine, von ihm so bezeichnete »religiöse Brüderlichkeitsethik« herausgearbeitet, die nach Marcel Hénaff (2009: 424) dadurch hergestellt wird, daß eine allumfassende Liebe »einerseits eine Verdrängung der Verwandtschaftsbande [verlangt] (sich von seiner Familie, seinem Clan trennen, wie zum Beispiel Jesus es verlangt), [...] jedoch andererseits eine Gemeinschaft [schafft], in der sich in den Beziehungen unter den Mitgliedern die Formen der ›Sippe‹ widerspiegeln«. Hier werden klassische Erscheinungsformen der Zivilgesellschaft angesprochen, die zumindest im Christentum grundsätzlich angelegt sind (vgl. Bauerkämper 2009: 175) und deren Zusammenführung kaum unüberwindbare Schwierigkeiten bereiten kann. Es ist daher zu vermuten, daß es der Tradition theologischer Forschung geschuldet ist, wenn dies nicht hinreichend geleistet wird.

Daneben lassen sich andere Faktoren benennen, die dazu beitragen, daß die Aufarbeitung in Theorie und Selbstverständnis noch nicht gelungen ist. Eine nicht zu unterschätzende Bedeutung hat in diesem Zusammenhang die außerordentlich wenig ausgebildete Auskunftsfreudigkeit der Kirchen. Zu öffentlicher Rechnungslegung sind sie ebenso wenig verpflichtet wie die meisten anderen zivilgesellschaftlichen Organisationen. Während sich jedoch die Auskunftsbereitschaft der säkularen Organisationen in den letzten 20 Jahren deutlich verbessert hat und quantitative und qualitative empirische Studien im Wesentlichen aussagekräftig sind, verweigern kirchliche Stellen nach wie vor weitgehend jede Beteiligung an solchen Studien. Die schon bei der Anlage des Johns Hopkins Comparative Sector Project erkennbaren Schwierigkeiten, die schon damals zum weitgehenden Ausklammern der Kirchen und sonstigen Religionsgemeinschaften geführt haben, bestehen insoweit bis heute, auch wenn erwartet werden kann, daß ernsthafte wissenschaftliche Bemühungen heute auf mehr positive Resonanz stoßen würden. Diese Bemühungen werden allerdings auch durch einen anderen Umstand tangiert, der aus der historischen Kirchenforschung wohlbekannt ist. Die nach wie vor große persönliche Relevanz des Forschungsgegenstandes führt fast immer dazu, daß eine Prädisposition nicht überwunden wird; anders ausgedrückt, mit dem Forschungsgegenstand Kirche beschäftigt sich, wer sich zu einer Kirche bekennt oder die Institution Kirche bekämpft oder ihr zumindest skeptisch gegenübersteht. Es kann vermutet werden, daß intellektuelle Skepsis gegenüber Kirche und Religion einen in seiner Relevanz nicht zu unterschätzenden Grund für die sehr mangelhafte sozialwissenschaftliche Beschäftigung mit dem Themenkomplex Kirche und Zivilgesellschaft bildet. Daran hat erstaunlicherweise auch die enge und erfolgsbedingende Verbindung insbesondere zwischen evangelischen Kirchengemeinden und zivilgesellschaftlichen Bürger- und Menschenrechtsgruppen in der Spätzeit der DDR kaum etwas ändern können (vgl. Wüstenberg 2009: 318 f.), obwohl diese öffentlich mehr als deutlich sichtbare Aktivität mit dem Beginn einer sozialwissenschaftlichen Zivilgesellschaftsforschung zusammenfiel und obwohl hier Kirche in ihrer zivilgesellschaftlichen Funktion als Ort politischer Deliberation einer staunenden Weltöffentlichkeit geradezu idealtypisch vorgestellt worden war.

Der dringende Forschungsbedarf kann letztlich nur befriedigt werden, wenn Kirche insgesamt von der Zivilgesellschaftsforschung her in den Blick genommen wird. Daß dies nicht abwegig ist, sondern auch in den Kirchen gespiegelt wird, zeigen bspw. die kirchenbezogenen Auswertungen der ›Perspektive Deutschland‹, einer Initiative von McKinsey, Stern, ZDF und Web.de. 52 % der Katholiken (gegenüber 43 % aller Befragten) sehen einen dringenden Reformbedarf für ihre Kirche. Worin dieser bestehen soll, ergibt sich aus den Antworten auf eine weitere Frage. Der größte Verbesserungsbedarf wird bei aktiven Katholiken unter anderem gesehen bei: Kirchliches Gemeindeleben, zivilgesellschaftlich gesehen: Solidaritätsstiftung: 40 %; Hilfe für sozial Schwache, zivilgesellschaftlich: Dienstleistungen, Themenanwaltschaft: 37 %. (vgl. Mitschke-Collande 2006: 15 ff.) Kirche in ihren Mitgliedern scheint, auch so gesehen, in der Zivilgesellschaft angekommen zu sein. Das formelle Selbstverständnis und die Forschung werden dies aufzuarbeiten haben.

Literatur

Adloff, F. (2009): Kirchen, Religion und Zivilgesellschaft – Soziologisch-komparative Perspektiven. In: Bauerkämper, A. & J. Nautz (Hrsg.): Zwischen Fürsorge und Seelsorge. Christliche Kirchen in den europäischen Zivilgesellschaften seit dem 18. Jahrhundert, Frankfurt a. M.: Campus, S. 25–46.

Bauerkämper, A. (2009): Zivilgesellschaftliches Engagement im Katholizismus? Die Debatte über das ›christliche Abendland‹ in Deutschland, Österreich und Italien, 1945–1965. In: Bauerkämper, A. & J. Nautz (Hrsg.) (2009): Zwischen Fürsorge und Seelsorge. Christliche Kirchen in den europäischen Zivilgesellschaften seit dem 18. Jahrhundert, Frankfurt a. M.: Campus, S. 175–214.

Bauerkämper, A. & J. Nautz (Hrsg.) (2009): Zwischen Fürsorge und Seelsorge. Christliche Kirchen in den europäischen Zivilgesellschaften seit dem 18. Jahrhundert, Frankfurt a. M.: Campus.

Beck, U. (2008): Der eigene Gott. Von der Friedensfähigkeit und dem Gewaltpotential der Religionen, Frankfurt a. M., Leipzig: Reclam.

Becker, W. (2005): Freiheit und Gerechtigkeit – Zum Staats- und Demokratieverständnis der deutschen Katholiken. In: Kirche und Gesellschaft, Nr. 316. Köln: Bachem.

Benedikt XVI. (Joseph Ratzinger) (2011): Rede im Freiburger Konzerthaus am 25.09.2011. Berichterstattung bei Spiegel Online: http://www.spiegel.de/panorama/gesellschaft/papst-rede-benedikt-xvi-fordert-staerkere-trennung-von-kirche-und-staat-a-788298.html, Zugriff 13.03.2014.

Bertelsmann Stiftung (Hrsg.) (2008): Religionsmonitor 2008, Gütersloh: Gütersloher Verlagshaus.

Böckenförde, E.-W. (2007): Der säkularisierte Staat. Sein Charakter, seine Rechtfertigung und seine Probleme im 21. Jahrhundert. Vortrag gehalten in der Carl-

Friedrich-von-Siemens-Stiftung am 26. Oktober 2006. Reihe Themen Band 86, München: Carl-Friedrich-von-Siemens-Stiftung.

Crawford, S. (2010): Religious Organizations. In: Anheier, H. K. & S. Toepler (Hrsg.): International Encyclopedia of Civil Society. Band 3, New York: Springer, S. 1307–1312.

Davie, G. (2006): Is Europe an Exceptional Case?. In: The Hedgehog Review, Volume 8, S. 23–34.

Deckers, D. (2002): Zwischen Globalisierung und Schwangerenkonfliktberatung – Kirche als Themenanwalt?. In: Strachwitz, R. G., Adloff, F., Schmidt, S. & M.-L. Schneider (Hrsg.): Kirche zwischen Staat und Zivilgesellschaft. Tagungsbericht, Berlin: Maecenata.

Fergusson, D. (2009): Theologie und Zivilgesellschaft. In: Bauerkämper, A. & J. Nautz (Hrsg.): Zwischen Fürsorge und Seelsorge. Christliche Kirchen in den europäischen Zivilgesellschaften seit dem 18. Jahrhundert, Frankfurt a. M.: Campus. S. 47–62.

Friedrich-Ebert-Stiftung (Hrsg.) (2007): Religion und säkularer Staat. Perspektiven eines modernen Religionsgemeinschaftsrechts, Berlin.

Froehle, B. T. (2010): Religious Orders. In: Anheier, H. K. & S. Toepler (Hrsg.): International Encyclopedia of Civil Society. Band 3, New York: Springer, S. 1299–1307.

Hallermann, H. (2002): Die Bedeutung des Begriffs ›kirchlich‹ im kanonischen und im staatlichen Recht. In: Aymans, W., Haering, S. & H. Schmitz (Hrsg.): Iudicare Inter Fideles. Festschrift für Karl-Theodor Geringer zum 65. Geburtstag, St. Ottilien: EOS, S. 157–179.

Hénaff, M. (2009): Der Preis der Wahrheit. Gabe, Geld und Philosophie, Frankfurt a. M.: Suhrkamp.

Kilian, M. (2003): Stiftungserrichtung durch die öffentliche Hand. In: Bellezza, E., Kilian, M. & K. Vogel: Der Staat als Stifter, Gütersloh: Bertelsmann Stiftung, S. 11–134.

Liedhegener, A. (2010): Churches and Denominations. In: Anheier, H. K. & S. Toepler (Hrsg.): International Encyclopedia of Civil Society. Band 1, New York: Springer, S. 133–138.

Marx, R. (2002): Grußwort. In: Strachwitz, R. G., Adloff, F., Schmidt, S. & M.-L. Schneider (Hrsg.): Kirche zwischen Staat und Zivilgesellschaft, Berlin: Maecenata.

Mitschke-Collande, T. v. (2006): Zwischen Papstbegeisterung und Reformdruck. Sonderauswertung zur katholischen Kirche, Düsseldorf: Perspektive Deutschland.

Putnam, R. (1994): Making Democracy Work. Civic Traditions in Modern Italy, Princeton: Princeton University Press.

Priller, E. & J. Sommerfeld (2005): Wer spendet in Deutschland? Eine sozialstrukturelle Analyse, Berlin: WZB.

Rieger, M. (2008): Einleitung. In: Bertelsmann Stiftung (Hrsg.): Religionsmonitor 2008, Gütersloh, S. 11–17.

Robbers, G. (2005): Staat und Kirche in der Bundesrepublik Deutschland. In: Robbers, G. (Hrsg.): Staat und Kirche in der Europäischen Union, Baden-Baden: Nomos, S. 83–102.

Strachwitz, R. G., Adloff, F., Schmidt, S. & M.-L. Schneider (Hrsg.) (2002): Kirche zwischen Staat und Zivilgesellschaft, Berlin: Maecenata.

Strachwitz, R. G. (2007): The Churches and Civil Society. In: Kruip, G. & H. Reifeld (Hrsg.): Church and Civil Society. The Role of Christian Churches in the Emerging Countries of Argentina, Mexico, Nigeria and South Africa, St. Augustin, Berlin: Konrad-Adenauer-Stiftung, S. 29–33.

Strachwitz, R. G. (2009): Das Problem der Staatsbindung bei der Zuordnung der Kirchen zur Zivilgesellschaft. In: Bauerkämper, A. & J. Nautz (Hrsg.): Zwischen Fürsorge und Seelsorge. Christliche Kirchen in den europäischen Zivilgesellschaften seit dem 18. Jahrhundert, Frankfurt a. M.: Campus, S. 331–351.

Strachwitz, R. G. (2013 a): Luther und der Staat. Kann sich die Kirche der Reformation zur Zivilgesellschaft bekennen? In: Zimmermann, O. & T. Geißler (Hrsg.): Disputationen I: Reflexionen zum Reformationsjubiläum 2017, Berlin: Deutscher Kulturrat, S. 99–101.

Strachwitz, R. G. (2013 b): Kirchenstiftungen als Problem der Stiftungsstatistik. Ein Beitrag zum Sinn statistischer Stiftungserfassung. In: Maecenata Institut (Hrsg.): 6. Forschungsbericht: Statistiken zum deutschen Stiftungswesen 2013, Berlin, S. 51–55.

Timmer, K. (2005): Stiften in Deutschland. Die Ergebnisse der Stifterstudie, Gütersloh: Verlag Bertelsmann Stiftung.

Weber, M. ([1906] 2002): ›Kirchen‹ und ›Sekten‹. In: Kaesler, D. (Hrsg.): Max Weber. Schriften 1894–1922, Stuttgart: Kröner, S. 227–242.

Weber, M. (2006): Religion und Gesellschaft. Gesammelte Aufsätze zur Religionssoziologie, Frankfurt a. M.: Zweitausendeins.

Wüstenberg, R. K. (2009): Kirche als zivilgesellschaftliche Instanz. In: Bauerkämper, A. & J. Nautz (Hrsg.): Zwischen Fürsorge und Seelsorge. Christliche Kirchen in den europäischen Zivilgesellschaften seit dem 18. Jahrhundert, Frankfurt a. M.: Campus, S. 317–329.

9 Money makes the world go round! Ökonomisierung und die Folgen für NPOs

Annette Zimmer

Abstract: Im Beitrag wird der Frage nachgegangen, ob und inwiefern NPOs bereits aufgegangen sind in the New World of Capitalism, indem sie sich vorrangig unter Hinweis auf Geschäftsmäßigkeit und Output-Effizienz legitimieren. D. h. sind NPOs heute insofern schon voll und ganz »ökonomisiert«, als Strukturen, Prozesse und Orientierung, die gemeinhin mit der modernen kapitalistischen Wirtschaft in Verbindung gebracht werden, Governance, Habitus und Legitimation der NPOs gänzlich bestimmen? Zur Beantwortung dieser Frage wird zunächst unter Rekurs auf die Wirtschaftssoziologie »Ökonomisierung« genauer gefasst und daran anschließend auf »Zivilgesellschaft« als Konzept und positiv in die Zukunft gerichtetes Handlungsmotiv eingegangen. Vor diesem Hintergrund werden NPOs anhand ausgewählter Fallbeispiele als hybride bzw. multifunktionale Organisationen thematisiert, die sich traditionell durch einen Mix von wirtschaftsnahen wie zivilgesellschaftlichen Steuerungsmechanismen auszeichnen. Abschließend wird auf die »Driver« der Ökonomisierung bei NPOs eingegangen und als Alternative hierzu eine Re-Orientierung in Richtung »Mehr Zivilgesellschaft wagen!« vorgeschlagen.

Keywords: Nonprofit-Organisationen, Dritter Sektor, Zivilgesellschaft Ökonomisierung Marktorientierung, Kommunikation Stiftungen Zivilgesellschaftsforschung

1 Einleitung

Groß geworden ist der NPO-Sektor im Geleitzug des Tandems Wohlfahrtsstaat und keynesianisch geprägter Wirtschaft. Der Kompromiss zwischen Kapital und Arbeit, von Esping-Andersen als Siegeszug der »Politics against Markets« (1985) charakterisiert, hatte ein »Third Party Government«, eine enge Zusammenarbeit zwischen NPOs und öffentlichen Instanzen in einem breiten Spektrum von Politikfeldern zur Folge. Monetäre Unterstützung, Schutz vor kommerzieller Konkurrenz und steuerrechtliche Privilegierung bildeten die Eckpfeiler der Ko-operation auf Seiten der Leistungserstellung. Berücksichtigung der spezifischen Interessen von NPOs und ihre neo-korporatistische Einbindung in die Politikgestaltung auf lokaler Ebene wie in der »großen Politik« umfasste die Ko-operation auf Seiten der Politikgestaltung vor allem in Deutschland (vgl. Heinze/Olk 1981, Strachwitz 2013).

Doch die Grundlage der »ökologischen Nische« des Nonprofit-Sektors (Seibel 1991), der Kompromiss zwischen Politik und Wirtschaft, hat sich maßgeblich verändert (vgl. Crouch 2011, Streeck 2013). An die Stelle des Keynesianismus als legitime Interventionen des Staates in Wirtschaft und Gesellschaft ist der Neoliberalismus getreten. Kompetitive Märkte, weniger Staat und eine starke Orientierung auf unternehmerisches Handeln (vgl. Hall/Lamont 2013: 3) sind die Leitmotive unserer Zeit. Vor diesem Hintergrund ist »das Privatunternehmen [...] zur wichtigsten gesellschaftlichen Institution geworden« (Crouch 2011: 20). Aus der Welt der Unternehmen stammende Legitimationsmuster und Handlungsanleitungen sind inzwischen ubiquitär und werden zunehmend in Bereichen verwendet, die mit Wirtschaft an sich nichts zu tun haben.

Was diese Veränderung für NPOs bedeutet, wird unter der Metapher »Ökonomisierung« diskutiert (vgl. Priller et al. 2012, Liebig 2005). Verstanden wird unter Ökonomisierung eine zunehmende Relevanz von für die Wirtschaft typischen Handlungsorientierungen und Koordinierungsmodi, wie etwa Effizienz, Konkurrenz und Unternehmertum, gerade auch für nichtwirtschaftliche Bereiche. D. h. »Ökonomisierung bezeichnet einen Vorgang, durch den Strukturen, Prozesse, Orientierung und Effekte, die man gemeinhin mit einer modernen kapitalistischen Wirtschaft verbindet, gesellschaftlich wirkmächtiger werden« (Schimank/Volkmann 2008: 382), und zwar bis hin zu einer feindlichen Übernahme.

Unter dem Generalthema – Quo vadis? – stellt sich die Frage: Haben wir es bereits mit einer »feindlichen Übernahme« zu tun? Wie ist es bestellt um die Sonderrolle von NPOs? Sind sie noch Teil der Zivilgesellschaft und bieten nach wie vor ein Gegenmodell, eine Alternative zur profitwirtschaftlichen Unternehmung? Oder sind sie bereits aufgegangen in der New World of Capitalism? Diesen Fragen soll im Folgenden nachgegangen werden, wobei zunächst »Ökonomisierung« und daran anschließend die zivilgesellschaftliche Komponente von NPOs diskutiert werden. Unter Bezugnahme auf »Hybridisierung« wird abschließend auf den bisher noch kaum reflektierten sog. Business Talk im NPO-Sektor, der semantischen Übernahme von aus der Wirtschaft stammenden Metaphern und Legitimationsmustern, eingegangen.

2 Was bedeutet Ökonomisierung?

Aufschlussreich sind diesbezüglich Arbeiten der Wirtschaftssoziologie, insbesondere von Uwe Schimank (2008, 2009, 2010, 2011, Schimank/Volkmann 2008). Systemfunktionalistisch betrachtet, sind moderne Gesellschaften in Teilsysteme strukturiert, die in ihrer Spezialisierung nicht durch Leistungen anderer Teilsysteme substituierbar sind. Die Differenzierung ist notwendig und insofern systemstabilisierend, da jedes Teilsystem zentrale Leistungen für die Funktionsfähigkeit aller anderen Teilsysteme erbringt. Im Unterschied zu Luhmann (1987), der keine Rangordnung und keine Prominenz eines Teilsystems gelten lässt, betrachten die Wirtschaftssoziologie und Schimank (2009) die Moderne als funktional ausdifferenzierte, aber im Grundsatz »kapitalistische Gesellschaft« (ebd.: 329).

Ökonomisierung als Infiltration der Wirtschaft in andere Teilsysteme ist daher kein Sonderfall, sondern die Regel (vgl. Schimank/Volkmann 2008: 384), wobei es allerdings graduelle Unterschiede hinsichtlich des Übergriffs und der Infiltration von »Strukturen, Prozessen, Orientierungen und Effekten, die man gemeinhin mit einer modernen kapitalistischen Wirtschaft verbindet« (ebd.: 382) auf andere Teilsysteme gibt. Kapitalistische Gesellschaften zeichnen sich daher immer durch ein Spannungsverhältnis aus. Einerseits dominiert die Wirtschaft alle anderen Teilbereiche einschließlich der kognitiven Dispositionen der Gesellschaftsmitglieder, andererseits darf die Dominanz nicht so weit gehen, »dass die Autonomie der anderen Teilsysteme und damit funktionale Differenzierung dauerhaft und nachhaltig gefährdet wird« (Schimank 2009: 347). Tritt dies ein, so entzieht sich die Wirtschaft selbst ihrer Existenzgrundlagen. Bezug genommen wird hierbei auf die Arbeit von Marc Granovetter (1985), der die Einbindung der Wirtschaft oder genauer von »economic actions« in soziale Bezüge und insofern die soziale »embeddedness« der Wirtschaft als notwendige Bedingung ihres Funktionierens herausgearbeitet hat. Anders ausgedrückt: Auch die Wirtschaft funktioniert nur, wenn nicht nur ausschließlich »aufs Geld geschaut wird«.

Andererseits ergibt sich gerade aufgrund des Mediums »Geld« die Sonderrolle der Wirtschaft in modernen ausdifferenzierten Gesellschaften. Es ist die Wirtschaft, die die anderen Teilsysteme mit dieser zentralen systemstabilisierenden Ressource versorgt. »Geld« als Medium ist jedoch von grundsätzlich anderer Beschaffenheit als die Medien anderer Teilsysteme. Es ist global, geschmeidig, vielfältig einsetzbar und vor allem eindeutig quantifizierbar. Nach Schimank (2008) verschafft »dieser unvergleichliche Generalisierungsgrad des Geldes dem Teilsystem, aus dem es stammt, Möglichkeiten der Infiltration aller anderen Teilsysteme« (ebd.: 9). Es besteht insofern eine Ressourcenabhängigkeit aller Teilsysteme von der Wirtschaft. Existenzsicherung des Einzelnen erfolgt in der Regel über Arbeit. Die Existenzsicherung von Organisationen erfolgt in der Regel durch Verkäufe geldwerter Leistungen und Dienste. Doch es ist auch möglich, die Ressourcenzufuhr anderweitig abzusichern. So sind Transferzahlungen durch Mittler möglich, insbesondere durch den Steuer- und Wohlfahrtsstaat oder aber durch Spender oder Sponsoren. Geld lässt sich auch substituieren etwa durch freiwilliges Engagement als unbezahlte, aber geldwerte Leistung. Oder aber die Ressourcenzufuhr kann über Mitgliedergebühren gesichert werden, die einen kontinuierlichen Input von »Geld« sicherstellen, der aber keine direkte Bezahlung einer Leistung oder eines am Markt erworbenen Gutes darstellen.

Die Abhängigkeit von der Wirtschaft bzw. vom Geld hat insofern ihren Preis, als infolge von Infiltration die Selbstreferenzialiät eines Teilsystems zu Gunsten der »teilsystemexternen ökonomischen Logik« (Schimank/Volkmann 2008: 384) durchbrochen werden kann. Prozesse, Handlungsorientierung sowie Legitimationsdiskurse folgen nicht mehr der spezifischen systemimmanenten Logik, sondern ähneln zunehmend denen, die für das Teilsystem Wirtschaft typisch sind. Die Prägung eines Teilsystems durch ökonomische Logik bzw. durch den Code des Teilsystems Wirtschaft erfolgt aber nicht in Form der Alternative eines »Ganz oder gar nicht«, sondern es lassen sich Stufen einer zunehmenden Infiltration und Prägung durch die ökonomische Logik ausmachen. Mit Ökonomisierung werden daher Prozesse beschrieben, die eher »schleichend« von statten gehen. Erst die Endstufe, »wenn es bei der teilsystemischen Leistungsproduktion nur noch darum geht, soviel Gewinn zu machen wie möglich – ohne Rücksicht auf den Code« (Schimank/Volkmann 2008: 386) bzw. die teilsystemspezifische Eigenlogik, signalisiert eine feindliche Übernahme und ein Aufgehen in das Teilsystem Wirtschaft. Dazwischen liegt jedoch ein Spektrum vielfältiger Schattierungen.

Der Grad der Ökonomisierung eines gesellschaftlichen Teilsystems lässt sich daher daran festmachen, ob und inwiefern der »eigene Code« noch zählt und handlungsanleitend ist, oder ob dieser bereits weitgehend aufgegeben wurde und durch eben aus der Wirtschaft stammende Orientierungen, Prozesse und Handlungsmodi überlagert wird. Von der Ökonomisierungsliteratur werden hierbei in der Regel Bereiche bzw. gesellschaftliche Teilsysteme – wie etwa das Gesundheits- oder Bildungssystem – in den Blick genommen und dahingehend untersucht, ob und inwiefern die Logik der Wirtschaft bereits Platz gegriffen hat und sich ein weitgehender Bezug zu »wirtschaftlicher Kommunikation« (Krönig 2007: 103) etabliert hat. Semantisch wird nach Krönig (2007) die Infiltration der Logik der Wirtschaft in das betreffende Teilsystem zum Ausdruck gebracht, indem Leitbilder, Metaphern und Legitimationsfiguren aus der Kommunikation der Wirtschaft nicht nur adaptiert, sondern in die Kommunikation des betreffenden Teilsystems derart integriert werden, dass die übernommene, ursprünglich dem Teilsystem Wirtschaft zugehörige Logik als »alternativlos« oder teilsystemzugehörig betrachtet und dem so infiltrierten Teilsystem hierdurch sogar einen Legitimationsschub im Sinne einer zeitgemäßen oder modernen normativen Rechtfertigung verschafft wird. Krönig (2007) verdeutlicht den Prozess der Ökonomisierung auf der semantischen Ebene anhand einer ganzen Reihe von Beispielen, wobei jeweils an und für sich Unvereinbares so verbunden wird, dass der Code bzw. die spezifische Logik des Teilsystems Wirtschaft die Oberhand gewinnt. Beispielsweise ist »Die erfolgreiche Kunst« eine Metapher, die auf Ökonomisierung des Teilsystems verweist. Entsprechendes gilt für das geflügelte Wort »Sozial ist, was Arbeit schafft« sowie für die zunehmende Referenz auf »Qualität« insbesondere in der Form des »Qualitätsmanagements« als messbare Größe von Dienstleistung pro Zeit bzw. Geld in den Teilsystemen Gesundheit sowie Bildung (vgl. ebd.: 123). Auf der semantischen Begriffsebene ist daher nicht mehr eindeutig der Code – Geld haben oder nicht haben – relevant, sondern ein Indiz für erfolgte Ökonomisierung ist die positive Konnotierung all dessen, was mit dem Teilsystem Wirtschaft in Verbindung gebracht wird, wie etwa Kapital, Investition, Innovation, Unternehmertum, Rendite, Effizienz und Effektivität. Oder anders ausgedrückt: Der Diskurs ist geprägt von einem Business-Talk (vgl. Wijkström 2011).

Um zu prüfen, ob und inwiefern NPOs bereits ökonomisiert sind, ist zunächst ihre Besonderheit bzw. ihr Proprium herauszustellen. Bei der Vielfalt der Organisationstypen und -formen, die den Nonprofit- oder Dritten Sektor ausmachen, ist dies kein einfaches Unterfangen. Zumal sich der Sektor eines systemtheoretischen Zugriffs insoweit entzieht, als eine Besonderheit von NPOs gerade darin besteht, dass sie nicht nur einem gesellschaftlichen Teilbereich zuordbar sind. Ihre Besonderheit besteht u.a. in ihrer Multifunktionalität und ihrem Vermögen, als Koppelungsinstanz zwischen Staat, Markt und gemeinschaftlich-familiären Strukturen zu vermitteln. NPOs zeichnen sich daher aus systemtheoretischer Sicht nicht durch einen spezifischen »Code« aus. Vielmehr liegt ihre Besonderheit in ihrer zivilgesellschaftlichen Verankerung. Doch was macht das zivilgesellschaftliche Proprium der Organisationen jenseits von Markt und Staat konkret aus?

3 Zivilgesellschaft – was heißt das?

Der Historiker Jürgen Kocka sieht »Zivilgesellschaft« als normativen Begriff für ein Projekt bzw. für einen positiv besetzten Zukunftsentwurf der Moderne. Er argumentiert aus historischer Sicht und rekurriert hierbei auf die Anfänge der bürgerlichen Gesellschaft und ihre Zivilität, die um Eigenständigkeit, Selbstorganisation und um eine klare Abgrenzung von staatlicher Bevormundung bemüht war. Aus seiner Sicht ist diese – die liberale Ausbuchstabierung – von Zivilgesellschaft heute jedoch keineswegs obsolet. »Mit seiner Betonung gemeinschaftlicher Selbstorganisation [...] reflektiert der Begriff die weit verbreitete Skepsis gegenüber der Gängelung durch den Staat« (Kocka 2003: 31).

Gleichzeitig weist Kocka (2002) auf eine andere Dimension von Zivilgesellschaft hin. »Der Begriff war (und ist) Programm und Kritik zugleich« (ebd.: 16). Angesprochen wird hier die kritische Dimension von Zivilgesellschaft gegenüber dem Status-quo von Staat, Wirtschaft und Gesellschaft. So dient Zivilgesellschaft auch für Christoph Sachße (2002) als »kritischer Spiegel gegenüber der Alltagsrealität« (ebd.). Und für Jürgen Habermas (1992: 443) ist Zivilgesellschaft u. a. Resonanzboden zur Lautverstärkung kritischer Positionen gegenüber einer politischen Öffentlichkeit.

Bürgerschaftliches Engagement und der Einsatz für allgemeine Anliegen und Ziele konturiert eine weitere Dimension von Zivilgesellschaft. Insofern verspricht Zivilgesellschaft »in den stark individualisierten und teilweise fragmentierten Gesellschaften des spät- und postindustriellen Typs [...] eine Antwort auf die drängende Frage, was unsere Gesellschaft denn überhaupt noch zusammenhält« (Kocka 2003: 31). Und schließlich, so Kocka, beinhaltet Zivilgesellschaft auch ein kritisches Potential gegenüber dem dominant und alternativlos gewordenen Kapitalismus. »Denn die auf Diskurs, Konflikt und Verständigung setzende Logik der Zivilgesellschaft verspricht andere Problemlösungen als die Logik des Marktes, die auf Wettbewerb, Austausch und Optimierung des individuellen Nutzens setzt« (ebd.).

In seinen Ausführungen geht Kocka (2002) – wie auch andere Autoren des Zivilgesellschaftsdiskurses (vgl. Klein 2001) – auch auf die »zivilgesellschaftlichen Akteure« ein und verweist u. a. auf Vereine, Zirkel, Nichtregierungsorganisationen, gemeinwohlbezogene, mehr oder weniger institutionalisierte Initiativen und Gruppen (vgl. Kocka 2002: 16 f). Habermas (1992: 447) stellt in Anlehnung an Cohen und Arato für die »lautverstärkende Kritik« am Status-quo insbesondere die Relevanz Sozialer Bewegungen heraus. Und Crouch (2013: 215 ff.) verweist in seiner Auseinandersetzung mit dem »befremdlichen Überleben des Neoliberalismus« auf ein Spektrum unterschiedlicher zivilgesellschaftlicher Gruppen, das für ihn von den Kirchen über Bürgerinitiativen, karikativen Vereinigungen, Berufsorganisationen bis hin zu den Parteien reicht. Gemeinsam ist aus der Sicht von Crouch diesen zivilgesellschaftlichen Akteuren, dass ihr Handeln – zwar nicht ausschließlich aber doch prägend – durch Werte (values) motiviert ist. Gemäß der Argumentation von Crouch sind zivilgesellschaftliche Akteure gerade aufgrund ihrer jeweils durchaus spezifischen Wertorientierung in der Lage, Alternativen jenseits der Logik von Markt und Staat aufzuzeigen und somit Konzernen und Staatsmacht Paroli zu bieten. »Battle can be joined in the field of values, because that is where corporate power and the state are vulnerable « (Crouch 2011: 154). Ihre normative Orientierung und ihr Eintreten für ein positiv in die Zukunft gerichtetes Projekt macht zweifelsfrei die zivilgesellschaftliche Komponente von NPOs aus und unterscheidet sie in ihrer Orientierung insbesondere von der Wirtschaft, die, wie Crouch herausstellt, »often claims exeption from ethical criteria on the grounds of the absolute priority of the bottom line« (ebd.). Eine normative Orientierung, die häufig mit Organisationen der Zivilgesellschaft in Verbindung gebracht wird, ist »Solidarität« (vgl. Pankoke 1998, 2002). Als Modus der Handlungskoordination, z. B. unter Mitgliedern unterscheidet sich Solidarität grundlegend von denjenigen von Markt (Geld) und Staat (Macht). Während Wettbewerb und Konkurrenz zu »Geld« und »Macht« in gewisser Weise dazugehören, trifft dies für Solidarität gerade nicht zu. »Solidarität« setzt einen Kontrapunkt gegenüber Wettbewerb und Konkurrenz. Während dem Wettbewerb die Idee des »survival of the fittest« zugrunde liegt, stellt Solidarität dieses Konzept geradezu »auf den Kopf«.

Das zivilgesellschaftliche Potential, gegenüber Markt und Staat eine Alternative zu offerieren, wird auch aus Sicht der Wirtschaftswissenschaft als Besonderheit und konstitutives Merkmal von NPOs herausgestellt. Bereits in den frühen 1970er Jahren, noch zur Zeit des Kalten Krieges und der Auseinandersetzung zwischen Kapitalismus und Sozialismus, machte Amitai Etzioni (1973) in einem viel beachteten Aufsatz auf die Alternative eines Dritten Sektors jenseits von Markt und Staat aufmerksam, dessen Organisationen weder planwirtschaftlich eingebunden sind noch dem kapitalistischen Primat des Profitstrebens folgen. Prinzipiell anders als Wirtschaftsunternehmen sind NPOs aufgrund des nonprofit constraint, des Gewinnausschüttungs- und -verteilungsverbots. Aus Sicht der Wirtschaftswissenschaftler konstituiert dieses das Proprium von NPOs und ihr Abgrenzungskriterium gegenüber der Wirtschaft. Danach kommt es bei NPOs eben nicht primär »aufs Geld an«, sondern die Motivation zum Mitmachen und zur Mitarbeit in NPOs sowie zum Engagement für NPOs speist sich aus anderen – normativen, ideologischen, religiösen oder professionsbezogenen – Quellen. NPOs sind aufgrund des nonprofit constraint vertrauenswürdiger als Wirtschaftsunternehmen in Situationen, in denen der Nachfrager einer Leistung deren Qualität nicht überprüfen kann. Ferner offerieren sie gemäß der Institutional Choice Schule immer dann eine Alternative, wenn entweder der Markt oder der Staat versagt oder wenn ein kombiniertes Versagen von Markt und Staat vorliegt und sich die Erstellung von Leistungen und Diensten weder wirtschaftlich lohnt noch politisch auszahlt (vgl. Toepler/Anheier 2005).

Auch historisch betrachtet sind NPOs als Gegenentwurf und Alternative zum Primat der Ökonomie entstanden, das die Ausrichtung von Wirtschaftsunternehmen an Profitmaximierung und Marktdominanz erzwingt. Das Potential der damals neuen und modernen Organisationsform der Assoziation wurde frühzeitig für die Verwirklichung von Zielen und Zwecken jenseits von Markt und Staat genutzt. Konzeptionell sind Vereine und Genossenschaften mitgliederbasierte solidarische Leistungs- und Haftungsgemeinschaften. »Einer für alle, alle für einen«, ist das traditionelle Leitmotiv der Genossenschaft. Der Idealverein basierte auf Reziprozität bzw. auf der Identität von Leistungserstellern und Leistungsnutzern. Da der Ressourcenzufluss bei Vereinen und Genossenschaften idealtypisch über das Commitment der Mitglieder in Form von Mitgliederbeiträgen und freiwilligem Engagement erfolgt, sind diese Organisation zumindest von ihrer konzeptionellen Anlage ein Stück weit marktunabhängig und dem Wettbewerb um Ressourcen entzogen. Insbesondere Genossenschaften sind entstanden, um Marktversagen auszugleichen. Und noch heute werden Vereine gegründet, wenn Leistungen und Dienste entweder gar nicht, oder nicht in der gewünschten Form von Markt oder Staat bereitgestellt werden, wie sich dies an den Vereinsgründungswellen, z. B. im Bereich der Kindererziehung – und -betreuung, leicht nachvollziehen lässt.

Insgesamt kann daher festgehalten werden, dass die zivilgesellschaftliche Komponente, das Proprium der NPOs, sich auf ihre Kapazität und Fähigkeit bezieht, Alternativen, und zwar sowohl auf konzeptioneller wie materieller Ebene, gegenüber Markt und Staat zu offerieren. Materiell kann es sich um andere Leistungen und Dienste handeln. Entscheidender ist jedoch der dem Organisationshandeln zugrundeliegende normative Entwurf bzw. die zivilgesellschaftlich-ideelle Komponente, d.h. in Anlehnung an Crouch die Bezugnahme auf spezifische Werte und Normen und damit auf eine grundlegend andere Gründungs- wie Handlungsmotivation als die von Wirtschaftsunternehmen. Aus dieser je spezifischen Wertorientierung bezieht die betreffende NPO auch ihre Legitimation. Obgleich im Geleitzug der Moderne entstanden, entziehen sich NPOs der funktionalen Differenzierung, indem sie Leistungen und Güter eben nicht aufgrund wirtschaftlicher Interessen und auch nicht unter dem Kalkül des Machterhalts, sondern im Dienst von Reziprozität, des Gemeinwohls, einer normativen Idee oder einer religiösen Grundüberzeugung erstellen.

Es ist somit nicht die Logik der Wirtschaft, »die auf Wettbewerb, Austausch und Optimierung des individuellen Nutzens setzt« (Kocka 2003: 31), die für NPOs primär handlungsanleitend ist. Aber es lässt sich auch kein spezifischer zivilgesellschaftlicher Code ausmachen, der den NPO-Sektor aus systemtheoretischer Sicht konstituieren und aufgrund seiner spezifischen Kommunikation gegenüber anderen Bereichen klar abgrenzen würde. Im Gegenteil, schon Amitai Etzioni (1973) hatte NPOs als zukunftsweisende Organisationen dahingehend charakterisiert, dass sie in der Lage sind, das Beste der Konkurrenzbereiche Markt und Staat synergetisch zu verbinden und für die organisationsspezifische Zielerreichung zu kombinieren, und zwar »efficiency and expertise from the business world with public interest, accountability, and broader planning from government« (ebd.: 315). Wenn jedoch für NPOs zum einen eine nicht der Logik der Wirtschaft, sondern eher ideellen-normativen Werten folgende Grundorientierung konstitutiv ist, sie aber gleichzeitig bei der Verfolgung ihrer Ziele und Zwecke durchaus auf Handlungsmodi, die an sich Markt oder Staat zuzurechnen sind, zurückgreifen und diese sogar variabel koordinieren können, stellt sich die Frage, ob unter den gegebenen Bedingungen des »befremdlichen Überlebens des Neoliberalismus« die für NPOs typische »Hybridität« ursächlich für Ökonomisierung ist?

4 NPOs als hybride und heute ökonomisierte Organisationen

Hybridität als ein in der deutschen Debatte bisher eher weniger verwendeter Begriff bezieht sich auf einen Mix von aus unterschiedlichen Bereichen bzw. Sektoren – in der Regel Markt, Staat und Dritter Sektor – stammenden Logiken bzw. Modi der Handlungskoordination oder Governance. Mit anderen Worten: Hybridität bedeutet, dass z. B. eine NPO nicht mehr ausschließlich gemäß der Logik der Zivilgesellschaft und somit unter Verweis auf Solidarität und Partizipation und Demokratie gemanagt wird. Stattdessen achtet der Vorstand des Vereins oder der gGmbH sehr genau darauf, dass die Leistungserstellung der NPO effizient erfolgt und ihre PR sowie ihr Marketing strategisch angelegt sind und Stakeholder, Klienten und potentielle Finanziers gleichermaßen ansprechen.

Dass es sich gerade bei NPOs um »hybride« Organisationen handelt, ist lange bekannt und wurde schon in den 1990er Jahren bezogen auf die Wohlfahrtsverbände grundlegend, wenn auch noch nicht mit der jetzt aktuellen Terminologie, sondern unter Verweis auf die Intermediarität der Nonprofit-Organisationen diskutiert. So konstatierten schon 1995 Olk et al.: »Intermediäre Organisationen sind […] dadurch gekennzeichnet, dass sie keine eigene, vierte Handlungslogik ausbilden, sondern vielmehr die bekannten drei »reinen« Handlungslogiken in jeweils spezifischer Weise miteinander kombinieren« (Olk et al 1995: 17). In die gleiche Richtung gehend schlägt Wolfgang Seibel in einem aktuellen Aufsatz vor, nicht auf Hybridität an sich zu fokussieren, sondern bezogen auf die Einzelorganisation oder den Typus von NPO den jeweiligen Mix der hier zusammenspielenden Steuerungsmechanismen in den Blick zu nehmen und somit eine differenzierte Analyse der spezifischen Governance bzw. Steuerungsmuster von z. B. Stiftungen, NPO-Dienstleistern oder NPO-Advocacy-Organisationen vorzunehmen (vgl. Seibel 2014). Überzeugend zeigt Seibel (2014) auf, dass bei näherer Betrachtung vor allem der Prozessdimension von Steuerung eine Vielfalt von Kombinationen von »mechanisms of governance« (ebd.: 5) offenkundig wird. Dies trifft für NPOs zu, aber auch im Sektor Staat und bei Unternehmen finden sich entsprechend hybride Governance-Strukturen.

Das sich in der Literatur widerspiegelnde große Interesse an Hybridität im Bereich der NPOs ist zweifelsfrei auf die sich aktuell massiv verändernden Kontextbedingungen der Organisationen zurückzuführen (vgl. Wijkström 2011: 31, Evers/Zimmer 2010, Wijkström/Zimmer 2011). Nicht nur die Einbettung der Organisation in lebensweltliche Kontexte hat sich nachhaltig verändert, entsprechendes gilt auch für die Beziehungen von NPOs zu Markt und Staat, wobei generell eine stärkere Orientierung der NPOs an primär aus der Wirtschaft stammende »mechanisms of governance« konstatiert wird. Für die Adaption aus der Wirtschaft stammender Governance Modi werden unterschiedliche Gründe angeführt: Zum einen wird unter Bezugnahme auf die Ressourcenabhängigkeitstheorie darauf verwiesen, dass der Umbau des Wohlfahrtsstaates und die Einführung von New Public Management Elementen insbesondere im Sozialbereich tätigen NPOs keine andere Wahl ließen. Zum anderen wird auf das Isomorphismustheorem verwiesen, wonach Organisationen in Zeiten des Wandels und der Veränderung primär »im Feld« gut etablierte und mit Legitimität ausgestattete Modelle adaptieren. Die Key-Institution unserer Zeit ist jedoch zweifellos das Wirtschaftsunternehmen (vgl. Crouch 2011: 2). Folgt man dieser Argumentation, so lassen sich im NPO-Sektor durchaus unterschiedliche Entwicklungspfade in Richtung Hybridität und Ökonomisierung ausmachen.

4.1 Fallbeispiel: Wohlfahrtsverbände

Die Spitzenverbände der Wohlfahrtspflege sind, gemessen an der Zahl der Einrichtungen und der Beschäftigten, die größten Dienstleister des Sozial- und Gesundheitswesens in Deutschland. Ihre Anfänge können bis in die 2. Hälfte des 19. Jahrhunderts zurückverfolgt werden. Ihre Verankerung in der Zivilgesellschaft lässt sich z. T. an der Benennung ablesen. Caritas, der größte unter den Verbänden, steht für »tätige Nächstenliebe«. Das evangelische Pendant Diakonie ist Synonym für »gelebte Liebestätigkeit« und schließt alle »Aspekte des Dienstes am Menschen« ein (vgl. Boeßenecker/Vilain 2013).

Entstanden als Ausdruck lokalen sozialen Engagements und zunächst ausschließlich getragen von freiwilligen Leistungen, wurden die Verbände und ihre Einrichtungen in der Folge sukzessiv in den Wohlfahrts- und Sozialstaat integriert. Sie sind nach wie vor in die sozialstaatliche Dienstleistungserstellung eingebunden. Aber inzwischen stehen die Einrichtungen der Wohlfahrtsverbände im Wettbewerb mit kommerziellen Anbietern. Sie operieren unter Konkurrenzbedingungen auf den Sozial- und Gesundheitsmärkten und sind insofern gehalten, ihre Leistungserstellung so effizient und kostengünstig wie möglich anzubieten. Wurden auch große Mitgliederorganisationen der Verbände – wie etwa

Krankenhäuser oder Altenheime – noch Anfang der 1990ger Jahre als Verein geführt und rein ehrenamtlich geleitet, so ist heute die gGmbH als Betriebsform die Regel. Die Einrichtungen werden straff geführt und primär unter Effizienzgesichtspunkten gemanagt. Ehrenamtliche sind in den Betriebsabläufen und auf der Leitungsebene kaum noch präsent. Gleichzeitig wurden die Arbeitsverhältnisse derart gestrafft und flexibilisiert, so dass inzwischen hier sogar die Entstehung eines Billiglohnsektors befürchtet wird (vgl. Beitrag von Priller in diesem Band) mit Tendenzen weitgehender Prekarisierung. Die »Ökonomisierung« der Wohlfahrtsverbände ist ein in der Literatur viel beachtetes Thema (vgl. Liebig 2005, Golbeck 2012, siehe auch den Beitrag von Bode in diesem Band) und wird äußerst kritisch und mit Bedauern kommentiert. Wird »Ökonomisierung« bei den Einrichtungen der Wohlfahrtsverbände sehr kritisch diskutiert (vgl. Golbeck 2012), wird die Anlehnung an Steuerungsmodi aus der Wirtschaft bei anderen NPOs, z. B. bei den in den 1970er Jahren entstanden »Moralunternehmen« der NGOs eher positiv eingeschätzt.

4.2 Fallbeispiel: NGOs

In ihren Anfängen wurde von den Sozialwissenschaften das Aufkommen von NGOs geradezu euphorisch kommentiert. Sie galten als Hoffnungsträger und Erneuerer der internationalen Politik. Inzwischen sind die Bewertungen deutlich zurückhaltender und wesentlich skeptischer. Gleichwohl bleibt herauszustellen, dass es sich bei den NGOs um einen neuen Organisationstyp der Zivilgesellschaft handelt. De facto waren NGOs von Anfang an »ökonomisiert«, und zwar weil bei NGOs das Konzept der Unternehmung mit Gründerpersönlichkeit, kleinem Führungsstab, einer bestimmten (Unternehmens-)Philosophie und einer spezifischen Form der Kapitalbeschaffung auf den Bereich der Zivilgesellschaft übertragen wurde (vgl. Zimmer 2002, Frantz/Martens 2006).

Der Klassiker und Prototyp unter den NGOs ist immer noch Greenpeace als zivilgesellschaftlicher Multi mit nationalen Dependancen. Von einem Unternehmer gegründet, wird diese international tätige Organisation jeweils in den einzelnen Ländern voll professionell geführt. Vor Ort sind Anhänger von Greenpeace zwar tätig, doch es gibt keine unabhängigen lokalen Vereine, die ihre Delegierten in die Dachorganisation bzw. jeweilige Zentrale in Hamburg, London oder Vancouver entsenden. Man hat es bei NGOs nicht mehr prinzipiell mit demokratischen und partizipativen Organisationen mit föderalem Aufbau zu tun. Entschieden, was gemacht, welche Kampagne gefahren und wie die Organisation PR-mäßig ausgerichtet werden soll, wird in der NGO-Zentrale. Die Freiwilligen vor Ort – bei Greenpeace mehr als drei Millionen weltweit – können mitmachen, aber nicht mitentscheiden. Entscheidend für den Erfolg der NGO sind die Höhe der eingeworbenen Spenden sowie die Erlöse aus dem Verkauf von Merchandise-Produkten. Die Bindung an die Organisation erfolgt immer noch zivilgesellschaftlich über geteilte Werte. Aber das zivilgesellschaftliche Anliegen wird inzwischen primär medial vermittelt.

Beide Organisationstypen der Zivilgesellschaft sind Hybride und insofern ökonomisiert, als ihre Governance überwiegend der eines Wirtschaftsunternehmens entspricht. Während die Ressourcensicherung der Einrichtungen der Wohlfahrtsverbände auf den kompetitiven Sozial- und Gesundheitsmärkten über Leistungsentgelte erfolgt, konkurrieren Greenpeace und viele andere, insbesondere international tätige NGOs auf den Aufmerksamkeits- und Fundraising-Märkten. Während die Ökomomisierung der Wohlfahrtsverbände als logische Folge der Änderung der staatlichen Sozial- und Gesundheitspolitik im Sinne einer Entwicklung vom Wohlfahrtsstaat hin zum Wettbewerbsstaat anzusehen ist, waren NGOs von Anfang an insofern ökonomisiert, als ihr Organisationsaufbau und ihre Steuerungsmodi an die Welt der Unternehmen angelehnt waren und sind. Ein ökonomisiertes Governance-Modell im Dienst der Erreichung zivilgesellschaftlicher Ziele, wie etwa Umweltschutz, wurde bewusst sowohl aus Effektivitätsüberlegungen als auch als »Ersatz« für die infolge der veränderten Umweltbedingungen in der bisherigen Form nicht mehr zur Verfügung stehende Ressource »Mitgliedschaft« gewählt. Während bei einigen Einrichtungen der Wohlfahrtsverbände – wie z. B. Krankenhäusern – inzwischen diskutiert wird, ob diese noch insofern »zivilgesellschaftliche Qualitäten« aufweisen, als sich ein Unterschied zwischen einem NPO und einem kommerziellen Krankenhaus feststellen lässt, wird aufgrund ihrer Ziel- und Zwecksetzung NGOS die zivilgesellschaftliche Qualität in der Regel nicht grundsätzlich abgesprochen. Generell wird im Hinblick auf die Governance von NPOs festgehalten, dass alle Organisationen vor der Herausforderung stehen, den Spagat zwischen Mission und Effizienz so zu managen, dass die zivilgesellschaftliche Zielsetzung, der normative Bezug des Organisationshandelns, nicht aus dem Blick gerät. Dies ist sicherlich keine leichte Aufgabe. Die Organisationen sind aufgefordert, ihre Governance und ihr Organisationshandeln so auszurichten, dass eben nicht nur »aufs Geld geschaut wird«.

Wenn es sich bei Ökomomisierung von NPOs aber »lediglich« um den Prozess der Anpassung an veränderte Umweltbedingungen handelt und wir es inzwischen mit einer »transformed civic world« (Skocpol 2003: 8) zu tun haben, wobei die Governance zivilgesellschaftlicher Organisationen primär unter Effizienzzielsetzungen, also verbetriebswirtschaftlicht und entsprechend des Managerialism (Maier/Meyer 2011, vergleiche auch den Beitrag von Predovic/Simic in diesem Band) erfolgt, ohne dass aber zivilgesellschaftliche Ziele und Zwecke notwendigerweise und grundsätzlich in Frage gestellt werden, woher kommt dann aber die »ganze Aufregung«? Warum wird »Ökonomisierung« als Bedrohung erlebt? Warum entsteht zunehmend ein »ungutes Gefühl« gegenüber dem dominanter werdenden Business Talk (vgl. Mautner 2013: 423), wie er sich derzeit im Umfeld der NPOs in der Literatur, auf Tagungen und in der allgemeinen Öffentlichkeit breit macht?

5 Kritische Reflektion und Ausblick

Nach meiner Einschätzung kommt das »ungute Gefühl« daher, dass der Business Talk ein Indiz für einen »cultural transfer« (Wijksröm 2011: 43) darstellt, der a la longue die Legitimationsbasis von NPOs, nämlich ihre zivilgesellschaftliche Orientierung, grundlegend unterminieren könnte. Zu befürchten ist, dass »The Rise of Management- Speak […] is much more than just a linguistic dress-up, as it carries a package of associated practices that are subtly changing the ways in which the organizations and the people working in them view themselves and behave« (ebd.: 45). Wie dies erfolgen könnte, lässt sich unter Bezugnahme auf die Analyse der »Ökonomisierung der Gesellschaft« von Franz Kasper Krönig (2007) dechiffrieren. Möglicherweise sind wir Beobachter eines schleichenden und eher subtilen Veränderungsprozesses der Legitimation des Organisationshandelns von NPOs. Die Effekte von Ökonomisierung als Infiltration der Logik der Wirtschaft, insbesondere auf Diskursebene, lassen mit Krönig (2007) dahingehend beschreiben, dass sich »die Systemoperationen der jeweiligen Funktionssysteme tatsächlich verändern, um einen inneren Bezug zur Wirtschaft darstellen zu können« (ebd.: 140). Die Gefahr, die hieraus für den NPO-Sektor erwächst, ist die, dass die Organisationen »durch die metaphorische Modulation ihres Präferenzwertes in Abstand zu ihrer Funktion geraten« (ebd.). Oder anders ausgedrückt: Je geschäftsmäßiger NPOs, gerade auch in ihrem Habitus, ihrer Organisationskultur und ihrer Semantik werden, desto mehr laufen sie Gefahr, dass sie ihre zivilgesellschaftliche Grundorientierung zu Gunsten einer Anpassung an die dominante Kultur der Business World aufgeben. Im »Endstadium« könnte die Legitimation des Organisationshandelns bzw. der Existenz der NPO eben nicht mehr zivilgesellschaftlich über eine je spezifische normative Orientierung, Wertigkeit oder Zielsetzung erfolgen, sondern entweder prozessual unter Hinweis auf die Geschäftsmäßigkeit bzw. Effizienz der Organisation oder bezogen auf ihren Output und damit über den Ausweis von in Quantitäten und monetären Äquivalenten angebbaren und somit messbaren Einheiten. Da Legitimation ein über Vereinbarung hergestelltes Konstrukt darstellt, gilt das als legitim, was der herrschenden Meinung entspricht (vgl. Kriesi 2013: 614). Wenn nur noch das als legitim betrachtet wird, was einen Bezug zur Wirtschaft und ihren Handlungslogiken aufweist, macht es für

NPOs keinen Sinn mehr, sich auf zivilgesellschaftliche Ziele, Werte und Normen auszurichten. Interessanterweise wird die »Ökomomisierung« der Zivilgesellschaft im Sinne einer zunehmenden Forcierung des Business Talk gerade von den Organisationen des NPO-Sektors vorangetrieben, die hinsichtlich ihrer Ressourcensicherung am wenigsten »auf Geld schauen müssen«. Als »Drivers« des Business Talk sind in Deutschland sicherlich einige namhafte Stiftungen zu nennen. Einer der größten deutschen Stiftungen – der Bertelsmann-Stiftung – liegt die Überzeugung ihres Gründers Reinhard Mohn zugrunde, dass gesellschaftliche Probleme am besten behoben und öffentliche Anliegen am effektivsten angegangen werden können unter Rekurs auf aus der Wirtschaft stammende Geschäftsmodelle. Der Bertelsmann-Stiftung kommt diesbezüglich, wie in vielen Themenfeldern, eine Pionierrolle zu. Es sind nach meiner Einschätzung bisher überwiegend »Unternehmensstiftungen«, die sich in besonderer Weise dieser neuen Sprache für NPOs, in der es vorrangig um Entrepreneurship, Venture Capital und Return on Investment geht, angenommen und inzwischen auch entsprechende Förderprogramme aufgelegt, Tagungen hierzu organisiert sowie Stiftungslehrstühle eingerichtet haben. Im wissenschaftlichen Diskurs hat sich der Business Talk insofern schnell verbreitet, als durch die Auflage von Forschungsprojekten, infolge der Medienkompetenz einiger Stiftungen sowie aufgrund der ausgezeichneten Kontakte zur Politik sowie durch intensive Zusammenarbeit einiger Stiftungen mit und Förderung von Think Tanks sowie privaten Universitäten und Forschungseinrichtungen das genannte Themenspektrum in der Zivilgesellschaftsforschung inzwischen als aktuell, innovativ und insbesondere als alternativlos gilt.

Angesichts dieses Szenarios befindet sich die Zivilgesellschaftsforschung in einem Dilemma: Wer sägt schon gern den Ast ab, auf dem er sitzt! Einschließlich der Forschungsförderung der EU gibt es derzeit – soweit ich dies überblicke – keine ressourcenstarken und insofern richtungsweisende Forschungsprogramme mit zivilgesellschaftlichem Bezug, die nicht im Mainstream des Ökomomisierungsdiskurses liegen. Was verbleibt angesichts dieses Sachverhaltes zu tun? Sicherlich bedarf der beschriebene Vorgang als solcher der kritischen Betrachtung und wissenschaftlichen Analyse. Aus der Politischen Philosophie (vgl. Marx 1990) ist die Unterscheidung zwischen dem Citoyen als aktiver Bürger und dem Bourgeois als nur an seinen Geschäften Interessierter bekannt. Was bedeutet der Business Talk für die Zukunft der Bürgergesellschaft: Das Ende des Citoyen, so dass nur noch die Logik der Wirtschaft zählt? Oder ordnet sich der Bourgeois dem Citoyen unter und die Wirtschaft und ihre Logik treten in den Dienst des Sozialen? Wie kommt es überhaupt zur Ubiquität des »Social-as-prefix« (Wijkeström 2011: 48). Warum erfolgt die Infiltration des Business Talks in den NPO-Sektor mittels eines Add-on-Verfahrens immer durch den Zusatz »Sozial« – angefangen beim Sozial-Kapital, über Sozialunternehmen und Sozialunternehmer bis hin zur Sozialen Innovation, Sozialen Investition und zum Social Return on Investment? Warum wird hier nicht auf zivilgesellschaftliche Leitvorstellung, auf eine in die Zukunft gerichtete positiv-besetzte Utopie rekurriert: Also warum nicht Partizipations-Unternehmer, Protest-Investition oder Gemeinschaftsinnovation?

Lohnenswert ist sicherlich auch ein Blick auf die Akteure und Promotoren des Business Talks, und zwar unter Bezugnahme auf den Habitus Ansatz von Pierre Bourdieu (1987). Warum fasziniert die Welt der Wirtschaft derart diejenigen, die zivilgesellschaftliche Belange fördern wollen und deshalb in Stiftungen, Think Tanks oder Universitäten und eben nicht bei einem führenden Wirtschaftsberatungsunternehmen arbeiten? Und schließlich, welche Folgen hat der Business Talk für den Zusammenhalt oder besser das Zusammengehörigkeitsgefühl derjenigen, die im Sektor arbeiten? Haben wir es in Zukunft ganz dezidiert mit zwei Welten zu tun, und zwar einer im Business Talk geschulten Elite von NPO-Mitarbeitern, die sich habituell sowie in ihrem Lebensstil, in ihren Zielsetzungen und Aspirationen zunehmend wegbewegt vom »Fußvolk« in NPOs, nämlich den sog. einfachen Vereinsmitgliedern, den Aktivisten und vielleicht auch den SozialarbeiterInnen?

Für die Zukunft und im Dienst einer nachhaltigen Weiterentwicklung des Themenbereichs wäre allen Beteiligten daher nahe zu legen, in Venture Capital zu investieren und eben »Mehr Zivilgesellschaft zu wagen!«

Literatur

Boeßenecker, K.-H. & M. Vilain (2013): Spitzenverbände der Freien Wohlfahrtspflege: Eine Einführung in Organisationsstrukturen und Handlungsfelder sozialwirtschaftlicher Akteure in Deutschland, Weinheim: Beltz Juventa.
Bourdieu, P. (1987): Die feinen Unterschiede. Kritik der gesellschaftlichen Urteilskraft, Frankfurt: Suhrkamp Taschenbuch Verlag.
Crouch, C. (2011): Das befremdliche Überlegen des Neoliberalismus, Berlin: Suhrkamp Verlag.
Crouch, C. (2011): The Strange Non-Death of Neoliberalism, Cambridge: Polity Press.
Esping-Andersen, G. (1985): Politics Against Markets. The Social Democratic Road to Power, Princeton: Princeton Univ. Press.
Etzioni, A. (1973): The Third Sector and Domestic Missions. In: Public Administration Review, Volume 33, S. 314–323.
Evers, A. & A. Zimmer (Hrsg.) (2010): Third Sector Organizations Facing Turbulent Environments: Sports, Culture and Social Services in Five European Countries, Baden-Baden: Nomos.

Frantz, Ch. & K. Martens (2006): Nichtregierungsorganisationen, Wiesbaden: VS Verlag.
Golbeck, Ch. (2012): Soziale Dienste in Europa zwischen Ko-operation und Konkurrenz, Freiburg: Lambertus Verlag.
Granovetter, M. (1985): Economic Action and Social Structure: The Problem of Embeddedness. In: The American Journal of Sociology, Volume 91, Heft 3, S. 481–510.
Habermas, J. (1992): Faktizität und Geltung, Frankfurt: Suhrkamp Verlag.
Hall, P. A. & M. Lamont (2013): Introduction. In: Hall, P. A. & M. Lamont (Hrsg.): Social Resilience in the Neoliberal Era, Cambridge: Cambridge University Press, S. 1–31.
Heinze, R. G. & Th. Olk (1981): Die Wohlfahrtsverbände im System sozialer Dienstleistungsproduktion. In: Kölner Zeitschrift für Soziologie und Sozialpsychologie, Volume 33, S. 94–114.
Klein, A. (2001): Der Diskurs der Zivilgesellschaft. Politische Hintergründe und demokratietheoretische Folgerungen, Opladen: Leske+Budrich.
Kocka, J. (2002): Das Bürgertum als Träger der Zivilgesellschaft – Traditionslinien, Entwicklungen, Perspektiven. In: Enquete Kommission »Zukunft des Bürgerschaftlichen Engagements« Deutscher Bundestag (Hrsg.): Bürgerschaftliches Engagement und Zivilgesellschaft, Opladen: Leske+Budrich, S. 15–22.
Kocka, J. (2003): Zivilgesellschaft in historischer Perspektive. In: Forschungsjournal NSB, Volume 16, Heft 2, S. 29–37.
Kriesi, H. (2013): Democratic legitimacy: Is there a legitimacy crisis in contemporary politics? In: Politische Vierteljahresschrift, Volume 54, Heft 4, S. 609–638.
Krönig, F.K (2007): Die Ökonomisierung der Gesellschaft. Systemtheoretische Perspektiven, Bielefeld: transcript Verlag.
Liebig, R. (2005): Wohlfahrtsverbände im Ökonomisierungsdilemma, Freiburg: Lambertus.
Luhmann, N. (1987): Soziale Systeme. Grundriß einer allgemeinen Theorie, Frankfurt: Suhrkamp Taschenbuch Verlag.
Maier, F. & M. Meyer (2011) Managerialism and Beyond: Discourses of Civil Society Organization and Their Governance Implications. In: Voluntas, Volume 22, S. 731–756.
Marx, K. (1990): Zur Judenfrage. In: Fetscher, I. (Hrsg.): Karl Marx – Friedrich Engels Studienausgabe, Bd. I, Frankfurt a. M.: Fischer Verlag, S. 34–62.
Mautner, G. (2013): Märkte »Mission«, Management: Spannungsfelder und Perspektiven in der NPO-Kommunikation. In: Simsa, R., Meyer, M. & Ch. Badelt (Hrsg.): Handbuch der Nonprofit-Organisation. Strukturen und Management, Stuttgart: Poeschel, S. 415–430.
Olk, Th., Rauschenbach, Th. & Ch. Sachße (1995): Von der Wertgemeinschaft zum Dienstleistungsunternehmen. Oder: über die Schwierigkeit, Solidarität zu organisieren. Eine einführende Skizze. In: Rauschenbach, Th., Sachße, Ch. & Th. Olk (Hrsg.): Von der Wertgemeinschaft zum Dienstleistungsunternehmen. Jugend- und Wohlfahrtsverbände im Umbruch, Frankfurt: Suhrkamp Taschenbuch, S. 11–33.

Pankoke, E. (1998): Freies Engagement – Steuerung und Selbststeuerung selbstaktiver Felder. In: Strachwitz, R. G. (Hrsg.): Dritter Sektor – Dritte Kraft. Versuch einer Standortbestimmung, Stuttgart: Raabe-Verlag.
Pankoke, E. (2002): Sinn und Form freien Engagements. Soziales Kapital, politisches Potential und reflexive Kultur im Dritten Sektor. In: Münkler, H. & K. Fischer (Hrsg.): Gemeinwohl und Gemeinsinn. Rhetoriken und Perspektiven sozialmoralischer Orientierung, Berlin: Akademie Verlag, S. 265–287.
Priller, E., Alscher, M., Droß, P. J., Paul, F., Poldrack, C. J., Schmeißer, C. & N. Waitkus (2012): Dritte-Sektor-Organisationen heute: Eigene Ansprüche und ökonomische Herausforderungen. Ergebnisse einer Organisationsbefragung. Discussion Paper SP IV 2012-402, Berlin: WZB, www.wzb.eu/org2011, Zugriff 15. 03. 2014.
Sachße, Ch. (2002): Traditionslinien bürgerschaftlichen Engagements. In: Enquete-Kommission »Zukunft des bürgerschaftlichen Engagements« Deutscher Bundestag (Hrsg.): Bürgerschaftliches Engagement und Zivilgesellschaft, Opladen: Leske+Budrich, S. 23–28.
Schimank, U. (2008): Gesellschaftliche Ökonomisierung und unternehmerisches Agieren. In: Maurer, A. (Hrsg.): Handbuch der Wirtschaftssoziologie, Wiesbaden: VS Verlag, S. 220–236.
Schimank, U. (2009): Die Moderne: eine funktional differenzierte kapitalistische Gesellschaft. In: Berliner Journal für Soziologie, Heft 3, S. 327–351.
Schimank, U. (2010): Die funktional ausdifferenzierte kapitalistische Gesellschaft als Organisationsgesellschaft – eine theoretische Skizze. In: Endreß, M. & Th. Mytys (Hrsg.): Die Ökonomie der Organisation – die Organisation der Ökonomie, Wiesbaden: VS Verlag, S. 33–61.
Schimank, U. (2011): Wohlfahrtsgesellschaften als funktionaler Antagonismus von Kapitalismus und Demokratie. MPIfG Working Paper 11/2, Köln.
Schimank, U. & U. Volkmann (2008): Ökonomisierung der Gesellschaft. In: Maurer, A. (Hrsg.): Handbuch der Wirtschaftssoziologie, Wiesbaden: VS Verlag, S. 382–393.
Seibel, W. (1991): Der Funktionale Dilettantismus. Zur politischen Soziologie von Steuerungs- und Kontrollversagen im ›Dritten Sektor‹ zwischen Markt und Staat, Baden-Baden: Nomos.
Seibel, W. (2014): Studying Hybrids: Sectors and Mechanism. In: Organization Studies (In press, S. 1–41).
Skocpol, Th. (2003): Diminished Democracy. From Membership to Management in American Civic Life, Norman: University of Oklahoma Press.
Sreeck, W. (2013): Gekaufte Zeit. Die vertagte Krise des demokratischen Kapitalismus, Berlin: Suhrkamp Verlag.
Strachwitz, R. G. (2013): Civic Traditions and Civil Society in Germany. In: Zimmer, A. (Hrsg.): Civil Societies Compared: Germany and the Netherlands, Baden-Baden: Nomos, S. 81–103.
Toepler, St. & H. K. Anheier (2005): Theorien zur Existenz von Nonprofit-Organisationen. In: Hopt, K., Hippel von, Th. & R. W. Walz (Hrsg.): Nonprofit-Organisationen in Recht, Wirtschaft und Gesellschaft, Tübingen: Mohr Siebeck, S. 47–63.

Wijkström, F. (2011): »Charity Speak and Business Talk« The On-Going (Re)hybridization of Civil Society. In: Wijkström, F. & A. Zimmer (Hrsg.): Nordic Civil Societies at a Crossroad. Transforming the Popular Movement Tradition, Baden-Baden: Nomos, S. 27-54.

Wijkström, F. & A. Zimmer (Hrsg.) (2011): Nordic Civil Societies at a Cross Road. Transforming the Popular Movement Tradition, Baden-Baden: Nomos.

Zimmer, A. (2002): NGOs als Akteure einer internationalen Zivilgesellschaft. In: Frantz, Ch. & A. Zimmer (Hrsg.): Zivilgesellschaft international. Alte und neue NGOs, Opladen: Leske+Budrich, S. 9-22.

10 ›Drifting apart‹? Unterschiedliche Handlungslogiken von formalisierten und nichtformalisierten zivilgesellschaftlichen Akteuren

Ruth Simsa

Abstract: In dem Beitrag geht es um neuere Entwicklungen in der Zivilgesellschaft und um die Beziehung von Initiativen und nichtformalisierten bzw. sehr basisorientierten Teilen der Zivilgesellschaft zu etablierten, organisierten zivilgesellschaftlichen Akteure, also Nonprofit-Organisationen. Die Relationen von NPOs und zivilgesellschaftlichen Bewegungen werden anhand von Befunden der internationalen Zivilgesellschaftsforschung analysiert. Auf Basis von Literatur und eigenen Erhebungen wird ein Überblick über gegenwärtige Entwicklungen im NPO-Sektor gegeben. Weiters werden erste Ergebnisse einer qualitativen Befragung von zivilgesellschaftlichen AktivistInnen dargestellt.

Keywords: Nonprofit-Organisationen, Dritter Sektor, Zivilgesellschaft Partizipation Protest, soziale Bewegungen, Ökonomisierung Zivilgesellschaftsforschung

1 Einleitung[1]

Welche Entwicklungen gibt es in der Zivilgesellschaft und welchen Stellenwert nehmen organisierte zivilgesellschaftliche Akteure, also NPOs dabei ein? Wie stellen sich insbesondere die Beziehungen zwischen NPOs und zivilgesellschaftlichen Bewegungen dar? Dies soll im Folgenden von beiden Seiten her charakterisiert werden. Erstens wird eine Literatur über Befunde der internationalen Zivilgesellschaftsforschung analysiert und kurz zusammengefasst. Zweitens wird auf Basis von Literatur und eigenen Erhebungen ein grober Überblick über gegenwärtige Entwicklungen im NPO-Sektor gegeben. Drittens werden einander diese Befunde in Hinblick auf die Ausgangsfrage gegenüber gestellt und mittels Ergebnissen einer qualitativen Erhebung, in der u. a. 13 Interviews mit NPO-Manage-

---

1 Der Beitrag stellt eine Weiterentwicklung dar des Artikels: Simsa, R.: Protest ohne Organisation? In: Neue Soziale Bewegungen 4/2013.

rInnen und 18 Interviews mit zivilgesellschaftlichen AktivistInnen durchgeführt wurden, illustriert. Mit der Bezugnahme auf die Bewegungsforschung und die NPO-Forschung werden zwei Zugänge verbunden, die zwar oft beide unter der Überschrift »Zivilgesellschaft« behandelt werden, sich dennoch aber auf Unterschiedliches beziehen.

Gegenwärtig gibt es eine massive Zunahme von zivilgesellschaftlichem Protest, von Aktivismus und freiwilliger Selbstorganisation. In den Krisenländern der EU waren in den letzten Jahren regelmäßig Millionen Menschen auf den Straßen. Occupy und der Arabische Frühling wie auch jüngere Proteste in der Türkei brachten den Begriff der Zivilgesellschaft in TV und Tagespresse und zeigten Protestaktivitäten von bislang untypischen AkteurInnen. Das letzte Jahrzehnt wird daher insgesamt als Phase weltweiter und umfassender Mobilisierung gekennzeichnet (vgl. Kaldor & Selchow 2013). Insgesamt werden damit auf einer neu entstehenden Bühne soziale Spannungen verhandelt und prozessiert – mit noch ungewissen Auswirkungen auf die politische Kultur, soziale Konsensfindung und ökonomische Strukturen.

Auffallend, und noch wenig diskutiert in ihren Auswirkungen, ist dabei die Kultur der »uninstitutionalized politics of protest in the streets«, also die geringe Kopplung zu zivilgesellschaftlichen und politischen Institutionen (Fishman 2012). Untersuchungen der internationalen Zivilgesellschaftsforschung deuten auf einen Trend der zunehmenden Abkopplung von Protest und zivilgesellschaftlichem Engagement von den traditionellen Institutionen der Zivilgesellschaft, also NGOs bzw. – weiter gefasst – NPOs hin.

Das Zusammenspiel von nicht-institutionalisierter Partizipation (vgl. Kaase/Marsh 1979) und Institutionen der Zivilgesellschaft scheint sich jedenfalls neu zu gestalten, die Beziehungen der Zivilgesellschaft zu staatlichen wie internationalen Institutionen bzw. NGOs verändern sich (vgl. Brunnengräber 2012).

2 Same same, but different: NPOs und die Zivilgesellschaft

Zivilgesellschaft meint eine Sphäre zwischen Staat, Wirtschaft und Privatem, in der Menschen ihre Anliegen selbst vertreten und zu gestalten versuchen (vgl. Edwards 2009), meist verbunden mit Ideen von Partizipation, Demokratie und sozialer Gerechtigkeit (vgl. Pollack 2004, Zimmer/Priller 2007). Häufig wird die Zivilgesellschaft in Zusammenhang mit NPOs bzw. NGOs gebracht, also mit privaten, nicht-gewinnorientierten, formalen Organisationen mit einem Mindestmaß an Freiwilligkeit (vgl. Salamon/Anheier 1992). Kontrovers ist, wie weit Anforderungen an Pluralität, Toleranz und Diskursivität konstitutives Element sind.

Auch nationalistische und fundamentalistische oder sogar rechtsradikale AkteurInnen agieren in dieser – dann als »bad civil society« bezeichneten (Chambers/Kopstein 2001) – Sphäre und häufig ist das Ergebnis zivilgesellschaftlichen Agierens eine betont homogene, nach außen abgeschirmte Gemeinschaft (vgl. Heins 2002, Teune 2008).

Die Trennlinie zwischen Zivilgesellschaft und NPO-Sektor ist oft diffus. Auch die Soziologie hat eine unscharfe Begrifflichkeit (vgl. Klein/Rohde 2003), »Zivilgesellschaft« und »Dritter Sektor« oder »NPO-Sektor« werden oft synonym verwendet (vgl. Simsa 2013) und Forschung unter dem Titel Zivilgesellschaft wird oft auf die Erfassung von NPOs eingeschränkt (vgl. exemplarisch Frantz/Zimmer 2002, Jirku 2011, Narberhaus 2012). Auch wenn v. a. freiwillige Vereine oft zu Recht als organisatorischer Kern oder Infrastruktur der Zivilgesellschaft charakterisiert werden (vgl. Adloff 2005, Birkhölzer et al. 2005), und es historisch eine starke Überschneidung des NPO-Sektors mit Netzwerken Sozialer Bewegungen gibt (vgl. Roth 1994, Rucht 2011), wird diese Vorgangsweise den gegenwärtigen Entwicklungen nicht gerecht.

Anheier (2013) charakterisiert es daher als aktuelle Herausforderung, »den Blick nicht auf formal verfasste Organisationen und Akteure zu verengen. Denn wir erleben vermehrt, dass sich jene neue Generation von Demonstranten, Aktivistinnen und Bloggern, die in die Öffentlichkeit drängen und teilhaben wollen am politischen Diskurs und an Entscheidungsprozessen, dem Zugriff von etablierten Bewegungen und Institutionen wie Parteien, Gewerkschaften, aber auch NPOs, entziehen.« (ebd.: 86) All diese genannten Formen des Aktivismus können unter den Begriff des nichtformalisierten zivilgesellschaftlichen Engagements subsumiert werden, ebenso wie Bürgerinitiativen, Selbsthilfegruppen u. ä., sofern diese nicht als Verein eingetragen sind, und sie machen einen wichtigen Teil der Zivilgesellschaft aus, der in der oft auf NPOs fokussierten Forschung oft vernachlässigt wird.

Wenn allerdings neuere Erhebungen NPOs im Begriff der subterranean politics qua Definition aus der Analyse ausschließen (vgl. Kaldor/Selchow 2013), dann bringt das wertvolle empirische Erkenntnisse über subterranean politics, lässt neben der Frage des Zusammenspiels verschiedenster Akteure aber v. a. auch jene nach erfolgreichen Strukturen von politischer Governance offen und birgt die Gefahr, neue Formen des Protests in romantisierender Form vorschnell als positive Erneuerung der Demokratie zu missinterpretieren, anstatt als bloßes Ventil für die Frustration über etablierte Politik (vgl. Trägårdh 2013).

Hier soll Zivilgesellschaft definiert werden als die Summe von Akteuren und Handlungen, die ein Mindestmaß an Autonomie von Markt und Staat aufweisen; die auf die Gestaltung politischer Prozesse und/oder sozialer Lebensbedingungen gerichtet sind und im Rahmen kollektiven Handelns stattfinden. In anderen

Worten: »Civil society is an open arena of participation, located beyond the fuzzy boundaries of state and market, in which different types of individuals, groups, and organizations cooperate or compete for visibility and relevance, in the pursuit of collective (though not necessarily shared) political and social goals and animated by a variety of values and interests« (Fioramonti/Thümler 2013). Soziale Bewegungen, die an Themen kondensieren und sozialen Wandel durch Protest herbeiführen wollen, können als Sonderform zivilgesellschaftlichen Engagements charakterisiert werden, die sich durch besonders hohen Grad an Vernetzung, Aktivitäts- und Interaktionsdichte auszeichnen.

Zur Erfassung des formalisierten zivilgesellschaftlichen Engagements verwende ich den Begriff NPO statt NGO, da dieser Begriff weiter gefasst ist – die hier verwendete Definition schließt den Begriff der international politisch agierenden NGO mit ein – und da zweitens die meisten NPOs mehrere gesellschaftliche Funktionen parallel erfüllen, die nach Service-, Advocacy- und Communitybuilding-Funktion unterschieden werden können (vgl. Neumayr/Schneider 2008). All jene NPOs, die auch politisch orientiert sind und Advocacy betreiben, also die Konfrontation der Gesellschaft mit sonst ausgeblendeten Themen und den Versuch der Mitgestaltung von gesellschaftlichen Bedingungen, können m. E. zur Zivilgesellschaft gezählt werden.

3 Entwicklungen der internationalen Zivilgesellschaft – zivilgesellschaftliche Infrastruktur jenseits formeller NPOs?

Empirische Befunde deuten darauf hin, dass die globale Zivilgesellschaft in einen umfassenden Restrukturierungsprozess eingetreten ist (vgl. Albrow/Seckinelgin 2011, Kaldor et al. 2012). Die 1990er Jahre können als Phase der Konsolidierung bezeichnet werden, gekennzeichnet durch den Aufbau einer stabilen zivilgesellschaftlichen Infrastruktur, v. a. in Form von (internationalen) NPOs, deren Management-Orientierung und Formalisierung. Die 2000er Jahre waren durch starke politische und soziale Polarisierung geprägt. Soziale Bewegungen (v. a. die Weltsozialforen) mobilisierten gegen Krieg, Terror und die Macht globaler Märkte. Es kam zu einer Betonung der Formen freiwilliger Selbstorganisation und des Aktivismus, von politisierendem Mobilisieren und Experimentieren, zur Entwicklung neuer Aktions- und Praxisformen (vgl. Roth 2012). Gegenwärtig ist die Zivilgesellschaft gekennzeichnet durch massive Mobilisierung mit z. T. hoher medialer Resonanz im jeweiligen In- und Ausland sowie durch neue Formen des Aktivismus.

So weiteten sich z. B. Proteste gegen geplante Ausgabenkürzung in Spanien im Jahr 2011 sehr schnell auch auf andere spanische Städte aus, Demonstrationen insgesamt mehrerer Millionen Menschen standen an der Tagesordnung (vgl. Kaldor/ Selchow 2013). Neue Formen des Aktivismus hier sind etwa die Weigerung von Berufsgruppen (Schlosser, Feuerwehr), bei Delogierungen von Personen, die Kreditraten für Wohnungen nicht zahlen können, tätig zu werden, flash-mobs von Pensionistinnen, Hausbesetzungen durch bislang untypische Besetzer wie ganze Familien oder alte Menschen.

Gegenwärtig neue Soziale Bewegungen, wie die auf Demokratisierung gerichteten in der arabischen Welt oder die an zunehmenden sozialen Ungleichheiten ansetzenden wie Occupy oder Movimento 15M der Indignados (die Empörten) in Spanien, weisen Merkmale der Anfangsstadien Sozialer Bewegungen auf: »[…] der Einbezug einer neuen Generation, das Experimentieren mit alternativen Organisationsformen, die Artikulation neuer und manchmal noch vager politischer Ideen und vor allem: Begeisterung an der gemeinsamen Sache« (Anheier 2013). Ein langfristiger internationaler Trend besteht darin, dass die Partizipation an politischen Demonstrationen zunehmend schichten- und generationenübergreifend wird (vgl. Van Aelst/Walgrave 2001), Frauen, Akademiker und Berufstätige, sogar ganze Familien beteiligen sich zunehmend (vgl. Anheier 2013, Rothschild-Whitt 1979). Großes Mobilisierungspotenzial gibt es zudem in der wachsenden Gruppe der unter Dreißigjährigen, die vom Arbeitsmarkt, von sozialer Teilhabe und von politischen Entscheidungen exkludiert sind. Ein internationales Phänomen ist auch die Re-Emotionalisierung der Politik (vgl. Enrique Gil Clavo 2012)[2] bzw. die Remoralisierung des Protests (vgl. Roth 2012).

Es gibt erste Ansätze, diese Phänomene im Rahmen eines Mapping der internationalen Zivilgesellschaft konzeptuell besser zu erfassen und transnational vergleichend zu untersuchen (vgl. Albrow/Seckinelgin 2011, Kaldor/Selchow 2013).

Ergebnisse deuten darauf hin, dass Akteure der Protestbewegungen die Krise nicht nur als ökonomische, sondern als grundlegend politische verstehen und neue Formen von Demokratie anstreben. Systemische Zusammenhänge werden allerdings nur bedingt thematisiert: So sind z. B. Europa und die EU keine zentralen Themen der europäischen AktivistInnen, Finanzmärkte und deren Dynamiken werden wenig adressiert (vgl. Anheier 2012, Orr 2002). Die Aufmerksamkeit vieler Aktivitäten richtet sich eher auf lokale Phänomene und Themen. Dies ist bemerkenswert, da die Hintergründe der Probleme vielfach globaler Natur sind. Der massive Druck der Finanzmärkte auf nationale Regierungen zur Durchsetzung von Austeritätspolitik und Erhöhung von Wettbewerbsfähigkeit durch Lohnkürzungen, Flexibilisierung von Arbeitsmärkten und Reduktion öffentlicher (Sozial) Ausgaben (vgl. Roubini/Mihm 2011) war ein wesentlicher Auslöser jener sozialen

---

2 Im Interview: http://diepresse.com/home/wirtschaft/eurokrise/743252/Arbeitslosigkeit-in-Spanien_Jugend-am-Ende, Zugriff 18. 03. 2014.

und politischen Krisen, an denen Soziale Bewegungen in Europa und den USA kondensierten (vgl. Fioramonti/Thümler 2013).

Besonders auffallend ist der hohe Grad an Partizipation und Resonanz (vgl. Kaldor/Selchow 2013): Eine spannende Dichotomie liegt in der Parallelität von virtueller und physischer Präsenz. Zum einen hat das Internet hohe Bedeutung für networking, Mobilisierung und Prozesse der kollektiven Co-Produktion von Inhalten (vgl. Gauntlett 2011), zum anderen ist mit Besetzungen und Demonstrationen, sit-ins etc. durch in Summe mehrere Millionen Menschen auch eine Rückeroberung des öffentlichen Raums beobachtbar, der Prozess der »Tyrannei der Intimität« (Sennett 2001) mithin hinterfragt.

Ein weiterer Trend betrifft Organisationsformen im Rahmen der Zivilgesellschaft, die durch Veränderungen der NPO-Infrastruktur selbst (v. a. Zunahme von Hybridformen, informelle Quasi-Organisationen) wie auch der Zunahme von neuen Organisationsformen außerhalb der NPO-Welt gekennzeichnet ist. Im Zuge dessen bildet sich eine zivilgesellschaftliche Infrastruktur jenseits formeller NPOs aus (vgl. Anheier 2013). Neue Formen des Protests gehen häufig in Distanz zu etablierten Formen politischer Repräsentation (vgl. Hardt/Negri 2011), etwa mit der Weigerung, Sprecher zu nominieren, Organisationen zu bilden oder mit Programmen an bestehende politische Angebote anzuknüpfen (vgl. Roth 2012). Starkes Leadership wird ebenso abgelehnt wie formale Strukturen. Visionen »fluider« und »horizontaler« Demokratie sind nicht neu, werden aber durch die kommunikativen Möglichkeiten sozialer Netze beflügelt.

Clark (2011) sieht in Diversität und der Abhängigkeit von Informationstechnologie neben der Stärke auch eine Schwäche der Zivilgesellschaft, die solcherart nur eine Ansammlung lose verbundener Anlässe sei, »[…] in effect, a ›Protest Mall‹, not a campaign […]« (ebd.: 245). Die Proteste sind demnach sehr gut darin, systemische Probleme zu identifizieren, ihr Operationsmodus, der weithin webbasiert ist, mit gelegentlichen Treffen in großen und unstrukturierten Gruppen, welche jegliche Führung ablehnen, verhindert aber starke und zugkräftige Botschaften (ebd., vgl. auch Keck/Von Bülow 2011).

Die hohe Distanz zu und auch Desinteresse an politischen Eliten wie auch etablierten NPOs (vgl. Flesher 2007) hängen insbesondere in süd- und osteuropäischen Ländern mit dem geringen Vertrauen in jene Institutionen zusammen, die die Basis der Demokratie bilden. Neben generell niedrigem Vertrauen (social trust) und ineffizienten, z. T. korrupten Regierungen ist v. a. zentral, »that the routinized, institutional connections between citizens and their associations and the state are absent, ad hoc, or weak, at least by comparison to the Nordic countries.« (Trägårdh 2013)

Auch zu den internationalen NPOs, die noch in den 1990er Jahren als Sprachrohr Sozialer Bewegungen an Bedeutung gewannen, wächst die kritische Distanz, ihre Leistungsfähigkeit und Legitimation wird zunehmend kritischer betrachtet bzw. in Frage gestellt (vgl. Brunnengräber 2012: 44).

Die Lösungskapazität von eher lose organisierten Formen des Protests, bzw. der organisationslosen Mobilisierung allerdings ist fraglich, Anheier (2012) z. B. argumentiert in Zusammenhang mit der Kontrolle von Finanzmärkten: »Wir brauchen eine gezielte Entwicklung von zivilgesellschaftlicher Infrastruktur aus Mitgliedsorganisationen, Interessenverbänden, Denkfabriken und Stiftungen auf nationaler und globaler Ebene« (ebd.: 436). Streeck (2013) sieht nur dann Veränderungsmacht auf Seiten der Zivilgesellschaft, wenn diese die politische Natur gegenwärtiger Konflikte und damit auch Macht- und institutionelle Strukturen stärker in den Blick nimmt. Für Protestbewegungen stellt sich die Frage der sozialen Nachhaltigkeit: Wenn es nicht gelingt, Anschlussfähigkeit an etablierte institutionelle Strukturen herzustellen, also die Energie unzähliger Menschen und Aktionen in die Sprache der entscheidungsrelevanten Systeme zu übersetzen, dann werden Sozialkapital geschaffen, einzelne schadensbegrenzende Maßnahmen erwirkt und die Empörung über wachsende Ungleichheit und Exklusion emotional und sozial kanalisiert – in Verursachungszusammenhänge wird aber u. U. nur bedingt eingegriffen.

4 Entwicklungen im NPO-Bereich: NPOs – engagiert, etabliert und unter Druck

Der institutionalisierte Teil der Zivilgesellschaft, also NPOs, hat andere Themen. Sowohl öffentliche als auch private Finanzierung sind international rückläufig, während soziale Spannungen und Aufgaben für NPOs gestiegen sind (vgl. Fioramonti/Thümler 2013: 120, Monzon/Chaves 2012). Eine Verbesserung der Situation ist nicht absehbar, auch in Zukunft ist krisenbedingt mit erheblichen Einschnitten in die sozialen Sicherungssysteme zu rechnen (vgl. Obinger 2012). Die in allen europäischen Ländern beobachtbare Entwicklung zu Prekarisierung, einer zunehmenden Kluft zwischen Arm und Reich und wachsender Exklusion ist vermutlich noch nicht beendet und die Frage nach gesellschaftlicher Integration und sozialer Gerechtigkeit stellt sich damit in verschärfter Form (vgl. Penz 2010).

Der überwiegende Anteil an NPOs erbringt neben Advocacy auch Serviceleistungen, z. B. Sozialorganisationen, die neben ihrer politischen Arbeit für die Lebensbedingungen von Immigranten oder gegen Armut auch Pflegeheime oder Essen auf Rädern bereitstellen oder Drogenhilfsorganisationen, die neben Bewusstseinsbildung und Lobbying auch von öffentlichen Geldern finanzierte Therapien und Beratungen anbieten. Diese Organisationen leiden besonders am Rückgang öffentlicher Finanzierung in Relation zu geforderten Leistungen. In einer Erhebung im österreichischen NPO-Sektor (vgl. Simsa/Hollerweger 2012) gaben 96 % der Befragten an, dass der Bedarf nach Aktivitäten oder Leistungen ihrer Organisation in den letzten vier Jahren deutlich gestiegen ist, bei 35 % der Organisationen betrug der Anstieg des Bedarfs mehr als 20 %. Ein Großteil (80 %) der befragten Organisationen haben bei meist gleichbleibender oder rückläufiger Finanzierung ihr quantitatives Angebot gesteigert, ebenso viele bieten zudem eine höhere Vielfalt an Leistungen an.

Unterschiedlich ausgeprägt gilt dies für NPOs europaweit: Einem höheren Bedarf an Leistungen stehen gleichbleibende bzw. rückläufige Finanzierungen durch die öffentliche Hand gegenüber (vgl. Meyer/Simsa 2013). Die zu hohen Anteilen an Leistungserbringung orientierten und von öffentlichen Geldern abhängigen Organisationen haben auf diese bereits länger andauernde Entwicklung größtenteils reagiert: mit Professionalisierung, Effizienzsteigerung, Wirkungsnachweisen und z. T. auch Einschränkungen von Advocacy-Tätigkeiten. Während finanzielle Kürzungen bis vor einigen Jahren noch teilweise durch die Nutzung von Produktivitätsreserven aufgefangen werden konnten, treffen sie gegenwärtig zunehmend auf Organisationen, die über keinerlei Reserven (organisationalen »slack«) mehr verfügen. Im letzten Jahrzehnt war v. a. im Sozialbereich in den meisten NPOs auch eine deutliche Steigerung der Professionalisierung zu beobachten, hier gibt es wenig zusätzliches Potenzial und in Folge ist auch weiterer Prekarisierungsdruck (vgl. Dimmel 2012, Jirku 2011) zu befürchten.

Die genannten Strategien der Professionalisierung und Effizienzsteigerung können zwar auf Organisationsebene z. T. durchaus überlebenssichernd sein, tragen aber dazu bei, die Anschlussfähigkeit an nichtformalisierten Aktivismus zu verringern. Der Trend zur Wirkungsmessung tut ein Übriges: Advocacy wird hier aufgrund der vergleichsweise schwierigen Bewertbarkeit tendenziell vernachlässigt, sodass NPOs in Wirkungskennzahlen quasi dafür »bestraft« werden (vgl. Simsa et al. 2013).

Vor diesem Hintergrund können Aktivitäten der Advocacy heikel werden: Zum einen bleiben immer weniger Ressourcen dafür, das alte Spannungsfeld »Voice versus Service« stellt sich damit noch drastischer. Zum anderen müssen auch etablierte NPOs, die mehrere gesellschaftliche Funktionen erfüllen, genau abwägen, ob sie mit aktivem Advocacy zu kontrovers beurteilten Themen wie Flüchtlingen oder der Homosexuellenehe den Entzug finanzieller Ressourcen (Spenden, Mitgliedsbeiträge) riskieren. Insgesamt ist es nicht verwunderlich, dass es einen globalen Trend der Verschiebung der Funktionen von NPOs gibt, welcher in Summe zu einem Bedeutungsgewinn von Service auf Kosten von Advocacy führt (vgl. Clark 2011). Wenn damit tatsächlich ein stärkeres Auseinanderdriften der Logiken von NPOs und nichtformalisiertem zivilgesellschaftlichen Engagement verbunden ist, stellt sich die Frage, wie weit NPOs ihre Funktion als

Spezialisten für Vermittlung und Kritik (vgl. Simsa 2001) verlieren, bzw. auch ihre politische Bedeutung, die wesentlich für Legitimität und Mobilisierungspotenzial ist.

Jene (zahlenmäßig deutlich geringeren) Organisationen, die ausschließlich Advocacy leisten, also klassische Bewegungsorganisationen, haben andere Probleme: Im Zuge ihrer Mitwirkung an politischen Entscheidungsprozessen mussten sie ihre Anschlussfähigkeit an etablierte Institutionen gewährleisten, folglich in ihren Forderungen moderater werden und gerieten damit sowohl mit ihrem Habitus als auch mit ihren Inhalten zumindest teilweise in Distanz zum radikalen Widerstand der Protestbewegungen. Die heikle Balance zwischen radikalen Ansprüchen und gesellschaftlicher Mitwirkung verdeutlicht eine Untersuchung der spanischen Poverty Zero-Kampagne. Sie zeigt, wie nichtstaatliche Entwicklungsorganisationen Netzwerke Sozialer Bewegungen schaffen, welche ihrerseits zu professionalisierten und bürokratischen Strukturen tendieren, mit dämpfenden Folgen für Advocacy und die Bereitschaft, das globale System zu hinterfragen (vgl. Roca 2007).

5   Beziehung von AktivistInnen der Zivilgesellschaft und NPOs

Durchgängig wird also in der Literatur eine wachsende Kluft zwischen traditionellen Institutionen der Zivilgesellschaft (NPOs, Gewerkschaften) und den AktivistInnen der neueren Bewegungen konstatiert (vgl. Pianta 2013), z. T. sogar von einer »weitgehend organisationslosen Mobilisierung« gesprochen (Roth 2012: 26). Laut ersten Eindrücken aus unserer qualitativen Erhebung ist dies ebensowenig zutreffend, wie es ein nicht weiter differenziertes Zusammenfassen der beiden Phänomene unter dem Überbegriff Zivilgesellschaft ist.

Wenig überraschend weisen die beiden unterschiedlichen Formen zivilgesellschaftlichen Engagements sehr unterschiedliche Logiken und Handlungsmuster auf. Die ersten Ergebnisse unserer Erhebung deuten zudem auf ein wohlwollendes Nebeneinander hin, welches hin und wieder, anlassbezogen, von Kooperationsbeziehungen abgelöst wird.

NPOs leisten allerdings in vielfacher Hinsicht Beiträge für nichtformalisiertes Engagement, welche weder in der Forschung noch von den handelnden Akteuren selbst ausreichend Beachtung finden. Sie bereiten erstens den Boden für bestimmte Themen auf: »Weil es uns gibt, haben viele andere kleinere Initiativen den Mut, das Thema Verkehr auch zu bearbeiten.« Sie leisten zweitens Unterstützung, v. a. durch Information, die gerade neuere und kleinere Initiativen noch nicht haben: »[…] wir geben ihnen alles, damit sie es selber machen können. […]

Es ist wirklich sowas wie Hilfe zur Selbsthilfe, also wir würden nicht für jemanden den Brunnen graben in der Sahelzone, sondern wir sagen, wir erklären dir wie das geht [...].«

Von den NPOs selbst wird nichtformalisiertes zivilgesellschaftliches Engagement grundsätzlich sehr positiv beurteilt. Generell allerdings bestehen Kooperationsbeziehungen der NPOs in weitaus größerem Maß zu anderen NPOs, häufig meinen VertreterInnen der Organisationen, wenn sie von AktivistInnen reden, die eigene oder andere NPOs, das nichtformalisierte Engagement wird manchmal kaum wahrgenommen. Wie weit sich die NPOs im Einzelnen darauf beziehen, es als relevant wahrnehmen oder mit der Initiative kooperieren, hängt vom Aufgabenbereich der NPO ab, punktuelle Kontakte gibt es zumeist aufgrund eines gemeinsamen Themas, gelegentlich auch aufgrund der allgemeinen demokratie- oder menschenrechtspolitischen Orientierung von NPOs, die auf Einschränkungen von Bürgerrechten der Aktivisten reagieren.

Selten werden von Seiten der AktivistInnen gezielt strategische Partnerschaften mit NPOs gesucht.

Diese Kooperationen weisen spezifische Probleme auf. AktivistInnen sehen zwar die Vorteile, die durch die Etabliertheit und Stärke von NPOs gegeben sind, kritisieren aber die mit formalen Strukturen einhergehende geringere Flexibilität der NPOs, sowie auch das Machtgefälle, das in Kooperationsbeziehungen verspürt wird:»Ja mit XX und XX haben wir zusammengearbeitet. [...] es war für uns wie einen Schutz – jetzt nicht als Einzelgänger aufzutreten sondern eine Organisation im Hintergrund zu haben.« Und auf die Frage nach der Einschätzung der Zusammenarbeit:»Ganz ehrlich [...] ich halte nicht sehr viel davon. Die sind nicht flexibel. Die gehen ihren Weg, die greifen irgendwo ihr Thema auf [...] und haben ihre Richtlinien, und die ziehen sie durch, sie sind aber nicht [...] flexibel oder gesprächsbereit. Entweder man tut so wie sie sagen, oder nicht. Wir haben uns dann wieder abstrahiert, unser Eigenes gemacht.«

Während NPOs weitgehend professionalisiert sind, sehen Initiativen z. T. gerade nicht-Professionalisierung als Teil ihrer Identität, was die Anschlussfähigkeit an NPOs nicht immer erhöht. Gefragt nach der Struktur antwortet etwa ein Aktivist:»Prinzipiell keine, es gibt keine Rechtsform, es gibt kein Verein, gar nichts. Wir sind einfach ein loses Kollektiv an Leuten und das ändert sich auch [...] Und ja, sonst es gibt eigentlich keine wirkliche Struktur, es sind einfach persönliche Kontakte, die funktionieren.« (BK) Bisweilen geht es offenbar eher um den Prozess, um das tun, und weniger um zielorientiertes, strategisches Handeln:»natürlich ein Verein, der jahrelang aufrecht ist und der auch amtlich registriert ist, der hat natürlich ein anderes Auftreten als wir, aber es hat uns aber auch nicht abgehalten wie gesagt. Es ist mir eigentlich egal, ich sehe das als Initiative und da muss ich nicht einen Bekanntheitsgrad haben um etwas zu bewegen zu können.« (TI)

Die Rolle von NPOs im Zusammenhang mit Advocacy und Protest dagegen wird möglicherweise – auch von NPOs selbst – unterschätzt. Diesbezügliche Aktionsformen unterschieden sich in manchen Fällen stark von jenen sozialer Bewegungen oder von Protestinitiativen, sie sind stiller, mehr im Hintergrund. »D. h. wir reden mit allen und wir tun das nicht notwendigerweise öffentlich.« (O13) Während Protest-Initiativen inhärent auf die Mobilisierung von Öffentlichkeit abzielen, haben NPOs oft mehr Erfolge mit Advocacy im Hintergrund: »da brauch ich eigentlich keine Öffentlichkeit, da brauch ich nur gute Kontakte, meine Zielgruppe ist ganz klein, 183 Nationalratsabgeordnete, 61 Mitglieder des Bundesrates [...] Aber die Ministerien, die Beamten in den Ministerien, die sind wichtig, weil die wechseln nicht, die bleiben. Also das ist auch Voice aber vielleicht eine leise Stimme, ich muss da nicht laut reden für diese Anliegen.« (O13) NPOs müssen zudem stärker zwischen unterschiedlichen Stakeholdern, Interessen und Strategien abwägen: »[...] man überlegt sich jetzt sehr genau, ob man öffentlich wird mit dem Thema oder ob man zunächst und sehr intensiv immer wieder versucht Gespräche mit den Verantwortlichen zu führen, [...]« (O5) Advocacy wird auch mit anderen Aufgabenbereichen verbunden und damit nicht immer als solche ausgeschildert, etwa in Zusammenhang mit Fundraising: »Wenn wir fundraisen, dann machen wir auch Bewusstseinsbildung, dann machen wir auch Informationsarbeit, das ist auch oft gekoppelt. Wir verbinden Fundraising und Aktivismus immer stärker.« (Org. 9)

Es zeigt sich jedenfalls, dass formalisiertes und nichtformalisiertes zivilgesellschaftliches Engagement zwei strukturell sehr verschiedene Phänomene sind. Aktionsformen, Handlungsmuster und auch die wechselseitige Wahrnehmungen sind differenziert und bedürfen weitergehender Forschung. Möglicherweise driften mit den Protesten und den Organisationen der Zivilgesellschaft also tatsächlich – wie in der Literatur gegenwärtig oftmals konstatiert – zwei Welten auseinander, die füreinander historisch immer große Bedeutung hatten. Was dies in weiterer Folge bedeutete, wäre offen. Möglicherweise entstünden mit der Konsolidierung der Bewegungen neue Organisationen, also NPOs, gegenwärtig ist dies nur vereinzelt der Fall. Für NPOs könnte es wichtig werden, ihre traditionelle »Mehrsprachigkeit«, also die Anschlussfähigkeit an unterschiedliche Systeme, für die Weiterentwicklung und Kanalisierung von Kritik und damit auch für eine Stärkung ihrer gesellschaftspolitischen Funktionen noch stärker zu nutzen und zu bewahren. Inhaltlich, nämlich in Bezug auf ihren Unmut über Exklusion und ungehemmte Ökonomisierung zum Vorteil weniger, haben beide Welten mehr gemein, als die Unterschiedlichkeit in den Operationslogiken vermuten lässt. Möglicherweise allerdings ist die gegenwärtige Entwicklung weniger als Auseinanderdriften zu beurteilen, sondern als Ausdruck der grundsätzlich verschiedenen Handlungslogiken. Punktuelle Initiativen und Soziale Bewegungen stehen gerade in ihren

Anfangsstadien eher in Distanz zu etablierten Organisationen, eigene Bewegungsorganisationen werden eher in späteren Phasen hervorgebracht.

Deutlich ist jedenfalls, dass für die Bewegungs- wie auch die NPO-Forschung die weitere konzeptuelle Fassung und empirische Untersuchung des Zusammenspiels von nicht-institutionalisierter Partizipation mit institutionalisierten Formen der Zivilgesellschaft jedenfalls eine Aufgabe ist, von der noch interessante Ergebnisse zu erwarten sind.

Literatur

Adloff, F. (2005): Wirtschaft und Zivilgesellschaft. Theoretische und empirische Perspektiven, 1. Auflage, Wiesbaden: VS Verlag.

Albrow, M. & H. Seckinelgin (2011): Global Civil Society 2011: Globality and the Absence of Justice, Basingstoke, UK: Palgrave Macmillan.

Anheier, H. (2012): Zivilgesellschaft und Krisen: Dahrendorf'sche Reklektionen. In: Leviathan, Volume 40, Heft 3, S. 421-440.

Anheier, H. (2013): Entwicklungen der internationalen Zivilgesellschaft. In: Simsa, R., Meyer, M. & C. Badelt (Hrsg): Handbuch der Nonprofit-Organisation. Strukturen und Management, 5. Auflage, Stuttgart: Schäffer-Poeschel, S. 77-89.

Birkhölzer, K., Klein, A., Priller, E. & A. Zimmer (2005): Dritter Sektor - Drittes System. Theorie, Funktionswandel und zivilgesellschaftliche Perspektiven, 1. Auflage, Wiesbaden: VS Velag.

Brunnengräber, A. (2012): Ein neuer Bewegungszyklus. Von der NGOisierung zur Occupy-Bewegung. In: Forschungsjournal Soziale Bewegungen, Heft 1, S. 42-50.

Chambers, S. & J. Kopstein (2001): Bad Civil Society. In: Political Theory, Volume 29, Heft 6, S. 837-865.

Clark, J. (2011): Civil Society in the Age of Crisis. In: Journal of Civil Society, Volume 7, Heft 3, S. 241-263. doi: 10.1080/17448689.2011.604986.

Dimmel, N. (2012): Sozialwirtschaft unter Prekarisierungsdruck. In: WISO, Heft 1, S. 27-47.

Edwards, M. (2009): Civil society, 2. Auflage, Cambridge u. a.: Polity Press.

Fioramonti, L. & E. Thümler (2013): Citizens vs. Markets. How Civil Society is Rethinking the Economy in a Time of Crisis. In: The Journal of Civil Society, Volume 9, Heft 2.

Fishman, R. M. (2012): On the Significance of Public Protest in Spanish Democracy. Democràcia, política i societat. Homenatge a Rosa Virós. Universitat Pompeu Fabra.

Flesher, F. (2007): Autonomous Movements and the Institutional Left: Two Approaches in Tension in Madrid's Anti-globalization Movement. In: South European Society & Politics, Volume 12, Heft 3, S. 335-358.

Frantz, C. & A. Zimmer (2002): Zivilgesellschaft international. Alte und neue NGOs, Heidelberg: Springer.

Gauntlett, D. (2011): Making is Connecting: The Social Meaning of Creativity. From DIY and Knitting to YouTube and Web 2.0, London: Polity Press.
Hardt, M. & A. Negri (2011): The fight for ›real democracy‹ at the heart of Occupy Wall Street. In: Foreign Affairs.
Heins, V. (2002): Das andere der Zivilgesellschaft. Zur Archäologie eines Begriffs, Bielefeld: Transcript.
Jirku, B. (2011): Ist sozial, was Arbeit schafft? Zivilgesellschaft und Soziale Arbeit. In: Forschungsjournal Neue Soziale Bewegungen, Volume 24, Heft 3, S. 71–76.
Kaase, M. & A. Marsh (1979): Political Action – A Theoretical Perspective. In: Barnes, S. H. & M. Kaase (Hrsg.): Political Action. Mass Participation in Five Western Democracies, Beverly Hills: Sage Publications, S. 27–56.
Kaldor, M., Moore, H. L., & S. Selchow (2012): Global civil society 2012: Ten years of critical reflection, 1. Auflage, Basingstoke: Palgrave Macmillan.
Kaldor, M. & S. Selchow (2013): The ›Bubbling Up‹ of Subterranean Politics in Europe. In: Journal of Civil Society, Volume 9, Heft 1, S. 78–99. doi: 10.1080/17448689.2013.784501.
Keck, M. E. & M. von Bülow (2011): Commentary: What Can we Ask of Civil Society? In: Journal of Civil Society, Volume 7, Heft 3, 283–286. doi: 10.1080/17448689.2011.604996.
Klein, A. & M. Rohde (2003). Konturen der Zivilgesellschaft – Zur Profilierung eines Begriffs. Editorial zum Themenheft. In: Forschungsjournal Neue Soziale Bewegungen, Volume 16, Heft 2, S. 2–5.
Meyer, M. & R. Simsa (2013): Entwicklungsperspektiven des Nonprofit-Sektors. In: Simsa, R., Meyer, M. & C. Badelt (Hrsg.): Handbuch der Nonprofit-Organisation. Strukturen und Management, 5. Auflage, Stuttgart: Schäffer-Poeschel, S. 509–525.
Monzon, J. L. & R. Chaves (2012): The Social Economy in the European Union. In: W.-u. S. Europäische Kommission (Hrsg.), Brussels.
Narberhaus, M. (2012): Effektive Strategien für zivilgesellschaftliche Organisationen zur »Großen Transformation«. In: Forschungsjournal Soziale Bewegungen, Volume 25, Heft 1, S. 65–70.
Neumayr, M. & U. Schneider (2008): Nonprofit Organisationen – Mehr als nur Dienstleister? Empirische Befunde zu den Funktionen von Nonprofit Organisationen in Österreich und der Tschechischen Republik. In: Schauer, R., Helmig, B., Purtschert, R. & D. Witt (Hrsg.): Steuerung und Kontrolle in Nonprofit Organisationen, Wiesbaden: DUV-Gabler, S. 397–418.
Obinger, H. (2012): Die Finanzkrise und die Zukunft des Wohlfahrtsstaates. In: Leviathan, Heft 3, S. 441–461.
Orr, J. C. (2002): Business associations and global financial governance. In: Scholte, J. A. & A. Schnabel (Hrsg.): Civil Society and Global Finance, London: Routledge, S. 199–212.
Penz, O. (2010): Vom Sozial- zum Wettbewerbsstaat. In: Grisold, A., Maderthaner, W. & O. Penz (Hrsg.): Neoliberalismus und die Krise des Sozialen. Das Beispiel Österreich, Wien: Böhlau, S. 139–179.

Pianta, M. (2013): Democracy Lost: The Financial Crisis in Europe and the Role of Civil Society. In: Journal of Civil Society, Volume 9, Heft 2, S. 148–161. doi: 10.1080/17448689.2013.788927.

Pollack, D. (2004): Zivilgesellschaft und Staat in der Demokratie. In: Klein, A., Kern, K., Geißel, B. & B. Maria (Hrsg): Zivilgesellschaft und Sozialkapital. Herausforderungen politischer und sozialer Integration, Wiesbaden: VS Verlag, S. 23–40.

Roca, B. (2007): Organizations in Movement: An Ethnographer in the Spanish Campaign Poverty Zero. In: Voluntas, Volume 18, Heft 2, S. 116–134.

Roth, R. (1994): Demokratie von unten. Neue soziale Bewegungen auf dem Wege zur politischen Institution, Köln: Bund-Verl.

Roth, R. (2012): Vom Gelingen und Scheitern sozialer Bewegungen. In: Forschungsjournal Soziale Bewegungen, Heft 1, S. 21–31.

Rothschild-Whitt, J. (1979): The collectivist organization: An alternative to rational-bureaucratic models. In: American Sociological Review, Volume 44, Heft 4, S. 509–527.

Roubini, N. & S. Mihm (2011): Crisis Economics: A Crash Course in the Future of Finance, New York: Penguin.

Rucht, D. (2011): Zum Stand der Forschung zu sozialen Bewegungen. In: Forschungsjournal Soziale Bewegungen, Heft 3, S. 20–47.

Salamon, L. M. & H. K. Anheier (1992): In Search of the Nonprofit Sector I: The Question of Definitions. In: Voluntas, Volume 3, Heft 2, S. 267–309.

Sennett, R. (2001): Verfall und Ende des öffentlichen Lebens: Die Tyrannei der Intimität, ungekürzte Ausg., 12. Auflage, Frankfurt a. M.: Fischer Taschenbuch Verl.

Simsa, R. (2001): Gesellschaftliche Funktionen und Einflussformen von Nonprofit-Organisationen. Eine systemtheoretische Analyse, Frankfurt a. M., Wien u. a.: Lang.

Simsa, R. (2013): Gesellschaftliche Restgröße oder treibende Kraft? Soziologische Perspektiven auf NPOs. In: Simsa, R., Meyer, M. & C. Badelt (Hrsg.): Handbuch der Nonprofit-Organisation, 5. Auflage, Stuttgart: Schaeffer & Poeschel, S. 125–145.

Simsa, R. & E. Hollerweger (2012): Rahmenbedingungen für die organisierte Zivilgesellschaft. unveröffentlichter Projektbericht, Wien.

Simsa, R., Millner, R., Maier, F., Schober, C., & O. Rauscher (2013): Das Konzept des Social Return on Investment – Grenzen und Perspektiven. In: Gmür, M., Schauer, R. & L. Theuvsen (Hrsg.): Performance Management in NPO: Theoretische Grundlagen, empirische Ergebnisse und Anwendungsbeispiele, Bern: Haupt Verlag, S. 198–206.

Streeck, W. (2013): Gekaufte Zeit. Die vertagte Krise des demokratischen Kapitalismus. Frankfurter Adorno-Vorlesungen 2012, 2. Auflage, Berlin: Suhrkamp.

Teune, S. (2008): Rechtsradikale Zivilgesellschaft – contradictio in adiecto?. In: Forschungsjournal Soziale Bewegungen, Volume 25, Heft 4, S. 17–22.

Trägårdh, L. (2013): Commentary: The Politics of Distrust. In: Journal of Civil Society, Volume 9, Heft 1, S. 100–104. doi: 10.1080/17448689.2013.784503

Van Aelst, P. & S. Walgrave (2001): Who is that (wo)man in the street? From the normalisation of protest to the normalisation of the protester. In: European Journal of Political Research, Volume 39, Heft 4, S. 461–486.

Zimmer, A. & E. Priller (2007): Gemeinnützige Organisationen im gesellschaftlichen Wandel. Ergebnisse der Dritte-Sektor-Forschung, 2. Auflage, Wiesbaden: VS Verlag.

Veränderungen lokaler Governance

Heike Walk

Abstract: Neue Governanceformen bzw. eine verstärkte Partizipation und Beteiligung können in der Kommunalpolitik eine Lösungsmöglichkeit bieten, um eingefahrenen Steuerungsmuster und -regelungen neue Wege aufzuzeigen, allerdings ist damit natürlich gleichzeitig die Gefahr verbunden, dass die Kooperation mit der Zivilgesellschaft missverstanden wird als eine Alternative, um leere öffentliche Kassen und die zunehmende Verschlechterung der Qualität staatlicher Leistungen aufzufangen. Um eine solche einseitige Ausrichtung zu verhindern, sind neben einer transparenten öffentlichen Diskussion auch gezielte Analysen notwendig, die sich mit den (Ent-)Demokratisierungswirkungen von Governancesystemen auseinandersetzen. In dem Beitrag sollen diese Überlegungen vertiefend diskutiert werden und die Auswirkungen und Folgen von neuen Governanceformen hinsichtlich der Demokratisierungs- bzw. auch Entdemokratisierungstendenzen diskutiert werden. Ganz konkret soll folgenden Fragen nachgegangen werden: Welche neuen Schwerpunkte verbinden sich mit den Governanceanalysen auf lokaler Ebene. Welche Chancen und auch Risiken liegen in partizipativen Strategien und Governanceansätzen?

Keywords: Governance, Nonprofit-Organisationen, Dritter Sektor, Zivilgesellschaft, Partizipation, direkte Demokratie

1 Einleitung

Nicht nur auf globaler, nationaler und regionaler Ebene hat die Governanceforschung zu einer breiten Diskussion veränderter Steuerungs- und Partizipationsbedingungen geführt, sondern auch auf lokaler Ebene wird seit Anfang der 1990er Jahre zunehmend über Verwaltungsmodernisierung im Zusammenhang mit einem stärkeren Einbezug der Bürgerinnen und Bürger nachgedacht. Neue Formen direkter Demokratie und unterschiedliche Modelle bürgerschaftlicher Partizipation finden zunehmend Berücksichtigung. Spätestens nach Stuttgart 21 hat sich auf breiter Ebene die Einsicht durchgesetzt, dass frühzeitige Bürgerbeteiligung bei großen Infrastrukturprojekten und bei stadtplanerischen Überlegungen notwendig ist.

Je mehr politische Entscheidungen allerdings unter veränderten Steuerungs- und Partizipationsbedingungen, d. h. in Governancestrukturen getroffen werden, desto dringlicher stellen sich in der Folge dann auch Fragen nach der Beziehung zwischen Governance und demokratischen Verwaltungsstrukturen, der Wirkung auf Politik und Gesellschaft und den damit verbundenen zukünftigen Herausforderungen für die Ausprägungsformen und Mitgestaltungsmöglichkeiten zivilgesellschaftlicher Akteure.

Gerade auch auf lokaler Ebene haben sich die Gestaltungsmöglichkeiten durch Politik und Gesellschaft vor dem Hintergrund sinkender öffentlicher Budgets stark verändert. Die kommunalen Investitionen sind in den vergangenen zwei Jahrzehnten kontinuierlich zurückgefahren worden. Die neuen Governanceformen bzw. eine verstärkte Partizipation und Beteiligung können hier eine Lösungsmöglichkeit bieten, um eingefahrenen Steuerungsmustern und -regelungen neue Wege aufzuzeigen, allerdings ist damit natürlich gleichzeitig die Gefahr verbunden, dass die Kooperation mit der Zivilgesellschaft missverstanden wird als eine Alternative, um leere öffentliche Kassen und die zunehmende Verschlechterung der Qualität staatlicher Leistungen aufzufangen.

Um eine solche einseitige Ausrichtung zu verhindern, sind neben einer transparenten öffentlichen Diskussion auch gezielte Analysen notwendig, die sich mit den (Ent-)Demokratisierungswirkungen von Governancesystemen auseinandersetzen, und die Wirkung eines erweiterten politischen Engagements am öffentlichen Leben mit den theoretischen Ansätzen der Partizipationsforschung zusammenbringen. Diese Ansätze weisen bspw. darauf hin, dass wenn zivilgesellschaftliches Engagement als Lückenbüßer oder gar als Einsparpotenzial benutzt wird, die eigentlichen Motivationen von zivilgesellschaftlichem Handeln – die Solidarität und das Vertrauen – missbraucht werden, was wiederum zu einer ernsthaften Irritation des gesellschaftlichen Zusammenhalts führen kann.

In diesem Beitrag sollen diese Überlegungen vertiefend diskutiert werden und die Auswirkungen und Folgen von neuen Governanceformen hinsichtlich der Demokratisierungs- bzw. auch Entdemokratisierungstendenzen diskutiert werden. Ganz konkret soll folgenden Fragen nachgegangen werden: Welche neuen Schwerpunkte verbinden sich mit den Governanceanalysen auf lokaler Ebene? Welche Chancen und auch Risiken liegen in partizipativen Strategien und Governanceansätzen? In dem Beitrag möchte ich neben einer kurzen Einführung in die Governancediskussion auch das Konzept der partizipativen Governance vorstellen, das für die gegenwärtigen Diskussionen als theoretische bzw. normative Orientierungshilfe fungieren kann.

2 Zum Begriff der (Local) Governance

Der Begriff der Governance weist auf neue Kooperationsformen hin, in denen der Staat nicht mehr als steuerndes Zentrum, sondern als so genannter Interdependenzmanager zwischen unterschiedlichen Interessen vermittelt. Die Lenkung bzw. Steuerung geht also nicht mehr nur von der Regierung (Government) aus, sondern vollzieht sich in einem kooperativen Verhandlungsprozess mit vielen unterschiedlichen Akteuren und Organisationen (vgl. Benz 2004). Hinter dem Governancebegriff verbergen sich also meistens sehr komplexe Mixformen öffentlicher und privater Tätigkeit (vgl. Schwalb 2011). Governance ist ein Begriff, der nicht nur in der Wissenschaft, sondern auch von der Politik und den Unternehmen zunehmend verwendet wird. Der Reiz des Begriffs liegt in der Offenheit gegenüber vielfältigsten Ideen und Theorien, die gleichzeitig auch eine breite Bezugnahme aus den unterschiedlichsten Disziplinen auf den Begriff ermöglicht hat.

Schaut man sich die Zusammensetzung der vielfältigen Governancesysteme an, so wird deutlich, dass ganz unterschiedliche Akteure beteiligt sind. Das können Einzelpersonen, Bürgerinitiativen, Verbände, Unternehmen, wissenschaftliche Organisationen, NGOs und auch staatliche Institutionen sein. Auch die Kooperationsformen, die in den Governancearrangements vorzufinden sind, sind sehr vielfältig. Sie reichen von lockeren, informellen Formen der Kooperation (Gesprächskreise, Workshops, Foren, etc.) über privatwirtschaftlich organisierte Ansätze (GmbHs, Public-Private-Partnerships, etc.) bis hin zu formalisierten Formen der Kooperation (Planungsverbände, Gemeindezusammenschlüsse, etc.).

Die Definitionen von Local Governance unterscheiden sich nur geringfügig von den Governancedefinitionen, die sich auf die anderen Ebenen beziehen. Das Centre for Democracy and Governance (2000) in Washington bspw. formulierte als eine der ersten Institutionen folgende Beschreibung für die neue lokale Schwerpunktsetzung: »Local Governance is governing at the local level viewed broadly to include not only the machinery of government, but also the community at-large and its interaction with local authorities« (ebd.). Das amerikanische Zentrum für Demokratie und Governance verbindet mit dem Begriff darüber hinaus einen hohen normativen Anspruch: »Where local governance is democratizing, local governments are increasingly responsive to and interactive with the community. They are more participatory, transparent, and accountable to local residents. Services are increasingly provided in response to citizen demand and priorities« (ebd.: 12).

Die Gesamtheit von Politik in einem räumlichen ortsgebundenen Interaktionssystem zu untersuchen bzw. die Auseinandersetzung mit spezifischen lokalen Akteurskonstellationen nimmt also auch auf lokaler Ebene deutlich zu. Mit den anderen Governanceansätzen teilt die Mehrzahl der Untersuchungen über Local Gocernance die normative Annahme, dass es eine Ausweitung des Akteursspektrums und eine Zunahme kooperativer Verhandlungssysteme gibt. Zudem ist der Wandel des Verhältnisses von Staat und Gesellschaft in der Konsequenz einer veränderten Rolle und Bedeutung der drei Sektoren (öffentlicher, privatwirtschaftlicher und Dritter Sektor) sowie veränderten Akteursrollen staatlicher und nichtstaatlicher Akteure auf kommunaler Ebene besonders stark sichtbar und folgenreich. Lokale Studien können demzufolge besonders gut für die Analyse veränderter Regelungsmechanismen unterschiedlicher Akteursgruppen genutzt werden.

Die Dritte-Sektor-Forschung hat sich dem Verhältnis Staat – Markt – Dritter Sektor bereits früh angenommen und bietet wertvolle Anschlusspunkte für die Debatte zu Governance auf lokaler Ebene (vgl. Zimmer 2007). So wies die Dritte-Sektor-Forschung schon frühzeitig auf die Multifunktionalität der Organisationen und die damit verbundene Distanz zur einseitigen ökonomischen Sichtweise hin, in der gemeinnützige Organisationen ausschließlich als Arbeitsplatzressourcen betrachtet werden. Stattdessen werden in den Untersuchungen die innovative Funktion der Dritte-Sektor-Organisationen sowie ihre Integrations-, Partizipations- und Interessenartikulationsfunktionen hervorgehoben (vgl. Zimmer/Priller 2012).

Schmidt (2012) arbeitet in ihrer Analyse dreierlei Funktionen und Vorteile der lokalen Aktivitäten heraus: *Erstens* ist sie »die Ebene, die die größte Nähe zur Lebenswelt der Bürger aufweist. Kommunalpolitische Themen berühren unmittelbar den Lebensalltag und es gibt eine (räumlich) größere Nähe zwischen politischen Entscheidungsträgern und Bürgern. Lokale Institutionen sind zudem *zweitens* weniger professionalisiert als übergeordnete Regierungsebenen und damit durchlässiger für die Mitbestimmung gesellschaftlicher Akteure. Eine Beteiligung der Bürger ist *drittens* aufgrund der Überschaubarkeit der Problemlagen und der einzubeziehenden Akteure leichter möglich als auf anderen Regierungsebenen« (ebd.: 78).

Die Debatte um Local Governance ist aber in gewisser Hinsicht auch eine globale Debatte, denn die oben angedeuteten Veränderungen und Reformbemühungen ereigneten sich weltweit ungefähr im selben Zeitraum, nämlich in den 1980er und 1990er Jahren. Als übergeordnete Herausforderungen für die Kommunen benennen Caulfield und Larsen (2002) zwei Phänomene, die weltweit beobachtet werden können: Einerseits sinkende Einkünfte bedingt durch sinkende zwischenstaatliche Transfers und abnehmende Möglichkeiten der Besteuerung sowie andererseits steigende Erwartungen von Seiten der Bürgerinnen und Bürger hinsichtlich verbesserter öffentlicher Dienstleistungen sowie Mitgestaltungsmöglichkeiten (vgl. ebd.: 14). Darüber hinaus stellt sich noch für viele Kommunen, ähnlich wie für die anderen Ebenen, das Problem sinkender Legitimität bzw. sinkenden Vertrauens in die Problemlösungsfähigkeit der politischen Entscheidungsträger.

In vielen Ländern können die Überlegungen zu Local Governance demzufolge auch als Gegenreaktion auf eine managerialistische Ausrichtung der Verwaltungspolitik in den 1990er Jahren interpretiert werden (vgl. Jann/Wegrich 2004: 199). Denn in dieser Zeit wurde die Verwaltung stark unter Managementgesichtspunkten, dem so genanntem *New Public Management,* umstrukturiert. Diese Sichtweise beinhaltete, dass Konzepte des modernen betriebswirtschaftlichen Managements auf die öffentliche Verwaltung übertragen werden. »Nicht nur Instrumente, auch Ziele dieser neuen Verwaltungspolitik wurden zunehmend aus dem privaten Sektor übernommen, nämlich Effizienz, die Notwendigkeit von *value for money* auch im öffentlichen Sektor, schließlich Kunden- und Qualitätsorientierung und überhaupt das Konzept öffentlicher Dienstleistungen« (ebd.: 201).

Mit zunehmender Kritik an diesen New Public Management-Modellen rückten seit den 2000ern die Governanceansätze in den Blick. Die Netzwerkbildung und die Einbindung gesellschaftlicher Akteure schienen eine wunderbare Ergänzung zu den binnenorientierten und betriebswirtschaftlichen Sichtweisen. Die Governanceansätze vermitteln im Gegensatz zu denen des New Public Managements zunächst eine relative Offenheit, vor allem da sie nicht als fertige Reformkonzepte angesehen werden. Im Gegenteil verbinden sich mit der Governancediskussion offene Suchprozesse, die von einer auf intraorganisatorische, d. h. auf interne administrative Strukturen und Verfahren der Verwaltung orientierten Reformstrategie wegführen. Governance setzt demgegenüber an interorganisatorischer Kooperation an und zielt auf eine Ausweitung des Akteursspektrums. Die problemorientierte Zusammenarbeit von öffentlichen, privaten und gesellschaftlichen Organisationen und Gruppen wird als optimale Methode herausgestellt.

Gerade auch auf lokaler Ebene wurden Public-Private-Partnerships (PPPs) angeregt, die sowohl wettbewerbsorientierte Steuerungsformen beinhalteten als auch gesellschaftliche Beteiligung und Aktivität fördern wollten. Die Bürger und Bürgerinnen sowie der Dritte Sektor wurden als Ko-Produzenten öffentlicher Güter betrachtet, dementsprechend erfolgte die Artikulation und Koordination von Interessen in gemeinsamen Verhandlungen. Für Sack (2007) allerdings stellt sich bei den PPPs das Problem der Kontrolle der Geschäftstätigkeit der sektorübergreifenden Kooperationen. Gerade aus der Perspektive vieler BürgerInnen wird der öffentliche Sektor zunehmend unübersichtlich, Probleme der Zurechenbarkeit und der Verantwortlichkeit werden auch als häufiges Dilemma für lokales Regieren formuliert (vgl. Schwalb/Walk 2007). An dieser Stelle bietet sich die Auseinandersetzung mit demokratietheoretischen Überlegungen an, um die Zusammenhänge und Auswirkungen dieser Verschiebungen besser deuten und einordnen zu können.

3 Demokratietheoretische Dilemmata

Bis vor wenigen Jahren wurden demokratietheoretische Dilemmata kaum diskutiert. Dies liegt vor allem an der Orientierung vieler Governanceanalysen auf die Politikergebnisse: Die Legitimität der Politik wurde zuvorderst mit dem effizienten Ergebnis, dem Output der Politik verbunden. Jakubowski (2007) formuliert hierzu, dass für die Praxis in erster Linie entscheidend ist, »ob neue Lösungsansätze kostengünstiger, schneller und zielführender als traditionelle Wege sind« (ebd.: 22). In diese Richtung argumentiert auch Mayer (2007), die in ihrer Analyse der Rolle von Dritte-Sektor-Organisationen in der lokalen Sozial-Beschäftigungs- und Quartiersentwicklungspolitik auf die Dilemmata der Reformen in der Arbeitsmarkt- und Sozialpolitik hinweist, die eine zu starke Fokussierung auf die kostengünstigen Lösungen legten. Ihrer Meinung nach fungieren die Dritte-Sektor-Organisationen inzwischen als verlängerter Arm der Verwaltung bei der neoliberalen Restrukturierung der lokalen Sozial- und Beschäftigungspolitik (vgl. Mayer 2007).

Die negativen Auswirkungen, die sich durch vielfältige Probleme von Transparenz sowie Repräsentations-, und Kontrollmöglichkeiten ergeben, werden eher selten diskutiert. Dabei sind gerade bei den neuen Governancesystemen die Repräsentations-, Verantwortlichkeits-, und Kontrollmöglichkeiten häufig unklar. Die Kommunikation und Interaktion in den Governancearrangements sowie der Akt der Entscheidungsfindung sind in den meisten Fällen völlig intransparent. Es ist für viele Beteiligte an Governancesystemen überhaupt nicht nachvollziehbar (und für die vielen, die nicht beteiligt sind noch viel weniger), wie bestimmte Entscheidungen zustande gekommen sind bzw. wie sie einer ausschlaggebenden Akteursgruppe zugeordnet werden können. Während Parlamentsentscheidungen zumindest zum Teil vor den Augen der Öffentlichkeit debattiert werden, finden die Governanceverhandlungen sehr viel häufiger unter Ausschluss der Öffentlichkeit statt.

In einigen Studien der Local Governancediskussion wird darauf hingewiesen, dass nicht alle Interessierte und Betroffene gleichgewichtig in die Governancearrangements einbezogen werden können, sondern bürgerschaftliche Partizipation hauptsächlich in organisierter Form erfolgt, vertreten durch intermediäre zivilgesellschaftliche Organisationen (vgl. Schmidt 2012). Entsprechend gilt auch auf lokaler Ebene, je besser organisiert, desto eher können sie die Position eines gleichwertigen Verhandlungspartners einnehmen. Stone (2005: 132) bspw. sieht die kommunale bzw. Stadtpolitik maßgeblich durch dauerhafte und stabile öffentlich-private Koalitionen beeinflusst, in denen Verwaltungsbeamte und Geschäftsleute die zentralen Akteure sind. Bogumil und Holtkamp (2004) weisen darauf hin, dass gesellschaftliche Selektionsprozesse im Vorfeld dazu führen können, dass sich nur diejenigen beteiligen, die ohnehin gewohnt sind, ihre Interessen zu artikulieren und durchzusetzen (vgl. auch Munsch 2005).

Demgegenüber stehen Projekte, die explizit mit partizipativen Governanceansprüchen verbunden werden. Autoren weisen in diesem Zusammenhang auf die positiven Auswirkungen einer verstärkten Forderung von institutionalisierter Partizipation hin, z. B. durch Maßnahmen des Stadtmarketings und durch Förderprojekte für die Alternativ- bzw. Kreativwirtschaft (vgl. Koch 2010, Häußermann 2008) oder aber durch Quartiersräte im Soziale-Stadt-Programm und Lokale Agenda 21-Projekte, die vor allem in den 1990er Jahren oft als Vorzeigemodelle für die neuen Kooperationsformen zitiert wurden (vgl. Bogumil/Holtkamp 2004).

In diesem Zusammenhang weisen auch Lowndes und Sullivan (2008) mit ihren Ergebnissen darauf hin, dass mithilfe des lokalen Expertenwissens der Bürgerinnen und Bürger innovativere und integriertere Problemlösungen erzielt werden sollen. Sie werden beteiligt, um die »wahren Probleme vor Ort« zu identifizieren und damit zu bedürfnisgerechteren Lösungen zu gelangen (vgl. Lowndes/Sullivan 2008: 58). Gerade hinsichtlich der Repräsentation, Transparenz und Legitimität unterscheiden sich viele Quartierspartnerschaften von Governancearrangements auf anderen Ebenen dadurch, dass die Beteiligten (zumindest die Bewohnervertreter) über Nachbarschaftswahlen demokratisch legitimiert sind (vgl. Schröder 2010: 94). In der Regel gehen diesen Projekten explizit demokratietheoretische Reflexionen voraus, die an das normative Konzept einer partizipativen Governance anknüpfen.

4 Partizipative Governance: Bedeutungszunahme von Demokratisierungsprozessen

Seit einigen Jahren zeichnet sich in der wissenschaftlichen Governancediskussion ein Perspektivwechsel ab. Zunehmend werden neben den Politikergebnissen auch die partizipativen Willensbildungsprozesse in den Blick genommen. Damit gewinnen auch die Diskussionen um partizipative Governance zunehmend an Bedeutung, die der Beteiligung der verschiedenen zivilgesellschaftlichen und privaten Gruppen in der Analyse eine besondere Bedeutung beimessen (vgl. Walk 2008). Die Zivilgesellschaft wird nicht nur einfach als ein Stakeholder u. a. angesehen, sondern mit der Beteiligung zivilgesellschaftlicher Akteure werden Macht- und Demokratisierungsprozesse verbunden. Dahinter steht die These, dass eine funktionierende Demokratie engagierter und breiter Bürgerbeteiligung bedarf (vgl. Roth 2012, Olk/Klein 2010). Die Beteiligung einiger weniger Bürgerinnen und Bürger in Form der Vertretung durch NGOs bietet nicht wirklich einen Ausweg aus dem Dilemma des vorherrschenden Demokratiedefizits, da mit dieser selektiven Beteiligung keine emanzipatorischen Prozesse eingeleitet werden. Erst durch eine kontinuierliche Beteiligung, die schon frühzeitig beginnt (bspw. im Kindergarten, der Schule, der Universität) und als elementarer Bestandteil der Ausbildung angesehen wird, können Demokratisierungsprozesse in die alltäglichen Verhaltensweisen eingeschrieben und demokratiefördernde Einstellungen gegenüber der Gesellschaft bzw. dem Gemeinwohl beeinflusst werden.

Diese Verlagerung auf die erzieherischen bzw. kommunikativen Politikprozesse hat auch Einfluss auf die analytischen Perspektiven. Wird der Partizipation in einer Governanceanalyse mehr Gewicht beigemessen, dann verlieren Fragen der Effektivität an Bedeutung. Stattdessen rücken auch Entwicklungen auf der individuellen Ebene (also die Ausbildung von Eigenkompetenz und Fähigkeiten zur politischen Diskussion und Partizipation) sowie der Prozess der Institutionalisierung bzw. der Entstehung formaler Regelungen ins Blickfeld der Analyse. Der demokratische Anspruch wird eng gekoppelt an die Forderung nach individueller Selbstbestimmung sowie nach neuen Formen und rechtlichen Regelungen für Mitgestaltung und Mitbestimmung.

In dieser Lesart wird die partizipative Governance als ein wichtiger Stabilisator des Gemeinwesens dargestellt. Dies setzt wiederum ein positives Menschenbild voraus: Die politischen Kompetenzen jedes Einzelnen sind optimierbar, extreme Selbstbezogenheit, Apathie und Entfremdung werden als Produkte begrenzter Mitwirkungsmöglichkeiten am politischen Prozess angesehen. Aufgabe einer partizipativen Goverance, die die Demokratisierung politischer Systeme anstrebt, ist es, Lern- und Aufklärungsprozesse in Gang zu setzen und die Chancen verständigungsorientierter Konfliktaustragung zu vergrößern (vgl. Walk 2008). Allerdings bedarf es dazu anspruchsvoller Prozeduren für die Regeln der Kommunikation.

Mit anderen Worten spielt neben der Analyse der TeilnehmerInnen in den Governancesystemen auch die Form des Einbezugs eine große Rolle. Einige Konzepte der partizipativen Governance unterscheiden bspw. deliberative und entscheidungsorientierte Beteiligung. Das Konzept der partizipativen Governance diskutiert i. d. R. auch die unterschiedlichen Interpretationen des Begriffs der Partizipation. Je nach dem Zweck, der mit der Partizipation verbunden wird, kann sich Partizipation auf die Einbeziehung von Akteuren in den Konsultations- bzw. Informationsprozess beschränken, während den Mitentscheidungsrechten weniger Bedeutung beigemessen wird. In dieser Interpretationsart werden Partizipationsmodelle favorisiert, bei denen lediglich diejenigen Interessengruppen die Möglichkeit haben, sich einzubringen, die einen guten Draht zu den staatlichen Akteuren haben. Diese selektive Beteiligung wird in den Konzepten der partizipativen Governance i. d. R. kritisiert. Stattdessen wird die Suche nach formalen Beteiligungsmöglichkeiten und nach formalen Regelungen für die Beteiligung ins Zentrum gestellt, wodurch die Selektivität verhindert werden kann.

Es gab in den letzten Jahren in Deutschland unterschiedlichste Initiativen, die sich für den Ausbau der formalen Partizipationsmöglichkeiten der Bürgerinnen und Bürger eingesetzt haben. Diese reichen von Initiativen für mehr direkte Demokratie über die Stuttgarter Staatsrätin für Zivilgesellschaft und Bürgerbeteiligung bis hin zur Einrichtung einer Enquetekommission des Landtags in Rheinland-Pfalz. Darüber hinaus wurden auch die indirekten Beteiligungsprojekte (World Cafes, Mediationsverfahren, Bürgerdialoge, etc.) in den letzten Jahren massiv ausgebaut.

Trotz dieser aktiven Entwicklung zeigen sich die oben angeführten Demokratieprobleme bei den meisten dieser Beteiligungsprojekte – vor allem durch die fehlende Transparenz der beteiligten Akteure und die fehlenden Regeln für die Beteiligung. Dadurch entstehen unklare Machtverhältnisse und der Verlust an Kontrollmöglichkeiten. Aufgrund fehlender Transparenz entspricht die Beteiligung oft nicht demokratischen Prinzipien, sondern spiegelt spezifische Ressourcen, bspw. Finanzmittel, Expertenwissen oder aber öffentliche Mobilisierungspotenziale der Organisationen wider (vgl. Blatter 2007). Es gibt mittlerweile eine Reihe von Studien, die auf das Problem der selektiven Beteiligung eingehen (vgl. Demirovic/Walk 2011). Auch gibt es Forschungsprojekte, die zum Ziel haben, zwischen der Erfahrungswelt der Vielzahl von sich entwickelnden Beteiligungsformaten einerseits sowie der theoretisch-wissenschaftlichen Sichtweise andererseits zu vermitteln (vgl. Alcantara et al. 2013).

Dabei erarbeiten einige dieser Projekte Strategien, wie bestehende Formate passgenauer zum politischen System gestaltet und neue Partizipationsformen entwickelt werden können. Allerdings gibt es nur wenige Studien, die gezielte Analysemöglichkeiten aufzeigen, mit Hilfe derer demokratierelevante Wirkungen aufgezeigt werden können. Hier gibt es vereinzelte Ansätze, die bspw. einen Kategorienkatalog demokratietheoretisch wichtiger Faktoren entwickelt haben (vgl. Alcantara et al. 2013). Dies müsste noch sehr viel intensiver, auch durch qualitative Studien, vorangetrieben werden. Eine weitere Herausforderung für die lokalen Governancekonzepte besteht darin, Möglichkeiten aufzuzeigen, wie die Beteiligung von unterschiedlichen Akteursgruppen institutionell geregelt bzw. anspruchsvolle Prozeduren für die Einbeziehung der unterschiedlichen Interessengruppen sowie Möglichkeiten der Integration neuer Beteiligungsformen aufgezeigt werden können. Hier wären vor allen Dingen interdisziplinäre Ansätze gefragt, die verfassungsrechtliche, politikwissenschaftliche sowie soziologische Erkenntnisse zusammenbringen.

Literatur

Alcantara, S., Bach, N., Kuhn, R. & P. Ullrich (2013): Fachdialoge deliberative Demokratie: Analyse partizipativer Verfahren für den Transformationsprozess. Umweltbundesamt, Forschungskennzahl (UFOPLAN) 371211101.
Bache, I. & M. Flinders (2004): Themes and Issues in Multi-level Governance. In: Bache, I. & M. Flinders (Hrsg.): Multi-level Governance, New York: Oxford University Press, S. 1–14.
Benz, A. (Hrsg.) (2004): Governance – Regieren in komplexen Regelsystemen. Eine Einführung, Wiesbaden: VS Verlag.
Benz, A. & Y. Papadopoulos (2006): Governance and Democracy. Comparing National, European and International Experiences, London : Routledge.
Blatter, J. (2007): Demokratie und Legitimität. In: Benz, A, Schütz, S. & U. Schimank (Hrsg.): Handbuch Governance, Wiesbaden: VS Verlag, S. 271–284.
Bogumil, J. & L. Holtkamp (2004): Local Governance und gesellschaftliche Integration. In: Lange, S. & U. Schimank (Hrsg.): Governance und gesellschaftliche Integration, Wiesbaden: VS Verlag, S. 147–168.
Bovens, M. (2007): Analyzing and assessing Accountability: A Conceptual Framework. In: European Law Journal, Volume 13, Heft 4, S. 447–468.
Bröckling, U., Krasmann, S. & U. Lemke (Hrsg.) (2000): Gouvernementalität der Gegenwart, Frankfurt a. M.: Suhrkamp.
Caulfield, J. & H. O. Larsen (Hrsg.) (2002): Local Government at the Millennium. Urban Research International, Opladen: Leske + Budrich.
Centre for Democracy and Governance (2000): Decentralization and Democratic Local Governance Programming Handbook, Washington D. C..
Demirovic, A. & H. Walk (2011): Demokratie und Governance. Kritische Perspektiven auf neue Formen politischer Herrschaft, Münster: Verlag Westfälisches Dampfboot.
Faller, F. (2011): Regional Governance und Regionale Strategieentwicklung. Steuerungsmöglichkeiten für die Energiewende am Beispiel des englischen Regionalsystems in der Sub-Region Greater Manchester, Bayreuth: Naturwissenschaftliche Gesellschaft Bayreuth.
Feil, H.-J. (2005): Regionale Governance am Beispiel der Metropolregion Hamburg, Münster, Hamburg, London: LIT Verlag.
Häußermann, H., Läpple, D. & W. Siebel (2008): Stadtpolitik, Bonn: Bundeszentrale für politische Bildung.
Jakubowski, P. (2007): Urban Governance: Stimmt die Balance zwischen Legitimation und Effizienz?, In: Städte im Umbruch. Das Online Magazin für Stadtentwicklung, Stadtschrumpfung, Stadtumbau und Regenerierung, Heft 4, S. 22–28.

Jann, W. & K. Wegrich (2004): Governance und Verwaltungspolitik. In: Benz, A. (Hrsg.): Governance – Regieren in komplexen Regelsystemen. Eine Einführung, Wiesbaden: VS Verlag, S. 193–214.

Olk, T., Klein, A. & B. Hartnuß (Hrsg.) (2010): Engagementpolitik. Die Entwicklung der Zivilgesellschaft als politische Aufgabe. Reihe Bürgergesellschaft und Demokratie Band 32, Wiesbaden: VS Verlag.

Koch, F. (2010): Die Europäische Stadt in Transformation. Stadtplanung und Stadtentwicklungspolitik im postsozialistischen Warschau, Wiesbaden: VS Verlag.

Lowndes, V. & H. Sullivan (2008): How low can you go? Rationales and Challenges for Neighbourhood Governance. In: Public Administration, Volume 86, Heft 1, S. 53–74.

Mayer, M. (2007): Drittsektor-Organisationen als neue Partner der Verwaltung in der Restrukturierung lokaler Sozialpolitik? In: Schwalb, L. & H. Walk: Local Governance – mehr Transparenz und Bürgernähe?, Wiesbaden: VS Verlag.

Munsch, C. (2005): Wie Engagement soziale Ausgrenzung reproduziert. In: Forschungsjournal Neue Soziale Bewegungen, Heft 3, S. 108–114.

Piattoni, S. (2009): »Multi-level Governance: a Historical and Conceptual Analysis«. In: European Integration, Volume 31, Heft 2, S. 163–180.

Roth, R. (2012): Bürgermacht. Eine Streitschrift für mehr Partizipation, Hamburg: Bundeszentrale für politische Bildung.

Sack, D. (2007): Spiele des Marktes, der Macht und der Kreativität – Öffentlich-private Partnerschaften und lokale Governance. In: Schwalb, L. & H. Walk: Local Governance – mehr Transparenz und Bürgernähe?, Wiesbaden: VS Verlag.

Schmidt, G. (2012): Urban Governance, zivilgesellschaftliche Partizipation und lokale Demokratie: Good Fellows? Lokale Partnerschaften in der integrierten Stadtentwicklung in England und New Labour, eingereichte Dissertation an der Philosophischen Fakultät III der Humboldt Universität zu Berlin.

Schröder, C. (2010): Akteure der Stadtteilentwicklung, München: oekom/Steiner Verlag.

Schwalb, L. (2011): Kreative Governance? Public private partnerships in der lokalpolitischen Steuerung, Wiesbaden: VS Verlag.

Schwalb, L. & H. Walk (2007): Local Governance – mehr Transparenz und Bürgernähe?, Wiesbaden: VS Verlag.

Stone, C. (2005): Looking Back to look forward: Reflections on Urban Regime Analysis. In: Urban Affairs Review, Volume 40, Heft 3, S. 309–341.

Vortkamp, W. (2013): Wozu braucht die repräsentative Demokratie die Bürger? In: Forschungsjournal Soziale Bewegungen, Volume 26, Heft 1, S. 10–18.

Zimmer, A. & E. Priller (2012): »Zivilgesellschaft in Deutschland. Entwicklung, Strukturen, Wachstum und Wandel«, Wiesbaden: VS Verlag.

Zimmer, A. (2007): Vereine – Zivilgesellschaft konkret, Wiesbaden: VS Verlag.

Zivilgesellschaftsforschung aus Geschlechterperspektive

Zur Ambivalenz von Begrenzung und Erweiterung eines politischen Handlungsraumes

Gabriele Wilde

Abstract: Im Gegensatz zu normativen und deliberativen Konzepten verbinden feministische Ansätze den Zivilgesellschaftsdiskurs mit Fragen nach Macht-, Unterdrückungs- und Diskriminierungsstrukturen. Ziel dabei ist es, die Verknüpfungen zwischen Staat, Ökonomie und Zivilgesellschaft sichtbar zu machen und in ihrem Potential für demokratische Geschlechterverhältnisse kritisch zu hinterfragen. Der Beitrag reflektiert die zentralen Annahmen aktueller Forschungsansätze und skizziert die Herausforderungen, die sich aus Geschlechterperspektive für die Zivilgesellschaftsforschung ergeben.

Keywords: Feministische Ansätze zur Zivilgesellschaft, Nonprofit-Organisationen, Dritter Sektor, Zivilgesellschaft Machtstrukturen, soziale Ungleichheit, demokratische Geschlechterverhältnisse

> In den »fortgeschrittensten Staaten (ist) die »Zivilgesellschaft« eine sehr komplexe und gegenüber den katastrophenhaften »Durchbrüchen« des unmittelbaren ökonomischen Elements (…) widerstandsfähige Struktur geworden (…); Es geht folglich darum, »gründlich« zu untersuchen, welches die Elemente der Zivilgesellschaft sind«
> (Antonio Gramsci 1991, B7, H13, §24, S. 1587–1590).

1 Geschlechterverhältnisse im Zivilgesellschaftsdiskurs

Nach wie vor beschreibt der Begriff der Zivilgesellschaft ein zentrales Konzept in der empirischen und wissenschaftlichen politischen Realität und stellt im Hinblick auf eine Erweiterung der Demokratie einen vielversprechenden Hoffnungsträger dar.

Im Gegensatz dazu hat die Zivilgesellschaft aus feministischer Perspektive ihre emanzipative Bedeutung weitgehend verloren. Statt zu einer politischen und ökonomischen Emanzipation beizutragen, zeigt sich Zivilgesellschaft als ein Bereich, der durch Geschlechterverhältnisse als Macht- und Herrschaftsverhältnisse durchzogen ist. Insgesamt lassen sich die feministischen Ansätze zu einem Einwand gegen ein Modell zusammenfassen, das in der Zivilgesellschaft einen öffentlichen Raum des Engagements von Vereinen, Verbänden und Bewegungen sieht, der vom Staat, der Wirtschaft und der Privatsphäre, insbesondere der Familie, abgegrenzt wird. Doch trifft diese Verwendung noch nicht einmal auf demokratisch regierte, kapitalistische Gesellschaften Westeuropas zu, wo sich die aufgebaute Frontstellung zwischen Zivilgesellschaft und Wohlfahrtsstaat häufig zu Lasten von Frauen auswirkt, indem die »Marktgesellschaft mit privater Gemeinwohlorientierung« (Gubitzer 2003: 146) auf eine neoliberale Deregulierung abzielt und sich mit der Forderung nach mehr Eigenverantwortung vor allem auf unbezahlte weibliche Mehrarbeit verlässt (vgl. Phillips 2002: 81f.). Gender erweist sich dabei nach wie vor als Platzanweiser in den Bereichen des Bürgerengagements, der Freiwilligenarbeit, des Dritten Sektors (vgl. Zimmer 2000; 2010) und der politischen Partizipation und macht die Differenzen der Sichtbarkeit von Frauen anhand von Beteiligungsraten, -feldern und -profilen sichtbar. Deutlich wird die geschlechtliche Struktur einer Zivilgesellschaft in den Positionen mit Entscheidungsmacht, Prestige und Ansehen, die in den zivilgesellschaftlichen Organisationen überwiegend männlich besetzt sind und in den weniger einflussreichen Tätigkeitsfeldern und Partizipationsebenen, die vorwiegend Frauen vorbehalten sind.

Ebenso wenig zutreffend erweist sich die Auffassung eines Assoziationswesens, »das problemlösende Diskurse zu Fragen allgemeinen Interesses im Rahmen veranstalteter Öffentlichkeiten institutionalisiert« (Habermas 1992: 443), insbesondere auch für die Europäische Union (vgl. Wilde 2014a; 2014b), wo »European Public Spheres (EPSs) have to fulfil special requirements adequate to the supranational and multilevel system of the EU« (Mokre/Siim 2013: 26); wo also die politische Macht kein explizit staatliches Zentrum hat, sondern alle Institutionen und Ebenen aufgrund bestehender Machtverhältnisse zu Zentren politischer Kräfte werden können.

Noch weniger gilt die Annahme eines nicht-staatlichen, nicht-ökonomischen Assoziationswesens als Kern einer institutionalisierten Zivilgesellschaft (vgl. Habermas 1992: 443) für autoritäre und hybride Regime, wo sich die Partizipationsmöglichkeiten der Zivilgesellschaft vor allem über Klientelnetzwerke und persönliche Beziehungen zum politischen Apparat ergeben und Frauenorganisationen entweder durch das Regime kooptiert oder nur insoweit mit Duldung und Unterstützung rechnen können, als sie ihren Einsatz für die gesellschaftliche Gleichstellung von Frauen mit ideologischen Werten und/oder religiös begründeten Familientraditionen verbinden, indem etwa die zentrale Stellung von Frauen innerhalb der Familie betont wird (vgl. Obuch et al. 2014)[1].

Diese Konstellationen führen im feministischen Diskurs zu der Annahme, dass die zunehmende Institutionalisierung Sozialer Bewegungen wie auch die Einbindung zivilgesellschaftlicher Organisationen in nationale und globale politische Entscheidungsprozesse nicht nur emanzipatorisches Potenzial, sondern auch Risiken der Diskriminierung und Ausgrenzung beinhalten. Insbesondere die Verschränkung inklusiver, gleichstellungspolitischer Maßnahmen mit der Entwicklung neuer Strukturen neoliberaler Gouvernementalität stellt das Ideal einer »Demokratisierung der Demokratie« (vgl. Mouffe 2007: 8), das der Zivilgesellschaft nach wie vor unterstellt wird, weitgehend in Frage.

Neben der generellen Kritik an der Geschlechts- und Machtblindheit im Diskurs des wissenschaftlichen Mainstreams (vgl. Sauer 2006) und dem Fortbestehen ungleicher Geschlechterverhältnisse, werden auch die Frauen in ihrer begrenzten Rolle als »Citoyenne« bis heute weitgehend ausblendet (vgl. Hinterhuber/Wilde 2007). Darüber hinaus weisen feministische Ansätze insbesondere die mit einem normativ-idealistischen Zivilgesellschaftverständnis einhergehende ideologische Trennung privater und öffentlicher Sphären zurück (vgl. Sauer 2001) und verwerfen die Vorstellung einer homogenen, für alle BürgerInnen gleichermaßen geöffnete Konzeption von Öffentlichkeit (Fraser 1992; 2001; 2007, Sänger 2007). Annahmen zum Ideal eines freien Zugangs zur Öffentlichkeit, mit dem soziale Ungleichheit bei der diskursiven Interaktion verschwiegen wird, führen zu der Vorstellung eines allgemein geteilten Interesses, das im Prozess der Deliberation als Gemeinwohl zu entdecken ist und Privatinteressen ausschließt. Damit einher geht die scharfe Trennung von Zivilgesellschaft und Staat als Bedingung für eine funktionierende Öffentlichkeit (vgl. Sänger 2007). Jene Faktoren gelten als zentrale Bestandteile einer »spezielle(n), nämlich bürgerlich maskulinisierte(n), von der Überlegenheit der weißen Rasse überzeugte(n) Konzeption der Öffentlichkeit« (Fraser 2001: 121), die keinen differenzierten Herrschaftsbegriff beinhaltet.

Diese idealisierte Anschauung von Zivilgesellschaft, die sich im wesentlichen von gewaltfreien, dialogisch und gemeinwohlorientierten Vorstellungen zur Öffentlichkeit, Legitimität und Demokratie leiten lässt, erweist sich aus einer feministisch-kritischen Perspektive aber als »geradezu unpolitisch, weil Auseinandersetzungen um Macht und in der Zivilgesellschaft umkämpfte Verhandlungspositionen unterschätzt werden. Doch soziale Widersprüche und Auseinandersetzungen – Geschlechterwidersprüche, aber auch ethnische und Klas-

---

1 vgl. die Studien von Sigrid Faath (2007; 1989) zu Frauenorganisationen – etwa der Union Nationale des Femmes Tunisiennes (UNFT) – in Tunesien.

senwidersprüche – werden gerade in der Zivilgesellschaft wirksam und schließlich institutionell in staatlichen Strukturen verfestigt« (Sauer 2006).

Mit dieser Auffassung wird die Zivilgesellschaft schließlich zu einem Gegenstand feministischer Forschung, der weniger einen öffentlichen Raum handelnder aktiver BürgerInnen umfasst, sondern sich auf einen geschlechtlichen Vergesellschaftungsprozess bezieht, der die Zivilgesellschaft als ein Geflecht von Macht- und Herrschaftsverhältnissen begründet. Doch wie kann Zivilgesellschaft in diesem herrschaftskritischen Verständnis mit dem Politischen und der Demokratie verbunden werden und welche Untersuchungsbereiche ergeben sich daraus für die feministisch-wissenschaftliche Forschung?

Nicht zuletzt verweisen diese Fragen auf Herausforderungen für eine neue Forschungsperspektive, um den konstitutiven Zusammenhang von Geschlechterverhältnissen als gesellschaftliche Macht- und Herrschaftsverhältnisse in den Zivilgesellschaften demokratischer und autoritärer Systeme erfassen zu können. Die Herausforderungen beziehen sich dabei vor allem auf ein anderes Verständnis des Politischen, anhand dessen die Einschreibung gesellschaftlicher Geschlechterverhältnisse systematisch in ihrer relationalen und macht- und herrschaftsrelevanten Bedeutung für die zivilgesellschaftliche Verfassung hinterfragt werden kann. Für eine Analyserichtung, die ausgehend von einer feministisch-kritischen Fragestellung nach den Konstitutionsbedingungen gesellschaftlicher Geschlechterverhältnisse als komplexe Macht- und Herrschaftsverhältnisse fragt, bedeutet dies demnach, den Blick auf die verschiedenen Inklusions- und Exklusionsmechanismen, auf gesellschaftliche Gleichheits- und Ungleichheitsprozesse zu richten, die von europäischen Politiken ausgehen sowie auf die gesellschaftlichen Macht- und Herrschaftsverhältnisse, die sie konstituieren (vgl. Wilde 2010; 2013).

Aus den grundlegenden Annahmen, die Foucault (2001: 37 ff.) in seiner Theorie der Gouvernementalität[2] aufgezeigt hat, ergeben sich für ein feministisch-kritisches Forschungsprogramm methodische Hinweise, wie bei der Analyse gesellschaftlicher Geschlechterverhältnisse in Zivilgesellschaften vorzugehen ist: Dazu gehört zum einen die Entwicklung eines machtzentriertes Verständnis von Zivilgesellschaft und zum anderen die dort eingelassenen Geschlechterverhältnisse nicht primär in den zivilgesellschaftlichen Organisationen, sondern anhand einer »aufsteigenden Machtanalyse« in den Effekten der Politik zu untersuchen.

---

2 In den Gouvernementalitätsvorlesungen 1978 und 1979 am Collège de France entwickelte Foucault (2004a; 2004b; 2001) einen neuen Begriff des Regierens, mit welchem eine neue Perspektive auf die Theoretisierung der Gesellschaft und des modernen Staates verbunden ist. In Zusammenhang damit versteht er Gouvernementalität als »Prinzip und Methode der Rationalisierung der Regierungsausübung« (Foucault 2004a: 436), die in Form von spezifischen Praktiken des Regierens erfolgt.

Dieser gouvernementalitätstheoretischen Konzeption folgend wird zunächst auf den herrschaftskritischen Zivilgesellschaftsbegriff von Antonio Gramsci eingegangen. Nach Gramsci ist Zivilgesellschaft weniger ein demokratie- denn ein staatstheoretischer Begriff. In diesem Verständnis ist Zivilgesellschaft Bestandteil eines erweiterten Staates, der aus politischer Gesellschaft und Zivilgesellschaft besteht. Gezeigt wird, inwiefern die Zivilgesellschaft in einem engen Zusammenhang zu dem Begriff der Hegemonie steht und sich deshalb für eine feministische Analyse von Zivilgesellschaft, in der Geschlechterverhältnisse grundlegend eingeschrieben sind, als konstruktiver Anknüpfungspunkt erweist.

In einem zweiten Schritt wird ein gesellschaftszentriertes Untersuchungsdesign vorschlagen, das in Anlehnung an republikanische, aristotelische, feministische und poststrukturalistische Ansätze den Blick auf organisierte Zivilgesellschaft, Öffentlichkeit, familiale Privatheit und staatsbürgerlichen Diskurs – als die vier zentralen zivilgesellschaftlichen Bereiche – richtet, in welchen sich Geschlechterverhältnisse als Macht und Herrschaftsverhältnisse formieren.

Wie sich die Erkenntnisse zu den Ausbeutungs-, Unterdrückungs- und Diskriminierungsstrukturen (vgl. Appel et al. 2003) mit den demokratischen Perspektiven und partizipativen Potenzialen von Zivilgesellschaft verbinden lassen, wird abschließend aufgezeigt. Dazu werden mit dem Konzept zum »Bürgerschaftlichen Konstitutionalismus« relevante Forschungsfragen und -perspektiven formuliert, die sich im Hinblick auf das Handlungspotential und die Ermächtigung von Frauen in der Zivilgesellschaft ergeben.

2 Machtzentriertes Verständnis von (Zivil-)Gesellschaft

> »Macht ist für das Gesellschaftliche konstitutiv, weil das Gesellschaftliche ohne die ihm seine Form gebenden Machtverhältnisse nicht sein könnte«
> (Mouffe 2007: 27).

Ein dezidiert herrschaftskritisches Verständnis von Zivilgesellschaft formulierte Antonio Gramsci (1991), indem er die Zivilgesellschaft als eine Form staatlicher Herrschaftsausübung definierte, die auf der Zustimmung und Selbstunterwerfung europäischer BürgerInnen beruht. Mit dem Konzept zum erweiterten Staat wendete er sich gegen ein Modell, das Zivilgesellschaft – ob normativ oder empirisch-funktional – als intermediäre Instanz konzipiert (vgl. Demirovic 2000: 61).

Vielmehr zielte er mit seinem Ansatz darauf, die Verbindungen zwischen Staat und Zivilgesellschaft sichtbar zu machen, wobei er den Fokus vor allem auf die Mechanismen richtete, wie Zivilgesellschaft selbst staatliche Herrschaft hervorbringt. In dieser Auffassung bilden politische Gesellschaft und Zivilgesellschaft den erweiterten Staat. Während die politische Gesellschaft den institutionellen Regierungsapparat und privilegierte Gruppen umfasst, die in der Zivilgesellschaft eine Monopolstellung einnehmen, bezieht sich die Zivilgesellschaft auf einen gesellschaftlichen Raum, in welchem nichtstaatliche Institutionen, Organisationen und Akteure der Gesellschaft um die Deutung und Hegemonie kultureller Werte kämpfen. Mit dieser Auffassung verweist die Zivilgesellschaft als ein integraler Bestandteil des Staates demnach auf die »Erweiterung des Staates durch Verhandlungen und Netzwerke, die ihn vielfach und variabel in den politischen Aushandlungs- und Argumentationsprozess mit gesellschaftlichen Gruppen verflechten« (ebd.: 66). Herrschaft im erweiterten Staat wird nicht nur mittels unmittelbarem Zwang ausgeübt, sondern auch durch die zivile Gesellschaft. Zu dieser zählen alle Vereinigungen und sozialen Bereiche, Familie sowie die politische Kultur moderner Gesellschaft und deren Institutionen (vgl. Cohen/Arato 1994: 143), die als Ensemble von Schulen, Universitäten, Kultureinrichtungen, Kirchen, Vereinen, Massenmedien und Parteien dem Staat als Bereich unmittelbarer Herrschaft vorgelagert sind und als HandlangerInnen des Staates den gesellschaftlichen Konsens und die Zustimmung der BürgerInnen zu den politischen Entscheidungen organisieren.

Wie die Zivilgesellschaft staatliche Herrschaft hervorbringt und an der staatlichen Herrschaftsausübung beteiligt ist, verdeutlicht sich schließlich mit dem von Gramsci verwendeten Begriff der Hegemonie. Bezieht sich dieser allgemein auf den Modus der Vereinnahmung und Integration zivilgesellschaftlicher Gruppen in die politische Gesellschaft, richtet sich die konzeptionelle Verwendung des Hegemoniebegriffs auf die Analyse von Formen politischer, geistiger und kultureller Führung durch politische Akteure und zivilgesellschaftliche Gruppen. Dabei verfolgen hegemoniale Gruppen ihre eigenen Interessen in der Art, dass die Bevölkerung entweder die Interessen übernimmt, sie als ihre eigenen ansieht oder zumindest den Vorrang dieser Interessen anerkennt.

Neben der politischen Hegemonie als Vorherrschaft eines Staates, nationalstaatlicher Akteure oder internationaler Organisationen und ökonomischen Hegemonieprojekten in Form des Kapitalismus und Neoliberalismus differenziert Gramsci als weitere Dimension die kulturelle Hegemonie, um die in der Zivilgesellschaft gerungen wird. In diesem Verständnis versuchen zivilgesellschaftliche Institutionen und Organisationen mit ideologischen und diskursiven Mittel Macht zu erringen und abzusichern. Die Organisation von Konsens als eigentliches Ziel hegemonialen Handelns erfolgt dabei sowohl in Form privater Hegemonieapparate wie etwa Schulen, Kirchen, Hochschulen, Medien, Wissenschaftsgesellschaften, Verbände als auch durch Intellektuelle.

Chantal Mouffe und Ernesto Laclau (1991) haben in ihrem gemeinsamen Buch zur Hegemonie und radikalen Demokratie das Konzept von Gramsci aufgegriffen und im Rahmen ihrer entwickelten Modells pluraler Demokratie als gegenhegemoniales Projekt erweitert. Ausgehend von der Frage, wie die soziale Realität und mit ihr die Machtbeziehungen tatsächlich instituiert werden, entwickelten sie die Hegemonie als ein politisches Konzept einer Gesellschaftstheorie (vgl. Marchart 2007: 107), anhand dessen die politische Konstruktion von gesellschaftlichen Artikulationspraxen untersucht wird.

Ausgehend von dieser Definition ist Zivilgesellschaft als Effekt und Wirkung politischer und gesellschaftlicher Handlungsmacht zu verstehen und nicht – wie etwa in der liberalen Denktradition – als ein soziales Beziehungsgefüge bzw./und als Resultat politischer bzw. staatlicher Regulierung. Gleichzeitig ergibt sich mit dieser Umdeutung des Gesellschaftsbegriffs auch ein anderes Verständnis des Politischen. Denn wird Gesellschaft als ein Verhältnis verstanden, das durch das Zusammenwirken vielfältiger Machtbeziehungen gefasst ist, ist auch das Politische, die politische Verfassung der Gesellschaften, ihre Strukturen, Organisationsprinzipen und Institutionen, als nichts anderes zu begreifen als eine Verfestigung dieser gesellschaftlichen Machtbeziehungen, die im Verständnis von Gramsci hegemonial geworden sind. Mit dieser Auffassung ist die Entgegensetzung von Staat und Zivilgesellschaft konzeptionell überwunden und die Vorgehensweise für eine aufsteigende Machtanalyse freigegeben, anhand derer die Einschreibung von Geschlechterverhältnissen in die Zivilgesellschaft und ihre Festigung als hegemoniales Projekt erfasst werden kann.

3 Die Einschreibung von Geschlechterverhältnissen als Machtverhältnisse in die (Zivil-)Gesellschaft

> »Unser zentrales Problem besteht darin, die diskursiven Bedingungen für das Auftauchen einer kollektiven Handlung ausfindig zu machen, die gegen Ungleichheiten kämpft (...), Bedingungen zu identifizieren, in denen ein Unterordnungsverhältnis zu einem Unterdrückungsverhältnis wird und sich dadurch zum Ort eines Antagonismus konstituiert«
> (Ernesto Laclau/Chantal Mouffe 1991: 121).

Ausgehend von einem neo-gramscianischen Verständnis ist Zivilgesellschaft als Ausdruck hegemonial gewordener, instituierter Machtverhältnisse zu begreifen und im Rahmen eines feministischen Forschungsansatzes als Vergesellschaftungsprozess zu konzipieren, in welchem Geschlechterverhältnisse kulturell, politisch und strukturell als Machtverhältnisse artikuliert, formiert und institutionell festgeschrieben werden.

Doch wie sind Geschlechterverhältnisse als Effekte und Wirkungen von Macht, die Individuen als Frauen und Männern identifiziert und konstruiert, in die Zivilgesellschaft eingeschrieben? Wie lässt sich die Hegemonie zivilgesellschaftlicher AkteurInnen und deren Bemühen um die Ausarbeitung eines facettenreichen Alltagsverstandes, der »die Individuen zu einer Form aktiver Selbstunterwerfung unter die Führung der Regierenden und Intellektuellen veranlasst« (Demirovic 1998: 102), erfassen und analysieren?

Aus der Auseinandersetzung mit denjenigen politikwissenschaftlichen Ansätzen, die von der Annahme einer differenten, antagonistischen Beschaffenheit der Gesellschaft ausgehen und davon ableitend nach den politischen Bedingungen für gleiche Handlungsfreiheiten und Ermächtigung der BürgerInnen fragen, ergeben sich mit der organisierten Zivilgesellschaft (3.1), der Öffentlichkeit (3.2), der familialen Privatheit (3.3) und dem Diskurs als artikulatorische Praxis (3.4) insgesamt vier politisch relevante Untersuchungsdimensionen, die aus Geschlechterperspektive bei der Analyse von Zivilgesellschaft »als ein strategisches Terrain hegemonialer Artikulation« (Marchart 2007: 107) konzeptionell zu berücksichtigen sind.

3.1 Organisierte Zivilgesellschaft

Schon bei Alexis de Tocqueville (1985) begründet die Gesamtheit politischer Assoziationen[3] die republikanische Zivilgesellschaft als einen Raum für die »Freiheit konstituierende Souveränität eines Volkes« (Lamprecht 1990: 523). In diesem Verständnis wirkt die organisierte Zivilgesellschaft auf gesellschaftlicher Ebene an den Regierungsgeschäften und politischen Entscheidungsfindungsprozessen mit und sichert neben Wahl und Parlamentarismus die politische Teilnahme der BürgerInnen »in den unbedeutenden und den besonderen Geschäften« (Tocqueville 1985: 346). Teilhabe und Beteiligung sind in diesem Zusammenhang zentrale Analyseebenen, die jedoch in Verbindung mit dem Hegemoniekonzept weniger daraufhin befragt werden, inwieweit zivile Körperschaften eine »Wiege der politischen Freiheit« (ebd. 1987 Bd.1: 231) und damit den »Schlüssel zur gelungenen und stabilen Demokratie« (Enzmann 2009: 314) darstellen, sondern wie sich mit und in den Organisationen gesellschaftliche, geschlechtliche Machtverhältnisse zum Ausdruck bringen. Statt die Organisationen als wirksames Gegenwicht ge-

---

3   Tocqueville (1985: 217) definiert in seinem ersten Band über die Demokratie in Amerika eine Assoziation »als eine Vereinigung, die in der öffentlichen Zustimmung einer Anzahl von Leuten zu einer bestimmten Anschauung besteht und der Verpflichtung, diese Auffassung in bestimmter Art zur Geltung zu bringen, und zwar hauptsächlich durch ein gemeinsames Handeln«.

gen die Zentralisation politischer Macht (vgl. Tocqueville 1985: 142 ff.) zu untersuchen, richtet sich der Fokus auf die Analyse der organisierten Zivilgesellschaft als Teil des Regierungsapparates, verbunden mit der Frage, in welcher Form AkteurInnen, Organisationen und Verbände als Teil des politischen Systems an den Entscheidungsprozessen partizipieren. Einher geht damit ein Teilhabeverständnis, das sich weniger auf soziale Selbstorganisationen bezieht, die unabhängig von der Regierungspolitik und dem Verfassungssystem agieren, sondern sich auf die Formen der Einflussnahme auf die Regierenden konzentriert und hinterfragt, inwieweit die AkteurInnen versuchen, bestimmte Vorstellungen und Bedeutungen politisch zu institutionalisieren.

3.2 Zivilgesellschaftliche Öffentlichkeit

In einem engen Zusammenhang dazu steht die Öffentlichkeit als ein politischer Raum, in welchem die hegemonialen Kämpfe zivilgesellschaftlicher Akteure und Organisationen instituieren und sichtbar werden. In nahezu allen ideen-geschichtlichen und politikwissenschaftlichen Ansätzen ist die Öffentlichkeit mit der Zivilgesellschaft untrennbar verbunden. Dies gilt insbesondere für den aristotelischen Ansatz von Hannah Arendt (1993a; b 1994), die in der Existenz eines öffentlichen Raums das Wesensmerkmal des Politischen und ein Indiz für ein freies politisches Gemeinwesen in Form der Zivilgesellschaft sah (vgl. Wilde 2012). In dem normativen Gehalt, den Arendt (1994) vor allem in ihrem Buch »Vita activa« entfaltet, erscheint die Öffentlichkeit als ein Assoziationsraum, der in grundlegender Weise die Bestimmung des Menschen an die Interaktion von Verschiedenen bindet und – wie Arendt es ausdrückt –»der immer dann und immer dort entsteht, wo Menschen in Einstimmigkeit gemeinsam handeln und Freiheit entstehen kann« (ebd.). Einer demokratischen Ordnung kommt in dieser Hinsicht deshalb die Aufgabe zu, diese Pluralität über die Konstituierung eines öffentlichen Raumes zu gewährleisten.

Ausgehend von der Frage nach der Einschreibung von geschlechtlichen Machtverhältnissen gilt es, die zivilgesellschaftliche Öffentlichkeit als einen hegemonialen Raum zu untersuchen, in welchem Geschlechterverhältnisse als Machtverhältnisse artikulatorisch zum Ausdruck gebracht und sichtbar werden. Dabei muss der Anspruch multipler und sektoraler Öffentlichkeiten (vgl. Fraser 1996; 2001) mit einer Hegemoniedimension verbunden und untersucht werden, inwieweit diese als umkämpfte, räumliche und diskursive Foren begriffen werden können, in deren Rahmen zivilgesellschaftliche AkteurInnen um Deutungen und Handlungsorientierungen streiten, inwiefern diese durch hierarchische Verfahrens- und Zugangsregeln strukturiert sind (vgl. Sänger 2007: 21 f.) und wie jene

Öffentlichkeiten für die Verhandlung und Thematisierung von den Interessen sowohl starker und schwacher Gruppen offen sind, wobei auch weitere Einflussfaktoren wie Ethnie, Rasse, Klasse, Alter aus einer intersektionalen Perspektive (vgl. Winker/Degele 2009) zu berücksichtigen sind.

3.3 Familiale Privatheit als zivilgesellschaftliche Dimension

Aus feministischer Sicht ist die Einbeziehung der familialen Privatheit in ein bereichs- oder handlungslogisches Modell der Zivilgesellschaft (vgl. Cohen/Arato 1994, Gerhard 1999, Okin 2002, Budde 2003) für eine Analyse der aktiven und mit Deutungsmacht ausgestatteten Mitgestaltung von Frauen (vgl. Gubitzer 2000: 16) in einer pluralen diskursiven Öffentlichkeit erforderlich. Denn nicht zuletzt wird die familiale Privatheit vor dem Hintergrund der dort geltenden kulturellen Praktiken, Normen und Werte als ein wichtiger politischer Bereich für die Reproduktion von Geschlechterrollen gesehen (vgl. Fraser 1992, Young 2000).

Hinsichtlich der Trennung zwischen der Öffentlichkeit und Privatheit als grundlegendes Strukturmerkmal moderner demokratischer Gesellschaften war es vor allem Carole Pateman (1988), die mit ihrem Buch »The Sexual Contract« den Blick auf die Diskriminierung von Frauen und die Negierung von Geschlechterdifferenzen im politischen Raum öffnete. Mit ihrer These vom Geschlechtervertrag zeigt Pateman auf, welche Funktion der private Bereich – speziell in der institutionellen Form von Ehe und Familie – für den Stellenwert und die Geltung staatsbürgerlicher Rechte hat: Mit Rekurs auf die Vertragstheorien etwa von John Locke, Thomas Hobbes und Jean-Jacques Rousseau erkennt sie in deren Ausführungen zum Menschenbild und Naturzustand zwei zentrale Prämissen einer Vergesellschaftungslogik, die auf der Ideologisierung von Politik und deren Begrenzung auf einen öffentlichen Bereich als den zwei wesentlichen Voraussetzungen patriarchaler Staatlichkeit und Herrschaftsausübung beruht (vgl. Wilde 2009). So ist für sie »Unterwerfung der Frauen im Privatbereich« konstitutiv für die liberale Vorstellung und Geltung einer »öffentliche(n) Welt von Zivilrecht, bürgerlicher Freiheit, Gleichheit, Vertragsfreiheit und Individuum« (Pateman 1994: 85). In dieser feministischen Auffassung aber zeigt sich Öffentlichkeit als freier Raum politischen Handelns und politischer Partizipation nur unter Ausblendung des Geschlechtervertrags, indem die spezifischen Lebensbedingungen von Frauen sowie geschlechtsbedingte Asymmetrien geleugnet werden.

In ihrem Buch zu »Civil Society and Political Theory« heben Jean Cohen und Andrew Arato (1994) »die theoretisch oftmals unreflektierte Assoziation von Frauen und Privatheit als unsichtbare, nicht thematisierte Voraussetzung öffentlicher Kommunikation und politischer Auseinandersetzung« (Sänger 2007: 20) konzeptionell auf, indem sie den Bereich der familialen Privatheit der Zivilgesellschaft zurechnen. In diesem Verständnis umfasst Zivilgesellschaft informelle Gruppen, Vereine, Soziale Bewegungen und Familien und gilt als grundrechtlich geschützter Bereich kommunikativer Verständigung und Demokratisierung (vgl. Cohen/Arato 1994: 436). Doch zu Recht weist Eva Sänger (2007: 20 f.) darauf hin, dass das »Hinzuaddieren« (ebd.) der familialen Privatheit im Ansatz von Cohen und Arato insofern zu kurz greift, als diese an der normativen demokratietheoretischen und herrschaftsfreien Konzeption von Öffentlichkeit sowie an der Trennung von Öffentlichkeit und Privatheit als Sphären festhalten. Dies mache letztendlich eine systematische Analyse der Macht- und Herrschaftsdimensionen »die das relationale Verhältnis von Privatheit und Öffentlichkeit betreffen« (ebd.) in der Zivilgesellschaft unmöglich. Tatsächlich sind es aber gerade »Strategien der Veröffentlichung oder Privatisierung« (ebd.: 21), mit welchen die Einschreibung von Geschlechterverhältnissen als Machtverhältnisse in die Privatheit als zivilgesellschaftliche Dimension erfolgt. Ausgehend davon richtet sich der analytische Blick vor allem auf das jeweilige Handeln und die Funktionen zivilgesellschaftlicher AkteurInnen und Organisationen für die Sichtbarkeit und Wahrnehmung ausgewählter gesellschaftlich-privater Problembereiche, wie etwa bevölkerungs- und familienpolitische Regulierungen, Reproduktions-, Sozialisations- und Care – Arbeiten, gesellschaftspolitisch relevante Fragen zu Gewaltverhältnissen, Missbrauch und Misshandlungen sowie zu den ökonomischen Grundlagen und Ressourcen von Familien.

3.4 Zivilgesellschaft als diskursive Praxis

Die Einschreibung von Macht- und Herrschaftsverhältnissen durch und in die Zivilgesellschaft erfolgt aus der poststrukturalistischen Perspektive von Chantal Mouffe (2000; 2004) schließlich in Form von hegemonialen Diskursen, welche der familialen Privatheit über öffentliche Debatten etwa zu Geschlechterrollen, zur Homoehe, wachsenden Verarmung von Familien, drohender Care- und Reproduktionskrise oder zunehmenden Prekarisierung der Lebens- und Arbeitsverhältnisse sowie über Maßnahmen zur Integration von Frauen in den Arbeitsmarkt, Kinderbetreuung und Gewaltprävention eine öffentliche und politische Bedeutung geben.

Die diskursive Zivilgesellschaft als Ergebnis einer artikulatorischen Praxis umschreibt einen Untersuchungsbereich, der mittels des Diskurses als eine fortwährend sprachliche, institutionelle und interaktive Erzeugung von Bedeutung (vgl. Nonhoff 2004: 66) durch zivilgesellschaftliche AkteurInnen hegemonial wird. Der Diskurs als Gesamtheit sprachlicher wie auch nicht sprachlicher Praxen, als Institutionen, Funktionen und Strukturen ist das Medium, worin gesellschaftliche Wirklichkeit verhandelt und fixiert wird. Die Anerkennung von Öffentlichkeit und Privatheit als gesellschaftliche Sphären und die daraus resultierenden Ungleichheitsverhältnisse in der Sphäre des Politischen ist die Schnittmenge einer Vielzahl von Diskursen und demnach Ergebnis einer hegemonialer Artikulation (vgl. Marchart 2007: 108). Die Untersuchungsperspektive richtet sich also weniger auf die sprachlichen Aussagen über die Realität (vgl. Stäheli 2001: 198), sondern darauf, wie Realität, also kollektive und geschlechtliche Identitäten, Institutionen, Strukturen und Handlungen in Form bestimmter Bedeutungen erzeugt werden.

In dieser radikaldemokratischen Auffassung ist die Zivilgesellschaft weder eine Sphäre zwischen Staat und Privatheit, in welcher politische Konflikte ›neutralisiert‹ werden (wie dies liberale AutorInnen anstreben), noch ein Bereich, in dem politische Konflikte mittels Rückgriff auf substantielle Wertvorstellungen (wie es der Kommunitarismus befürwortet) möglich ist. Vielmehr wird Zivilgesellschaft als ein hegemonialer Ausdruck von Identitäts-, Repräsentations- und strukturellen Diskursen konzipiert. Das radikaldemokratische Element besteht in der Konstituierung möglichst vieler hegemonialer Diskurse. Sie entstehen durch die Bereitschaft der BürgerInnen, sich mit ihren unterschiedlichen Interessen und Belangen vor dem Hintergrund ihrer ungleichen Machtpositionen als GegnerInnen anzuerkennen und ausgehend von den Gegenpositionen, die eigene Perspektive öffentlich zu thematisieren und zu vertreten.

Ausgehend von diesem radikaldemokratischen Verständnis umfasst die diskursive Zivilgesellschaftsdimension als Untersuchungsgegenstand Muster öffentlicher politischer Argumentationen, die daraufhin untersucht werden, inwiefern sie auf natürliche, gegebene und notwendige Bedeutungen verweisen, wie sie sich konstituieren und inwiefern diese Muster mit Machtbeziehungen oder der Entwicklung von Hegemonien in Verbindung stehen (vgl. Nonhoff 2004: 66). Es geht also um die Analyse spezifischer Diskurse und um die Frage, inwiefern sie hegemonial geworden sind, d. h. in gesellschaftliche Machtbeziehungen eingelassen sind und damit gesellschaftliche Machtstrukturen festschreiben.

Mit dem erkenntnistheoretischen Blick auf die vier Dimensionen der organisierten Zivilgesellschaft (3.1), der zivilgesellschaftlichen Öffentlichkeit (3.2), der familialen Privatheit als zivilgesellschaftliche Dimension (3.3) sowie der Zivilgesellschaft als diskursive Praxis (3.4) ergibt sich schließlich ein gouvernementales Verständnis von Zivilgesellschaft als ein Machtdispositiv, das durch politisches Handeln hervorgebracht wird, damit kontingent ist, nicht von oben nach unten wirkt, sondern in unterschiedlichen Formen von Netzwerken »zirkuliert und nur als Verkettung funktioniert« (Foucault 2001: 44). Zivilgesellschaft umfasst in diesem Verständnis ein Feld von Machtbeziehungen, das von einer Vielzahl politischer Gruppen und AkteurInnen – staatliche wie auch nicht-staatliche Institutionen – in den Bereichen der Wirtschaft, Kultur und Medien (vgl. Rauschenbach/Zimmer 2011) auf der Basis von öffentlichen Diskursen hervorgebracht wird. Diese Diskurse sind hegemoniale Vereinheitlichungs-, Ver- und Entgeschlechtlichungsdiskurse (vgl. Sauer 2001: 6f.), welche auf die Organisation von Gesellschaft und die Steuerung der Bevölkerung zielen. Sie transportieren Bedeutungen, Wahrnehmungsmuster und Regeln und schaffen auf diese Weise gesellschaftliche Realität und Identität über Vorstellungen, was öffentlich und privat, was männlich oder weiblich ist. Mit diesem Fokus auch auf die Privatheit als eine Dimension politischer Öffentlichkeit (vgl. Sauer 2001: 7), die sich über Regelungen etwa zum Zugang zu bestimmten Ressourcen, zur Herausbildung auf bestimmte Identitäten sowie der Organisation von Interessen konstituiert, zielt die Analyse der diskursiven Zivilgesellschaft schließlich auf einen »durch Machteffekte als Subjekte konstituierten Körper« (Foucault 2001: 44), in dem sich die Organisation von Geschlechterverhältnissen als Trennungs-, Disziplinierungs- und Diskriminierungsdispositive in Form von Regierungstechniken, Handlungspraxen und Selbsttechnologien (vgl. Ludwig 2010: 41) vollzieht.

4 Bürgerschaftlicher Konstitutionalismus – Konturen eines feministischen Analysekonzepts zur Zivilgesellschaft

> »Unsere Untersuchung soll nicht unser Wissen vermehren, sondern unsere Intoleranz stärken und zu einer aktiven Intoleranz machen.«
> (Michel Foucault 1971: 214)

Die Verbindung des mehrdimensionalen Zivilgesellschaftskonzepts mit demokratischen Perspektiven erfolgt schließlich im Rahmen des Ansatzes zum bürgerschaftlichen Konstitutionalismus (vgl. Wilde 2010; 2012). Verschränken sich zivilgesellschaftliche Organisationen, Öffentlichkeit und Privatheit sowie der zivilgesellschaftliche Diskurs zu einem Machtdispositiv, das die Grundstruktur der Zivilgesellschaft prägt, richtet sich ein demokratisches Erkenntnisinteresse auf die Ausdehnung des demokratischen Kampfes in diesen Bereichen, verbunden mit der Frage, wie die dort existierenden Machtverhältnisse in die Politik gebracht werden können und damit zur einer »Vervielfachung eines politischen Raums« beitragen (Mouffe/Laclau 1991: 242).

Erkenntnisse dazu müssen sich an einem feministischen Verständnis von Zivilgesellschaft messen lassen, das Formen politischer Selbstorganisation umfasst, die Frauen zur Partizipation und Beteiligung an öffentlichen politischen Entscheidungsprozessen befähigen, die aber nur dann zu politischen Maßnahmen führen, die auf den Ausgleich von Benachteiligungen zielen, die Frauen durch ihre Arbeit als Mütter und Ehefrauen erwachsen, wenn und insofern sie das Resultat eines öffentlichen Diskurses über geschlechtliche, strukturelle Ungleichheiten sind. Aus dieser demokratieorientierten Perspektive ergeben sich mit Bezug auf die Reichweite und Qualität zivilgesellschaftlicher Artikulations- und Handlungspraxen und potentiellen Strategien der Ermächtigung folgende Forschungsperspektiven:

Bezogen auf zivilgesellschaftliche Organisationen und AkteurInnen ist deren Integration in den politischen Entscheidungsprozess zu untersuchen und die herrschaftsstabilisierende Wirkung des zivilgesellschaftlichen Handelns zu hinterfragen. Inwieweit verkörpern Frauenbewegungen und -organisationen eine »Gegenhegemonie«, über welche Diskurse, also Bedeutungszuschreibungen, Sinngebungen, Handlungspotentiale, Institutionen realisieren sich die zivilgesellschaftlichen Netzwerke als hegemoniale Organisationen? Wodurch und in welcher Form etabliert sich mit den Organisationen eine bestimmte hegemoniale Praxis? Aufschlussreich ist in diesem Zusammenhang auch, welche Rolle der Zivilgesellschaft zukommt und inwieweit es sich bei zivilgesellschaftlichen Gruppen tatsächlich um diskursive Foren pluraler und sektoraler Öffentlichkeiten handelt, die sich auf der Grundlage einer »geteilten Welt« konstituiert haben (vgl. Benhabib 1997; 2006)[4]; oder ob es sich um selektive Gruppen handelt, die strategisch von politischen Eliten eingesetzt werden, damit als Transmissionsriemen zwischen der Gesellschaft und dem Staatsapparat zur Konsenserzeugung fungieren und deshalb im Verständnis etwa von Antonio Gramsci (1991) dem Staats- bzw. Regierungsapparat zuzurechnen sind? Über welche Artikulationspraxen wird eine Identität in Abgrenzung zu einer anderen kollektiven Identität hergestellt? Welche Form von gesellschaftlichen Machtverhältnissen wird etabliert? Eine wichtige Rolle spielen darüber hinaus die Bereiche, in welchen Nichtregierungsorganisationen und Verbände – so etwa kirchliche Organisationen und Frauenverbände – tätig sind, welchen politischen Handlungsspielraum sie eingeräumt bekommen, inwiefern sie an politischen Entscheidungsprozessen und der Regierungsmaschinerie beteiligt sind und wie der Zugang zu diesen zivilgesellschaftlichen Organisationen geregelt ist.

---

4 Benhabib (1997) verweist hier auf Hannah Arendts Rezeption des Heideggerschen Weltbegriffs für ihren Entwurf eines diskursiven öffentlichen Raums, »constituted by the interplay of commonality and perspectivity, equality and distinction« (ebd.: 168). Im Rahmen der Totalitarismustheorie von Arendt wird Zivilgesellschaft insofern zu einer alternativen Öffentlichkeit, als diese sich auf der Grundlage einer geteilten »Welt« konstituiert.

Mit Bezug auf das Kriterium der politischen Öffentlichkeit, das Arendt als entscheidendes Kriterium für die Urteilskraft und Handlungsmacht der BürgerInnen als Resultat kommunikativen Handelns sah, richtet sich der Blick auf die Möglichkeiten, die geschlechtlichen Subjekten zur Partizipation und Beteiligung an öffentlichen politischen Diskussions- und Entscheidungsprozessen eingeräumt werden. Welchen Zugang haben Frauen zu den politischen Öffentlichkeiten? Von welchen Faktoren ist dies abhängig? In welchen hierarchischen Verhältnissen stehen die jeweiligen Öffentlichkeiten zueinander? Von Interesse ist darüber hinaus, welche Effekte mit der öffentlichen Repräsentation des Politischen für Geschlechterverhältnisse verbunden sind und in welcher Form etwa Strategien der Diskriminierung, Inklusion und Exklusion wie auch der Selbstdisziplinierung im Rahmen öffentlicher Politik wirken. Inwiefern sind politische Institutionen und Prozesse vergeschlechtlicht? Schließlich lassen sich mit dieser Konzeption von Öffentlichkeit die subalternen Gegenöffentlichkeiten fassen, denen Fraser (2001) einen hohen Stellenwert für die Verwirklichung des Ideals der partizipatorischen Gleichstellung zuschreibt.

Vor dem Hintergrund der Trennung öffentlicher und privater Bereiche richtet sich der Blick vor allem auf die Frage, wie und in welcher Form eine Politisierung der Privatheit bzw. Familialisierung der Politik erfolgt und Geschlechterverhältnisse als Macht- und Herrschaftsverhältnisse durch spezifische Identitätspolitiken konstituiert, gefestigt und gerechtfertigt werden. Zu untersuchen gilt es hier, welche legitimatorischen Funktionen Familie und Privatheit etwa für die Ökonomie, aber auch für die Politik übernehmen. Wie bedient sich etwa die neoliberale Wirtschaftsordnung der Trennung privater und öffentlicher Bereiche und welche Funktionen erfüllen Elternzeit, neue Arbeitsformen, Teilzeit oder Gender Mainstreaming für das ökonomische und rechtliche System, das Bildungs- und Gesundheitssystem?

Schließlich ist bezogen auf das Kriterium der diskursiven Praxis zu untersuchen, ob und inwiefern Herrschaftsverhältnisse und der öffentliche Diskurs über geschlechtliche, strukturelle Ungleichheiten thematisiert bzw. dethematisiert werden, inwieweit die Bereiche, in denen Herrschaftsverhältnisse existieren, von der Politik für den demokratischen Kampf geöffnet oder aber geschlossen werden und in welcher Form eine diskursive Konstruktion geschlechtlicher Subjekte und hegemonialer Subjektformationen zu beobachten ist.

Literatur

Appel, M., Gubitzer L. & B. Sauer (Hrsg.) (2003): Zivilgesellschaft – ein Konzept für Frauen?, Frankfurt a. M. u. a.: Peter Lang, S. 137–180.
Arendt, H. (1994): Vita activa oder Vom tätigen Leben, München, Zürich: Piper.
Arendt, H. (1993a): Über die Revolution, München, Zürich: Piper.
Arendt, H. (1993b): Was ist Politik? Fragmente aus dem Nachlaß, ed. by Ursula Ludz, München, Zürich: Piper.
Benhabib, S. (2006): Denn sie war ein freier Mensch. In: DIE ZEIT, 12.10.2006 Nr. 42.
Benhabib, S. (1997): From Martin Heidegger to Alexis de Tocqueville. The Contemporary Relevance of Hannah Arendt's Theory of Totalitarianism. In: Söllner, A., Walkenhaus, K. & K. Wieland (Hrsg.): Totalitarismus: Eine Ideengeschichte des 20. Jahrhunderts, Berlin: Akademie Verlag, S. 158–173.
Budde G. F. (2003): Das Öffentliche des Privaten. Die Familie als zivilgesellschaftliche Kerninstitution. In: Bauerkämper, A. (Hrsg.): Die Praxis der Zivilgesellschaft. Akteure, Handlungen und Strukturen im internationalen Vergleich, Frankfurt a. M.: Campus, S. 57–75.
Cohen J. & A. Arato (1994): Civil Society and Political Theory, Cambridge: MIT Press.
Degele, N. & G. Winker (2009): Intersektionalität. Zur Analyse sozialer Ungleichheiten, Bielefeld: transcript.
Demirovic, A. (2000): Erweiterter Staat und europäische Integration. Skizzenhafte Überlegungen zur Frage, ob der Begriff der Zivilgesellschaft zur Analyse der Veränderung von Staatlichkeit beitragen kann. In: Bieling H. & J. Steinhilber (Hrsg.): Die Konfiguration Europas. Dimensionen einer kritischen Integrationstheorie, Münster: Westfälisches Dampfboot, S. 51–73.
Demirovic, A. (1998): Löwe und Fuchs. Antonio Gramscis Beitrag zu einer kritischen Theorie bürgerlicher Herrschaft. In: Imbusch, P. (Hrsg.): Macht und Herrschaft. Sozialwissenschaftliche Konzeptionen und Theorien, Opladen: Leske + Budrich, S. 5–107.
Enzmann, B. (2009): Der demokratische Verfassungsstaat. Zwischen Legitimationsdefizit und Deutungsoffenheit, Wiesbaden: VS Verlag.
Faath, S. (1989): Herrschaft und Konflikt in Tunesien: Zur politischen Entwicklung der Ära Bourguiba, Hamburg: Edition Wuqûf.
Faath, S. (2007): Die Religionspolitik der Republik Tunesien: Kontinuität von Modernisierung und religiösen Reformen. In: Faath S. (Hrsg.): Staatliche Religionspolitik in Nordafrika/Nahost: Ein Instrument für modernisierende Reformen?, Hamburg: GIGA Institut für Nahost-Studien, S. 215–248.
Foucault, M. (2004a): Geschichte der Gouvernementalität I. Sicherheit, Territorium, Bevölkerung, Frankfurt a. M.: Suhrkamp.
Foucault, M. (2004b): Geschichte der Gouvernementalität II. Die Geburt der Biopolitik, Frankfurt a. M.: Suhrkamp.
Foucault, M. (2001): In Verteidigung der Gesellschaft, Frankfurt a. M.: Suhrkamp.
Foucault, M. (1971): Über die Gefängnisse. In: Schriften, Heft 2, S. 214.

Fraser, N. (2007): Transnationalizing the Public Sphere. On the Legitimacy and the Efficacy of Public Opinion in a Post-Westphalian World. In: Theory, Culture and Society, Volume 24, Heft 4, S. 7–30.
Fraser, N. (2001): Neue Überlegungen zur Öffentlichkeit. Ein Beitrag zur Kritik der real existierenden Demokratie. In: Fraser, N. (Hrsg.): Die halbierte Gerechtigkeit. Schlüsselbegriffe des postindustriellen Sozialstaats, Frankfurt a.M: Suhrkamp, S. 107–150.
Fraser, N. (1996): Öffentlichkeit neu denken: ein Beitrag zur Kritik real existierender Demokratie. In: Scheich, E. (Hrsg.): Vermittelte Weiblichkeit: feministische Wissenschafts- und Gesellschaftstheorie, Hamburg: Hamburger Edition, S. 151–182.
Fraser, N. (1992): Rethinking the Public Sphere. A Contribution to the Critique of Actually Existing Democracy. In: Calhoun, C. (Hrsg.) Habermas and the Public Sphere, Cambridge, MA, London: MIT Press, S. 109–142.
Gerhard, U. (1999): Atempause. Die aktuelle Bedeutung der Frauenbewegungen für eine zivile Gesellschaft. In: Gerhard, U. (Hrsg.): Atempause. Feminismus als demokratisches Projekt, Frankfurt a. M.: Fischer, S. 157–178.
Gramsci, A. (1991): Gefängnishefte. Bd. 1–10. Hrsg. v. Bochmann K. & W. F. Haug, Berlin, Hamburg: Argument.
Gubitzer, L. (2003): Zur Ökonomie der Zivilgesellschaft. In: Appel, M., Gubitzer, L. & B. Sauer (Hrsg.): Zivilgesellschaft – ein Konzept für Frauen?, Frankfurt a. M. u. a.: Peter Lang, S. 137–180.
Gubitzer, L. (2000): Ausbeutung oder Gestaltungsteilnahme? In: kfb – unser thema, Heft 1 »Zivilgesellschaft und Ehrenamt«, S. 13–16.
Habermas, J. (1992): Faktizität und Geltung. Beiträge zur Diskurstheorie des Rechts und des demokratischen Rechtsstaats, Frankfurt a. M.: Suhrkamp.
Hinterhuber E. M. & G. Wilde (2007): Cherchez la Citoyenne! Eine Einführung in die Diskussion um »Bürger- und Zivilgesellschaft« aus geschlechterpolitischer Perspektive. In: Femina politica. Zeitschrift für feministische Politik-Wissenschaft, Volume 16, Heft 2, S. 9–17.
Lambrecht, L. (1990): Demokratie. In: Sandkühler, H. J. et al. (Hrsg.): Europäische Enzyklopädie zu Philosophie und Wissenschaften. Band 1, Hamburg, S. 483–533.
Ludwig, G. (2010): »Frauen«, »Männer« und »der Staat«. Foucaults Gouvernementalitätsvorlesungen als Beitrag zu einer feministischen poststrukturalistischen Staatstheorie. In: Femina Politica. Zeitschrift für feministische Politik – Wissenschaft, Volume 19, Heft 2, S. 39–49.
Marchart, O. (2007): Eine demokratische Gegenhegemonie – Zur neo-gramscianischen Demokratietheorie bei Laclau und Mouffe. In: Buckel, S. & A. Fischer-Lescano (Hrsg.): Hegemonie gepanzert mit Zwang. Zivilgesellschaft und Politik im Staatsverständnis Antonio Gramscis, Baden-Baden: Nomos, S. 105–120.
Mokre M. & B. Siim (2013): European Public Spheres and Intersectionality. In: Siim B. & M. Mokre (Hrsg.) Negotiating Gender and Diversity in an Emergent European Public Sphere, Houndmills, Basingstoke, Hampshire: Palgrave Macmillan, S. 22–42.

Mouffe, C. (2007): Über das Politische. Wider die kosmopolitische Vision, Frankfurt a. M.: Suhrkamp.
Mouffe, C. (2004): Umstrittene Demokratie. In: Gamm, G., Hetzel, A. & M. Lilienthal (Hrsg.): Die Gesellschaft im 21. Jahrhundert. Perspektiven auf Arbeit, Leben und Politik. 13. Darmstädter Gespräche, Frankfurt a. M., New York: Campus, S. 71–76.
Mouffe, C. (2000): The Democratic Paradox, London, New York: Verso.
Mouffe, C. & E. Laclau (1991): Hegemonie und radikale Demokratie. Zur Dekonstruktion des Marxismus, Wien: Passagen.
Nonhoff, M. (2004): Zum Diskursverständnis von Ernesto Laclau und Chantal Mouffe. In: Göhler, G., Iser, M., & I. Kerner (Hrsg.): Politische Theorie. 22 umkämpfte Begriffe zur Einführung, Wiesbaden: VS Verlag, S. 75–80.
Obuch, K., Sandhaus, J., Wilde G.& A. Zimmer (2014): »Alles verändert sich, damit es bleibt, wie es ist!«. In: Journal Netzwerk Frauen- und Geschlechterforschung NRW, Heft 33, S. 48 – 53.
Okin, S. M. (2002): Comment on Nancy Rosenblum's »Feminist Perspectives on Civil Society and Government«. In: Rosenblum, N. L. & R. C. Post (Hrsg.): Civil Society and Government, Princeton: Princeton University Press, S. 179–186.
Pateman, C. (1994): Der Geschlechtervertrag. In: Appelt, E. & G. Neyer (Hrsg.): Feministische Politikwissenschaft, Wien: Verlag für Gesellschaftskritik, S. 73–96.
Pateman, C. (1988): The Sexual Contract, Stanford: University Press.
Phillips, A. (2002): Does Feminism need a Conception of Civil Society? In: Kymlicka W. & S. Chambers (Hrsg.): Alternative conceptions of civil society. Ethikon series in comparative ethics, New Jersey: Princeton University Press, S. 71–89.
Rauschenbach, Th. & A. Zimmer (Hrsg.) (2011): Bürgerschaftliches Engagement im Stress? Gemeinnützige Organisationen in den Bereichen Soziales, Kultur und Sport im politischen und gesellschaftlichen Wandel, Opladen: Barbara Budrich.
Sauer, B. (2006): ›Das Konzept der Zivilgesellschaft aus Geschlechterperspektive‹. In: PIN – Politik im Netz (www.politik-im-netz.com), Volume 7, Heft 40, Rubrik rational.
Sauer, B. (2001): Öffentlichkeit und Privatheit revisited. Grenzneuziehungen im Neoliberalismus und die Konsequenzen für Geschlechtpolitik. In: Kurswechsel, Heft 4, S. 5–11.
Stäheli, U. (2001): Die politische Theorie der Hegemonie: Ernesto Laclau und Chantal Mouffe. In: Brodocz, A. & G. S. Schaal (Hrsg.): Politische Theorien der Gegenwart II, Opladen: Leske + Budrich, S. 193–224.
Tocqueville, A. de. (1987) : Über die Demokratie in Amerika. 2 Bände. In der Übersetzung von Hans Zbinden, Zürich: Manesse Bibliothek der Weltgeschichte.
Tocqueville, A. de (1985): Über die Demokratie in Amerika, Stuttgart: Reclam.
Wilde, G. (2014a): Supranationale Gouvernementalität: Zur Neuordnung des Verhältnisses von Recht, politischer Herrschaft und demokratischen Geschlechterverhältnissen. In: Abbas, N., Förster A. & E Richter (Hrsg.): Supranationalität und Demokratie, Wiesbaden: Springer VS (Im Erscheinen).
Wilde, G. (2014b): Gendering Civil Society in the EU. In: Abels, G. & M. Heather (Hrsg.): Gendering European Integration Theory, Opladen, Farmington Hills: Barbara Budrich (Im Erscheinen).

Wilde, G. (2013): Jenseits von Recht und neoliberaler Ordnung. Zur Integration von Geschlecht in die politikwissenschaftliche Europaforschung. In: Wilde, G. & S. Friedrich (Hrsg.): Im Blick der Disziplinen. Geschlecht und Geschlechterverhältnisse in der wissenschaftlichen Analyse, Münster: Westfälisches Dampfboot, S. 21–54.

Wilde, G. (2012): Totale Grenzen des Politischen. Die Zerstörung der Öffentlichkeit bei Hannah Arendt. In: Falsche Sicherheiten. Geschlechterverhältnisse in autoritären Regimen. Femina Politica. Zeitschrift für feministische Politik – Wissenschaft, Volume 21, Heft 1, S. 17–28.

Wilde, G. (2010): Europäische Gleichstellungsnormen Neoliberale Politik oder postneoliberale Chance für demokratische Geschlechterverhältnisse? In: juridikum. Zeitschrift für Kritik, Recht, Gesellschaft. Gemeinsame Ausgabe mit der Zeitschrift Kritische Justiz zum Thema Postneoliberale Rechtsordnung? Suchprozesse in der Krise, Heft 4, S. 449–464.

Wilde, G. (2009): Gesellschaftsvertrag – Geschlechtervertrag. In: Ludwig, G., Sauer B. & S. Wöhl (Hrsg.) Staat und Geschlecht. Grundlagen und aktuelle Herausforderungen feministischer Staatstheorie, Baden-Baden: Nomos-Verlag , S. 31–46.

Young, I. M. (2000): Inclusion and Democracy, Oxford: Oxford University Press.

Zimmer, A. (2010): Zivilgesellschaft und Demokratie in Zeiten des gesellschaftlichen Wandels. In: Der moderne Staat, Volume 3, Heft 1, S. 147 – 163.

Zimmer, A. (2000): Bürgerengagement, Zivilgesellschaft und Dritter Sektor vor Ort. In: Breit G. & P. Massing (Hrsg.) Bürgergesellschaft – Zivilgesellschaft – Dritter Sektor, Schwalbach: Wochenschau Verlag, S. 39–60.

Teil II
Auswirkungen auf Engagement, NPOs und ihr Management

13 Qualität und Transparenz von NPOs: Pflichtübung oder Chance?

Dorothea Greiling

Abstract: In mehreren Etappen vollzieht sich im Nonprofit-Sektor ein Wandel von einer trust-me zu einer show-me Kultur. Zunächst sahen sich vor allem Dienstleistungs-NPOs mit Anforderungen an eine Qualitätsdokumentation konfrontiert, bevor dann die (verbesserungsbedürftige) Transparenz von Eigen- und Fremdleistungs-NPOs in den Fokus rückte. Inhaltlich sind die Qualitäts- und Transparenzanforderungen in unterschiedlichen theoretischen Diskursen verankert. Während bei der Debatte um die Qualität managerialistische Überlegungen im Vordergrund stehen, ist das kritische Hinterfragen der Transparenz wesentlich stärker mit der Legitimitätsfrage verbunden. Vor diesem Hintergrund stehen im Zentrum des Beitrags zunächst terminologische Grundlagen, gefolgt von einer Darstellung der Motive für die Zunahme der Qualitäts- und Transparenzanforderungen, die von ökonomischen Erklärungsansätzen zu den Besonderheiten des NPO-Sektors bis hin zu institutionenökonomischen Überlegungen und dem New Public Management reichen. Daran anschließend zeigt der Beitrag zentrale Forschungslinien und -lücken auf, um abschließend, jenseits einer lästigen Pflichtübung, Chancen für die NPOs aus den gestiegenen Qualitäts- und Transparenzerwartungen zu identifizieren.

Keywords: Nonprofit-Organisationen, Dritter Sektor, Zivilgesellschaft, Qualitätsmanagement, Transparenz, Legitimität, Stakeholder, Qualitätsdiskurse, Ökonomisierung

1 Transparenz und Qualität als facettenreiche Begriffe

Im Nonprofit-Sektor hat sich ein Wandel von einer trust me- zu einer prove me-Kultur vollzogen, was zu einer deutlichen Ausweitung der Qualitäts- und Transparenzanforderungen an Nonprofit-Organisationen (NPOs) geführt hat. Ergänzend zur Professionalisierungswelle stehen NPOs unter dem Druck, ihre Qualität zu demonstrieren. Außerdem haben die Anforderungen an die projekt-, programm- und gesamtorganisationsbezogene Transparenz gegenüber zentralen Anspruchsgruppen deutlich zugenommen. Obwohl Überschneidungen existieren, sind Qualitäts- und Transparenzanforderungen in unterschiedlichen theoretischen Diskursen verankert. Bei der Debatte um die Qualität der Leistungserbringung von NPOs stehen managerialistische Überlegungen im Vordergrund. Es geht um die Qualität der erbrachten (sozialen) Dienstleistungen in zunehmend kompetitiveren Märkten. Um Nachfrager oder ihre Finanzierungsträger zu akquirieren, müssen Fremddienstleistungs-NPOs ihre Qualitätsfähigkeit signalisieren. Ein kritisches Hinterfragen der Transparenz von NPOs setzt an der Legitimität oder Illegitimität von NPOs an. NPOs, die nicht in Einklang mit den bestehenden gesellschaftlichen Rollenerwartungen handeln, gelten als nicht legitim. Legitimität ist noch weniger als Qualität durch die einzelnen NPOs steuerbar, da sie sich auf das Ausmaß bezieht, inwieweit die Handlungen (von NPOs) sich im Einklang mit einem sozial konstruierten Set an Werten, Normen und Überzeugungen befinden (vgl. Suchman 1995). Die Transparenzerwartungen an NPOs gehen weit über die Forderungen der Open Data Bewegung hinaus, weil es um gesellschaftliche Rollenerwartungen an NPOs und damit auch um multiple Stakeholder-bezogene Rechenschaftslegungsanforderungen geht.

Inhaltlich sind sowohl Qualität als auch Transparenz latente Konstrukte, d.h. Begriffe, die sich nicht vollständig operationalisieren lassen. Stellvertretend sei dies am Qualitätsbegriff erläutert. In Anlehnung an *Haller* (1995) lassen sich fünf verschiedene Qualitätsbegriffe differenzieren. Ein *transzendenter Qualitätsbegriff* geht davon aus, dass Qualität als höchst möglicher Standard zwar erkennbar sei, aber nicht exakt beschrieben werden kann. Gute und schlechte Qualität sind aus der Perspektive des Bewertenden zu erkennen, die Spezifizierung dieses Erkennens mittels genauer Merkmale ist aber zum Scheitern verurteilt. Als Gegenpol dazu kann man den *produktorientierten Qualitätsbegriff* einstufen. Die Qualität einer Leistung hängt von der Qualität der zur Leistungserstellung eingesetzten Inputfaktoren ab. Qualitätsunterschiede resultierten aus Abweichungen in der Menge eines Bestandteils oder Attributes. Allein auf die Beurteilung der Qualität aus der Sicht des Leistungsempfängers stimmt der *kundenorientierte Qualitätsbegriff* ab, der nicht auf objektiv, spezifizierbare Merkmale von Inputfaktoren abzielt, sondern auf die Konformität mit den Kundenerwartungen. Qualität ist ein subjektives Konstrukt, das auf das Ausmaß des Erfüllens von Kundenerwartungen setzt. Eine Kombination aus objektiven Anforderungen an die unternehmensseitigen Inputfaktoren und die subjektiven Kundenerwartungen findet sich im *herstellungsorientierten Qualitätsbegriff*. Qualität ergibt sich durch das Ausmaß der Erfüllung ex ante festgelegter Qualitätseigenschaften. Inhaltlich hat dieses Qualitätsverständnis seine Wurzeln in den Ingenieurswissenschaften. Auf das Preis-/ Leistungsverhältnis stimmt der *wertorientierte Qualitätsbegriff* ab. Der Nachfrager als Nutzenmaximierer wägt zwischen den Kosten und dem erwarteten Nutzen ab. Das Qualitätsurteil begründet sich durch ein Austauschverhältnis. Wie beim transzendenten Qualitätsbegriff ist auch hier Qualität nicht fassbar, da Qualität auf dynamischen und volatilen Werturteilen basiert.

Jenseits der Ebene der individuellen Guteigenschaften ist zu konstatieren, dass heutige Qualitätsdiskurse maßgeblich auf die Eigenschaften von Organisationen abstimmen. Seit den 1990er Jahren sehen sich vor allem Dienstleistungs-NPOs mit einer Vielzahl von Akkreditierungs- und Zertifizierungsanforderungen konfrontiert. Im Gegensatz zum professionsbezogenen Qualitätsverständnis ist durch das betriebswirtschaftliche Qualitätsmanagement die organisationale Qualitätsfähigkeit in struktureller und prozessbezogener Hinsicht als Voraussetzung für eine gute Ergebnisqualität in den Fokus gerückt. Dahinter stecken stark vereinfachte Kausalkettenvermutungen zwischen der Input-, Prozess- und Ergebnisqualität. Diese erweisen sich im Feld der personenbezogenen individuellen NPO-Dienstleistungen häufig als problematisch. Auf der Managementebene dient die Etablierung von Qualitätsmanagementmaßnahmen der Professionalisierung, um so den Anforderungen des professionellen Dienstleistungsmanagement besser zu genügen. Im Laufe der Zeit sind die Qualitätsanforderungen an Service-NPOs nicht nur detaillierter, sondern auch bereichsspezifischer geworden. Heute können und müssen NPOs aus einer Vielzahl von Qualitätsmanagementsystemen auswählen, um so ihre Qualitätsfähigkeit gegenüber ihren Kunden/ Klienten und finanziellen Ressourcengebern zu signalisieren. Teilweise sind entsprechende Zertifizierungen Voraussetzungen, um bestimmte Nachfragergruppen bedienen zu können.

Während gestiegene Qualitätsanforderungen vor allem zunächst jene Bereiche der sozialen Dienstleistungen erfassten, in denen sich der Wettbewerbsdruck auf den Absatzmärkten erhöht hat, setzt die Forderung nach mehr Transparenz breiter an, da diese sich auf den gesamten NPO-Sektor bezieht. Spenden- und mitgliedsbeitragsfinanzierte NPOs werden davon genauso erfasst, wie primär aus öffentlichen Geldern finanzierte Fremddienstleistungsanbieter.

Auf Hofstede (2003) aufbauend definiert Theuvsen (2009: 25) Transparenz als den Stakeholder-bezogenen Zugang zu Informationen und unterscheidet dabei verschiedene Formen von Transparenz. Während sich die *historische Transparenz* auf die Möglichkeit erstreckt, nachzuvollziehen »wie und warum in einer Nonprofit-Organisation bestimmte Entscheidungen bzw. Maßnahmen getroffen wurden« (Theuvsen 2009: 25), bezieht sich die *operative Transparenz* auf das Ausmaß der Partizipation der relevanten Stakeholder in den operativen Entscheidungsprozessen. Die *strategische Transparenz* rekurriert auf die »Informiertheit von Stakeholdern über langfristige Ziele und Entwicklungslinien einer Organisation« (Theuvsen 2009: 25). Die *organisatorisch-strukturelle Transparenz* bezieht sich auf die strukturellen Voraussetzungen für die Informiertheit der Stakeholder über eine Organisation und ihr Wirken. Je größer, komplexer und vielfältiger die Strukturen einer NPO sind, desto schwieriger wird es, eine organisatorisch-strukturelle Transparenz zu gewährleisten (vgl. Lichtsteiner 2012: 17). Die *sozial-relationale Transparenz* setzt am Interaktionsverhalten der Akteure und der Qualität der Interaktionsbeziehungen an (vgl. Theuvsen 2009: 27). Zentrale Determinanten sind Machtasymmetrien, Vertrauen und kulturelle Distanz. Nach Theuvsen (2009: 28) bildet die *prozessuale Transparenz* ab, »wie klar, wahr und schnell Nonprofit-Organisationen interessierten Stakeholdern Informationen bereitstellen und wie einfach der Zugang zu diesen Informationen ist.« Diese Facette der Transparenz bezieht sich auf das Ausmaß der Informationsoffenlegung.

Bei der Forderung nach Transparenz geht es um das organisationale Verhalten gegenüber einem breiten Spektrum von relevanten Anspruchsgruppen. NPOs gelten als multiple Stakeholder-Organisationen mit Entscheidungsmechanismen, welche im Vergleich zu erwerbswirtschaftlichen Unternehmen eine eindeutige Stakeholder-Priorisierung erschweren. Gegenüber einem schwer priorisierbaren Kreis von relevanten Stakeholdern ist das Ausmaß der Konformität mit kodifizierten und nicht-kodifizierten gesellschaftlichen Regeln, Normen und Werten zu demonstrieren. Transparenzanforderungen sind eng mit dem Compliance-Begriff verwoben, wobei beide Begriffe weit über die Gesetzeskonformität hinausgehen (vgl. Greiling/Boenigk 2012). Durch den breiten Stakeholder-Bezug zielen die Transparenzanforderungen nicht nur auf die Nachfrager von NPO-Leistungen ab, sondern setzen an einem gesellschaftlich systemkonformen Verhalten gegenüber den für die Ressourcensicherung notwenigen Anspruchsgruppen an.

Das Instrumentarium, aus dem NPOs heute wählen können, um Transparenzsignale zu senden, ist noch vielfältiger als jenes des betrieblichen Qualitätsmanagements. Stellvertretend für die Vielzahl der Transparenzsignale sei auf die boomenden Märkte für NPO-Kodizes, Spendengütesiegel, Rechnungslegungsstandards (z. B. Swiss GAAP FER 21) und Rechenschaftslegungsstandards (z. B. Social Reporting Standard, Social Return on Investment-Modelle, Civicus Diamond) verwiesen. Auffallend dabei ist, dass konträr zur Corporate Social Responsibility-Debatte im erwerbswirtschaftlichen Bereich NPOs teilweise stark mit ökonomischen Vorteilhaftigkeitskriterien argumentieren. Pars pro toto sei auf die mehr als 40 Modelle zur Berechnung des Social Return on Investment verwiesen. Eine vollständige Monetarisierung der gesellschaftlichen Wirkungen ist dort das Ziel, um so, mittels einer einzigen Zahl, sehr kompakt den gesellschaftlichen Mehrwert zu kommunizieren.

2 Motive für die Zunahme der Qualitäts- und Transparenzanforderungen

Der traditionelle Glaubwürdigkeitsbonus von NPOs ist in den vergangenen Jahrzehnten auf verschiedenen Ebenen in Frage gestellt worden. Im Sinne der Kollektivguttheorie von Weisbrod (1987) galten NPOs als prädestiniert für das Erstellen von Gütern, die auf Grund von Markt- oder Staatsversagen nicht in ausreichendem Ausmaß bereit gestellt werden, weil sie nicht mehrheitsfähig in demokratischen Entscheidungsprozessen sind oder sich aber, auf Grund von Kollektivguteigenschaften, nicht für eine marktmäßige Bereitstellung eignen. Bei Kollektivgütern fallen der gesellschaftliche Nutzen und die individuelle Zahlungsbereitschaft auseinander. Ein maßgeblich durch Hansmann (1980, 1987) geprägter Rechtfertigungsstrang für die Existenz von NPOs stimmt auf die qualitätsmäßige Überlegenheit von NPOs auf Grund des Gewinnausschüttungsverbots ab. Gemäß der Vertrauenswürdigkeitsthese sind NPOs das bessere institutionelle Arrangement in Bereichen, in denen asymmetrische Informationen vorherrschen. Dies gilt insbesondere für Vertrauensgüter. Bei diesen ist eine genaue ex ante Beschreibung der spezifischen Merkmale schwierig bis unmöglich (vgl. Greiling 2009: 20). Die ex post Evaluation wird dadurch erschwert, dass bei personenbezogenen Dienstleistungen der Leistungsempfänger Ko-Produzent ist und es von der Compliance des Klienten/Patienten abhängt, ob die Aktivitäten des Leistungsanbieters zum Erfolg führen. Bei der Produktion von Vertrauensgütern sind NPOs deswegen überlegen, weil sie auf Grund ihrer bedarfswirtschaftlichen Orientierung weniger Anreize haben, Informationsasymmetrien zu Lasten hilfebedürftiger Klienten auszunutzen.

Die Gruppe der unternehmerischen Erklärungsansätze stimmt darauf ab, dass NPOs einen Innovationsvorteil bei komplexen gesellschaftlichen Problemen aufweisen. Als Themenpionieren gelingt es NPOs schneller als staatlichen Akteuren auf gesellschaftliche Problemlagen zu reagieren und auch bei der Problembewältigung wird ein Innovationsvorteil konstatiert. In jüngerer Zeit ist die diesbezügliche Debatte um das Thema »Social Entrepreneurship« als unternehmerische Alternative zu klassischen Wohlfahrtsbürokratien angereichert worden (vgl. Pennerstorfer/Badelt 2013). Ein weiterer wirtschaftswissenschaftlicher Rechtfertigungsstrang stellt auf die Transaktionskostenvorteile von NPOs ab. Diese können sich sowohl auf die Governance-Ebene als auch auf die Klienten beziehen. Politikwissenschaftliche Ansätze postulieren einen gesellschaftlichen Nutzenbeitrag von NPOs in Bezug auf die Bildung von Sozialkapital oder aber als Keimzelle demokratischer gesellschaftlicher Strukturen. Der makrosoziologische Diskurs über NPOs ist eng mit jenem der Zivilgesellschaft verbunden. Erwartungen an die Zivilgesellschaft setzen nach Simsa (2013: 129) an drei gesellschaftlichen Problemen an: jenem der Integration gesellschaftlicher Teilsysteme, der Inklusion von Personen und der Bearbeitung von für den gesellschaftlichen Fortbestand wichtigen Themen. Als gemeinsame Klammer dieser sehr unterschiedlichen Erklärungsansätze kann identifiziert werden, dass NPOs durch ihre Existenz das Potential haben, einen gesellschaftlichen Mehrwert zu schaffen, der das Wohlfahrtsniveau einer Volkswirtschaft erhöht.

Diesen Rechtfertigungsgründen für die Existenz von NPOs und die damit einhergehenden qualitativen Vorteile bei der Bewältigung spezifischer gesellschaftlicher Problemlagen steht eine breite Palette von kritischen Anfragen gegenüber, die sowohl die Existenz der NPOs, deren steuerliche oder wettwerbliche Privilegierung oder aber die qualitative Überlegenheit bei der Leistungserbringung in Frage stellen. Auf der Makroebene setzen jene Anfragen an, welche die qualitative Leistungsfähigkeit des gesamten Sektors problematisieren. Bereits in den 1990er Jahren hat Seibel (1992) einen funktionalen Dilettantismus von NPOs thematisiert und sich damit in die internationale Forschung zum Philanthropieversagen eingereiht. Seit den 1980er Jahren gibt es eine diesbezügliche Debatte. Analog zum Markt- und Staatsversagen wird ein Philanthropieversagen konstatiert. Stellvertretend sei hier auf die von Salomon et al. (1987, 2000) formulierten Vorwürfe des philanthropischen Partikularismus, des philanthropischen Amateurismus und der philanthropischen Intransparenz verwiesen.

Das Verhalten einzelner Akteursgruppen ist seit langem Gegenstand der Korporatismusforschung. Vor allem die Verbände der Freien Wohlfahrtspflege stehen hier in der Kritik. Zu den erhobenen Vorwürfen gehören die Kartellbildung und Oligopolisierung, der Vorwurf der Überbürokratisierung, der Ineffizienz und der unangemessenen Verflechtungen mit der Politik (vgl. Greiling 2009: 20). Der postulierte gesellschaftliche Innovationsbeitrag von traditionellen NPOs wird auch durch die neue Gattung der social entrepreneurs in Frage gestellt. Diese treten mit dem Postulat an, mit unternehmerischen Mitteln effizientere Problemlösungen für gesellschaftliche Probleme zu gewährleisten, als sich dies überbordende Wohlfahrtsbürokratien mit komplexen demokratischen Entscheidungsstrukturen leisten können. Die stärkere unternehmerische Ausrichtung der Sozialunternehmungen bei einer gleichzeitigen stärkeren top-down Entscheidungsfindung bietet Vorteile bei der Schnelligkeit der Entscheidungsfindung und der Entscheidungsdurchsetzung.

Auf der Ebene des Verhaltens der einzelnen Akteure setzt die neue Institutionenökonomie an, welche ebenfalls die qualitative Überlegenheit von NPOs in Frage stellt und dies mikroökonomisch begründet. Das Nichtgewinnausschüttungsgebot fördere ineffizientes Verhalten und leiste einer »consumption on the job« Vorschub. Spektakuläre Fälle des Missmanagement und von Veruntreuungen gießen Öl ins Feuer entsprechender Missbrauchserwartungen. Beobachtbare Hybridisierungen von traditionell missionsgeprägten NPOs in Richtung einer

Marktlogik als dominante Logik (vgl. Tuckmann/Chang 2006) durch einen zunehmend komplexeren Mix von gemeinnützigen und erwerbswirtschaftlichen Tätigkeiten bei vielen Dienstleistungs-NPOs, sowie das heterogene empirische Bild zu Qualitätsunterschieden zwischen NPOs und gewinnorientierten Unternehmen (vgl. Pennerstorfer/Badelt 2013: 117 f.) unterminieren ebenfalls den traditionellen Vertrauensvorsprung.

Der Vorwurf der qualitativen Minder-Performance von NPOs hat sich durch die Kritik an der mangelnden oder zu einseitigen Transparenz verschärft. Die Kritik setzt an der mangelnden Qualität der Rechnungslegung an und geht bis zum Verhältnis von Mitgliederversammlungen, (ehrenamtlichen) Vorständen und hauptamtlichen Geschäftsführungsorganen. Nachholbedarf wird konstatiert, sowohl in Bezug auf die innerverbandliche Demokratie, als auch in Bezug auf die Vermengung erwerbswirtschaftlicher und gemeinnütziger Tätigkeitsbereiche. Durch die Open-data-Bewegung ist noch eine weitere Facette hinzugekommen, da der im öffentlichen Bereich bestehende Transparenzdruck zunehmend auch größere NPOs erreicht. Dies führt dazu, dass NPOs keineswegs als Vorbilder für eine Stakeholder-bezogene Transparenz gelten.

Maßgeblich hat auch das New Public Management zur Relativierung des Glaubwürdigkeitsbonus von NPOs beigetragen. Aufbauend auf Theorien des Staatsversagens und der neuen Institutionenökonomie, hat sich ein Wandel von einer Input- zur Outputorientierung vollzogen. Basierend auf einem großen Vertrauen in die Leistungsfähigkeit von Märkten erfolgte eine Marktöffnung in zahlreichen Bereichen der Fremddienstleistungs-NPOs. Die traditionelle Inputsteuerung wurde durch eine Steuerung durch Leistungskontrakte mit ex ante spezifizierten Leistungs- und Qualitätsanforderungen substituiert. In Zeiten einer kontraktbasierten Steuerung macht die Forderung nach Wirkungsnachweisen vor NPOs nicht Halt. Unter den Anbietern von sozialen Dienstleistungen gilt es, jenen Anbieter (auf Zeit) auszuwählen, der die beste Gewähr für eine effiziente und effektive Leistungserbringung bietet. Längst geht es nicht nur um die Wirkungsnachweise gegenüber öffentlichen Fördermittelgebern. Auch Stiftungen und andere institutionelle Förderer fordern zunehmend einen Wirkungsnachweis, um belegen zu können, dass sie jene NPOs unterstützen, welche die höchst mögliche gesellschaftliche Rendite erwarten lassen. In der misstrauensbasierten Logik des NPM sind die vielfältigen Qualitätsspezifikationen ein adäquates Mittel, um das Vertrauen in den einzelnen Auftragnehmer zu fördern. Mit dem Kontraktmanagement sind die Dokumentations- und Rechenschaftslegungsanforderungen von NPOs deutlich gestiegen. Gegenüber der Gruppe der Ressourcengeber gilt es in einer transparenten und für die relevanten Stakeholder nachvollziehbaren Weise zu zeigen, dass das zeitliche oder finanzielle Engagement ein lohnendes Unterfangen ist.

Dieser Blick auf die Motive zeigt, dass die Forderung nach mehr Transparenz und Qualität sich auf viele Argumentationsstränge stützt, die weit über eine betriebswirtschaftliche Betrachtungsweise hinausgehen. Es würde zu kurz greifen, die Forderungen nach mehr Transparenz und Qualität als reine managementbezogene Professionalisierungsstrategie zu deuten. Der Vertrauensvorschuss in die Leistungsfähigkeit von NPOs wird massiv kritisch hinterfragt, was dazu führt, dass NPOs vielfältige Vertrauenswürdigkeitssignale aussenden müssen. Sowohl das Qualitätsmanagement als auch die bereits angeführten Transparenzsignale bieten NPOs hier ein breites Auswahlspektrum. Durch den Wandel hin zu einer »prove me«-Kultur sind entsprechende Signale keine Kür mehr, sondern gehören zunehmend zur existenziell notwendigen Pflichtübung für NPOs.

3 Forschungslinien: Status quo und Entwicklungsperspektiven

Wie in anderen Forschungsfeldern lassen sich in der wissenschaftlichen Auseinandersetzung mit Qualität und Transparenz mindestens drei Entwicklungsstufen unterscheiden. Am Anfang der Debatte steht die normative Auseinandersetzung. Hierbei geht es um eine Begriffsklärung, was unter Transparenz und Qualität zu verstehen ist und welche Besonderheiten in Bezug auf den gesamten NPO-Sektor oder Teilbereiche des NPO-Sektors zu beachten sind. Während die diesbezügliche Debatte in Bezug auf Qualität als abgeschlossen gelten kann, ist durch das zeitlich versetzte Aufkommen der Transparenzanforderungen das entsprechende Forschungsfeld noch nicht in gleicher Weise aufbereitet. Dieser Entwicklungsstufe können auch vergleichende Ansätze über verschiedene Qualitätsmanagementsysteme und Transparenzsicherungsinstrumente zugeordnet werden und die Auseinandersetzung, wie die im erwerbswirtschaftlichen Bereich eingesetzten Instrumente sektorspezifisch anzupassen sind. Im Qualitätsmanagement ist von der Ausrichtung her eine Entwicklung von allgemeinen Ansätzen (z. B. EFQM, Allgemeine Qualitätspreise, DIN ISO-Normenreihe), über sektorspezifische Ansätze (z. B. NPO Label for Excellence) bis hin zu bereichsspezifischen Ansätzen (z. B. procumCert für kirchliche Einrichtungen, Diakoniesiegel Kindertagesstätten oder Pflege) zu beobachten. Auch bei einigen Transparenzsignalen gibt es bereits analoge Entwicklungen. Deutlich zeigt sich dies beispielsweise an den zahlreichen Initiativen für NPO-Kodizes. Inhaltlich geht es in dieser Entwicklungsstufe darum, die Transparenz über den Untersuchungsgegenstand und dessen vielfältige Erscheinungsformen herzustellen. Die Darstellungen fokussieren häufig auf zentrale Prinzipien in Kombination mit den Chancen der Einführung (vgl. z. B. Merchel 2010, Bruhn 2013, Lichtsteiner et al. 2013). Zu den zentralen Prinzipien des Qualitätsdiskurses zählen der Servicegedanke und die Idee eines kontinuierlichen Verbesserungsprozesses. Bei der Transparenzdebatte sind dies die Offenheit und die Stakeholder-Orientierung. Beide Ansätze sind im Rahmen dieser Entwicklungsstufe positiv besetzt und werden als notwendige Instrumente im Rahmen der Legitimierung, Profilierung und Professionalisierung von NPOs angesehen. Die Diskussion bewegt sich vor allem auf der technisch-instrumentellen Ebene. Normative Anforderungskataloge haben Hochkonjunktur. Die Vorteile der Maßnahmen werden mit oder ohne best practice-Bespiele in den Vordergrund gestellt.

Der zweiten Entwicklungsstufe sollen jene Beiträge zugeordnet werden, die sich aus empirischer Sicht der Frage des (technisch-instrumentellen) Implementierungsstandes widmen. Der Verbreitungsgrad und die Implementierungstiefe von Qualitätsmanagementsystemen und Transparenzsignalen wird mit Methoden der quantitativen und qualitativen Sozialforschung untersucht (vgl. z. B. Abelmann 2005, Witt et al. 2006). Auf technisch-instrumenteller Ebene wird evaluiert, wie vollständig das roll-out der Qualitäts- und Transparenzsicherungsinstrumente erfolgt ist, welche die zentralen Motive sind und was für Kontextfaktoren eine Implementierung begünstigen. Bei den Maßnahmen zur Transparenzerhöhung ist die empirische Basis deutlich geringer. Derzeit dominieren noch empirische Erhebungen zu selektiven Transparenzinstrumenten (z. B. Implementierungsstand von Spendengütesiegeln, Verbreitung von NPO-Kodizes) (vgl. z B. von Schnurbein 2008, Stötzer 2009).

Der dritten Entwicklungsstufe seien jene Beiträge zugerechnet, die sich mit den Wirkungen von Qualitäts- und Transparenzmaßnahmen auf das Verhalten von NPOs, deren Umfeld und das Verhalten von einzelnen Akteuren befassen. Während in der zweiten Entwicklungsstufe primär deskriptiv-beschreibende Studien dominieren, lässt sich auf der dritten Entwicklungsstufe ein deutlich höherer Bezug zu Theorien beobachten, die Aussagen über das Verhalten von Individuen und Organisationen treffen. Das Spektrum der herangezogenen Referenztheorien reicht von der Prinzipal-Agenten-Theorie/Informationsökonomik, über das auf Freeman zurückgehende strategische Stakeholder-Management bis hin zum resource-based-view und dem Neo-Institutionalismus, der über die institutionellen Logiken und den Isomorphismus vielfältige Ansatzpunkte bietet.

Bei den Wirkungen stehen vor allem die Auswirkungen auf das Verhalten einzelner NPOs und die Reaktionen zentraler Stakeholdergruppen (z. B. Ehrenamtliche, Mitarbeitende, Mitglieder, Spender) im Vordergrund. Durch den Stakeholderbezug eröffnet sich ein breites Forschungsfeld, das von den, durch Qualitätsmanagement und Transparenzsignale entstehende, Overhead-Kosten reicht über Auswirkungen auf das organisationale Selbstverständnis und die Akzeptanz solcher Managementtools durch die Mitarbeiter. Stärker als in der ersten

Entwicklungsstufe werden die dysfunktionalen oder nicht-intendierten negativen Effekte herausgearbeitet. Die technisch-instrumentelle Ebene der Auseinandersetzung wird verlassen. Sowohl Transparenz als auch Qualität sind spätestens in dieser Stufe nicht mehr nur positiv besetzte Begriffe. Beide Maßnahmen werden als neue, innovationsbremsende Bürokratieformen kritisiert, die erheblicher Übersetzungsleistungen bedürfen, um für den NPO-Kontext passend zu sein. Die mangelnde Passung begünstigt tendenziell Entkopplungsprozesse zwischen den organisationalen Praktiken und den Intentionen der Qualitäts- und Transparenzinstrumenten, welche die neoinstitutionalistische Theorie seit langem thematisiert. Sofern diese Managementpraktiken dazu beitragen, den Ressourcenzufluss zu sichern, ist die Implementierung durchaus rational, auch wenn diese Instrumente auf der technisch-instrumentellen Ebene nicht die angestrebten Wirkungen entfalten. Als neue Sprachsysteme, die organisationale Kapazitäten binden, sind Transparenz- und Qualitätsmaßnahmen nicht neutrale Interventionen, sondern können Auswirkungen auf die organisationsleitenden Werte und Normen haben. Offene Forschungsfragen gibt es in dieser Entwicklungsstufe noch viele. So fehlen beispielsweise dyadische Studien, die die Auswirkungen der Qualitäts- und Transparenzsignale gleichzeitig auf Seiten der Sender und Empfänger von Qualitäts- und Transparenzsignalen betrachten. Auch wären Studien zum abnehmenden Grenznutzen von Qualitäts- und Transparenzinstrumenten interessant oder zur methodisch anspruchsvollen Quantifizierung des Stakeholder-bezogenen Nutzens. Hier steht die entsprechende Forschung zum Stakeholder-Value-Accounting noch relativ am Anfang.

Nach den Ebenen des Diskurses finden sich vor allem Forschungsarbeiten, die sich entweder auf die Leistungsfähigkeit des gesamten Sektors beziehen oder aber auf die einzelnen NPOs. Auf der Makroebene sind in den vergangenen zwei Jahrzehnten umfangreiche Projekte zur statistischen Erfassung des gesamten NPO-Sektors oder maßgeblicher Teilbereiche gestartet worden. Motivation hierfür ist der beklagte Mangel an Transparenz über den Dritten Sektor. Die Daten der amtlichen Statistik gelten als nicht ausreichend, um sowohl die Effizienz als auch den gesellschaftlichen Beitrag des Dritten Sektors deutlich zu machen. Stellvertretend für gesamtsektorbezogene Projekte sei auf das seit 1990 bestehende Johns Hopkins International Comparative Nonprofit Sector Project, das mittlerweile Daten zu privaten NPOs in mehr als 45 Ländern gesammelt hat, oder auf das, sich auf Deutschland beziehende, Projekt ZiviZ – Zivilgesellschaft in Zahlen (vgl. Krimmer/Priemer 2013) verwiesen. Teilbereichsbezogenen Erhebungen erstrecken sich entweder auf bestimmte Personengruppen (z. B. Ehrenamtsurveys, Erhebungen zu Vorständen von NPOs), bestimmte Zusammenschlüsse (z. B. Statistik der Bundesarbeitsgemeinschaft der Freien Wohlfahrtspflege), bestimmte Anbietergruppen (Vereinsstatistik, Statistiken zum Stiftungswesen, Genossen-

schaftssurveys) oder aber auf spezifische Aktivitäten (z. B. Spendenmonitor) (vgl. Rauschenbach/Zimmer 2011, Priller et al. 2010).
Zunehmend mehr Leistungen werden in Netzwerken mit anderen Akteuren erbracht. Durch das Zusammenspiel erhöht das die Komplexität der Qualitäts- und Transparenzsicherungsmaßnahmen. Während es einen wachsenden Publikationsstrang zu NPOs und Public Private Partnership, sowie zu Netzwerkgovernance unter Beteiligungen von NPOs gibt (vgl. Helmig/Boenigk 2012), steht die spezifische Auseinandersetzung mit Transparenz und Qualitätsfragen noch am Anfang, was sich beispielsweise daran zeigt, dass die im öffentlichen Sektor beobachtbaren Intransparenzenspielräume durch »multi-accountability disorders« noch zu wenig thematisiert werden.

Hinsichtlich der Mikroebene sei auf die Ausführungen zu den Entwicklungsstufen verwiesen. Während die intendierten und unintendierten Wirkungen zunehmend in das Blickfeld geraten mit entsprechenden Auswirkungen auf eine Hybridisierung von NPOs, besteht auf der Mikroebene noch ein deutlicher Forschungsbedarf hinsichtlich der Frage, unter welchen Bedingungen Qualitätsmanagementprogramme und Transparenzsicherungsmaßnahmen organisationales Lernen und Innovationen fördern können.

4 Transparenz und Qualität: mehr als nur eine lästige Pflichtübung?

Die bisherigen Ausführungen sind von der Überzeugung geprägt, dass, bedingt durch ein breites Spektrum kritischer Anfragen an die Leistungsfähigkeit von NPOs, Transparenz- und Qualitätssicherungsmaßnahmen von NPOs längst keine reine Kür mehr sind, die vor allem strategischer Profilierung und dem Nachweis entsprechender Managementkompetenzen in einzelnen NPOs dient. Können die geforderten Transparenz- und Qualitätssignale für NPOs allerdings mehr als nur eine lästige Pflichtübung sein, die organisationale Kapazitäten bindet und deren Implementierung mit einem möglichst geringen Aufwand zu bewerkstelligen ist?

Chancen der Selbst- und Fremdbewertung im Zuge des Qualitätsmanagements liegen im sachlichen Dialog über die organisationale Leistungsfähigkeit und im Hinterfragen organisationaler Routinen. Dies eröffnet einen Freiraum für Organisationsentwicklungsmaßnahmen. Auch Akkreditierungen und Zertifizierungen können ein notwendiges Vertrauenssignal sein, um angesichts des gesellschaftlichen Wertewandels als Anbieter auf den kompetitiven Märkten für soziale Dienstleistungen bestehen zu können. Adressaten dieser Signale sind neben Klienten und deren Angehörigen auch die zentralen Finanzierungsgeber, die ebenfalls zunehmenden Transparenzanforderungen über den zweckadäquaten Einsatz von

Fördermitteln unterliegen. Je nach Standpunkt ist als positiv oder negativ einzustufen, dass die Qualitätsmanagementinitiativen mit ihren Erwartungen an die personale Input-Qualität tendenziell eine Professionalisierungswelle ausgelöst haben. In vielen Qualitätsrichtlichtlinien finden sich heute dezidiertere Qualifikationsprofile, als dies noch vor 10 Jahren der Fall war. Auch die Anforderungen an die Schulungen Ehrenamtlicher in beratenden Bereichen sind gestiegen. Dies ist positiv im Hinblick auf das Zurückdrängen des philanthropischen Amateurismus. Negative Begleiterscheinung ist jedoch das Zurückdrängen der Ehrenamtlichkeit in bestimmten Bereichen.

Ein positiver Effekt der Transparenzsignale und ihrer Verknüpfung mit Legitimität liegt in einer Erweiterung des Stakeholder-Fokus. Der Kreis geht über jene Stakeholder hinaus, die im sozialrechtlichen Dreiecksverhältnis als Nachfrager gelten. NPOs müssen sich also nicht nur primär als effiziente Dienstleister mit gut dokumentierten Prozessen präsentieren, sondern sollten das Augenmerk auch auf andere Stakeholder-Gruppen setzen. Dies sind beispielsweise die Mitglieder oder der Kreis potentieller Förderer. Damit wird der enge Dienstleistungsfokus, der auch das New Public Management prägt, verlassen. Hier eröffnet sich als Chance für NPOs, dass sie die Frage der Stakeholder-Partizipation glaubwürdiger als im for-profit Bereich mit demokratischen Partizipationsmöglichkeiten verknüpfen. Die bisherigen Ansätze zu einem partizipativen Stakeholder-Dialog in erwerbswirtschaftlichen Organisationen sind bisher noch zu sehr Wunschvorstellungen oder ein Feigenblatt. NPOs sind tendenziell erprobter als erwerbswirtschaftliche Organisationen im Umgang mit innerverbandlich-demokratischen Entscheidungsprozessen. Seitens der NPOs erfordert dies allerdings, dass der Stellenwert des demokratischen Legitimierungsankers und der Gemeinschaftslogik ganz bewusst gefördert wird. Insbesondere im Bereich der basisdemokratischen Dienstgenossenschaften lassen sich hier spannende Ansätze beobachten, die weit über jede Standardsetzung für einen guten Stakeholder-Dialog der Global Reporting Initiative und den Accountability-Standards hinausgehen.

Bei den Transparenzmaßnahmen zeichnet sich außerdem ein Wettbewerb um verschiedene Transparenzstandards ab. Hier eröffnet sich die Chance für NPOs, nicht nur passiv zu reagieren, sondern proaktiv im Dialog mit zentralen Ressourcengebern an Transparenzstandards zu arbeiten, bei denen die Balance zwischen bürokratischen Berichtspflichten und relevanten Informationen besser ausfällt. Die von Powers für den öffentlichen Bereich konstatierte »audit explosion« hat längst die NPOs erreicht. Derzeit stoßen nicht nur kleinere NPOs angesichts der verschiedenen Berichtsformate schnell an ihre organisatorischen Grenzen. Auf dem Spendenmarkt müssen teilweise bürokratische Gemeinkosten durch kreative Buchungstechniken versteckt werden, was wiederum die Glaubwürdigkeit von NPOs massiv behindert. Schaut man sich inhaltlich die bestehenden Standards zur erweiterten Rechenschaftslegung an, sind diese de facto häufig zu wenig darauf ausgerichtet, den Nutzenbeitrag für die einzelnen Stakeholder-Gruppen zu messen. Als Ausnahme können hier bestimmte Modelle der SROI-Bewertung eingestuft werden, die stakeholdergruppenbezogen versuchen, den Nettonutzen zu ermitteln. Problematisch dabei ist, dass weitreichende Annahmen für eine vollständige Monetarisierung zu treffen sind.

Auf der Makroebene eröffnen die fortschreitenden Versuche, die Leistungsfähigkeit des Dritten Sektors mittels statistischer Methoden zu dokumentieren, die Chance, dass dieser nicht als volkswirtschaftliche Restkategorie klein definiert wird. Wünschenswert wäre allerdings, dass jenseits der statistischen Daten, die für eine politische Sichtbarkeit notwendig sind, auch der bürgerbezogene gesellschaftliche Mehrwert stärker erfasst wird.

Literatur

Abelmann, R. (2005): Qualitätsmanagement für Leistungen von Nonprofit-Organisationen, Göttingen: Cuvillier.
Bruhn, M. (2013): Qualitätsmanagement für Nonprofit-Organisationen, Wiesbaden: Gabler.
Greiling, D. (2009): Performance Measurement in Nonprofit-Organisationen, Wiesbaden: Gabler.
Greiling, D. & B. Silke (2012): Compliance von Nonprofit-Organisationen. In: Schmidt-Renz, H.-J. & R. Stober (Hrsg.): Jahrbuch Recht und Ökonomie des Dritten Sektors 2011/2012, Baden-Baden: Nomos, S. 53–71.
Haller, S. (1995): Beurteilung von Dienstleistungsqualität, 2. Auflage, Wiesbaden: Deutscher Universitätsverlag.
Hansmann, H. (1980): The Role of Nonprofit-Enterprises. In: Yale Journal, Volume 89, S. 835–901.
Hansmann, H. (1987): Economic Theories of Nonprofit Organisations. In: Powell, W. (Hrsg.): The Nonprofit Sector, New Haven, London: Yale University Press, S. 91–102.
Helmig, B. & S. Boenigk (2012): Nonprofit-Management, München: Vahlen.
Hofestede, J., Spaans, L., Schepers, H., Trienekens, J. H. & A. J. M. Beulens (Hrsg.) (2003): Hide or Confide? The dilemma of transparency, Gravenhage: Reed Business Information.
Krimmer, H. & J. Priemer (2013): ZiviZ – Zivilgesellschaft in Zahlen, Berlin: Druckverlag Kettler.
Lichtsteiner, H. (2012): Verhaltenssteuerung durch Transparenz. In: Verbands-Management, Volume 38, Heft 3, S. 14–21.
Lichtsteiner, H., Gmür, M., Giroud, Ch. & R. Schauer (Hrsg.) (2013): Das Freiburger Management Modell für Nonprofit-Organisationen, Bern: Haupt.

Merchel, J. (2010): Qualitätsmanagement in der sozialen Arbeit, 3. Auflage, Weinheim: Juventa.
Pennerstorfer, A. & C. Badelt (2013): Zwischen Marktversagen und Staatsversagen? Nonprofit-Organisationen aus ökonomischer Sicht. In: Simsa, R., Meyer M. & C. Badelt (Hrsg.): Handbuch der Nonprofit-Organisationen, 5. Auflage, Stuttgart: Schäffer-Poeschel, S. 107–123.
Priller, E., Dathe, D. & M. Alscher (2010): Der Dritte Sektor in Deutschland: Wege zu mehr Transparenz. In: Verbands-Management, Volume 36, Heft 2, S. 20–33.
Rauschenbach, T. & A. Zimmer (Hrsg.) (2011): Bürgerschaftliches Engagement unter Druck!, Opladen, Berlin, Farmington Hills: Verlag Barbara Budrich.
Salamon, L. M (1997): Partners in Public Services. In: Powell, W. (Hrsg.): The Nonprofit Sector, New Haven, London: Yale University Press, S. 103–117.
Salomon, L. M., Hems L. C. & K. Chinnock (2000): The Nonprofit Sector: For what and for Whom?, Baltimore: John Hopkins University.
Schnurbein, G. v. (2008): Nonprofit-Governance in Verbänden, Bern: Haupt.
Seibel, W. (1992): Funktionaler Dilettantismus: Erfolgreich scheiternde Organisationen im »Dritten Sektor« zwischen Markt und Staat, Baden-Baden: Nomos.
Simsa, R. (2013): Gesellschaftliche Restgröße oder treibende Kraft? Soziologische Perspektive auf NPOs. In: Simsa, R., Meyer M. & C. Badelt (Hrsg.): Handbuch der Nonprofit-Organisationen, 5. Auflage, Stuttgart: Schäffer-Poeschel, S. 125–142.
Stötzer, S. (2009): Stakeholder Performance Reporting von Nonprofit-Organisationen, Wiesbaden: Gabler.
Suchman, M. (1995): Managing Legitimacy: Strategic and Institutional Approaches. In: Academy of Management Review, 20, S. 571–610.
Theuven, L. (2009): Transparenz von Nonprofit-Organisationen: Eine Analyse am Beispiel des Swiss NPO-Codes. In: BFuP, Volume 61, Heft 1, S. 22–40.
Tuckman, H. P. & C. F. Chang (2006): Commercial Activity, Technological Change and Nonprofit Mission. In: Powell, W. W. & R. Steinberg (Hrsg.): The Nonprofit Sector, 2. Auflage, New Haven, London: Yale University Press, S. 629–644.
Weisbrod, B. A. (1988): The Nonprofit Economy, Cambridge: Cambridge University Press.
Witt, D., von Velsen-Zerweck, B. & A. Heilmair (2006): Herausforderung Verbändemanagement. Handlungsfelder und Strategien, Wiesbaden: Gabler.

Alle Macht den Stakeholdern? Das Management von Anspruchsgruppen in zivilgesellschaftlichen Organisationen

Ludwig Theuvsen

Abstract: Zivilgesellschaftliche Organisationen sind den Einflüssen zahlreicher Anspruchsgruppen (Stakeholder) ausgesetzt. Für die Organisationen sind daher die Analyse ihrer jeweiligen Stakeholder und deren Interessen sowie die Gestaltung der Beziehungen zu den verschiedenen Anspruchsgruppen von besonderer Bedeutung. Der vorliegende Beitrag skizziert aus betriebswirtschaftlicher Sicht den aktuellen Stand der Forschung zu Anspruchsgruppen sowie die Umrisse eines systematischen Stakeholder-Managements. Als Herausforderungen für die zukünftige Forschung werden identifiziert: die generelle Stärkung der empirischen Forschung zum Stakeholder-Management im Dritten Sektor, die Erhöhung der Methodenvielfalt in der empirischen Forschung, die Ausdehnung der Analysen auf komplexere, netzwerkartige Strukturen sowie auf weitere Einflussgrößen auf die Ausgestaltung des Stakeholder-Managements, etwa die Organisationskultur, die Intensivierung der Wirkungsforschung zu den Effekten des Stakeholder-Managements sowie die Betrachtung von Prozessen des Wandels, etwa des Auftretens neuer Anspruchsgruppen, der Gewinnung bzw. des Verlusts von Legitimität, der Bildung oder Beendigung von Allianzen zwischen Stakeholdern oder der Entstehung von Vertrauen zwischen Organisationen und ihren Stakeholdern.

Keywords: Nonprofit-Organisationen, Dritter Sektor, Zivilgesellschaft, Stakeholder-Management, Stakeholder, Legitimität, Macht

1 Zivilgesellschaftliche Organisationen im Fokus multipler Anspruchsgruppen

Als Anspruchsgruppen (Stakeholder) werden Individuen und Gruppen bezeichnet, die auf die Erreichung der Ziele einer Organisation Einfluss nehmen können oder selbst von der Verfolgung der Organisationsziele betroffen sind (vgl. Freeman/Reed 1983). Es ist das bleibende Verdienst von Freeman (1984), darauf hingewiesen zu haben, dass Unternehmen die Interessen von und Beziehungen zu Anspruchsgruppen berücksichtigen und im Rahmen ihres Stakeholder-Managements systematisch gestalten müssen.

Obwohl zunächst für den erwerbswirtschaftlichen Bereich konzipiert, stieß die Stakeholder-Theorie auch in der Dritte-Sektor-Forschung auf Interesse (vgl. z. B. Ben-Ner/Van Hoomissen 1991, Tschirhart 1996). Dies liegt in der besonderen Natur zivilgesellschaftlicher Organisationen begründet, die – ähnlich wie öffentliche Unternehmen (vgl. Theuvsen 2002) – als *multiple-stakeholder organizations* zu kennzeichnen sind, die den Einflüssen zahlreicher Anspruchsgruppen mit unterschiedlichen Interessen ausgesetzt (vgl. z. B. Herman/Renz 1997, Stötzer 2008) und in Netzwerke eingebunden sind (vgl. Abzug/Webb 1999). In der Folge agieren zivilgesellschaftliche Organisationen im Spannungsfeld verschiedener sozialer, politischer und ökonomischer Ziele. Ein Wohlfahrtsverband z. b. ist gleichzeitig Wertegemeinschaft, sozialer Dienstleister und politisch engagierter Sozialanwalt (vgl. Pabst 1998). Für zivilgesellschaftliche Organisationen sind vor diesem Hintergrund die Analyse ihrer jeweiligen Stakeholder und deren teilweise widersprüchlicher Interessen sowie die systematische Gestaltung der Beziehungen zu den verschiedenen Anspruchsgruppen von herausragender Bedeutung. Trotzdem wird beklagt, dass die Stakeholder-Theorie insgesamt bislang zu selten und überwiegend in beschreibender Weise für die Nonprofit-Forschung nutzbar gemacht worden ist (vgl. Laplume et al. 2008, LeRoux 2009).

Das Ziel des Beitrags ist es vor diesem Hintergrund, aus betriebswirtschaftlicher Sicht die Umrisse eines systematischen Stakeholder-Managements in zivilgesellschaftlichen Organisationen zu skizzieren und einen Überblick über den aktuellen Stand der Forschung zu geben.

2 Theoretische Perspektiven des Stakeholder-Managements

Die Stakeholder-Theorie weist Bezüge zu verschiedenen Theorieströmungen auf (vgl. Freeman et al. 2010). Die Anreiz-Beitrags-Theorie (vgl. Barnard 1938, March/Simon 1958) und die behavioristische Theorie (vgl. Cyert/March 1963) werden als wichtige Grundlagen der Stakeholder-Theorie betrachtet (vgl. Freeman 1984, Malik/Mitra 2009). Beiden Ansätzen ist gemeinsam, dass sie eine Organisation als Koalition von Individuen und Gruppen verstehen. Für die fortgesetzte Existenz einer Organisation ist daher die bewusste Entscheidung dieser Individuen und Gruppen zur Kooperation entscheidend. Damit rückt die Frage in den Mittelpunkt, welche Anreize eine Organisation den sie tragenden Individuen und Gruppen bieten muss, um von ihnen Kooperationsbereitschaft und die damit verbundenen Gegenleistungen (Beiträge) erwarten zu dürfen. Für das Stakeholder-Management sind diese Überlegungen von zentraler Bedeutung. Wenn für das Überleben einer Organisation die fortgesetzte Kooperationsbereitschaft verschiedener Akteure fundamental ist, dann rücken das systematische Management der Beziehungen zu ihnen sowie die Aufrechterhaltung des Anreiz-Beitrags-Gleichgewichts gegenüber allen relevanten Individuen und Gruppen in den Mittelpunkt. In jüngerer Zeit ist dieser Gedanke mit der aus der mikroökonomischen Organisationstheorien bekannten Idee, Organisationen als ein »Geflecht von Verträgen« zu betrachten, verknüpft worden (vgl. etwa Boatright 2002). Mit ähnlicher Zielrichtung sind auch Überlegungen zu einer Stakeholder-Agency-Theorie (vgl. Hill/Jones 1992) oder einer Property-Rights-theoretischen Fundierung der Stakeholder-Theorie (vgl. Asher et al. 2005) angestellt worden.

Neben organisationstheoretischen Anknüpfungspunkten werden – Freeman (1984) folgend – immer wieder auch die strategischen Bezüge des Stakeholder-Ansatzes hervorgehoben. Gelegentlich geschieht dies unter Orientierung am Modell des Lebenszyklus (vgl. Jawahar/McLoughlin 2001), häufiger jedoch unter Rückgriff auf die Unterscheidung zwischen dem markt- und dem ressourcenbasierten Ansatz im strategischen Management. Während der marktbasierte Ansatz die Bedeutung der Wettbewerbssituation für das Handeln von Organisationen betont, hebt der ressourcenbasierte Ansatz auf die Ressourcen und Fähigkeiten einer Organisation sowie ihre daraus resultierenden Stärken und Schwächen ab (vgl. Theuvsen 2001).

Der marktbasierte Ansatz schärft den Blick dafür, dass zivilgesellschaftliche Organisationen in vielfältiger Hinsicht dem Wettbewerb ausgesetzt sind, wenn sie die Unterstützung durch Stakeholder suchen. Dies gilt nicht nur für die Leistungsseite, sondern auch für die Gewinnung von Ehrenamtlichen, die Akquisition von Spenden oder das Ringen um öffentliche Aufmerksamkeit und Reputation. Der Logik des marktbasierten Ansatzes folgend, ist auch die Frage nach der strategischen Positionierung gestellt worden (vgl. Theuvsen 2003). MacMillan (1983) bspw. diskutiert die Bereitstellungen von Dienstleistung zu den geringsten Kosten und den Nachweis einer überlegenen Effektivität als alternative Strategien für Dienstleister im Dritten Sektor.

Aus der Perspektive des Stakeholder-Managements ist der ressourcenbasierte Ansatz in mehrfacher Hinsicht von Bedeutung. So verweist er darauf, dass das Netzwerk der Stakeholder einer Organisation eine erfolgsrelevante Ressource sein kann (vgl. Bosse et al. 2009). Zudem können sich Stakeholder im Besitz von Ressourcen befinden, die für das Überleben einer Organisation wichtig sind. Hieraus folgt – ganz im Sinne des Ressourcenabhängigkeitsansatzes – die Notwendigkeit, Strategien zur Bewältigung kritischer Abhängigkeiten zu entwickeln (vgl. Freeman et al. 2010). Schließlich legt der ressourcenbasierte Ansatz nahe, dass die Fähigkeit einer Organisation, die Beziehungen zu Stakeholdern adäquat zu gestalten, selbst eine wettbewerbsrelevante Ressource darstellen kann (vgl. Hsieh 2009). Hier ergeben sich Anknüpfungspunkte an relationale Ansätze, die die besondere Fähigkeit zivilgesellschaftlicher Organisationen hervorheben, auf der Grundlage gemeinsamer Interessen und Werte Netzwerke zu knüpfen, die den politischen und gesellschaftlichen Einfluss erhöhen und kostspielige Doppelarbeiten vermeiden helfen (vgl. Oster 1995).

3 Grundzüge des Stakeholder-Managements

Folgt man nicht der normativen, sondern der instrumentellen Lesart des Stakeholder-Ansatzes (vgl. Friedman/Miles 2006), so steht die »stakeholder management capability« (Freeman 1984: 54) einer Organisation im Vordergrund. Folgt man Horak und Speckbacher (2013), so lassen sich sieben Schritte eines systematischen Stakeholder-Managements unterscheiden: (a) Ermittlung der Stakeholder, (b) Zusammenfassung und Ordnung der Stakeholder, (c) Charakterisierung der Stakeholder, (d) Bewertung und Ermittlung der Wichtigkeit der Stakeholder, (e) Festlegung von Normstrategien in Bezug auf verschiedene Stakeholder-Gruppen, (f) Betrachtung der einzelnen Stakeholder und Festlegung spezifischer Strategien sowie (g) Abstimmung, Umsetzung und Kontrolle. Etwas vereinfacht lassen sich diese sieben Schritte zu drei Teilaufgaben zusammenfassen: Identifizierung und Beschreibung von Stakeholdern, Bewertung der Stakeholder sowie Auswahl und Implementierung von Maßnahmen des Stakeholder-Managements.

3.1 Identifizierung und Beschreibung von Stakeholdern

Zivilgesellschaftliche Organisationen haben viele, im Einzelfall sehr unterschiedliche Anspruchsgruppen. Mitglieder, haupt- und ehrenamtliche Mitarbeiter, Klienten, Zulieferer, Kooperationspartner, Dachverbände, Mittelgeber, der Gesetzgeber, öffentliche Verwaltungen, die Öffentlichkeit, Medien, konkurrierende Organisationen und berufsständische Vereinigungen sind nur einige Beispiele für mögliche Stakeholder. Der Kreis potenzieller Anspruchsgruppen ist damit bereits sehr groß; noch umfassendere Ansätze, die bspw. auch die natürliche Umwelt unter den Stakeholder-Begriff subsumieren wollen, werden dagegen bspw. von Orts und Strudler (2002) abgelehnt, um einer Überdehnung des Begriffs entgegenzuwirken.

Eine genauere Analyse der Ausgangssituation des Stakeholder-Managements muss drei Fragen beantworten: Wer sind die Stakeholder einer Organisation, welche Interessen verfolgen sie und wie wollen sie ihre Ziele erreichen (vgl. Frooman 1999).

Da es keine abschließende Liste von Anspruchsgruppen gibt, ist die Identifizierung aktueller und potenzieller Stakeholder in aller Regel das Ergebnis eines Brainstorming-Prozesses (vgl. Bryson 2004), der in die Anfertigung sog. *stakeholder maps* mündet (vgl. Freeman 1984). Bei ihnen handelt es sich um die graphische Wiedergabe der in die weitere Analyse einbezogenen Anspruchsgruppen, die gelegentlich um eine grobe Kategorisierung, etwa in interne und externe (vgl. Freeman/Reed 1983, Tschirhart 1996) oder primäre und sekundäre Stakeholder (vgl. Freeman et al. 2007), ergänzt wird.

Anschließend erfolgt eine vertiefte Beschäftigung mit den Interessen der verschiedenen Stakeholder. Ergänzend kann analysiert werden, wie sie die Organisation beeinflussen und wie umgekehrt die Organisation auf Anspruchsgruppen Einfluss nimmt, welche Annahmen hinsichtlich der verschiedenen Gruppen dem Handeln der Organisation zugrunde liegen und welche Kenngrößen zur Abbildung der Qualität der Beziehungen zu Stakeholdern eingesetzt werden (vgl. Freeman 1984: 242, Bryson 2004). Als methodisches Hilfsmittel zur Erfassung der Interessen der verschiedenen Anspruchsgruppen kann eine Stakeholder Issue-Matrix eingesetzt werden, in der durch Punktwerte die Wichtigkeit verschiedener Anliegen aus Sicht der einzelnen Gruppen bewertet wird. Auf diese Weise wird es einer Organisation möglich, die wichtigsten Anliegen zu identifizieren und sich darauf zu konzentrieren (vgl. Freeman et al. 2007).

Schließlich sind die von den Stakeholdern ergriffenen Maßnahmen zur Erreichung ihrer Ziele zu erfassen. Grundsätzlich steht ihnen ein breites Maßnahmenspektrum zur Verfügung. Frooman (1999) etwa differenziert grob zwischen den Strategien der Entziehung von Ressourcen (z. B. Beendigung der Mitarbeit oder der finanziellen Unterstützung) und der Bereitstellung von Ressourcen unter Auflagen, etwa der Bereitschaft zur weiteren Finanzierung unter der Bedingung einer transparenteren Mittelverwendung. Lindenberg (2001) dagegen unterscheidet am Beispiel Oxfam zwischen der Erzeugung öffentlichen Drucks, Dialog, gemeinsamen Studien und Überwachung sowie Finanzierung und Kooperation. Eine wesentliche Strategie zur Erhöhung des Einflusspotenzials ist für zivilgesellschaftliche Organisationen die Etablierung von Koalitionen und Netzwerken. Bereits Freeman (1984: 58 ff.) empfiehlt daher, Kooperationen zwischen Stakeholdern in die Analyse der Ist-Situation einzubeziehen.

3.2 Bewertung von Stakeholdern

Der instrumentelle Ansatz der Stakeholder-Theorie sieht die Bewertung und Priorisierung der Anspruchsgruppen vor, um Maßnahmen ergreifen zu können, die den jeweiligen Gruppen angemessen sind. Für die Bewertung von Anspruchsgruppen sind verschiedenste Kriterien vorgeschlagen worden.

Verbreitet ist die Klassifizierung von Stakeholdern unter Rückgriff auf ihr Bedrohungs- und Kooperationspotential. Das Bedrohungspotenzial eines Stakeholders definieren Savage et al. (1991: 63) als »[t]he stakeholder's relative power and its relevance to a particular issue confronting the organization« (ebd.). Es kann sich z. B. daraus ergeben, dass ein Stakeholder, etwa ein Mittelgeber, über Ressourcen verfügt, die für die Organisation überlebenswichtig sind. Das Kooperationspotenzial ist dagegen Ausdruck der Möglichkeit eines Stakeholders, die Zusammenarbeit mit einer Organisation zu verstärken, sowie seiner Bereitschaft, diese Möglichkeit auch zu nutzen. Savage et al. (1991) unterscheiden auf dieser Grundlage vier verschiedene Kategorien von Stakeholdern (Abb. 3.1), denen mittels verschiedener Normstrategien begegnet wird.

Sehr bekannt ist ferner der Ansatz von Mitchell et al. (1997), die die zur Bewertung von Stakeholdern häufig herangezogenen Kriterien Macht und Legitimität um den Aspekt der Dringlichkeit ergänzen. Macht ermöglicht es Anspruchsgruppen, sich in sozialen Beziehungen auch gegen Widerstände durchzusetzen (vgl. Weber 1956: 28). Die Macht eines Stakeholders hängt davon ab, über welche Machtbasen er verfügt (z. B. Geld, Informationen, Rechte, Persönlichkeitsmerkmale), auf welche inhaltlich abgegrenzten Handlungsfelder sich der Einfluss der Anspruchsgruppen erstreckt (etwa Programmentscheidungen, Personalpolitik), wie groß seine Machtstärke ist, d. h. die Wahrscheinlichkeit, dass er sich in bestimmten Situationen gegen andere Akteure durchsetzen kann, auf wie viele Personen er Einfluss hat und wie bedeutsam diese Personen im betrachteten Machtbereich sind (vgl. Krüger 1974).

Legitimität beschreibt dagegen, inwieweit eine Anspruchsgruppe »socially acceptable goals in a socially acceptable manner« (Ashforth/Gibbs 1990: 177) verfolgt. Legitimität kann auf verschiedenen Grundlagen beruhen, namentlich der Einhaltung von Gesetzen und anderen formalen Regeln (regulative Legitimität), einem Verhalten im Einklang mit sozial akzeptierten Werten und Normen (normative Legitimität) oder der Orientierung an gesellschaftlich zugewiesenen Handlungsrollen, etwa der Rolle von berufsständischen Organisationen als Sachwaltern der Interessen ihrer Mitglieder (vgl. Scott 2001). Dringlichkeit schließlich hängt von zwei Kriterien ab: »the degree to which stakeholder claims call for immediate attention« (zeitliche Sensitivität) sowie »the importance of the claim or the relationship to the stakeholder« (Kritizität) (Mitchell et al. 1997: 867). Dring-

Abbildung 3.1 Bewertung der Stakeholder und Normstrategien

	Bedrohungspotential	
	hoch	niedrig
Kooperations-potential hoch	»Zweischneidige« Stakeholder Strategie: Zusammenarbeit	Unterstützende Stakeholder Strategie: Einbindung
niedrig	Nicht-unterstützende Stakeholder Strategie: Verteidigung	Marginale Stakeholder Strategie: Beobachtung

Quelle: Eigene Darstellung nach Savage et al. (1991: 65)

lichkeit bringt zum Ausdruck, wie unmittelbar die Forderungen von Anspruchsgruppen Aufmerksamkeit von Seiten der Organisation verlangen.

Je nachdem, ob die genannten Merkmale bei einer Anspruchsgruppe gegeben sind oder nicht, ergeben sich sieben verschiedene Gruppen von Stakeholdern (Abb. 3.2).

Page (2002) hat auf dieser Grundlage eine Priorisierung der Stakeholder vorgeschlagen. Demnach sind Anspruchsgruppen vernachlässigbar, auf die keines der Merkmale zutrifft. Ruhende, vernachlässigbare und fordernde Stakeholder verdienen nur eine geringe, dominante, gefährliche und abhängige Stakeholder eine mäßige und allein definitive Stakeholder eine hohe Aufmerksamkeit. Neville et al. (2003) wiederum nutzen den Ansatz von Mitchell et al. (1997), um drei Arten von Forderungen von Anspruchsgruppen zu unterscheiden:

- Moralische Forderungen: Stakeholder bringen legitime Anliegen mit hoher Dringlichkeit vor, verfügen jedoch nicht über die Macht, um sie durchzusetzen.

Abbildung 3.2 Stakeholder-Typologie

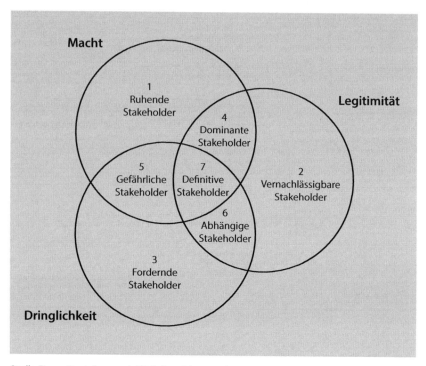

Quelle: Eigene Darstellung nach Mitchell et al. (1997: 874)

- Autorität: Stakeholder setzen ihre legitimen Interessen unter Nutzung der zur Verfügung stehenden Macht durch.
- Unmoralische Forderung: Stakeholder setzen illegitime Forderungen durch.

Einen ähnlichen Weg wie Mitchell et al. (1997) hat bereits Freeman (1984: 62) mit seinem »stakeholder grid« beschritten, in das Anspruchsgruppen in Abhängigkeit von ihrer Machtbasis (formal, ökonomisch, politisch) und ihren Interessen (Eigentum, ökonomisch, Einflussnahme) eingeordnet werden. Als vereinfachte Vierfelder-Matrix mit den Dimensionen »Intensität des Interesses an der Organisation« und »Macht« wird dieser Ansatz auch von Bryson (2004) propagiert. Frooman (1999) wiederum stellt die Ressourcenabhängigkeit einer Organisation und die daraus resultierende Macht von Anspruchsgruppen in den Mittelpunkt der Bewertung. Janisch (1992) schließlich greift auf die Kriterien »Machtbasis«

und »Wille zur Machtausübung« zurück, um zwischen strategischen Anspruchsgruppen, Interessen- und Bezugsgruppen zu unterscheiden. Fassin (2009) differenziert zwischen Stakeholder, Stakewatcher und Stakekeeper. Stakeholder haben ein unmittelbares Anliegen an die Organisation (z. B. hauptamtliche Mitarbeiter), Stakewatcher überwachen die Berücksichtigung eines Anliegens (bspw. Patientenschutzvereinigungen) und Stakekeeper beeinflussen bspw. in ihrer Funktion als Regulatoren eine Organisation ohne selbst einem Einfluss durch die Organisation zu unterliegen.

In der Literatur lassen sich zahlreiche weitere Kriterien zur Kategorisierung von Stakeholdern nachweisen (vgl. Laplume et al. 2008: 1160 ff.). Allen Bewertungen liegt die Absicht zugrunde, einen Ansatzpunkt für die Formulierung von Maßnahmen des Stakeholder-Managements bereitzustellen, die auf die Eigenschaften bestimmter Anspruchsgruppen abgestimmt sind und die Überlebens- bzw. Erfolgswahrscheinlichkeit einer Organisation erhöhen sollen. Nicht zufällig hat daher bereits Freeman (1984: 112 f.) die Relevanz von Stakeholdern für den Erfolg einer Organisation als Bewertungskriterium vorgeschlagen.

3.3 Maßnahmen des Stakeholder-Managements

Verbreitet ist die Empfehlung sog. Normstrategien, d. h. relativ pauschaler Handlungsempfehlungen zum Umgang mit Anspruchsgruppen (vgl. bereits Freeman 1984: 142 ff.). Ein Beispiel ist der bereits in Abb. 3.1 wiedergegebene Ansatz von Savage et al. (1991), die je nach Kooperations- bzw. Bedrohungspotenzial eines Stakeholders Zusammenarbeit, Einbindung, Verteidigung oder Beobachtung als strategische Leitlinien empfehlen. In vergleichbarer Weise hatte bereits Freeman (1984: 144 ff.) zwischen »Change the rules-«, offensiven, defensiven und Status quo-Programmen zwecks Gestaltung der Beziehungen zu Anspruchsgruppen differenziert. Eine Veränderung der Regeln kann z. B. durch Einflussnahme auf den Gesetzgeber erfolgen, während ein offensives Programm u. a. die aktive Einflussnahme auf die Zielsetzung einer Anspruchsgruppe oder die öffentliche Meinung beinhalten kann.

Empirische Studien zeigen, dass zivilgesellschaftliche Organisationen vielfältige Strategien im Rahmen der Gestaltung ihrer Beziehungen zu Stakeholdern einsetzen. Internationale NGOs bspw. präsentieren sich gleichermaßen als professionelle Gesprächspartner supranationaler Organisationen, verlässliche Kooperationspartner staatlicher Einrichtungen wie auch potenzielle Organisatoren öffentlichen Protests (vgl. Fitzduff/Church 2004). Dabei werden gegenüber demselben Stakeholder oftmals sehr unterschiedliche, teils konfrontative, teils kooperative Strategien eingesetzt (vgl. Lindenberg 2001).

Im Rahmen des Stakeholder-Managements müssen auch Entscheidungen über Einzelmaßnahmen getroffen werden (vgl. im Überblick Laplume et al. 2008). Als ein wichtiger Aspekt gilt in diesem Zusammenhang die Besetzung der Leitungsorgane einer Organisation (vgl. LeRoux 2009: 169 ff.). Zentral ist die Frage, welche vom Gesetzgeber nicht bereits berücksichtigten Interessen zusätzlich Beachtung finden sollen und wie die Stärkung der Stellung bestimmter Stakeholder organisatorisch umgesetzt werden kann (vgl. Madrian 1998). Als *inclusive governance* wird eine Praxis der Rekrutierung der Mitglieder von Leitungsorganen bezeichnet, die bewusst auf Diversität und die Berücksichtigung vielfältiger Stakeholder-Interessen ausgerichtet ist (vgl. Brown 2002). In zivilgesellschaftlichen Organisationen hat die Kooption bestimmter Stakeholder in Leitungsorgane, etwa von Vertretern der Politik oder der Wirtschaft, eine lange Tradition (vgl. dazu beispielhaft Nährlich 1998). Eher struktureller Art ist dagegen die Bildung eines Beirats, eines Fördervereins oder eines vergleichbaren Gremiums, in dem Anspruchsgruppen eine Stimme erhalten bzw. in den sie eingebunden werden (vgl. Middleton 1987). Empirisch ist u. a. der Frage nachgegangen worden, inwieweit die Berücksichtigung weiterer Anspruchsgruppen sich positiv auf den Erfolg einer Organisation auswirkt (vgl. Hillman et al. 2001). Studien zeigen ferner, dass sich die Größe und Zusammensetzung von Leitungsorganen ändern, wenn neue, als relevant erachtete Stakeholder aufkommen (vgl. Abzug et al. 1993).

Die Aufgabenverteilung an der Spitze zivilgesellschaftlicher Organisationen ist auch Gegenstand von Governance-Kodizes, wie sie u. a. für die Diakonie und in Form des Swiss NPO-Code verabschiedet wurden. Derartige Kodizes sollen »eine verantwortungsbewusste Führung, Kontrolle und Kommunikation der Nonprofit-Organisation sicherstellen« (§ 2 Swiss NPO-Code). Sie nehmen Einfluss auf die Strukturen und Verantwortlichkeiten an der Spitze zivilgesellschaftlicher Organisationen und regeln damit auch Einflussmöglichkeiten verschiedener Anspruchsgruppen eindeutiger als dies zuvor oft der Fall war (vgl. Theuvsen 2009).

In jüngerer Zeit wird Stakeholder-Management zunehmend im Sinne eines beziehungsorientierten (Sozial-)Marketings interpretiert (vgl. Ruckh et al. 2006). Knox und Gruar (2007) bspw. verknüpfen das Konzept von Mitchell et al. (1997) zur Bewertung von Stakeholdern mit den von Coviello et al. (1997) unterschiedenen Formen beziehungsorientierten Marketings (Transaktions-, Datenbank-, Interaktions- und Netzwerk-Marketing). Es gelingt ihnen am Beispiel einer britischen Forschungsförderungseinrichtung zu zeigen, dass im Verhältnis zu unterschiedlichen Stakeholdern tatsächlich verschiedene Formen des Marketings Anwendung finden. Während zu definitiven Stakeholdern im Sinne von Mitchell et al. (1997) Netzwerkbeziehungen unterhalten werden, finden im Verhältnis zu weniger relevanten Stakeholdern, etwa Spendern oder der Öffentlichkeit, Datenbank- und Transaktions-Marketing Anwendung. Ganz generell hat sich der Begriff der Stakeholder Relations etabliert (vgl. Lintemeier/Rademacher 2013) und der Stakeholder-Dialog zu einem festen Bestandteil des Stakeholder-Managements entwickelt (vgl. Schreyögg 2013).

Verstärkt werden – obwohl bereits bei Freeman (1984: 219 ff.) erörtert – Informations- und Kommunikationsmaßnahmen als Teil des Stakeholder-Managements diskutiert. Ein Teil der Literatur betont die Notwendigkeit der Herstellung von Transparenz als vertrauensbildender Maßnahme gegenüber Stakeholdern (vgl. Theuvsen 2009). Jahres-, Geschäfts- und Leistungsberichte sind unter Berücksichtigung des Informationsbedarfs verschiedener Anspruchsgruppen zu gestalten. Die Rechenschaftslegung geht z. T. mit der Nutzung von Labeln, etwa Spendengütesiegeln, einher (vgl. Stötzer 2008). Weitergehend sind Überlegungen, die Organisationen als Plattformen für die Aushandlung der Interessen verschiedener Anspruchsgruppen sehen und daher die Kommunikation mit Stakeholdern als konstitutiv für Organisationen betrachten (vgl. Karmasin 2007).

4 Zukünftige Forschungsthemen

Mitte der 1990er Jahre erlebte die Stakeholder-Theorie einen starken Aufschwung, der sich in einer wachsenden Zahl an einschlägigen Publikationen niederschlug. Damit verbunden war eine zunehmende Ausdifferenzierung der Themen. Thematische Schwerpunkte sind die Anbindung des Stakeholder-Ansatzes an unterschiedliche Theorieströmungen, die Bewertung von Anspruchsgruppen, Maßnahmen des Stakeholder-Managements, Einflussstrategien von Stakeholdern sowie die Erfolgsrelevanz des Stakeholder-Managements (vgl. Laplume et al. 2008). Der zunächst kritisch beäugte Stakeholder-Ansatz hat damit zunehmend an Gewicht gewonnen und sich als eigenständiger, an andere Theorien gut anschlussfähiger theoretischer Zugang zu Organisationen etabliert.

Trotzdem sind viele Fragen noch offen. In loser Anlehnung an Laplume et al. (2008) sowie Bhattacharya und Korschun (2008) lassen sich die folgenden Herausforderungen für die zukünftige Forschung ausmachen:

- Die Forschung ist bislang stark auf erwerbswirtschaftliche Organisationen fokussiert. Notwendig sind die stärkere Berücksichtigung der Spezifika zivilgesellschaftlicher Organisationen und empirische Studien im Dritten Sektor.
- Es besteht ein dringender Bedarf an mehr und methodisch vielfältigerer empirischer Forschung.
- Die Stakeholder-Theorie muss auch komplexere, netzwerkartige Strukturen jenseits des »hub-and-spoke model« (Bhattacharya/Korschun 2008: 113) in ihre Analysen einbeziehen. Auch weitere Einflussgrößen auf die Ausgestaltung

des Stakeholder-Managements, etwa die Organisationskultur, verdienen mehr Beachtung.
- Die Suche nach geeigneten Effektivitäts- und Effizienzmaßen zur Bewertung von Maßnahmen des Stakeholder-Managements muss ebenso wie die Wirkungsforschung insgesamt intensiviert werden.
- Viel stärker als bislang müssen Prozesse des Wandels in den Blick rücken. Wie gewinnen Forderungen von Stakeholdern an Legitimität? Wann betreten neue Anspruchsgruppen die Bühne und wann verlassen sie sie wieder? Unter welchen Bedingungen entstehen bzw. enden Allianzen zwischen Anspruchsgruppen? Wie entsteht im Zeitablauf Vertrauen zwischen den Akteuren?

Trotz aller Fortschritte der vergangenen Jahre scheint damit sichergestellt, dass der Stakeholder-Theorie auch in Zukunft die Forschungsfragen nicht ausgehen werden!

Literatur

Abzug, R., DiMaggio, P., Gray, B. H., Useem, M. & C. H. Kang (1993): Variations in Trusteeship: Cases from Boston and Cleveland, 1925–1985. In: Voluntas, Volume 4, Heft 3, S. 271–300.

Abzug, R. & N. J. Webb (1999): Relationships between Nonprofit and for-Profit Organizations: A Stakeholder Perspective. In: Nonprofit and Voluntary Sector Quarterly, Volume 28, Heft 4, S. 416–431.

Asher, C. C., Mahoney, J. M. & J. T. Mahoney (2005): Towards a Property Rights Foundation for a Stakeholder Theory of the Firm. In: Journal of Management and Governance, Volume 9, S. 5–32.

Ashforth, B. E. & B. W. Gibbs (1990): The Double-edge of Organizational Legitimation. In: Organization Science, Volume 1, Heft 2, S. 177–194.

Barnard, C. I. (1938): The Functions of the Executive, Cambridge, MA: Harvard University Press.

Bhattacharya, C. B. & D. Korschun (2008): Stakeholder Marketing: Beyond the Four Ps and the Customer. In: Journal of Public Policy & Marketing, Volume 27, Heft 1, S. 113–116.

Ben-Ner, A. & T. Van Hoomissen (1991): Nonprofit Organizations in the Mixed Economy: A Demand and Supply Analysis. In: Annals of Public and Cooperative Economics, Volume 62, Heft 4, S. 519–550.

Boatright, J. (2002): Contractors as Stakeholders: Reconciling Stakeholder Theory with the Nexus-of-Contracts Firm. In: Journal of Banking and Finance, Volume 26, Heft 9, S. 1837–1852.

Bosse, D. A., Phillips, R. A. & J. S. Harrison (2009): Stakeholders, Reciprocity and Firm Performance. In: Strategic Management Journal, Volume 30, Heft 4, S. 447–456.

Brown, W. A. (2002): Inclusive Governance Practices in Nonprofit Organizations and Implications for Practice. In: Nonprofit Management and Leadership, Volume 12, Heft 4, S. 369–385.

Bryson, J. M. (2004): What to Do When Stakeholders Matter: Stakeholder Identification and Analysis Techniques. In: Public Management Review, Volume 6, Heft 1, S. 21–53.

Coviello, N. E., Brodie, R. J. & H. J. Munro (1997): Understanding Contemporary Marketing: Development of a Classification Scheme. In: Journal of Marketing Management, Volume 13, Heft 6, S. 501–522.

Cyert, R. M. & J. G. March (1963): A Behavioral Theory of the Firm, Englewood Cliffs, NJ: Prentice Hall.

Fassin, Y. (2009): The Stakeholder Model Refined. In: Journal of Business Ethics, Volume 84, S. 134–135.

Fitzduff, M. & C. Cheyanne (Hrsg.) (2004): NGOs at the Table. Strategies for Influencing Policies in Areas of Conflict, Lanham, MD: Rowman & Littlefield.

Freeman, R. E. (1984): Strategic Management: A Stakeholder Approach, Boston, MA: Pitman.

Freeman, R. E., Harrison, J. S. & A. C. Wicks (2007): Managing for Stakeholders: Survival, Reputation and Success, New Haven: Yale University Press.

Freeman, R. E., Harrison, J. S., Wicks, A. C., Parmar, B. L. & S. de Colle (2010): Stakeholder Theory: The State of the Art, Cambridge: Cambridge University Press.

Freeman, R. E. & D. L. Reed (1983): Stockholders and Stakeholders: A New Perspective on Corporate Governance. In: California Management Review, Volume 25, Heft 3, S. 88–106.

Friedman, A. L. & S. Miles (2006): Stakeholders: Theory and Practice, Oxford: Oxford University Press.

Frooman, J. (1999): Stakeholder Influence Strategies. In: Academy of Management Review, Volume 24, Heft 2, S. 191–205.

Herman, R. D. & D. O. Renz (1997): Multiple Constituencies and the Social Construction of Nonprofit Organization Effectiveness. In: Nonprofit and Voluntary Sector Quarterly, Volume 26, Heft 2, S. 185–206.

Hill, W. L. & T. M. Jones (1992): Stakeholder-Agency Theory. In: Journal of Management Studies, Volume 29, Heft 2, S. 131–154.

Hillman, A. J., Keim, G. D. & R. A. Luce (2001): Board Composition and Stakeholder Performance: Do Stakeholder Directors Make a Difference? In: Business & Society, Volume 40, Heft 3, S. 295–314.

Horak, C. & G. Speckbacher (2013): Ziele und Strategien. In: Simsa, R., Meyer, M. & C. Badelt (Hrsg.): Handbuch der Nonprofit-Organisation. Strukturen und Management, Stuttgart: Schäffer-Poeschel, S. 159–182.

Hsieh, J. (2009): Toward a dynamic resource based view of strategic stakeholder management. In: 2009 Asian Academy of Management Conference Proceeding.

Janisch, M. (1992): Das strategische Anspruchsgruppenmanagement. Vom Shareholder Value zum Stakeholder Value. Diss. St. Gallen.

Jawahar, I. M. & G. L. McLaughlin (2001): Toward a Descriptive Stakeholder Theory: An Organizational Life Cycle Approach. In: Academy of Management Review, Volume 26, Heft 3, S. 397–414.

Karmasin, M. (2007): Stakeholder-Management als Grundlage der Unternehmenskommunikation. In: Piwinger, M. & A. Zerfaß (Hrsg.): Handbuch Unternehmenskommunikation, Wiesbaden: Gabler, S. 71–87.

Knox, S. & C. Gruar (2007): The Application of Stakeholder Theory to Relationship Marketing Strategy Development in a Non-profit Organization. In: Journal of Business Ethics, Volume 75, S. 115–135.

Krüger, W. (1974): Macht in der Unternehmung. Elemente und Strukturen, Stuttgart: Schäffer-Poeschel.

Laplume, A. O., Sonpar, K. & R. A. Litz (2008): Stakeholder Theory: Reviewing a Theory That Moves Us. In: Journal of Management, Volume 34, Heft 6, S. 1152–1189.

LeRoux, K. (2009): Managing Stakeholder Demands. Balancing Responsiveness to Clients and Funding Agents in Nonprofit Social Service Organizations. In: Administration & Society, Volume 41, Heft 2, S. 158–184.

Lindenberg, M. (2001): Reaching beyond the Family: New Nongovernmental Organization Alliances for Global Poverty Alleviation and Emergency Response. In: Nonprofit and Voluntary Sector Quarterly, Volume 30, Heft 3, S. 603–615.

Lintemeier, K. & L. Rademacher (Hrsg.) (2013): Stakeholder Relations. Nachhaltigkeit und Dialog als strategische Erfolgsfaktoren, München: MHMK.

MacMillan, I. C. (1983): Competitive Strategies for Not-for-Profit Agencies. In: Advances in Strategic Management, Bd. 1, S. 61–82.

Madrian, J.-P. (1998): Interessengruppenorientierte Unternehmensführung. Eine organisationstheoretische Analyse am Beispiel großer Aktiengesellschaften, Hamburg: Dr. Kovac.

Malik, A. K. & S. Mitra (2009): Accounting and Accountability: A Stakeholder-Agent Perspective. In: Journal of Accounting Research and Audit Practices, Volume 8, Heft 3 u. 4, S. 7–19.

March, J. G. & H. A. Simon (1958): Organizations, Cambridge, MA: Blackwell.

Middleton, M. (1987): Nonprofit Boards of Directors: Beyond the Governance Function. In: Powell, W. W. (Hrsg.): The Nonprofit Sector. A Research Handbook, New Haven: Yale University Press, S. 141–153.

Mitchell, R. K., Agle, B. R. & D. J. Wood (1997): Toward a Theory of Stakeholder Identification and Salience: Defining the Principle of Who and What Really Counts. In: Academy of Management Review, Volume 22, Heft 4, S. 853–896.

Nährlich, S. (1998): Innerbetriebliche Reformen in Nonprofit-Organisationen. Das Deutsche Rote Kreuz im Modernisierungsprozess, Wiesbaden: Gabler.

Neville, B. A., Menguc, B. & S. J. Bell (2003): Stakeholder Salience Reloaded: Operationalising Corporate Social Responsibility. In: ANZMAC 2003 Conference Proceedings, Adelaide, S. 1883–1889.

Orts, E. W. & A. Strudler (2002): The Ethical and Environmental Limits of Stakeholder Theory. In: Business Ethics Quarterly, Volume 12, Heft 2, S. 215–233.

Oster, S. M. (1995): Strategic Management for Nonprofit Organizations. Theory and Cases, New York: Oxford University Press.

Pabst, S. (1996): Sozialanwälte. Wohlfahrtsverbände zwischen Interessen und Ideen, Augsburg: Maro.

Page, C. G. (2002): The Determination of Organization Stakeholder Salience in Public Health. In: Journal of Public Health Management, Volume 8, Heft 5, S. 76–84.

Ruckh, M. F., Noll, C. & M. Bornholdt (Hrsg.) (2006): Sozialmarketing als Stakeholder-Management. Grundlagen und Perspektiven für ein beziehungsorientiertes Management von Nonprofit-Organisationen, Bern: Haupt.

Savage, G. T., Nix, T. W., Whitehead, C. J. & J. D. Blair (1991): Strategies for Assessing and Managing Organizational Stakeholders. In: Academy of Management Executive, Volume 5, Heft 2, S. 61–75.

Schreyögg, G. (Hrsg.) (2013): Stakeholder-Dialoge. Zwischen fairem Interessenausgleich und Imagepflege, Münster: Lit.

Scott, W. R. (2001): Institutions and Organizations. 2. Aufl., Thousand Oaks, CA: Sage.

Stötzer, S. (2008): Stakeholderorientierte Informations- und Kommunikationspolitik in Nonprofit-Organisationen. In: Siems, F. U., Brandstätter, M. & H. Gölzner (Hrsg.): Anspruchsgruppenorientierte Kommunikation. Neue Ansätze zu Kunden-, Mitarbeiter- und Unternehmenskommunikation, Wiesbaden: VS Verlag für Sozialwissenschaften, S. 403–420.

Swiss NPO-Code: Corporate Governance-Richtlinien für Nonprofit-Organisationen in der Schweiz vom 31. März 2006, hrsg. v. der Konferenz der Präsidentinnen und Präsidenten grosser Hilfswerke. http://www.stiftungen.org/fileadmin/bvds/de/News_und_Wissen/Grundsaetze_Guter_Stiftungspraxis/Swiss_NPO_Code_20060410_ber.pdf, Zugriff 14. 03. 2014.

Theuvsen, L. (2001): Kernkompetenzorientierte Unternehmensführung: Grundzüge und Bewertung. In: Das Wirtschaftsstudium, Volume 30, Heft 12, S. 1644–1650.

Theuvsen, L. (2002): Ergebnis- und Marktsteuerung öffentlicher Unternehmen. Eine Analyse aus organisationstheoretischer Sicht, Stuttgart: Schäffer-Poeschel.

Theuvsen, L. (2003): Zwischen Mission und »muddling through«. Anmerkungen zur Strategiefähigkeit von Nonprofit-Organisationen. In: AKNPO (Hrsg.): Mission Impossible? Strategien im Dritten Sektor, Frankfurt a. M.: Deutscher Verein für öffentliche und private Fürsorge, S. 234–259.

Theuvsen, L. (2009): Transparenz von Nonprofit-Organisationen: Eine Analyse am Beispiel des Swiss NPO-Code. In: Betriebswirtschaftliche Forschung und Praxis, Volume 61, Heft 1, S. 22–40.

Tschirhart, M. (1996): Artful Leadership: Managing Stakeholder Problems in Nonprofit Arts Organizations, Bloomington, IN: Indiana University Press.

Weber, M. (1956): Wirtschaft und Gesellschaft. Grundriss der verstehenden Soziologie. 4. Aufl., 1. Halbband, Tübingen: Mohr.

Alle Macht der Wirkungsmessung? 15

Christian Schober/Olivia Rauscher

Abstract: Das Thema Social Impact und Wirkungsmessung boomt. Der Beitrag geht der Frage nach, woran dies liegt und worin der Unterschied zwischen Leistungs- und Wirkungsmessung liegt. Es wird zudem aufgezeigt, in welchen Kontexten Wirkungsmessung und Wirkungsanalyse in den letzten Jahrzehnten auf Ebene der Wissenschaft und Praxis diskutiert wurden und welche unterschiedlichen Zugänge es dadurch zum Thema gibt. In diesem Zusammenhang werden zentrale Fragen gestellt, die aktuell die Diskussion prägen. Es handelt sich um die Fragen nach den Wirkungsdimensionen, geeigneten Indikatoren, Standardisierung und der wissenschaftlichen Rigidität der Vorgehensweise bei der Messung. In diesem Zusammenhang wird auch eine Wirkungsmatrix, mit zentralen Wirkungsdimensionen und einer zeitlichen wie auch strukturellen Ebene, zur Verortung von Wirkungen vorgestellt. Ein Fazit zeigt auf, dass etliche Fragen nur durch eine verstärkte Vernetzung zwischen Praxis, Evaluation sowie angewandter und grundlagenorientierter Forschung sinnvoll beantwortet werden können.

Keywords: Nonprofit-Organisationen, Dritter Sektor, Zivilgesellschaft, Wirkungsmessung, Social Impact, Wirkungsanalyse, social investment, impact measurement, Evaluation

1 Warum Wirkungen messen?

Das Thema Social Impact und Wirkungsmessung boomt. Dies liegt zum einen an der organisationalen Entwicklung der Nonprofit-Organisationen (NPOs) und (Sozial-)Unternehmen, andererseits erfolgt die Vergabe öffentlicher Gelder zunehmend unter der geforderten Wirkungsorientierung in der Haushaltsführung. NPOs, als ausführende Dienstleister in der Bereitstellung (halb-)öffentlicher Güter, müssen daher zunehmend ihre Wirksamkeit nachweisen. Großbritannien ist hierbei Vorreiter. Es wird bereits seit geraumer Zeit auf evidenzbasierte Ansätze gesetzt (z. B. »Alliance for Useful Evidence«[1]), Social Return on Investment (SROI) wird promotet (vgl. Nicholls et al. 2009) und es besteht unabhängig davon eine explizite Forderung nach einer Darstellung von Wirkungen in Geldwerten (vgl. HM Treasury 2011). Die fortgeschrittene Verbetriebswirtschaftlichung (vgl. Maier et al. 2009) der NPOs trägt ebenfalls zum Trend Wirkungsmessung bei. Ineffizienzen oder eine mangelnde leistungsorientierte Steuerung gehören heute bei den meisten NPOs der Vergangenheit an. Ein neues Thema rückt nach: Effektivität bzw. Wirkungsorientierung. NPOs wollen schließlich eine Mission erfüllen, die selten darin besteht eine gewisse Anzahl an Leistungsstunden mit möglichst wenig finanziellem Einsatz zu erbringen. Wirkungsorientiertes Denken, Messen und wo möglich Steuern trifft somit den Kern der Aktivitäten der NPOs besser und kann als neue Aufgabe des Management gesehen werden.

Financiers, wie Stiftungen, SpenderInnen, InvestorInnen, interessieren sich vermehrt dafür, was ihre Gelder bewirken (vgl. Nicholls 2009). Altruismus oder symbolischer Austausch (Gabe gegen Anerkennung) wird durch Selbstgestaltung verdrängt. Geben, um zu gestalten, bedingt aber auch, die Ergebnisse kennen und Wirkungen messen zu wollen. Private Financiers mit Investorenlogik und entsprechender Renditeerwartung zählen dementsprechend zu den NutzerInnen von wirkungsorientierten Kennzahlensystemen wie IRIS oder SROI-Analysen.

Bei gewinnorientierten Unternehmen ist ein Wandel weg von ausschließlicher Gewinnorientierung, hin zu gesellschaftlich verantwortlicherem Handeln zu erkennen. Wirkungen der Unternehmenstätigkeiten werden zunehmend thematisiert, nicht zuletzt auf Basis öffentlichen Drucks. Corporate Social Responsibility (CSR) hat in den meisten Unternehmen Einzug gehalten. Vorstände und Investoren wollen wissen, was mit ihrem ökologischen, kulturellen oder sozialen Engagement passiert. Es gilt den Erfolg zu messen und möglichst in Kennzahlensysteme einzubetten. Dieses Engagement ist oft strategisch, im Sinne des Aufbaus von moralischem Kapital (vgl. Godfrey 2005) zur Stärkung immaterieller Werte, wie dem Ruf des Unternehmens.

Wenn ein Thema boomt, gibt es häufig eine breite Begriffsvielfalt und konzeptionelle Unklarheiten. So werden z. B. mehr oder weniger synonym zu Wirkungsmessung auch Begriffe wie Social Impact Measurement oder Social Impact Assessment verwendet. Nachfolgend wird das Begriffsverständnis von Wirkungen im vorliegenden Beitrag skizziert.

---

1 www.alliance4usefulevidence.org, letzter Zugriff 26. 02. 2014

2 Worum handelt es sich, wenn wir von Wirkungen sprechen?

In Zusammenhang mit unterschiedlichen Formen der Wirkungsanalysen wird der Begriff Wirkung ganz selbstverständlich verwendet. Doch was wird genau darunter verstanden und wo liegt der Unterschied zur Leistung? NPOs setzen im Rahmen ihrer Mission unterschiedliche Aktivitäten (z. B. Projekte) um. Diese führen zu einem Output, d. h. zu direkt zählbaren und messbaren Produkten und Leistungen, wie etwa die Anzahl an Beratungsstunden. Steht der Output im Fokus, wird eine Leistungsmessung durchgeführt. Der erbrachte Output erzeugt wiederum Wirkungen. Steht die Identifikation, Messung und gegebenenfalls Bewertung von Wirkungen im Fokus, spricht man von Wirkungsmessung. Im Englischen wird zwischen Outcome und Impact unterschieden, während im Deutschen nur der Begriff Wirkung existiert. Der Outcome bezeichnet alle Wirkungen, die in Folge der Leistungen entstehen und kann mit Bruttowirkungen verglichen werden. Die Integration in den Arbeitsmarkt ist beispielsweise eine Wirkung eines arbeitsmarktpolitischen Projekts. Es wäre aber unrealistisch anzunehmen, ohne dieses Projekt hätte keine/r der KlientInnen einen Job gefunden. Ein gewisser Teil hätte z. B. auch durch andere Organisationen oder das soziale Netz einen Arbeitsplatz gefunden. Dieser Anteil an Wirkungen, der ohnehin entstanden wäre, wird als Deadweight bezeichnet und muss vom Outcome abgezogen werden. In der Evaluationsliteratur wird in diesem Zusammenhang vom Programmeffekt gesprochen (vgl. Rossi et al. 2004: 207). Übrig bleibt der Impact, also jene Wirkungen, die ausschließlich dem Projekt zugeschrieben werden können. Der Impact kann als Nettowirkung bezeichnet werden.

Wirkungen können in unterschiedlichen Dimensionen auftreten, zeitlich unterschiedliche Horizonte haben und für Individuen, Organisationen oder die Gesellschaft als Ganzes Relevanz entfalten (siehe Abb. 2.1).

Inhaltlich können Wirkungen an den Funktionen einer NPO orientiert in einer ökonomischen, sozialen, politischen oder kulturellen Dimension entstehen (vgl. Kehl et al. 2012). Zusätzlich enthält die Matrix die bedeutende ökologische Dimension und die Residualkategorie »sonstige«, da in seltenen Fällen die Wirkung nicht vollständig einem der genannten fünf Bereiche zugeordnet werden kann. Ein höheres Einkommen aufgrund eines Jobs ist eine Wirkung im ökonomischen Bereich, während neue Kontakte am Arbeitsplatz der sozialen Dimension zuzurechnen sind. Wirkungen können auch strukturell differenziert werden: Die Mikroebene umfasst Wirkungen auf Basis von Individuen, d. h. die begünstigten Personen einer Intervention haben nach deren Umsetzung z. B. einen verbesserten Gesundheitszustand. Die Mesoebene bezieht sich auf Organisationen bzw. Gruppen. Auf die Gesellschaft an sich fokussiert die Makroebene, welche Wir-

Abbildung 2.1 Wirkungsmatrix

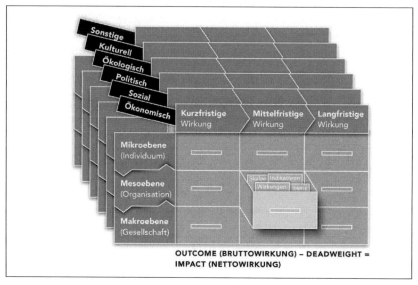

Quelle: Eigene Darstellung

kungen wie die Wahrung der Menschenrechte oder den Umweltschutz beinhaltet. Zeitlich gesehen können Interventionen unmittelbar nach der Umsetzung kurzfristige Wirkungen hervorrufen, wie etwa die vermittelten Arbeitsverhältnisse für Menschen mit Behinderung. Ebenso können auch mittelfristige Wirkungen, wie eine Erhöhung der Lebensqualität der Zielgruppe aber auch langfristige Wirkungen, wie eine höhere gesellschaftliche Akzeptanz von Menschen mit Behinderung, entstehen.

Das Modell macht nun eine Verortung konkreter Wirkungen anhand der Dimensionen, Zeit (kurz-, mittel-, langfristig) und Struktur (Mikro, Meso, Makro) möglich. Die einzelnen Kästchen können als Schubladen gedacht werden. In jeder Schublade befinden sich inhaltliche »Registerblätter« (ökonomisch, sozial, politisch etc.), anhand derer konkrete Wirkungen eingeordnet werden können. Beispielsweise kann ein verbesserter Gesundheitszustand aufgrund gesundheitsfördernder Leistungen zu reduzierten medizinischen Ausgaben führen, was eine kurzfristige Individualwirkung auf ökonomischer Ebene ist. Werden Wirkungen empirisch gemessen, stehen hinter jeder Wirkung Indikatoren, Items und Skalen (mehr dazu siehe Kapitel 4).

Selbst wenn die Wirkungen in den einzelnen Dimensionen identifiziert und gemessen werden können, bleibt das Problem der Vergleichbarkeit. Es gibt im NPO-Sektor kein allgemeingültiges Kriterium für die Messung von Erfolg (Kanter/ Summers 1987), wie z.B. der finanzielle Gewinn bei gewinnorientierten Unternehmen. Erfolg im Bereich von NPOs muss daher mehrdimensional dargestellt werden oder für eine allfällige Aggregation umgerechnet werden. Für diese Kommensuration, also den Vergleich unterschiedlicher Dinge anhand einer gemeinsamen Metrik (vgl. Espeland/Stevens 1998: 313), wurden unterschiedliche Wege begangen. In der Tradition der ökonomischen Evaluation (siehe Kapitel 3.1) wird im Rahmen von Cost-Utility-Analysen mit Nutzwerten und bei Cost-Benefit-Analysen mit Monetarisierung gearbeitet. Im Bereich der Gesundheitsökonomie spielen die »quality adjusted life years« (QALY) eine wesentliche Rolle (vgl. Drummond/ McGuire 2001). Auch die SROI-Analyse (siehe Kapitel 3.5) bewertet Wirkungen in Geldeinheiten. Die verbreiteten Indexbildungen, wie der »Happy Planet Index« (Nef 2012) sind ebenfalls ein Versuch, grundsätzlich verschiedene Einheiten in einer Maßzahl darzustellen.

3 In welchen Kontexten wird Wirkungsorientierung/ Wirkungsmessung diskutiert?

Wirkungsmessung wird als Querschnittsthema in unterschiedlichen Kontexten diskutiert. Zentral ist es bei der Beurteilung von Aktivitäten und Leistungen, v.a. in den Bereichen Evaluationsforschung, soziale Rechenschaftslegung (Social Accounting) und der Umwelt- und Sozialverträglichkeitsprüfung (Social Impact Asssessment). Aus Sicht der Beurteilten handelt es sich um NPOs, soziale UnternehmerInnen (Social Entrepreneurs) und gewinnorientierte Unternehmen. Der Staat nimmt als gleichzeitig Beurteiler und Beurteilter eine gewisse Sonderstellung ein. Nachfolgend wird knapp auf die einzelnen Stränge und deren Besonderheiten eingegangen.

3.1 Evaluationsforschung

Wirkungsmessung wird seit langem im Kontext der Evaluationsforschung diskutiert. Bei einer fundierten wissenschaftlichen Evaluation geht es darum, einen Sachverhalt in einem objektivierten und systematischen Verfahren anhand von begründeten Kriterien zu bewerten (vgl. Kromrey 2001). Grundsätzlich können drei Hauptarten von Evaluationen unterschieden werden: Die Evaluation der Programmkonzeption, die Prozessevaluation und die Wirkungsanalyse (vgl. Schober et al. 2013). Bei Wirkungsanalysen ist es wichtig, nicht nur Wirkungen zu identifizieren, sondern auch zu verstehen, wie die betrachteten Projekte, Programme, Organisationen funktionieren. Häufig erfolgt eine Ableitung von Wirkungen aus den geleisteten Aktivitäten und erbrachten Leistungen in einem logischen Modell. Die Messung von Wirkungen kann methodisch anspruchsvoll sein, ist jedoch zentral, um den Erfolg eines Programms festzustellen (vgl. Rossi et al. 2004).

In einer komplexen sozialen Welt sind viele Einflussfaktoren im Zuge der Evaluation zu identifizieren und kontrollieren. Um letztlich die reinen Programmwirkungen identifizieren zu können, ist im Evaluationsdesign eine Vergleichsgruppe (z. B. TeilnehmerInnen eines alternativen Programms) oder ein Alternativszenario (z. B. das Programm würde nicht existieren) notwendig (vgl. Vedung 1999). Der verbleibende zurechenbare Effekt wird Programmeffekt genannt.

In den vergangenen 10–15 Jahren gewann der Nachweis von Effizienz und Effektivität des Mitteleinsatzes an Bedeutung, wodurch die ökonomische Evaluation wichtiger wurde (vgl. Drummond et al. 2005, Yates 2009). Im Kern werden dabei immer Aufwand und Kosten in die Evaluation inkludiert. Opportunitätskosten oder Kosten im Sinne von negativen monetären Wirkungen sind hierbei auf der Wirkungsseite (Outcome) zu betrachten. Nichtsdestotrotz sind ökonomische Evaluationen im Vergleich zu reinen Leistungs- oder Wirkungsmessungen stark unterrepräsentiert (vgl. Yates 2009). Ein Thema, das laufend in Zusammenhang mit ökonomischen Evaluationen diskutiert wird, ist die Frage, ob und wie soziale Wirkungen abgezinst werden sollen (z. B. Arrow et al. 2012, Moore et al. 2013).

Die Abgrenzung zu den unter dem Begriff des Social Impact Measurement firmierenden Methoden, insbesondere der SROI-Analyse (siehe Kapitel 3.5) ist fließend. Aus unserer Sicht besteht bei vielen ökonomischen Evaluationen ein stärkerer makroökonomischer Fokus mit Konzentration auf wenige Indikatoren und nicht immer erfolgt eine konsequente Berücksichtigung des Deadweight. Zudem fokussieren Evaluationen im Unterschied zu einigen neueren Wirkungsmessungsmethoden, wie der SROI-Analyse oder der SAA (siehe 3.2), meist auf die intendierten Ziele und deren Erreichung.

3.2 Social Accounting/Soziale Rechenschaftslegung

Im Bereich des Rechnungswesens und der gesetzlichen Rechenschaftsanforderungen (Accounting) werden die Themen ökologische und soziale Wirkungsmessung sowie wirkungsorientierte Rechenschaftslegung seit Jahrzehnten diskutiert (vgl. Berthoin Antal et al. 2002, Bebbington et al. 1999, Mathews 1997, Richmond et al. 2003). Im Grunde geht es um Art und Umfang der Integration von nicht-finanziellen Wirkungen in das Rechnungswesen, die Bilanzierung und Gewinnermittlung.

Die Berichtslegung gegenüber Stakeholdern steht im Mittelpunkt der Diskussion. Eine methodisch korrekte Messung im Sinne eines sozialwissenschaftlichen Vorgehens steht nicht im Fokus.

Während in der Pionierphase der 1950er und 1960er Jahre die Forderung nach einem Abgehen von rein finanziell ausgerichteter Berichterstattung laut wurde, kam es Anfang der 1980er Jahre wiederum zu einer Wende. Die Zeit der Dominanz des neoliberalen Wirtschaftsparadigmas begann und die Verantwortung der Unternehmen galt primär den AnteilseignerInnen. Shareholder Value war als Konzept im Fokus (vgl. Berthoin Antal et al. 2002, Mook 2013). Seit der ersten Hälfte der 1990er Jahre ist wieder ein deutlich verstärktes Interesse an Social Accounting Ansätzen festzustellen. Ausgangspunkt war der Ansatz »triple bottom line« (Elkington 2004), der neben den finanziellen Erfolg (Gewinn/Verlust) eine soziale und ökologische Erfolgsmessung stellt. Der Neoliberalismus ist zwar weiterhin das prägende Paradigma, der Glaube, dass eine Steigerung des Shareholder Value allein schon zur Steigerung des Gemeinwohls beitragen wird, kann aber nicht mehr aufrechterhalten werden. Stakeholder jenseits der EigentümerInnen und KapitalgeberInnen meldeten sich zurück. Malversationen von Unternehmen, Daten, Fakten und Geschichten verbreiten sich ungleich schneller als früher und fordern von Unternehmen auch Rechenschaftsbelege. Neben »triple bottom line« kam »sustainability accounting« stärker in den Fokus (vgl. Gray/Milne 2004). Generell wurde Nachhaltigkeit (Sustainabilty) zum großen Schlagwort (siehe Kapitel 3.6). Speziell mit Fokus auf NPOs entwickelte Richmond das Community Social Return on Investment Modell und Mook das Expanded Value Added Statement, welches soziale und umweltbezogene Faktoren in der herkömmlichen Wertschöpfungsrechnung berücksichtigt (vgl. Mook et al. 2007).

Die letzte bis heute andauernde Phase begann in der ersten Hälfte der 2000er Jahre und brachte ganzheitlichere und standardisiertere Ansätze hervor. Beispielhaft seien die Balanced Scorecard (vgl. Kaplan 2001) als steuerungsorientiertes Tool mit stärker strategischer Ausrichtung und die Global Reporting Initiative (GRI[2]) sowie die AA1000 Standards[3] genannt. Aufgrund der Komplexität und damit einhergehenden Kosten sind diese Ansätze allerdings eher für Großunternehmen geeignet (vgl. Gibbon/Dey 2011). Zudem haben die diversen Indikatorprotokollsätze der GRI wenig mit Wirkungen im hier definierten Sinn (siehe Kapitel 2) zu tun. Es geht darum, bestimmte Wirkungsdimensionen anhand von Indikatoren einzustufen und diese an die Stakeholder, meist Finanzinvestoren, zu berichten. Eine sozialwissenschaftliche Messung der Wirkungen ist nicht relevant.

---

2 https://www.globalreporting.org/Information/about-gri/Pages/default.aspx, Zugriff 18. 2. 2014
3 http://www.accountability.org/about-us/index.html, Zugriff 18. 2. 2014

Für kleinere und mittlere Unternehmen (KMUs) und insbesondere NPOs wurde in Großbritannien der »Social Accounting and Auditing«-Rahmen zur sozialen Berichterstattung etabliert (vgl. Kay 2012, Pearce 2001, Pearce/Kay 2005). Dieser Rahmen gibt keine Inhalte oder Indikatoren vor, sondern definiert einen Prozess zur Etablierung von »Social Accounts«. Der Prozess basiert auf den Zielen und Werten der Organisation sowie Indikatoren zur Leistungs- und Wirkungsmessung und ist zyklisch durchzuführen. Ob der Fokus auf Leistungen oder Wirkungen liegt und wie genau die jeweiligen Indikatoren erhoben werden, obliegt der durchführenden Organisation und deren Stakeholdern.

3.3 Umwelt- und Sozialverträglichkeitsprüfung/ (Social)Impact Assessment

Unter dem Begriff »Social Impact Assessment« (SIA), der mit Sozialverträglichkeitsprüfung übersetzt werden kann, wird ebenfalls das Thema Wirkungsanalyse und -messung diskutiert. Der Ursprung der Diskussion liegt im National Environmental Policy Act (NEPA), der 1970 in den USA in Kraft trat (vgl. Harvey 2011). Zentrale Forderung dieses Gesetzes ist, dass Bundesbehörden bei Vorhaben, die einen wesentlichen Einfluss auf die Umwelt haben, einen Bericht zu einer Umweltverträglichkeitsprüfung (Environmental Impact Statement) mit sozialwissenschaftlichem Vorgehen vorlegen müssen. In den Ländern der EU wurde die Umweltverträglichkeitsprüfung teilweise als Folge der UVP-Richtlinie 85/337/EWG aus dem Jahr 1985 sukzessive in nationales Recht übernommen.

Durch die sukzessive breitere Begriffsdeutung von »human environment« wurde aus der ursprünglichen reinen Umweltverträglichkeitsprüfung (environmental impact assessment EIA), mit Fokus auf die natürliche Umwelt, eine um soziale Aspekte angereicherte Prüfung. In den von der International Assossiation for Impact Assessment verbreiteten internationalen Prinzipien ist SIA wie folgt definiert: »Social Impact Assessment includes the processes of analysing, monitoring and managing the intended and unintended social consequences, both positive and negative, of planned interventions (policies, programs, plans, projects) and any social change processes invoked by those interventions. Its primary purpose is to bring about a more sustainable biophysical and human environment« (Vanclay 2003: 5).

Die aktuelle Diskussion wogt zwischen einem traditionellen Verständnis von SIA, im Sinne der Prüfung und Erfüllung von gesetzlichen Anforderungen, und einem neueren Verständnis, das eine wesentlich aktivere Prozessbegleitung, mit dem Ziel einer Verbesserung der Lebenssituation von Betroffenen, zum Inhalt hat (vgl. Vanclay/Esteves 2011: 3). Im neueren Verständnis kann SIA bei Unternehmen auch als Teil des Risikomanagements gesehen werden, das helfen kann, zukünftige Rechtsstreitigkeiten, Verzögerungen, Proteste und damit einhergehende Imageschäden zu vermeiden.

3.4 NPO-Forschung

In der NPO-Forschung besteht eine längere Tradition der Auseinandersetzung mit dem Thema Leistungs- und Wirkungsmessung. Die Grenze zwischen Leistungen und Wirkungen wurde hierbei allerdings nicht immer trennscharf gezogen. Erfolgsmessung (Performance Measurement) steht als Begriff im Mittelpunkt (vgl. Barman 2007, Greiling 2009, Herman/Renz 1999, Kanter/Summers 1987, Paton 2003). Erfolg ist aber nicht zwingend als Wirkung gemeint. Vielmehr können Erfolgskriterien auch gut zähl- und messbare Outputs sein. Dies entspricht auch dem Ursprung der Performance Measurement Ansätze in den klassischen Kennzahlensystemen der 1970er Jahre (vgl. Greiling 2009: 94). So wurden die primär vergangenheitsorientierten, finanziellen Kennzahlen durch eine stärkere Einbeziehung nicht-finanzieller Indikatoren und Beschreibungen erweitert. Im Sinne der Sachzieldominanz einer NPO (vgl. Horak et al. 2002, Rose-Ackerman 1996, Schwarz 1996) und dem Wunsch nach kennzahlenorientierter Steuerung ist dies nur logisch. Erfolg wird als Erreichung offizieller, selbstgesetzter oder vorgegebener Organisationsziele definiert und diese können jenseits einer abstrakteren Mission als Leistungsziele definiert sein.

Die Diskussion um die Erfolgsmessung bei NPOs fällt nicht von ungefähr mit der Auslagerung ursprünglich staatlicher Leistungen an NPOs zusammen. Die Finanzierung erfolgt weiter überwiegend durch den Staat und die Leistungserbringung ist über Leistungsverträge geregelt, die mehr oder weniger stark Erfolgsmessung einfordern (vgl. Zauner et al. 2006).

Durchwegs kritisch wird diskutiert, dass Erfolg und damit Erfolgsmessung sozial konstruiert sind (vgl. Paton 2003) und sich im Verlauf der Zeit ändern (vgl. Barman 2007). Wirkungen dagegen sind breiter zu sehen und nicht primär mit der Erfolgsdimension verknüpft. Wirkungen gibt es immer, Erfolg nicht unbedingt.

Relativ wenig Forschung gibt es zur Frage, wie NPOs auf die meist extern herangetragenen Anforderungen an soziale Wirkungsnachweise reagieren. Es ist anzunehmen, dass die von potenten Financiers vorgegebenen Ansprüche erfüllt werden. Eine aktuelle Studie zeigt, dass NPOs allerdings Widerstand leisten können, indem sie erstens im eigenen Ermessen entscheiden, welche Aspekte sie erfassen und berichten und zweitens die Wirkungsmessung als Lern- und Werbeinstrument im eigenen Sinne einsetzen (vgl. Arvidson/Lyon 2013).

3.5 Social Entrepreneurship/Soziales Unternehmertum

Ein weiterer Diskussionsstrang in Zusammenhang mit Wirkungsmessung kommt aus dem derzeit stark thematisierten Bereich des Sozialen Unternehmertums (Social Entrepreneurship) (vgl. Millner et al. 2013, Repp 2013). Im Unterschied zu NPOs gibt es hier kein Gewinnausschüttungsverbot. Damit werden diese Unternehmen für sozial orientierte EigenkapitalgeberInnen, sogenannte Social Impact Investoren, interessant. Diese sind darauf bedacht, neben den finanziellen Wirkungen (Gewinn/Verlust) auch gesellschaftliche Wirkungen zu messen. Hierfür wurden einerseits, ähnlich wie bei herkömmlichen Unternehmen, Indikatorensysteme entwickelt, die in ein Berichtswesen eingebaut werden können. Als Beispiel seien die vom Global Impact Investing Network (GIIN) herausgegebenen »Impact Reporting & Investment Standards« (IRIS[4]) genannt. IRIS bietet eine Vielzahl von Indikatoren für unterschiedliche Branchen, die einen Hinweis auf Leistungen und Wirkungen geben sollen und aus denen für die eigene Berichterstattung ausgewählt werden kann. Wie bei den meisten Berichtssystemen sind allerdings Wirkungsindikatoren im hier verstandenen Sinn kaum enthalten.

Ein ebenfalls mit Sozialunternehmertum in Zusammenhang stehendes Phänomen sind die sogenannten »Social Impact Bonds«, bei denen Wirkungsmessung zur Conditio sine qua non wird. Die Konstruktion sieht vor, dass PrivatkapitalgeberInnen in ein soziales Unternehmen investieren, das bestimmte gesellschaftlich bedeutende Leistungen mit bestimmten prognostizierten Wirkungen erstellt. Die Leistungen sind nicht direkt über den Markt finanzierbar und werden ansonsten mittels öffentlicher Gelder finanziert. Die Wirkungen sind für den Staat ökonomisch bedeutend, da sie Einsparungen bringen. Erreicht das soziale Unternehmen die Wirkungen, ersetzt der Staat die Kosten und gewährt einen Gewinnaufschlag. Damit können die privaten Impact InvestorInnen Gewinne abschöpfen. Wesentlich bei der Konstruktion ist die Messung der Wirkungen, ohne die keine Beurteilung möglich wäre, ob öffentliche Gelder ausgeschüttet werden dürfen.

In der Vielfalt an unterschiedlichen Ansätzen, die zumindest teilweise den Anspruch erheben, Wirkungen zu erheben und zu analysieren[5] (vgl. z. B. Maas/Liket 2011) ist die »Social Return on Investment« (SROI)-Analyse der momentan wohl populärste Ansatz. Die SROI-Analyse versucht, den durch soziale Organisationen oder Projekte geschaffenen gesellschaftlichen Mehrwert umfassend zu messen und monetär zu bewerten. Neben den finanziellen werden explizit auch die sozialen, kulturellen, politischen und ökologischen Wirkungen diverser Aktivitäten

---

4 http://iris.thegiin.org, Zugriff 28. 02. 2014
5 vgl. z.B. www.proveandimprove.org, Zugriff 28. 04. 2014

erfasst. Diese Wirkungen werden in Geldeinheiten übersetzt und dem investierten Kapital gegenüber gestellt. Das Ergebnis der Analyse ist der SROI-Wert, eine hochaggregierte Kennzahl, die angibt, welcher monetär bewertete soziale Rückfluss sich aus einem investierten Euro ergibt.

Der Reiz der SROI-Analyse liegt einerseits in seiner Nähe zu Social Accounting Ansätzen (vgl. z. B. Daigle et al. 2004, Flockhart 2005, Millar/Hall 2012) wie dem Social Accounting and Auditing (SAA) Ansatz (vgl. Gibbon/Dey 2011) und der Logik, eine Spitzenkennzahl zu berechnen. Andererseits besteht aufgrund der weitgehenden Monetarisierung der Wirkungen eine klare Nähe zu Cost-Benefit-Analysen der ökonomischen Evaluation. KritikerInnen sehen eine Gefahr der Ökonomisierung des Sozialen, da die Methode vorgibt, dass alle Wirkungen gemessen und in monetären Einheiten dargestellt werden sollen. Häufige individuelle Setzungen der AnalystInnen, mangelnde Standardisierungen der verwendeten Indikatoren sowie Bewertungsverfahren sind bei Vergleichen problematisch. Der SROI-Wert bietet sich als Spitzenkennzahl geradezu für Benchmarking an, ein Vergleich ist aber nur in sehr seltenen Fällen und unter Berücksichtigung des jeweiligen Vorgehens zulässig (vgl. Maier et al. 2013).

3.6 Unternehmen und Wirkungsorientierung – Business Ethics – CSR

Galt lange Zeit hindurch für viele Unternehmen die von Friedman (1970) propagierte Sichtweise, Gewinnsteigerung ist die einzige gesellschaftliche Verantwortung der Unternehmen, hat sich das in den letzten beiden Jahrzehnten deutlich geändert. Ausgehend von den Aktivitäten rund um den Club of Rome, dem Brundtland Report »Unsere gemeinsame Zukunft[6]« und der Umweltkonferenz in Rio de Janeiro 1992, war in vielen Ländern ein Neuaufleben des Interesses an einer breit definierten gesellschaftlichen Verantwortung der Unternehmen festzustellen. Die öffentliche Diskussion zum Umweltschutz und ökologischer Nachhaltigkeit im Zusammenhang mit z. B. der Klimaerwärmung oder der Vernichtung der Ozonschicht gaben weitere wichtige Impulse zur Berücksichtigung von nicht-finanziellen Wirkungen (vgl. Parker 2011). Nachhaltigkeit wurde sukzessive zum Schlagwort unternehmerisch verantwortlichen Verhaltens. Corporate Social Responsibility (CSR) nahm Einzug in die Unternehmen.

Stand zunächst die ökologische Nachhaltigkeit neben der ökonomischen im Fokus, kam schließlich auch die soziale Nachhaltigkeit als wesentliche Dimension hinzu. So definiert die ISO 26000 (Guidance on Social Responsibility) ge-

---

6   http://www.un-documents.net/wced-ocf.htm, Zugriff 28.02.2014

sellschaftliche Verantwortung als die »Verantwortung einer Organisation für die Auswirkungen ihrer Entscheidungen und Aktivitäten auf die Gesellschaft und die Umwelt durch transparentes und ethisches Verhalten, das zur nachhaltigen Entwicklung, Gesundheit und Gemeinwohl eingeschlossen, beiträgt, die Erwartungen der Anspruchsgruppen berücksichtigt, [...], in der gesamten Organisation integriert ist und in ihren Beziehungen gelebt wird« (Franz et al. 2011: 11). CSR muss nicht altruistisch sein, häufig stellt es einen Wettbewerbsvorteil dar (Porter/Kramer 2006). Dies gilt sowohl auf Seite der KundInnen als auch der InvestorInnen, die im Sinne eines ethischen Investments zunehmend auf nachhaltiges Verhalten von Unternehmen drängen (vgl. Sparkes/Cowton 2004).

Gegenüber NPOs oder Sozialunternehmen, die eine inhaltliche Mission verfolgen, haben gewinnorientierte Unternehmen weniger Legitimationsdruck bezüglich ihrer gesellschaftlichen Wirkungen. Der inhaltliche Diskurs ist somit weniger weit gediehen und orientiert sich stark an den nachhaltigkeitsbezogenen Kennzahlen und groben Stakeholder-Einschätzungen.

4 Welche Themen werden in der Praxis und/oder im wissenschaftlichen Kontext diskutiert?

Auf Basis der skizzierten Entwicklungsstränge der Wirkungsmessung zeigen sich einige Fragen, die in der organisationalen Praxis und z. T. auch der wissenschaftlichen Auseinandersetzung diskutiert werden.

4.1 Welche Wirkungsdimensionen gibt es?

Es scheint ein gewisser Konsens vorzuherrschen, dass bei der Erfolgsmessung die ökonomische, soziale und ökologische Dimension berücksichtigt werden muss. Abgeleitet aus den Funktionen von NPOs und Sozialunternehmen wird oft eine politische und kulturelle Dimension gesehen (vgl. Then/Kehl 2012) aber auch Menschenrechtsaspekte werden als Dimension diskutiert (vgl. MacNaughton/Hunt 2011). Gesundheitsaspekte und Wohlbefinden sind Themen auf persönlicher Ebene. Die diversen Ansätze zur Wirkungsanalyse und -messung fokussieren auf unterschiedliche Dimensionen ohne explizit zu machen, welche und warum gerade diese gewählt sind. Manche Ansätze, wie die SROI-Analyse oder SAA, überlassen es den Stakeholdern zu entscheiden, welche Dimensionen berücksichtigt werden sollen. Ein umfassendes theoriegeleitetes Konzept unterschiedlicher Wirkungsdimensionen fehlt bis dato. Das von den AutorInnen vorgestellte konzeptionelle Modell in Kapitel 2 nimmt eine umfassende Sichtweise ein und stellt den Anspruch, als Schablone in unterschiedlichen Kontexten und bei inhaltlich offenen Konzepten, wie der SROI-Analyse, angewendet werden zu können.

Sind die Wirkungsdimensionen fixiert, stellt sich rasch die Frage nach der Messung der identifizierten Wirkungen, was uns zum Thema der Indikatoren und Standardisierung führt.

4.2 Welche Indikatoren zur Messung der Wirkungen sind adäquat? Kann/Soll/Muss es eine Standardisierung geben?

Um Wirkungen messen zu können, müssen geeignete Indikatoren gefunden werden, die wiederum in Items heruntergebrochen und anhand jeweils relevanter Skalen eingestuft bzw. beantwortet werden. Die Frage ist, welche Indikatoren für die jeweiligen Wirkungen am geeignetsten sind. Dies ist manchmal einfach, kann aber auch zu einer großen Herausforderung werden. Die Wirkung »reduzierte medizinische Ausgaben« in Folge gesundheitsfördernder Leistungen ist leichter messbar als etwa ein höheres psychisches Wohlbefinden. Je nachdem, welche Indikatoren, Items und Skalen verwendet werden, können die Ergebnisse in unterschiedlichem Ausmaß variieren. Aus diesem Grund sind Standardisierungen in Hinblick auf Indikatoren grundsätzlich sinnvoll. Nachteilig ist Standardisierung allerdings, wenn kein Platz mehr für notwendige Anpassung an konkrete Kontexte mehr möglich ist und dadurch die Validität der Messung leidet. Da Wirkungsbelege häufig aufgrund von Legitimationszwecken erbracht werden, ist eine gewisse Vergleichbarkeit der Ergebnisse jedenfalls sinnvoll. Diese kann jedoch nur durch eine einheitliche Messung der Wirkungen erreicht werden. Erste Datenbanken und Sammlungen von Indikatoren, Skalen und Bewertungen sind im Aufbau (z.B. The Global Value Exchange), können jedoch noch keinerlei Anspruch auf Vollständigkeit erheben. Die Entwicklung dieser Standards wird derzeit von einigen wenigen Akteuren im Bereich der Venture Philanthropie, der Beratung und der angewandten Forschung, vor allem aus den USA und Großbritannien, vorangetrieben (z.B. nef, »The SROI Network«, NPC, Big Society Capitel). Der Entwicklungsprozess läuft derzeit als wissenschaftliche Methodendebatte, während die NPOs, die sich den Wirkungsanalysen unterziehen, eine vorwiegend passive Rolle einnehmen (vgl. Simsa et al. 2012). Ähnlich zur Diskussion über Standardisierung liegt jene der Aggregation und wechselseitigen Vergleichbarkeit von Wirkungen.

4.3 (Wie) Können unterschiedliche Wirkungsdimensionen verglichen oder miteinander verrechnet werden?

Auch die Vergleichbarkeit unterschiedlicher Wirkungen und Wirkungsdimensionen ist ein Diskussionsthema. Aktuell wird, nicht zuletzt durch die zunehmende Popularität der SROI-Analyse, vor allem das Thema Monetarisierung diskutiert. Inhalte der Diskussion sind neben grundsätzlichen Bedenken v. a. technische Fragen der Monetarisierung. Die vorgeschlagenen Methoden reichen von kostenbasierten Ansätzen, wie etwa die Kosten der Vermeidung von Schäden, über präferenzbasierte Ansätze, die der Zahlungsbereitschaft der Betroffenen nachgehen, bis zu Ansätzen mit aufgedeckten Präferenzen, wie z. B. die Reisekosten-Methode (vgl. Forslind 2012, Fujiwara/Campbell 2011).

Die Diskussion der Monetarisierung von gesellschaftlichen Wirkungen wurde bereits vor geraumer Zeit im Bereich der ökologischen Wirkungen geführt (vgl. Beckenbach 1989, Hampike 1989, Schulz 1989). Damals wie heute ging es um die Grenzen der Monetarisierung (vgl. Beckenbach 1989: 17), die in jenen Bereichen gesehen wird, in denen die ökonomische Logik keine Rolle spielt, wie der kulturellen Ästhetik. Mit Bezug auf die Diskussion im Rahmen der SROI-Analyse gibt es zwei Strömungen, jene die sich darauf beschränken, nur Wirkungen zu monetarisieren, die sich vergleichsweise leicht in Geldeinheiten umrechnen lassen (vgl. Gair 2009, Kehl/Then 2009) und jene, die weitergehend monetarisieren (vgl. Nicholls 2012). Wichtig ist jedenfalls anzuführen, wie vorgegangen wurde und über Alternativen zu reflektieren. Die Frage nach der Validität der Monetarisierung führt zur aktuellen, wissenschaftlichen Frage der Identifizierung und Messung von Wirkungen.

4.4 Wie wissenschaftlich rigide muss bei der Identifizierung und Messung von Wirkungen vorgegangen werden?

Die oben vorgestellten Ansätze sind vom Grundsatz her in unterschiedlichem Ausmaß von einer (sozial)wissenschaftlichen Herangehensweise geprägt. Social Accounting stellt in weiten Bereichen keinen Anspruch auf Wissenschaftlichkeit. Bei der wirkungsorientierten Folgenabschätzung (Social Impact Assessment) und (ökonomischen) Evaluationen hängt es stark vom gewählten Ansatz und der Ausgestaltung durch die Umsetzenden ab. Die Diskussion wissenschaftlicher Rigidität wogt wenig verwunderlich zwischen VertreterInnen der Wissenschaft und PraktikerInnen. Eine Lösung jenseits der beiden Extrempositionen liegt im Zweck der durchzuführenden Analyse. Wer sind die AdressatInnen der Analyse und wozu wird diese durchgeführt? Dies kann von umfassenden Darstellungen der Wirkungsverläufe bis hin zu punktuellem Reporting oder PR reichen. Bestehen im Sinne eines evidenzbasierten Vorgehens keine Vorkenntnisse zu Wirkungszusammenhängen im Themenbereich und handelt es sich um eine Analyse mit hoher Relevanz für weitreichende Entscheidungen, wird eine vergleichsweise höhere Wissenschaftlichkeit hinsichtlich Design und Methodik nötig sein.

4.5 Was bedeutet zunehmende Wirkungsorientierung für NPOs bzw. zivilgesellschaftliche Akteure?

Eine zunehmende Wirkungsorientierung hat zur Folge, dass NPOs bzw. zivilgesellschaftliche Akteure Kompetenzen im Bereich Wirkungsanalyse inkl. sozialwissenschaftliches Know-how aufbauen müssen. Der Umfang hängt vom Zweck der Analysen und davon ab, ob diese intern oder von externen (Forschungs-)Partnern durchgeführt werden. Zudem kommt es häufig zu einer Anpassung von organisationalen Strukturen, Abläufen und Handlungslogiken, wenn z. B. Steuerungsinstrumente oder Reportingsysteme um Wirkungsdimensionen ergänzt oder ersetzt werden. Dies bedarf in Folge zusätzlicher Managementkapazitäten, um die neuen, wirkungsorientierten Informationen entsprechend verarbeiten zu können. Hierzu müssen auch die MitarbeiterInnen entsprechend geschult werden. Schließlich liegt es häufig an ihnen, die entsprechenden Daten zu den Wirkungen zu erfassen.

Außerhalb der Organisation wird es zunehmend zu einer Adaption von bisherigen Leistungsverträgen hin zu Wirkungsverträgen mit der öffentlichen Hand kommen, was auch eine Neudefinition der Ziele im Sinne von Wirkungszielen beinhaltet. Es zeigt sich empirisch allerdings auch, dass es zu einer Entkoppelungsstrategie von NPOs im Umgang mit den Anforderungen kommen kann (vgl. Arvidson/Lyon 2013). So setzen NPOs die Notwendigkeit, ihre sozialen Wirkungen belegen zu müssen, auch instrumentell für eigene Zwecke ein, etwa der Sicherung von Legitimität gegenüber eigenen Stakeholdern.

5 Welche Themen sollten stärker beleuchtet werden? Ein Ausblick

Es gibt einige Themen, die in Praxis und Wissenschaft bearbeitet werden sollten. Erstrebenswert wäre es, auch Wirkungen umfassender zu messen, die Akteure abseits der Zivilgesellschaft entfalten. Insbesondere Unternehmen und deren Projekte und Dienstleistungen stehen trotz CSR und zunehmenden Nachhaltigkeitsdenken erst am Anfang ernsthafter Wirkungsmessungen im Kerngeschäft. Als weiterer Akteur wird auch der Staat nicht umhin kommen, sich ernsthafter als bisher mit dem Thema Wirkungen zu beschäftigen. Einerseits sind weniger finanzielle Mittel für dessen eigene Leistungen vorhanden, andererseits können Wirkungsbelege nur glaubhaft eingefordert werden, wenn auch eigene Nachweise erbracht werden.

Aktuell wird die Diskussion um die Wirkungen von Interventionen relativ theorielos geführt. Im Kern handelt es sich meistens um eine praxisorientierte Methodendiskussion. Welcher Ansatz der Wirkungsmessung bzw. -analyse eignet sich in welcher Situation und bei welcher Organisation am ehesten? Lassen sich hierfür empirische Nachweise finden? So könnte der Stand der gegenwärtigen Diskussion knapp zusammengefasst werden. Dennoch lassen sich einige Theoriestränge identifizieren, die eine Relevanz in Zusammenhang mit Wirkungsmessung und -analyse haben und Ansatzpunkte für eine stärkere theoriegeleitete Diskussion bringen können. Zu nennen wären etwa die Neue Institutionenökonomik, der Neoinstitutionalismus, die Sozialkapitaltheorie, der Utilitarismus sowie die Wohlfahrtsökonomie.

Weiterzuentwickeln sind auch allgemeingültige Wirkmodelle bzw. Aussagen zu Wirkungen von Aktivitäten. Können innerhalb der Wirkungsdimensionen zu einzelnen, wiederkehrenden Wirkungen, wie beispielsweise psychischem Wohlbefinden, evidenzbasierte Kausalketten entwickelt werden? Sind hierfür schon ausreichend belastbare empirische Ergebnisse vorhanden? Können diese theoretisch erklärt werden? Nicht zuletzt stellt sich dann aber auch die Frage, ob valide, einfach zu erhebende Indikatoren für unterschiedliche Wirkungsdimensionen bzw. zentrale Einzelwirkungen gefunden werden können? Nur so wird ein praktikabler Vergleich der festgestellten Wirkungen möglich sein, der von vielen NPOs und Unternehmen in der wirkungsorientierten Steuerung gewünscht wird. Besonders wichtig ist diesbezüglich, einfach zu erhebende Indikatoren für einzelne Wirkungsdimensionen zu entwickeln, die nicht zu einer Überstrapazierung organisationaler Kapazitäten führen. All dies wird nicht ohne adäquaten Standardisierungsprozess und entsprechende Datenbanken erfolgreich sein.

Viele der gestellten Fragen werden nur durch verstärkte Vernetzung zwischen Praxis, Evaluation sowie angewandter und grundlagenorientierter Forschung sinnvoll beantwortet werden können. Nur so kann die Macht der Wirkungsmessung ihre volle Geltung erlangen und statt nicht unbedingt sinnvoller Leistungsmaximierung, sinnvollere Wirkungsmaximierung erfolgen.

Literatur

Arrow, K., Maureen, C., Gollier, C., Groom, B., Heal, G., Newell, R., Nordhaus, W., Pindyck R, Pizer, W., Portney, P., Sterner, T., Tol, R. & M. Weitzman (2012): How Should Benefits and Costs Be Discounted in an Intergenerational Context? The Views of an Expert Panel. http://www.rff.org/RFF/Documents/RFF-DP-12-53.pdf, Zugriff 03.03.2014.

Arvidson, M. & F. Lyon (2013): Social Impact Measurement and Non-profit Organisations: Compliance, Resistance, and Promotion. In: Voluntas – International Journal of Voluntary and Nonprofit Organizations, S. 1–18. doi: 10.1007/s11266-013-9373-6.

Barman, E. (2007): What is the Bottom Line for Nonprofit Organizations? A History of Measurement in the British Voluntary Sector. In: Voluntas – International Journal of Voluntary and Nonprofit Organizations, Volume 18, Heft 2, S. 101–115. doi: 10.1007/s11266-007-9039-3.

Bebbington, J., Gray, R. & D. Owen (1999): Seeing the wood for the trees: Taking the pulse of social and environmental accounting. In: Accounting, Auditing & Accountability Journal, Volume 12, Heft 1, S. 47–51.

Beckenbach, F. (1989): Die Umwelt im (Zerr-)Spiegel der Innenwelt – Überlegungen zur Monetarisierung des Umweltverzehrs. In: Beckenbach, F., Hampicke, U. & W. Schulz (Hrsg): Möglichkeiten und Grenzen der Monetarisierung von Natur und Umwelt, Berlin: Schriftenreihe des IÖW 20/88, S. 3–18.

Berthoin Antal, A., Meinolf, D., MacMillan, K. & L. Marz (2002): Corporate social reporting revisited (FS II 02-105). Veröffentlichung der Abteilung »Organisation und Technikgenese« des Forschungsschwerpunktes Technik-Arbeit-Umwelt am WZB.

Daigle, J., Hall, C., Jamal, R., Silva-Leander, K. & E. Tagar (2004): Poverty Alleviation through Socially Responsible Investment. World Bank Institute.

Drummond, M. F., Sculpher, M. J., Torrance G. W., O'Brien, B. J. & G. L. Stoddart (2005): Methods for the Economic Evaluation of Health Care Programmes, New York: Oxford University Press.

Drummond, M. F. & A. McGuire (2001): Economic evaluation in health care: merging theory with practice, New York: Oxford University Press.

Elkington, J. (2004): Enter the Triple Bottom Line. In: Henriques A. & J. Richardson (Hrsg.): The Triple Bottom Line. Does it all add up?, London, New York: Earthscan, S. 1–16.

Espeland, W. N. & M. L. Stevens (1998): Commensuration as a social process. In: Annual Review of Sociology, Volume 24, S. 313–343.

Flockhart, A. (2005): Raising the profile of social enterprises. The use of social return on investment (SROI) and investment ready tools (IRT) to bridge the financial credibility gap. In: Social Enterprise Journal, Volume 1, Heft 1, S. 29–42.

Forslind, M. (2012): Drivers and rationales for monetising corporate environmental and social impacts – practices in counting the true value of business operation from ecosystem services perspective (Master), Stockholm: University Stockholm.

Franz, P., Kleinfeld, A., Thorns, M. & J. Vitt (2011): Die DIN ISO 26000 »Leitfaden zur gesellschaftlichen Verantwortung von Organisationen«. Ein Überblick, Bonn: Bundesministerium für Arbeit und Soziales.

Friedman, M. (1970): The Social Responsibility of Business is to Increase its Profits. In: The New York Times Magazine vom 13. September 1970, S. 32–33.

Fujiwara, D. & R. Campbell (2011): Valuation Techniques for Social Cost-Benefit Analysis: Stated Preference, Revealed Preference and Subjective Well-Being Approaches. A Discussion of the Current Issues. http://www.thesroinetwork.org/publications/doc_download/478-valuation-techniques-for-social-cost-benefit-analysis, Zugriff: 28.02.2014.

Gair, C. (2009): SROI Act II: A Call to Action for Next Generation SROI, San Francisco: REDF.

Gibbon, J. & C. Dey (2011): Developments in Social Impact Measurement in the Third Sector: Scaling Up or Dumbing Down? In: Social and Environmental Accountability Journal, Volume 31, Heft 1, S. 63–72. doi: 10.1080/0969160X.2011.556399.

Godfrey, P. C. (2005): The Relationship between Corporate Philanthropy and Shareholder Wealth: A Risk Management Perspective. In: The Academy of Management Review, Volume 30, Heft 4, S. 777–798.

Gray, R. & M. Milne (2004): Towards Reporting in the Triple Bottom Line: Mirages, Methods and Myths. In: Henriques A. & J. Richardson (Hrsg.): The Triple Bottom Line. Does it all add up?, London, New York: Earthscan, S. 70–80.

Greiling, D. (2009): Performance Measurement in Nonprofit-Organisationen, Wiesbaden: Gabler.

Hampicke, U. (1989): Was darf und was kann monetarisiert werden? In: Beckenbach, F., Hampicke, U. & W. Schulz (Hrsg): Möglichkeiten und Grenzen der Monetarisierung von Natur und Umwelt, Berlin: Schriftenreihe des IÖW 20/88, S. 19–42.

Harvey, B. (2011): SIA from a resource developer's perspective. In: Vanclay, F. & A. M. Esteves (Hrsg.): New Directions in Social Impact Assessment, Cheltenham, UK: Edward Elgar Publishing Limited, S. xxvii–xxxii.

Herman, D. R. & D. O. Renz (1999): Theses on Nonprofit Organization Effectiveness. In: Nonprofit and Voluntary Sector Quarterly, Volume 28, Heft 2, S. 107–126.

HM Treasury (2011): The Green Book. Appraisal and Evaluation in Central Government. Treasury Guidance, London. https://www.gov.uk/government/uploads/system/uploads/attachment_data/file/220541/green_book_complete.pdf, Zugriff 26.01.2014.

Horak, C., Matul, C. & F. Scheuch (2002): Ziele und Strategien von NPOs. In: Badelt, C. (Hrsg.): Handbuch der Nonprofit Organisation. Strukturen und Management, Stuttgart: Schäffer-Poeschel, S. 197–223.

Kanter, M. R. & D. Summers (1987): Doing Well while Doing Good. Dilemmas of Performance Measurement in Nonprofit Organizations and the Need for a Multiple Constituency Approach. In: Powell, W. W. (Hrsg.): The Nonprofit Sector. A Research Handbook, New Haven: Yale University Press, S. 154–167.

Kaplan, R. S. (2001): Strategic Performance Measurement and Management in Nonprofit Organizations. In: Nonprofit Management and Leadership, Volume 11, Heft 3, S. 353–370.

Kay, A. (2012): Prove! Improve! Account! The New Guide to Social Accounting and Audit. In: S. A. Network, Edinburgh: CBS Network.

Kehl, K. & V. Then (2009): Analytischen Tiefgang wagen! Vom »Social Return on Investment «zur sozioökonomischen Mehrwertanalyse. BBE-Newsletter, 15, S. 1–14. http://www.b-b-e.de/fileadmin/inhalte/aktuelles/2009/07/nl15_kehl_then.pdf, Zugriff 28. 02. 2014.

Kehl, K., Then, V. & R. Münscher (2012): Social Return on Investment. Auf dem Weg zu einem integrativen Ansatz der Wirkungsforschung. In: Anheier, H., Schröer A. & V. Then (Hrsg.): Soziale Investitionen, Wiesbaden: VS Verlag für Sozialwissenschaften, S. 313–332.

Kromrey, H. (2001): Evaluation – ein vielschichtiges Konzept. Begriffe und Methodik von Evaluierung und Evaluationsforschung. Empfehlungen für die Praxis. In: Sozialwissenschaften und Berufspraxis, Volume 24, Heft 2, S. 105–131.

Maas, K. & K. Liket (2011): Social Impact Measurement. Classification of Methods. In: Burritt, R. L., Schaltegger, S., Bennett, M., Pohjola, T. & M. Csutora (Hrsg.): Environmental Management Accounting and Supply Chain Management, New York: Springer, S. 171–204.

MacNaughton, G. & P. Hunt (2011): A humans right-based approach to social impact assessment. In: Vanclay, F. & A. M. Esteves (Hrsg.): New Directions in Social Impact Assessment, Cheltenham: Edward Elgar Publishing Limited, S. 355–368.

Maier, F., Leitner, J. S., Meyer, M. & R. Millner (2009): Managerialismus in Nonprofit Organisationen. In: Kurswechsel, Heft 4, S. 94–101.

Maier, F., Millner, R., Schober, C., Simsa, R. & O. Rauscher (2013): SROI Analysis: Merits, Limitations and »Realistic Excellence«. Paper presented at the ARNOVA's 42nd Annual Conference Hartford, CT.

Mathews, M. R. (1997): Twenty-five years of social and environmental accounting research. Is there a silver jubilee to celebrate? In: Accounting, Auditing & Accountability Journal, Volume 10, Heft 4, S. 481–531.

Millar, R., & K. Hall (2012): Social Return on Investment (SROI) and Performance Measurement. In: Public Management Review, Volume 15, Heft 6, S. 1–19. doi: 10.1080/14719037.2012.698857.

Millner, R., Vandor, P. & H. Schneider (2013): Innovation und Social Entrepreneurship im Nonprofit Sektor. In: Simsa, R., Meyer, M. & C. Badelt (Hrsg): Handbuch der Nonprofit-Organisation. Strukturen und Management, Stuttgart: Schäffer-Poeschel, S. 431–449.

Mook, L. (2013). Social Accounting for the Social Economy. In: Mook, L. (Hrsg.): Accounting for Social Value, Toronto, Buffalo, London: University of Toronto Press, S. 5–30.

Mook, L., Quarter, J. & B. J. Richmond (2007): What counts: Social accounting for nonprofits and cooperatives, London: Sigel Press.

Moore, M. A., Boardman, A. E. & A. R. Vining (2013): More appropriate discounting. The rate of social time preference and the value of the social discount rate. In: Journal of Benefit-Cost Analysis, Volume 4, Heft 1, S. 1–16. doi: 10.1515/jbca-2012-0008.

Nef, N. E. F. (2012): The Happy Planet Index: 2012 Report. A global index of sustainable well-being. http://www.happyplanetindex.org/assets/happy-planet-index-report.pdf, Zugriff: 28.02.2014.

Nicholls, A. (2009): We do good things, don't we?: ›Blended Value Accounting‹ in social entrepreneurship. In: Accounting, Organizations and Society, Volume 34, Heft 6-7, S. 755–769. http://dx.doi.org/10.1016/j.aos.2009.04.008.

Nicholls, J., Lawlor, E., Neitzert, E. & T. Goodspeed (2012): A guide to Social Return on Investment. The SROI Network. http://www.thesroinetwork.org/publications/doc_details/241-a-guide-to-social-return-on-investment-2012, Zugriff: 28.02.2014.

Parker, L. D. (2011): Building Bridges to the Future. Mapping the Territory for Developing Social and Environmental Accountability. In: Social and Environmental Accountability Journal, Volume 31, Heft 1, S. 7–24. doi: 10.1080/0969160X.2011.556389.

Paton, R. (2003): Managing and Measuring Social Enterprises, Thousand Oaks, (US): SAGE Publications.

Pearce, J. (2001): Social Audit and Accounting Manual, Edinburgh: CBS Network.

Pearce, J. & A. Kay (2005): Social Accounting and Audit: The Manual. Edinburgh: CBS Network.

Porter, M. E. & M. R. Kramer (2006): Strategy & Society: The Link between Competitive Advantage and Corporate Social Responsibility. In: Harvard Business Review, Volume 84, Heft 12, S. 78–92.

Repp, L. (2013): Soziale Wirkungsmessung im Social Entrepreneurship. Herausforderungen und Probleme, Wiesbaden: Springer.

Richmond, B. J., Mook, L. & Q. Jack (2003): Social accounting for nonprofits: Two models. In: Nonprofit Management and Leadership, Volume 13, Heft 4, S. 308–324. doi: 10.1002/nml.2.

Rose-Ackerman, S. R. (1996): Altruism, nonprofits and economic theory. In: Journal of Economic Literature, Volume 34, S. 701–728.

Rossi, P. H., Lipsey, M. W. & H. E. Freeman (2004): Evaluation. A systematic approach, Thousand Oaks, (US), London (UK), New Delhi (India): Sage Publications.

Schober, C., Rauscher, O. & R. Millner (2013): Evaluation und Wirkungsmessung in NPOs. In: Simsa, R., Meyer, M. & C. Badelt (Hrsg): Handbuch der Nonprofit-Organisation. Strukturen und Management, Stuttgart: Schäffer-Poeschel, S. 451–470.

Schulz, W. (1989): Sozialkostenmessung im Umweltbereich – theoretische und methodische Überlegungen. In: Beckenbach, F., Hampicke, U. & W. Schulz (Hrsg.): Möglichkeiten und Grenzen der Monetarisierung von Natur und Umwelt, Berlin: Schriftenreihe des IÖW 20/88, S. 43–63.

Schwarz, P. (1996): Management in Nonprofit Organisationen, Stuttgart: Haupt.

Simsa, R., Millner, R., Maier, F., Schober, C. & O. Rauscher (2012): Das Konzept des Social Return on Investment – Grenzen und Perspektiven. In: Gmür, M., Schauer, R., Theuvsen, L. (Hrsg.): Performance Management in Nonprofit-Organisationen: Theoretische Grundlagen, empirische Ergebnisse und Anwendungsbeispiele, Bern: Haupt Verlag.

Sparkes, R. & C. J. Cowton (2004): The Maturing of Socially Responsible Investment. A Review of the Developing Link with Corporate Social Responsibility. In: Journal of Business Ethics, Volume 52, Heft 1, S. 45–57. doi: 10.1023/B:BUSI.0000033106.43260.99.

Then, V. & K. Kehl (2012): Soziale Investitionen: ein konzeptioneller Entwurf. In: Anheier, H. K., Schröer, A. & V. Then (Hrsg.): Soziale Investitionen – Interdisziplinäre Perspektiven, Wiesbaden: VS Verlag für Sozialwissenschaften, S. 39–86.

Vanclay, F. (2003): International Principles For Social Impact Assessment. In: Impact Assessment and Project Appraisal, Volume 21, Heft 1, S. 5–12. doi: 10.3152/147154603781766491.

Vanclay, F. & A. M. Esteves (2011): New Directions in Social Impact Assessment: Conceptual and Methodological Advances, Cheltenham (UK), Camberley (UK), Northampton (USA): Edward Elgar Publishing, Inc.

Vedung, E. (1999): Evaluation im öffentlichen Sektor, Wien: Böhlau.

Yates, B. T. (2009): Cost-inclusive evaluation: A banquet of approaches for including costs, benefits, and cost-effectiveness and cost-benefit analyses in your next evaluation. In: Evaluation and Program Planning, Volume 32, Heft 1, S. 52–54. doi: 10.1016/j.evalprogplan.2008.08.007.

Zauner, A., Heimerl-Wagner, P., Mayrhofer, W., Meyer, M., Nachbagauer, A. & S. Praschak (2006): Von der Subvention zum Leistungsvertrag. Neue Koordinations- und Steuerungsformen und ihre Konsequenzen für Nonprofit Organisationen – eine systemtheoretische Analyse, Bern: Haupt.

Neues Unternehmertum: Social Entrepreneurship und die Rolle des Umfelds

Reinhard Millner/Peter Vandor

Abstract: Soziales Unternehmertum hat in den vergangenen Jahren in Deutschland, Österreich und der Schweiz viel Anklang gefunden. Trotz oder gerade wegen seiner unscharfen begrifflichen Konturen erscheint es als vielversprechender Ansatz, neue Lösungen für (zivil-)gesellschaftliche Herausforderungen zu finden. Unter Rekurs auf aktuelle Praxis und Literatur geben die Autoren des Beitrags einen knappen Überblick über das Themenfeld und seine Akteure und wagen einen Blick nach vorne. Sie stellen drei mögliche Definitionsgruppen zur Diskussion, die besonders häufig als soziale Unternehmer gehandelt werden, aber über unterschiedliche Eigenschaften und Bedürfnisse verfügen. Zudem werden Akteure des sogenannten Social Entrepreneurship Ökosystems vorgestellt, die sich der Unterstützung von Sozialunternehmern verschrieben haben und mit unterschiedlichen Ressourcen die Entwicklung des Feldes mitprägen. Abschließend werden die Bedeutung der involvierten Akteure sowie die Wirkungen und gegebenenfalls unerwünschte Nebenwirkungen ihres Handelns im Social Entrepreneurship Diskurs diskutiert.

Keywords: Nonprofit-Organisationen, Dritter Sektor, Zivilgesellschaft, Social Entrepreneurship, Soziale Innovationen, Social Start-ups

1 Thema und Zielsetzung des Beitrags

Social Entrepreneurship[1] hat in den letzten Jahren im deutschen Sprachraum eine veritable Erfolgsgeschichte erlebt und in der Zivilgesellschafts- und NPO-Forschung viel Aufmerksamkeit gewonnen. Die Zahl der Personen und Organisationen, die sich als Sozialunternehmer verstehen, steigt kontinuierlich an (vgl.

---

1 »Social Entrepreneurship« bzw. »Social Entrepreneurs« werden in diesem Beitrag synonym mit »soziales Unternehmertum« und »Sozialunternehmer« verwendet.

z. B. Schneider 2013 für Österreich, Scheuerle et al. 2013 für Deutschland). Wenngleich seit jeher neue zivilgesellschaftliche Organisationen gegründet wurden, scheint mit dem Begriff des Social Entrepreneurs nun auch eine Berufsbeschreibung zur Verfügung zu stehen, die Identität schafft und damit auch eine neue Form des Selbstbewusstseins für zivilgesellschaftliche Initiativen und ihre Gründer generiert. So sind Social Entrepreneurs mittlerweile regelmäßig am Parkett diverser Veranstaltungen, wie zum Beispiel dem World Economic Forum, anzutreffen.

Die Präsenz des Begriffs nimmt auch in Medien und der Literatur zu, und Sozialunternehmer wie Frank Hoffmann (Discovering Hands) oder Andreas Heinecke (Dialog im Dunklen) haben auch bei einem breiteren Publikum Bekanntheit erlangt. Scheinbar noch mehr Organisationen haben sich der Unterstützung von Social Entrepreneurs verschrieben und eine Vielzahl von Preisen und Awards prämiert sozialunternehmerisches Engagement. Auch die Europäische Kommission hat das Handlungspotential für sich entdeckt. Mit dem Ziel »a favourable climate for social enterprises, key stakeholders in the social economy and innovation« (Becker 2012: 1) zu entwickeln, wurde die Social Business Initiative ins Leben gerufen, die Instrumente und Maßnahmen zur weiteren Förderung von Social Entrepreneurship hervorbringen soll.

Ebenso haben die Forschungsanstrengungen und Publikationen zu Social Entrepreneurship in den letzten Jahren nachweislich zugenommen (vgl. z. B. Millner 2013: 32). Traditionelle Konferenzen wissenschaftlicher Vereinigungen wie ISTR oder ARNOVA widmen diesem »neuen Unternehmertum« in der Zivilgesellschaft zusehends mehr Panels und Sessions, oder es werden überhaupt ganze Konferenzen dem Thema gewidmet (z. B. die NYU-Stern Conference on Social Entrepreneurship). Scheinbar der üblichen Evolution aufstrebender Forschungsfelder folgend, wurden auch bereits erste Lehrstühle eingerichtet und werden Aus- und Weiterbildungsangebote an zahlreichen Universitäten angeboten.

Zugleich fehlt nach wie vor eine überzeugende theoretische Fundierung des Begriffes und des Diskurses zu Social Entrepreneurship. Trotz des steigenden Interesses am Thema herrscht vor allem Einigkeit über die Uneinigkeit bezüglich einer hinreichenden Definition von Social Entrepreneurship (vgl. Mair/Marti 2006, Dey/Steyaert 2012, Nicholls 2010, Dacin et al. 2010, 2011). Neben dem weitgehenden Einverständnis darüber, dass Sozialunternehmer primär eine gesellschaftliche Mission verfolgen, gibt es viele unterschiedliche Auffassungen über den Begriffsinhalt. Zudem hat auch eine gewisse Ernüchterung bezüglich der Größe, Relevanz und der gesellschaftlichen Bedeutung Platz gegriffen (vgl. z. B. Then et al. 2012). Die großen Erwartungen müssen sich erst an der Realität messen lassen, um den Impact sozialunternehmerischen Handelns bei der Lösung gesellschaftlicher Herausforderungen einschätzen zu können.

Vor diesem Hintergrund ist es das Ziel dieses Beitrags, einen knappen Überblick über aktuelle Entwicklungen des Diskurses zu Social Entrepreneurship in Forschung und Praxis zu skizzieren. Nach wie vor gilt soziales Unternehmertum als eine hoffnungsträchtige Antwort auf die Herbeiführung von gesellschaftlichem Wandel bzw. auch als zivilgesellschaftlicher Ansatz, neue unternehmerische Lösungen für gesellschaftliche Herausforderungen zu finden. Der Bedarf nach solchen ist wohl auch in Deutschland, Österreich und der Schweiz ungebrochen. Unter Rekurs auf aktuelle Praxis und Literatur diskutieren wir die Bedeutung involvierter Akteure, potentieller Akteure, Wirkungen und ggf. unerwünschte Nebenwirkungen des Social Entrepreneurship Diskurses und besprechen mögliche künftige bzw. notwendige Forschungsthemen.

2 Ein Feld mit unscharfen Konturen

Der Begriff Social Entrepreneurship wird keineswegs einheitlich verwendet. Die Phänomene, die als Social Entrepreneurship bezeichnet werden, reichen von »organisations seeking business solutions to social problems« (Thompson/Doherty 2006: 362), über die Verwendung von »earned income strategies to pursue a social objective« (Boschee/McClurg 2003: 3) bis hin zum »innovative use and combination of resources to pursue opportunities to catalyze social change« (Mair/Marti 2006: 37, Dacin et al. 2010). In einem Übersichtsartikel identifizieren Dacin et al. alleine 37 verschiedene Definitionen des Begriffs, mit teilweise recht fundamentalen Unterschieden hinsichtlich der Analyseebene, der Definitionsmerkmale und Abgrenzungen des Begriffs.

Die Heterogenität der Begrifflichkeiten in Forschung und Praxis wird auch deutlich, wenn man die lancierten Schätzungen der Zahl von Social Entrepreneurs betrachtet. Während der Global Entrepreneurship Monitor rund 1.4–2.1 % der arbeitenden Bevölkerung in Deutschland als Social Entrepreneurs schätzt, identifiziert die Förderorganisation Ashoka (vgl. Sen 2007) bei hohem Suchaufwand jährlich rund einen Sozialunternehmer pro 10 Millionen Einwohner – also etwa um den Faktor 100 000 weniger[2] (vgl. Terjesen et al. 2009, Ashoka 2014, Scheuerle et al. 2013).

Eine Ursache dieser Unschärfe liegt in den Wurzeln des Entrepreneurship Begriffes, der sich vor allem über den Prozess definiert. Das Erkennen und Nutzen unternehmerischer Handlungsmöglichkeiten – sogenannter entrepreneurial opportunities – steht dabei im Mittelpunkt (vgl. Shane/Venkataraman 2000,

---

2 Das ebendiese Organisation zugleich mit dem Slogan »everyone is a changemaker« wirbt, trägt nicht eben zur Schärfung einer Definition bei.

Eckhardt/Shane 2003). Der Entrepreneur ist dabei die treibende, schöpferische Kraft, die diesen Prozess vorantreibt und Innovationen ins Marktgefüge bringt (vgl. Schumpeter 1934). Ab welchem Innovationsgrad eine Geschäftsidee eine Opportunity darstellt, ist nicht eindeutig festzulegen. Damit stellt unternehmerisches Handeln per se ein Kontinuum dar, das je nach Anspruch, von der Gründung eines kleinen Handwerkbetriebs bis hin zum Aufbau eines Technologiekonzerns reichen kann. Um dennoch Aussagen über konkrete Organisationstypen treffen zu können, behelfen sich viele Entrepreneurship Forscher und Praktiker damit, konkrete Untergruppen wie small business owners, oder technology entrepreneurs zu definieren (vgl. Carland et al. 1984). Selbiges gilt wohl auch für Social Entrepreneurship. Auch mit sozialer Zielsetzung definiert der unternehmerische Prozess per se keine Organisationstypen sondern beschreibt Aktivitäten, die von Personen oder Organisationen unternommen werden und ein weites Kontinuum umfassen können. Zudem ist zu berücksichtigen, dass jede Innovation klar räumlich und zeitlich kontextualisiert ist. Eine Maßnahme, die in einem bestimmten Umfeld innovativ ist, ist es zu einer anderen Zeit oder an einem anderen Ort möglicherweise nicht mehr. Über den Prozess verstanden ist eine Organisation oder Person also nur so lange sozialunternehmerisch, bis ihre Innovation sich am Markt durchsetzt oder scheitert.

Eine zusätzliche Unschärfe ergibt sich in der Debatte zu Social Entrepreneurship durch die Dimension des Geschäftsmodells. Während für zahlreiche Forscher bereits das unternehmerische Handeln und Hervorbringen von Innovationen das wesentliche Definitionsmerkmal darstellt (vgl. z.B. Dees 2001, Martin/Osberg 2007), steht für andere die Generierung von Markteinkünften im Vordergrund (vgl. Boschee/McClurg 2003, Bielefeld 2009). Letztere soll Social Entrepreneurs so eine höhere Unabhängigkeit gegenüber den im Nonprofit-Sektor üblichen Geldgebern (wie z.B. Spenden oder Subventionen) und schnelleres organisationales Wachstum ermöglichen (vgl. Murphy/Coombes 2009). Dass diese Geschäftsmodelle damit auch häufig selbst eine Innovation darstellen, erschwert die Abgrenzung zu Proponenten der »Innovation school of thought«.

Diese Diskussionen gehen über akademische »Definitionshuberei« (Faltin 2008: 27) hinaus. Sie werden vor allem dann relevant, wenn der Begriff *Social Entrepreneur* von mehreren Akteuren verwendet, aber unterschiedlich verstanden wird, beispielsweise im Rahmen von Förderentscheidungen. So wird es für die Aktivitäten eines Geldgebers einen recht gravierenden Unterschied machen, ob er nun potentiell in dutzende oder hunderttausende Sozialunternehmer investieren kann und ob diese nun etablierte Organisationen sind oder kleine Start-Ups mit hohem Risiko zu scheitern. Falsche Erwartungen können dabei leicht entstehen und die Enttäuschungen, die aus der Unerfüllbarkeit sozialunternehmerischer Heldengeschichten und vage artikulierter Versprechen entstehen können, gelten wohl zu Recht als eine der größten Gefahren für die Entwicklung dieses Feldes (vgl. Cho 2006, CASE 2008, Dacin et al. 2011).

3 Drei organisationale Gesichter des Social Entrepreneurship

Nicholls (2010) beschreibt Social Entrepreneurship als ein prä-paradigmatisches Feld, in dem Begriffe, Deutungen und Paradigmen nicht einheitlich verwendet werden, sondern in expliziten und impliziten Prozessen produziert und verhandelt werden (vgl. Kuhn 1972). Der Diskurs rund um Social Entrepreneurship stellt einen »fluiden institutionellen Raum dar«, der von einigen wenigen dominanten Akteuren gestaltet und genutzt wird (Nicholls 2010: 612). Nicholls sieht dabei weniger die Sozialunternehmer selbst als treibende Kraft, sondern Akteure des Umfelds: Regierungen, Stiftungen, Fellowship Organisationen und Netzwerke.

Die Praxis fungiert damit als Kondensationspunkt. Sobald konkrete Maßnahmen ergriffen werden (beispielsweise: Förderinstrumente, Investitionsangebote), sind private wie staatliche Akteure gezwungen, deutliche, möglichst einfach identifizierbare Kriterien zur Eingrenzung des Phänomens anzubieten. Die damit getroffenen Eingrenzungen wirken auf das Feld zurück und formen es. Vor diesem Hintergrund ist mit der steigenden Aktivität von Umfeldakteuren auch die Herausbildung von unterschiedlichen expliziteren Definitionen erwartbar. Ein mögliches Szenario ist die Herausbildung von drei Definitionsgruppen entlang zweier *Sollbruchstellen* im aktuellen Social Entrepreneurship Verständnis: des Alters einer Organisation und ihres Geschäftsmodelles.

1) *Social Start-ups,* als die gerade in Gründung befindlichen, aufkeimenden Unternehmen mit einer sozialen Mission. Einendes Merkmal dieser Organisationen ist ihre Neuheit nach innen und außen und damit die einhergehenden spezifischen Herausforderungen, wie die »liabilities of newness« und »liabilities of smallness« (Stinchcombe 1965: 148f., Aldrich/Auster 1986: 177ff.). Im Gegensatz zu etablierten Organisationen haben sie keinen Kundenstamm, keine Kreditgeschichte, keine etablierten inneren Strukturen und häufig wenig Erfahrung. Sie haben daher auch spezielle Eigenschaften und Bedürfnisse (vgl. support needs in Vandor et al. 2012) und weisen auch eine hohe Wahrscheinlichkeit des Scheiterns auf. Damit bedürfen sie anderer Ressourcen und Rahmenbedingungen als etablierte Organisationen, beispielsweise in Form von Risikokapital, Gründungsberatung und personengebundenen Instrumenten.

Dieser Zugang ist besonders für Akteure relevant, die Gründungsunterstützung anbieten, beispielsweise Inkubatoren, Hochschulen oder Gründungsberater (vgl. z. B. Social Entrepreneurship Akademie in München, den Social Impact Award in Österreich und der Schweiz, Impact Hub, u. v. m.). Er weist hohe Kompatibilität mit der klassischen Entrepreneurship Förderlandschaft auf, deren Instrumente zur Allokation von Geldmitteln und Aufmerksamkeit (Business Plan Wettbewerbe, Frühphaseninvestments, etc.) gerade auf die Überwindung der Herausforderungen junger Organisationen abzielen. Die Förderung von Social Startups ist ebenfalls kompatibel mit dem Ziel, Social Entrepreneurship als Vehikel zur Schaffung von Arbeitsplätzen in Form von Existenzgründungen zu nutzen. Einen solchen Zugang fördert beispielsweise die Social Business Initiative der Europäischen Kommission (vgl. Becker 2012).

2) *Social Enterprises,* als Organisationen mit einem marktbasierten Geschäftsmodell. In dieser Denkrichtung werden erwirtschaftete Erlöse als Abgrenzungskriterium gesehen, wobei über die Höhe des Anteils im Vergleich zu den üblichen Einkommensquellen im Dritten Sektor, wie Spenden oder Subventionen, noch kein Konsens besteht. Die Rolle der Erlöse über den Verkauf von Gütern und Dienstleistungen und die damit verbundene ökonomische Nachhaltigkeit wird besonders dominant in Großbritannien diskutiert (vgl. Dart 2004) und bietet vordergründig ein einfaches Abgrenzungsmerkmal von Social Enterprises zu Nonprofit-Organisationen. Gerade Sozialinvestoren, der Idee der Venture Philanthropie (vgl. Letts et al. 1997) folgende Stiftungen oder Impact Investoren (vgl. Grabenwarter/Liechtenstein 2011) befördern diesen Zugang, um sich zu gegebener Zeit aus der Investition zurückziehen oder aber auch, um möglicherweise auch finanzielle Renditen generieren zu können.

Die Bandbreite der Sozialunternehmen, die sich im Social Enterprise Begriff wiederfinden, ist groß. Sie umfasst potentiell sowohl neue als auch bestehende Organisationen bis hin zu den großen Wohlfahrtsträgern, aber auch bisherige gewinnorientierte Unternehmen mit einem gesellschaftsfreundlichen Unternehmensgegenstand, beispielsweise im Bereich nachhaltiger Ernährung oder sauberer Technologie. Von den drei Gruppierungen weisen sie damit die höchste Kompatibilität mit der Sprache und Struktur von klassischen Unternehmensfinanzierern auf.

3) *Social Innovators,* als innovative Sozialorganisationen mit bereits messbarer Wirkung. Sie sind Sozialunternehmer im engsten Verständnis als Erneuerer und Veränderer. Als »Forschungs- und Entwicklungseinheit für das Gemeinwohl« (Oldenburg 2011: 120) schaffen sie Innovationen, die sie in weiterer Folge über organisches Wachstum, Replikation, Kooperation oder Regelveränderung weiter wachsen lassen können. Die eingangs erwähnten Initiativen rund um Heinecke und Hoffmann sind dieser Kategorie zuzurechnen. Das Finden von Ressourcen

Abbildung 3.1 Drei Organisationstypen im Social Entrepreneurship

	Organisationale Merkmale	Beispiele im Deutschen Sprachraum*	Proponenten im Ökosystem	Literatur
Social Start-Up	- In (Vor-)gründung - Ideenfindung	Zero Waste Jam (A), eaternaty (CH), Soulbottles (D)	Inkubatoren, Universitäten (Gründungsprogramme), Business Plan Wettbewerbe	z.B. Global Entrepreneurship Monitor /Terjesen et al., 2009, Sharir/Lehrer, 2006
Social Enterprise	- Markt-basierte Geschäftsmodelle	Helioz (A), LemonAid (D, CH)	Social Venture Capitalists, Impact Investoren	z.B. Boschee/McClurg (2003), Dart (2004)
Social Innovator	- Etablierte Wirkungsmodelle - hoher Innovationsgrad	Dialog im Dunklen (D, A, CH), Discovering Hands (D), Atempo (A)	Fellowship Organisationen, Stiftungen, Medien, Wissenschaft	z.B. vgl. hero discourse, Nichols (2011)

*die Beispiele beziehen sich auf den Februar 2014.

Quelle: Eigene Darstellung

und einer geeigneten Organisationsform für weiteres Wachstum ist für sie häufig eine Kernfrage (vgl. Oldenburg 2011). Viele prominente Beispiele für soziale Unternehmer sind im Gegensatz zu Start-ups bereits etablierte Organisationen und Konzepte, die die Wirkungsfähigkeit ihrer Innovation schon unter Beweis stellen konnten. Neuzugänge in diese Kategorie werden kurzfristig also eher identifiziert als inkubiert (vgl. Ashoka, Schwab) und repliziert, wofür oftmals die entsprechenden Verbreitungsmöglichkeiten fehlen. Letztlich scheinen Social Innovators auch die Minderheit zu sein, schafft nach eigenen Angaben doch nur rund jeder Dritte ein neues Marktangebot (vgl. Jansen 2013: 88).

Erste Befunde zu Social Entrepreneurship im deutschsprachigen Raum legen die Vermutung nahe, dass insbesondere die erste Gruppe zahlenmäßig stark verbreitet ist. So zeigen Scheuerle et al. (2013) für Deutschland, dass Organisationen mit besonderes niedrigen Budgets (< 50 000 Euro p. a.) überproportional stark vertreten sind. Dies ist konsistent mit Befunden für Österreich (vgl. Schneider 2013, Schneider/Maier 2013), wo der Social Entrepreneurship Begriff oftmals als »semantischer Attraktor« (Schneider 2013: 53) für eine Vielzahl sehr unterschiedlicher Akteure und Organisationen dient, die vor allem ein niedriges Alter und sehr knappe Budgets (Median 30 000 Euro p.a.) eint. Wie im klassischen Entrepreneurship sehen sich also wenige größere Organisationen einer großen Zahl an Kleinunternehmen, Initiativen und sozialen Projekten gegenüber.

Die drei Gruppen (siehe auch Abb. 3.1) sind selbstverständlich nicht immer trennscharf, sondern können sich überschneiden und stehen in Wechselbeziehung; die Zahl wie auch die Innovativität der Akteure ist eine Funktion des Umfeldes: je mehr Raum und Ressourcen für Experimente zur Verfügung gestellt werden, umso eher können radikale Innovationen entstehen. Ob soziale Start-

Ups besonders neuartige Ideen umsetzen können und damit zu Social Entreprises und/oder etablierten Sozialinnovatoren werden, ist dabei nicht nur eine Frage der Zeit und des Gründungsteams. Sie ist auch davon abhängig, wie gut spezifische Herausforderungen der Frühphase gemeistert werden können und welche Ressourcen im Umfeld zur Verfügung stehen.

4 Das Ökosystem der Sozialunternehmer

Vor diesem Hintergrund wird nachvollziehbar, warum sich trotz des Narrativs des Social Entrepreneurs als einsame/r KämpferIn (vgl. Seanor/Meaton 2007, Dacin et al. 2011) eine steigende Anzahl von Organisationen der Unterstützung sozialer Unternehmer zuwendet. Diese Akteure und Institutionen formen ein »Ökosystem« für soziale Unternehmer (CASE 2008). Aus einer Ressourcen-basierten Perspektive kann es als die Summe jener Mittel verstanden werden, die für den Erfolg eines Social Entrepreneurs wesentlich sind (finanziell, personell, sozial/politisch und intellektuell), sowie der Institutionen, die den Zugang zu diesen Ressourcen erleichtern oder erschweren (Öffentlichkeit, Politik, Medien, Forschung, Mitbewerber, Fördereinrichtungen; vgl. CASE 2008 bzw. Abb. 4.1). Auch Förderinstitutionen und Peer-Netzwerke zählen zu letzteren Institutionen und fungieren als Schnittstelle zwischen einzelnen Sozialunternehmern und größeren Entitäten. Sie gelten als wesentlich dafür, die Herausforderung bei der Entwicklung, Umsetzung und Wachstum, wie z. B. mangelnde Finanzierung oder bürokratische Hemmnisse, zu überwinden.

Die Entwicklung eines Ökosystems wird als kritisch dafür gesehen, die Social Entrepreneurship Praxis zu professionalisieren (vgl. CASE 2008), trägt aber auch wesentlich zum Begriffsverständnis bei. Im Vergleich zum anglo-amerikanischen Raum steht die Entwicklung einer solchen koordinierten Förderlandschaft im deutschen Sprachraum noch am Anfang (vgl. Oldenburg 2011). Dennoch hat sich auch eine geraume Anzahl von Akteuren herausgebildet, die soziales Unternehmertum durch Ressourcen oder die Schaffung von förderlichen Rahmenbedingungen unterstützen (vgl. z. B. die KfW Entwicklungsbank in Deutschland, die einen Beteiligungsfonds für Sozialunternehmen etabliert hat).

So haben sich in den letzten Jahren viele Stiftungen dem Thema Social Entrepreneurship zugewandt und verfolgen mit dem Ansatz der Venture Philanthropie das Ziel, ökonomisch nachhaltige Sozialunternehmen zu unterstützen, aufzubauen und zu begleiten. Im Kontext von Social Venture Capital oder Impact Investing wird Investitionskapital als Eigenkapitaleinlage, Kredit, Kreditrahmen oder in Form von Garantien zur Verfügung gestellt (vgl. Heister 2010, Godeke/Pomares 2009, Grabenwarter/Liechtenstein 2011). Die Erwartungen an finanzielle

Abbildung 4.1 Ökosystem des Social Entrepreneurship

Kapitalinfrastruktur		
Stiftungen, Soziale Investoren	**Intermediäre**	**Universitäten**
z.B. Vodafone Stiftung (D), ERSTE Stiftung (A), Avina Stiftung(CH), Bonventure (D), Social Venture Fund (D), KfW Entwicklungsbank (D)	z.B. Impact Hub (A, CH), Ashoka (D, A, CH), Toniic (A, CH), Schwab Foundation (CH), SEIF (CH),	z.B. TU München (D), CSI Heidelberg (D), Universität St. Gallen (CH), Wirtschaftsuniversität Wien (A)

schaffen finanzielles, intellektuelles, soziales Kapital sowie Personal

Social Entrepreneurs & ihre Organisationen

schaffen Aufmerksamkeit und Rahmenbedingungen

Awards und Wettbewerbe	**Politik**	**Medien**
z.B. Ideen gegen Armut (A), Social impact Award (A, CH), Social Entrepreneur of the Year (CH), Startsocial (D)	z.B. Social Business Initiative der EU Kommission, Rechtsformen,	z.B. enorm (D), brand eins (D), inventures (A)

Kontext-Faktoren

Quelle: Eigene Darstellung, angelehnt an CASE (2008)

Renditen variieren dabei je nach Gewichtung der gewünschten sozialen Wirkung (vgl. zum Beispiel Bonventure oder Social Venture Fund für Deutschland oder Good.Bee für Österreich). Eine weitere Investitionsquelle für Start-ups bietet Crowdfunding, bei dem z. B. über Internetplattformen finanzielle Beiträge von Privatinvestoren gesammelt und tendenziell einzelne Projekte finanziert werden (z. B. respekt.net, startnext, wemakeit.ch bzw. die Nutzung amerikanischer Plattformen wie indiegogo und kickstarter).

Dass Sozialunternehmen nun also auch als Investitionsmöglichkeit gesehen werden, könnte auch das vermehrte Interesse an neuen Finanzierungsinstrumenten, wie zum Beispiel den Social Impact Bonds (vgl. Disley et al. 2011, Liebman/Sellman 2013), erklären. Bei diesen werden die Kosten für eine soziale Maßnahme zunächst von privaten Investoren getragen und von Sozialunternehmen erbracht. Die Geldgeber erhalten jedoch ihre Investition und eine Risikoprämie vom öffentlichen Vertragspartner zurückbezahlt, sofern eine bestimmte soziale Wirkung erzielt wurde. Auf der Leistungserbringseite richten sich Social Impact Bonds somit eher an etablierte Organisationen und Social Innovators. Obwohl der erste Social Impact Bond (SIB) in Peterborough (vgl. Disley et al. 2011) gerade ein Drittel der Laufzeit hinter sich gebracht hat und daher noch wenig Erfahrungswerte über die Wirkungen des Instruments vorliegen, erfahren Impact Bonds derzeit überdurchschnittliche Aufmerksamkeit. Zahlreiche weitere SIBs wurden aus der Taufe gehoben oder sind in Vorbereitung – allein in den USA zeigten bereits über 25 Gemeinden Interesse an einer Umsetzung (vgl. Liebman/Sellman 2013). Unklar ist noch, inwieweit diese Instrumente im deutschsprachigen Umfeld Einzug finden werden. Inwieweit die Auszahlung von aus Steuermitteln finanzierten Risikoprämien an Private letztlich mit den Zielen und Selbstverständnissen des öffentlichen Sektors vereinbar sind, bleibt abzuwarten.

Neben den eingangs erwähnten Forschungsanstrengungen zu Social Entrepreneurship und dem Einzug in die akademische Lehre haben sich nicht zuletzt mit Unterstützung verschiedenster Kapitalgeber aus dem Stiftungsumfeld auch an Universitäten konkrete Unterstützungsangebote für Studierende oder Absolventen in Form von Preisen, Inkubationsangeboten und Weiterbildungsangeboten etabliert. Die meisten dieser Kurse folgen einem praxisorientierten Ansatz (vgl. Brock/Steiner 2008), bei dem sich Studierende unter wissenschaftlicher Anleitung als Social Entrepreneur ausprobieren können oder Jungründer bei der Organisationsgründung begleitet werden. Dieser Trend vollzieht sich im generellen Kontext zahlreicher neugegründeter Entrepreneurship Lehrstühle, von denen ein wachsender Teil auch Social Entrepreneurship Education anbietet (vgl. Achleitner et al. 2007) und auch Studierendenorganisationen wie AIESEC oder Oikos beschäftigen sich vermehrt mit dem Thema und bieten eigene Angebote an. Damit liefern diese Akteure Nachwuchs für die Social-Entrepreneurship-Bewegung.

Ein weiterer wesentlicher Bestandteil des Social Entrepreneurship Ökosystems sind Intermediäre, also Netzwerke und unterstützende Organisationen, deren Ziel es ist, indirekt, also durch die Förderung der Sozialunternehmer, gesellschaftlichen Wandel herbeizuführen. Die Schwab Stiftung, Ashoka (vgl. Sen 2007, Heister 2010), Grameen (vgl. Yunus et al. 2010) oder das globale Netzwerk The Impact HUB (vgl. Vandor et al. 2012) tragen dazu bei, Social Entrepreneurship bekannter zu machen und fokussieren dabei häufig auf etablierte Social Innovators mit dem Ziel der Skalierung oder Gründung von Social Start-Ups. Sie tun dies, indem sie z. B. Social Entrepreneurs nach bestimmten Kriterien identifizieren, Fellowships (Stipendien zur Deckung des Lebensunterhalts) vergeben, Zugänge zu weiteren Unterstützungsleistungen (Arbeitsräume, Unternehmen, Beratung und Investitionen) und Netzwerken von Sozialunternehmern ermöglichen oder gleich selbst entsprechende Ausbildungsangebote offerieren (vgl. z. B. das Investment Ready Program des Impact HUB in Österreich, der Schweiz und sechs weiteren europäischen Ländern).

Was viele dieser Intermediäre eint, ist die Suche nach sozialen Innovationen, sei es im Start-Up Umfeld oder in etablierten Sozialorganisationen. Ein oft verwendetes Instrument sind hierfür Preise, Awards und Auszeichnungen. Eine kaum mehr zu überblickende Anzahl wird von Verbänden, Stiftungen, anderen NPOs oder Unternehmen ausgelobt und vergeben. Alleine in Österreich wenden sich aktuell zumindest 13 Preise an Sozialunternehmer, die in der einen oder anderen Form sozialunternehmerische Initiativen suchen, finden und auszeichnen (vgl. z. B. Ideen gegen Armut, Essl Social Prize, Trigos Preis für Österreich, Start Social in D, der SEIF-Award in CH u. a.). Neben finanzieller oder beratender Unterstützung sorgen sie für Aufmerksamkeit, sei es für die Person, die Innovation oder die Organisation des Awardnehmers oder aber auch die auslobende Organisation selbst (vgl. Meyer/Millner 2011).

Neben der aktiven Bereitstellung von Ressourcen sind aber auch Kontextfaktoren und regulative Rahmenbedingungen Gegenstand der Debatte. So definieren das Europäische Parlament und der Rat der Europäischen Union im Rahmen der Verordnung zum Programm der Europäischen Union für Beschäftigung und soziale Innovation (EaSI) Sozialunternehmen als »ein Unternehmen, das, unabhängig von seiner Rechtsform, ein Unternehmen ist, das gemäß seinem Gesellschaftsvertrag, seiner Satzung oder anderen Rechtsdokumenten, durch die es gegründet wird, vorrangig auf die Erzielung einer messbaren, positiven sozialen Wirkung abstellt, anstatt auf Gewinn für seine Eigentümer, Mitglieder und Anteilseigner, und das Dienstleistungen oder Produkte mit hoher soziale Rendite zur Verfügung stellt und/oder bei der Produktion von Gütern oder Dienstleistungen eine Methode anwendet, in die sein soziales Ziel integriert ist, seine Gewinne in erster Linie zur Erreichung seines vorrangigen Ziels einsetzt und im Voraus Verfahren und Regeln für eine etwaige Gewinnausschüttung an Anteilseigner und Eigentümer festgelegt hat, die sicherstellen, dass eine solche Ausschüttung das vorrangige Ziel nicht untergräbt, und in einer von Unternehmergeist geprägten, verantwortlichen und transparenten Weise geführt wird, insbesondere durch Einbindung der Arbeitnehmer, Kunden und Interessenträger, die von der Geschäftstätigkeit betroffen sind.« (Europäisches Parlament 2013: 20).

Damit wird eine verstärkte Wirkungsorientierung für Sozialunternehmen thematisiert und auch die Möglichkeit der Gewinnausschüttung zumindest nicht vollends ausgeschlossen. Letztlich wird es entsprechender rechtlicher Rahmenbedingungen und gegebenenfalls neuer Rechtsformen bedürfen, um dieser Definition gerecht zu werden. International haben sich gerade rund um die Frage der möglichen Gewinnausschüttungen von Sozialunternehmen erste Ansätze für diese hybriden Gesellschaftsformen herausgebildet (vgl. die Low-Profit Limited

Liability Company, L3C oder die Benefit Corporation, B-Corporation in den USA oder die Community Interest Company, CIC in Großbritannien, für eine Überblick dazu vgl. Forstinger 2012). Auch der wohlfahrtsstaatliche Kontext, in dem Sozialunternehmer tätig sind, ist in der Debatte gerade auch im Vergleich zu den USA und Großbritannien zu berücksichtigen (vgl. Grohs et al. 2013 für Deutschland). So hält der Europachef von Ashoka fest, dass »in einem ausdifferenzierten und nur in engen Regeln wettbewerblich organisierten Sozialsystem unternehmerische Innovationen selten und wirtschaftliche Unabhängigkeit von staatlichen oder anderen Gebern oft wenig naheliegend [sind]. Und Wachstum jenseits der lokalen Ebene stößt sofort an konkurrierende Gestaltungsansprüche anderer Spieler im Sozialsystem beziehungsweise der öffentlichen Hand selbst« (Oldenburg 2011: 119).

5 Diskussion: Ein Blick nach vorne

Die oben skizzierten Entwicklungen und Diskussionen in Praxis und Literatur lassen einige Rückschlusse darauf zu, wohin und anhand welcher Dimensionen sich das Feld Social Entrepreneurship in den kommenden Jahren entwickeln könnte.

Ein wichtiger Treiber ist dabei die eingangs beschriebene Wechselwirkung zwischen sozialen Unternehmern und ihrem Ökosystem. In der klassischen Entrepreneurship-Lesart wären die Rollen klar vergeben: hier ein mutiges Team innovativer Unternehmer, die auf ihrem Wachstumspfad in einigen Punkten Unterstützung brauchen, dort Dienstleister und Partner im Umfeld, die Unterstützung bieten, wo immer sie gebraucht wird. In der Betrachtung der Entwicklung des Social Entrepreneurship Feldes erscheint die Rolle des Umfeldes jedoch differenzierter und keineswegs so reaktiv. Wie Nicholls (2010) beschreibt, treten Umfeldakteure häufig selbst als institutionelle Entrepreneure auf und gestalten Begriffe und Deutungen unter Referenz auf eigene Weltbilder und Interessen. Die Entwicklung des Ökosystems für Sozialunternehmer darf damit keineswegs nur *nachfrageinduziert* verstanden werden, sondern als iterativer Prozess. Netzwerkorganisationen, Intermediäre und Universitäten konstituieren das Feld Social Entrepreneurship gleichermaßen mit, wie sie es bedienen. Durch die von ihnen geschaffenen Identitätsangebote als Social Entrepreneurs (vgl. Schneider/Maier 2013), durch die Festlegung von Kriterien für den Zugang zu ihren Angeboten (z. B. bei der Vergabe von Preisen) und nicht zuletzt durch die Angebote selbst attrahieren, selektieren und unterstützen sie bestimmte Typen von Social Entrepreneurs. Damit prägen sie das Gesicht des Feldes maßgeblich.

Diese enge Verknüpfung erlaubt es uns, einige Vermutungen über die Entwicklung des Social Entrepreneurship Feldes aus Sicht der Forschung und Praxis anzustellen. Dabei ist zunächst von einer generellen Steigerung der Zahl und Aktivität von sozialunternehmerischen Organisationen und Umfeldorganisationen, nicht zuletzt aufgrund bereits getätigter Investitionen in verschieden Akteure des Ökosystems, auszugehen. Viele der oben skizzierten Initiativen, wie die Schaffung von Finanzierungs- und Inkubationsangeboten, werden ihre Wirkung erst in kommender Zeit entfalten. Mit der grundsätzlichen Zunahme von Aktivitäten im Feld wird auch die Notwendigkeit steigen, unterschiedliche Konzepte voneinander abzugrenzen. Wie eingangs skizziert sind überall dort neue Trennlinien zu erwarten, wo sich Organisationen, ihre üblichen Herausforderungen und ihre Förderinstrumente stark unterscheiden. Somit erscheint wahrscheinlich, dass sich innerhalb der Social Entrepreneurship Debatte verstärkt spezifische Konzepte und Diskurse zu Social Start-Ups (mit Akteuren des klassischen und sozialen Gründungsumfeldes), Social Enterprises (mit Investoren und Geldgebern) und Social Innovators (Fellowship-Netzwerke, Philanthropen) herausbilden könnten.

In beiden Entwicklungen ist die Rolle von Universitäten und Hochschulen nicht zu unterschätzen. Durch die steigende Anzahl von Lehr- und Ausbildungsangeboten an Universitäten, im Besonderen an Business Schools, kommen mehr und mehr Studierende mit dem Thema Social Entrepreneurship in Berührung (vgl. Nicholls 2010). Im Vergleich zum angloamerikanischen Raum sind entsprechende Angebote in Deutschland, Österreich und der Schweiz noch sehr selten. In den letzten Jahren konnte sich aber eine Reihe von inner- und außercurricularen Angeboten etablieren. Soziales Unternehmertum wird dabei als möglicher Karriereweg und attraktives Betätigungsfeld propagiert, in dem Studierende und junge Absolventen auf diesem Wege einen Beitrag zur Lösung gesellschaftlicher Herausforderungen leisten können. Universitäten bilden damit den *Nachwuchs* für Sozialunternehmer und Umfeldakteure aus und beeinflussen stark die Konzepte von Social Entrepreneurship, die diese in die Praxis tragen.

Zukünftige Forschung könnte dabei zeigen, wie diese Einflüsse in der Lehre sich auf die Intention, Eignung und Erfolg von Studierenden zum bzw. im sozialunternehmerischen Handeln auswirken. Unklar ist dabei beispielsweise, welche Wahrnehmungen von Erfolgsaussichten und Scheitern Studierenden auf ihren Weg mitgegeben wird. Während die durchschnittlich niedrigen Erfolgsaussichten und die Emotionen sowie Wahrnehmungen des unternehmerischen Scheiterns in der klassischen Entrepreneurship Literatur zunehmend thematisiert werden (vgl. Shepherd 2004), scheint sich die Social Entrepreneurship Literatur vorwiegend mit den Erfolgsfällen von Innovation zu beschäftigen (vgl. Scott/Teasdale 2012 für eine der wenigen Ausnahmen). Dabei wird möglicherweise ausgeblendet, dass gerade bei innovativen Ideen ein hohes Risiko existiert, dass sie nicht erfolgreich funktionieren (vgl. Dees 2001). Es ist unklar, inwiefern hier möglicherweise falsche Erwartungshaltungen und das Potential für spätere Enttäuschungen produziert werden.

Auch für andere künftige Forschungsanstrengungen ergeben sich daraus unterschiedliche Betätigungsfelder und Fragen: aus Perspektive der Forschung zu Social Entrepreneurship im deutschen Sprachraum erscheint zunächst insbesondere die Gruppe der Social Start-Ups Fragen aufzuwerfen. Obwohl zahlenmäßig die größte Gruppe, haben die Merkmale, Bedürfnisse, Förderinstrumente von Social Start-Ups noch verhältnismäßig wenig Beachtung gefunden. Dabei ist es fraglich, ob Annahmen der klassischen Entrepreneurship-Forschung beispielsweise hinsichtlich der Gründungsmotivation, Bedürfnisse und Ressourcenlücken bei Start-Ups auch im sozialen Umfeld halten. Auch wäre es interessant zu erfahren, mit welchen Zielen, Plänen und Ressourcen diese Organisationen antreten. Damit könnten ihre weiteren Entwicklungspfade und ihr Potential besser abgeschätzt werden.

Auf einer grundsätzlichen Ebene lässt sich auch die Rolle der Sozialunternehmer selbst im Diskurs zu Social Entrepreneurship kritisch hinterfragen. Wie Nicholls (2010) anmerkt, scheinen diese häufig marginalisiert und öfter Objekt als Subjekt der Debatte. Diese Entmündigung durch ihr Umfeld (Unterstützer, Medien, Universitäten u. a.) wirkt angesichts der Zuschreibung, dass Social Entrepreneure besonders durchsetzungsstarke Veränderer sind, als eine makabere Pointe und kann die Legitimität des Diskurses stark untergraben. Zukünftige Forschung könnte das Zusammenspiel von Organisationen, Unterstützern und institutioneller Arrangements näher beleuchten und beispielsweise aufzeigen, welche Rolle soziale Unternehmer tatsächlich in der Entwicklung des Diskurses einnehmen bzw. wie sie ihrerseits Deutungsangebote verwenden, um mit verschiedenen Umfeldakteuren zusammenzuarbeiten.

Social Entrepreneurship ist ein sehr dynamisches Feld, das von vielen Akteuren geformt wird. Den Akteuren des Ökosystems sollte bewusst sein, dass sie sich nicht in den Zuschauerrängen befinden, sondern auch an der Beantwortung der Frage Quo Vadis aktiv mitwirken. Dies gilt nicht zuletzt auch für Forscher und Lehrende.

Literatur

Achleitner, A. K., Heister, P. & E. Stahl (2007): Social Entrepreneurship. Ein Überblick. In: Achleitner, A. K., Heister, P., Pöllath, R. & E. Stahl (Hrsg.): Finanzierung von Sozialunternehmen. Konzepte zur Unterstützung von Social Entrepreneurs, Stuttgart: Schäffer-Poeschel, S. 3–25.

Ashoka (2014): Venture-Programm. http://germany.ashoka.org/venture-programm, Zugriff 13. 02. 2014.

Becker, H. K. (2012): Report on Social Business Initiative. Creating a favourable climate for social enterprises, key stakeholders in the social economy and innovation, Straßburg: European Parliament – Committee on Employment and Social Affairs. http://www.europarl.europa.eu/sides/getDoc.do?type=REPORT&reference=A7-2012-0305&language=EN, Zugriff 14. 03. 2014.

Bielefeld, W. (2009): Issues in Social Enterprise and Social Entrepreneurship. In: Journal of Public Affairs Education, Volume 15, Heft 1, S. 69–86.

Boschee, J. & J. McClurg (2003): Towards a better understanding of social entrepreneurship. Some important distinctions. http://www.caledonia.org.uk/papers/Social-Entrepreneurship.pdf, Zugriff 2. 12. 2014.

Brock, D. & S. Steiner (2008): Social Entrepreneurship Education. Is It Achieving the Desired Aims? United States Association for Small Business and Entrepreneurship. Präsentation bei der Konferenz, San Antonio, Texas. 10. 01.–13. 01. 2008. http://citeseerx.ist.psu.edu/viewdoc/download?doi=10.1.1.385.8929&rep=rep1&type=pdf, Zugriff 14. 03. 2014.

Carland, J. W., Hoy, F., Boulton, W. R. & J. C. Carland (1984): Differentiating entrepreneurs from small business owners. A conceptualization. In: Academy of Management Review, Volume 9, Heft 2, S. 354–359.

Center for the Advancement of Social Entrepreneurship (2008): Developing the Field of Social Entrepreneurship, Durham: Duke University.

Cho, A. H. (2006): Politics, values and social entrepreneurship. A critical appraisal. In: Mair, J., Robinson, J. & K. Hockerts (Hrsg.): Social Entrepreneurship, Hampshire: Palgrave Macmillan, S. 34–56.

Dacin, M. T., Dacin, P. A. & P. Tracey (2011): Social entrepreneurship. A critique and future directions. In: Organization Science, Volume 22, Heft 5, S. 1203–1213.

Dacin, P., Dacin, T. & M. Matear (2010): Social entrepreneurship. Why we don't need a new theory and how we move forward from here. In: The Academy of Management Perspectives, Volume 24, Heft 3, S. 37–57.

Dart, R. (2004): The Legitimacy of Social Enterprise. In: Nonprofit Management & Leadership, Volume 14, Heft 4, S. 411–424.

Dees, G. J. (2001): The Meaning of »Social Entrepreneurship«. http://www.caseatduke.org/documents/dees_sedef.pdf, Zugriff 27. 06. 2012.

Dey, P. & C. Steyaert (2012): Social entrepreneurship. Critique and the radical enactment of the social. In: Social Enterprise Journal, Volume 8, Heft 2, S. 90–107.

Disley, E., Rubin, J., Scraggs, E., Burrowes, N., Culley, D. & Europe R. A. N. D (2011): Lessons learned from the planning and early implementation of the Social Impact Bond at HMP Peterborough. In: Ministry of Justice (Hrsg): Research Series 5. https://www.gov.uk/government/uploads/system/uploads/attachment_data/file/217375/social-impact-bond-hmp-peterborough.pdf, Zugriff 14.03.2014.

Eckhardt, J. T. & S. A. Shane (2003): Opportunities and entrepreneurship. In: Journal of management, Volume 29, Heft 3, S. 333–349.

Das Europäische Parlament & Der Rat (2013): Verordnung des Europäischen Parlaments und des Rates über ein Programm der Europäischen Union für Beschäftigung und soziale Innovation (»EaSI«) und zur Änderung des Beschlusses Nr. 283/2010/EU über die Einrichtung eines Europäischen Progress-Mikrofinanzierungsinstruments für Beschäftigung und soziale Eingliderung. http://register.consilium.europa.eu/doc/srv?l=DE&t=PDF&gc=true&sc=false&f=PE%2080%202013%20INIT, Zugriff 14.03.2014.

Faltin, G. (2008): Social Entrepreneurship. Definitionen, Inhalte, Perspektiven. In: Braun, G. & M. French (Hrsg.): Social Entrepreneurship. Unternehmerische Ideen für eine bessere Gesellschaft, Rostock: Universität Rostock, S. 25–46.

Forstinger, C. (2012): Philanthropische Förderinstrumente. Ein grenzüberschreitender Überblick zur Landschaft der philanthropischen Förderinstrumente und ihrer neuesten Ansätze. In: Das BankArchiv – Journal of Banking and Financial Research, Volume 9, S. 563–571.

Godeke, S. & R. Pomares (2009): Solutions for Impact Investors. From Strategy to Implementation, New York: Rockefeller Philanthropy Advisors.

Grabenwarter, U. & H. Liechtenstein (2011): In search of gamma. An unconventional perspective on impact investing. http://www.iese.edu/en/files2/foc.pdf, Zugriff 13.03.2014.

Grohs, S., Schneiders, K. & R. G. Heinze (2013): Social Entrepreneurship Versus Intrapreneurship the German Social Welfare State. A Study of Old-Age Care and Youth Welfare Services. http://nvs.sagepub.com/content/early/2013/09/23/0899764013501234.full.pdf, Zugriff 14.03.2014.

Heister, P. (2010): Finanzierung von Social Entrepreneurship durch Venture Philanthropy and Social Venture Capital, Wiesbaden: Gabler Verlag.

Jansen, S. A. (2013): Skalierung von sozialer Wirksamkeit. Thesen, Tests und Trends zur Organisation und Innovation von Sozialunternehmen und deren Wirksamkeitsskalierung. In: Jansen, S. A., Heinze, R. G. & M. Beckmann (Hrsg.): Sozialunternehmen in Deutschland, Wiesbaden: Springer VS, S. 79–99.

Letts, C., Ryan, W. & A. Grossman (1997): Virtuous Capital. What Foundations Can Learn from Venture Capitalists. In: Harvard Business Review, Volume 75, Heft 2, S. 36–44.

Liebman, J. & A. Sellman (2013): Social Impact Bonds. A Guide for State and Local Governments, Cambridge MA: Harvard Kennedy School Social Impact Bond Technical Assistance Lab.

Mair, J. & I. Marti (2006): Social Entrepreneurship research. A source of explanation, prediction, and delight. In: Journal of World Business, Volume 41, Heft 1, S. 36–44.

Martin, R. L. & S. Osberg (2007): Social Entrepreneurship. The Case for Definition. In: Stanford Social Innovation Review, Volume 5, Heft 2, S. 29–39.

Meyer, M. & R. Millner (2011): Awards: Der Celebrity-Faktor und die Inflation. In: Der Standard. http://www.genios.de/presse-archiv/artikel/STA/20110527/awards-der-celebrity-faktor-und-die/08308406507806806508206 80%20 95201105271925130 151.html, Zugriff 13.03.2014. (Nur mit Zugangsdaten abrufbar)

Millner, R. (2013): Social Enterprises und Social Entrepreneurship. Konzepte und Begrifflichkeiten. In: Kurswechsel, Heft 2/2013, S. 28–41.

Murphy, P. & S. Coombes (2009): A Model of Social Entrepreneurial Discovery. In: Journal of Business Ethics, Volume 87, Heft 3, S. 325–336.

Nicholls, A. (2010): The Legitimacy of Social Entrepreneurship. Reflexive Isomorphism in a Pre-Paradigmatic Field. In: Entrepreneurship Theory and Practice, Volume 34, Heft 4, S. 611–633.

Oldenburg, F. (2011): Wie Social Entrepreneurs wirken. Beobachtungen zum Sozialunternehmertum in Deutschland. In: Hackenberg, H. & S. Empter (Hrsg.): Social Entrepreneurship – Social Business. Für die Gesellschaft unternehmen, Wiesbaden: VS Verlag für Sozialwissenschaften, S. 119–132.

Scheuerle, T., Glänzel, G., Knust, R. & V. Then (2013): Social Entrepreneurship in Deutschland. Potentiale und Wachstumsproblematiken, Heidelberg, Frankfurt a. M.: CSI Heidelberg.

Schneider, H. (2013): Social Entrepreneurship in Österreich. Eine Bestandsaufnahme der unterschiedlichen AkteurInnen und Verständnisse. In: Kurswechsel, Heft 2/2013, S. 42–55.

Schneider, H. & F. Maier (2013): Social Entrepreneurship in Österreich. Working Paper, Wien: Abteilung für Nonprofit Management Wirtschaftsuniversität Wien, S. 1–30.

Schumpeter, J. (1934): The theory of economic development, New Brunswick, London: Transaction Publishers.

Scott, D. & S. Teasdale (2012): Whose failure? Learning from the financial collapse of a social enterprise in ›Steeltown‹. In: Voluntary Sector Review, Volume 3, Heft 2, S. 139–155.

Seanor, P. & J. Meaton (2007): Making sense of social enterprise. In: Social Enterprise Journal, Volume 3, Heft 1, S. 90–100.

Sen, P. (2007): Ashoka's big idea: Transforming the world through social entrepreneurship. In: Futures, Volume 39, S. 534–553.

Shane, S. & S. Venkataraman (2000): The promise of enterpreneurship as a field of research. In: Academy of management review, Volume 25, Heft 1, S. 217–226.

Shepherd, D. A. (2004): Educating entrepreneurship students about emotion and learning from failure. In: Academy of Management Learning & Education, Volume 3, Heft 3, S. 274–287.

Stinchcombe, A. L. (1965): Social Structure and Organizations. In: March, J. G. (Hrsg.): Handbook of Organizations, Chicago: Rand-McNally, S. 142–193.

Terjesen, S., Lepoutre, J., Justo, R. & N. Bosma (2009): Global Entrepreneurship Monitor. Report on Social Entrepreneurship. Executive Summary, Babson Pak MA: Global Entrepreneurship Research Association. http://www.gemconsortium.org/docs/download/376, Zugriff 14.03.2014.

Then, V., Scheuerle, T. & B. Schmitz (2012): Sozialunternehmer – Chancen für soziale Innovationen in Deutschland. Möglichkeiten der Förderung, Essen: Mercator Forscherverbund »Innovatives Soziales Handeln – Social Entrepreneurship«.

Thompson, J. & B. Doherty (2006): The diverse world of social enterprise. A collection of social enterprise stories. In: International Journal of Social Economics, Volume 33, Heft 5-6, S. 361–375.

Vandor, P., Hansen, H. & R. Millner (2012): Supporting Social Entrepreneurs. The effects of organizational maturity and business model on perceived support needs. Präsentation auf der 10. internationalen ISTR Konferenz. Siena, Italien. 15.07.–17.07.2012.

Yunus, M., Moingeon, B. & L. Lehmann-Ortega (2010): Building Social Business Models: Lessons from the Grameen Experience. In: Long Range Planning, Volume 43, Heft 2-3, S. 308–325.

17 Entwicklungen von Freiwilligenarbeit

Eva More-Hollerweger

Abstract: Freiwilligenarbeit spielt in vielen Bereichen des gesellschaftlichen Lebens eine bedeutende Rolle. Sie trägt einerseits zur Bereitstellung verschiedenster Dienstleistungen bei – Freiwillige leisten damit einen Beitrag für andere Menschen –, andererseits profitieren Freiwillige auch selbst von dem Engagement, da sie in Netzwerke eingebunden sind, Kenntnisse und Fähigkeiten erwerben etc. Entwicklungen des freiwilligen Engagements sind geprägt durch gesellschaftliche Veränderungen, die Einfluss auf individuelle Präferenzen, Werte und Lebensumstände der (potenziellen) Freiwilligen haben, jedoch haben sich auch die Rahmenbedingungen in den Freiwilligenorganisationen in den letzten Jahrzehnten stark gewandelt. Der Beitrag gibt einen Überblick über den Stand der Diskussion zu Entwicklungen von freiwilligem Engagement in Forschung und Praxis.

Keywords: Nonprofit-Organisationen, Dritter Sektor, Zivilgesellschaft, Freiwilligenarbeit, Freiwilligenmanagement, Ehrenamt

1 Einleitung

Freiwilliges Engagement spielt in vielen Bereichen des gesellschaftlichen Lebens eine bedeutende Rolle. Es findet in unterschiedlichstem Kontext statt, sei es berufsnah in beruflichen Verbänden oder im familiären Kontext, wie im Sport- oder Elternverein der Kinder, einfach als eine Form der Freizeitbeschäftigung, als Ausdruck einer politischen Gesinnung oder in Form von sozialem Engagement. So vielfältig wie die Tätigkeiten sind auch die Motive, die hinter einem freiwilligen Engagement stecken.

Was Freiwilligenarbeit von anderen Formen der Freizeitgestaltung unterscheidet, ist, dass ihr Resultat immer auch anderen zugute kommt und zwar Menschen außerhalb der eigenen Familie. Aus ökonomischer Perspektive wird sie daher als produktive Tätigkeit – im Gegensatz zu konsumtiven Tätigkeiten – bezeichnet.

Der Nutzen, den freiwilliges Engagement stiftet, variiert stark mit den jeweiligen Aktivitäten. Manchmal beschränkt er sich auf eine kleine Gemeinschaft Gleichgesinnter, die ihrem Hobby nachgehen, bei anderen Formen des Engagements bedeutet der Nutzen einen entscheidenden Beitrag zur Sicherung des Überlebens der LeistungsempfängerInnen – z. B. im Bereich der Katastrophenhilfe. Andere Aktivitäten unterstützen hilfsbedürftige Menschen, ihren Alltag zu organisieren. Häufig dient ein Engagement auch dazu, andere Menschen über bestimmte Themen zu informieren, sei es eher aktivistisch, um beispielsweise politische oder wirtschaftliche Missstände aufzuzeigen oder als Form einer Dienstleistung, wie sie etwa von Selbsthilfegruppen erbracht wird, die über Krankheiten, Behandlungsmethoden und andere Formen der Unterstützung informieren und diese auch selbst leisten.

Aus gesellschaftspolitischer Sicht ist aber nicht nur der produktive Aspekt von Freiwilligenarbeit wichtig, vielmehr stellt auch der Nutzen, der für Freiwillige selbst entsteht, einen gesellschaftlichen Mehrwert dar. Durch freiwilliges Engagement sind Menschen eingebunden in Gemeinschaften und erhalten dort oft jenen sozialen Rückhalt, der für die Bewältigung des Alltags wichtig ist. Dazu gehört das Gefühl gebraucht zu werden ebenso wie die Möglichkeit, sich mit anderen über die eigenen Sorgen und Freuden auszutauschen. Die Social Support Forschung (vgl. Schmerl/Nestmann 1991) hat bestätigt, dass informelle Netzwerke für die Bewältigung von Krisen wesentlich wichtiger sind als professionelle Anlaufstellen, die meist erst aufgesucht werden, wenn kein anderer Ausweg mehr gesehen wird. In einer komplexen Welt, in der traditionelle Netzwerke, wie sie insbesondere die Familien darstellen, zunehmend aufbrechen, wird freiwilliges Engagement als potenzielle Alternative diskutiert, gesellschaftlichen Folgewirkungen, wie Vereinsamung – beispielsweise älterer Menschen – entgegenzuwirken.

Oft bietet Freiwilligenarbeit auch eine Möglichkeit des informellen Lernens, durch die Kenntnisse und Fähigkeiten erlernt und erprobt werden können. Das beschränkt sich nicht nur auf arbeitsmarktrelevante Kompetenzen, die insbesondere in Bezug auf jüngere Freiwillige betont werden, wenn auch empirische Forschungsergebnisse zu konkreten Wirkungen noch weitgehendend fehlen (vgl. Priller 2011). Andere Forschungsstränge legen den Schwerpunkt auf soziale und politische Kompetenzen. Bei freiwilligem Engagement geht es häufig darum, sich um jemanden zu kümmern, Menschen in schwierigen Lebenssituationen zu unterstützen, kontroverse Themen zu diskutieren, Entscheidungen auszuverhandeln, sich eine Meinung zu bilden und gegenüber anderen zu vertreten etc. Das sind durchaus auch Kompetenzen, die am Arbeitsmarkt wichtig sein können, andererseits wäre es verkürzt, nur die Verwertbarkeit auf dem Arbeitsmarkt in Betracht zu ziehen, vielmehr geht es um die Gestaltung des gesellschaftlichen Lebens im privaten, beruflichen und politischen Kontext, wie sie beispielsweise in der Partizipationsforschung und Sozialkapitalforschung beleuchtet wird (vgl. Priller 2011).

Nicht jedes freiwillige Engagement erfüllt freilich jede der genannten Funktionen, umgekehrt erfüllen auch andere Aktivitäten, wie Erwerbsarbeit oder Freizeitbetätigungen, ähnliche Funktionen. Bislang wenig beleuchtet ist die »dunkle Seite der Zivilgesellschaft« (Roth 2004), dazu zählen jene Aktivitäten, die »soziale Ungleichheiten fördern oder Intoleranz und Hass schüren« (Anheier et al. 2011: 130).

Was freiwilliges Engagement – zumindest theoretisch – auszeichnet, ist, dass es fernab von familiären und beruflichen »Zwängen« und in diesem Sinne eben freiwillig erbracht wird. Zwar sind auch Erwerbsarbeit und familiäre Leistungen keine Zwangsarbeit, aber erstere dient in den meisten Fällen der Sicherung des Lebensunterhalts und bei familiären Leistungen spielt die persönliche Beziehung eine große Rolle, wodurch diese Tätigkeiten oft (auch) anderen Logiken folgen. Bei Freiwilligenarbeit variiert der Grad der Freiwilligkeit allerdings ebenfalls – in kleinen ländlichen Gemeinden, in denen viele Menschen einander persönlich kennen, entsteht mitunter vielleicht ein sozialer Druck, sich zu engagieren. Ebenso können auch im beruflichen Kontext Situationen entstehen, in denen ein freiwilliges Engagement eher als Verpflichtung gesehen wird. Freiwilliges Engagement wird vielfach immer noch als Ausdruck einer wahrgenommenen moralischen, religiösen oder sozialen Pflicht betrachtet (vgl. Anheier et al. 2011). Wie ein Engagement wahrgenommen wird und unter welchen Rahmenbedingungen es stattfindet, hängt nicht zuletzt auch von den einzelnen Individuen und ihren Präferenzen ab.

Dennoch wird immer wieder konstatiert, dass sich der Charakter von Freiwilligenarbeit in den letzten Jahren deutlich verändert hat, wobei unterschiedliche Ansatzpunkte in der Beschreibung dieses Wandels zu beobachten sind. Er wird häufig als Änderung des Verhaltens sowie der Motivstruktur der Freiwilligen (die »neuen« Freiwilligen) beschrieben. Bei anderen Untersuchungen liegt der Fokus bei der Änderung der freiwilligen Tätigkeiten und ihrer institutionellen Einbettung (das »moderne« Ehrenamt), die ja auch durch veränderte Rahmenbedingungen in den Organisationen bzw. durch das Entstehen neuer Organisationen bedingt sein können (vgl. Beher et al. 2000, Priller 2011, More-Hollerweger/Rameder 2013). Der Strukturwandel zeichnet sich demnach durch einen Rückgang des Engagements in großen traditionsreichen Organisationen bei gleichzeitiger Zunahme des Engagements in relativ jungen, kleinen, »basisnahen« und projektorientierten Organisationsformen aus (vgl. Priller 2011).

Der folgende Beitrag gibt einen Überblick über den Stand der Diskussion zu Entwicklungen von freiwilligem Engagement in Forschung und Praxis, sowie einen Ausblick auf zukünftig interessante oder notwendige Forschungsthemen.

2 Freiwillige – die Antwort auf Krisen aller Art? – Gesellschaftliche Partizipation und Volumen von Freiwilligenarbeit

Angesichts der genannten Funktionen von Freiwilligenarbeit ist es kaum verwunderlich, dass sich auch die Politik in den letzten Jahren verstärkt des Themas angenommen hat, sowohl auf regionaler, nationaler als auch auf EU-Ebene. Mit zunehmendem Interesse der Politik am Thema hat sich die Datenlage zur Freiwilligenarbeit verbessert – viele Länder erheben mittlerweile in regelmäßigen Abständen Daten zur Partizipation von Freiwilligen und zu dem von diesen erbrachten Arbeitsvolumen. Zumeist wird erfasst, welche Bevölkerungsgruppen sich in unterschiedlichen Formen an der Freiwilligenarbeit beteiligen und es wird hochgerechnet, wie viele Stunden Freiwillige leisten. Problematisch ist nach wie vor die Vergleichbarkeit der Daten. Da im Alltagsgebrauch unter Freiwilligenarbeit bzw. verwandten Begriffen wie ehrenamtliches oder bürgerschaftliches Engagement sehr Unterschiedliches verstanden wird, sind die Ergebnisse sehr stark davon abhängig, wie die verwendeten Begriffe in den Erhebungen operationalisiert und welche Erhebungsmethoden gewählt werden. Alscher et al. (2009) zeigen, dass die von verschiedenen Studien ausgewiesenen Beteiligungsquoten in Deutschland zwischen 18 % und 52 % variieren. Ländervergleiche sind daher nur sehr bedingt möglich und auch die Darstellung von Entwicklungen über einen Zeitverlauf ist nur bei konsistenter Anwendung der entsprechenden Erhebungsinstrumente wirklich aussagekräftig. In Deutschland ist dies beim Freiwilligensurvey der Fall. Hier blieben die Beteiligungsquoten zwischen den Jahren 1999, 2004 und 2009 mit 34 %, 36 % und 36 % relativ konstant (vgl. Gensicke/Geiss 2010). In der Schweiz zeigt der Freiwilligen-Monitor einen leichten Rückgang der Beteiligungsquote zwischen 2006 und 2009 von 28 % auf 26 % (vgl. Stadelmann-Steffen et al. 2010). In Österreich blieb die Partizipationsquote bei der formellen Freiwilligenarbeit zwischen 2006 und 2012 bei jeweils rund 28 % konstant (vgl. BMASK 2013) – allerdings wurde die Erhebungsmethode zwischen den beiden Erhebungszeitpunkten verändert (von einer telefonischen Erhebung auf eine face-to-face-Befragung). Zu den wichtigsten Tätigkeitsfeldern zählen in allen drei Ländern die Bereiche Sport/Bewegung, Kunst/Kultur/(Freizeit) und Religion/Kirche, wobei hier die Zusammenfassung und die Zahl der Bereiche variiert, weshalb ein unmittelbarer Vergleich nicht möglich ist. So wird etwa das Tätigkeitsfeld Freizeit und Geselligkeit in Österreich zum Kunst/Kulturbereich gezählt, der damit auch das größte Betätigungsfeld darstellt, in Deutschland und in der Schweiz sind Aktivitäten in Freizeit-/Spiel- und Hobbyvereinen extra ausgewiesen (vgl. More-Hollerweger/Rameder 2013).

Neben der Beteiligungsquote, also dem Anteil der Bevölkerung, der sich freiwillig engagiert, ist auch die Frage nach dem zeitlichen Ausmaß bedeutend. Diesbezüglich gibt es große Unterschiede zwischen Freiwilligen – während einige Freiwillige regelmäßig sehr viele Stunden tätig sind, engagieren sich andere nur in sehr unregelmäßigen Abständen in unterschiedlicher Intensität. Im Gegensatz zur Erwerbsarbeit gibt es kein »Normalarbeitsverhältnis«, das für den Großteil der Freiwilligen typisch ist. Dies erschwert die Erfassbarkeit. Für die Freiwilligen ist es mitunter selbst schwierig, das Stundenausmaß ihres Engagements für einen gewissen Zeitraum abzuschätzen. Auch Freiwilligenorganisationen können oft keine Auskunft über das Arbeitsvolumen ihrer Freiwilligen geben. In der Schweiz wurde im Rahmen der Arbeitskräfteerhebung (2007) ein Volumen von 700 Mio. Arbeitsstunden pro Jahr hochgerechnet, wobei jeweils die Hälfte im Rahmen von institutionalisierter bzw. informeller Freiwilligenarbeit geleistet wird (vgl. BFS 2011). In Österreich lag das wöchentliche Arbeitsvolumen, das in Form von formeller Freiwilligenarbeit geleistet wird, im Jahr 2006 bei knapp 8 Mio. Arbeitsstunden, jenes von informeller Freiwilligenarbeit bei ca.6,8 Mio. Stunden (vgl. Meyer et al. 2009a) und damit in Summe (764 Mio. Stunden pro Jahr) etwas höher als in der Schweiz. In den letzten Jahren gibt es verstärkt internationale Bestrebungen, den ökonomischen Wert von Freiwilligenarbeit systematisch in die öffentlichen Statistiken zu integrieren (vgl. ILO 2008, GHK 2010, More-Hollerweger et al. forthcoming).

Zur sozialen Struktur der Freiwilligenarbeit, also der Beteiligung verschiedener Bevölkerungsgruppen, gibt es sehr viele Studien. Im Wesentlichen zeigt sich, dass sich vor allem jene Personen engagieren, die auch sonst gut in das gesellschaftliche Leben integriert sind. Hier spielt neben dem Bildungsgrad vor allem die Erwerbsarbeit eine wichtige Rolle. Diese Aspekte sind auch maßgeblich dafür, ob im Rahmen des freiwilligen Engagements leitende Funktionen oder ausführende Tätigkeiten ausgeübt werden. Bevölkerungsgruppen, die von Exklusion betroffen sind (z. B. Arbeitslose, MigrantInnen), sind auch bei der Partizipation an der Freiwilligenarbeit unterrepräsentiert (vgl. More-Hollerweger/Rameder 2013). In Bezug auf Genderfragen spiegelt die Beteiligungsstruktur die gesellschaftlichen Verhältnisse ebenfalls deutlich wider. So gibt es klassische Frauen- und Männerbereiche und Führungspositionen werden stärker von Männern als von Frauen wahrgenommen (vgl. Neumayr/More-Hollerweger 2009, More-Hollerweger/Rameder 2013). Ein weiterer wichtiger Aspekt ist die Bindung an Kirchen. Menschen, die regelmäßig Gottesdienste besuchen, engagieren sich auch häufiger freiwillig (vgl. Alscher et al. 2009).

3 Die »modernen« Freiwilligen – eine besondere Spezies?

Bei der Beschreibung des Wandels von Freiwilligen bzw. Freiwilligenarbeit tritt fast immer die Frage nach den Motiven auf. Freiwilliges Engagement gilt gemeinhin als Ausdruck für gesellschaftliche Werte wie Solidarität, Altruismus und Nächstenliebe, da es ohne finanzielle Gegenleistung und immer auch für andere erbracht wird. Die Diskussion um die Veränderung der Werte bezieht sich vor allem auf die Besorgnis, dass diese gesellschaftlich erwünschten Werte verloren gehen und sich ein Wandel hin zu einer egoistischen, materialistischen Gesellschaft vollzieht, in der auch Freiwilligenarbeit an Bedeutung verliert.

Während im theoretischen Diskurs die Frage der Motive häufig auf das Gegensatzpaar »altruistisch« versus »eigennutzen-orientiert« bzw. »egoistisch« reduziert wird, zeigt sich in der empirischen Forschung, dass Freiwilligen-Engagement durch eine Vielzahl an Beweggründen erklärt werden kann, die sich vielfach nicht in diese dualistische Sichtweise einfügen lassen. Generell wird konstatiert, dass es zu einer Pluralisierung der Motive (vgl. Gensicke et al. 2009) kommt, in der sich eigennutzen-orientierte und altruistische Ziele nicht gegenseitig ausschließen, sondern ergänzen. Das zeigt sich auch in den quantitativen Studien, in denen die Beweggründe für freiwilliges Engagement abgefragt wurden – Spaß bzw. Freude an der Tätigkeit und der Wunsch, anderen zu helfen stehen hier meist relativ gleichwertig an vorderster Stelle, wie bereits 1995 von Gaskin/Davis Smith (vgl. Gaskin/Davis Smith 1995) in einem Ländervergleich aufgezeigt und auch in aktuelleren Studien bestätigt (vgl. Rameder/More-Hollerweger 2009, BFS 2011).

Das Angebot an Freizeitaktivitäten ist in den letzten Jahrzehnten stark gestiegen. Freiwilligenarbeit konkurriert mit »konsumtiven« Freizeitaktivitäten, also jenen Aktivitäten, in denen keine Leistung für andere erbracht wird, sondern vorwiegend »konsumiert« wird (Kino, Fitness Center, Theaterbesuch usw.). In diesem Zusammenhang wird auch von Kommerzialisierung der Freizeit (vgl. BMWFJ 2011) gesprochen. Die Menschen sind mobiler geworden. Die erhöhte Mobilität ermöglicht es einerseits, ein größeres Freizeitangebote in Anspruch zu nehmen. Andererseits wirkt sich die gesteigerte Mobilität auch in Bezug auf den Verbleib in Organisationen aus. Traditionelle Bindungen verlieren an Bedeutung. Ähnlich wie in der Erwerbsarbeit kommt es zu einem häufigeren Wechsel von Organisationen und Tätigkeiten (vgl. Alscher et al. 2009). Freiwillige sind nicht mehr so stark bereit, sich lebenslang an eine Organisation zu binden, sondern üben immer häufiger zeitlich begrenzte, projektförmige Aktivitäten aus – die Entscheidung, sich für eine Organisation zu engagieren, wird von den Freiwilligen stetig neu getroffen. Dies ist nicht nur eine Frage der Motive und persönlichen Vorlieben der Freiwilligen, sondern vielfach bedingt durch die äußeren Lebensumstände. Ein wesentlicher Aspekt ist diesbezüglich die vorhandene (Frei-)Zeit. Als

Grund, warum sich Menschen nicht engagieren, werden häufig mangelnde Zeitressourcen genannt (vgl. z. B. Hall et al. 2006, BMASK 2013).

Die Lebenslaufforschung setzt die Zeitressourcen und Präferenzen in Bezug zu den jeweiligen Lebensphasen. Sie geht von einer Individualisierung der Lebensläufe aus. Relativ klar vorgezeichnete, gesellschaftlich standardisierte und institutionalisierte »Normallebensläufe« werden demnach zunehmend seltener. Individuen sind stärker gefordert, ihren Lebenslauf aktiv zu gestalten (vgl. Ecarius 1996). In diesem Kontext ist auch Freiwilligenarbeit zu sehen. Sie wird als selbstgewähltes Element der Biografiegestaltung betrachtet, das im Sinne des »Prinzips der biographischen Passung« integriert wird (vgl. Olk/Jakob 1991: 501, Beher et al. 2000).

Freiwillige werden in Bezug auf die Auswahl ihrer Betätigungsbereiche immer selektiver. Sie entscheiden sich bewusster für oder gegen ein freiwilliges Engagement und informieren sich vorab, welche Möglichkeiten sie haben. Institutionen spielen keine so große Rolle mehr, die Entscheidung passiert häufiger interessensgeleitet. Hustinx und Lammertyn (2003) sprechen diesbezüglich vom »reflexive style« im Gegensatz zum »collective style of volunteering«.

Obwohl traditionelle Bindungen an Organisationen, die früher oft über Generationen in Familien weitergegeben wurden – beispielsweise ein Engagement bei der Freiwilligen Feuerwehr –, an Bedeutung verlieren, spielt die Familie nach wie vor eine wichtige Rolle in Bezug auf die Entscheidung, sich freiwillig zu engagieren (vgl. Nesbit 2013). Dieser Einfluss besteht einerseits durch die Transmission des Status. Weiters spielt die Sozialisation eine wichtige Rolle, durch die Einstellungen und Werte weitergegeben werden. Nicht zuletzt ergibt sich über Familienmitglieder die Möglichkeit gefragt zu werden, was nach wie vor der wichtigste Anlass ist, sich freiwillig zu engagieren.

4 Kampf um die besten Köpfe oder Offenheit für alle? – Die Strategien der Freiwilligenorganisationen

In der Forschung deutlich vernachlässigt sind die Freiwilligenorganisationen selbst und die Frage, wie diese den Wandel von Freiwilligenarbeit wahrnehmen und wie sie damit umgehen (vgl. Studer/von Schnurbein 2013). Hier muss freilich auf die Heterogenität der Freiwilligenorganisationen verwiesen werden – die Bandbreite reicht von kleinen lokal agierenden und rein auf Freiwilligenarbeit basierenden Vereinen bis hin zu großen – mitunter auch international tätigen – Organisationen mit einer erheblichen Anzahl an bezahlten MitarbeiterInnen. Je nach Tätigkeitsbereich sehen sich Organisationen unterschiedlichen Rahmenbedingungen gegenüber, die auch wesentlich durch die Förderstruktur in den jeweiligen Ländern beeinflusst werden (vgl. Rauschenbach/Zimmer 2011). Neben den finanziellen Rahmenbedingungen spielen auch Traditionen und ideologische Prägungen eine wichtige Rolle dafür, welche Strategien für die Gewinnung und das Halten von Freiwilligen angewandt werden (vgl. Zimmer et al. 2011). Manchen Organisationen sind diesbezüglich »von ihrer Natur aus« Grenzen gesetzt – beispielsweise religiöse Vereinigungen, für die das Bekenntnis zu einer bestimmten Kirche Voraussetzung für eine Beteiligung ist. Selbst diesbezüglich ist jedoch – je nach Aufgabenfeld – bereits vielfach eine Öffnung erfolgt und ein bestimmtes Glaubensbekenntnis nicht mehr notwendige Bedingung, etwa für ein soziales Engagement einer kirchennahen Organisation.

Im ländlichen Bereich geht es oft darum, Leistungen der Daseinsvorsorge und Unterstützungsstrukturen aufrecht zu erhalten, die durch Abwanderung von Menschen und Unternehmen gefährdet sind. Diese Entwicklungen führen in vielen Fällen dazu, dass die Gemeinden finanziell in Bedrängnis geraten und in Bezug auf die Aufrechterhaltung von Leistungen alternative Wege finden müssen. Viele Leistungen, die im urbanen Bereich bezahlt erbracht werden, erfolgen im ländlichen Bereich traditionell mit Unterstützung von Freiwilligen, wie beispielsweise Bibliotheken, Museen, Feuerwehren etc. Neben den unmittelbaren Dienstleistungen geht es auch um andere Aspekte. Betriebe, wie Lebensmittelgeschäfte und Gasthäuser, erfüllen häufig auch eine wichtige soziale Funktion, die es bei deren Schließung abzudecken gilt. Hohe Pendlerquoten beschränken zudem oft die Möglichkeiten für BewohnerInnen einer Gemeinde, sich freiwillig zu engagieren, da diese nur sehr eingeschränkt vor Ort sind. Dadurch können Konkurrenzsituationen zwischen Organisationen in Bezug auf die Freiwilligen entstehen (vgl. Favry et al. 2006, Speth 2011).

Für Organisationen erfüllen Freiwillige unterschiedliche Funktionen. Neben der unmittelbaren Arbeitsleistung, die sie erbringen, erfüllen sie in vielen Fällen auch eine wichtige Brückenfunktion zwischen der Organisation und ihrer Umwelt. In manchen Organisationen ist die Erbringung von Dienstleistungen sekundär, da es hauptsächlich um gemeinschaftsbildende oder Empowerment-Funktionen geht. Beispiele dafür sind Nachbarschaftszentren, deren Ziel es ist, die Menschen eines bestimmten Ortes zusammenzubringen, um sich für die Gestaltung ihres unmittelbaren Umfelds zu engagieren. Hier werden die Aufgaben meist unter Beteiligung der Bewohner definiert und orientieren sich stark an deren Bedürfnissen.

Die Größe und Zusammensetzung der Freiwilligenbelegschaft kann auch eine wichtige Signalwirkung nach außen darstellen. Dies ist für jene Freiwilligenorganisationen wichtig, die gesellschaftliche Anliegen vertreten. Eine große Zahl an unterschiedlichen Menschen, die sich freiwillig für eine Sache einsetzen, stärkt die Legitimationskraft der Organisation.

Freiwilligenarbeit wird nicht nur durch die Freiwilligen geprägt, sondern auch durch die Organisationen, in denen sie erbracht wird. Veränderte Rahmenbedingungen beeinflussen die Möglichkeiten, wie Freiwillige eingesetzt werden können. Wie eingangs bereits erwähnt, spielt hier die Finanzierung der Organisationen eine bedeutende Rolle. In Bezug auf Förderungen der öffentlichen Hand ist es diesbezüglich in den letzten Jahrzehnten in einigen Bereichen zu starken Veränderungen gekommen. Statt relativ frei verfügbaren Subventionen werden häufiger Leistungsverträge vergeben, die die zu erbringenden Leistungen klar definieren. Organisationen müssen die Verwendung von Mitteln stärker legitimieren. Dies hat vielfach zu einer Professionalisierung von Dienstleistungen beigetragen, die aber auch eine stärkere Bürokratisierung bzw. Verrechtlichung zur Folge hat, die wiederum den Einsatz von Freiwilligen einschränkt. Ein Beispiel dafür ist der Pflegebereich, in dem sehr klar vorgegeben ist, welche Tätigkeiten von welchen Berufsgruppen ausgeführt werden dürfen. Freiwillige ohne entsprechende Ausbildung können hier nur sehr eingeschränkt Aufgaben übernehmen.

Organisationen reagieren darauf vielfach mit einer Professionalisierung der Freiwilligen sowie des Freiwilligenmanagements (vgl. Meyer et al. 2009b). In den letzten Jahrzehnten sind zahlreiche Lehrgänge entstanden, die Freiwilligenkoordinatoren bzw.- manager ausbilden. Instrumente des Personalmanagements werden weitgehend bei Freiwilligen angewendet. Es werden Anforderungsprofile erstellt, gezielt Personen mit speziellem Qualifikationsprofil gesucht, Maßnahmen der Aus- und Weiterbildung durchgeführt, Leistungen der Freiwilligen evaluiert etc. Dies führt allerdings dazu, dass sehr viele Ressourcen erforderlich sind, um Freiwillige entsprechend in die Organisation zu integrieren. Gleichzeitig sehen sich die Organisationen dem Trend gegenüber, dass die Verweildauer von Freiwilligen in Organisationen abnimmt.

Eine verstärkte Professionalisierung des Freiwilligenmanagements wird durchaus auch kritisch betrachtet (vgl. Studer/von Schnurbein 2013), da diese den Gestaltungsspielraum zur »kreativen Nutzung der Ressource Freiwilligenarbeit« einschränkt und bestimmte Funktionen von Freiwilligenarbeit, wie z. B. Partizipation und die Integration verschiedener Bevölkerungsgruppen, in den Hintergrund treten. Manche Organisationen setzen daher bewusst auf ein höheres Maß an Flexibilität und weniger Kontrolle durch das Management (vgl. Barnes/Sharpe 2009).

5 Freiwilligenbörsen, -agenturen, Bürgerbüros, Corporate Volunteering etc. – Wer mischt sonst noch mit?

In vielen Ländern hat sich in den letzten Jahrzehnten eine eigenständige nationale »Freiwilligen-« bzw. »Engagementpolitik« etabliert, Initialzündung dafür war in vielen Fällen das von der UNO ausgerufene Internationale Jahr der Freiwilligen 2001. In von staatlicher Seite initiierten Arbeitskreisen und Gremien wurden und werden Infrastrukturen und Instrumente entwickelt, mit denen das freiwillige Engagement gefördert und entsprechende Rahmenbedingungen geschaffen werden sollen. In Deutschland wurde 1999 die Enquete-Kommission »Zukunft des Bürgerschaftlichen Engagements« eingesetzt (vgl. Wolf/Zimmer 2012), in Österreich gibt es seit 2003 den Österreichischen Freiwilligenrat, der sich aus VertreterInnen von Freiwilligenorganisationen verschiedener gesellschaftlicher Bereiche, der Bundesministerien, der Landesregierungen, der Sozialpartner sowie des Gemeinde- und Städtebundes zusammensetzt (vgl. Heimgartner 2009).

In den letzten Jahrzehnten ist – nicht zuletzt auch als Folge der Förderpolitik – eine Reihe von Institutionen entstanden, die die Vermittlung von Freiwilligen unterstützen, Aus- und Weiterbildung für Freiwillige und Freiwilligenorganisationen sowie Beratungsleistungen anbieten und Lobby-Arbeit betreiben, indem sie die Interessen der Freiwilligen und Freiwilligenorganisationen vertreten. Diese Organisationen sind vielfach von der öffentlichen Hand initiiert bzw. gefördert. In Deutschland gibt es mittlerweile über 2 000 solcher engagementfördernder Einrichtungen (vgl. Wolf/Zimmer 2012).

Neben der Politik interessieren sich auch Unternehmen zunehmend für das freiwillige Engagement ihrer MitarbeiterInnen. Im Rahmen ihrer Corporate Social Responsibility (soziale/gesellschaftliche Verantwortung von Unternehmen)-Aktivitäten unterstützen sie deren freiwilliges Engagement. Das Spektrum von sogenannten Corporate Volunteering-Aktivitäten reicht von positiver Wahrnehmung (z. B. Berichte in der MitarbeiterInnen-Zeitung) über die Bereitstellung von Sachspenden für das Engagement (z. B. Computer, Büromaterialien) bis hin zur Freistellung während der Arbeitszeit und Entwicklung eigener Freiwilligenprogramme, im Rahmen derer sich einzelne MitarbeiterInnen oder ganze Teams bzw. Abteilungen engagieren. Dies erfolgt häufig in Kooperation mit Freiwilligenorganisationen.

6 Ausblick

Freiwilligenarbeit hat in den letzten Jahrzehnten eine große Beachtung in der gesellschaftspolitischen Diskussion gefunden. Dies spiegelt sich auch in der Forschung wider. Unterschiedliche Forschungsdisziplinen beschäftigen sich in zahlreiche Studien mit verschiedenen Aspekten von freiwilligem Engagement. Dennoch steht die Forschung in vieler Hinsicht noch am Beginn. Bezeichnend dafür sind die vielfältigen Begrifflichkeiten und Definitionen, die Aussagen zu Entwicklungen von freiwilligem Engagement erschweren, weil Studien kaum miteinander vergleichbar sind (vgl. Anheier et al. 2011). Längerfristige Entwicklungen werden erst sichtbar werden, wenn Erhebungen mit weitgehend konstantem Erhebungsdesign regelmäßig widerholt werden. Hier besteht wiederum das Dilemma, dass mitunter neue Formen des Engagements, wie zum Beispiel e-volunteering unzureichend erfasst werden. Generell gilt es bei künftiger Forschung stärkeres Augenmerk auf den Strukturwandel, also Änderungen in der Art des Engagements zu legen.

Dafür ist es notwendig, die Ebene der Organisationen stärker zu beleuchten, die bislang noch sehr wenig erforscht wurde (vgl. Zimmer 2011). Damit fehlt allerdings eine wichtige Komponente, um ein vollständiges Bild von Entwicklungen des freiwilligen Engagements zu zeichnen, da Organisationen diese entscheidend mitprägen. Welche Aufgaben erfüllen Freiwillige in Organisationen, wie sind Freiwillige in Organisationen eingebunden, sind sie eher Erfüllungsgehilfen oder bestimmen sie die Aktivitäten der Organisationen entscheidend mit? Welche Rahmenbedingungen erschweren bzw. erleichtern den Einsatz von Freiwilligen, wie gehen unterschiedliche Organisationen mit den veränderten Rahmenbedingungen um? Die Liste an möglichen Forschungsfragen ließe sich diesbezüglich noch lange fortsetzen. Bislang werden diese Fragen vor allem an Einzelfallstudien abgearbeitet, quantitative Studien fehlen weitgehend. Die Forschung kann hier dazu beitragen realistisch einzuschätzen, welche Rolle freiwilliges Engagement in der Gesellschaft künftig einnehmen kann.

Literatur

Alscher, M., Dathe, D., Priller, E. & R. Speth (2009): Bericht zur Lage und zu den Perspektiven des bürgerlichen Engagements in Deutschland. Stand: Juni 2009, 1. Aufl., Berlin: Bundesministerium für Familie Senioren Frauen und Jugend.

Anheier, H. K., Kehl, K., Mildenberger, G. & N. Spengler (2011): Zivilgesellschafts- und Engagementforschung: Bilanz, Forschungsagenden und Perspektiven. In: Priller, E., Alscher, M., Dathe, D. & R. Speth (Hrsg.): Zivilengagement. Her-

ausforderungen für Gesellschaft, Politk und Wissenschaft, Münster: LIT-Verlag, S. 119-133.
Barnes, M. L. & E. K. Sharpe (2009): Looking Beyond Traditional Volunteer Management: A Case Study of an Alternative Approach to Volunteer Engagement in Parks and Recreation. In: VOLUNTAS: International Journal of Voluntary and Nonprofit Organizations, Volume 20, S. 169-187.
Beher, K., Liebig, R. & T. Rauschenbach (2000): Strukturwandel des Ehrenamts. Gemeinwohlorientierung im Moderninsierungsprozeß, Weinheim, München: Juventa Verlag.
BFS (2011): Freiwilligenarbeit in der Schweiz 2010, Neuchâtel: Bundesamt für Statistik (BFS).
BMASK (Hrsg.) (2013): Freiwilliges Engagement in Österreich. Bundesweite Bevölkerungsbefragung 2012, Wien: Bundesministerium für Arbeit, Soziales und Konsumentenschutz.
BMWFJ (Hrsg.) (2011): 6. Bericht zur Lage der Jugend in Österreich, Wien: Bundesministerium für Wirtschaft, Familie und Jugend.
Ecarius, J. (1996): Individualisierung und soziale Reproduktion im Lebensverlauf: Konzepte der Lebenslaufforschung, Opladen: Leske + Budrich.
Favry, E., Hiess, H. & E. Hollerweger (2006): Daseinsvorsorge im ländlichen Raum. Dienstleistungen der Daseinsvorsorge zwischen Ehrenamt, Markt und Staat. Erkenntnisse aus einem Forschungsprojekt in der burgenländischen Gemeinde Markt Neuhodis, Wien: Rosinak & Partner Ziviltechniker GmbH, unveröffentlichter Projektbericht.
Gaskin, K. & J. Davis Smith (1995): A New Civic Europe? A Study of the Extent and Role of Volunteering, London: unveröffentlichter Projektbericht.
Gensicke, T. & S. Geiss (2010): Hauptbericht des Freiwilligensurveys 2009. Zivilgesellschaft, soziales Kapital und freiwilliges Engagement in Deutschland 1999 – 2004 – 2009, München: TNS Infratest Sozialforschung.
Gensicke, T., Germany. Bundesministerium für Verkehr Bau- und Stadtentwicklung & TNS Infratest Sozialforschung (2009): Entwicklung der Zivilgesellschaft in Ostdeutschland : quantitative und qualitative Befunde. 1. Aufl., Wiesbaden: VS Verlag.
GHK (2010): Volunteering in the European Union – Final Report. Study on behalf of the European Commission (Directorate-General for Education and Culture), unveröffentlichter Projektbericht.
Hall, M., Lasby, D., Gumulka, G. & C. Tryon (2006): Caring Canadians, Involved Canadians: Highlights from the 2004 Canada Survey of Giving, Volunteering and Participating, Ottawa, ON: Minister of Industry (Statistics Canada).
Heimgartner, A. (2009): Strukturelle Rahmenbedingungen für freiwilliges Engagement. In: BMASK (Hrsg.): Freiwilliges Engagement in Österreich. 1. Freiwilligenbericht, Wien, S. 162-175.
Hustinx, L. & F. Lammertyn (2003): Collective and Reflexive Styles of Volunteering: A Sociological Modernization Perspective. In: Voluntas: International Journal of Voluntary and Nonprofit Organizations, Volume 14, S. 167-187.

ILO, International Labour Organization (2008): »Manual on the Measurement of Volunteer Work, Room Document.« http://www.ilo.org/global/publications/books/WCMS_167639/lang--en/index.htm, Zugriff 19.12.2012.

Meyer, M., More-Hollerweger, E., Heimgartner, A. & S. Mackerle-Bixa (2009a): Gesellschaftliche Bedeutung von freiwilligem Engagement im internationalen Diskurs. In: BMASK (Hrsg.): Freiwilliges Engagement in Österreich. 1. Freiwilligenbericht, Wien, S. 18–28.

Meyer, M., More-Hollerweger, E. & P. Rameder (2009b): Freiwilligenarbeit im Alter. In: Hanappi-Egger, E. & P. Schnedlitz (Hrsg.): Ageing Society. Altern in der Stadt: Aktuelle Trends und ihre Bedeutung für die strategische Stadtentwicklung, Wien: Facultas, S. 439–482.

More-Hollerweger, E., Bowman, W., Park, T.-K., Gavurova, B. & H. Kuvikova (forthcoming): The economics of associations and volunteering. In: Smith, D. H., Rochester, C., Stebbins, R. A. & J. Grotz (Hrsg.): The Palgrave Research Handbook of Volunteering and Nonprofit Associations, Basingstoke, Hampshire, UK: Macmillan Publishers Limited.

More-Hollerweger, E. & P. Rameder (2013): Freiwilligenarbeit in Nonprofit-Organisationen. In: Simsa, R., Meyer, M. & C. Badelt (Hrsg.): Handbuch der Nonprofit Organisation. Strukturen und Management. 5 Aufl., Stuttgart: Schäffer-Poeschel Verlag, S. 381–399.

Nesbit, R. (2013): The Influence of Family and Household Members on Individual Volunteer Choices. In: Nonprofit and Voluntary Sector Quarterly, Volume 42, S. 1134–1154.

Neumayr, M. & E. More-Hollerweger (2009): Freiwilliges Engagement und Gender. In: BMASK (Hrsg.): Freiwilliges Engagement in Österreich. 1. Freiwilligenbericht, Wien, S. 90–103.

Olk, T. & G. Jakob (1991): Sozialkulturelle Varianten ehrenamtlichen Engagements innerhalb des Caritasverbandes : eine biographietheoretische und wohlfahrtsverbandliche Studie. In: Neue Praxis: Zeitschrift für Sozialarbeit, Sozialpädagogik und Sozialpolitik, Volume 21, S. 500–503.

Priller, E. (2011): Dynamik, Struktur und Wandel der Engagementforschung: Rückblick, Tendenzen und Anforderungen. In: Priller, E., Alscher, M., Dathe, D. & R. Speth (Hrsg.): Zivilengagement. Herausforderungen für Gesellschaft, Politik und Wissenschaft, Berlin: LIT Verlag, S. 11–40.

Rameder, P. & E. More-Hollerweger (2009): Beteiligung am freiwilligen Engagement in Österreich. In: BMASK (Hrsg.): Freiwilliges Engagement in Österreich. 1. Freiwilligenbericht, Wien, S. 49–73.

Rauschenbach, T. & A. Zimmer (Hrsg.) (2011): Bürgerschaftliches Engagement unter Druck? Analysen und Befunde aus den Breichen Soziales, Kultur und Sport, Opladen, Berlin, Farmington Hills: Barbara Budrich.

Roth, R. (2004): Die dunklen Seiten der Zivilgesellschaft. Grenzen einer zivilgesellschaftlichen Fundierung von Demokratie. In: Klein, A., Kern, K., Geißel, B. & M. Berger (Hrsg.): Zivilgesellschaft und Sozialkaital. Herausforderungen politischer und sozialer Integration, Wiesbaden: VS Verlag, S. 22–40.

Schmerl, C. & F. Nestmann (Hrsg.) (1991): Ist Geben seliger als Nehmen? Frauen und Social Support, Frankfurt, New York: Campus.

Speth, R. (2011): Engagementpolitik und Engagementforschung. In: Priller, E., Alscher, M., Dathe, D. & R. Speth (Hrsg.): Zivilengagement. Herausforderungen für Gesellschaft, Politk und Wissenschaft, Münster: LIT-Verlag, S. 91–115.

Stadelmann-Steffen, I., Traunmüller, R., Gundelach, B. & M. Freitag (2010): Freiwilligen-Monitor Schweiz 2010, Zürich: Seismo Verlag.

Studer, S. & G. von Schnurbein (2013): Organizational Factors Affecting Volunteers: A Literature Review on Volunteer Coordination. In: Voluntas, Volume 24, S. 403–440.

Wolf, A. C. & A. Zimmer (Hrsg.) (2012): Lokale Engagementförderung. Kritik und Perspektiven, Wiesbaden: Springer VS.

Zimmer, A. (2011): Zivilgesellschaftsorganisationen – eine vernachlässigte Kategorie der Engagementforschung. In: Priller, E., Alscher, M., Dathe, D. & R. Speth (Hrsg.): Zivilengagement. Herausforderungen für Gesellschaft, Politik und Wissenschaft, Münster: LIT-Verlag, S. 179–194.

Zimmer, A., Basic, A. & T. Hallmann (2011): Sport ist im Verein am schönsten? Analysen und Befunde zur Attraktivität des Sports für Ehrenamt und Mitgliedschaft. In: Rauschenbach, T. & A. Zimmer (Hrsg.): Bürgerschaftliches Engagement unter Druck? Analysen und Befunde aus den Bereichen Soziales, Kultur und Sport, Opladen, Berlin, Farmington Hills: Barbara Budrich, S. 269–386.

Teil III
Zivilgesellschaftsforschung:
The Next Generation

18 Zwischen Heterogenität und großen Erwartungen – Schwere Zeiten für Dritte-Sektor-Organisationen in Deutschland?

Patrick Droß/Christina Rentzsch

Abstract: Patrick Droß und Christina Rentzsch zeichnen im folgenden Interview ihre individuellen Wege in die Wissenschaft und zur Promotion nach. Darin streifen sie sowohl grundlegende Fragen im Hinblick auf begriffliche und definitorische Aspekte im Bereich Zivilgesellschafts- und Dritte-Sektor-Forschung, als auch Fragen zu aktuellen und zukünftigen Entwicklungen im Dritten Sektor. Obwohl sich die beiden Nachwuchswissenschaftler in unterschiedlichen Forschungskontexten bewegen (außeruniversitär versus universitär), sind sie sich darüber einig, welche zukünftigen Forschungsbedarfe sich identifizieren lassen: insbesondere das Thema der Ökonomisierung wird weitere, grundlegende Veränderungen mit sich bringen, sei es auf der konkreten organisationalen Ebene, zunehmend aber auch auf gesamtgesellschaftlicher Ebene. Abschließend diskutieren beide die Situation des wissenschaftlichen Nachwuchses und werben dafür, dass gute Forschung auch gute Arbeitsbedingungen benötigt. Damit einher geht für sie auch die Frage nach der Transparenz inhaltlicher Setzungen von Forschungsthemen durch verschiedene Fördereinrichtungen und den sich daraus ergebenden mehr oder weniger günstigen Chancen, Förderungen im Bereich der Zivilgesellschafts- und Dritte-Sektor-Forschung zu erhalten.

Keywords: Nonprofit-Organisationen, Dritter Sektor, Zivilgesellschaft, Ökonomisierung, Wissenschaft, Zivilgesellschaftsforschung

Das Schlagwort Zivilgesellschaft ist mittlerweile ein fester Bestandteil in aktuellen Diskussionen und kann als verankert in Politik und Gesellschaft angesehen werden. Ebenso hat sich die Zivilgesellschaftsforschung in den letzten Jahren verändert und weiterentwickelt. Doch auch wenn der Begriff der Zivilgesellschaft etabliert und weit verbreitet ist, gibt es noch viele offene Fragen – etwa in Hinblick auf einen einheitlichen Theorieansatz oder der Frage, wie sich Zivilgesellschafts- und Dritte-Sektor-Forschung voneinander unterscheiden und wo ihre Schnittstellen auszumachen sind. Außerdem ergeben sich Fragen auf der konkreten Organisationsebene: Wie reagieren die Organisationen auf veränderte Rahmenbedingungen, nimmt der Trend in Richtung einer »Verbetriebswirtschaftlichung« weiter zu? Insgesamt hält auch die Frage zukünftiger Trends und Entwicklungen im gesamten Dritten Sektor noch einige spannende Antworten bereit.

Im Folgenden soll die Perspektive der Nachwuchswissenschaftlerin Christina Rentzsch und des Nachwuchswissenschaftlers Patrick Droß auf diese Fragen eingefangen werden. Während Christina Rentzsch in ihrer Dissertation aktuell zum Thema Ökonomisierung in Dritte-Sektor-Organisationen forscht, kann Patrick Droß als Mitarbeiter im Projekt »Organisationen heute – zwischen eigenen Ansprüchen und ökonomischen Herausforderungen« (WZB) auf empirische Daten zu den oben aufgeworfenen Fragen zurückgreifen. Im Folgenden tauschen sich die beiden in einem Gespräch darüber aus, welche Entwicklungen sie im Dritten Sektor sehen und wie sie diese bewerten.

Wie bist Du zu Deinem Dissertationsthema gekommen und was genau ist Dein Thema?

Patrick Droß: Auf mein Thema bin ich durch die Arbeit an einer deutschlandweiten Befragung von Organisationen des Dritten Sektors gestoßen, die wir hier im Rahmen der Projektgruppe am Wissenschaftszentrum Berlin für Sozialforschung im Zeitraum 2011/2012 durchgeführt haben. Darin wurden Vereine, Stiftungen, Genossenschaften und gemeinnützige GmbHs (gGmbHs) befragt. In den Auswertungen wurde relativ schnell deutlich, dass es sich bei den gGmbHs um einen stark boomenden Bereich des Dritten Sektors handelt, über den allerdings bisher recht wenige empirische Informationen vorliegen. Die zentralen Ziele meiner Arbeit sind daher zum einen eine grundlegende Charakterisierung der gGmbHs im Vergleich zu den eher traditionellen gemeinnützigen Organisationsformen und zum anderen eine Analyse ihrer Verbreitungsmechanismen im organisationalen Feld des Dritten Sektors. Generell geht es aber auch um die Frage, was diese verstärkte unternehmerische beziehungsweise ökonomische Ausrichtung für die Organisationen und den Dritten Sektors insgesamt bedeutet.

Christina Rentzsch: Mein Weg zum Dritten Sektor ist ein bisschen anders als Deiner gewesen, Patrick. Ich wollte zunächst zum Thema Wertewandel promovieren. Hier wollte ich die Verbindung zwischen Wertewandel und Ehrenamt herstellen und empirisch überprüfen, welche Beweggründe es gibt, warum sich Menschen engagieren bzw. warum sie sich nicht engagieren und inwieweit das mit ihren Wertvorstellungen zusammenhängt. Über diesen Gedanken bin ich dann zur Dritten-Sektor-Forschung gekommen und untersuche nun, wie sich Nonprofit-Organisationen unter veränderten Rahmenbedingungen wandeln und wie sie insgesamt mit diesen Veränderungen umgehen. In diesem Zusammenhang lege ich den Fokus auf den Bereich der Ökonomisierung, d. h. ich gehe der Frage nach, inwieweit sich zunehmende ökonomische Zwänge auf Nonprofit-Organisationen und ihre Struktur sowie auf ihre Funktion und konkrete Arbeit auswirken. In diesem Zusammenhang wird auch der Aspekt des ehrenamtlichen Engagements gestreift, der mich ursprünglich interessiert hat, denn dieser ist für die Organisationen in Hinblick darauf wichtig, wie sie ihre alltägliche Arbeit gestalten können.

Welcher Definition von Zivilgesellschaft folgst Du?

Patrick Droß: Im Kontext unserer Projektgruppe folgen wir eigentlich eher dem Dritte-Sektor-Ansatz, also einer eher bereichslogischen Definition, mit der die Sphäre zwischen Staat, Markt und Privatleben beschrieben wird. Dabei geht es vor allem um die formalen Organisationen, die in diesem Bereich aktiv sind und denen drei wichtige gesellschaftliche Funktionen zugeschrieben werden: eine sozialintegrative, eine partizipatorisch-demokratische und eine Dienstleistungsfunktion. Wobei aktuell natürlich die Frage nach den Verschiebungen im Verhältnis zwischen diesen drei Funktionen immer stärker in den Fokus rückt. Von Zivilgesellschaft spreche ich hingegen eher in dem Sinne, dass die Organisationen des Dritten Sektors so etwas wie die »Infrastruktur der Zivilgesellschaft« bilden.

Christina Rentzsch: Diesem Zugang, den Du gerade beschrieben hast, würde ich mich ebenfalls zuordnen, also eher dem Dritte-Sektor-Ansatz als der Zivilgesellschaftsforschung. Soweit man das überhaupt konkret voneinander trennen kann. Ich verwende in diesem Zusammenhang den Begriff der »institutionalisierten Zivilgesellschaft«, der das Gleiche meint wie »Infrastruktur«. Damit möchte ich zum Ausdruck bringen, dass mein Verständnis von einem Dritten Sektor auf der Organisationsebene basiert, also den institutionalisierten Formen von Zivilgesellschaft. Des Weiteren würde ich mich eher der »verwaltungswissenschaftlichen« als der demokratietheoretischen Perspektive auf den Dritten Sektor zuordnen – obwohl man diese Ebenen meines Erachtens eben nicht wirklich voneinander losgelöst betrachten kann.

Wie gehst Du mit den teils recht unsteten Begrifflichkeiten für das Forschungsfeld um?

Patrick Droß: Im Prinzip stellen die Begriffe »Dritter Sektor« und »Zivilgesellschaft« meines Erachtens zwei recht unterschiedliche Zugänge dar. Die Dritte-Sektor-Forschung versucht ja eher einen Bereich von Akteurinnen und Akteuren abzugrenzen, während Zivilgesellschaft häufig mit einer bestimmten Handlungslogik assoziiert wird und damit das Spektrum der Akteurinnen und Akteure, die darunter subsumiert werden können, sehr viel breiter als beim Dritten-Sektor-Ansatz ist: von der Politik über den klassischen Verbraucherschutzverein bis zu den Sozialen Bewegungen oder neuen Protestformen im Netz. Letztere sind eher selten formal organisiert und fallen entsprechend nicht unter die engere Definition des Dritten Sektors. Daher würde ich sagen, dass durch das Konzept des Dritten Sektors ein Bereich bestimmter Organisationen abgesteckt wird und man dann schauen kann, wie »zivilgesellschaftlich« diese Organisationen sind. Ich würde unterstellen, sie sind es mal mehr und mal weniger. Diese Querverbindung wäre sicher ziemlich sinnvoll, in der Forschung werden die Begriffe »Dritter Sektor« und »Zivilgesellschaft« meines Erachtens bisher jedoch kaum produktiv zueinander ins Verhältnis gesetzt.

Christina Rentzsch: Ich finde es schwierig, dass es bislang wenige Definitionen gibt, auf die man rekurrieren kann. Hinzu kommt, dass im akademischen Umfeld teilweise andere Begriffe gebraucht werden als in der »Praxis«. Soweit man von einer homogenen Praxis überhaupt sprechen kann. Sicher, es existieren einige Definitionen, aber diese verstehe ich eher als Minimalkonsens. Ich habe bei einigen der Interviews, die ich bisher im Rahmen meiner Doktorarbeit geführt habe, festgestellt, dass man die Begriffe intuitiv in Abhängigkeit von den Gesprächspartnerinnen und Gesprächspartnern gebraucht. Mein Eindruck ist, dass der Begriff »Dritter Sektor« in der Praxis eher unbekannt ist, mit Zivilgesellschaft können die meisten Menschen hingegen mehr verbinden. Die Bezeichnung »gemeinnützige Organisation« funktioniert ebenfalls gut, insbesondere, wenn man dazu ein Beispiel nennt, wie »Verein« oder »Stiftung«. Zunehmend geläufig ist auch die gemeinnützige GmbH. Ich achte also darauf, welche Begriffe und Definitionen ich im wissenschaftlichen oder einem eher praxisnahen Umfeld verwende. Das ist nicht immer deckungsgleich. Prinzipiell stimme ich Dir aber zu, dass der Dritte Sektor organisationsbezogen definiert werden sollte, während Zivilgesellschaft ein breiter angelegtes Konzept darstellt.

Wie schätzt Du die Relevanz der Zivilgesellschafts-Thematik in Deinem wissenschaftlichen Arbeitsumfeld ein?

Patrick Droß: Mein derzeitiger Eindruck ist, dass die Thematik in der Forschung immer stärker als Querschnittsthema behandelt wird. Die Anerkennung und Abgrenzung als eigenständiger Forschungsbereich erlebe ich hingegen als gar nicht so einfach, was meiner Meinung nach sicher auch an der bereichslogischen Definition liegt. Denn wer sich mit den Entwicklungen in »den« Organisationen des

Dritten Sektors befasst, hat es immer mit einem sehr heterogenen Feld zu tun. Auch angrenzende thematische Forschungen, wie beispielsweise die zum Thema Care Work, stoßen ja auf die gemeinnützigen Organisationen, betrachten diese dann aber eher weniger in der Spezifik ihrer gesellschaftlichen Funktionsweise oder ihren organisatorischen Transformationen. Häufig wird bei einem themenspezifischen Zugang nicht systematisch zwischen privatwirtschaftlichen, öffentlichen und gemeinnützigen Organisationen differenziert.

Christina Rentzsch: Spontan denke ich gerade, dass das eine etwas zu positive Beschreibung ist, wenn Du sagst, dass Zivilgesellschaft als Querschnittsthema verwendet wird. Mein Eindruck ist eher, dass Zivilgesellschaft als Thema zwar schon relevant ist und als solches anerkannt wird, allerdings eher als eine Art Modewort nebenher mitläuft. Jede und jeder kann auf eine Art Alltags-Vorstellung von Zivilgesellschaft zurückgreifen und nutzt diesen Begriff entsprechend auch bei Antragsstellungen. Die Heterogenität und Komplexität dieses gesellschaftlichen Bereiches sowie das gesamte Konzept wird dann aber selten tiefergehend beleuchtet und weitergedacht. Das heißt, es wird nicht thematisiert, wie das Konzept Zivilgesellschaft verstanden wird und wie es sich zum Beispiel gegenüber dem Dritten Sektor abgrenzt. Andererseits kann die Verbreitung des Konzepts aber auch als positive Entwicklung gewertet werden, an der sich zeigt, dass sich der Begriff als Querschnittsthema stärker etabliert. Dabei wird meines Erachtens auch kein Unterschied zwischen dem universitären oder außeruniversitären Kontext gemacht. Vielmehr hängt die Relevanz des Themas von den handelnden Personen ab.

Patrick Droß: Ja, da würde ich Dir völlig zustimmen. Als ich sagte »Querschnittsthema«, habe ich auch eher gemeint, das Zivilgesellschaft als thematischer Aufhänger sehr en vogue ist, dann aber oft nur recht vage ausbuchstabiert wird. Die Erwartungen sind dennoch häufig enorm, ob Erneuerung der Demokratie oder die Lösung krisenbedingter sozialer Probleme – die Ressourcen für deren Bearbeitung werden von der Politik aber auch von der Wissenschaft immer häufiger in der »Zivilgesellschaft« gesucht.

Welche aktuellen Entwicklungen oder Probleme siehst Du gegenwärtig im Feld des Dritten Sektors?

Patrick Droß: Eine große Entwicklungslinie sehe ich auf jeden Fall in den immer fließender werdenden Übergängen zwischen den verschiedenen gesellschaftlichen Bereichen. Gerade die Grenzen zwischen Drittem Sektor und Markt werden ja immer durchlässiger. Wenn also beispielsweise in Tätigkeitsbereichen, in denen lange Zeit nur gemeinnützige Organisationen zu finden waren, jetzt auch privatwirtschaftliche Anbieter aktiv sind und Dritte-Sektor-Organisationen immer markt- und dienstleistungsorientierter werden. Damit verändert sich freilich auch der Stellenwert der sozialen und partizipatorischen Momente innerhalb der Organisationen. Einerseits ist das sicher eine spannende Entwicklung für uns Forscherinnen und Forscher, aber auch eine nicht ganz unproblematische, da es einem – so scheint es mir zum Teil – das Feld unter den Füßen wegzieht, also die Abgrenzung des sowieso schon recht heterogenen Dritten Sektors noch schwieriger macht.

Ein zweiter Aspekt wäre die Frage, wie sich im Zuge aktueller gesellschaftlicher Umbrüche, also zum Beispiel dem Übergang vom korporatistischen Wohlfahrtsmodell zum Wohlfahrtsmarkt, die Zuständigkeiten für gesellschaftliche Aufgaben verschieben – Stichwort Subsidiarität. Also: was soll zukünftig noch der Staat übernehmen? Welche Bereiche sollen marktförmig beziehungsweise privat gestaltet werden und welchen Beitrag leistet der gemeinnützige Sektor? Damit ist freilich auch die Frage verbunden, welche Ressourcen dafür jeweils bereitgestellt werden. Im Moment geht der Trend wohl hauptsächlich dahin, den Bereich des Dritten Sektors marktförmiger zu gestalten und über Anreizsysteme, vor allem was die Finanzierungsmodi betrifft, so zu steuern, dass die Ressourcen möglichst effizient nutzbar gemacht werden. Man könnte also von einer Art Indienstnahme des Dritten Sektors sprechen, indem dieser letztlich zur kompensatorischen Instanz für die Folgen der Krisen in Wirtschaft und Politik gemacht wird, damit aber zugleich Gefahr läuft, strukturell überfordert und institutionell ausgezehrt zu werden.

Christina Rentzsch: Meinst Du mit fließenden Übergängen eher den Wandel der Rechtsformen, also formale Strukturen? Oder denkst Du dabei auch an die veränderten Handlungslogiken, die diese Entwicklung mit sich bringt?

Patrick Droß: Sicher beides. Das Beispiel der zunehmenden Verbreitung gemeinnütziger GmbHs macht die Entwicklung hin zu mehr Markt und Unternehmertum im Dritten Sektor recht idealtypisch deutlich. Immer mehr Organisationen vollziehen hier einen grundlegenden strukturellen Bruch. Aber die Veränderungen betreffen natürlich ebenso die Denk- und Handlungsweisen der Akteurinnen und Akteure und sind damit letztlich auch in anderen Rechtsformen zu beobachten, z. B. auch in vielen Vereinen. Selbst auf der semantischen Ebene kann man ja gut die Verbreitung eines Vokabulars beobachten, das ganz klar aus einem betriebswirtschaftlichen Managementdiskurs stammt.

Christina Rentzsch: Hier kann ich Dir nur zustimmen. Ich bin davon überzeugt, dass das Thema Ökonomisierung, und hierbei insbesondere die Anpassungstendenzen an Marktlogiken, Organisationen zukünftig in sehr starkem Maße beschäftigen wird. Zudem finden große finanzielle Umverteilungsprozesse statt, denen Organisationen ausgesetzt sind: Während die Ausgaben für sozialpolitische Pflichtaufgaben sogar teilweise gestiegen sind, stellt der Staat weniger Geld für freiwillige, zusätzliche Leistungen und Angebote zur Verfügung, zu deren Unterstützung er nicht verpflichtet ist. Außerdem ist in bestimmten Bereichen die Anzahl an Organisationen gestiegen, so zum Beispiel im Pflegebereich, in dem vermehrt privatwirtschaftliche Akteurinnen und Akteure Leistungen anbieten, das heißt, es gibt insgesamt einen Anstieg an Organisationen, die Ansprüche stellen. Da bereits viele, und zunehmend noch mehr Organisationen staatliche Zuschüsse erhalten, auf die sie auch angewiesen sind, gleichzeitig aber unter Druck geraten, weil ihnen durch Dritte die Lösung gesellschaftlicher Probleme aufoktroyiert wird, gerät das gesamte System »Dritte Sektor« in eine Schieflage. Hier muss man insbesondere die hohen Anforderungen an Organisationen in den Blick nehmen und die Organisationen selbst müssen sich fragen, ob und wie sie unter diesen Voraussetzungen ihre Aufgaben erfüllen können. Oder, um es treffender zu formulieren: diese Frage wird von Außen an sie herangetragen. Das heißt, Organisationen sind zunehmend einem Legitimierungsdruck ausgesetzt, mit dem sie umgehen und auf den sie Antworten finden müssen.

Gerade an dieser Stelle besteht meines Erachtens dringender Handlungsbedarf, es ist nur die Frage, auf welcher Seite. So stellt sich nämlich gleichzeitig die Frage, ob es im Organisationsalltag überhaupt möglich ist, grundlegende Strategieüberlegungen anzustoßen oder ob sich nicht der Fokus zunächst auf das »Überleben« beschränkt. In einer Organisation mit 2–4 Personen würden solche Strategieüberlegungen viele Ressourcen binden, weshalb das eigene Handeln vielleicht eher auf ein »re-agieren« beschränkt wird als dass man proaktiv tätig würde. Diese Entwicklungen stellen für mich ein großes Problem dar und es schließt sich die Frage an, in welche Richtung es gesamtgesellschaftlich geht, wenn ein ganzer Sektor unter großem Druck steht, chronisch unterfinanziert ist, seinen originären Aufgaben kaum mehr nachkommen kann aber die Erwartungen an ihn stetig steigen. Diese Zusammenhänge sind zwar schon hinlänglich bekannt, es scheint jedoch wenig Verbesserung in Sicht zu sein. Es schließt sich also die Frage an, wie lange das so noch weitergeht und weitergehen kann.

Wo besteht Deiner Meinung nach Forschungsbedarf?

Christina Rentzsch: Forschungsbedarf besteht meiner Meinung nach insbesondere darin, zu erfassen, wie Organisationen auf die oben beschriebenen Veränderungen reagieren. Dabei sollte den einzelnen Organisationsformen, aber auch ihren Tätigkeitsbereichen Rechnung getragen werden. Ich denke hier besonders an den Sozialen Bereich, in dem sich Ökonomisierungsentwicklungen und auch finanzielle Problematiken besonders stark niederschlagen, vor allem in Hinblick auf personenbezogene Dienstleistungen. Außerdem sollten die Funktionen von Nonprofit-Organisationen stärker beleuchtet werden, insbesondere in Bezug auf ihre gesamtgesellschaftlichen Konsequenzen. Wenn der Staat weiterhin bestimmte Aufgaben nicht mehr erfüllen kann oder möchte, und zudem noch weniger Ressourcen zu verteilen hat, stellt sich unweigerlich die Frage, wer diese Lücke füllen kann. Überhaupt sollte das Verhältnis zwischen Drittem Sektor und Staat verstärkt in den Blick genommen werden, Du hattest das Stichwort Subsidiarität ja bereits angesprochen. Ich räume dem Dritten Sektor in dieser Beziehung sowie bei der Frage, wie gesellschaftliche Versorgungslücken geschlossen werden können, eine besondere Stellung ein. Hier besteht großer Bedarf danach, zu erforschen, wie er mit diesen Anforderungen und Erwartungen umgeht. Auf Organisationsebene bedeutet das, konkret zu erfassen, an welchen Stellen sie Veränderungen wahrnehmen und welche Entscheidungen getroffen werden, diese zu handhaben. Davon kann dann wiederum abgeleitet werden, welche Strategien sich als gut funktionierend herausstellen und welche man vielleicht auf andere Bereiche und Organisationen übertragen kann.

Patrick Droß: Unsere derzeitigen Untersuchungen betrachten häufig die Veränderungen in der Organisationslandschaft oder in einzelnen Organisationen, das ist sicher wichtig, aber ebenso wichtig wäre auch die Frage, in welche gesamtgesellschaftlichen Entwicklungen diese Veränderungen eingebettet sind und welche gesellschaftlichen Konsequenzen sich aus diesen organisationalen Veränderungen im Dritten Sektor wiederum ergeben. Anknüpfungspunkte zu aktuellen gesellschaftstheoretischen Debatten gäbe es ja eigentlich zur Genüge, man denke nur an Colin Crouch und seine Überlegungen zur Postdemokratie. Der Dritte Sektor trägt ja letztlich enorm viel dazu bei, wie die Gesellschaft funktioniert und was sie zusammenhält. Aber die Frage wäre doch, ob es hierbei zukünftig nur noch um ein reines Management von Sachzwängen geht, oder ob dieser Dritte gesellschaftliche Bereich ein Ort sein kann, an dem auch demokratische Debatten über Möglichkeiten der Organisation sozialer und gesellschaftlicher Beziehungen Platz haben.

Welche Aspekte werden innerhalb der nächsten 10 Jahre wichtig – in Forschung und Praxis?

Christina Rentzsch: In der Organisationspraxis werden Fragen des Überlebens immer wichtiger werden, zumindest bei den kleinen, traditionellen gemeinnützigen Organisationen. In einem großen Wohlfahrtsverband sieht das vielleicht anders aus. Hier können Veränderungen besser abgefedert werden, weil prinzipiell mehr Handlungsspielraum besteht. Wie bereits an anderer Stelle angemerkt: Damit gehen insbesondere Aspekte des Angebots einher. Organisationen werden in den nächsten Jahren zunehmend gezwungen sein, sich zu entscheiden, welche Angebote sie aufrechterhalten, neu einführen oder abschaffen möchten. In der Forschung sehe ich Fragen der Rechtsformen wichtiger werden, vor allem in der Theorieeinordnung, also der Abgrenzung von Begriffen und Konzepten, aber auch in der Frage, welche Rechtsformen sich wie weiter entwickeln und wo es gegebenenfalls Vorteile der einen Rechtsform gegenüber einer anderen gibt.

Patrick Droß: Generell fehlt es meines Erachtens noch an Grundlagenforschung, vor allem auch an theoretischer Arbeit, an Arbeit an Konzepten und Begriffen, die teils recht vage verwendet werden. Ältere ökonomische Ansätze, wie die zum Staats- bzw. Marktversagen, sollten ja vornehmlich klären, warum es überhaupt einen Dritten Sektor gibt, warum die Aufgaben nicht entweder vom Staat oder vom Markt übernommen werden. Für das Verständnis der aktuellen Veränderungen finde ich sie nur bedingt hilfreich. Die derzeitige Forschung scheint mir oft, ich sage es mal vorsichtig, sehr anwendungsorientiert zu sein – vieles könnte auch unter dem Label von Organisationsberatung laufen. Mir persönlich ist das teilweise zu unkritisch. Das Problem einer mangelnden Anwendungsorientierung haben wir in der Dritte-Sektor-Forschung also auf jeden Fall nicht!

Christina Rentzsch: Man kann vielleicht sagen, dass Organisationen des Dritten Sektors ein guter Gradmesser für gesellschaftliche Entwicklungen sind. Dass sie widerspiegeln, wie sich finanzielle Knappheit und Ökonomisierungsentwicklungen gesellschaftlich niederschlagen, sodass man an den Organisationen »live« miterleben kann, wie vielfältig eine Gesellschaft ist und sich entwickelt. An der Stelle frage ich mich zum Beispiel auch, ob dieses Bild sich durch einen einzigen Theorie-Ansatz überhaupt erfassen lässt, gerade weil der gesamte Dritte Sektor so heterogen ist. Denn genau diese Heterogenität zeichnet ihn wiederum positiv aus. Ob es dann gelingen kann, in einer Theorie oder einem Ansatz diese Heterogenität abzubilden, halte ich zumindest für fraglich. So ein Vorhaben ist sehr anspruchsvoll und sieht sich mit dem Problem konfrontiert, dass nicht alle Aspekte ausreichend berücksichtigt werden können. Was nicht heißen soll, man solle es nicht versuchen.

Patrick Droß: Und diese Heterogenität wird ja in den nächsten 5–10 Jahren auch noch weiter zunehmen, gerade vor dem Hintergrund der Entwicklungen, die wir gerade schon angesprochen haben. Die Segmentierung zwischen einem großen Wohlfahrtsbereich, den traditionellen Sport- und Freizeitorganisationen und dem eher zivilgesellschaftlich geprägten Bereich, in dem es um Bürgerechte oder Umweltschutz geht, wird sich zweifellos weiter verstärken.

Welchen Stellenwert hat das Thema Zivilgesellschaft allgemein in Politik und Gesellschaft Deiner Meinung nach?

Christina Rentzsch: Die Frage finde ich schwierig zu beantworten, da der eigene Blick doch recht verklärt ist, wenn man sich in seiner Forschung mit dem Thema auseinandersetzt. Dass der Begriff »Zivilgesellschaft« zu einem Modewort geworden ist, führt meiner Meinung nach letztlich dazu, dass sich sein Stellenwert insgesamt in Politik und Gesellschaft eher verschlechtert hat. Nach meiner Einschätzung geht damit eher eine Entwertung einher. Leider! Ich finde das sehr schade. Es wird dabei meistens auf den Engagement-Aspekt zurückgegriffen, was meiner Meinung nach zu kurz greift. Ein guter Indikator für diese Entwicklung ist beispielsweise die zunehmende Anzahl an Preisen, die in diesem Bereich verliehen werden und mit denen Menschen für ihr Engagement ausgezeichnet werden. Ich möchte dahingehend aber nicht falsch verstanden werden! Ich sehe darin natürlich auch eine wichtige Funktion, weil diese Auszeichnung dem Ehrenamt die Wertschätzung entgegenbringt, die an vielen Stellen und oftmals auch im Organisationsalltag selbst fehlt. Und die meisten Dritte-Sektor-Organisationen basieren ja auf diesem ehrenamtlichen Engagement. Gleichzeitig denke ich aber, dass Zivilgesellschaft sehr viel mehr bedeutet. Aber vielleicht ist das auch eine zu verkopfte und akademisierte Zugangsweise zu dem Thema.

Zudem sehe ich auch den Trend, Zivilgesellschaft zukünftig vor allem im Kontext von sozialem Unternehmertum zu diskutieren, was ihren Stellenwert eventuell im wirtschaftlichen Bereich erhöhen könnte.

Patrick Droß: Was Du vorhin gesagt hast, dass der Begriff der Zivilgesellschaft geradezu zu einem Modebegriff geworden ist, beschreibt den aktuellen Trend schon ganz gut. Insbesondere das freiwillige Engagement taucht ja inzwischen vor allem unter dem Label des bürgerschaftlichen Engagements regelmäßig in Festtagsreden auf. Wobei mein Eindruck dabei ist, dass es dann häufig darum geht, festzustellen, dass ja Aufgaben auch ganz gut von freiwillig Engagierten übernommen werden können, die bisher eher staatliche Versorgungsaufgaben waren, der Staat also entlastet werden könnte. Das ist also ein eher instrumentelles Verhältnis zum Engagement, das die vielen Ehrungen, von denen Du sprichst, natürlich in ein etwas schräges Licht rückt. Die Organisationen hingegen tauchen eigentlich eher selten bis gar nicht auf.

In der medial-gesellschaftlichen Wahrnehmung gibt es hingegen zunehmend einen kritischen Blick, verbunden mit Schlagwörtern wie Wohlfahrtsindustrie,

Intransparenz oder Armutsökonomie. Durch Skandale – wie momentan gerade beim ADAC – bahnt sich hier meines Erachtens ein wachsender Legitimationskonflikt an. Traditionell legitimieren sich die Organisationen ja darüber, dass sie für sich beanspruchen »Gutes zu tun« und den Menschen zu helfen – wenn dies aber tendenziell durch einen Dienstleistungscharakter überformt wird, laufen sie Gefahr, sich zunehmend dem Verdacht auszusetzen, dass hier mit den Problemen der Menschen Geld verdient werden soll. Darüber hinaus ließe sich auch die Frage stellen, inwiefern die – auch in der Forschung nicht unübliche – extrem positive normative Konnotation des Begriffs »Zivilgesellschaft« den Blick auf die »unzivile« Seite der Zivilgesellschaft verstellt, also beispielsweise auf Vereine, die im rechtsextremen Milieu aktiv sind.

Welche Empfehlungen möchtest Du der Forschungsförderung geben?

Christina Rentzsch: Mein Eindruck ist, dass die Naturwissenschaften in der deutschen Forschungsförderung stark bevorzugt werden, was ich nur schwer nachvollziehen kann. In meinen Augen können vorwiegend die Sozialwissenschaften Antworten auf drängende soziale Fragen geben, vor allem im Bereich des gesellschaftlichen Zusammenhalts. Diese Fragen werden immer wichtiger und ich habe das Gefühl, dass viele Antworten schon längst gegeben wurden, aber nicht gehört werden, weil sie nicht dem »Mainstream« entsprechen. In diesem Zusammenhang bietet sich damit immer die Frage an, wer eigentlich »den« Mainstream festlegt, wer sagt, was wichtig und unwichtig ist. Das gesamte Verfahren scheint mir wenig transparent und ich halte das für sehr bedenklich. Diese Mainstream-Themen werden aber letztlich gefördert und entweder man folgt diesen, hat also gute Chancen auf eine Förderung, oder eben nicht. Ich würde mir wünschen, dass der Fokus in Zukunft stärker zu den Sozialwissenschaften hin verschoben wird. Vor allem in Hinblick auf die Unterstützung und Förderung von Grundlagenforschung.

Patrick Droß: Dringend notwendig wäre es sicher auch, wieder zu stabileren, dauerhafteren Finanzierungsformen zurückzufinden. Die ganzen Projekte, die teilweise ja nicht mal mehr ein bis zwei Jahre laufen, sondern inzwischen häufig nur noch auf einige Monate angelegt sind, das ist doch eine Katastrophe – das verschleißt nicht nur die jungen Leute. Ich habe den Eindruck, dass es hierbei auch gar nicht mehr um einen Einstieg geht, sondern ein prekäres Dauermodell daraus geworden ist. Und das ist einfach keine Grundlage für gute Forschung, es muss stabilere Forschungsstrukturen geben und nicht mal hier ein Projekt, mal da ein Projekt – das verflacht ungemein, vor allem auch inhaltlich. Und die Leute sind frustriert, weil sie sich die ganze Zeit in unsicheren prekären Existenzen bewegen.

Wie steht es um die Situation des wissenschaftlichen Nachwuchses heute?

Christina Rentzsch: Ich finde es erschreckend, wie stark in den letzten Jahren der Trend zugenommen hat, sich als Nachwuchswissenschaftlerin fast ausschließlich über die eigene berufliche Situation und vor allem über die Zukunft zu unterhalten, sei es in der Mittagspause oder bei privaten Zusammenkünften. Alles scheint überschattet davon, wie lange der eigene Vertrag geht, welche Chancen man hat, eine Anschlussfinanzierung zu erhalten und welche Alternative besteht, wenn es in der Wissenschaft nicht mehr weitergeht. Das sind existenzielle Fragen, auf die man meistens keine Antwort geben kann. Da fällt es mittlerweile schon manchmal schwer zu argumentieren, warum man eigentlich noch in der Wissenschaft bleibt und meistens wird man dann als Idealistin abgestempelt. An dieser Stelle kommen wir wieder bei dem eben angesprochenen Mainstream-Argument an, denn die damit verbundenen Mechanismen treffen den Nachwuchs natürlich auch: man hat vielleicht eigentlich ein originär anderes Forschungsinteresse oder schätzt die Relevanz eines Themas anders ein, beginnt aber dann damit, bestimmte Konzepte oder Begriffe zu berücksichtigen und in den Vordergrund zu stellen, damit man die Förderung bekommt.

Aber um noch mal auf die Situation des Nachwuchses allgemein zurück zu kommen: Ich glaube, es gibt immer weniger Raum für Lebensläufe, die nicht ganz stringent sind. Hat man etwa ein bestimmtes Alter erreicht, zählt weniger, dass man sich mit einem Thema eventuell tiefgründiger auseinandergesetzt oder Grundlagenforschung betrieben hat. Stattdessen ist man Teil einer Vermarktungsstrategie und innerhalb dieser wird darauf geachtet, ob man aufregende, vermarktungsfähige Ergebnisse produziert. Die Ökonomisierung hat also auch das System Wissenschaft erreicht. Deshalb habe ich ehrlich gesagt keine besonders optimistische Sichtweise darauf, was den Nachwuchs in den nächsten 10 Jahren erwarten wird. Die Situation wird sich so lange weiter zuspitzen, bis ein grundlegendes Umdenken stattfindet und vielleicht auch alte, lieb gewonnene Traditionen aufgebrochen werden.

Patrick Droß: Ja genau, denn hier geht es doch auch um die Zivilgesellschaftlichkeit unseres eigenen Bereiches, der Forschung; es geht um inhaltliche Autonomie, um Unabhängigkeit vom dauernden Damoklesschwert der Bewilligung der nächsten Projektmittel oder der kurzlebigen Ökonomie auf den wissenschaftlichen Aufmerksamkeitsmärkten.

Wo siehst Du Dich in 10 Jahren?

Christina Rentzsch: Trotz meiner letzten Antwort, am liebsten in der Wissenschaft. Ich mag wissenschaftliches Arbeiten sehr gerne, es ist einfach spannend und vielfältig. Und ich habe das Gefühl, dass man mit wissenschaftlichen Ergebnissen wirklich etwas bewegen kann. Vielleicht muss es ja nicht unbedingt der universitäre Kontext sein, ich könnte mir auch eine Position zwischen reiner Forschung und Organisationsberatung vorstellen. Ich bin davon überzeugt, dass fundierte, wissenschaftliche Ergebnisse für Organisationen an sich interessant sind, allein schon als eine Art Best Practice-Beispiele, die Organisationen auf ihren eigenen Alltag anwenden können. Eine Tätigkeit in dem Bereich stelle ich mir sehr spannend und vielfältig vor, vor allem auch, weil man auf viele unterschiedliche Organisationen trifft.

Patrick Droß: Die aktuellen Entwicklungen im Dritten Sektor sind wirklich sehr spannend. Eigentlich ist hier viel zu tun und ich würde auch gerne noch weiter in empirischen Forschungsprojekten in diesem Bereich arbeiten. Vor allem würde ich derzeit jedoch sehr gern mit meiner Promotion beginnen, ohne eine feste Finanzierung ist dies jedoch momentan kaum machbar. Die Bedingungen in der Forschung sind so unübersichtlich, da fällt es wirklich schwer längerfristig zu planen.

Im Mainstream angekommen und dennoch großes Potential: Zivilgesellschafts- und Nonprofit-Forschung in Deutschland und Österreich

Matthias Freise/Florian Pomper

Abstract: Matthias Freise und Florian Pomper diskutieren die Entwicklung der Zivilgesellschafts- und Nonprofit-Forschung der vergangenen zwanzig Jahre im deutschsprachigen Raum aus der Perspektive eines Politikwissenschaftlers im Universitätsbetrieb und eines Betriebswirts in der Innovationsabteilung der österreichischen Caritas. In ihrem Gespräch kommen sie zu dem Ergebnis, dass Zivilgesellschaft und Nonprofit-Sektor mittlerweile durchaus im Mainstream ihrer Disziplinen angelangt sind, sie aber nicht dominieren. Außerdem beleuchten die Interviewpartner die aktuellen Herausforderungen, denen sich Nonprofit-Organisationen gegenwärtig ausgesetzt sehen. Sie sind sich einig, dass der Nonprofit-Sektor einerseits ein beträchtliches soziales Innovationspotential in Deutschland und Österreich birgt, andererseits aber häufig auch als gesellschaftliches Allheilmittel für soziale Missstände aller Art thematisiert wird und diesem Anspruch nicht genügen kann.

Keywords: Nonprofit-Organisationen, Dritter Sektor, Zivilgesellschaft, Soziale Innovationen, soziales Investment, Stiftungen, Ökonomisierung, soziale Dienstleistungen, Wohlfahrtsstaat, Zivilgesellschaftsforschung

Im Frühjahr 2001 wurde auf Initiative von Helmut Anheier das European Ph. D. Dissertation Network on the Third Sector and Civil Society ins Leben gerufen. Ziel des Netzwerkes war es, Nachwuchswissenschaftlerinnen und Nachwuchswissenschaftler zusammenzuführen, die in den weiten Grenzen der interdisziplinären Zivilgesellschafts- und Nonprofit-Forschung tätig sind. Einmal im Jahr richtete es eine Konferenz aus, die Forschungsergebnisse und Werkstattberichte präsentierte und den Mitgliedern zudem Kontakte in Wissenschaft und Praxis eröffnete. Nach Treffen in London (2001 und 2002), Dublin (2003), Stockholm (2004), Tilburg (2005), Wien (2006), Münster (2007), Kaunas (2008), Leuven (2009) und

Heidelberg (2010) wurde das Netzwerk wegen ausbleibender Fördermittel eingestellt. 2012 griff jedoch die International Society for Third Sector Research (ISTR) die Idee eines Doktorandennetzwerkes wieder auf und richtete erstmalig im Vorfeld ihrer Konferenz im italienischen Siena ein internationales Doktorandennetzwerk aus, das nun im Zweijahresrhythmus jeweils am Ort der ISTR General Conference ausgerichtet wird, das nächste Mal 2014 in Münster. Matthias Freise und Florian Pomper waren in das Netzwerk von Anfang an eingebunden, zunächst als Doktoranden (2001–2003) und später als Mitorganisatoren der Netzwerktreffen in Wien und Münster. Matthias Freise zeichnet zudem als Organisator für das Doktorandennetzwerk der ISTR 2014 in Münster verantwortlich. Beide haben somit einen guten Überblick über die Themen der Zivilgesellschafts- und Nonprofit-Forschung gewinnen können, wenngleich sie unterschiedliche Fachrichtungen repräsentieren und nach der Promotion unterschiedliche Karrierewege eingeschlagen haben.

Matthias Freise ist der Universität treu geblieben und heute als Akademischer Oberrat am Institut für Politikwissenschaft in Forschung und Lehre tätig. Nebenberuflich ist er als Dozent im Weiterbildungsstudiengang Nonprofit Management & Governance engagiert. Florian Pomper ist Betriebswirt und als Leiter der Innovationsabteilung für die Caritas der Erzdiözese Wien im Einsatz. Im Gespräch tauschen sich die beiden über ihre Erfahrungen in der Zivilgesellschaftsforschung aus. Die Fragen stellte Christina Rentzsch.

Ist man als Forscher zu Nonprofit-Sektor und Zivilgesellschaft eigentlich ein Exot in Ihren Fächern?

Pomper: Da hat sich in den letzten zehn Jahren einiges verändert. Sowohl in der Sozialwirtschaft als auch in der universitären Ausbildung, insbesondere was meine Stammuniversität, die Wirtschaftsuniversität in Wien (WU) betrifft. Als ich vor fünfzehn Jahren mein Studium abgeschlossen habe, waren Leute wie ich noch echte Exoten. Lehrveranstaltungen zu Sozialmanagement oder Nonprofit-Sektor waren selten und wenn man sie nicht sehr gezielt gesucht hat, ist man im Rahmen seines Studiums mit diesen Themen nicht in Kontakt gekommen. Heute ist die Sozialwirtschaft im Mainstream der WU angekommen. Es gibt nicht nur ein eigenes Institut für Nonprofit Management, sondern an vielen Instituten werden die jeweiligen Fachthemen auch speziell für den Nonprofit-Sektor beforscht und gelehrt, z. B. auch am Institut für Entrepreneurship und Innovation, was insbesondere für mich in meiner aktuellen Tätigkeit spannend ist. Rückblickend betrachtet ist die Saat für diese Veränderung schon vor knapp zwanzig Jahren gesetzt worden, als an der WU ein interdisziplinärer NPO Forschungsschwerpunkt unter der

Leitung des jetzigen Rektors Christoph Badelt gegründet wurde. Seither ist das Thema an der WU konsequent weitergeführt und entwickelt worden.

Zusätzlich spürt man natürlich auch gerade bei WU-Studierenden eine Veränderung der vorherrschenden Werte. Nicht erst seit der letzten Wirtschaftskrise gibt es immer mehr Studierende, für die gut bezahlte Jobs und persönlicher Wohlstand nicht mehr das vorrangige Leitmotiv sind. Viele sind auf der Suche nach Möglichkeiten, wie sie ihr Wissen dazu einsetzen können, unsere Gesellschaft zu einer gerechteren und unsere Welt zu einer besseren zu machen. Heute stellt die Gründung eines eigenen Start-ups im Sozialbereich eine echte Karriere-Alternative für Uniabsolventen dar. Das wäre noch vor fünf bis zehn Jahren keinem Absolventen eingefallen.

Freise: In der Politikwissenschaft hat die Zivilgesellschaftsforschung in den vergangenen Jahren einen Boom erlebt. Vor allem im Nachgang zur historischen Zeitenwende 1989/90 wurde die Rolle von Zivilgesellschaft in Transformationsprozessen entdeckt. In den westlichen Demokratien wurde der Begriff dagegen eher interessant, weil in Zeiten von Austerität und Mittelknappheit die Frage aufkam, welche Aufgaben der Staat künftig überhaupt noch übernehmen und welche er auf andere Akteure übertragen kann. Wichtige Stichworte sind hier zum einen Privatisierung und Vermarktlichung, zum anderen aber eben auch die Wiederentdeckung der Zivilgesellschaft als möglicher Ausfallbürgin. Das ist aber nicht der einzige Diskussionsstrang. Wir haben auch eine große Debatte um die Weiterentwicklung der Demokratie, die in ihrer repräsentativen Form mehr und mehr als outdated verspottet wird. Und hier wird dann die Zivilgesellschaft als Hoffnungsträgerin für die Verwirklichung deliberativer und partizipativer Steuerungsformen betrachtet. In beiden Zusammenhängen wird auf die organisierte Zivilgesellschaft verwiesen, die vielfach mit dem Nonprofit-Sektor gleichgesetzt wird. Insofern kann man sagen, dass die Debatte um Zivilgesellschaft und Nonprofit-Sektor in der Politikwissenschaft heute weit verästelt ist, wenngleich sie die Disziplin sicher nicht dominiert.

Welche Themen sind in der betriebswirtschaftlichen und politikwissenschaftlichen Zivilgesellschaftsforschung gegenwärtig en vouge?

Freise: In der Politikwissenschaft werden aus meiner Sicht vor allem drei Themenfelder beackert: Erstens beobachte ich in der Zivilgesellschaftsforschung einen *qualitative turn*. In den vergangenen Jahren waren vor allem quantitative Forscher unterwegs, die die Zivilgesellschaft von vorne bis hinten vermessen haben. Das war auch bitter nötig, weil es kaum repräsentatives Datenmaterial zum Sektor gab, wenn man mal von der mittlerweile doch sehr veralteten Erhebung des Johns

Hopkins Comparative Nonprofit Sector Projects aus den 1990er Jahren absieht, die aber vor allem volkswirtschaftliche Aspekte beleuchtete. Die neueren Studien gehen eher in die Tiefe und schauen, wie sich Zivilgesellschaft wandelt und was das konkret für Organisationen der Zivilgesellschaft, aber auch für die Menschen selbst bedeutet. Ein anderes wichtiges neues Feld ist die Forschung zu Social Entrepreneurship, also die Frage, wer eigentlich soziale Innovationen umsetzt, wie diese Menschen ticken und wie sich soziale Innovationen überhaupt umsetzen lassen. Schließlich drittens: Nach wie vor besteht großes Interesse an transnationalen und internationalen Entwicklungslinien der Zivilgesellschaft, z. B. wird auf EU-Ebene nach Formen der Weiterentwicklung von Governance durch das Einbeziehen der Zivilgesellschaft gesucht. Auch vergleichende Ansätze kommen in der Dritten-Sektor- und Zivilgesellschaftsforschung immer stärker auf.

Pomper: Im Sozialmanagement ist unter dem Schlagwort »Impact Measurement« zurzeit wieder die Frage nach der Wirkungsmessung sehr aktuell. Dabei ist das Thema eigentlich ein alter Hut, mit dem wir uns schon in unserem Studium auseinandergesetzt haben. Im Kern dreht sich die Frage nach wie vor darum, ob sich Wirkungen von sozialen Dienstleistungen kausal auf diese zurechnen lassen und wenn ja, mit welchen Methoden und mit welchem Aufwand. Ich persönlich bin sehr skeptisch, was die Erwartungshaltung mancher betrifft, hier tatsächlich mathematisch exakt messen und damit auch vergleichen zu können. Letztendlich sind alle Versuche der Quantifizierung wie z. B. der Social Return of Investment (SROI) nur stark komplexitätsreduzierende Modelle, die für sich alleingenommen nur sehr geringe Informationskraft besitzen. Wenn man sich dessen bewusst ist und die Ergebnisse nur unterstützend zur qualitativen Analyse anwendet, ergibt das durchaus Sinn. Aber dort, wo der SROI als vorrangiges Beurteilungskriterium herangezogen wird, habe ich meine Bedenken.

Unterm Strich werde ich bei der ganzen Diskussion das Gefühl nicht los, dass sich das, was im Moment State of the Art im Impact Measurement ist, nur geringfügig von dem unterscheidet, was uns schon vor zwanzig Jahren unter dem Titel »Balanced Scorecard« an der Uni gelehrt wurde. Allein dieser gelinde gesagt überschaubare Fortschritt in über zwei Jahrzehnten macht mich skeptisch, dass wir jemals zu einer echten und aussagekräftigen Wirkungsmessung im Sozialbereich kommen werden. Die Lösung wird wohl eher darin liegen, mit der komplexen Natur von Wirkungen im Sozialbereich auch entsprechend umzugehen und sich vom Gedanken, alles messen zu können, zu verabschieden ...

Wie nähert sich Ihre Disziplin dem Zivilgesellschaftsbegriff und welchen verfechten Sie selbst?

Freise: Kein Zweifel: Zivilgesellschaft ist in den Sozialwissenschaften ein riesiger Wackelpudding, der sich definitorisch nur ganz schlecht an die Wand nageln lässt. Das liegt an den vielen Kontextbedingungen, in die Zivilgesellschaft mittlerweile Eingang gefunden hat. Libertäre US-Amerikaner konzeptionalisieren Zivilgesellschaft als Gegenstück zum Staat und fragen, wie sie den Staat ersetzen kann. Die amerikanische Tea Party Bewegung ist ein schönes Beispiel. In Europa dominiert eher die Perspektive der Koproduktion von Staat und Zivilgesellschaft, die bei der Erstellung von Wohlfahrtsleistungen zusammenarbeiten. Und die Anhänger von Habermas und Co. fragen eher, wie Zivilgesellschaft demokratisches Verhalten kultivieren und Demokratien vertiefen kann. Ich wandele da zwischen den Welten und muss versuchen, jeweils den richtigen Hut aufzusetzen. In meiner aktuellen Forschung geht es vor allem um Koproduktion in Wohlfahrtsstaaten, also die Frage, welche Auswirkungen die Zusammenarbeit auf die beteiligten Akteure hat.

Und wie sieht es in der Praxis aus: Welche Themen beschäftigen zivilgesellschaftliche Organisationen in Deutschland und in Österreich?

Pomper: Da ist in Österreich zum einen das bereits angesprochene Thema der Wirkungsmessung zu nennen. Interessanterweise sind es hier aber nicht unbedingt die zivilgesellschaftlichen Organisationen selbst, die das Thema forcieren. Im Gegenteil, viele Kollegen und Kolleginnen innerhalb des NPO-Sektors teilen meine Bedenken. Der Druck kommt vielmehr von außen, wie z. B. von öffentlichen Geldgebern, die sich einfache Erfolgs- und damit Kontrollgrößen wünschen. Ein anderes – aus meiner Sicht wesentlich erfolgsversprechenderes – Thema, das zurzeit stark im Kommen ist, ist Innovation im NPO-Bereich. Dabei geht es nicht primär darum, den Sektor innovativ zu machen – das ist er nämlich schon seit jeher. Die meiner Meinung so spannende Frage ist vielmehr, wie wir durch bewusstes Gestalten des Innovationsprozesses – also des Prozesses, der zur Innovation führt – die Innovationen im Sozialbereich qualitativ wie quantitativ auf eine neue Stufe stellen können. Da liegt meiner Meinung nach noch ungeheuer viel Potenzial verborgen. Wenn wir in diesem Bereich ähnliche Fortschritte machen, wie es der gewinnorientierte Sektor in den letzten zehn Jahren vorgemacht hat, könnte der gesamt NPO-Sektor seine Wirkkraft noch deutlich steigern.

Freise: Aktuelle Studien zeigen, dass die Zivilgesellschaft in Deutschland derzeit vor einer ganzen Reihe von Herausforderungen steht. Die Gesellschaft altert, Familienstrukturen zerbröseln, Arbeitsbiografien werden brüchiger, das Freizeitverhalten ändert sich. Für viele, vor allem aber für etablierte Organisationen mit langen Traditionen, bringt das erhebliche Probleme bei der Rekrutierung von Mitgliedern und vor allem ehrenamtlichem Führungspersonal mit sich. Zudem stellt sich natürlich immer die Frage nach der Finanzierung. Der Staat wird knauseriger, Leistungsentgelte werden eingeführt, Konkurrenzverhältnisse werden forciert. Wo immer ich zurzeit einen Vortrag vor zivilgesellschaftlichen Organisationen halte, werde ich deshalb mit diesen zwei Fragen konfrontiert: Wie gewinnen wir neue Freiwillige, und wie erschließen wir uns neue Finanzierungsquellen?

Die organisierte Zivilgesellschaft wird häufig als Hoffnungsträgerin bei der Durchsetzung sozialer Innovationen thematisiert. Zu Recht?

Freise: Die Rolle als Innovationsmotor würde ich der organisierten Zivilgesellschaft durchaus zugestehen, vor allem im lokalen Bereich. Ich unterstütze beispielsweise die PSD Bank Westfalen-Lippe bei der Durchführung eines Bürgerprojekts, im Rahmen dessen sie besonders innovative Ideen aus der Region unterstützt. Jedes Jahr bin ich aufs Neue begeistert, mit welcher Kreativität Vereine, Stiftungen und andere NPOs das Zusammenleben vor Ort lebenswerter machen, sei es durch den Aufbau von Bürgerläden, alt-für-jung und jung-für-alt Projekten oder auch durch den Aufbau von Hospizeinrichtungen. Das sind Paradebeispiele für die immense Innovationsfähigkeit der lokalen Zivilgesellschaft.

Pomper: Ich bin da vorsichtig. Zum einen stimmt es natürlich, dass Nonprofits in vielen Fällen als erste auf neue oder veränderte gesellschaftliche Probleme hinweisen und auch passende Lösungsansätze entwickeln. Auf der anderen Seite darf aus dieser Kernkompetenz nicht abgeleitet werden, dass der NPO-Sektor alle Probleme lösen kann und soll, auf die Markt oder Staat keine Antwort finden. Das trifft zum Beispiel auf die großen gesellschaftlichen Herausforderungen zu, vor denen gegenwärtige unsere wohlfahrtsstaatlichen Systeme stehen. Ich habe hier manchmal das Gefühl, dass seitens der Politik angesichts ihrer zunehmenden Ratlosigkeit die wundersame Innovationskraft des NPO-Sektors heraufbeschworen wird. Zurzeit erleben wir das zum Beispiel beim Thema Arbeitslosigkeit auf EU Ebene, wo die Kommission »social innovation« als ein zentrales »Instrument« zur Lösung des Problems propagiert. Die Initiative der Kommission ist höchst sinnvoll und wichtig. Aber zwischen einzelnen innovativen Konzepten und der Bekämpfung der Arbeitslosigkeit im gesamteuropäischen Kontext liegt ein weiter Weg, den zu gehen vorrangig Aufgabe der Sozialpolitik ist. NPOs können und sollen dabei ein wichtiger Partner sein. Aber von ihnen die innovativen Gesamtlösungen zu erwarten ist politisches Wunschdenken.

Es ist also nicht alles Gold, was glänzt. Sind die großen Tanker der Zivilgesellschaft wie die Wohlfahrtsverbände nicht vorrangig auf Besitzstandswahrung ausgerichtet?

Pomper: Im NPO-Bereich wird ja häufig gesagt: »An dem Tag, an dem wir unsere Mission erfüllt haben, schaffen wir uns selber ab und freuen uns darüber.« Das habe ich noch nie jemandem geglaubt. Natürlich primär, weil im unwahrscheinlichen Fall (der aber schon vorgekommen ist), dass eine NPO tatsächlich nachhaltig ihre Mission erfüllt hat, man sich nicht abschafft, sondern die eigene Mission neu definiert, um andere gesellschaftliche Problemstellungen zu bearbeiten. Aber auch, weil Organisationen immer auch ein Eigenleben haben und ihre eigenen Interessen verfolgen und sich schon deswegen nur schwer selbst abschaffen. Insofern kann man wohl keiner Organisation absprechen, nicht auch darauf ausgerichtet zu sein, die eigene Existenz abzusichern. Das trifft natürlich auch auf die großen Wohlfahrtsverbände zu. Mit Besitzstandswahrung hat das allerdings nur bedingt zu tun. Darunter verstehe ich eher eine sehr passive Haltung, die nur darauf ausgerichtet ist, das Erreichte zu verteidigen. In dieser Form nehme ich die großen Wohlfahrtsverbände zumindest in Österreich, wo ich einen einigermaßen guten Überblick habe, sicher nicht wahr. Im Gegenteil: Die Motivation, den Zielgruppen bestmögliche Leistungen anbieten zu können, wirkt hier genauso wie bei kleineren Trägern.

Freise: In Deutschland stehen die Wohlfahrtsverbände sicher in einem schwierigen Spagat: Auf der einen Seite haben sie immer mehr Aufgaben übernommen, auf der anderen sind die historisch gewachsenen Milieus, aus denen sie ursprünglich kamen, mehr und mehr in Auflösung begriffen. Das ist nicht einfach, stehen diese Milieus doch auch für ein bestimmtes Wertverständnis, das man nicht einfach aufgeben kann. Das zeigt sich beispielsweise im Festhalten der beiden kirchennahen Wohlfahrtsverbände am Arbeitsrecht, das ihnen den Status von Tendenzbetrieben zuweist und damit das reguläre Arbeitsrecht an vielen Stellen aushebelt. In der Praxis wird es aber immer schwerer zu begründen, weshalb der Leiter eines Caritas-Büros sich nicht scheiden lassen darf und weshalb eine offen lesbische Kindergärtnerin untragbar sein soll. Und auch der Vorwurf, dass an Wohlfahrtsverbänden häufig nur noch die steuerrechtliche Behandlung gemeinnützig ist, lässt sich kaum von der Hand weisen, wenngleich ich das natürlich nicht pauschalisieren möchte.

Pomper: Mir fehlt jetzt leider der genaue Einblick in die Situation in Deutschland – aber auf die Caritas in Österreich übertragen muss ich Matthias heftig widersprechen: Diversität aufseiten der Mitarbeiterinnen und Mitarbeiter ist bei uns nicht nur geduldet, sondern dezidiertes Ziel. Wenn wir uns als Hilfsorganisation für alle Menschen in Notlagen unabhängig von ihrer Herkunft, religiösen oder sexuellen Ausrichtung verstehen, muss sich diese Offenheit auch in unserer eigene Organisation widerspiegeln. Nur so können wir die individuellen Bedarfe und

Lebenssituationen unserer Klientinnen und Klienten richtig verstehen und bestmöglich berücksichtigen.

Kann man im Bereich der Wohlfahrtspflege überhaupt noch von Zivilgesellschaft sprechen? Sind Caritas und Co. nicht längst zu Sozialunternehmen mutiert, die sich von einem gewinnorientierten Unternehmen kaum noch unterscheiden?

Pomper: Ich glaube, es gibt viele gute Gründe, tatsächlich von Sozialunternehmen zu sprechen. Die wirtschaftliche Herausforderung der Leitung großer NPOs ist mindestens so hoch wie in vergleichbaren Wirtschaftsunternehmen. Gleichzeitig müssen wir aber auch sehr genau darauf achten, trotz unserer Größe und aller notwendigen Professionalisierung und Effizienzsteigerung nicht zum unpersönlichen, gestreamlineten Sozialkonzern zu verkommen. Das betrifft sowohl die Frage, welche Unternehmenskultur wir intern pflegen und wie wir mit unseren Mitarbeiterinnen und Mitarbeitern umgehen, als auch unser Selbstverständnisses gegenüber Freiwilligen.

Gerade bei letzterem sehe ich eine große Verantwortung seitens der Wohlfahrtsverbände. Wir müssen uns noch viel stärker als bisher als Ermöglicher zivilgesellschaftlichen Engagements sehen. Immer mehr Menschen sind auf der Suche nach sinnstiftenden Tätigkeiten in ihrer Freizeit, weil sie eine Sehnsucht nach sinnerfüllter Arbeit haben, die ihnen ihr Brotberuf nicht erfüllt. Diesen Menschen eine ehrenamtliche Tätigkeit zu ermöglichen, die für sie passend ist, ist nicht immer leicht und bringt oft auch einiges an zusätzlichem Koordinations- und Betreuungsaufwand mit sich. Am Ende steht aber für die Organisation mehr auf der Haben-Seite als nur die ehrenamtlich geleistete Arbeitszeit. Freiwillige sind auch so etwas wie eine lebenswichtige Infusion des Wirkstoffs Zivilgesellschaft in die Venen der eigenen Organisation.

Welche Bedarfe sehen Sie für das Management zivilgesellschaftlicher Organisationen? Worauf sollte die Ausbildung ausgerichtet werden?

Pomper: Hier fällt mir sofort mein unmittelbares Arbeitsfeld ein, das Innovationsmanagement. Für mich ist es verblüffend zu sehen, wie groß hier noch der Aufholbedarf – oder positiver formuliert – das Potential im NPO-Sektor ist. In allen anderen betriebswirtschaftlichen Bereichen hat der NPO-Sektor schon seit vielen Jahren mit dem Profit-Bereich gleichgezogen. Das betrifft die Praxis genauso wie die Forschung und die Lehre. Aber interessanterweise ist das eben im Bereich des Innovationsmanagement nicht passiert. Hier ist allerdings für die nächste Zeit in erster Linie einmal die Forschung gefragt: Welche Modelle und Konzepte aus der

Privatwirtschaft können auf NPOs übertragen werden? Wo müssen sie adaptiert bzw. auch neu entworfen werden? Erst wenn wir hier einige Schritte weiter sind und auch praktische Erfahrungen gesammelt haben, kann man es sinnvollerweise auch in die Ausbildung integrieren.

Freise: Ich würde sagen, dass das Rad etwas zurück gedreht werden sollte. Bis vor zwanzig Jahren hatten Führungskräfte in diesen Organisationen häufig gar keinen betriebswirtschaftlichen Background. Das war offenkundig schlecht. Dann kam die große Verbetriebswirtschaftlichung, die aber nicht unbedingt besser war, weil viele Menschen in die Organisationen kamen, die gar keinen Stallgeruch mehr mitbrachten. Aus meiner Sicht braucht es im Nonprofit-Sektor – abgesehen von den ganz großen Tankern, die sich Spezialkräfte leisten können – Allrounder, die gezielt für die Besonderheiten des Nonprofit-Managements geschult werden, ohne dabei die Wertebindung aus den Augen zu verlieren. Auch das Stakeholder-Management spielt in Nonprofits eine ganz andere Rolle. Wie schon Florian richtig sagt, muss mit Freiwilligen beispielsweise ganz anders umgegangen werden als mit hauptamtlichen Kräften. Insofern plädiere ich für eine Ausbildung, die nicht ausschließlich auf die betriebswirtschaftliche Komponente ausgerichtet ist und erlaube mir an dieser Stelle einmal schamlos Werbung für den Weiterbildungsstudiengang »Nonprofit-Management & Governance« zu machen, in dem ich an der Universität Münster im Einsatz bin.

Und wo sehen Sie Bedarfe für die Zivilgesellschaftsforschung? Wo befinden sich blinde Flecken Ihrer Disziplin, und was wird in den kommenden Jahren wichtig?

Freise: Für mich als Politikwissenschaftler ist natürlich vor allem die Rolle der Zivilgesellschaft für die Weiterentwicklung der Demokratie interessant. Es wird immer offensichtlicher, dass die klassische repräsentative Demokratie immer stärker an Grenzen stößt und einer vielleicht nicht grundlegenden, aber doch umfänglichen Neujustierung bedarf. Insbesondere die Frage, was deliberative und partizipative Formen demokratischer Innovation leisten können, finde ich besonders spannend, insbesondere in Hinblick auf die Leistungsfähigkeit zivilgesellschaftlicher Akteure. Aber auch die Rolle von zivilgesellschaftlichen Organisationen als intermediäre Instanz zwischen Individuum und Gesellschaft gehört meiner Meinung nach unbedingt auf den Prüfstand der Demokratietheorie. Wir erleben in den vergangenen Jahren eine ganz erhebliche Ausdifferenzierung der Interessenvertretung durch alle Arten von Lobbygruppen, die sich als legitime Vertreter der Zivilgesellschaft präsentieren. Ich wage allerdings sehr zu bezweifeln, ob das auch wirklich zutrifft. Und nicht zuletzt ist für mich die Frage interessant, wie sich bei knappsten Kassen und zunehmenden Bedarfen Wohlfahrtsproduktion überhaupt noch gestalten lässt: Bekommen wir eine Drittelgesellschaft mit einem Drittel Verlierer, um die sich gar niemand mehr kümmert und Zweidrittel Gewinnern auf der Sonnenseite? Oder kann hier Zivilgesellschaft gegensteuern, indem sie sich dem Staat kritisch gegenüberstellt? Gerade in Zeiten einer großen Koalition, die wir jetzt in Deutschland haben, wird das besonders spannend.

In der Politik gab es in Deutschland und Österreich lange Zeit einen Zivilgesellschaftshype, der jetzt aber wieder etwas abklingt. Welchen Stellenwert schreiben Sie dem Thema Zivilgesellschaft in Politik und Gesellschaft in den kommenden Jahren zu?

Freise: In Deutschland kam das im Nachgang der Enquete-Kommission »Zukunft des Bürgerschaftlichen Engagements« auf, die 2002 ihren Abschlussbericht vorgelegt hat. Bis etwa 2010 hatten wir dann tatsächlich einen Hype. Man konnte kaum noch einen Förderantrag stellen, ohne sich auf Zivilgesellschaft zu beziehen. Das hat in den vergangenen Jahren deutlich nachgelassen. Stattdessen haben wir eine Engführung auf bestimmte Themen: Nach wir vor spielt die Aktivierung von bürgerschaftlichem Engagement eine wichtige Rolle, vor allem für bestimmte Gruppen wie Migranten oder auch Senioren. Außerdem stehen Stiftungen immer noch im Zentrum der Aufmerksamkeit und das Thema Social Investments ist gegenwärtig besonders hip. Wenn man Drittmittel beantragen möchte, sollte dieses Signalwort unbedingt großzügig im Antrag Verwendung finden.

Pomper: Die Zeit der politischen Hochkonjunktur der Begriffe Zivil- und Bürgergesellschaft ist auch bei uns in Österreich vorbei. Das hat meiner Einschätzung nach vor allem damit zu tun, dass beide Begriffe sehr stark in der Zeit der schwarz-blauen Regierungszeit propagiert wurden. Die schwarz-blaue Ära ist seit 2008 vorüber und wird retrospektiv bis in bürgerliche Kreise hinein tendenziell negativ beurteilt. Die ÖVP blieb danach zwar als Juniorpartner in der Regierung, war aber sehr um einen inhaltlichen Neustart bemüht. Diesem inhaltlichen Neustart der ÖVP fiel auch das bis dahin stark forcierte Konzept der Bürgergesellschaft zum Opfer. Und für die SPÖ, die seither den Kanzler stellt, scheint es nach wie vor sehr schwierig zu sein, privates zivilgesellschaftliches Engagement mit der eigenen Doktrin des starken Wohlfahrtsstaates in Einklang zu bringen.

Realpolitisch hat die österreichische Zivilgesellschaft aber weder durch den Hype unter schwarz-blau stark profitiert noch unter der abgekühlten politischen Euphorie danach gelitten: Wie alle Erhebungen der letzten Jahre zeigen, gibt es in Österreich eine stabile zivilgesellschaftliche Struktur, sei es in Form von Institutionen oder individuellem Engagement.

Und Sie selbst: Sind Sie eigentlich zivilgesellschaftlich engagiert?

Freise: Aber sicher! Derzeit bin ich Mitglied in zwei Fördervereinen, davon in zwei in Vorstandsfunktion. Zudem bin ich Klassenpflegschaftsvorsitzender in der Schule meiner Tochter, Mitglied im Allgemeinen Deutschen Fahrradclub, in einem Berufsverband, zwei Wissenschaftsvereinigungen, Dauerspender einer Entwicklungshilfeorganisation und mehr oder minder überzeugtes Mitglied der evangelischen Kirche. Der Sozialdemokratischen Partei habe ich allerdings letzten Winter nach zwanzig Jahren die Mitgliedschaft aufgekündigt.

Pomper: Mein diesbezüglich primäres Engagement ist meine hauptberufliche Tätigkeit für die Caritas Wien. Ich nenne das bewusst hier an erster Stelle, weil ich der gängigen Logik widersprechen möchte, soziales Engagement müsse immer nur unbezahlte Arbeit sein. Für mich bedeutet zivilgesellschaftliches Engagement, sich tatkräftig an der Verbesserung sozialer und gesellschaftlicher Bedingungen zu beteiligen – egal ob ehrenamtlich in der Freizeit oder im Rahmen der eigenen beruflichen Tätigkeit.

Zusätzlich bin ich mit großer Begeisterung auch ehrenamtlich im Vorstand eines Trägervereins zweier Schulen in Südafrika tätig. Ein wunderbares Projekt, sehr »hands-on« und in vielerlei Hinsicht eine ideale Ergänzung zu meiner Arbeit in der großen Caritas-Struktur.

20 Das Maß aller Dinge? – Eine Kontrastierung von Nonprofit-Organisationen und Unternehmen aus systemtheoretischer Perspektive

Andrea Kropik

Abstract: Der vorliegende Beitrag betrachtet NPOs aus systemtheoretischer Perspektive, beleuchtet ihre Funktionsweisen und Besonderheiten und stellt sie profitorientierten Organisationen gegenüber. Dadurch werden organisationale Eigenheiten und Widersprüche, aber auch offene Fragen hinsichtlich einer systemtheoretischen Bestimmung von NPOs und deren Funktionslogik deutlich. Insbesondere der Ökonomisierungstrend, welcher dem Dritten Sektor in den letzten Jahrzehnten zugeschrieben wurde, wirft die Frage auf, welche Auswirkungen die Übernahme von betriebswirtschaftlichen Methoden und Instrumenten auf das Handeln und die Funktionslogik von NPOs mit sich bringt. Der erste Teil des Beitrages behandelt daher systemtheoretische Grundlagen und Perspektiven auf NPOs, während daran anschließend die Besonderheiten von NPOs im Kontext von Ökonomisierung beleuchtet und schließlich offene Fragen und Anschlussmöglichkeiten diskutiert werden.

Keywords: Nonprofit-Organisationen, Dritter Sektor, Zivilgesellschaft, Ökonomisierung, Systemtheorie, Management, Führung, Managerialismus, Professionalisierung

1 Einleitung

Insbesondere der Ökonomisierungstrend, der spätestens seit den 1990er Jahren dem Dritten Sektor attestiert wird, wirft die Frage auf, welche Unterschiede und Gemeinsamkeiten Nonprofit-Organisationen (NPOs) und profitorientierte Unternehmen (noch) aufweisen. Der zunehmende Druck nach erhöhter Legitimation, Wirtschaftlichkeit und Professionalisierung von NPOs hat in Wissenschaft und Praxis eine Debatte darüber entbrannt, ob und inwieweit die Übertragung betriebswirtschaftlicher Konzepte und Instrumente auf NPOs möglich und sinnvoll ist.

Die soziologische Systemtheorie bietet einen analytischen Rahmen, um die Grundlogik und Funktionsweisen von profitorientierten wie auch nicht-profitorientierten Organisationen zu beschreiben und zu kontrastieren. Aus dieser Perspektive werden organisationale Eigenheiten, genauso wie Widersprüche und Konfliktlinien deutlich.

Der erste Teil des Beitrages befasst sich daher mit systemtheoretischen Grundlagen und schließt mit der Beschreibung von NPOs aus systemtheoretischer Perspektive. Vor diesem Hintergrund greift der zweite Teil ausgewählte Charakteristika und Besonderheiten von NPOs auf, beleuchtet sie im Kontext von Ökonomisierung und untermalt sie mit empirischen Beispielen. Schließlich werden im dritten Teil offene Fragen diskutiert und Anschlussmöglichkeiten für die zukünftige Forschung aufgezeigt.

2 Systemtheoretische Grundlagen

2.1 Die funktional differenzierte Gesellschaft

Die soziologische Systemtheorie nach Luhmann basiert auf dem Konzept der funktional differenzierten Gesellschaft. In einer solchen existieren autonome, autopoietische Funktionssysteme (u.a. Wirtschaft, Wissenschaft, Gesundheit, Politik), die je eigene Funktionen erfüllen und Grundprobleme in hochkomplexen Gesellschaften bearbeiten (vgl. Luhmann 1997). So ist das Wirtschaftssystem bspw. für die materielle Reproduktion, die Wissenschaft für Erkenntnisse und Erklärungen, das Gesundheitssystem für Heilung und die Politik für kollektiv bindende Entscheidungen zuständig (vgl. Reese-Schäfer 2001: 176). Die Ausdifferenzierung funktionaler Subsysteme ermöglicht eine Spezialisierung und enorme Steigerung der Leistungsfähigkeit und Autonomie der einzelnen Teilsysteme, macht sie gleichzeitig aber auch weniger empfänglich für Signale aus ihrer Umwelt. Denn die Funktionssysteme operieren nach einem spezifischen, binären Code (z.B. Wirtschaft: zahlen/nicht zahlen, Politik: Macht/keine Macht), d.h. nur jene Kommunikationen, die in diesen systemspezifischen Code als Leitunterscheidung passen, werden als systemzugehörig angesehen. Alles, was nicht in diese Leitdifferenz passt, wird vom System nicht wahrgenommen und bleibt ohne Resonanz – das System verhält sich indifferent. Das heißt aber nicht, dass im politischen System nur über Politik oder in der Wirtschaft nur über Zahlungen oder in der Wissenschaft nur über Wahrheit usw. kommuniziert wird, sondern, dass der Informationsgehalt von Kommunikationen als politischer, ökonomischer, wissenschaftlicher usw. definiert werden kann (vgl. Luhmann 1997,

Willke 1996: 146 f.). Durch die funktionale Differenzierung der modernen Gesellschaft ist diese nicht nur in der Lage, hochkomplexe Probleme zu lösen, sondern durch die Operationsweise der Funktionssysteme können auch neue Probleme entstehen, welche somit als Folgeprobleme funktonaler Differenzierung anzusehen sind. Dabei handelt es sich um Probleme, die von gesellschaftlichen Funktionssystemen produziert, aber in weiterer Folge nicht von diesen bearbeitet/ gelöst werden. So können bspw. gewisse Umweltschäden ursächlich dem Wirtschaftssystem zugerechnet werden, eine Bearbeitung dieser liegt jedoch – zumindest solange sie keinen Kostenfaktor darstellen, also keine Monetarisierung der Schäden erfolgt – nicht in der Logik des Systems, da sie außerhalb des systemspezifischen Codes (zahlen/nicht zahlen) liegt (vgl. Hellmann 1996: 23). Aus dieser Perspektive können gesellschaftliche Risiken als Probleme 2. Ordnung, also als Folge von Lösungen von Problemen 1. Ordnung verstanden werden (vgl. Simsa 2001: 293).

2.2 Das Verhältnis von gesellschaftlichen Funktionssystemen und Organisationen

Da es sich bei gesellschaftlichen Funktionssystemen streng genommen lediglich um abstrakte Kommunikationszusammenhänge handelt, bedarf es konkreter Akteure wie Organisationen, Gruppen (Interaktionssysteme) und Personen (psychische Systeme), die Entscheidungen treffen und kommunizieren können. Organisationen weisen dabei das höchste Leistungspotenzial hinsichtlich der Generierung wie auch der Lösung von Problemen auf. Eine zentrale Bedeutung kommt ihnen außerdem deshalb zu, weil sie in der Lage sind, unterschiedliche teilsystemische Logiken zu berücksichtigen und dadurch zur Integration und Koordination der verschiedenen Funktionssysteme beitragen (vgl. Luhmann 1997: 843 f., Simsa 2001: 286 ff.).

Luhmann geht davon aus, dass sich die meisten und wichtigsten Organisationen innerhalb von Funktionssystemen bilden und deren Funktionsprimat und binäre Codierung übernehmen. So bilden sich Unternehmen bspw. im Wirtschaftssystem und übernehmen Zahlungen bzw. Profit als Primat ihres organisationalen Handelns, wodurch die Komplexität der Organisationsumwelt reduziert werden kann (vgl. Luhmann 1997: 841, Beyes/Jäger 2005: 634). Zwar orientieren sich Organisationen i. d. R. an mehreren Funktionssystemen – allein durch den Umstand, dass Organisationen Gehälter bezahlen, operieren sie z. B. im Wirtschaftssystem – doch Luhmann (2006: 467) zufolge ist der Großteil aller Organisationen einem Funktionssystem zuordenbar. Organisationen, welche sich an der Logik von mehreren Funktionssystemen orientieren – s. g. »mehrsprachige Organisationen« – hält er indessen eher für Spezialfälle[1] (Luhmann 1997: 840).

Simsa (2001) hebt hingegen gerade die Fähigkeit von Organisationen, sich an unterschiedlichen Logiken zu orientieren, hervor. Um die Realität vieler Organisationen besser beschreiben zu können, schlägt sie daher vor, zwischen Organisationen mit priorisierbarer und nichtpriorisierbarer Funktionslogik zu unterscheiden. Organisationen mit priorisierbarer Funktionslogik übernehmen demzufolge den binären Code dieser Funktionssysteme als primäre Orientierung und ordnen andere Kriterien klar nach (vgl. Simsa 2001: 212 ff., Willke 1996: 146). Bei einer nicht priorisierten Funktionslogik steht diese Möglichkeit zur Komplexitätsreduktion hingegen nicht zur Verfügung, da sich die betreffenden Organisationen nicht für eine stabile Dominanz eines Codes entscheiden können. D. h. Organisationen mit einer nichtpriorisierten Funktionslogik können im Konfliktfall nicht auf eine Logik zurückgreifen oder eine durchgängige Hierarchisierung ihrer Orientierung festlegen, sondern müssen unterschiedliche Logiken ausbalancieren (vgl. Simsa 2001: 214).

2.3 NPOs aus systemtheoretischer Perspektive

NPOs sind oft an der Schnittstelle von verschiedenen gesellschaftlichen Teilsystemen (z. B. Politik, Wirtschaft, Recht, Gesundheitssystem) angesiedelt und müssen daher eine gewisse Offenheit und Anschlussfähigkeit an unterschiedliche Systemumwelten zeigen. Viele AutorInnen, die NPOs aus systemtheoretischer Sicht analysieren, gehen daher von mehrfachen, uneindeutigen bzw. nicht priorisierbaren Funktionsorientierungen der meisten NPOs aus und beschreiben sie als mehrsprachige (vgl. Luhmann 1997) bzw. multidiskursive (vgl. Beyes/Jäger 2005), pluralistische (vgl. u. a. Höver 2013) intermediäre oder mehrfachcodierte Organisationen (vgl. Simsa 2001: 305).

Für eine systemtheoretische Verortung von NPOs plädieren einige AutorInnen dafür, von Funktionssystemen 2. Ordnung auszugehen, welche Folgeprobleme von funktionaler Differenzierung aufgreifen und bearbeiten. Fuchs und Schneider (1995) beschreiben etwa das System der »Sozialen Arbeit« als ein Funktionssystem zweiter Ordnung, das in Form von Hilfe operiert und Schadensbegrenzung, Korrektur und Kompensation von Exklusionsphänomenen leistet.

---

1 Streng genommen lassen sich allerdings ohnehin lediglich Kommunikationen und nicht ganze Organisationen eindeutig zu Funktionssystemen zuordnen. D. h. eine Zahlung ist – ob sie nun von einer Kirche, einer Schule oder einem Krankenhaus getätigt wird – stets Teil bzw. eine Kommunikation des Wirtschaftssystems (vgl. Simsa 2001: 210 f.).

Simsa führt den Ansatz der Ausdifferenzierung von Funktionssystemen 2. Ordnung weiter, hält dies aber breiter als Fuchs/Schneider und spricht in Anlehnung an Habermas' Konzept der kritischen Öffentlichkeit von einem »System kritischer Öffentlichkeit« (Simsa 2001: 271 ff.). Dieses setzt, ausgehend von wahrgenommenen Defiziten, an der kritischen Thematisierung von Gesellschaft als Ganzes an und operiert dabei in Form von Protest. Beispiele von Kommunikationen des Systems kritischer Öffentlichkeit finden sich etwa in Sozialen Bewegungen, in Hilfs- und Umweltschutzorganisationen, in politischen Diskussionen, bei Demos oder Boykotten und z. T. auch in den Medien (vgl. ebd.: 274). Da sich auch NPOs häufig an Problemen wie ökologischen Risiken, Sicherheit oder sozialer Ungleichheit ausdifferenzieren und zudem oft geprägt sind durch Protest, Ideologie und Moral, ist davon auszugehen, dass sie eher an Funktionssystemen 2. Ordnung, also etwa dem System Sozialer Arbeit oder kritischer Öffentlichkeit orientiert sind, als an Funktionssystemen 1. Ordnung (vgl. ebd.: 315).

Funktionssysteme 2. Ordnung bzw. die daran partizipierenden Organisationen leisten in Hinblick auf die Funktionserfordernisse der Gesellschaft wichtige Beiträge. Die Problemlösungskompetenz liegt jedoch nicht bei den Funktionssystemen 2. Ordnung, sondern muss an die Funktionssysteme 1. Ordnung bzw. die jeweiligen Organisationen delegiert werden. Das bedeutet, Funktionssysteme 2. Ordnung weisen auf Missstände hin und können diese vielleicht z. T. kompensieren, die Ursachen der Probleme, wie auch deren Lösung liegt aber bei den Funktionssystemen 1. Ordnung. Die Soziale Arbeit kann bspw. durch das Wirtschaftssystem verursachte Exklusionsphänomene kompensieren, aber nicht ursächlich verhindern. Ebenso liegt eine zentrale Funktion von Organisationen des Systems kritischer Öffentlichkeit darin, auf Defizite und Dysfunktionalitäten hinzuweisen und Kritik in die Sprache der betroffenen Funktionssysteme 1. Ordnung zu übersetzen, damit diese sie aufnehmen und bearbeiten (vgl. ebd.: 282 f.). Während das System kritischer Öffentlichkeit also lediglich kritisiert, können die daran partizipierenden Organisationen auch andere Logiken berücksichtigen und dadurch eine wichtige Übersetzungsleistung und Vermittlungsfunktion erfüllen (vgl. ebd.: 292, 333). Wenn Funktionssysteme 2. Ordnung aber Probleme bearbeiten, die sie selbst nicht lösen können, und ihre Ziele und Funktionsweisen primär über die Referenz auf fremde Systeme definieren, so wird ihre Durchsetzungskraft dadurch gemindert (vgl. ebd.: 334).

Hier wird also ein zentraler Unterschied zwischen Unternehmen und NPOs deutlich: während sich erstere klar am ökonomischen System ausrichten und dessen Logik und Handlungsprimat übernehmen können, gestaltet sich eine funktionale Bestimmung von NPOs weitaus schwieriger. Die Mehrsprachigkeit und intermediäre Ausrichtung von NPOs mögen zwar durchaus positiv bewertet werden, da sie im Gegensatz zu Organisationen mit einer priorisierten Funktionslogik weniger zu einem systemspezifischen Tunnelblick bzw. zu einer »legitimen Indifferenz« (Tyrell 1978: 183 f.) neigen. Doch wenn sich NPOs primär an den Logiken fremder Funktionssysteme ausrichten, fehlt ihnen m. E. eine NPO-spezifische Logik, auf die sie im Zweifelsfall zurückgreifen können und die stärker die eigene Mission und die Ziele und Werte von NPOs abbildet.

3 Charakteristika und Besonderheiten von NPOs

3.1 Werte versus Wirtschaft

Diese mangelnde Priorisierung einer Funktionslogik bzw. der Bedarf einer Balance zwischen unterschiedlichen Logiken spiegelt sich auch im Ergebnis verschiedener Analysen wider, die zu dem Schluss kommen, dass NPOs in besonders hohem Maße mit organisationalen Widersprüchen konfrontiert sind. Zwar sind auch andere Organisationen Widersprüchen ausgesetzt, jedoch scheinen NPOs aufgrund einer fehlenden Priorisierung einer Logik weniger Möglichkeiten zu haben, diese zu lösen (vgl. Horak/Speckbacher 2013, Meyer/Simsa 2013). Ein typischer Widerspruch in vielen NPOs ist bspw. eine Ambiguität von Zielen, welche meist aus der multiplen gesellschaftlichen Einbettung der Organisationen sowie unterschiedlichen, teils divergierenden Stakeholder-Interessen resultiert (vgl. Herman/Renz 1997). In der Regel sind die Ziele von NPOs stark von Werten und Ideologien geprägt, die Mission der Organisation steht im Vordergrund, während monetäre Größen bestenfalls eines unter mehreren Entscheidungskriterien darstellen. Diese starke Wertorientierung hat Vor-und Nachteile: sie kann einerseits Motivation, Engagement und Kohäsion mit sich bringen und für eine positive Wahrnehmung in der Umwelt sorgen, andererseits steht sie oft einem strategischen Denken und ökonomischen Überlegungen im Weg und kann die Anschlussfähigkeit an externe Umwelten auch erschweren (vgl. Simsa/Patak 2001: 12 f.) Da viele NPOs beachtliche Budgets verwalten, unterliegen sie zunehmend auch einem ökonomischen Legitimationsdruck, Fragen der Effizienz und Effektivität gewinnen daher an Bedeutung. Damit verbunden ist jedoch wiederum die Schwierigkeit der Erfolgs- und Effizienzmessung angesichts mangelnder operationalisierbarer Kennzahlen (vgl. ebd.: 33 f.). Qualitative und weitgefasste Ziele sind meist schwer zu überprüfen, was insbesondere für NPOs, die politische Arbeit leisten und sozialen Wandel anstreben, gilt. Ihr gesellschaftlicher Einfluss kann kaum evaluiert werden, ebenso wenig wie Ideologien und Werte und deren Durchsetzung neutral zu bewerten und zu messen sind (vgl. u. a. Simsa 2001: 144 ff., insbes. für Vereine Zimmer 1996: 147 ff.).

Da die erbrachten Leistungen von NPOs häufig nicht von jenen finanziert werden, die sie empfangen, ist die Einflussnahme von externen Akteuren (z. B. Financiers) bei NPOs merklich stärker als bei privaten Unternehmen (vgl. Zimmer 1996). Die finanziellen Ressourcen der Organisation hängen daher maßgeblich vom Bild in der Öffentlichkeit und dem damit verbundenen Vertrauen in die Organisation ab – und weniger von einer (wie auch immer messbaren) Qualität der Leistungen (vgl. Jäger/Beyes 2008: 86 ff.). NPOs sehen sich zudem damit konfrontiert, bei z. T. sinkenden Budgets ihre Leistungen (besser/effizienter) zu erbringen (vgl. Simsa/More-Hollerweger 2013). Für NPOs bedeutet das, sich zunehmend zu professionalisieren, Instrumente aus der Management- und Betriebswirtschaftslehre in ihre Leistungserbringung aufzunehmen und dem Druck nach inner- und außerbetrieblichen Kontrollen nachzugeben (vgl. Badelt 2000).

Solche organisationalen Widersprüche können – so die gängige Einschätzung – meist nicht aufgelöst werden und gewisse Spannungsfelder wie jenes aus Werte- vs. Wirtschaftsorientierung würden unvermeidbar bleiben.

3.2 Ökonomisierung im Nonprofit-Sektor

Unter »Ökonomisierung« wird die Ausbreitung und Übernahme marktwirtschaftlicher Prinzipien und Prioritäten in Bereichen, in denen ökonomische Überlegungen bisher eine untergeordnete Rolle spielten (z. B. Wissenschaft, Erziehung, Gesundheits- und Sozialwesen), verstanden. Kritisiert wird dabei, dass ökonomische Prinzipien die ursprünglich dominierende Handlungslogik jener Systeme überlagern (vgl. u. a. Foucault 2006, Diebäcker et al. 2009 oder Pelizzari 2001). Das heißt, wenn von Ökonomisierung die Rede ist, wird damit nicht ein Nebeneinander von ökonomischen und nicht-ökonomischen Überlegungen gemeint, sondern vielmehr eine »Unterwerfung sozialer, politischer und natürlicher Verhältnisse unter das ökonomische Prinzip« (Altvater 1996: 33). Marktelemente und Wettbewerb würden demnach zunehmend den Alltag von NPOs bestimmen, welche diesen Herausforderungen immer öfter mit einer betriebswirtschaftlichen Profilierung begegnen.

Hintergrund dieses Trends stellt u. a. ein steigender Legitimationsdruck seitens der Financiers bzw. eine zunehmende Konkurrenz um Spenden- und Fördergelder dar (vgl. Murphy 2011: 2 f.). Das heißt, von NPOs wird – mehr oder weniger explizit – verlangt, ihre Tätigkeiten und Leistungen, vor allem aber erzielte Wirkungen nachzuweisen. Gerade diesbezüglich werden NPOs jedoch immer wieder Unzulänglichkeiten vorgeworfen. Eine provokant formulierte, bereits etwas ältere Einschätzung ist etwa jene von Wolfgang Seibel (1992), der in Bezug auf NPOs von »Funktionalem Dilettantismus« spricht. Er beschreibt NPOs als mangelhaft gemanagte, ineffiziente Organisationen, die lediglich deshalb überleben können, weil sie sich in einer geschützten Nische befinden, die ihnen der Staat verschafft, um symbolische Politik zu betreiben und unlösbare gesellschaftliche Probleme an NPOs zu delegieren. Sollte diese Nische wegfallen, würden NPOs bald durch effizientere Organisationsformen des Staates oder Marktes verdrängt werden oder aber ihre Spezifika aufgeben und sich selbst zu Firmen oder Behörden entwickeln (vgl. Seibel 1992). In diesem Zusammenhang wird auch immer wieder von einem Prozess des Isomorphismus, also einer Angleichung von NPOs an Wirtschaftsunternehmen gesprochen (vgl. dazu überblicksmäßig Murphy 2011).

Relativ unumstritten ist in jedem Fall, dass sich sowohl die organisationsinternen als auch externen Bedingungen für NPOs in den letzten Jahrzehnten in Richtung einer Ökonomisierung verändert haben. Der Begriff »Managerialismus« (vgl. u. a. Maier et al. 2009, Murphy 2011) verweist etwa auf die Anwendung von betriebswirtschaftlichen Methoden und Konzepten, welche sich an Rationalität, Effektivität und Effizienz etc. orientieren. Murphy (2011) hat verschiedene Studien und AutorInnen verglichen und ist der Frage nachgegangen, wie sich Managerialismus auf NPOs auswirkt. Er kommt dabei zu dem Schluss, dass – zumindest aus theoretischer/wissenschaftlicher Sicht – vermehrt auf negative Aspekte (u. a. »missiondrift«, Schwächung von Partizipation und Kooperation) verwiesen wird. Auch Maier et al. (2009) kommen zu dem Schluss, dass der Einsatz solcher Konzepte in der Praxis meist nicht ohne Folgen für die Substanz und Grundausrichtung einer Organisation bleibt.

3.3 Beispiele aus Empirie und Praxis

Im Rahmen meiner Master-Thesis habe ich mich mit der Frage befasst, welche Unterschiede und Gemeinsamkeiten Führungskräfte zwischen Wirtschaftsunternehmen und NPOs wahrnehmen und ob bzw. wie sich diese auf ihre Führungsarbeit auswirken.

Die Besonderheit lag dabei darin, dass mittels qualitativer Interviews[2] acht Personen befragt wurden, die über Führungserfahrungen in beiden Bereichen verfügen und sozusagen beide Welten kennen. Alle Befragten hatten in den jeweiligen NPOs eine Position an der Organisationsspitze (Geschäfts- oder Perso-

---

2   Die Gespräche wurden mittels der Themenanalyse nach Froschauer/Lueger (2003) ausgewertet, wobei v. a. die Identifikation zentraler Themenkomplexe und deren Zusammenhang im Mittelpunkt stehen. Dabei werden v. a. manifeste Inhalte analysiert, während latente Sinnstrukturen eher vernachlässigt werden.

nalführung) inne und verfügten über eine betriebswirtschaftliche Grund- oder zumindest Zusatzausbildung. Vermutlich wurden sie z.T auch aufgrund ihres betriebswirtschaftlichen Know-hows in den jeweiligen NPOs eingestellt. Die Führungskräfte selbst sehen die Anwendung und Übertragung von Tools und Konzepten aus der BWL in NPOs auch durchaus sinnvoll. Man müsse sich einfach jene Instrumente aus der Wirtschaft heraussuchen, die auch im NPO-Bereich Sinn machen, und sie gegebenenfalls adaptieren, lautet der Tenor der Führungskräfte. Ein Mangel an NPO-spezifischen Konzepten wird jedoch nur vereinzelt beklagt und die Grenzen der Instrumente im Hinblick auf die spezifischen Anforderungen von NPOs kaum thematisiert. Dies ist deshalb ein wenig verwunderlich, weil fast alle Befragten in Zusammenhang mit der Implementierung bzw. Anwendung solcher Konzepte und Instrumente von einer ausgeprägten Grundskepsis und teils heftigen Widerständen unter den Organisationsmitgliedern in NPOs berichten.

Diese Skepsis zeigte sich etwa gegenüber neuen Instrumenten (z. B. individuelle Leistungsprämien),bei der Implementierung von Dokumentationssystemen (z. B. Time allocation-Systeme, Controlling), in der Sprache (Ablehnung von Begriffen wie »Leistung« und »Effizienz«) oder der Kritik an einer ökonomischen Logik allgemein (z. B. Wachstum oder Wettbewerb). Derartige Bedenken und Vorbehalte waren bei sozialen Dienstleistern genauso Thema wie in politischen NPOs oder im Wissenschaftsbetrieb. Grundsätzlich zeigt sich hierbei also eine unterschiedliche Grundorientierung von Führung und Basis. Während sich die Geschäftsführung stark an einer ökonomischen Logik bzw. an Auftraggebern und Financiers zu orientieren scheint, ist die Basis mehr an fachlichen Kriterien sowie an den KundInnen und KlientInnen ausgerichtet. Die Einschätzung und Bewertung von Effektivität und Effizienz, Kosten und Nutzen, Erfolg und Wirkung können dementsprechend ganz unterschiedlich ausfallen. Beispielsweise kann die Erbringung von Dienstleistungen in Form von Standardpaketen aus Sicht der Geschäftsführung zu einer Steigerung der Effizienz führen, wohingegen die MitarbeiterInnen darin eine Schwächung der individuellen Betreuung und damit auch der Effektivität sehen.

Die Führungskräfte führten diese Skepsis weniger auf etwaige Unzulänglichkeiten der Instrumente (z. B. mangelnde Messbarkeit von sozialen Prozessen) zurück, sondern begründeten sie eher dadurch, dass viele MitarbeiterInnen in NPOs schlicht nicht mit solchen Konzepten vertraut wären, oder dass sie mit den Werthaltungen der MitarbeiterInnen nicht vereinbar wären. Eine gewisse negative Referenz und Abgrenzung zum Wirtschaftssystem scheint für das Selbstverständnis vieler NPOs und ihrer Mitglieder auch tatsächlich konstitutiv zu sein. Man beschreibt sich etwa als »antikapitalistisch« oder »systemkritisch« und auch die Bezeichnung »*Nonprofit*-Organisation« bringt dies klar zum Ausdruck.

NPOs definieren sich somit einerseits durch die Abgrenzung zum ökonomischen System, sehen sich gleichzeitig aber mit zunehmenden Forderungen konfrontiert, sich stärker an dieses anzunähern, um professioneller, effizienter etc. zu werden. Wenn die negative Referenz von NPOs zu Wirtschaftsunternehmen also konstitutiv für die Organisationen bzw. ihre Mitglieder ist, sie aber gleichzeitig eine wirtschaftliche Logik zunehmend in ihr Handeln integrieren müssen, so scheinen daraus resultierende Widersprüche und Paradoxien wenig verwunderlich. Immerhin sollen diese Organisationen gleichzeitig wirtschaftlich und nichtwirtschaftlich agieren.

4 Offene Fragen und Anschlussmöglichkeiten

Durch die theoretisch-idealtypische und mit empirischen Beispielen untermalte Gegenüberstellung von NPOs und profitorientierten Unternehmen werden Kontrastierungen und Konfliktlinien zwischen zwei unterschiedlichen Systemlogiken sichtbar. Während die eine Seite, die ökonomische Logik, dabei relativ klar zu benennen ist und darauf basierende Konzepte für Führung und Management weitgehend elaboriert sind, stellt sich m. E. die Frage, was aus theoretischer Sicht ein NPO-spezifisches Pendant dazu sein könnte – also wodurch etwa die Logik, der Sinn und die Funktionen von NPOs beschrieben werden könnten. Natürlich lässt sich der Sinn der Tätigkeit der meisten NPOs klar erkennen: sie bieten soziale Dienstleistungen, sie setzen sich für Umweltschutz ein, sie unterhalten und bilden, u. v. m. Doch hebt man die Frage nach dem Sinn und den Funktionen von NPOs auf eine etwas allgemeinere, abstraktere Ebene, fällt es schwer, eine gemeinsame begriffliche Klammer zu finden.

Die Konzeption der Sozialen Arbeit (nach Fuchs/Schneider 1995) und des Systems kritischer Öffentlichkeit (nach Simsa 2001) als Funktionssysteme 2. Ordnung bieten plausible Ansätze, um die Funktionsweisen vieler NPOs zu beschreiben. Damit können jedoch nicht alle Tätigkeiten von NPOs erfasst werden (Bildungs-, Kultur-, Wissenschafts- oder Gesundheitseinrichtungen orientieren sich bspw. an den jeweiligen Funktionssystemen 1. Ordnung) bzw. ist die funktionale Bestimmung von NPOs aus dieser Perspektive stark an den Branchen der jeweiligen Organisationen ausgerichtet. Die Identifikation einer eigenen, NPO-spezifischen Logik mit eigenen Handlungsmaximen, welche etwa ein funktionales Äquivalent zur Zahlung und Gewinnorientierung des ökonomischen Systems darstellen könnte, bedürfte m. E. daher einer höheren Abstraktionsebene. Zudem beschränkt sich die funktionale Bestimmung von NPOs damit primär auf das Korrigieren, Kompensieren und Kritisieren von Defiziten der Funktionssysteme 1. Ordnung. Da die Problemlösungskompetenz nicht bei den Funktionssystemen 2. Ordnung liegt, sondern ihre Ziele und Funktionsweisen stark über die Referenz auf fremde Systeme definiert werden, hat dies auch einen dämpfenden Effekt auf ihre Durchsetzungskraft.

Zwar zeichnen sich NPOs gerade durch ihre Mehrsprachigkeit, Intermediarität und die Fähigkeit, unterschiedliche Logiken in ihrem Handeln berücksichtigen und ausbalancieren zu können, aus – aber ist die Logik, nach welcher sich NPOs ausrichten dann lediglich ein diffuses Konglomerat aus fremden Systemlogiken, die sie geschickt austarieren? Oder gibt es neben der Referenz auf das Andere sozusagen auch etwas Eigenes, eine NPO-spezifische Logik, die bspw. stärker die Ziele, Werte und die Mission der Organisation abbildet – welche de facto ja ausschlaggebend und handlungsleitend für die meisten NPOs sind?

Die Debatte rund um Unzulänglichkeiten des Begriffes *Nonprofit*-Organisation ist keineswegs neu; kritisiert wird dabei v. a. eine mangelnde einheitliche, positive Bestimmung darüber, was NPOs eigentlich tun, bezwecken oder maximieren; kurzum: was ihr gemeinsamer Nenner sein könnte. Als *Nonprofit*-Organisationen und *Non Governmental* Organizations werden sie bspw. als Nicht-Wirtschafts- bzw. Nicht-Regierungsorganisationen bezeichnet, neben Markt und Staat ist vom *Dritten* Sektor die Rede. Eine positive Bestimmung dieses »unbestimmbaren Dritten« fehlt aber weitgehend. »Social Profit« oder der weniger etablierte Begriff »Common Profit« zielen etwa in diese Richtung, schließen aber mit ihrer Terminologie und ihren Inhalten stark am ökonomischen System an. Auch Begriffe wie »zivilgesellschaftlich« oder »gemeinnützig« betonen den gesellschaftlichen Nutzen in Abgrenzung zu Einzel- und Gruppeninteressen; und im angloamerikanischen Sprachraum ist der Begriff »Philantropic Organization« weiter verbreitet, doch auch diese Begriffe versprechen u. a. aufgrund ihrer Verwendung in anderen Kontexten m. E. keine hinreichende begriffliche Schärfe zur Fundierung einer eigenen Funktionslogik.

Es entsteht daher der Eindruck, dass es hier an sprachlichen Begriffen zur näheren bzw. positiven Bestimmung von NPOs und einer handlungsleitenden Logik mangelt. Eine solche würde jedoch viele Vorteile in Aussicht stellen: Die mögliche Priorisierung einer eigenen Logik mit eigenen Maximen könnte etwa im Zweifelsfalls bei Entscheidungen herangezogen werden und damit zur Auflösung von Widersprüchen beitragen. Sie könnte eine Argumentations- und Legitimationsgrundlage bieten, die Selbstbeschreibung und Identität der Organisationen stärken und dem Bereich insgesamt eine höhere Wertigkeit verleihen. So schreibt etwa auch Mautner (2013: 423), dass der Begriff »*Nonprofit*« ein Beispiel dafür wäre, dass der kommerzielle Sektor als das Maß aller Dinge anerkannt werde: »Eine Definition ex negativo [...] markiert immer eindeutig, wo der Referenzpunkt liegt. Wer daran zweifelt, möge sich kurz vor Augen führen, was man über die relative Wertigkeit von Hunden und Katzen ausdrücken würde, wenn man

Katzen als ›Nicht-Hunde‹ bezeichnete; und wie sich die Relation genau umdreht, wenn der Hund als ›Nicht-Katze‹ apostrophiert würde« (ebd.). Dabei leisten NPOs wie Krankenhäuser, Bildungseinrichtungen oder Soziale Dienste ohne Zweifel einen sehr wichtigen Beitrag für die Gesellschaft. Zentrale gesellschaftliche Aufgaben – von Erziehung bis hin zur Pflege – werden zunehmend vom Dritten Sektor übernommen. Aus dieser Perspektive scheint es doch etwas bedenklich, dass es keinen treffenderen Begriff dafür zu geben scheint, der diese humanitär wertvollen Leistungen zum Ausdruck bringt und die Bedeutung einer Sphäre neben Staat und Markt würdigt.

Die Bedeutung von Sprache und Begriffen für die Konstruktion von Wirklichkeit wurde bereits von verschiedenen wissenschaftlichen Disziplinen und ihren VertreterInnen aufgegriffen und herausgearbeitet – Sprache erzeugt Wirklichkeit und denken lässt sich nur, was sich in Sprache fassen lässt. Fehlt es also bereits an begrifflichen Grundlagen, so fällt es auch schwer, etwa über eine verbindende Funktionslogik mit anerkannten Handlungsmaximen oder ein funktionales Äquivalent zu Profit nachzudenken. Wenn die ökonomische Logik somit nicht das alleinige Maß aller Dinge sein soll, bedarf es hierfür auch Begrifflichkeiten dafür, die über »NPO-spezifisch« oder »fachlich« etc. hinausgehen. Eine begriffliche und konzeptionelle Neuschöpfung würde m. E. daher auch ganz neue Perspektiven und Ansatzpunkte sowohl für Theorie als auch Praxis – etwa in Hinblick auf Führung und Management von NPOs – eröffnen.

Literatur

Altvater, E. (1996): Die Welt als Markt?, In: Müller, F. & M. Müller (Hrsg.):Markt und Sinn. Dominiert der Markt unsere Werte?, Frankfurt a. M.: Campus.

Badelt, C. (2000): Der Nonprofit-Sektor im Wandel: Ansprüche der Wirtschafts- und Sozialpolitik. In: Schauer, R., Blümle, E. B., Witt, D. & H. K. Anheier (Hrsg.): Nonprofit-Organisationen im Wandel: Herausforderungen, gesellschaftliche Verantwortung, Perspektiven, Linz: Universitätsverlag Rudolf Trauner.

Beyes, T. & U. Jäger (2005): Erforschung multi-diskursiver Organisationen. In: Die Betriebswirtschaft, Volume 65, Heft 6, S. 627–651.

Diebäcker, M., Ranftler, J., Strahner, T. & G. Wolfgruber (2009): Neoliberale Strategien und die Regulierung sozialer Organisationen im lokalen Staat. Von der Ökonomisierung des Politischen zur Depolitisierung und Deprofessionalisierung der Sozialen Arbeit – Teil I. In: Soziales Kapital. Wissenschaftliches Journal Österreichischer Fachhochschul-Studiengänge Soziale Arbeit, Heft 3, n. P.

Foucault, M. (2006): Die Geburt der Biopolitik. Geschichte der Gouvermentalität II. Vorlesung am College de France 1978–1979, Frankfurt a. M.: Suhrkamp.

Froschauer, U. & M. Lueger (2003): Das qualitative Interview. Zur Praxis interpretativer Analyse sozialer Systeme, Wien: WUV (UTB).

Fuchs, P. & D. Schneider (1995): Das Hauptmann-von-Köpenick-Syndrom. Überlegungen zur Zukunft funktionaler Differenzierung. In: Soziale Systeme. Zeitschrift für soziologische Theorie, Volume 1, Heft 2, S. 203–224.
Hellmann, K. U. (Hrsg.) (1996): Niklas Luhmann: Protest. Systemtheorie und soziale Bewegungen, Frankfurt a. M.: Suhrkamp.
Herman,R. & D. O. Renz (1997): Multiple Constituencies and the Social Construction of Nonprofit Organizations Effectiveness. In: Nonprofit and Voluntary Sector Quarterly, Volume 26, Heft 2, S. 185–206.
Horak, C & G. Speckbacher (2013): Ziele und Strategien. In: Simsa, R., Meyer, M. & Ch. Badelt (Hrsg.): Handbuch der Nonprofit-Organisation. Strukturen und Management. 5. Auflage, Stuttgart: Schäffer-Poeschel.
Höver, K. H. W. (2013): Entscheidungsfähigkeit in pluralistischen Organisationen: Rekonstruktion von Entscheidungsmustern eines diakonischen Unternehmens, St. Gallen (Dissertation). http://verdi.unisg.ch/www/edis.nsf/vEDISByAuthorEN/98FB7EF3C7D8AA89C1257A4C006F88FD?OpenDocument&lang=en, Zugriff 14.1.2014.
Jäger, U. &T. Beyes (2008): Von der Kunst des Balancierens. Entwicklungen, Themen und Praktiken des Managements von Nonprofit-Organisationen, Bern, Stuttgart, Wien: Haupt Verlag.
Luhmann, N. (1997): Die Gesellschaft der Gesellschaft. Band II, Frankfurt a. M.: Suhrkamp.
Luhmann, N. (2006): Organisation und Entscheidung. 2. Auflage, Wiesbaden: VS Verlag.
Maier, F., Meyer, M. & J. Leitner (2009): Business-like Form without Business-like Substance? The Thin Line between Nonprofit Managerialism and Economization, WU Vienna University of Economics and Business.
Meyer, M . & R. Simsa (2013): Besonderheiten des Management von NPOs. In: Simsa, R., Meyer, M. & Ch. Badelt (Hrsg.): Handbuch der Nonprofit-Organisation. Strukturen und Management. 5. Auflage, Stuttgart: Schäffer-Poeschel.
Murphy, H. (2011): Research Topic: Examining the Effects of Managerialism on Nonprofit Organisations. http://de.scribd.com/doc/104313720/The-Effects-of-Managerialism-on-Nonprofit-Organisations, Zugriff 14.1.2014.
Pelizzari, A. (2001): Die Ökonomisierung des Politischen. New Public Management und der neoliberale Angriff auf die öffentlichen Dienste, Konstanz: UVK Verlagsgesellschaft.
Reese-Schäfer, W. (2001): Luhmann zur Einführung. 4. Auflage, Hamburg: Junius.
Simsa, R. (2001): Gesellschaftliche Funktionen und Einflussformen von Nonprofit-Organisationen. Eine systemtheoretische Analyse, Frankfurt a. M., Berlin, Bern, Brüssel, New York, Wien: Peter Lang.
Simsa,R. & E. More-Hollerweger (2013): Die Entwicklung von Rahmenbedingungen für NPOs und ihre MitarbeiterInnen. In: WISO. Wirtschafts- und Sozialpolitische Zeitschrift des ISW, Volume 36, Heft 3, S. 163–168.
Simsa, R. & M. Patak (2001): Leadership in Nonprofit-Organisationen. Die Kunst der Führung ohne Profitdenken, Wien: Linde.

Seibel, W (1992): Funktionaler Dilettantismus. Erfolgreich scheiternde Organisationen, Baden-Baden: Nomos Verlagsgesellschaft.
Tyrell, H. (1978): Anfragen an die Theorie der gesellschaftlichen Differenzierung. In: Zeitschrift für Soziologie, Volume 7, Heft 2, S. 175–193.
Willke, H.(1996): Systemtheorie II: Interventionstheorie, Stuttgart: UTB.
Zimmer, A.(1996): Vereine – Basiselement der Demokratie. Eine Analyse aus der Dritte-Sektor-Perspektive, Opladen: Leske+Budrich.

21 Managerialismus und Hybridisierung von NPOs – Veränderungen und Folgen

Žana Simić/Fiona Predović

Abstract: Seit den 1990er Jahren werden vermehrt Methoden der Betriebswirtschaftslehre in Nonprofit-Organisationen angewendet. Diese Veränderung wird unter dem Begriff Managerialismus oder Verbetriebswirtschaftlichung im deutschsprachigem Raum diskutiert. Im Rahmen dieses Beitrags werden die Ergebnisse eines Forschungsprojektes zu diesem Phänomen aus österreichischer Perspektive beleuchtet. Die Studie hat gezeigt, dass fünf Aspekte des Managerialismus als primäre Veränderungen von Führungskräften in NPOs wahrgenommen werden. Diese umfassen eine zunehmende Wahrnehmung von Effizienz und Effektivität, eine verstärkte Marktorientierung, erhöhte Anforderungen an Legitimation und Transparenz, zunehmende Imagepflege und eine Professionalisierung des Personals. Diese Entwicklungen haben unterschiedliche Auswirkungen auf den Nonprofit-Sektor. Insgesamt kommt es zu einer Veränderung der gesellschaftlichen Funktionen von NPOs sowie zu einem Verschwimmen der Grenzen zwischen Markt, Staat und Nonprofit-Sektor (Hybridisierung).

Keywords: Nonprofit-Organisationen, Dritter Sektor, Zivilgesellschaft, Ökonomisierung, Professionalisierung, Managerialismus, Verbetriebswirtschaftlichung, Hybridisierung

1 Einleitung

Seit den 1990er Jahren werden immer häufiger Methoden der Betriebswirtschaftslehre in Nonprofit-Organisationen (NPOs) angewandt, gleichzeitig steigen die Anforderungen an Managementqualifikationen (vgl. Meyer/Leitner 2011: 88). Dieser Trend wird oftmals unter dem Begriff Professionalisierung von NPOs diskutiert. NPOs reagieren damit auf veränderte Umweltbedingungen und gesellschaftliche Erwartungsstrukturen. Besonders hervorzuheben ist hier der gestiegene Wettbewerb, hervorgerufen einerseits durch die Veränderung von Subventionen der öffentlichen Hand zu Leistungsverträgen (vgl. Neumayr 2010: 13 f.) und andererseits durch die steigende Nachfrage nach Spendengeldern (vgl. Hunziker 2011: 281).

Meyer und Simsa (2013) gehen davon aus, dass der Begriff der Professionalisierung in Nonprofit-Organisationen vor allem in Zusammenhang mit der Professionalisierung des Managements verwendet wird. Aus diesem Grund werden zur Beschreibung dieser Phänomene im deutschsprachigen Raum die Begriffe Managerialismus und Verbetriebswirtschaftlichung synonym verwendet (vgl. Meyer/Simsa 2013: 510). In der englischsprachigen Literatur wird in diesem Zusammenhang neben dem Begriff *managerialism* auch von »being business-like« (vgl. Dart 2004) oder »organizational rationalization« (vgl. Hwang/Powell 2009) gesprochen.

»Wir definieren Managerialismus als die Anwendung von zweckrationalem, die Eigenverantwortung betonendem und fortschrittsorientiertem Gedankengut auf die Gestaltung von Organisationen« (Meyer/Leitner 2011: 88).

Ziel dieses Beitrages ist es, die unterschiedlichen Aspekte des Managerialismus praxisnah darzustellen, sowie auf mögliche Folgen und zukünftige Entwicklungen hinzuweisen. Das scheint besonders wichtig, da der Managerialismus auch in Kernbereichen der NPOs wie zum Beispiel Freiwilligenarbeit, Fundraising oder Öffentlichkeitsarbeit Einzug hält (vgl. Meyer/Simsa 2013: 511).

2 Managerialismus und Aspekte der Veränderung

Im Folgenden sollen Aspekte des Managerialismus aufgezeigt werden. Aus Gründen der Illustration werden diese anhand exemplarischer Interviewausschnitte[1], die im Zuge eines laufenden Forschungsprojekt des NPO-Kompetenzzentrums der Wirtschaftsuniversität Wien, unter der Leitung von Prof.^{in} Dr.^{in} Ruth Simsa, erhoben wurden, erläutert und näher ausgeführt. Die Forschungsarbeit zum Thema Zivilgesellschaft und Partizipation in Österreich basiert auf leitfadengestützten Interviews. Es wurden 14 Interviews mit Führungskräften aus NPOs, 15 Interviews mit AktivistInnen und 3 ExpertInneninterviews durchgeführt. In der Studie zeigte sich, dass fünf Aspekte des Managerialismus als primäre Veränderungen wahrgenommen werden, diese können unter den Begriffen Effizienz und Effektivität, Marktorientierung, Legitimation und Transparenz, Image und die Professionalisierung des Personals zusammengefasst werden.

---

1 Im Sinne einer besseren Lesbarkeit wurden die Zitate der InterviewpartnerInnen aus dem Dialekt ins Hochdeutsche übertragen und auf Dialektausdrücke gänzlich verzichtet.

2.1 Effizienz und Effektivität

Eine der Entwicklungen und Veränderungen der letzten Jahre, die mit der Managerialisierung des NPO-Sektors einherging, ist die zunehmende Bedeutung und die verstärkte Wahrnehmung von Effektivität und Effizienz in NPOs.

NPOs verfügen über eine begrenzte Anzahl an Ressourcen. Aus diesem Grund gilt es, die zur Verfügung stehenden Mittel so zu nutzen, dass sie eine möglichst große Wirkung erzielen bzw. dass sich Ziele mit möglichst geringem Aufwand ausführen lassen. Der Literatur zu Folge ist in diesem Kontext ein professionelles Management unabdingbar (vgl. Helmig et al. 2006: 355, Maier et al. 2009: 95). Während Effektivität darauf ausgerichtet ist, »die richtigen Dinge zu tun«, führt die Effizienz dazu, dass sich NPOs mit Themen wie beispielsweise Kosten-Nutzen-Rechnung beschäftigen müssen, sprich »die Dinge richtig tun« (Meyer et al. 2012: 174) sollen.

Der Einbezug von Überlegungen zu Effizienz und Effektivität hat zur Folge, dass Managerialismus die NPOs zu Entscheidungen zwingt. Dabei gilt es zu bestimmen, inwieweit sich die Mission mit all ihren Zielen auch tatsächlich mit den vorhandenen Mitteln der NPO vereinbaren lässt. Dies kann implizieren, dass Entscheidungen in Bezug auf die Ressourcen der NPO dazu führen, dass – wie in der Privatwirtschaft – nicht rentable Produkte wegfallen. Meist fehlt es an finanziellen Mitteln, um alle Bereiche gleich stark zu forcieren, weshalb weniger effiziente Aufgaben über kurz oder lang gekürzt bzw. gestrichen werden müssen. *»Wir begegnen dieser Situation [...] durch Effizienzgewinne, wir schauen wo diese drinnen sind, teilweise durch Anpassungen, wenn [dieser Bereich] kein Wachstumsbereich ist, [...] wird er halt verkleinert werden, auch strukturell und durch Dienstleistungsentwicklung«* (Organisation 13).

Nicht nur Mission und Ziele, sondern sämtliche Bereiche der NPO werden vom Anspruch auf Effizienz und Effektivität beeinflusst, so auch Ressourcen wie das Personal. *»Um schlanker zu sein. Das heißt [...] statt neun regionalen Geschäftsführern gibt es drei, es sind immer drei Bundesländer zusammengefasst unter eine Geschäftsführung, [...] um schneller zu sein«* (Organisation 6).

2.2 Marktorientierung

Die zentrale Maxime der Effizienz und Effektivität führt auch zu einer stärkeren Marktorientierung, wobei vermehrt darauf geachtet wird, die Erwartungen der GeldgeberInnen zu erfüllen. *»Wir hatten ein Mailing zum Thema Ernährung, das ist auch so ein Thema das immer wieder kehrt, weil die Fundraiser wissen das ist etwas [...], wo die Leute dann spenden wollen«* (Organisation 8). Dabei laufen NPOs

Gefahr, eine zu starke Orientierung am Spendermarkt an den Tag zu legen und in Konflikt mit der Mission bzw. den Zielen der eigenen Organisation zu geraten. »*Ich kann im Fundraising nicht nur mit ganz leichten Themen arbeiten [...], wenn wir das machen, rücken wir weg von dem, was wir eigentlich arbeiten [...] das heißt da muss man darauf schauen, wie findet man Themen, die leichter [...] verkaufbar sind und Themen, die schwieriger sind*« (Organisation 9).

Managerialismus bewirkt insgesamt eine Veränderung der Wahrnehmung des Umfelds von NPOs. Wurden andere NPOs auf dem Markt früher weniger beachtet bis ignoriert, gibt es nun Tendenzen zu einer Beobachtung von potentieller Konkurrenz bzw. ein Ausschauhalten nach möglichen KooperationspartnerInnen (vgl. Maier/Leitner 2011: 223). »*Es gibt viel mehr Mitbewerber, das heißt, der Markt ist stärker umkämpft [...]*« (Organisation 9). Um dem entgegenzuwirken, beschreiten Organisationen neue Wege, so erklärt eine Führungskraft in diesem Zusammenhang: »*Wir machen ganz viele Kooperationen und Netzwerkarbeit auch in EU-Projekten*« (Organisation 7). Die Anzahl an KooperationspartnerInnen und Netzwerken von NPOs ist über die letzten Jahre im Zuge der Globalisierung rapide gestiegen, wobei durch diese Verbindungen auch managerialisierte Instrumente und Denkweisen verbreitet wurden (vgl. Roberts et al. 2005: 1846).

Managerialismus erhöht zudem das Bestreben, kommerzielle Tätigkeiten als Einnahmequelle zu nutzen (vgl. Maier/Leitner 2011: 227). Erlöse aus dem Verkauf von Gütern oder Dienstleistungen sind kommerzielle Einnahmequellen, die gegenüber Spendengeldern an Bedeutung gewonnen haben (vgl. Toepler 2006: 99). Managerialismus und Kommerzialisierung stehen in einem wechselseitigen Verhältnis: Einerseits führt der Managerialismus zu einem gestiegenen Interesse an diesen Einnahmequellen, andererseits legen kommerzielle Tätigkeiten meist den Einsatz betriebswirtschaftlicher Methoden nahe. Maier und Leitner bestätigen mit ihrer Studie aber, dass es auch einen Managerialismus ohne Kommerzialisierung, beziehungsweise eine Kommerzialisierung ohne Managerialismus gibt (vgl. Maier/Leitner 2011: 227).

2.3 Legitimation und Transparenz

Auch steigende Anforderungen an Legitimation, Wirkungsnachweisen und Transparenz beschäftigen die managerialisierten NPOs und führen zu hohem Druck. Es gilt transparent zu sein und nachzuweisen, dass man als Organisation *die gesellschaftlichen Funktionen gemäß der Mission* erfüllt und die Gelder von Staat, Klein- und Großspendern zweckrational verwendet (vgl. Theuvsen 2008: 40 f.). Die Organisationen laufen hier Gefahr, ihre Mission und das »höhere Gut« hintenanstellen zu müssen, da sie damit beschäftigt sind, den »Impact« ihrer Arbeit und Aktivität sichtbar zu machen (vgl. Meyer/Simsa 2013: 511). Der gestiegene Druck, sich gegenüber unterschiedlichen Anspruchsgruppen, die oftmals konfligierende Bedürfnisse und Vorstellungen haben, erklären zu müssen, halten einige Führungskräfte im Hinblick auf die Funktion der NPO für bedenklich. »*Ich glaub, dass gemeinnützige Organisationen sich immer mehr erklären müssen, also Gemeinnützigkeit ist kein Wert mehr für sich, [...] man muss sich ständig erklären und das glaub ich, ist ein grundsätzliches Problem, dem wir jetzt gegenüber stehen*« (Organisation 10).

Die Bedingung, die Transparenz der Organisation allen Anspruchsgruppen nachzuweisen, führt zur Notwendigkeit der Produktion von Quantifizierungsmaterial, wie etwa Jahres-, Prüf- oder Finanzierungsberichten (vgl. Roberts 2005: 1851). Manche Führungskräfte erachten diese Veränderungen als fragwürdig, »*es ist ja das Thema Transparenz oder Accountability immer ganz ein großes Thema für alle Organisationen und alle Organisationen produzieren Unmengen an Material darüber, was sie machen und wie sie es machen und mit welchem Aufwand sie es machen*« (Organisation 8).

2.4 Image

Um erfolgreich im Wettbewerb bestehen zu können und die geforderte Legitimation und Transparenz zu erbringen, bedienen sich Nonprofit-Organisationen verschiedener Marketinginstrumente. Besonders wichtig ist es hier, die Identität der Organisation zu kommunizieren und sich dadurch am Markt zu positionieren (vgl. Helmig et al. 2006: 356), in den Worten einer Führungskraft: »*[...]wir müssen [die Organisation] weiterhin positionieren in Netzwerken in politischen Abläufen, das ist etwas, das man bis vor 10 Jahren nicht gemacht hat [...]*« (Organisation 8). Die ständige Weiterentwicklung und Überprüfung des Images der Organisation erklärt eine andere Führungskraft so: »*[...] wir testen Vertrauenswerte, Bekanntheitswerte und vieles andere regelmäßig ab.*« (Organisation 13). Hier wird ersichtlich, dass betriebswirtschaftliche Methoden der Strategieplanung angewendet werden, um eine kohärente Corporate Identity zu entwickeln.

Die Kommunikation der Projekte und Erfolge nach außen, sowie die Maßnahmen im Bereich Legitimation und Transparenz, erfordern einen hohen Ressourceneinsatz (vgl. Roberts et al. 2005: 1852). Aus diesem Grund können sich vor allem finanziell sehr gut abgesicherte Organisationen, die neben den operativen Tätigkeiten auch über eigenes administratives Personal verfügen, Professionalisierungsmaßnahmen leisten (vgl. Hwang/Powell 2009: 285).

2.5 Professionalisierung des Personals

Managerialisierte NPOs stellen hohe Professionalitätsansprüche an ihre MitarbeiterInnen. Das zeigt sich auch in der steigenden Anzahl an Weiterbildungs- oder Studienprogrammen für NPO ManagerInnen. In einer Studie zur Situation im deutschsprachigen Raum wurde ein Anstieg von 71 akademischen Programmen im Bereich Sozialmanagement/Sozialwirtschaft im Wintersemester 2003/4 auf 96 im Jahr 2006 festgestellt, das entspricht einer Steigerung von 35 % (vgl. Boeßenecker/Markert 2008: 172). Die Akademisierung des Managements von Nonprofit-Organisationen spiegelt sich auch in der Entstehung von themenspezifischen Forschungsgesellschaften und Fachjournals wider (vgl. Langer/Schröer 2011: 25). An Freiwillige werden von einer professionalisierten NPO dabei ähnliche Professionalitätsanforderungen gestellt wie an das bezahlte Personal. Das Management von und mit Freiwilligen erfolgt dementsprechend auch mittels betriebswirtschaftlicher Methoden, wie etwa einer strukturierten Auswahl, Weiterbildung und gegebenenfalls Kündigung (vgl. Meier/Leitner 2011: 222).

Die zunehmende Professionalisierung der NPOs führt insgesamt zu einem verstärkten Fokus auf bezahlte Arbeitskräfte (vgl. Hwang/Powell 2009: 270). Diese Veränderung kann teilweise auf die gestiegenen Rechenschaftspflichten der öffentlichen Hand zurückgeführt werden. Dies wird damit erklärt, dass »*[...] Freiwillige nicht in der Weise ausgebildet sind wie unser professionelles Personal. Also wir brauchen bestimmtes Personal um den gesetzlichen Anforderungen auch Genüge zu tun und das kann man nicht durch Freiwillige ersetzen. Freiwilligenarbeit ist immer das Nette dazu*« (Organisation 10). Der Ruf nach hochqualifiziertem Personal lässt die Kosten steigen, gleichzeitig stellt die Reduktion von Personalkosten oft die einzige Möglichkeit zur Erreichung der (geforderten) Effizienzsteigerung dar (vgl. Möhring-Hesse 2008: 150).

Kelley, Lune und Murphy (2005) untersuchen in ihrem Forschungsprojekt, wie sich durch die Professionalisierung von NPOs das Commitment der Freiwilligen verändert. In ihrer Fallstudie zeigt sich, dass durch die Entwicklung einiger Freiwilliger hin zu bezahltem Personal das Engagement der weiterhin ehrenamtlich Tätigen abnimmt (vgl. Kelley et al. 2005). Mit dieser Spannung setzten sich auch unsere GesprächspartnerInnen auseinander: »*Wo ist dieser Punkt wo die Attraktivität für Ehrenamtliche sinkt, weil mehr Hauptamtliche da sind, die viel schneller und die mehr Wissensressourcen haben und weil ihre Arbeitszeit einfach da ist gegenüber denen, die das zusätzlich noch neben ihrem Job machen müssen*« (Organisation 2).

3 Zusammenfassende Darstellung der Ergebnisse

Als Ergebnis unserer qualitativen Studie können somit fünf zentrale Aspekte der Veränderung in Zusammenhang mit dem Managerialismus festgehalten werden. Die Ergebnisse zeigen, dass Ansprüche an Effizienz und Effektivität dazu führen, dass der Fokus der Aktivitäten auf Themen gesetzt wird, die profitabler sind. Auch die organisationalen Strukturen werden im Sinne der Effizienz und Effektivität verändert. Dabei orientieren sich NPOs zunehmend, wie auch Forprofit-Organisationen, am Markt, an der Konkurrenz, an KooperationspartnerInnen und SpenderInnen. Alle getroffenen Entscheidungen müssen von den NPOs legitimiert und transparent gemacht werden. Die Heterogenität der Anspruchsgruppen stellt die NPOs vor die Herausforderung, teilweise widersprüchlichen Erwartungen gerecht zu werden und sich für die eigenen Aktivitäten sowie die Verwendung der zur Verfügung gestellten Gelder zu rechtfertigen. Ein weiterer Aspekt der Veränderung ist die steigende Notwendigkeit der gezielten Imagepflege, um im verstärkten Wettbewerb bestehen zu können.

Abbildung 3.1 Aspekte der Veränderung

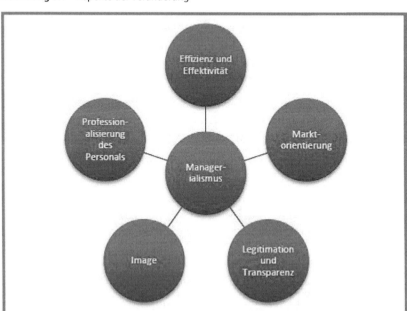

Quelle: Eigene Darstellung

4 Was bedeuten diese Ergebnisse für die gesellschaftlichen Funktionen von NPOs?

Maier et al. (2009) diskutieren in ihrer Arbeit die Auswirkungen des Managerialismus auf die gesellschaftlichen Funktionen von NPOs, nämlich Dienstleistung, Interessensvertretung und Gemeinschaftsbildung. Genannt werden hierbei vier Einflussbereiche: (1) die Effizienz der Funktionserfüllung, (2) Funktionsverschiebung, (3) veränderte Aktivitäten zur Erfüllung bestimmter Funktionen und (4) die Verschiebung der Stakeholderorientierung (vgl. Maier et al. 2009: 94). Managerialismus soll den NPOs dabei helfen, die gesellschaftlichen Aufgaben effizienter zu erfüllen, indem Ressourcen zweckrational eingesetzt werden. Ob dies in der Praxis tatsächlich eingelöst werden kann, stellt ein kontroverses Thema im aktuellen wissenschaftlichen Diskurs dar (vgl. ebd.: 94f.). Die InterviewpartnerInnen unserer Studie haben ebenso eine ambivalente Einstellung zu dieser Thematik, wie etwa folgende Äußerung zeigt: »*Also man merkt auch im Dienstleistungsbereich jetzt zum Beispiel Pflege, die MitarbeiterInnen sagen einfach, es ist nicht mehr möglich, dass sie sich einfach mal nur 10 min zum Bett hinsetzen und 10 min nur mit jemanden reden. Das ist nicht vorgesehen in einer Abrechnungsspalte 10 min Zeit mit jemanden verbringen, das geht nicht. Und das macht die Mitarbeiter fertig, das macht die alten Leute fertig, das macht uns fertig weil wir kalkulieren müssen*« (Organisation 10). Es zeigt sich, dass Effizienz in der Funktionserfüllung mit dem Anspruch an Qualität in Konflikt stehen kann.

In Zusammenhang mit unserer Studie lässt sich vermuten, dass die unterschiedlichen Funktionen durch die Orientierung an Effektivität und Effizienz ungleichmäßig bearbeitet werden und dies damit auch zu einer Funktionsverschiebung führt. Maier et al. argumentieren, dass bei der Funktionsverschiebung der Managerialismus vermutlich am kompatibelsten mit der Dienstleistungsfunktion ist (vgl. Maier et al. 2009: 95f.). In Verbindung mit den Ergebnissen unserer Studie ist die Orientierung an der Dienstleistungsfunktion auf die erhöhte Forderung an Legitimation zurückzuführen. Auf diese gesellschaftliche Funktionen sind die Instrumentarien der Betriebswirtschaft am leichtesten anzuwenden und gleichzeitig lässt sich diese am einfachsten messen. Dieses Spannungsfeld drückt eine Führungskraft folgendermaßen aus, »*[...] das hängt aber auch mit unserer Legitimation dem Fördergeber gegenüber zusammen, der möchte eigentlich nur Service zahlen und wir sind der Meinung da muss mindestens 50% für Kulturpolitik drinnen sein [...]*« (Organisation 4). Es ist anzunehmen, dass Interessensvertretung und Gemeinschaftsbildung daher an Bedeutung verlieren.

Die Veränderung der Aktivitäten bei gleichbleibender Funktion bringt mit sich, dass Managerialismus zu kurzfristigen Sichtweisen und einer Kommerzialisierung führt. Der Fokus wird dabei auf bestimmte Kernkompetenzen (bestimmte Dienstleistungen, Themen, KlientInnengruppen) gelegt (vgl. Maier et al. 2009: 96). Dies zeigen auch die Ergebnisse der Interviews, wo einige der befragten Führungskräfte darauf hinweisen, dass eine Spezialisierung auf ein Kernthema im Rahmen der einzelnen gesellschaftlichen Funktionen erfolgt. »*Wir teilen [...] diesen Verkehrsbereich thematisch in vier Bereiche [...] und wir können nicht alle Vier gleichzeitig betreiben, das heißt wir müssen uns [...] entscheiden, welchen Schwerpunkt wir setzen und können vielleicht einen Zweiten noch ein bisschen mitmachen, aber nicht alle Vier. Obwohl eigentlich in allen vier Bereichen gesellschaftlich etwas stattfindet*« (Organisation 11).

Die Verschiebung der Stakeholderorientierung bedeutet eine zunehmende Fokussierung auf bestimmte Anspruchsgruppen, wie GeldgeberInnen und KlientInnen. Aber auch die gestiegene Bedeutung von ManagerInnen und Hauptamtlichen sowie der gleichzeitige Bedeutungsverlust von Freiwilligen wird thematisiert (vgl. Maier et al. 2009: 96). In Zusammenhang mit unserer Studie bestätigt sich, dass NPOs Gefahr laufen, sich vor allem bei der Akquirierung von Geld auf bestimmte Gruppen und Themen zu zentrieren und damit im Rahmen der gesellschaftlichen Funktion einzelne Themen bzw. kommerziellere Themen bevorzugt zu behandeln. »*Wie [die Organisation] begonnen hat war alles ehrenamtlich, der Pressesprecher war ehrenamtlich, der Generalsekretär war ehrenamtlich, Lobbying auf höchster Ebene ist ehrenamtlich gemacht worden und jetzt wäre das gar nicht mehr möglich. Also auch der Anspruch der von den Stakeholdern kommt, ist ein anderer als er früher einmal war*« (Organisation 9).

5 Hybridisierung als Folge des Managerialismus

Als Folge des Managerialismus wird in der Literatur oft Hybridisierung genannt. Hybridisierung beschreibt das zunehmende Verschwimmen der Grenzen zwischen Markt, Staat und Nonprofit-Sektor, wobei hybride Organisationen verschiedene Elemente aus den drei Sphären kombinieren (vgl. Brandsen et al. 2005: 750). Hybride Organisationen entstehen jedoch nicht nur aufgrund von Professionalisierung und Ökonomisierung der Nonprofit-Organisationen, sondern auch durch die zunehmende Orientierung von Forprofit-Organisationen an sozialen und ökologischen Kriterien (vgl. Hybrechts/Defourny 2008, Skloot 1983, Emerson/Twesky 1996 zitiert nach Glänztel/Schmitz 2012: 182).

Evers (2008) unterscheidet Hybridisierung anhand vier verschiedener Dimensionen: Ressourcen, Ziele, Governance und Corporate Identity. Diese können entweder auf organisationaler Ebene oder in organisationalen Netzwerken, beispielsweise bei Public-Private-Partnerships, untersucht werden (vgl. Evers 2008: 284 ff.). Einen ähnlichen Ansatz verfolgen Glänzel und Schmitz (2012) mit dem Würfelmodell, mit dem die verschiedenen Grade und Strukturen organisationaler Hybridität analysiert werden können. Dieses umfasst ebenfalls Sektor-Ressourcen (ökonomische, politische und soziale) und Ziele. Darüber hinaus wird in einer weiteren Dimension die Integrität der Verfolgung von Prinzipien behandelt (vgl. Glänzel/Schmitz 2012: 190 ff.).

Hybride Organisationen lassen sich nicht nur im Nonprofit-Sektor finden, empirisch ist es auch im Forprofit- und im staatlichen Bereich schwierig, idealtypische Organisationen voneinander abzugrenzen (vgl. Brandsen et al. 2005). Das zeigt auch die zunehmende Fülle an Forschungsarbeiten zu den Themen »Corporate Social Responsibility«, »Social Entrepreneurship«, »Corporate Citizenship« und »Social Business« (Schmitz 2013: 69). Hauptaufgabe von hybriden Organisationen ist es, zwischen den verschiedenen Sektorlogiken zu vermitteln, wobei es dabei oft zu Spannungen kommen kann (z.B. zwischen ökonomischem Gewinnstreben und sozialen/ökologischen Kriterien) (vgl. Glänzel/Schmitz 2012).

6 Ausblick

Das Gebiet der Hybridisierung ist insgesamt ein relativ junges Forschungsfeld, in dem es noch präzisere Definitionen sowie Indikatoren braucht. Darüber hinaus besteht auch Forschungsbedarf in der Abgrenzung verschiedener Formen hybrider Organisationen (vgl. Glänzel/Schmitz 2012: 191). Evers hält fest, dass historische Analysen für die Erfassung hybrider Organisationen und ihrer Einbettung in die Umwelt benötigt werden (vgl. Evers 2008: 290). Die Nutzung betriebswirtschaftlicher Werkzeuge und die Orientierung an Aspekten wie Effizienz, Effektivität oder Wettbewerb führt oft zur Annäherung von NPOs an Forprofit-Organisationen und zur Tendenz der Entstehung hybrider Organisationen. Als Folge des Managerialismus kann es auch zu einem »mission drift« kommen, zu einer Situation also, in der die NPO die eigene Mission und Vision aus den Augen zu verlieren droht. Zur Frage des organisationalen Umgangs mit diesen wie den anderen genannten Spannungsfeldern wird es in Zukunft verstärkt Forschungsbedarf geben.

Im Gegensatz zur Hybridisierung gibt es zum Thema des Managerialismus schon eine größere Anzahl an Publikationen, es fehlt allerdings noch an empirischen Studien über dessen Auswirkungen. Damit gibt es im wissenschaftlichen Diskurs kaum Erkenntnisse über den tatsächlichen Einfluss von Managerialismus in Nonprofit-Organisationen (vgl. Meyer/Leitner 2011: 88).

Inwieweit die Verwendung der betriebswirtschaftlichen Techniken, Regeln, Werte und Logiken letztendlich sinnvoll und profitabel ist, ob Alternativen vorhanden sind und wie diese gegebenenfalls zu beurteilen sind, ist somit noch offen.

Die hier vorgestellte Studie hat gezeigt, dass zentrale Aspekte des Managerialismus in den österreichischen Nonprofit-Organisationen Einzug gehalten haben. Für zukünftige Erhebungen werden besonders quantitative Herangehensweisen sowie Paneldesigns von Interesse sein, um die Entwicklungen zu systematisieren und die Dimension der Auswirkung zu erfassen. Darüber hinaus gibt es einen großen Forschungsbedarf im Bereich länderübergreifender Untersuchungen der Auswirkungen des Managerialismus auf NPOs in unterschiedlichen nationalen Kontexten.

Literatur

Brandsen, T., Van de Donk W., & K. Putters (2005): Griffins or Chameleons? Hybridity as a Permanent and Inevitable Characteristic of the Third Sector. In: International Journal of Public Administration, Volume 28, S. 749–765.

Boeßenecker, K.-H. & A. Markert (2008): Entwicklungstendenzen und Perspektiven der Aus- und Weiterbildung in der Sozialwirtschaft: Die neuen Unübersichtlichkeiten. In: Brinkmann, V. (Hrsg.): Personalentwicklung und Personalmanagement in der Sozialwirtschaft. Tagungsband der 2. Norddeutschen Sozialwirtschaftsmesse, Wiesbaden: VS Verlag, S. 163–182.

Dart, R. (2004): Being »Business-Like« in a Nonprofit Organization: A Grounded and Inductive Typology. In: Nonprofit and Voluntary Sector Quarterly, Volume 33, Heft 2, S. 290–310.

Evers, A. (2008): Hybrid organisations. Background, concept, challenges. In: Osborne, S. P. (Hrsg.): The Third Sector in Europe, London, New York: Routledge, 279–292.

Glänzel, G. & B. Schmitz (2012): Hybride Organisationen – Spezial- oder Regelfall?. In: Anheier, H. K., Schröer A. & V. Then (Hrsg.): Soziale Investitionen. Interdisziplinäre Perspektiven, Wiesbaden: Springer VS Verlag für Sozialwissenschaften, S. 181–203.

Helmig, B., Purtschert R. & C. Beccarelli (2006): Erfolgsfaktoren im Nonprofit-Management. In: Helmig, B. & R. Purtschert (Hrsg.): Nonprofit-Management. Beispiele für Best Practices im Dritten Sektor. 2. Auflage, Wiesbaden: Betriebswirtschaftlicher Verlag Dr. Th. Gabler/GWV Fachverlage GmbH, S. 351–359.

Hunziker, B. (2011): Professionalisierung im Fundraising – Auswirkungen des Ökonomisierungsdrucks und mögliche Auswege. In: Langer, A. & A. Schröer (Hrsg.): Professionalisierung im Nonprofit Management, Wiesbaden: VS-Verl., S. 273–291.

Hwang, H. & W. W. Powell (2009): The Rationalization of Charity: The Influences of Professionalism in the Nonprofit Sector. In: Administrative Science Quarterly, Volume 54, S. 268–298.

Kelley, M. S., Lune H. & S. Murphy (2005): Doing Syringe Exchange: Organizational Transformation and Volunteer Commitment. In: Nonprofit and Voluntary Sector Quarterly, Volume 34, Heft 3, S. 362–386.

Kreutzer, K. & U. Jäger (2011): Volunteering Versus Managerialism: Conflict Over Organizational Identity in Voluntary Associations. In: Nonprofit and Voluntary Sector Quarterly, Volume 40, Heft 4, S. 634–661.
Langer, A. & A. Schröer (2011): Professionalisierung im Nonprofit Management. In: Langer, A. & A. Schröer (Hrsg.): Professionalisierung im Nonprofit Management, Wiesbaden: Springer VS, S. 9–31.
Maier, F. & J. Leitner (2011): Verbetriebswirtschaftlichung ohne Kommerzialisierung? Zur Empirie von Non-Profit-Organisationen. In: Kettner, M. & P. Koslowski (Hrsg.): Ökonomisierung und Kommerzialisierung der Gesellschaft. Wirtschaftsphilosophische Unterscheidungen, München: Wilhelm Fink Verlag, S. 215–236.
Maier, F., Leitner J., Meyer M. & R. Millner (2009): Managerialismus in Nonprofit Organisationen. Zur Untersuchung von Wirkungen und unerwünschten Nebenwirkungen. In: Kurswechsel, Heft 4, S. 94–101.
Meyer, M., Buber R. & A. Aghamanoukjan (2012): In Search of Legitimacy: Managerialism and Legitimation in Civil Society Organizations. In: ISTR Voluntas, Volume 24, S. 167–193.
Meyer, M. & J. Leitner (2011): Warnung: Zuviel Management kann Ihre NPO zerstören. Managerialismus und seine Folgen in NPO. In: Langer, A. & A. Schröer (Hrsg.): Professionalisierung im Nonprofit Management, Wiesbaden: Springer VS, S. 87–104.
Meyer, M. & R. Simsa (2013): Entwicklungsperspektiven des Nonprofit-Sektors. In: Simsa, R., Meyer, M. & C. Badelt (Hrsg.): Handbuch der Nonprofit-Organisationen. Strukturen und Management. 5. Auflage, Stuttgart: Schäffer-Poeschel Verlag, S. 509–524.
Möhring-Hesse, M. (2008): Verbetriebswirtschaftlichung und Verstaatlichung. Die Entwicklung der Sozialen Dienste und der Freien Wohlfahrtspflege. In: Zeitschrift für Sozialreform, Volume 54, Heft 2, S. 141–160.
Neumayr, M. (2010): Resource Dependence: Der Einfluss öffentlicher Finanzierungsformen auf die Funktionen von Nonprofit Organisationen in Österreich. Doctoral thesis, Wien: WU Vienna University of Economics and Business.
Roberts, S. M., Jones J. P. & O. Fröhling (2005): NGOs and the Globalization of Managerialism: A Research Framework. In: World Development, Volume 33, Heft 11, S. 1845–1864.
Schmitz, B. (2013): Muster organisationaler Hybridität. Ein Indikatorenmodell zur Messung von Hybridität in Organisationen. In: Gebauer, J .& H. Schirmer (Hrsg.): Unternehmerisch und verantwortlich wirken? Forschung an der Schnittstelle von Corporate Social Responsibility und Social Entrepreneurship, Berlin: Schriftenreihe des IÖW, 204, Heft 13, S. 69–104.
Toepler, S. (2006): Caveat Venditor? Museum Merchandising, Nonprofit Commercialization, and the Case of the Metropolitan Museum in New York. In: Voluntas, Volume 17, S. 99–113.
Theuvsen, L. (2008): Transparenz von Nonprofit-Organisationen. In: Schauer, R., Helmig B., Purtschert R. & D. Witt (Hrsg.): Steuerung und Kontrolle in Nonpro-

fit-Organisationen. 8. Colloquium der NPO-Forscher im deutschsprachigen Raum, Linz: Trauner Verlag, S. 37–72.

Wilson, M. & R. S. Larson (2002): Nonprofit Management Students: Who They Are and Why They Enroll. In: Nonprofit and Voluntary Sector Quarterly, Volume 31, Heft 2, S. 259–270.

Teil IV
Instrumente und Formate aus Sicht von Praxis und Forschungsförderung

Stiftungsforschung heute und morgen – eine Einschätzung des Bundesverbandes Deutscher Stiftungen

22

Antje Bischoff/Sandra Hagedorn

Abstract: Welche Themen bewegen Stiftungen aktuell und welche werden zukünftig an Bedeutung zunehmen? In diesem Beitrag wirft der Bundesverband Deutscher Stiftungen aus anwendungsorientierter Perspektive einen Blick auf die Forschungsdesiderate im Stiftungssektor. Seit 2012 bündelt der Verband eigene Forschungsprojekte in seinem Kompetenzzentrum Stiftungsforschung. Eingangs werden dessen Forschungsverständnis und -methoden kurz skizziert. Der zweite Abschnitt erläutert die Forschungsagenda des Kompetenzzentrums. Auf ihr finden sich vor allem Themen, die Stiftungen aktuell umtreiben: Finanzen, Stiftungsmanagement sowie Ehrenamt und Nachfolgeproblematik. Der dritte und letzte Abschnitt enthält eine Einschätzung des Kompetenzzentrums Stiftungsforschung zum künftigen Forschungsbedarf und zeigt auf, welche Felder die Zivilgesellschafts- und Stiftungsforschung aus seiner Sicht vermehrt bearbeiten sollten. Vor allem Fragen zur Wirkung von Stiftungen, ihrem Rollenverständnis und Einfluss sowie Ökonomisierungstendenzen im Stiftungssektor werden als zukunftträchtige Themen identifiziert. Aber auch kleine Stiftungen, die einen Großteil der Stiftungslandschaft ausmachen, sollten vermehrt im Forschungsfokus stehen.

Keywords: Stiftungsforschung, Nonprofit-Organisationen, Dritter Sektor, Zivilgesellschaft

1 Forschungsverständnis des Kompetenzzentrums Stiftungsforschung

1.1 Anwendungsorientierte Forschung

Das Wachstum des Stiftungssektors in Deutschland ist unter anderem Ausdruck eines verstärkten privaten Engagements für die gegenwärtigen und zukünftigen Herausforderungen des Gemeinwesens. Einhergehend mit diesem Wachstum hat sich auch das Selbstverständnis der Stiftungen teilweise verändert. Dazu gehört, dass Stiftungen zunehmend eine Rolle bei der Erledigung öffentlicher Aufgaben spielen und auch häufiger »Agenda Setting« für gesellschaftliche Fragestellungen übernehmen. Vor diesem Hintergrund hat sich auch die Rolle des Bundesverbandes Deutscher Stiftungen gewandelt: Neben seiner Funktion als Interessenvertreter der gemeinnützigen Stiftungen und Katalysator für Austausch und Vernetzung unter Mitgliedsstiftungen hat seine Bedeutung als Berater und Impulsgeber für Stiftungen zugenommen. Diese Entwicklung war ein wesentlicher Grund dafür, das Kompetenzzentrum Stiftungsforschung im Bundesverband zu etablieren. Mit Blick auf das Ziel, der Stiftungspraxis zu nützen, konzentriert sich das Kompetenzzentrum auf anwendungsorientierte Forschung. Ausgangspunkt sind dabei vor allem die Fragen: Welche aktuellen Themen bewegen Stiftungen und ihre Mitarbeiterinnen und Mitarbeiter oder sollten von ihnen stärker wahrgenommen werden? Wo fehlt es an Informationen und welche Handreichungen werden benötigt, um das Stiftungshandeln zu verbessern?

Die untersuchten Themen betreffen jedoch nicht immer alle Stiftungen gleichermaßen – das ist angesichts der Vielfalt innerhalb der Stiftungslandschaft offensichtlich. Außerdem darf nicht vergessen werden: Um Stiftungen Empfehlungen für ihre Arbeit geben zu können, muss zunächst der Status Quo erfasst werden – vor allem Daten zu speziellen Stiftungsthemen fehlen oft. Ein Beispiel: Die im Herbst 2013 erschienene Studie »Kommunale Stiftungen in Deutschland« (vgl. Leseberg et al. 2013) nimmt erstmals diesen speziellen Stiftungstyp genauer in den Blick. Erst auf der Grundlage der erarbeiteten Studienergebnisse konnte der Bundesverband Deutscher Stiftungen Schlussfolgerungen für die Praxis der kommunalen Stiftungsverwaltung ableiten.

Angesichts der wachsenden Zusammenarbeit von Stiftungen mit Akteuren anderer Sektoren (Politik, Verwaltung, Wirtschaft) stellen diesbezügliche Fragestellungen ein weiteres wichtiges Forschungsgebiet des Kompetenzzentrums dar. Dazu gehört etwa die Studie »Stiftungen und Teilhabe von Kindern und Jugendlichen« (vgl. Bischoff et al. 2012), die einen wichtigen Baustein für die Entwicklung der Zusammenarbeit von Stiftungen und dem Bundesministerium für Arbeit und Soziales im Zusammenhang mit dem neuen »Bildungs- und Teilhabepaket« des Ministeriums bildete.

1.2 Instrumente und Methoden des Kompetenzzentrums

Eine wesentliche Grundlage für die Arbeit des Kompetenzzentrums Stiftungsforschung ist die Datenbank Deutscher Stiftungen, die wichtigste und umfangreichste Datensammlung zum deutschen Stiftungswesen. Sie wird vom Bundesverband Deutscher Stiftungen intensiv gepflegt und fortlaufend aktualisiert. Daneben hat der Bundesverband 2012 das erste deutsche StiftungsPanel eingerichtet. Es wird von der Joachim Herz Stiftung, der Software AG Stiftung sowie dem Bundesministerium für Familie, Senioren, Frauen und Jugend unterstützt. Beim StiftungsPanel nehmen registrierte Stiftungen regelmäßig an Befragungen teil. Es stellt ein geeignetes Instrument dar, um nicht nur zeitnah und unkompliziert aktuelle Fragestellungen aufzugreifen, sondern auch systematisch und vor allem langfristig Trends im deutschen Stiftungssektor zu erforschen. Mit dem StiftungsPanel werden Ad-hoc-Befragungen sowie einmal jährlich eine Längsschnittbefragung durchgeführt. Neben quantitativen Forschungsmethoden kommen auch qualitative Methoden wie Experteninterviews zum Einsatz.

2 Stiftungsforschung heute: Aktuelle Forschungsvorhaben des Kompetenzzentrums Stiftungsforschung

2.1 Stiftungen und Finanzen

Der Bundesverband hat bereits mehrere Studien rund um das Thema Stiftungsfinanzen herausgegeben (vgl. Bischoff/Merai 2008, 2011, Schneeweiß/Weber 2012, Bischoff/Wiener 2013). Auch künftige Befragungen werden unter anderem auf den Finanzbereich fokussieren, zumal die Niedrigzinsphase anhält und die Frage nach der »richtigen« Vermögensanlage die Mehrheit der Stiftungen weiterhin beschäftigen wird. Alternative Formen der Vermögensanlage können durch die Entwicklungen am Finanzmarkt für Stiftungen interessant werden: Wenn die Zinserträge nachlassen, wirkt dies als zusätzliche Motivation für Stiftungen, über zweckorientierte Vermögensanlage, so genannte Mission Related Investments (MRI), nachzudenken (vgl. Schneeweiß/Weber 2012). MRI sind Vermögensanlagen, die den Stiftungszweck mit befördern und somit die satzungszweckorientierten Handlungsmöglichkeiten von Stiftungen – auch in Niedrigzinsphasen – erweitern können. Der im November 2013 erschienene Stiftungsfokus »Stiftungsfinanzen in Krisenzeiten« zeigte allerdings, dass nur wenige der befragten Stiftungen in den nächsten Monaten eine zweckorientierte Vermögensanlage planen (vgl. Bischoff/Wiener 2013: 4). Die Ergebnisse machten aber auch deutlich, dass beispielsweise das Thema Fundraising immer mehr an Bedeutung gewinnt: Vor allem kleine Stiftungen gaben an, dass sie zukünftig vermehrt Fundraising betreiben möchten (vgl. Bischoff/Wiener 2013: 7).

2.2 Stiftungsmanagement

Fragen zum Stiftungsmanagement und der Wirkungsweise von Stiftungen wurden in den letzten Jahren im Stiftungssektor vermehrt thematisiert. Das dürfte auch mit einer Tendenz zur Professionalisierung des Sektors zu tun haben. Dementsprechend wurden diesbezügliche Fragestellungen an den Bundesverband Deutscher Stiftungen häufiger als zuvor herangetragen. Die Relevanz des Themas spiegelt sich zudem im Anstieg von Publikationen und Veranstaltungen wider (siehe auch Abschnitt 3). Der Verband nimmt an, dass die Professionalisierung im weiterhin wachsenden Stiftungswesen in den nächsten Jahren zu weiteren Veränderungen im Bereich des Stiftungsmanagements und der Strategie(entwicklung) beitragen wird. Stiftungsstrategien stehen daher im Zentrum der Längsschnittbefragung des StiftungsPanels. Erstmals im November 2013 durchgeführt, werden Stiftungen nun jährlich zu ihren Strategien in einzelnen Bereichen (u. a. Finanzen, Kommunikation, Kooperation) befragt. Der Schwerpunkt liegt hierbei auf Fragen zu Strategieplanungs- und Evaluationsprozessen. Ziel ist es, zu untersuchen, ob sich solche Prozesse über die Zeit verändern und falls ja, auf welche Weise dies geschieht.

2.3 Motive und Beweggründe für das Stiften: Neuauflage der Stifterstudie

Im Jahr 2005 erschien die »Stifterstudie« der Bertelsmann Stiftung, die erstmals Stifterinnen und Stifter zu ihren Motiven für die Stiftungsgründung befragte (vgl. Timmer 2006). Partner bei der damaligen Studie waren das Berliner Institut für Sozialforschung und der Bundesverband Deutscher Stiftungen. Zehn Jahre nach Beginn der ersten Stifterstudie startet der Bundesverband 2014 eine Neuauflage der Studie. Kernstück wird wiederum eine Umfrage unter den deutschen Stifterinnen und Stiftern sein, die seit 1990 eine Stiftung ins Leben gerufen haben. Die quantitative Befragung soll durch Leitfaden-Interviews ergänzt werden. Ein Augenmerk wird auch darauf liegen, ob sich im Laufe der Jahre die Beweggründe zum Stiften verändert haben oder nicht.

2.4 Ehrenamt und Nachfolgeproblematik

Das Thema »Ehrenamt« ist seit jeher für viele Stiftungen allgegenwärtig. Ein Großteil der Stiftungen arbeitet mit Ehrenamtlichen in einzelnen Projekten oder Freiwilligenagenturen zusammen, zudem wird in der Mehrzahl der Stiftungen die tägliche Stiftungsarbeit von ehrenamtlich Tätigen erledigt; und selbst in größeren Stiftungen werden Gremien- und Gutachtertätigkeiten in der Regel nicht oder allenfalls mit Aufwandspauschalen vergütet. Viele der in der Phase des so genannten Stiftungsbooms in den letzten beiden Jahrzehnten errichteten kleineren Stiftungen beruhen wesentlich auf dem Engagement der Stiftenden. Die große Herausforderung, vor der viele von ihnen schon bald stehen dürften, ist das oftmals (mittlerweile) hohe Alter der Gremienmitglieder und die damit einhergehende Frage, wie die Nachfolge geregelt werden soll, wenn diese aus ihrer Position ausscheiden. Die Datenlage zu ehrenamtlich Tätigen in Stiftungen ist bislang eher dünn. Hier möchte der Bundesverband noch in diesem Jahr mit einer Stiftungsstudie ansetzen, in der neben einer quantitativen Panel-Befragung auch qualitative Methoden zum Einsatz kommen. In der Untersuchung werden unter anderem Fragen zu Anzahl und Positionen von Ehrenamtlichen sowie Aspekte des Freiwilligenmanagements und der -koordination adressiert. Auf den Ergebnissen wird im nächsten Jahr (2015) eine Studie zur Nachfolgeregelung in Stiftungen aufbauen.

2.5 Erschließung von Stiftungsarchiven

Neben der Durchführung der genannten Studien zur Stiftungs*praxis* geht es dem Kompetenzzentrum Stiftungsforschung selbstverständlich auch darum, einen Mehrwert für Wissenschaft und Öffentlichkeit zu schaffen. Das aktuelle Projekt »Erschließung und Dokumentation von Stiftungsarchiven« – in Zusammenarbeit mit dem Hermann von Helmholtz-Zentrum für Kulturtechnik der Humboldt-Universität – ist dafür ein gutes Beispiel. Viele Stiftungen verfügen über bedeutende Archive, denen bisher – auch von Seiten der Forschung – wenig Beachtung geschenkt wurde. Das Projekt wird nicht nur aufschlussreiche Ergebnisse für Stiftungen, sondern auch für Wissenschaftlerinnen und Wissenschaftler sowie die interessierte Öffentlichkeit liefern. Die Resultate werden sowohl in einem eigenen Online-Portal als auch in gedruckter Form veröffentlicht.

3 Stiftungsforschung morgen: Eine Reiseroute aus Sicht der Praxis

Der Bundesverband Deutscher Stiftungen kann aus seiner praktischen Arbeit eine Reihe von Forschungsbedarfen ableiten. Sie beziehen sich einesteils auf den Stiftungssektor selbst, andernteils auf dessen Verhältnis zu anderen Akteuren des Dritten Sektors, zur Wirtschaft und zur Politik. Dabei geht es auch darum, welche

Themen aus Stiftungssicht perspektivisch relevant werden und somit stärker beforscht werden sollten.

3.1 Entwicklungen im Stiftungswesen: Fokus »kleine« Stiftungen

Vielfach adressieren aktuelle Studien lediglich kapitalstarke Stiftungen (vgl. Then et al. 2012a)[1]. Auch Unternehmensstiftungen oder unternehmensverbundene Stiftungen stehen vermehrt im Fokus (vgl. Eulerich/Welge 2011, IFD Allensbach 2012). Als vordringliches Forschungsfeld identifiziert der Bundesverband jedoch die Gruppe »kleiner« Stiftungen, die in den vergangenen Jahren sehr zahlreich mit wenig Kapital errichtet wurden (vgl. Bundesverband Deutscher Stiftungen 2011: 54 f.). Derzeit ist nicht erforscht, wie sich diese Stiftungen nach ihrer Gründung weiterentwickeln. Zwar können sie durchaus wachsen, zumal durch testamentarische oder andere Zuwendungen des Stifters oder der Stifterin, ferner kann die Akquisition von Zuwendungen Dritter ein Wachstum der Stiftung bewirken; das (finanzielle) Wachstum kann aber auch ausbleiben und eine »kleine« Stiftung – insbesondere angesichts der Zinskrise – dann unter Umständen vor erhebliche Probleme stellen. Wie nachhaltig kann die Stiftungsarbeit dann sein? Die Thematik wird aktuell vom juristischen Standpunkt aus beleuchtet: Hüttemann und Rawert (2013) sprechen mittlerweile von den »notleidenden Stiftungen«. Quantitative Daten zu den genannten Entwicklungen fehlen jedoch.

Die Frage der Nachhaltigkeit stellt sich aber nicht nur in finanzieller Hinsicht. Bekommt der Stiftungssektor ein »Nachhaltigkeitsproblem«, wenn aktive Stifterinnen oder Stifter sterben, die bislang ihre »kleine« Stiftung durch hohes persönliches Engagement »lebensfähig« hielten (vgl. Hüttemann/Rawert 2013: 2137)? Es kann durchaus passieren, dass Nachkommen oder bislang ehrenamtlich Engagierte (zum Beispiel aus dem Umfeld des Stiftenden) sich nicht mehr für eine solche Stiftung verantwortlich fühlen. Demzufolge hat der demografische Wandel möglicherweise gerade für kapitalschwache Stiftungen gravierende Folgen. Wirklich untersucht ist diese Problematik bislang noch nicht. Die für 2015 geplante Studie des Kompetenzzentrums Stiftungsforschung zum Thema »Nachfolge« kann möglicherweise zunächst nur Anhaltspunkte liefern, wie gerade die Gruppe der »notleidenden« Stiftungen diesbezüglichen Herausforderungen begegnen kann.

Für die Zivilgesellschaftsforschung ist ein weiterer Aspekt im Hinblick auf »kleine« Stiftungen von Interesse: Da viele dieser Stiftungen keine Förderstiftungen »alten Typs« sind, sondern eher wie spezifische Nicht-Regierungsorganisa-

---

1 Dies mag auch damit zusammenhängen, dass sich unter den Förderern solcher Studien manchmal Finanzdienstleister oder Beratungsunternehmen finden.

tionen (NROs) agieren, stellt sich die Frage nach ihrem Selbstverständnis und ihrer Funktion in der (lokalen) Zivilgesellschaft. Hat die Rechtsform »Stiftung« ggf. eine Auswirkung auf ihr »NRO-Handeln« und wenn ja, welche? Existiert auch in diesen Stiftungen der so genannte Mittelschichtsbias (vgl. Klein/Schwalb 2013: 11, Sandberg 2013)? Falls ja, wie könnte er behoben werden? Aus Sicht des Bundesverbandes Deutscher Stiftungen sollten diese Fragen auch unter Einbeziehung von Erkenntnissen aus der Organisationsforschung, der Bewegungs- und Protestforschung und der Partizipationsforschung unter die Lupe genommen werden.

3.2 Wirkung von Stiftungen

Wie Stiftungen wirken, ist sowohl für die Evaluationsforschung als auch für die Stiftungen selbst ein zentrales und lohnendes Thema. Offenbar treibt die Frage nach der Wirkung Stiftungen vermehrt um. Dies lässt sich unter anderem an dem regen Zuspruch ablesen, den die Tagung der Volkswagen Stiftung »Wie wirken Stiftungen? – Eine Veranstaltung zur Professionalisierung des Stiftungshandelns« im Februar 2014 erfahren hat. Inzwischen unterziehen sich einige Stiftungen selbst einer Wahrnehmungs- oder Wirkungsanalyse (vgl. Stiftung Polytechnische Gesellschaft 2011, Then et al. 2012b, Donsbach/Brade 2013). Nichtsdestotrotz bleiben hier Fragen offen: Wie viele Stiftungen setzen sich derzeit tatsächlich mit ihrer Wirkung auseinander beziehungsweise bei welchen Stiftungen wird »Wirkungsorientierung« vermehrt mitgedacht? Werden dementsprechend finanzielle Mittel für Evaluationen eingestellt und falls ja, welchen Prozentsatz eines Projektbudgets machen diese aus? Existieren in punkto Wirkungsorientierung Unterschiede zwischen fördernden und operativ tätigen Stiftungen? Unterscheiden sich operative Stiftungen in ihrem Wirken von anderen zivilgesellschaftlichen Akteuren?

Aktuell befasst sich ein mehrjähriges Forschungsprojekt der Hertie School of Governance und des Centrums für soziale Investitionen und Innovationen mit dem Beitrag von Stiftungen insbesondere im Bereich Bildung und Erziehung, Wissenschaft und Forschung, Soziales, Kunst und Kultur, Advocacy sowie dem Querschnittsthema Integration. Der Bundesverband sieht ergänzend zu bestehenden Forschungsvorhaben die Bedeutung von Stiftungen für verschiedene Sektoren wie den Sport- und den non-formalen Bildungssektor oder auch die Kirchen als wichtiges Forschungsthema an. So haben beispielsweise Kirchen und die ihr zugeordneten Organisationen auf Grund des (auch demografisch bedingten) Mitgliederrückgangs mit Einbußen zu kämpfen – dies kann sich negativ auf Pfarrstellen, Kirchenmusik etc. auswirken und die Attraktivität dieser Institutionen schmälern. Wo dies durch Stiftungsmittel kompensiert werden kann, werden solche Effekte vermutlich abgemildert. Stabilisieren Stiftungen also in nennenswerter Weise und eventuell zunehmend die Rolle der Sportorganisationen, Bildungsakteure oder Kirchen? Falls ja, wie groß ist der finanzielle Stabilisierungseffekt in den genannten Bereichen, welche Rolle spielt er? Überhaupt ist dies eine spannende Frage: Lässt sich der finanzielle Beitrag, den Stiftungen zum Gemeinwohl beisteuern, auch in seiner gesellschaftlichen Wirkung finanziell bemessen und darstellen? In ihrer Meta-Analyse von Social Return of Investment(SROI)-Studien stellen Krlev et al. (2013: 34) jedenfalls fest, dass Stiftungen bei dieser Art von sozialer Wirkungsmessung bislang nur sehr selten im Fokus stehen. Will man dies ändern, müssen vermutlich die Wirtschaftswissenschaften stärker in den Forschungsdiskurs einbezogen werden. Fakt ist, dass »Impact Measurement« ein sehr anspruchsvolles Forschungsdesign erfordert. Im Vorfeld solcher Studien ist sicher ein »Screening« erforderlich, welche Stiftungen bzw. Stiftungsprojekte sich überhaupt für die Ermittlung einer »Sozialrendite« etwa nach dem SROI-Ansatz eignen. Allerdings wünscht sich der Bundesverband Deutscher Stiftungen in der Forschungs- (und Stiftungs-)landschaft ausdrücklich eine lebhaftere Diskussion darüber, ob eine solche Herangehensweise nicht ökonomisch zu sehr verengt ist (siehe unten »Ökonomisierung im Stiftungssektor«)?

Insgesamt kann das Erkenntnisinteresse in punkto »Wirkung« sich nicht allein darauf richten, wie Stiftungen aktuell zum Gemeinwohl beitragen, sondern die Zivilgesellschaftsforschung muss auch in den Blick nehmen, wie und wo Stiftungen langfristig wirken, d. h. welche Aktivitäten und Projekte sich durch besondere Nachhaltigkeit auszeichnen (etwa, indem sie sich skalieren lassen oder weil sie längerfristigen »Kollateralnutzen« bewirken)? Sind Stiftungen auf lange Sicht in der Lage, zivilgesellschaftliches Engagement dauerhaft zu aktivieren und wenn ja, in welcher Form?

Wichtige Voraussetzungen für die Untersuchung dieser und ähnlich gelagerter Fragen sind erstens eine unabhängige Expertise und zweitens eine langfristige Förderung, um überhaupt nachhaltige Wirkungen messen zu können. Wünschenswert wäre hier eine Finanzierung, die etwa von der Deutschen Forschungsgemeinschaft getragen wird – und nicht von den Stiftungen selbst oder von Ministerien.

Abschließend sei angemerkt, dass »Stiftungswirken« nicht getrennt vom »Stiftungshandeln« betrachtet werden kann: Hier sollte Zivilgesellschaftsforschung thematisieren, welcher *Instrumente* sich Stiftungen bedienen, um Wirkung zu erzielen oder sie zu steigern. Ebenso wichtig ist es, die Instrumente anschließend unter eben diesem Gesichtspunkt, der Wirkung, kritisch zu hinterfragen. Für eine Einzelstudie eignet sich in dem Zusammenhang etwa das Thema »Preise«: Sind Stiftungen hier in punkto Effektivität auf der Höhe der Zeit? Werden Preise inflationär vergeben oder gibt es Veränderungen bzw. Neuerungen? Gleiches trifft im Prinzip auf Tagungen zu.

3.3 Rollenverständnis und Einfluss von Stiftungen

Zur Rolle von Stiftungen in Staat und Gesellschaft gibt es bereits eine Reihe von Untersuchungen. Der erste Engagementbericht bezeichnet Stiftungen als wichtige Ergänzung von Markt und Staat (vgl. Deutscher Bundestag 2012: 116). In der Tat sehen sich Stiftungen ungern als »Lückenbüßer« (vgl. Adloff et al. 2004: 106, Bischoff et al. 2012: 77), sondern vielfach eher als bereicherndes »add-on«, Innovatoren oder Themenmotoren. Zu diesen Rollenverständnissen lässt sich durchaus noch eine Reihe von interessanten Forschungsfragen aufwerfen.

So sollte untersucht werden, inwiefern Stiftungen inzwischen nicht doch vermehrt bei vormals staatlich wahrgenommenen Aufgaben einspringen – auch wenn sie dies vom Rollenverständnis her ablehnen. Falls dem so ist, in welchen Bereichen helfen sie konkret aus? Sind bestimmte Stiftungsgruppen, wie beispielsweise Sozialstiftungen häufiger »betroffen« als Kulturstiftungen? Wirkt sich das auch auf das Verhältnis von Erwerbsarbeit und Engagement aus? Reflektieren Stiftungen ihre Rolle? Mischen sie sich eventuell auf Grund eines veränderten Rollenverständnisses auch stärker auf der (kommunal-)politischen Ebene ein?

Hinsichtlich der Rolle von Stiftungen als Themenmotoren bietet die Studie »Denken fördern. Thinktanks als Instrumente wirkungsvoller Stiftungsarbeit.« des Bundesverbandes Deutscher Stiftungen (vgl. Merai et al. 2011) einen guten Einstieg. Über diese Untersuchung hinaus ist es wünschenswert, detaillierter zu erforschen, ob und wie es Stiftungen (auch jenseits der Bertelsmann Stiftung) gelingt, Einfluss auf die Politik und/oder Wirtschaft zu nehmen. Dazu ist allerdings eine detaillierte Analyse der komplexen Wechselwirkungen zwischen Stiftungen als Akteuren der Zivilgesellschaft, Staat und Wirtschaft nötig.

3.4 Ökonomisierung im Stiftungssektor

Priller et al. (2012) haben mit ihrer vergleichenden Organisationsbefragung erste Erkenntnisse zu Ökonomisierungstendenzen bei Stiftungen gewonnen. Hier ist es aus Sicht des Bundesverbandes Deutscher Stiftungen von Interesse, weitergehende Untersuchungen anzustellen. Übernehmen bestimmte Stiftungen bei Ökonomisierungsprozessen eine Vorreiterrolle? Der Generalsekretär des Bundesverbandes Deutscher Stiftungen, Fleisch, merkt dazu an, dass es die Tendenz, alles mit Wirtschaftsbegriffen erfassen zu wollen, nur in einem kleinen Teil des Stiftungssektors gebe, der nicht repräsentativ sei (vgl. Bischoff et al. 2013: 62). Für welche Stiftungen oder Stiftungstypen spielt das Thema überhaupt eine Rolle? Gibt es auch Stiftungen, die sich gegen das zunehmende Effizienz- und Effektivitätsparadigma wehren? Oder sind die Ökonomisierungstendenzen im Stiftungssektor eine vorübergehende Erscheinung? Neben quantitativen sollten zur Erforschung der Thematik unbedingt auch qualitative Methoden zum Einsatz kommen.

3.5 Juristischer Forschungsbedarf

Selbstverständlich identifiziert der Bundesverband Deutscher Stiftungen auch im juristischen Bereich Forschungsbedarf: Dies betrifft zum Beispiel die Frage, wie das Stiftungs(steuer)recht und insbesondere das Gemeinnützigkeitsrecht europafreundlich weiterentwickelt werden kann. Oder wie weitgehend bereits Überschneidungen zwischen Regelungen in einzelnen EU-Staaten bestehen. Zwar gehören diese Aspekte nicht unmittelbar zum Themenfeld der Zivilgesellschaftsforschung im engeren Sinne, sie seien der Vollständigkeit halber aber genannt.

4 Ein Wunsch zum Schluss

Als Interessenvertreter der gemeinwohlorientierten Stiftungen hat der Bundesverband Deutscher Stiftungen »das Ohr am Kunden«, indem er Kontakt zu den 20 150 rechtsfähigen Stiftungen bürgerlichen Rechts und allen anderen Stiftungsformen in Deutschland pflegt. Ihm ist daran gelegen, dass Zivilgesellschaftsforschung die Praxis in den Blick nimmt: Wo liegen die Bedarfe, was treibt Stiftungen aktuell um? Wie kann bereits im Vorfeld eines Forschungsvorhabens die Theorie sinnvoll durch die Expertise von Stiftungsvertreterinnen und -vertretern ergänzt werden? Die »Untersuchungssubjekte« sollten nicht den Eindruck gewinnen, dass Forschung als Selbstzweck betrieben wird – sie strafen dies sonst leicht mit »Umfragemüdigkeit«. Die Engagierten möchten im Gegenteil erkennen, dass Ergebnisse, die Grundlagen- und angewandte Forschung erzielen, nicht ausschließlich, aber zumindest in Teilen als gut lesbare und praxistaugliche Publikationen in den Sektor zurückgespielt werden.

Literatur

Adloff, F., Schwertmann, P., Sprengel, R. & R. Strachwitz (2004): Visions and Roles of Foundations in Europe. The German Report. Arbeitshefte des Maecenata Instituts für Philanthropie und Zivilgesellschaft, Heft 15, Berlin: Maecenata Verlag.
Bischoff, A.& K. Merai (2008): Stiftungen und ihre Banken: Eine Umfrage. In: Bundesverband Deutscher Stiftungen (Hrsg.): StiftungsReport 2008/09. Wie Vielfalt

zusammenhält – Projekte, Initiativen und Menschen, Berlin: Bundesverband Deutscher Stiftungen, S. 22–32.

Bischoff, A.& K. Merai (2011): Stiftungen und Finanzkrise: eine repräsentative Umfrage. In: Bundesverband Deutscher Stiftungen (Hrsg.): StiftungsReport 2010/11. Stadt trifft Stiftung: Gemeinsam gestalten vor Ort, Berlin: Bundesverband Deutscher Stiftungen, S. 76–93.

Bischoff, A & B. Wiener (2013): Stiftungsfinanzen in Krisenzeiten: Neue Zahlen und Fakten. Stiftungsfokus, Berlin: Bundesverband Deutscher Stiftungen.

Bischoff, A., Bühner, S., Küstermann, B., Lassalle, A. & M. Rummel (2012): Stiftungen und Teilhabe von Kindern und Jugendlichen. Stiftungsstudie, Berlin: Bundesverband Deutscher Stiftungen.

Bischoff, A., Bühner, S., Hagedorn, S. & M. Rummel (2013): StiftungsReport 2013/14. Auftrag Nachhaltigkeit: Wie Stiftungen Wirtschaft und Gemeinwohl verbinden, Berlin: Bundesverband Deutscher Stiftungen.

Bundesverband Deutscher Stiftungen (2011): Verzeichnis Deutscher Stiftungen. Band 1: Zahlen, Daten, Fakten zum deutschen Stiftungswesen. 7., erweiterte und überarbeitete Auflage, Berlin.

Deutscher Bundestag (2012): Erster Engagementbericht – Für eine Kultur der Mitverantwortung. Bericht der Sachverständigenkommission und Stellungnahme der Bundesregierung. Drucksache 17/10580, 17. Wahlperiode 23. 08. 2012, Berlin.

Donsbach, W. & A.-M. Brade (2013): Forschungsfördernde Stiftungen in der Wahrnehmung ihrer Stakeholder. Abschlussbericht, Dresden: Institut für Kommunikationswissenschaft, Technische Universität Dresden.

Eulerich, M. & M.K. Welge (2011): Die Einflussnahme von Stiftungen auf die unternehmerische Tätigkeit deutscher Großunternehmen. Arbeitspapier 198, Düsseldorf: Hans-Böckler-Stiftung.

Hüttemann, R. & P. Rawert (2013): Die notleidende Stiftung. In: ZIP – Zeitschrift für Wirtschaftsrecht, Heft 45, S. 2136–2146.

IFD Allensbach (2012): Stiftungsunternehmen in Deutschland. Studie im Auftrag der BDO AG, Allensbach: Institut für Demoskopie Allensbach.

Klein, A. & L. Schwalb (2013): Engagementforschung als Teil der Zivilgesellschaftsforschung. Eine Forschungsagenda im Ausgang vom Engagementbericht der Bundesregierung. http://www.b-b-e.de/fileadmin/inhalte/aktuelles/2013/06/NL13_Expertise.pdf, Zugriff 10. 02. 2014.

Krlev, G., Münscher, R. & K. Mülbert (2013): Social Return on Investment (SROI): State-of-the-Art and Perspectives. A Meta-Analysis of practice in Social Return on Investment (SROI) studies published 2002–2012, Heidelberg: Centrum für soziale Investitionen und Innovationen.

Leseberg, N., Scheffler, A., Dr. Staats, V. & S. Sütterlin, (2013): Kommunale Stiftungen in Deutschland, Berlin: Bundesverband Deutscher Stiftungen.

Merai, K., Metzner-Kläring, J., Schröder, S. & S. Sütterlin (2011): Denken fördern. Thinktanks als Instrumente wirkungsvoller Stiftungsarbeit, Berlin: Bundesverband Deutscher Stiftungen.

Priller, E., Alscher, M., Droß, P.J., Paul, F., Poldrack, C.J., Schmeißer, C. & N. Waitkus (2012): Dritte-Sektor-Organisationen heute: Eigene Ansprüche und ökonomi-

sche Herausforderungen. Ergebnisse einer Organisationsbefragung. Discussion Paper SP IV 2012 – 402, Berlin: WZB, www.wzb.eu/org2011.
Sandberg, B. (2013): Wie viel »Bürger« ist in Bürgerstiftungen drin? In: Nährlich, S. & B. Hellmann (Hrsg.): Diskurs Bürgerstiftungen. Was Bürgerstiftungen bewegt und was sie bewegen, Berlin: Aktive Bürgerschaft, S. 138–139.
Schneeweiß, A. & M. Weber (2012): Mission Investing im deutschen Stiftungssektor. Impulse für wirkungsvolles Stiftungsvermögen. StiftungsStudie, Berlin: Bundesverband Deutscher Stiftungen.
Stiftung Polytechnische Gesellschaft (2011): Wirkungen. Ein Bericht der Stiftung Polytechnische Gesellschaft, Frankfurt a. M..
Then, V., Münscher, R., Stahlschmidt, S., Eggersglüß, C. & R. Knust (2012a): Anlageverhalten der kapitalstärksten deutschen Stiftungen, Heidelberg: Centrum für soziale Investitionen und Innovationen.
Then, V., Brockstette, V., Hölz, M. & G. Mildenberger (2012b): Learning From Partners. Gesamtreport 2012, Heidelberg: Centrum für soziale Investitionen und Innovationen.
Timmer, K. (2006): Stiften in Deutschland. Die Ergebnisse der StifterStudie. 2. Auflage 2006, Gütersloh: Verlag Bertelsmann Stiftung.

Bundesverband Deutscher Stiftungen

Als unabhängiger Dachverband vertritt der Bundesverband Deutscher Stiftungen die Interessen der Stiftungen in Deutschland. Der größte Stiftungsverband in Europa hat mehr als 3 800 Mitglieder; über Stiftungsverwaltungen sind ihm mehr als 7 000 Stiftungen mitgliedschaftlich verbunden. Damit repräsentiert der Dachverband rund drei Viertel des deutschen Stiftungsvermögens in Höhe von mehr als 100 Milliarden Euro.

Der Stifterverband für die Deutsche Wissenschaft
Zivilgesellschaftsforschung als Zivilgesellschaftsförderung

Holger Krimmer

Abstract: Der Beitrag skizziert die Entstehungsgeschichte des Stifterverbandes für die Deutsche Wissenschaft und die Entwicklung eines eigenständigen Arbeitsschwerpunktes Zivilgesellschaftsforschung. Mit dem Projekt Zivilgesellschaft in Zahlen (ZiviZ) hat der Stifterverband für die Deutsche Wissenschaft gemeinsam mit den Partnern Bertelsmann Stiftung und Fritz Thyssen Stiftung erstmals eine repräsentative Befragung von Organisationen des Dritten Sektors durchgeführt. Außerdem wurde das Unternehmensregister des Statistischen Bundesamtes mit Blick auf Größe, Struktur und intersektorale Einbettung des Dritten Sektors ausgewertet. Der Beitrag stellt zentrale Ergebnisse der Erhebungen dar. Die Formate der Berichterstattung des Projektes ZiviZ sollen im Rahmen einer Geschäftsstelle zu einer Dauerberichterstattung weiterentwickelt werden.

Keywords: Stiftungsforschung, Nonprofit-Organisationen, Dritter Sektor, Zivilgesellschaft, Zivilgesellschaftsforschung

1 Einleitung

Wissenschaftliche Ergebnisse lassen sich nicht leicht jenseits wissenschaftlicher Arenen kommunizieren. Das zeigt sich, wenn in politischen Diskussionen zu bürgerschaftlichem Engagement und Zivilgesellschaft die Einschätzung geäußert wird, zu diesen Themen lägen kaum belastbare Forschungsergebnisse vor. Bei näherem Hinsehen ergibt sich ein ganz anderes Bild. Von der Engagementforschung (vgl. Olk/Gensicke 2014, Braun 2013, Rauschenbach/Zimmer 2011) über die Verbände- (vgl. Winter/Willems 2007) und die Dritte-Sektor-Forschung (vgl. Priller et al. 2012, Krimmer/Priemer 2013) bis zu spezielleren Strängen wie der Bewegungs- (vgl. Roth/Rucht 2008) und Genossenschaftsforschung (vgl. Schröder/Walk 2014, Maron/Maron 2012), politikfeldspezifischen Zugängen (vgl. Hartnuß et al. 2013) und Perspektiven auf neue Engagement- und Selbstorganisationsformate (vgl. Jansen et al. 2013, Hackenberger/Empter 2011) zeigt sich national wie international eine sich ausdifferenzierende Forschungslandschaft, die von starker Dynamik geprägt ist.

Die Wahrnehmung, der Forschungsstand zu zivilgesellschaftsrelevanten Themen sei unterentwickelt, muss also andere Gründe haben. Ein Wesentlicher ist sicher der Mangel leicht rezipierbarer statistischer Daten zu Strukturen und Umfang zivilgesellschaftlicher Betätigungsfelder, die auch politischen EntscheidungsträgerInnen und FunktionsträgerInnen in der Zivilgesellschaft als Orientierung dienen könnten. Auf Ebene des bürgerschaftlichen Engagements liefert der Freiwilligensurvey seit 1999 zwar gut aufbereitete Daten (vgl. Gensicke/Geiss 2010). Auf Ebene der Organisationen – der Vereine und Stiftungen, Genossenschaften und weiterer gemeinnütziger Organisationen – zeichnet sich jedoch seit der letzten Erhebungswelle des Johns-Hopkins-Projektes (vgl. Anheier et al. 1997) eine Lücke ab. Noch schwieriger sieht es hinsichtlich der statistischen Erfassung und Beschreibung informeller und netzwerkartiger Engagementstrukturen aus. Eine datenfundierte Beschreibung von Zivilgesellschaft oder Drittem Sektor erweist sich daher bislang als äußerst schwierig.

Diesem Defizit in der aktuellen Forschungslage hat sich seit 2008 der »Stifterverband für die Deutsche Wissenschaft« angenommen. Gemeinsam mit der »Bertelsmann Stiftung« und der »Fritz Thyssen Stiftungen« versucht der Stifterverband mit dem Projekt Zivilgesellschaft in Zahlen (ZiviZ) eine nachhaltige Verbesserung der Datenlage zur organisierten Zivilgesellschaft in Deutschland zu erreichen.[1] Im Folgenden sollen zunächst der Stifterverband für die Deutsche Wissenschaft und daran anschließend die bislang abgeschlossenen Arbeitsschritte im Projekt ZiviZ vorgestellt werden. Abschließend wird ein Blick auf offene Handlungsbedarfe geworfen.

2 Der Stifterverband für die Deutsche Wissenschaft

Der Stifterverband für die Deutsche Wissenschaft wurde 1920 gegründet. Seiner Gründung ging die Wahrnehmung voraus, dass die Bedeutung der Wissenschaft für die wirtschaftliche, kulturelle und politische Entwicklung Deutschlands und ihre aktuelle Verfassung sich in keiner Weise entsprechen. In diesem Spannungsfeld identifiziert Winfried Schulze (1999) zwei Gründe, die die Bestrebungen zur Gründung eines Stifterverbandes genährt haben.

Zum einen verdichtete sich die öffentliche Wahrnehmung eines rückständigen Entwicklungsstandes der wissenschaftlichen Forschung in Deutschland im

---

1 vgl. www.ziviz.info, Zugriff 14. 03. 2014

internationalen Vergleich. Das hatte u. a. mit der zunehmend nationalen Wissenschaftsorganisation zu tun. »Im Unterschied zur frühen Neuzeit, als sich Wissenschaftler noch als Teil einer europaweiten »république des lettres« wähnen und darin im wesentlichen frei ihre Kontakte pflegen konnten, rückte Wissenschaft spätestens seit dem 19. Jahrhundert in den Rang eines Machtmittels ein, das eifrig gehütet und gegen Konkurrenz abgesichert wurde« (Schulze 1999: 135). Die Abhängigkeit moderner wissenschaftlicher Forschung von staatlicher Finanzierung führte zu einer Nationalisierung der Wissenschaften. Als alarmierend wurde es daher empfunden, als Wissenschaftler in öffentlichen Debattenbeiträgen vorrechneten, dass für Universitäten in den Vereinigten Staaten etwa doppelt so viel finanzielle Ressourcen aufgewendet wurden wie für Universitäten in Deutschland (vgl. ebd. 136).

Eine intensivere Förderung der Wissenschaften bekam in den Augen vieler Zeitgenossen auch vor dem Hintergrund des Versailler Friedens besondere Geltung. Denn »Kultur und Wissenschaft machten« jetzt »eine Art von politischem Restpotential aus, die ins Spiel gebracht werden musste, um noch einen Grundbestand von deutschem Einfluss zu erhalten.« (ebd.: 137)

Um den Finanzierungsnotstand der wissenschaftlichen Forschung in Deutschland zu lindern, wurden daher auch Möglichkeiten geprüft, die Wirtschaft stärker an der Finanzierung zu beteiligen. Wirtschaftsverbände, einflussreiche Industrielle und führende Wissenschaftler brachten 1920 schließlich die Gründung zweier aufeinander bezogener Organisationen auf den Weg. Auf Seiten der Wissenschaft bildete sich die »Notgemeinschaft der deutschen Wissenschaft«, die Vorläuferorganisation der heutigen Deutschen Forschungsgemeinschaft. Die Notgemeinschaft war von Beginn an als Selbstverwaltungsorganisation der Wissenschaft angelegt. Als Pendant auf der Geberseite gründete sich der »Stifterverband der Notgemeinschaft der Deutschen Wissenschaft«. Hier schlossen sich Unternehmen und führende Industrielle zusammen, um gemeinsam Spenden in erheblichem Umfang für die Wissenschaft zu mobilisieren.

Großen Einfluss auf die Strukturgestaltung in der Gründungsphase der beiden Organisationen hatte die Frage, welche Entscheidungsstrukturen und -prozesse die Vergabe und Verteilung der mobilisierten Mittel kanalisieren sollten. Hier zeigte sich rasch der Gegensatz eines auf Autonomie und freie Forschung gepolten Wissenschaftsbetriebes einerseits und einer an industriell verwendbaren Forschungsergebnissen interessierten Wirtschaft andererseits. Die gefundene Lösung sah vor, dass in kontinuierlicher Zusammenarbeit der beiden Organisationen ein von beiden Seiten zu besetzender Verteilungsausschuss gebildet werden sollte, der über die Verwendung der Mittel entscheidet. Aber auch zwischen den wissenschaftlichen Disziplinen und korrespondierend zwischen den unterschiedlichen industriellen Branchen entfachte Konkurrenz. Das belegt die eilige Gründung der »Helmholtz-Gesellschaft zur Förderung der physikalisch-technischen Forschung e. V.« Anlass war die Sorge, der Stifterverband könne zu sehr von »altwissenschaflichen Disziplinen« (ebd.: 149) geprägt sein und »eine von Schmidt-Ott und Harnack beherrschte Notgemeinschaft zu einem Hort der industriefernen Forschung werden [...], und dies musste schnell und wirksam verhindert werden« (ebd.: 150). Die Helmholtz-Gesellschaft wurde daher als Mitglied der Notgemeinschaft gegründet, das jedoch von Beginn an selbstständig über die ihm gewidmeten Spenden entscheiden können sollte.

Der 1949 wiedergegründete »Stifterverband für die Deutsche Wissenschaft« hat in der Nachkriegszeit entscheidende Änderungen seines Profils vollzogen. Zum einen löste sich der Stifterverband aus der »Notgemeinschaft« und entwickelte sich zu einem eigenständigen wissenschaftspolitischen Akteur. Seit den 70er Jahren wurden nicht länger Wissenschaftsorganisationen pauschal mit Mitteln der Wirtschaft gefördert. Der Stifterverband gab sich eine stiftungsähnliche Struktur mit operativ verfolgten Förderprogrammen (vgl. Spiegel 1999: 160). Ferner entstanden parallel dazu neue Arbeitsfelder.

Während das jährliche Spendenaufkommen von 1950 bis 1965 von 1,5 Mio. DM auf 26,6 Mio. DM gesteigert werden konnte, setzte in den folgenden Jahren eine Stagnation ein. »Sollte Wissenschaft in Deutschland substantiell nicht nur vom Staat, sondern auch ergänzend privat gefördert werden, so mussten andere Förderwege und Förderverfahren gefunden werden« (ebd.: 163). Anfang der 70er Jahre wurde daher das Deutsche Stiftungszentrum gegründet, um u.a. Unternehmen und Privatpersonen dazu zu bewegen, im Stifterverband Stiftungen und Fonds zu errichten. Mittlerweile werden vom Deutschen Stiftungszentrum über 500 Stiftungen verwaltet.

1951 wurde auch der »Archivdienst für Wissenschaftsspenden« ins Leben gerufen, um ein Monitoring von Quellen und Mitteln zur Finanzierung der deutschen Wissenschaft zu entwickeln. Dokumentiert werden sollte damit auch der Beitrag der deutschen Wirtschaft an der Finanzierung der Wissenschaft. Aus dem Archivdienst hat sich mittlerweile die »Wissenschaftsstatistik« als eigenständiger Bereich des Stifterverbandes[2] entwickelt, die im Auftrag des Bundesministeriums für Bildung und Forschung als einzige Institution in Deutschland detailliert Daten zu den Wissenschafts- und Forschungsaktivitäten der deutschen Wirtschaft erhebt.

---

2   vgl. www.wissenschaftsstatistik.de, Zugriff 14.03.2014

3 Das Projekt Zivilgesellschaft in Zahlen

Mit dem Programm »Zivilgesellschaft in Zahlen, das der Stifterverband 2008 gemeinsam mit den Projektpartnern »Bertelsmann Stiftung« und »Fritz-Thyssen Stiftung« aufgelegt hat, greift der Stifterverband auch Fragen auf, die aus der eigenen Praxis stammen. Als Akteur, der sich gemeinnützig für die Weiterentwicklung von Wissenschafts- und Bildungslandschaften in Deutschland einsetzt, stellt der Stifterverband selbst einen zivilgesellschaftlichen Zusammenschluss von über 3 000 Unternehmen, Stiftungen und Privatpersonen dar. Dem Engagement des Stifterverbandes und der Projektpartner liegt die Wahrnehmung zu Grunde, dass die wachsende Relevanz von Zivilgesellschaft in unterschiedlichen gesellschaftlichen Handlungsfeldern einerseits und das verfügbare statistische Wissen über zivilgesellschaftliche Strukturen andererseits auseinanderklaffen. Als Raum gelebter Demokratie, als Koproduzent öffentlicher Güter oder als Sphäre gesellschaftlicher Integration: Zivilgesellschaft wird auch von Politik und Öffentlichkeit spätestens seit den späten 90er Jahren und in Folge der Arbeit der Enquete-Kommission »Zur Zukunft des Bürgerschaftlichen Engagements« als gesellschaftlicher Schlüsselbereich wahrgenommen.

Diese Einsichten finden aber bei der statistischen Beobachtung unserer Gesellschaft bislang keine Entsprechung. Daten, die Aufschluss über Leistungen, Größe und Struktur von Zivilgesellschaft geben, liegen kaum vor oder sind veraltet. Wichtig aber wären Erkenntnisse zu Fragen wie: Was leisten zivilgesellschaftliche Organisationen und wer finanziert sie? Welche Rahmenbedingungen brauchen Akteure der Zivilgesellschaft? Wie sind gesellschaftliche Selbstorganisationspotenziale von Zivilgesellschaft sozial und regional verteilt? Wie können Kooperationsbeziehungen zwischen Zivilgesellschaft, Wirtschaft und Staat weiterentwickelt werden?

Zielsetzung des Projektes ZiviZ ist daher die nachhaltige Verbesserung der Datenlage zur Zivilgesellschaft. Das Projekt hat sich von Beginn an im Spannungsfeld von wissenschaftlicher Forschung und politischer Kommunikation positioniert. Im Projekt erhobene Daten sollen einerseits auf dem Stand der aktuellen empirischen Sozialforschung sein und auch der Wissenschaft für eigene Forschungen zugänglich gemacht werden. Andererseits sollen auch Fragen von unmittelbarer politischer Relevanz thematisiert und die öffentliche Wahrnehmung des Themas Zivilgesellschaft verbessert werden. Eine weitere Zielsetzung des Projektes besteht darin, die auf bürgerschaftliches Engagement fokussierte Diskussion um die Ebene der Organisationen zu erweitern.

4 Die Auswertung des Unternehmensregisters in Kooperation mit dem Statistischen Bundesamt

Kernstück der ersten Projektphase (2008–2011) war die Auswertung von Daten des Unternehmensregisters (URS). Das URS integriert Daten zu allen wirtschaftlich aktiven Organisationen in Deutschland, ungeachtet, ob es sich um zivilgesellschaftliche, öffentliche oder privatwirtschaftliche Organisationen handelt. Es wird von den Statistischen Landesämtern geführt, basiert auf Daten der Bundesagentur für Arbeit und der Finanzbehörden und greift auch auf Bereichsstatistiken der amtlichen Statistik zurück. Das Statistische Bundesamt führt den Gesamtdatenbestand von ca. 3,6 Millionen Unternehmen mit etwa 25 Millionen sozialversicherungspflichtig Beschäftigten zusammen. Voraussetzung für die Aufnahme in das Register ist, dass die Organisation über einen steuerbaren Jahresumsatz von mindestens 17 500 Euro und/oder einen sozialversicherungspflichtig Beschäftigten verfügt. Sofern sie die genannten Kriterien erfüllen, zählen Organisationen des Dritten Sektors zu den im Unternehmensregister erfassten Unternehmen. Das Unternehmensregister umfasst unter anderem Daten zur Höhe des steuerbaren Jahresumsatzes, zum Umfang der sozialversicherungspflichtigen Beschäftigung und zur wirtschaftlichen Tätigkeit nach der Wirtschaftszweigklassifikation (vgl. Statistisches Bundesamt 2003). Dadurch sind umfangreiche Analysen zur ökonomischen Größe und Struktur des Dritten Sektors möglich, ohne eine vorangehende Datenerhebung durchführen zu müssen.

Die Ergebnisse der Auswertung der Daten des Unternehmensregisters bezogen auf Dritte-Sektor-Organisationen (vgl. Krimmer/Priemer 2011) ergeben eine grobe Skizze der Größe und Struktur der wirtschaftlich aktiven Bereiche des Sektors. Etwa 105 000 der im URS erfassten Organisationen konnten als Dritte-Sektor-Organisationen identifiziert werden. Das entspricht 2,9 Prozent der knapp 3,5 Millionen registrierten Unternehmen. Fast jeder Zehnte deutsche Arbeitnehmer ist in einer zivilgesellschaftlichen Organisation beschäftigt. Zusammengenommen waren in den Organisationen des Dritten Sektors 2007 2 284 410 Arbeitnehmerinnen und Arbeitnehmer sozialversicherungspflichtig beschäftigt. Das entspricht 9,2 Prozent der gesamten sozialversicherungspflichtigen Beschäftigung in Deutschland.

Eine Sonderrolle nehmen Dritte-Sektor-Organisationen der Bereiche Gesundheits- und Sozialwesen ein. Sie bündeln zusammengenommen 62 Prozent der sozialversicherungspflichtigen Beschäftigung des Dritten Sektors, was ca. 1,4 Millionen Beschäftigten entspricht. Diese sind in etwa gleich auf die Unterbereiche Gesundheitswesen (462 Tausend), Heime (463 Tausend) und Sozialwesen (488 Tausend) verteilt.

Abbildung 4.1 Verteilung der Unternehmen und SV-Beschäftigten des Dritten Sektors auf die Wirtschaftszweige (in Prozent)

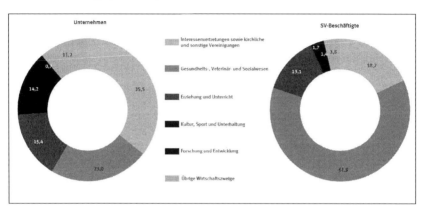

Quelle: Statistisches Bundesamt 2011

Neben diesen beschäftigungsintensiven Bereichen verfügen auch »Erziehung und Unterricht« (13,1 Prozent) und »Interessenvertretungen u. a.« (18,2 Prozent) in größerem Umfang über sozialversicherungspflichtig Beschäftigte. Im Umkehrschluss zeigt sich, dass Bereiche wie Kultur und Sport oder Umwelt- und Naturschutz (in Abb. 4.1 unter »übrige Wirtschaftszweige) nur einen geringen Anteil am hauptamtlichen Personal haben.

Daraus folgt, dass, gemessen am Personal, sich die Größe zivilgesellschaftlicher Organisationen in den verschiedenen Bereichen erheblich unterscheidet. Der Bereich »Gesundheit und Soziales« umfasst zwar weniger als ein Viertel aller Organisationen, bindet aber über 60 Prozent der sozialversicherungspflichtigen Beschäftigung. Auf der anderen Seite sind 14,1 Prozent der Organisationen dem Bereich Kultur, Sport und Unterhaltung zuzurechnen, aber nur 1,7 Prozent der sozialversicherungspflichtigen Beschäftigung des Sektors.

Der Auswertbarkeit des URS sind an mehreren Stellen enge Grenzen gesetzt. Die Zugehörigkeit zivilgesellschaftlicher Organisationen zu unterschiedlichen Politikfeldern hat erheblichen Einfluss auf deren Arbeitsweise und Organisationsziele, ihre Personalstrukturen und die Möglichkeiten zur Mobilisierung finanzieller Ressourcen. Die im URS zur Anwendung kommende Bereichseinteilung nach dem internationalen Standard der Wirtschaftszweigklassifikation ist jedoch nur ungenügend in der Lage, diese Strukturierung in Politikfelder abzubilden.

Eine Einschränkung mit Blick auf die Reichweite der gewonnenen Erkenntnisse muss auch aufgrund der Mindestanforderungen der im URS registrierten Unternehmen gemacht werden. Ausschließlich mit Ehrenamtlichen und ohne hauptamtliches Personal operierende zivilgesellschaftliche Organisationen, deren steuerbarer Jahresumsatz unter der genannten Schwelle liegt, sind nicht Teil der vom Statistischen Bundesamt vorgenommenen Berechnungen.

Diese und weitere Einschränkungen der Aussagereichweite der Daten machten es aus Sicht der Projektpartner, neben dem Stifterverband die Bertelsmann Stiftung und die Fritz Thyssen Stiftung, notwendig, einen Survey als eigenständige Organisationserhebung für die organisierte Zivilgesellschaft aufzulegen.

5 Der ZiviZ-Survey 2012

Der ZiviZ-Survey ist eine repräsentative Befragung von Vereinen, Stiftungen, Genossenschaften und gemeinnützigen Gesellschaften, also von Organisationen mit klassischen Rechtsformen des Dritten Sektors. Damit greift der ZiviZ-Survey einen Forschungsansatz auf, der bereits bei den Befragungswellen im Rahmen des Johns-Hopkins Projektes in den 90er Jahren zum Einsatz kam (vgl. Anheier et al. 1997).

Um eine repräsentative Stichprobenziehung zu ermöglichen, wurde für den ZiviZ-Survey erstmals in Deutschland die Grundgesamtheit aller Organisationen mit den genannten Rechtsformen zusammengestellt. Mit Hilfe öffentlich zugänglicher amtlicher (Vereinsregister, gemeinsames Registerportal der Länder) und verbandlicher Verzeichnisse (Stiftungsverzeichnis des Bundesverbandes Deutscher Stiftungen) wurde durch die Universität Bern als Projektpartner von ZiviZ eine Urliste mit insgesamt 616 154 Fällen erstellt. Die Netto-Stichprobe der angeschriebenen Organisationen umfasste 20 053 Fälle. Mit 3 819 realisierten Interviews beteiligten sich an der Hybridbefragung (online und papiergestützt) fast 20 Prozent der angeschriebenen Organisationen. Die Feldphase dauerte von September 2012 bis Januar 2013.

Mit Blick auf das in den Organisationen gebundene bürgerschaftliche Engagement zeichnen die Ergebnisse des ZiviZ-Surveys ein heterogenes Bild. Von den 23 Mio. Engagierten, die der Freiwilligensurvey (vgl. Gensicke/Geiss 2010) für Deutschland ausweist, engagieren sich 17,5 Millionen in Organisationen des Dritten Sektors. Es zeigt sich eine deutliche Polarisierung zwischen Organisationen, die ausschließlich mit bürgerschaftlich Engagierten arbeiten einerseits und anderseits Organisationen, die einen hohen Grad an Verberuflichung aufweisen. Fast vier von fünf Organisationen (78 %) arbeiten ausschließlich mit bürgerschaftlich Engagierten. Dabei handelt es sich zu großen Teilen um Vereine in den Be-

Abbildung 5.1 Organisationstyp nach Rechtsform (in Prozent)

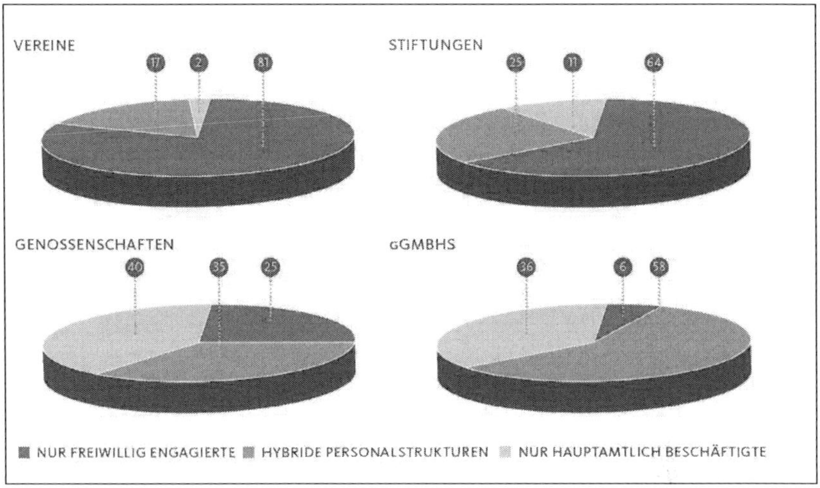

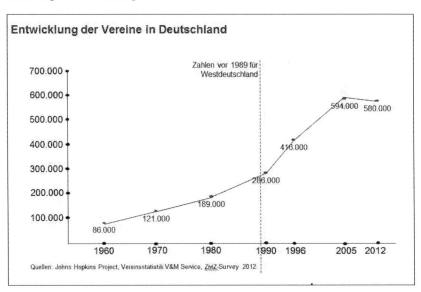

Quelle: ZiviZ-Survey 2012

Abbildung 5.2 Entwicklung der Vereine in Deutschland

Quellen: Johns Hopkins Project, Vereinsstatistik V&M Service, ZiviZ-Survey 2012

reichen Sport, Freizeit/Geselligkeit, Kultur und Medien und dem Natur- und Umweltschutz. In knapp einem Fünftel (19 %) der Organisationen arbeiten bezahlte Beschäftigte mit Freiwilligen zusammen. Diese Organisationen finden sich am häufigsten im Gesundheits-, Bildungs- und Erziehungsbereich und sind vorwiegend in der Rechtsform der gemeinnützigen GmbH organisiert. Aber auch Genossenschaften und Stiftungen finden sich darunter. Nur eine Minorität von drei Prozent der Organisationen arbeitet ausschließlich mit bezahlten Beschäftigten. Das sind zu großen Teilen Genossenschaften, etwa im Bereich der Wohnungswirtschaft. Aber auch gemeinnützige GmbHs im Forschungsbereich und den Sozialen Diensten reihen sich in diese Gruppe ein. Zusammengenommen findet 97 % allen bürgerschaftlichen Engagements im Dritten Sektor in Organisationen mit der Rechtsform des Vereins statt.

Eine Krise des Ehrenamtes lässt sich auf Grundlage der Ergebnisse des ZiviZ-Survey 2012 nicht feststellen. Über die Hälfte der Organisationen geben an, keine größeren Probleme mit der Mobilisierung und Rekrutierung freiwillig Engagierter zu haben. Diese Zahl muss vor dem Hintergrund des Booms der Vereine in Deutschland gelesen werden, deren Anzahl sich seit den 90er Jahren in etwa verdoppelt hat.

Auch die finanzielle Ausstattung der Organisationen ist sehr unterschiedlich. Über die Hälfte der Organisationen (53 %) geben an, über jährliche Einnahmen bis maximal 10 000 € zu verfügen. Hingegen verfügt nur ein kleiner Anteil von 15 Prozent über einen jährlichen Etat von mehr als 100 000 Euro, vier Prozent davon sogar über einer Million Euro.

Deutliche Unterschiede zeigen sich nach Bereichen und Einnahmearten. Unter Genossenschaften und anderen Organisationen des Bereiches gemeinschaftlicher Versorgungsaufgaben findet sich mit 52 % der höchste Anteil von Organisationen mit jährlichen Gesamteinnahmen von einer Million Euro und mehr. Aber auch in den sozialstaatsnahen Bereichen – den Sozialen Diensten (37 %), dem Bildungs- und Erziehungsbereich (27 %) und dem Gesundheitswesen (23 %) – finden sich größere Anteile von Organisationen mit jährlichen Gesamteinnahmen von 100 000 Euro und mehr. Vergleichsweise gut finanziert sind auch Organisationen in Feldern, die entweder zu hohen Anteilen öffentliche Mittel (Wissenschaft- und Forschung) oder Spendeneinnahmen (Internationale Solidarität) erhalten.

Schwieriger sieht die Situation für Organisationen aus, die bislang einen höheren Anteil ihrer Mittel aus kommunalen öffentlichen Kassen erhalten haben. Für Freizeit- und Geselligkeitsvereine etwa – Karnevals- und Brauchtumsvereine, Fanclubs, gemeinnützige Campingplätze, Kleingartenvereine und andere – sind Zuwendungen von der Kommune die wichtigste Quelle öffentlicher Mittel im Ressourcenportfolio. 45 % dieser Organisationen verzeichnen jedoch einen Rückgang von Mitteln aus diesen Quellen. Dabei ist mit 76 Prozent der Anteil von Organisationen mit jährlichen Gesamteinnahmen von maximal 10 000 Euro unter Freizeit- und Geselligkeitsvereinen ohnehin bereits am größten.

Diese Zahlen machen deutlich, dass es *die typische Organisation* des Dritten Sektors nicht gibt. Manche Organisationsfelder sind Resultat zivilgesellschaftlicher Selbstorganisation. Bürgerinnen und Bürger engagieren sich in kleineren selbstorganisierten Zusammenschlüssen ohne wirtschaftliche Betätigung. Gleichzeitig finden sich im Dritten Sektor, häufig in sozialstaatsnahen Politikfeldern, voll professionalisierte, wirtschaftlich agierende gemeinnützige Unternehmen, die in einigen Fällen bereits ganz ohne bürgerschaftlich Engagierte arbeiten und damit auch nur noch eine lose Einbindung in ihre sozialstrukturelle Umwelt aufweisen. Im Zusammenwirken des Wandels institutioneller Umwelten ergeben sich für unterschiedliche Bereiche des Dritten Sektors auch je eigene Anpassungsbedarfe. Diese Befunde sind für die Dritte-Sektor-Forschung freilich nicht neu, können aber dank der Ergebnisse des ZiviZ-Surveys erstmals seit langer Zeit empirisch valide nachvollzogen werden.

Neben Daten zu Personal und Finanzierung wurden auch Informationen zur Struktur und Gründung der Organisationen, zu Betätigungsfeldern und -formen, zur Wahrnehmung von Entwicklungstendenzen der institutionellen Umwelten und anderer Bereiche erhoben.

Mit den erhobenen Daten verfolgen die Projektpartner des Projektes ZiviZ insbesondere zwei Ziele. Zum einen soll die organisierte Zivilgesellschaft in Deutschland im öffentlichen Diskurs sichtbarer werden. Belastbare Daten als Grundlage für die weitere Kommunikation sollen dabei helfen, das Thema stärker in das öffentliche und auch politische Bewusstsein zu bringen und auch die Bedeutung der Zivilgesellschaft in unterschiedlichen Politikfeldern aufzuzeigen. Zum anderen werden die Daten der wissenschaftlichen Forschung zugänglich gemacht. Dadurch soll weitergehende Forschung zu Zivilgesellschaft möglich gemacht und angestoßen werden.

6 Ausblick

Die vorliegenden Daten des Unternehmensregister und des ZiviZ-Surveys 2012 sind erste Schritte auf einem längeren Weg. Das Ziel der Bestrebungen ist ein umfassendes Monitoring zivilgesellschaftlicher Prozesse, wie es für andere gesellschaftliche Bereiche längst üblich ist. Die bis jetzt gewonnenen Daten geben eine erste Orientierung über Größe und Struktur des Dritten Sektors in Deutschland. Ihren vollen Wert entfalten sie aber erst, wenn eine Fortschreibung im Sinne einer zivilgesellschaftlichen Dauerbeobachtung erfolgt.

Das ist die Richtung, die der Stifterverband für die Deutsche Wissenschaft weiter beschreiten möchte. Dazu sollen beide Datenerhebungen periodisch wiederholt werden: Die Auswertung des Unternehmensregister als auch der ZiviZ-Survey. Der besondere Wert der Unternehmensregisterdaten liegt darin, dass sie nach unterschiedlichen Wirtschaftszweigen differenziert intersektorale Organisationsdaten zur Verfügung stellen. So lassen sich mit entsprechenden Zeitreihenanalysen Verschiebungen des welfare mix von öffentlichen, privaten und gemeinnützigen Anbietern – z. B. für die Bereiche Soziale Dienste, Gesundheit, Sport, oder Kultur – dokumentieren.

Der ZiviZ-Survey ist hingegen in der Lage, ein differenzierteres Bild der Organisationen zu zeichnen. Die nächste Welle des Suveys ist für 2016 geplant. Die Fortschreibung der Daten würde neben Entwicklungen in den einzelnen Handlungsfeldern des Dritten Sektors insbesondere den regionalen Vergleich bzw. zwischen einzelnen Bundesländern ermöglichen. Zudem erhebt der ZiviZ-Survey Daten zum organisationalen Kontext von bürgerschaftlichem Engagement. Kombinierende Auswertungsstrategien von ZiviZ-Survey und Freiwilligensurvey sollen daher zukünftig intensiver genutzt werden.

Neben eigener empirischer Forschung ist es aber auch das erklärte Ziel des Stifterverbandes, Forschung in den Bereichen Bürgerschaftliches Engagement, Dritter Sektor und Zivilgesellschaft anzustoßen und zu ermöglichen. Neben der Bereitstellung von Daten für die Forschung hat sich der Stifterverband daher mit den ZiviZ-Partnern, der Bertelsmann Stiftung und der Fritz Thyssen Stiftung, für die Gründung eines Förderkonsortiums eingesetzt, um die Durchführung und Austragung der ISTR-Jahrestagung 2014 in Deutschland zu ermöglichen.[3]

Literatur

Anheier, H. K., Priller, E., Seibel, W. & A. Zimmer (Hrsg.) (1997): Der Dritte Sektor in Deutschland. Organisationen zwischen Staat und Markt im gesellschaftlichen Wandel, Berlin: edition sigma.

Braun, S. (2013): Freiwilliges Engagement von Jugendlichen im Sport. Eine Untersuchung auf Basis der Freiwilligensurveys von 1999 bis 2009, Köln: Sportverlag Strauß.

Gensicke, T. & S. Geiss (2010): Hauptbericht des Freiwilligensurveys 2009. Ergebnisse der repräsentativen Trenderhebung zu Ehrenamt, Freiwilligenarbeit und Bürgerschaftlichem Engagement. http://www.bmfsfj.de/RedaktionBMFSFJ/Broschuerenstelle/Pdf-Anlagen/3._20Freiwilligensurvey-Hauptbericht,property=pdf, bereich=bmfsfj,sprache =de, rwb=true.pdf, Zugriff 07. 03. 2014.

---

3 vgl. http://www.istr.org/default.asp?, Zugriff 14. 03. 2014

Hackenberger, H. & S. Empter (Hrsg.) (2011): Social Entrepreneurship – Social Business: Für die Gesellschaft unternehmen, Wiesbaden: VS Verlag.

Hartnuß, B., Hugenroth, R. & T. Kegel (Hrsg.) (2013): Schule der Bürgergesellschaft. Bürgerschaftliche Perspektiven für moderne Bildung und gute Schule, Schwalbach/Ts: Wochenschau Verlag.

Jansen, S., Heinze, R. G. & M. Beckmann (Hrsg.) (2013): Sozialunternehmen in Deutschland. Analysen, Trends und Handlungsempfehlungen, Wiesbaden: VS Verlag.

Krimmer, H. & J. Priemer (2013): ZiviZ-Survey 2012. Zivilgesellschaft verstehen, Berlin.

Krimmer, H. & J. Priemer (2011): Zivilgesellschaft in Deutschland – eine Standortbestimmung in Zahlen. In: Forschungsjournal Soziale Bewegungen, Heft 3, S. 105–114.

Maron, B. & H. Maron (2012): Genossenschaftliche Unterstützungsstrukturen für eine sozialräumlich orientierte Energiewirtschaft. KNI PAPERS 01/2012, Köln.

Olk, T. & T. Gensicke (2014): Bürgerschaftliches Engagement in Ostdeutschland. Stand und Perspektiven, Wiesbaden: Springer Fachmedien.

Priller, E., Alscher, M., Droß, P., Paul, F., Poldrack, C., Schmeißer, C. & N. Waitkus (2012): Dritte-Sektor-Organisationen heute. Eigene Ansprüche und ökonomische Herausforderungen – Ergebnisse einer Organisationsbefragung. WZB Discussion Paper SP IV 2012-402, Berlin.

Rauschenbach, T. & A. Zimmer (Hrsg.) (2011). Bürgerschaftliches Engagement unter Druck? Analysen und Befunde aus den Bereichen Soziales, Kultur und Sport, Opladen, Berlin, Farmington Hills: Barbara Budrich.

Roth, R. & D. Rucht (Hrsg.) (2008): Die Sozialen Bewegungen in Deutschland seit 1945. Ein Handbuch, Frankfurt a. M., New York: Campus.

Schröder, C. & H. Walk (Hrsg.) (2014): Genossenschaften und Klimaschutz. Akteure für zukunftsfähige, solidarische Städte, Wiesbaden: Springer VS.

Schulze, W. (1999): Zwischen Interessenpolitik und Mäzenatentum. Zur Gründung und frühen Entwicklung des Stifterverbandes für die Deutsche Wissenschaft nach dem Ersten Weltkrieg. In: Wissenschaftsfördernde Institutionen im Deutschland des 20. Jahrhunderts (= Dahlemer Archivgespräche 5/1999; hrsg. vom Archiv zur Geschichte der Max-Planck-Gesellschaft), Berlin, S. 135–154.

Spiegel, H. (1999): Der Stifterverband für die Deutsche Wissenschaft – Versuch eines Nachkriegsportraits. In: Wissenschaftsfördernde Institutionen im Deutschland des 20. Jahrhunderts (= Dahlemer Archivgespräche 5/1999; hrsg. vom Archiv zur Geschichte der Max-Planck-Gesellschaft), Berlin, S. 155–166.

Statistisches Bundesamt (Hrsg.) (2003): Klassifikation der Wirtschaftszweige mit Erläuterungen, Wiesbaden.

Winter, T. v. & U. Willems (Hrsg.) (2007): Interessenverbände in Deutschland, Wiesbaden: VS Verlag.

24 Die Förderung der Engagementforschung durch das BMFSFJ als Grundlage einer zukunftsweisenden Engagementpolitik[1]

Christoph Linzbach

Abstract: Eine zukunftsweisende Engagementpolitik ist auf die Resultate der Engagementforschung angewiesen. Eine moderne Engagementforschung muss dabei die Vielfalt der Akteure und deren Perspektiven im Auge behalten. Der im Auftrag des BMFSFJ durchgeführte Freiwilligensurvey gilt in diesem Kontext als einer der zentralen Beiträge des Bundes. Auch die wissenschaftliche Begleitforschung im BMFSFJ hatte immer schon einen herausgehobenen Stellenwert. Ein anderer bedeutender Bereich – aus Sicht vieler Akteure der Zivilgesellschaft der wichtigste – ist die Engagement*infrastruktur*. Bund, Länder, Kommunen aber auch Stiftungen und Unternehmen versuchen engagementfördernde Infrastrukturen nachhaltig zu sichern. Die Förderung der Engagementforschung durch den Bund ist in jedem einzelnen Projekt abhängig von der Kooperation mit den Partnern aus den Bereichen Engagement, Zivilgesellschaft und selbstverständlich der Forschung und bedarf einer breiten Rezeption in der interessierten Fachöffentlichkeit, wenn möglich auch darüber hinaus. Der vorliegende Artikel vermittelt einen Eindruck der vielfältigen Aktivitäten des BMFSFJ im Bereich der Engagementforschung und -förderung.

Keywords: Bürgerschaftliches Engagement, Engagementforschung, Nonprofit-Organisationen, Dritter Sektor, Zivilgesellschaft, Zivilgesellschaftsforschung, Freiwilligenarbeit, Wirkungsmessung, soziale Innovation

1 Engagementpolitik und Engagementforschung

Eine zukunftsweisende Engagementpolitik einschließlich der hierfür notwendigen politischen und gesellschaftlichen Debatten ist auf die Resultate der Engagementforschung angewiesen. An dieser Stelle kann keine Übersicht im Sinne einer

---

1 Erstellt März 2014

vollständigen Bestandsaufnahme der Forschungsförderung der Gebietskörperschaften und privater Institutionen in Deutschland geleistet werden. Eine Möglichkeit, sich einen Überblick über Forschungsvorhaben in diesem Bereich zu verschaffen, ist der Erste Engagementbericht der Bundesregierung, der den Titel »Für eine Kultur der Mitverantwortung« trägt.[2] Er enthält eine Auswahlliste der empirisch-quantitativen Datenerhebungen im Themenkomplex des Engagements, Stand November 2011, und eine thematisch sortierte Übersicht der Studien, Berichte und Programmevaluationen, die in den vergangenen zehn Jahren von der Bundesregierung gefördert wurden.

Dies veranschaulicht eindrucksvoll die Bedeutung, die die Bundesregierung einer breit angelegten Engagementforschung zumisst, die sowohl die Lage des individuellen Engagements im Auge hat wie auch den Beitrag, die Lage und Verfasstheit der Engagement-tragenden Organisationen. Engagementforschung betrachtet sowohl die aktuelle Lage des Engagements wie auch seine Entwicklung im Zeitverlauf. Eine moderne Engagementforschung muss die Vielfalt der zentralen Akteure und deren Perspektiven im Auge behalten. Hierzu gehören u. a. die Wohlfahrtsverbände, Vereine, Stiftungen, Organisationen wie der DOSB aber auch engagierte Unternehmen sowie verschiedene Infrastruktureinrichtungen wie beispielsweise Mehrgenerationenhäuser und Freiwilligenagenturen. Als Rahmensetzer für bürgerschaftliches Engagement kommt zudem Ländern und Kommunen eine zentrale Bedeutung zu.

2 Engagementbericht der Bundesregierung

Der Deutsche Bundestag hat die Bundesregierung beginnend mit der 17. Legislaturperiode beauftragt, in jeder Legislaturperiode einen wissenschaftlichen Engagementbericht einer jeweils neu einzusetzenden Sachverständigenkommission mit Stellungnahme der Bundesregierung vorzulegen. Der Bericht selbst ist damit ein wichtiger Beitrag zu einer praxisrelevanten Engagementforschung, basiert wesentlich auf den Ergebnissen der aktuellen Engagementforschung in den unterschiedlichen Themenfeldern und zeigt Forschungsdefizite auf.

Der erste Bericht der Sachverständigenkommission unter Leitung von Professor Dr. Michael Hüther (Institut der deutschen Wirtschaft Köln), publiziert als Bundestags-Drucksache 17/10580 vom 23.08.2012, hat mit der Verbindung von sozialwissenschaftlichen und wirtschaftswissenschaftlichen Erkenntnissen in seinem allgemeinen Teil wie im Schwerpunkt zum bürgerschaftlichen Engagement

---

2 vgl. www.bmfsfj.de/BMFSFJ/freiwilliges-engagement,did=154032.html, Zugriff 14.03.2014

von Unternehmen zu neuen engagementpolitischen Erkenntnissen geführt. Die systematische Analyse verbindet den theoretischen Ansatz mit den Ergebnissen einer umfassenden Unternehmensbefragung zum bürgerschaftlichen Engagement von Unternehmen. Darüber hinaus hat die Sachverständigenkommission sich eine Arbeitsdefinition des bürgerschaftlichen Engagements gegeben, die zu einer Debatte über den Stellenwert von Mitverantwortung für das Gemeinwohl im bürgerschaftlichen Engagement geführt hat. Im Empfehlungsteil greift die Kommission Forschungsdefizite im Bereich der Empirie auf. Dies ist nicht nur an die Ressortforschung mit ihren begrenzten Mitteln gerichtet, sondern vor allem auch an die selbstverwaltete Forschungsförderung im Wissenschaftssystem. Es ist klar, dass die Ressortforschung die hier anstehenden Aufgaben nicht alleine bewältigen kann.

Der zweite Engagementbericht ist bereits in Arbeit. Er trägt den Titel »Demografischer Wandel und bürgerschaftliches Engagement: Der Beitrag des Engagements zur lokalen Entwicklung«. Unter Leitung von Prof. Dr. habil. Thomas Klie haben sich dankenswerterweise wieder Forscherinnen und Forscher aber auch wichtige Akteure aus der Praxis bereitgefunden, diese wichtige Aufgabe zu übernehmen. Erstmalig wird auch eine thematische Verzahnung mit der laufenden Altenberichterstattung stattfinden.

3 Freiwilligensurvey

Der im Auftrag des BMFSFJ durchgeführte Freiwilligensurvey ist einer der zentralen Beiträge des Bundes zur Engagementforschung. Seinen besonderen Stellenwert erhält der Freiwilligensurvey durch die bislang durchgeführten drei Wellen in den Jahren 1999, 2004 und 2009, die Vergleiche über die Entwicklung von Engagement in Deutschland im Zeitverlauf zulassen und damit von hohem Wert für die Gestaltung der Engagementpolitik von Bund, Ländern und Kommunen sind. Die Bedeutung einer repräsentativen Dauerbeobachtung der Entwicklung des bürgerschaftlichen Engagements steht außer Frage. Der Freiwilligensurvey wurde deshalb auch auf Empfehlung des Wissenschaftsrates in das Forschungsprogramm des Deutschen Zentrums für Altersfragen (DZA) eingebunden. Gleichzeitig verbessern wir die methodischen Grundlagen der Stichprobe und erweitern sie durch den gezielten, auch fremdsprachigen Zugang zu neuen Adressaten, v. a. Personen mit Migrationshintergrund. Damit hat die Bundesregierung ihr Commitment für ein zentrales Format der Engagementforschung deutlich gemacht. Ich bin sicher, dass der Einfluss der Ergebnisse des Freiwilligensurveys auf die Diskussion über die Förderung und Entwicklung des bürgerschaftlichen Engagements weiter wachsen wird. Darüber hinaus erscheint mir eine bessere Abstimmung der verschiedenen empirisch-quantitativen Datenerhebungen, die Engagement berücksichtigen, erforderlich.

4 Wissenschaftliche Begleitforschung

Die wissenschaftliche Begleitforschung hatte im BMFSFJ immer schon einen herausgehobenen Stellenwert. Ein gutes Beispiel ist das Aktionsprogramm Mehrgenerationenhäuser, das aktuell das Fundament für konzeptionelle Überlegungen zu einem Vorhaben bildet, das unter der Überschrift »Sorgende Gemeinschaften« diskutiert wird. Das Aktionsprogramm Mehrgenerationenhäuser ist eines der möglichen zentralen Zukunftsprojekte des BMFSFJ. An diesem Beispiel sieht man deutlich, welchen Stellenwert wissenschaftliche Begleitforschung auch für die Politikentwicklung des BMFSFJ hat. Die Ergebnisse der wissenschaftlichen Begleitung des Programms führen fast zwangsläufig dazu, den Mehrgenerationenhausansatz weiterzudenken, zu vertiefen und zu verbreitern und damit im Rahmen lokaler Entwicklung die Sorge- und Gestaltungsfähigkeit der Kommunen noch umfassender in den Blick zu nehmen.

Das Aktionsprogramm Mehrgenerationenhäuser II ist im Januar 2012 mit rund 450 Standorten bundesweit gestartet und hat eine Gesamtlaufzeit von drei Jahren. Zur Weiterentwicklung der konzeptionellen Ansätze des Aktionsprogramms II sowie zur Förderung der Nachhaltigkeit der Mehrgenerationenhäuser wird das Programm wissenschaftlich begleitet. Dabei geht es auch um die Darstellung der Erfolge und positiven Wirkungen, die kommunal durch die bedarfsorientierten Angebote und Aktivitäten der Mehrgenerationenhäuser erzielt werden. Im Rahmen der Betrachtung der Gesamtentwicklung werden die Leistungsspektren der Mehrgenerationenhäuser und die Ergebnisse und Wirkungen in den vier Schwerpunktthemen »Freiwilliges Engagement«, »Alter und Pflege«, »Integration und Bildung« und »Haushaltsnahe Dienstleistungen« ausgewertet und für einen Benchlearning-Prozess zwischen allen beteiligten Einrichtungen aufbereitet. Übergreifende Querschnittsziele wie die Förderung der Beschäftigungsfähigkeit, der generationenübergreifende Ansatz sowie Kooperations- und Vernetzungsstrukturen und die Verankerung der Mehrgenerationenhäuser in den Kommunen werden ebenfalls betrachtet.

Erreicht werden soll damit eine quantitative und qualitative Bewertung des Aktionsprogramms. Zentrale Fragestellungen sind hier: Wie innovativ sind die Mehrgenerationenhäuser und wie kann ihre Innovationskraft weiter gestärkt werden? An dieser Stelle spielen neue Angebotsformate und -konzepte eine wichtige Rolle. Mehrgenerationenhäuser sollen als konstitutiver Teil der lokalen Infrastruktur weiterentwickelt werden. Ebenso wichtig ist die Frage, wie der Transfer der Erkenntnisse der wissenschaftlichen Begleitungen an die Häuser, an Länder und Kommunen aber auch an nicht geförderte Einrichtungen gelingen kann. Hierzu werden programmbegleitende Materialien aufbereitet und wesentliche Ergebnisse über die Internetseite einer breiten Öffentlichkeit zugänglich gemacht.[3]

Eine programminterne Beratungsdatenbank umfasst alle Informationen zu den Mehrgenerationenhäusern, die im Laufe des Aktionsprogramms gesammelt werden. Sie dient dem BMFSFJ und allen anderen Programmpartnern als Basis für das interne Wissensmanagement und die Programmsteuerung. Um Erkenntnisse in der Breite des Gesamtprogramms zu erzielen, werden über den gesamten Programmzeitraum hinweg jährlich unterschiedliche Zielgruppen befragt, um alle Perspektiven auf das Aktionsprogramm zu berücksichtigen. Die Mehrgenerationenhäuser selbst werden im Rahmen von Vollerhebungen mehrfach im Jahr befragt. Zum einen findet ein jährliches Monitoring statt. Ebenfalls einmal pro Jahr werden Nutzerinnen und Nutzer sowie freiwillig Engagierte der Mehrgenerationenhäuser in je gesonderten Erhebungen befragt. Während der Programmlaufzeit werden in insgesamt 50 Mehrgenerationenhäusern ergänzende Vor-Ort-Analysen durchgeführt. Dabei werden Untersuchungen spezifischer Schwerpunktbereiche dieser Häuser vorgenommen.

Die qualitativen Analysen ergänzen die quantitativen Befragungen und betrachten Wirkungszusammenhänge in der Tiefe. Um den verschiedenen Zielen der wissenschaftlichen Begleitung gerecht zu werden, richten sich die qualitativen Analysen an drei unterschiedlichen Konzepten aus. Dies sind:

1) Erprobung und Identifikation von erfolgreichen Ansätzen in den vier Schwerpunktthemenfeldern »Alter und Pflege«, »Integration und Bildung«, »Haushaltsnahe Dienstleistungen« und »Freiwilliges Engagement«.
2) Erprobung neuer Ansätze zur nachhaltigen Stärkung der Mehrgenerationenhäuser als Teil der lokalen Infrastruktur mit 24 sogenannten Innovationshäusern.
3) Erprobung von Modellen der Verbreitung des Mehrgenerationenhausansatzes in andere Einrichtungen mit 14 sogenannten Transferhäusern.

Bei der Erprobung von Modellen und Ansätzen der Verbreitung des Mehrgenerationenhausansatzes geht es darum, in anderen Organisationen einen Prozess in Gang zu setzen, generationenübergreifend zu arbeiten und freiwilliges Engagement über die Ziel- und Altersgruppen der einzelnen Einrichtungen hinweg zu fördern. Die Erkenntnisse und Erfahrungen aus den Befragungen und den Vor-Ort-Analysen werden praxisorientiert aufbereitet und den Mehrgenerationen-

---

3 vgl. www.mehrgenerationenhaeuser.de, Zugriff 14.03.2014

häusern zur Verfügung gestellt, um Erfolgs- und Misserfolgsbedingungen in die Breite zu kommunizieren.

Im Programmverlauf finden zwei Zyklen mit Regionalkonferenzen statt, die jeweils in vier Regionen durchgeführt werden. Der erste Zyklus fand Anfang Juni 2013 in Berlin, Hannover, Frankfurt/Main und Erfurt statt. Ziel war und ist es, den Austausch der Mehrgenerationenhäuser untereinander sowie mit Verantwortlichen aus Ländern und kooperierenden Kommunen zu fördern und die regionale Netzwerkbildung zu stärken. Es sollen Erkenntnisse aus der wissenschaftlichen Begleitung diskutiert und gute regionale Ansätze in die Breite getragen werden. Austausch- und Abstimmungsmöglichkeiten bestehen dabei sowohl auf Länderebene als auch länderübergreifend. Durch die Einbeziehung der Vertreterinnen und Vertreter aus Ländern und Kommunen aber auch aus den verschiedenen Trägerstrukturen wird die Außendarstellung des Programms gestärkt und die Verbindlichkeit der Zusammenarbeit auf unterschiedlichen politischen Ebenen gefördert. Dies dient der Stärkung der Nachhaltigkeit der Mehrgenerationenhäuser. Damit haben wir den Grund gelegt für einen nächsten großen Schritt in Richtung Mehrgenerationenhäuser als Knotenpunkte in »Sorgenden Gemeinschaften«.

5 Engagementfördernde Infrastruktur

Einer der wichtigsten Bereiche-aus der Sicht vieler Akteure der Zivilgesellschaft der wichtigste Forschungsbereich – ist die Engagementinfrastruktur. Bund, Länder, Kommunen aber auch Stiftungen und Unternehmen versuchen zunehmend, engagementfördernde Infrastrukturen zu schaffen bzw. nachhaltig zu sichern. Vor diesem Hintergrund ist die Frage zu stellen, wie erfolgreich alle beteiligten Akteure bislang in diesem Bemühen sind. Fragen nach den Vorteilen aber auch den Nachteilen von Vielfalt in der Engagementinfrastruktur drängen sich auf. Wie ergänzen sich Einrichtungen oder wo überschneiden sich die verschiedenen Angebote und Anbieter? Die Frage »Ausbau, Umbau, Rückbau? Bestandsaufnahme, Evaluation und Weiterentwicklung der Infrastruktur lokaler Engagementpolitik« war der Titel einer mutigen wie richtungsweisenden Untersuchung des Instituts für Politikwissenschaft der Westfälischen Wilhelms-Universität Münster, Zentrum für Nonprofit-Management, die unter Leitung von Professorin Dr. Annette Zimmer durchgeführt wurde. Die Ergebnisse sind ein klares Plädoyer für Kooperation, Koordination und Konzentration. Die drei K sind aus meiner Sicht auch zentrale Gelingensfaktoren und Gestaltungselemente für »Sorgende Gemeinschaften«. Sie sind für alle Akteure von größter Bedeutung und sollen deshalb an dieser Stelle im Wortlaut wiedergegeben werden:

»*Für den Auf- und Ausbau der engagementfördernden Infrastruktureinrichtungen waren die Modellprogramme und Fördermaßnahmen von Bund und Ländern wichtig und hilfreich. Sind jedoch immer mehr Anlaufstellen, Büros und Agenturen auf lokaler Ebene tätig, verderben sprichwörtlich zu viele Köche den Brei: Sie machen die lokale Engagementförderung immer unübersichtlicher und die Konkurrenz um Mittel, Freiwillige und Aufmerksamkeit nimmt zu. Daher gilt es der Einsicht zu folgen, dass Infrastruktur ein System benötigt und nicht nur die Anhäufung verschiedener Einrichtungen nebeneinander.*« (Wolf/Zimmer 2012: 167).

Für die Förderung und Weiterentwicklung der Einrichtungen werden folgende Postulate formuliert:

»*Für die Förderung und Weiterentwicklung der Einrichtungen bedeutet dies:*
Erstens sollte eine Reduzierung der Einrichtungen und der Angebote angestrebt werden, um weitere Unübersichtlichkeiten zu vermeiden und Strukturen bestehender Einrichtungen nachhaltig zu fördern. Hierauf sollte auch die Förderung durch den Bund und die Länder in Bezug auf die Dachorganisationen der verschiedenen Einrichtungstypen Rücksicht nehmen.
Zweitens sollte eine Vernetzung und Bündelung der Angebote dort erfolgen, wo es inhaltlich und von den Zielgruppen her sinnvoll ist. Die Zusammenführung von Angeboten, Netzwerken und Einrichtungen bedarf der Unterstützung und Moderation eines gemeinsam unter allen Akteuren abgestimmten jeweils lokalspezifischen Konzeptes. Bei der Erarbeitung sollte auf der lokalen Ebene womöglich auch ›radikal‹ gedacht werden, so dass mancher Einrichtung gegebenenfalls der Rückbau droht, wenn dies der örtlichen Engagementförderung insgesamt förderlich ist.
Drittens sollte bei Konzeption und Ausschreibung von Modellprogrammen sowohl der öffentlichen Hand als auch von privaten Stiftungen stärker auf Nachhaltigkeit gesetzt werden. Aufgrund der Fülle von Preisen und Events im Engagementförderbereich sind diese Maßnahmen nur noch bedingt hilfreich für den Aufbau einer nachhaltigen Infrastruktur. Wichtiger ist die Etablierung von Konzepten der Mischfinanzierung, auch mit einer erwerbswirtschaftlichen Komponente.
Viertens sollte auf lokaler Ebene die Aufmerksamkeit gestärkt werden für die enge Verbindung zwischen politischem und sozialem Engagement. Gerade vor Ort ist ein Auseinanderdriften des politischen und sozialen Engagements zunehmend festzustellen. Dies ist weder für die Demokratie vor Ort noch für das lokale Gemeinwesen gut. Engagementfördernde Einrichtungen könnten daher zudem Agenturen für die Weiterentwicklung der Politikfähigkeit werden, indem sie sowohl über neue Engagementformen als auch über die Arbeit in Rat und Verwaltung informieren und parteiübergreifend für Engagement in der Politik werben. Adressatengruppen wären hier in erster Linie Kinder und Jugend-

liche, die bisher nicht zu den primären Zielgruppen der engagementfördernden Einrichtungen zählen.

Darüber hinaus sind vor allem die Kommunen gefordert, ihre Engagementförderung neu zu justieren. Die Ergebnisse aus den Modellkommunen weisen zwei Wege der Weiterentwicklung der Engagementförderung:

Erstens benötigt lokale Förderung bürgerschaftlichen Engagements eine starke politische Unterstützung und eine nachhaltige Struktur in der Kommunalverwaltung .Diese Erkenntnis ist nicht neu, aber sie bedarf immer noch besonderen Nachdrucks. Der Blick in die Praxis zeigt, wie wichtig es ist, dass die politische Spitze mit Bürgermeistern und Dezernenten der Engagementförderung aufgeschlossen gegenübersteht. Die politische Unterstützung sollte ihren Ausdruck finden in der Bereitstellungverwaltungsinterner Ansprechpartner für bürgerschaftliches Engagement und der Schaffung und Ausstattung entsprechender Stabsstellen sowie in der ressortübergreifenden Unterstützung bürgerschaftlichen Engagements.

Zweitens sollte eine Strategie zur Etablierung von Partnerschaften und dauerhafter Zusammenarbeit der engagementfördernden Einrichtungen untereinander sowie mit der Verwaltung entwickelt werden. Aufgrund der Heterogenität der lokalen Strukturen ist hierfür eine differenzierte Betrachtung erforderlich. Vor dem Hintergrund der unterschiedlichen Traditionen und Gegebenheiten kann eine Kooperation und Bündelung der Initiativen entweder von der Verwaltung und Politik ausgehen oder aber es kann ein ›starker‹ zivilgesellschaftlicher Akteur in Absprache mit der Verwaltung vor Ort diese Form von Leadership in der lokalen Engagementförderung übernehmen.« (Wolf/Zimmer 2012: 167).

6 Sport und Engagement

Ressortforschung sowie Förderung von und Kooperation mit zentralen zivilgesellschaftlichen Akteuren gehören eng zusammen. Die Bundesregierung hat ein großes Interesse an einer positiven selbstbestimmten Entwicklung zentraler Bereiche und wichtiger Akteure des Engagements. Dies gilt für die Bereiche Soziales, Kultur, Umwelt aber auch den Sport. Die Bedeutung des Sports für die Freiwilligenarbeit und das ehrenamtliche Engagement in Deutschland kann kaum hoch genug eingestuft werden. Beim Sport liegt der Bestand der Vereine und Verbände in der Hand von freiwillig und ehrenamtlich Engagierten. Der DOSB ist der größte Repräsentant des gemeinwohlorientierten Sports in Deutschland. Er ist als größter Träger von freiwilligem Engagement in Deutschland aktiv bestrebt, die modernen engagementpolitischen Trends und Veränderungen, die sich unter anderem aus dem Bedeutungszuwachs von Engagement in der Gesellschaft ergeben, aufzunehmen und in seine Arbeit zu überführen und für die Vereine nutzbar zu machen.

Am 15.01.2010 hat der Präsidialausschuss des Breitensports/Sportentwicklung mit dem Grundsatzpapier »Engagementpolitik im Sport: Beschreibung eines Handlungsfeldes aus der Sicht des DOSB« einen neuen Aufbruch in der sportbezogenen Engagementpolitik eingeleitet. Die besondere Bedeutung des Sports für das Engagement spiegelt sich an vielen Stellen in der »Nationalen Engagementstrategie der Bundesregierung« wider. Von 2009 bis 2011 wurde das Forschungsprojekt »Der Deutsche Olympische Sportbund in der Zivilgesellschaft – Eine sozialwissenschaftliche Analyse zur sportbezogenen Engagementpolitik« vom Forschungszentrum für Bürgerschaftliches Engagement und der Abteilung Sportsoziologie an der Humboldt-Universität zu Berlin durchgeführt. Die Untersuchung wurde in Kooperation mit dem Deutschen Olympischen Sportbund (DOSB) realisiert und durch das BMFSFJ gefördert. Mit diesem Projekt ist neben der etablierten verbandlichen Sportpolitik erstmalig das Themenfeld sportbezogene Engagementpolitik beleuchtet worden.

Die Ergebnisse dieser Studie, die den Bereich »Sport und Engagement« anhand verschiedener Themenfelder wie z. B. Alter, Bildung und Integration untersucht und für den DOSB konkrete Perspektiven (Leitbilder, Maßnahmen) für eine sportbezogene Engagementpolitik aufgezeigt haben, standen im Mittelpunkt des Fachkongresses »Engagementpolitik des organisierten Sports« in Berlin am 08.06.2011. Das BMFSFJ, der DOSB und die Führungs-Akademie des DOSB haben im Herbst 2012 eine europäisch ausgerichtete Fachtagung zum Thema »Gewinnung und Förderung von ehrenamtlich Engagierten im Sport« veranstaltet. Ziel der Veranstaltung war es, die Themenfelder Ehrenamt, Engagement und Engagementförderung systematisch mit einem Blick nach Europa aufzubereiten.

7 Freie Wohlfahrtspflege und Engagement

Die Spitzenverbände der Freien Wohlfahrtspflege (FW) sind mit ihren über 105 000 Einrichtungen und Diensten wichtige Partner der Bundesregierung in der Förderung von Engagement im Sozialbereich. Nach den Schätzungen der BAGFW unterstützen 2,5 bis 3 Mio. Menschen mit ihrem freiwilligen Engagement die Freie Wohlfahrtspflege in oder im Umfeld sozialer Einrichtungen und Projekte. Die Verbände der Freien Wohlfahrtspflege haben in der Förderung des freiwilligen Engagements, das für den Sozialbereich in Deutschland konstitutiv ist, eine große Tradition. Gleichzeitig hat die BAGFW sich zum Ziel gesetzt, eine eigene und umfassende Engagementstrategie für die Spitzenverbände zu entwickeln und somit einen neuen Rahmen für die engagementbezogenen Aktivitäten der Verbände wie auch Ihre Kooperation mit anderen privaten und öffentlichen Partnern zu schaffen. Damit ist zu hoffen, dass die Verbände die Rückbesinnung auf das bürgerschaftliche Engagement weitervorantreiben und mit entsprechenden Maßnahmen auch im Bereich der Forschungsförderung beglaubigen.

Die Freie Wohlfahrtspflege in Deutschland steht außerordentlich erfolgreich für Weltanschauungen, die von Nächstenliebe, Solidarität sowie Sinngebung geprägt sind. Der Zusammenhang zum Engagement ist evident. Engagierte Menschen verkörpern diese Werte. Nicht nur sind ehrenamtliche Helferinnen und Helfer sowie Mitarbeiterinnen und Mitarbeiter in Einrichtungen tätig. Engagierte Menschen sind – wie im Freiwilligensurvey nachzulesen ist – zu einem erheblichen Anteil an gemeinnützige Vereine und Einrichtungen der FW gebunden. Die besondere »Wohlfahrtsethik«, die sich im bürgerschaftlichen Engagement verkörpert, ist Teil der Entstehungs- und Entwicklungsgeschichte der Verbände bis zum heutigen Tag. Praktiziertes Engagement ist eine der klassischen Veranschaulichungen der Wertewelt der Verbände. Die Freie Wohlfahrtspflege genießt hier immer noch großes Ansehen. Bürgerschaftliches Engagement ist nach wie vor ein wesentlicher Teil der Marke Freie Wohlfahrtspflege, die sie auch heute noch für viele Menschen attraktiv macht. Das könnte sich aus meiner Sicht auch in der Förderung von Engagementforschung noch stärker widerspiegeln.

Mein Eindruck ist, dass die Spitzenverbände aktuell ihr Interesse an Engagementforschung noch sehr stark mit Blick auf ihr Kerngeschäft, sprich den Betrieb der mit hauptamtlichen Kräften geführten Einrichtungen und Dienste definieren. Das ist verständlich und sicherlich legitim. Das erklärt aus meiner Sicht allerdings noch nicht, warum sich die BAGFW beispielsweise nicht an dem hochspannenden Projekt »Zivilgesellschaft in Zahlen«(»ZiviZ-Survey«), getragen von der Bertelsmann-Stiftung, dem Stifterverband für die deutsche Wissenschaft und der Fritz Thyssen Stiftung, finanziell beteiligt. Der sogenannte ZiviZ-Survey ist eine repräsentative Befragung der organisierten Zivilgesellschaft, die sich an Vereine, Stiftungen, gemeinnützige GmbHs und Genossenschaften richtet. Der Fragebogen erschließt verschiedene Themen wie allgemeine Fragen zum Gründungsjahr und Sitz, Arbeitsschwerpunkte einschließlich Aufgaben und Ziele der Organisationen, Mitglieder, Ehrenamtliche und Beschäftigte und ihre Strukturen, Finanzierung sowie Bedeutung öffentlicher und nicht-finanzieller Mittel, Herausforderungen und Schwierigkeiten der Organisationen wie Finanzierungslücken oder Engpässe bei der Rekrutierung ehrenamtlicher Helfer. Erste Ergebnisse wurden auf einer Veranstaltung am 12.06.2012 in den Räumen des Stifterverbandes diskutiert.

Ressortforschung kann nicht alle Forschungsbedarfe im Bereich des bürgerschaftlichen Engagements und der Zivilgesellschaft abdecken. Deshalb ist den Finanziers der Studie »Zivilgesellschaft in Zahlen« auch ausdrücklich zu danken. Aber auch gegenüber den Spitzenverbänden der Freien Wohlfahrtspflege muss ein deutlicher Dank ausgesprochen werden. Im Januar/Februar 2013 führte das Centrum für Soziale Investitionen und Innovationen der Universität Heidelberg eine Untersuchung zum Thema »Soziale Innovationen in den Spitzenverbänden der Freien Wohlfahrtspflege« durch. Es freut mich sehr, dass hiermit ein Impuls des BMFSFJ in diesem Themenfeld durch die Bundesarbeitsgemeinschaft der Freien Wohlfahrtspflege aufgegriffen wurde. Die Frage eines systematischen Innovationsmanagements innerhalb der Wohlfahrtsverbände ist von zentraler Bedeutung für die Gesellschaft insgesamt.

Der Sozialsektor hat eine enorme ökonomische Bedeutung. Ohne beständige Fortentwicklung dieses Sektors gäbe es unser modernes System sozialer Dienste und Einrichtungen in Deutschland nicht. Leistungsfähigkeit, Wirksamkeit und Innovation sind dennoch nicht die Schlüsselbegriffe in der öffentlichen Debatte über den Sozialsektor, sondern es wird über Belastungen und Kosten geredet. Wenn wir in Deutschland über Innovationen reden, dann vor allem über solche im technologischen Bereich. Soziale Innovationen werden erst nach und nach zu eigenständigen Untersuchungsphänomenen der Sozialwissenschaft. Wirkungsmessung ist ein Thema, das zivilgesellschaftliche Organisationen umtreibt. Die TU München hat mit der Universität Hamburg von 2007 bis 2009 ein solches einheitliches Berichtssystem – den Social Reporting Standard – entwickelt. Diese wirkungsorientierte Berichterstattung soll die Professionalisierung des Dritten Sektors unterstützen, zu größerem Vertrauen auf Seiten der Geldgeber führen und mittel- und langfristig zu einer effizienteren Kapitalallokation verbunden mit einem Kapitalzufluss in den Sektor beitragen. Der SRS findet zunehmend Verbreitung, muss aber aus meiner Sicht kontinuierlich wissenschaftlich begleitet und unter Beteiligung der Wohlfahrtsverbände weiterentwickelt werden. Ich verbinde mit der Unterstützung der Entwicklung des SRS durch das BMFSFJ vor allem eine Unterstützung sozialer Projekte in und im Umfeld der Wohlfahrtsverbände in Deutschland.

Die Freie Wohlfahrtspflege hat eine große Innovationstradition. Es gibt viele gute Beispiele, die bislang kaum bekannt sind und nicht angemessen gewürdigt werden. Etablierte Organisationen der Sozialwirtschaft müssen ein zentraler Bestandteil der Erforschung sozialer Innovationen sein. Es muss eine angemessene Übersetzungsleistung erbracht werden; Ideen des Innovationsmanagements aus dem klassisch technischen bzw. kommerziellen Bereich können nur begrenzt auf die Sozialwirtschaft und insbesondere die Freie Wohlfahrtspflege übertragen werden. Wo soll die Verantwortung für soziale Innovation in Verbänden angesiedelt sein? Das ist eine wichtige Frage, die aus meiner Sicht noch nicht abschließend beantwortet ist. Zwar darf der Kontakt zu den operativen Einheiten nicht abreißen, es spricht aber viel für eine gewisse Zentralisierung. Ein spannendes Feld, auf dem noch viel Bedarf für Forschungsarbeit liegt.

8 Die Zusammenarbeit von Haupt- und Ehrenamtlichen

Forschungsvorhaben des BMFSFJ werden in engster Zusammenarbeit mit den relevanten Organisationen der Zivilgesellschaft und Vertretern der Wissenschaft konzipiert und durchgeführt. Die Bedarfe für entsprechende Vorhaben werden oft genug aus der Zivilgesellschaft und der Forschung selbst artikuliert. Eine der zentralen Herausforderungen der Engagementförderung ist die Zusammenarbeit von Haupt- und Ehrenamtlichen in den verschiedenen Engagementfeldern der Organisationen der Zivilgesellschaft. Aus diesem Grund hat das BMFSFJ eine Studie zur Kooperation von Haupt- und Ehrenamtlichen in Pflege, Sport und Kultur bei der in Fragen der Zivilgesellschaftsforschung anerkannten INBAS-Sozialforschung GmbH in Auftrag gegeben. Das BMFSFJ hat dies vor dem Hintergrund getan, dass dieses Thema im Diskurs um die Entwicklung des bürgerschaftlichen Engagements in Deutschland immer wieder diskutiert und als wichtig erachtet wird, es aber bislang keine belastbaren empirischen Daten zu Kooperationsformen und Kooperationsproblemen zwischen Haupt- und Ehrenamtlichen gibt.

Von der Studie werden in erster Linie neue repräsentative Daten und praxisrelevante Ergebnisse erwartet, also Aussagen und Handlungsempfehlungen, die sich in verschiedenen Kontexten der Kooperation von Haupt- und Ehrenamtlichen möglichst direkt umsetzen lassen. Dies erfordert klare Konturen des Untersuchungsgegenstandes und auch Eingrenzungen und Beschränkungen. Die Leitfrage der Studie ist die nach der Aktivierbarkeit von bislang brachliegenden Potenzialen für ehrenamtliches Engagement durch die Beseitigung von Zugangsbarrieren, die in Mängeln der Zusammenarbeit zwischen Haupt- und Ehrenamtlichen begründet sind.

Diese Fokussierung auf Praxisrelevanz spiegelt sich auch in der Zusammensetzung des studienbegleitenden Beirates, in den neben Vertreterinnen und Vertretern der Wissenschaft auch Vertreterinnen und Vertreter der Verbände und Infrastruktureinrichtungen des Freiwilligensektors, der Schwerpunktbereiche der Studie sowie der Länder und Kommunen eingeladen wurden. Der Beirat ist gebeten, die Studie nicht in einer Außenperspektive zu kommentieren, abzusegnen oder zu kritisieren, sondern sie vor dem Hintergrund der spezifischen Einzelinteressen zu gestalten und zu unterstützen. Damit soll auch gewährleistet werden, dass die angestrebten Praxishilfen sich auch tatsächlich als anwendungsgeeignet und nutzerfreundlich erweisen. Der Erfolg dieses Forschungsvorhabens liegt also auch ganz wesentlich in den Händen eines kompetenten Beirates.

9 Stiftungspanel des Bundesverbandes der Deutschen Stiftungen

Das BMFSFJ hat in der 17. Legislaturperiode in Umsetzung der »Nationalen Engagementstrategie der Bundesregierung« bestehende Kooperationen mit den Akteuren der Zivilgesellschaft gestärkt und neue Kooperationen beispielsweise mit Stiftungen und Unternehmen aufgebaut. Als erstes großes Projekt im Rahmen einer Kooperationsvereinbarung mit engagementfördernden Stiftungen fördert das BMFSFJ seit 2012 das Stiftungspanel des Bundesverbandes der Deutschen Stiftungen.

Der Erste Engagementbericht hat wie erwähnt eine zum Teil mangelnde Datenlage und damit den Bedarf an weiterer empirischer wie theoretischer Forschung für den Bereich der Stiftungen statuiert. Ziel des Stiftungspanels ist in Anlehnung an diese Feststellung die Schaffung einer soliden Wissensbasis im Bereich der Stiftungen. Dies soll der Stärkung des gemeinwohlorientierten Stiftungswesens sowie der Kooperationen zwischen Zivilgesellschaft und Staat dienen. Die Erkenntnisse dieses Panels, das in verschiedenen Formaten publiziert wird, sollen auch eine zielgerichtete und nachhaltige Engagementpolitik unterstützen.

Das Stiftungspanel wird jährlich eine Längsschnittbefragung und Ad-hoc-Befragungen durchführen. Wir erhoffen uns Ergebnisse, die Entwicklungen und Trends im Stiftungswesen zeigen, um so auch in einer langfristigen Perspektive zu denken. Das Panel soll dem Stiftungssektor dienen, aber gleichermaßen der Politik als Wissens- und Handlungsgrundlage zur Verfügung stehen können. Folglich zählen zu den Zielgruppen für die Ergebnisse des Stiftungspanels neben Stiftungen die Entscheidungsträger aus Politik und Verwaltung.

10 Wie werden die Ergebnisse der Engagementforschung genutzt?

Die Ergebnisse der Engagementforschung fließen nicht nur über die Publikationen in Debatten der interessierten Öffentlichkeit ein, sondern werden vor allem auch von den Vertretern von Bund, Ländern und Kommunen in den einschlägigen Gremien diskutiert und nicht selten aufgegriffen. Ein wichtiges Vorhaben der Bundesregierung ist, eine verbesserte Abstimmung engagementpolitischer Vorhaben innerhalb der Bundesregierung sowie mit Ländern und Kommunen herbeizuführen. Der Ressortkreis Engagementpolitik wurde nach der Verabschiedung der »Nationalen Engagementstrategie der Bundesregierung« im Oktober 2010 ins Leben gerufen. Die Ergebnisse der Engagementforschung sind Gegenstand der Erörterung dieses Kreises. Dieser Diskurs befördert die strukturelle

Abstimmung über Engagementpolitik und Engagementforschung zwischen den Bundesressorts. Im Zuge der Umsetzung der »Nationalen Engagementstrategie der Bundesregierung« wurden der Informationsaustausch und die Zusammenarbeit zwischen Bund, Ländern und Kommunen im Bereich der Engagementpolitik intensiviert. Die Bund-Länder-Kommunen-Gesprächsrunde – eine Informationsrunde zum gegenseitigen, engagementfeldübergreifenden Austausch – tagt zweimal im Jahr. Dabei wird Engagementförderung aus einer ganzheitlichen Sicht im Sinne von thematischer Verzahnung und Querschnittssystematik behandelt. Expertinnen und Experten werden themenbezogen nicht zuletzt zu Fragen der Engagementforschung eingeladen.

Der Bundestagsausschuss für Familie, Senioren, Frauen und Jugend hat für die Dauer der 17. Legislaturperiode am 27. 01. 2010 den Unterausschuss »Bürgerschaftliches Engagement« eingesetzt. Aufgabe des Unterausschusses ist es, weiter zur Umsetzung der Beschlüsse der Enquete-Kommission »Zukunft des Bürgerschaftliches Engagement« beizutragen. Die vom BMFSFJ beauftragten Wissenschaftlerinnen und Wissenschaftler berichten dort regelmäßig über die Ergebnisse ihrer Forschung. Die Abgeordneten des Deutschen Bundestages diskutieren mit den Wissenschaftlerinnen und Wissenschaftlern über mögliche Umsetzungsschritte wie auch über weitere Forschungsbedarfe. Die Bandbreite der im Unterausschuss verhandelten Themen ist groß. Dazu gehören längst nicht nur die klassischen Themen des Engagements, sondern auch neue Themen wie »Sozialunternehmertum«, »Wirkungsberichterstattung« und »Soziale Innovation«. Die Arbeit des Unterausschusses wird als eine wichtige und verdiente Anerkennung für die Leistungen der in der Engagementforschung tätigen Wissenschaftlerinnen und Wissenschaftler wahrgenommen.

Die Förderung der Engagementforschung durch den Bund ist in jedem einzelnen Projekt abhängig von der Kooperation mit allen relevanten Partnern aus dem Bereich des Engagements, der Zivilgesellschaft, selbstverständlich der Forschung und bedarf einer breiten Rezeption in der interessierten Fachöffentlichkeit, wenn möglich auch darüber hinaus. Der Diskurs mit den Abgeordneten im Deutschen Bundestag, den Ländern und Kommunen ist essentiell. Da der Bund alleine nicht alle Forschungsbedarfe (finanziell) stellen kann, brauchen wir unterstützende Stiftungen und engagierte Unternehmen. Die Akteure der Zivilgesellschaft und die engagierten Menschen halten unsere Gesellschaft und letztlich auch unseren Staat zusammen. Sie verdienen Aufmerksamkeit und Anerkennung. Forschung über die Rahmenbedingungen von Zivilgesellschaft und bürgerschaftlichem Engagement in Deutschland ist ein Weg, die verdiente Anerkennung und Aufmerksamkeit zu vermitteln, und die beste Voraussetzung, die Rahmenbedingungen weiter zu verbessern.

Literatur

Wolf, A. & A. Zimmer (2012): Lokale Engagementförderung: Kritik und Perspektiven, Wiesbaden: VS Verlag.

25 Es geht nicht nur um Forschung, es sind die Daten ...
Über Möglichkeiten datengestützter Steuerung von Arbeits- und Förderbereichen

Stefan Nährlich

Abstract: Zu Recht werden in Wissenschafts- und Fachkreisen häufig der unbefriedigende empirische Kenntnisstand über den Dritten Sektor und eine unzureichende Forschungsförderung beklagt. Ein Kernproblem ist die mangelhafte Datenlage und Datenorientierung insgesamt. Damit fehlt die Grundlage für valide und zeitnahe Analysen von Entwicklungen im Dritten Sektor. Eine ordnungspolitische Steuerung ist damit kaum möglich. Am Beispiel der Förderung von Bürgerstiftungen in Deutschland wird veranschaulicht, wie eine Datenerhebung und Auswertung auf Ebene einer Förderorganisation aussehen kann und welche Vorarbeiten für praxisorientierte Forschung damit geleistet werden können. Gleichzeitig weist das Beispiel noch auf ein weiteres Defizit hin. Ein Teil der Daten wird bereits an anderer Stelle regelmäßig erfasst, ohne jedoch genutzt werden zu können.

Keywords: Bürgerschaftliches Engagement, Engagementforschung, Nonprofit-Organisationen, Dritter Sektor, Zivilgesellschaft, Zivilgesellschaftsforschung, Bürgerstiftungen

1 Einleitung

Vor 20 Jahren leistete das internationale Johns Hopkins Comparative Nonprofit Sector Project auch in Deutschland erstmalig einen wesentlichen Beitrag zur empirischen Vermessung und Sichtbarmachung des gemeinnützigen Bereiches. Erkennbar wurde ein Sektor, dem eine wichtige gesellschaftliche Funktion zukommt. Seitdem hat sich die Erkenntnislage durchaus verbessert, ohne jedoch gut zu sein. Dies liegt u. a. daran, dass schon Basisinformationen – beispielsweise zur Anzahl der gemeinnützigen Organisationen und ihren personellen und finanziellen Ressourcen – oft fehlen, veraltet oder nicht vergleichbar sind. Bereits auf die einfache Frage, wie viel die Deutschen spenden, gibt es weit voneinander abweichende Angaben aus unterschiedlichen Datenquellen. Ob sich politische und gesetzliche

Maßnahmen positiv auf z. B. das Stiftungswesen auswirken, bleibt aufgrund der mangelhaften Informationslage spekulativ. Reports über beispielsweise Gehaltsstrukturen oder Arbeitszufriedenheit fehlen nahezu vollständig. Für einen Sektor, in dem immerhin über zwei Millionen Menschen beruflich beschäftigt sind, durchaus bemerkenswert. Antworten auf komplexere Fragen, z. B. nach der gesellschaftlichen Wirkung von Bürgerengagement, nach dem Zusammenhang zwischen Engagement und Demokratie oder dem gesellschaftlichen Wandel können meist nur modellhaft oder spekulativ gegeben werden.

Warum der Informationsstand bisher nach wie vor defizitär ist, hat vielfältige Gründe. Neben einer mangelnden Forschungsförderung sind auch diejenigen Daten und Informationen, welche die gemeinnützigen Organisationen bzw. ihre Verbände und Netzwerke selbst erheben und veröffentlichen, meist unvollständig und für weitergehende Analysen meist nicht verwendbar. Zum einen spielt hier sicherlich das Problem der Refinanzierbarkeit entsprechender Aktivitäten eine Rolle, zum anderen mangelt es wohl auch an Bewusstsein und Interesse bei den entsprechenden Akteuren des Dritten Sektors. Dabei sind die Kosten durchaus verhältnismäßig, insbesondere, wenn nicht projektorientiert, sondern langfristig an der Förderung bestimmter Themenfelder gearbeitet und Datenmaterial kontinuierlich erhoben wird.

Am Beispiel der Aktiven Bürgerschaft e. V. und hier insbesondere mit Fokus auf die Förderung der Bürgerstiftungen in Deutschland soll gezeigt werden, wie wesentliche Entwicklungsdaten valide, zeitnah und kontinuierlich erhoben und ausgewertet werden können. Diese erfüllen dann Informationsbedürfnisse verschiedener Zielgruppen, lassen Wirkungen und Zusammenhänge, Entwicklungen und Fehlentwicklungen sichtbar werden und helfen nicht zuletzt bei der Planung und Gestaltung von Arbeitsprozessen der Fördereinrichtung.

2 Datengestützte Steuerung: »Nicht das Erzählte reicht, sondern das Erreichte zählt.«

Nach der Gründung der ersten Bürgerstiftungen in Deutschland entschied die Aktive Bürgerschaft,[1] sich mit diesem Thema näher zu beschäftigen und die Entwicklung der Bürgerstiftungen in Deutschland nachhaltig zu fördern. Dazu wurde

---

1 Der Verein Aktive Bürgerschaft wurde 1997 in Münster gegründet und fördert bürgerschaftliches Engagement. Im Jahr 2002 wurde die Geschäftsstelle nach Berlin verlegt und die Arbeit bundesweit ausgerichtet. Der Verein beschäftigt 15 angestellte Mitarbeiter und wird von einem siebenköpfigen Vorstand geleitet. Die Finanzierung erfolgt durch die Gruppe der Volksbanken und Raiffeisenbanken. Die Hauptarbeitsbereiche sind der Auf- und Ausbau von Engagementstrukturen (Bürgerstiftungen), die Förderung der Engagementbereitschaft

2002 der Arbeitsbereich Bürgerstiftungen eingerichtet und in den nachfolgenden beiden Jahren die Basis für eine datengestützte Steuerung des Arbeitsbereiches aufgebaut. Informationen kamen zu dieser Zeit an verschiedenen Stellen bei der Aktiven Bürgerschaft an und verblieben dort. Im Office Management wurden Adress- und Kontaktdaten der Bürgerstiftungen erfasst; im Arbeitsbereich Corporate Citizenship lagen Informationen und Daten vor, wenn sich Genossenschaftsbanken vor Ort für Bürgerstiftungen engagierten. Im Arbeitsbereich Bürgerstiftungen selbst wurden Angaben aus Satzungen, Infos aus Beratungen und aus der Analyse von Publikationen und Berichten der Bürgerstiftungen gesammelt und archiviert. Auch durch den »Förderpreis Aktive Bürgerschaft«[2] erreichten die Förderorganisation über die Bewerbungen von Bürgerstiftungen zahlreiche Informationen. Word-Dateien, Excel-Listen, PDFs voller Daten und Fakten, nicht immer gut auffindbar und oft in der Aussagekraft und der Aktualität voneinander abweichend. Vergleichbar waren die Daten und Informationen selten, da sie zu unterschiedlichen Zeitpunkten und unter wechselnden Fragestellungen und methodischen Herangehensweisen zusammengekommen waren.

Forciert wurden die Bestrebungen einer datengestützten Steuerung des Arbeitsbereiches Bürgerstiftungen der Aktiven Bürgerschaft durch das zunehmende Medieninteresse an der Thematik. Bereits auf einfache Medien-Anfragen, z. B. nach der Gesamtzahl der Bürgerstiftungen in Deutschland, nach der größten Bürgerstiftung, oder wo es die meisten Bürgerstiftungen gibt, waren keine belastbaren Antworten möglich, ohne dass eine intensive Recherche vorgeschaltet wurde. Auf andere damals häufig gestellte Fragen, z. B. ob Bottom-Up-Gründungen von Bürgerstiftungen erfolgreicher sind als Top-Down-Gründungen, war es gar nicht möglich zu antworten. Was über Bürgerstiftungen in den Anfangsjahren veröffentlicht und gesagt wurde, war vor allem gut gemeint, hatte aber in der Regel wenig »Hand und Fuß«.

Vor diesem Hintergrund wurde in der Aktiven Bürgerschaft von einer internen Arbeitsgruppe ein kohärentes Konzept entwickelt, wie die in der Organisation ge-

---

(Service Learning), die Weiterentwicklung der Engagementkompetenz von Unternehmen (Corporate Citizenship) und die Mitgestaltung der Engagementpolitik auf Bundesebene (Bürgergesellschaft).
2 Der Förderpreis Aktive Bürgerschaft zählt zu den ersten Auszeichnungen für bürgerschaftliches Engagement in Deutschland. Die Aktive Bürgerschaft vergibt die Auszeichnung seit 1998 jährlich an Vereine, Stiftungen und andere gemeinnützige Organisationen; seit 2002 richtet er sich an Bürgerstiftungen. Die Auswahl der Preisträger trifft eine unabhängige Jury. Der Wettbewerb will das Leistungsspektrum der Bürgerstiftungen aufzeigen, die Idee der Bürgerstiftung in der Öffentlichkeit bekannter machen und mit guten Beispielen zu stifterischem Engagement anregen (www.aktive-buergerschaft.de/foerderpreis, Zugriff 14. 03. 2014).

sammelten und von verschiedenen Seiten an sie herangetragenen Informationen zu Bürgerstiftungen für eine datengestützte Steuerung eben dieses Arbeitsbereiches und für die effektive Förderung von Bürgerstiftungen in Deutschland nutzbar gemacht werden konnten. Dazu gehörte primär eine Entscheidung über den Umfang der zu erhebenden Daten zu Bürgerstiftungen, und zwar unter Berücksichtigung der für diesen Arbeitsbereich auch langfristig zur Verfügung stehenden Ressourcen sowie in Anbetracht des zu erwartenden zahlenmäßigen Wachstums der Bürgerstiftungen. Aus Kenntnis anderer Datenerhebungen war bekannt, dass im Hinblick auf die ehrenamtliche Zielgruppe der in Bürgerstiftungen Engagierten der Aufwand für die Primärdatenerhebung vor Ort nicht zu umfangreich ausfallen durfte. Entsprechend niedrigschwellig mussten auch das Management der Daten, die Schnittstelle zum Content Management-System des Internetangebotes sowie die Datenbank an sich gestaltet sein. Hier sollte eine handelsübliche Software eingesetzt werden, die an spezifische Bedürfnisse angepasst werden kann und die im Netzwerkeinsatz die üblichen Maßstäbe für Performance (Datenvolumen, Reaktionszeit usw.) und Datensicherheit (Zugangsschutz, Backupverfahren u.a.) erfüllt.

3 Datengestützte Steuerung der Förderung von Bürgerstiftungen in Deutschland

Nachfolgend soll ein Überblick über wesentliche Aspekte des Datenmanagements, der Datenherkunft und der Datenqualität sowie der Datenverwendung gegeben werden. Das Kapitel soll zeigen, wie eine einfache, aber dennoch wirkungsvolle datengestützte Steuerung in der Praxis realisiert werden kann.

3.1 Datenmanagement und Datenbanklösung

Um die langfristige Nutzung und Weiterentwicklung der einzusetzenden Softwarelösung zu gewährleisten, sollte vorzugsweise weder eine Eigenentwicklung der Aktiven Bürgerschaft noch eine hochspezialisierte Software zum Einsatz kommen. Nach eingehender Prüfung erwies sich eine Version des bereits bei der Aktiven Bürgerschaft für die Adressverwaltung eingesetzten Programms als geeignet. Die CRM Software (Customer-Relationship-Management) ermöglicht im Netzwerkeinsatz die dezentrale Dateneingabe und den Datenzugriff von jedem Arbeitsplatz. Über die Erweiterung der bestehenden Datenbankfelder und individuell erstellte Eingabemasken können weitere Daten über die Adressverwaltung hinaus erfasst werden. Die Informationen lassen sich hierarchisieren und mit anderen Datensätzen und Informationen verknüpfen. Für die Filterung, Recherche und Ausgabe stehen mehrere Instrumente und Schnittstellen zur Verfügung. Das CRM Programm läuft auf Systemen ab dem Betriebssystem Windows XP und mit SQL-Servern.

Da für das Adress- und Kontaktemanagement bereits die meisten Informationen und Daten bei der Aktiven Bürgerschaft vorlagen und zudem die Software in der täglichen Arbeit der Mitarbeiter den größten Stellenwert hat, wurde in Zusammenarbeit mit einem lokalen Systempartner des Softwareherstellers die eingesetzte Adressdatenbank entsprechend den Vorgaben der internen Arbeitsgruppe Bürgerstiftungen angepasst. Neue Datenbankfelder für die bürgerstiftungsrelevanten Informationen wurden ergänzt und verschiedene Eingabemasken und Ansichten (Stammdaten, Finanzen, Medienberichte usw.) angelegt.

Heute werden die für den Arbeitsbereich Bürgerstiftungen anfallenden Daten nach manueller, stichprobenartiger oder plausibilitätsgestützter Prüfung im CRM-Datenbanksystem erfasst. Alle Datenbereiche sind statistisch auswertbar, bei wiederkehrenden Analysen können durch entsprechende Rechen- und Ergebnisfelder die Daten auch automatisch generiert werden. Auch der Export nach Excel oder SPSS für weitergehende Analysen ist möglich. Ein integriertes Berichtswesenmodul kann Daten grafisch und in Tabellenform auswerten.

Die Dateneingabe erfolgt je nach Art der Informationen und Daten sowohl dezentral in unterschiedlichen Arbeitsgruppen der Geschäftsstelle als auch an zentraler Stelle in der Arbeitsgruppe Bürgerstiftungen. Ein Mitarbeiter dort ist Ansprechpartner für Datenpflege und Analysen sowie für die Zusammenarbeit mit externen Partnern bei der Weiterentwicklung der Datenbanklösung.

3.2 Datenherkunft

Die erfassten Daten und Informationen zu Bürgerstiftungen stammen aus einer ganzen Reihe von Quellen. Dazu zählen neben der täglichen Beratungsarbeit für Bürgerstiftungen und der Auswertung der bundesweiten Medien auch regelmäßige Umfragen und Datenerhebungen bei Bürgerstiftungen sowie der Zugriff auf externe Datenbanken und Statistiken.

3.2.1 Daten aus Beratungen

Die erstmalige Anlage von Daten erfolgt mit dem Adresskontakt bzw. den -kontakten der Initiatoren zur Gründung einer Bürgerstiftung. Nach rechtlicher Anerkennung der Bürgerstiftung durch die zuständige Stiftungsaufsicht wird der Status der Datensätze von »Initiative« auf »Bürgerstiftung« geändert, soweit das Ergebnis der Satzungsprüfung den Anforderungen der »10 Merkmale einer Bürgerstiftung« des Bundesverbandes Deutscher Stiftungen entspricht. Da eine gesetzliche Grundlage für Bürgerstiftungen fehlt, muss die Satzung jeder Stiftung, die sich als Bürgerstiftung bezeichnet, dahingehend geprüft werden, ob auch Bürgerstiftung »drin ist« wenn Bürgerstiftung »draufsteht«. Relevant sind hier vor allem die Unabhängigkeit der Gremien, der regionale Wirkungskreis und die Vielzahl der Satzungszwecke (vgl. Grabsch et al. 2013). Weitere Informationen wie Gründungsdatum, Größe, Bundesland usw. werden ergänzend eingepflegt.

Bei der täglichen Arbeit mit Bürgerstiftungen kommt es in gewisser Weise en passant zur Generierung von Informationen und zur Datenermittlung. Diese werden zum Teil tagesaktuell oder zeitnah eingepflegt. Es handelt sich hierbei beispielsweise um Adresskorrekturen, Angaben zu Förderungen durch Genossenschaftsbanken, Datennachlieferungen zu Umfragen aus Vorjahren, Logo-Updates usw. Wichtiger Schriftverkehr, Gesprächsnotizen aus laufenden Vorgängen und Informationen für Kollegen werden teilstrukturiert in der Kontakthistorie festgehalten.

3.2.2 Daten aus der Umfrage Länderspiegel Bürgerstiftungen

Seit 2006 erhebt die Aktive Bürgerschaft jährlich mit dem »Länderspiegel Bürgerstiftungen. Fakten und Trends« zentrale Kennzahlen der Entwicklung der Bürgerstiftungen in Deutschland. Der Länderspiegel ist eine Vollerhebung der deutschen Bürgerstiftungen, die den »10 Merkmalen einer Bürgerstiftung« des Bundesverbandes Deutscher Stiftungen entsprechen und bis zum 30.06. des laufenden Jahres gegründet wurden. Stichtag der Erhebung der Finanzdaten ist jeweils der 31. 12. des Vorjahres. Die Daten und der Bericht werden jährlich zum 1. Oktober (Tag der Bürgerstiftungen bzw. seit 2013 Tag der Stiftungen) online und in Printform veröffentlicht.[3]

Sonderumfragen zum Länderspiegel Bürgerstiftungen hat die Aktive Bürgerschaft erstmalig im Jahr 2009 durchgeführt. In regelmäßigen, aber mehrjährigen Abständen werden Informationen und Daten zur Mittelherkunft (Privatpersonen, Unternehmen, öffentliche Hand, andere gemeinnützige Organisationen), zur Mittelverwendung (Bildung und Erziehung, Kunst und Kultur, Soziales, Gesundheit und Sport, anderes) und zu den Gremien (Alter, Geschlecht, Bildungsgrad, Berufsgruppen, zeitlicher Umfang des Engagements, regionale Verankerung und Vernetzung) erhoben und ausgewertet. Wesentliche Ergebnisse der Sonderumfragen werden mit dem »Länderspiegel Bürgerstiftungen« veröffentlicht.

---

3   vgl. www.aktive-buergerschaft.de/laenderspiegel, Zugriff 14. 03. 2014

3.2.3 Daten aus weiteren Quellen

Die von der Aktiven Bürgerschaft genutzte Medienbeobachtung und -analyse eines externen Dienstleisters liefert täglich Informationen zu Presseberichten über Bürgerstiftungen in lokalen und bundesweiten Medien. Besonders aussagekräftige Beiträge werden, soweit urheberrechtlich zulässig, in die Datenbank eingepflegt.

Auch externe Datenbanken und Statistiken werden eingesetzt. Die Aktive Bürgerschaft nutzt hier vor allem die »Regionaldatenbank Deutschland« der amtlichen Statistik. Importiert werden beispielsweise Bevölkerungs- und Gebietsdaten sowie Daten der kommunalen Steuerstatistik. Die Verknüpfung der Daten mit den Bürgerstiftungen erfolgt über den bzw. die entsprechenden amtlichen Gemeindeschlüssel. Daneben werden Statistiken – z. B. zum deutschen Stiftungswesen – genutzt.

3.3 Datenqualität und Sicherheit

Eine gute Datenqualität ist Garant für eine optimale Steuerung des Arbeitsbereiches Bürgerstiftungen bei der Aktiven Bürgerschaft. Schulungsmaßnahmen für die Mitarbeiter sind in diesem Zusammenhang ebenso wichtig wie ein Kodierungssystem, das Informationen mit einem abgestuften Gütekriterium hinsichtlich der Belastbarkeit der Daten versieht. Darüber hinaus wird bei den Umfragen ein hoher Rücklauf sowie eine zeitnahe Aktualisierung der Daten und ein niedrigschwelliger Zugang zu Analysen und Auswertungen angestrebt.

3.3.1 Validität und Ausschöpfung der Daten

Da »Bürgerstiftung« rechtlich nicht definiert ist, beginnt die Validität aller Daten über Bürgerstiftungen mit der Satzungsprüfung und der Klärung, ob eine Stiftung eine Bürgerstiftung ist. Hierzu hat die Aktive Bürgerschaft die entsprechenden Merkmale einer Bürgerstiftung des Bundesverbandes Deutscher Stiftungen operationalisiert und prüft jeden Einzelfall. Kommt die Prüfung zu dem Ergebnis, dass die Satzung nicht den Merkmalen einer Bürgerstiftung entspricht, wird die Stiftung nach dem Hauptgrund der Ablehnung klassifiziert. Hierfür stehen acht Kategorien wie beispielsweise »Dominanz der Entscheidungsgremien durch Stifter« oder »zu enger Satzungszweck« zur Verfügung. Fällt das Ergebnis der Satzungsprüfung positiv aus, wird vergleichbar verfahren und die Stiftung in eine von zwölf Kategorien wie »Rechtsform« oder »Ansprechpartner« eingeteilt. So können später weitergehende Analysen vorgenommen werden.

Da eine Vollerhebung unter den Bürgerstiftungen die zuverlässigsten Daten über deren Entwicklung liefert, wird eine möglichst hohe Beteiligung an den jährlichen Umfragen und den Sonderumfragen angestrebt. Darüber hinaus werden fehlende Daten, insbesondere hinsichtlich der Entwicklung des Stiftungskapitals, erhaltener Spenden und der ausgeschütteten Fördersummen aus zusätzlichen Quellen aufgefüllt. Um die Belastbarkeit der Daten sicherzustellen, werden die Werte mittels einer zehnstufigen Validitätsskala (von »Beteiligung an der Umfrage« über »Daten aus Jahresbericht der Bürgerstiftung« bis »Medienbericht über die Bürgerstiftung«) kodiert.

Bei der Umfrage zum Länderspiegel Bürgerstiftungen und den Sonderumfragen handelt es sich um Vollerhebungen. Durch die Beschränkung auf notwendige Daten und telefonische Nachfassaktionen liegt die Ausschöpfung i. d. R. nicht unter 75 Prozent bzw. nicht unter 50 Prozent bei umfangreicheren Sonderumfragen. Die Rücklaufquoten betrugen 78 % (2012), 85 % (2011), 74 % (2010), 72 % (2009), 90 % (2008), 79 % (2007) und 78 % (2006). Die Rücklaufquoten der Sonderumfragen lagen bei 53 % (2011), 53 % (2010) und 61 % (2009). Da zu den jährlichen Umfragen auch immer wieder Daten aus Vorjahren nachgeliefert werden, verbessern sich Ausschöpfung und Validität im Zeitverlauf.

3.3.2 Aktualität und Sicherheit der Daten

In einem zweimonatlichen Turnus werden die Informationen zu neugegründeten Bürgerstiftungen nach entsprechender Prüfung der Satzung in das Datenbanksystem eingepflegt und für den »Bürgerstiftungsfinder« im Internet freigeschaltet.[4] Aktualisierungen der Kontaktdaten von Bürgerstiftungen werden ebenfalls alle zwei Monate veröffentlicht. Daten aus den jährlichen Umfragen werden ebenfalls im Jahresturnus ergänzt und aktualisiert. Bei der Nutzung externer Datenbanken werden Aktualisierungen im eigenen Datenbanksystem vorgenommen, sobald diese veröffentlicht werden. Datenauswertungen und Analysen werden i. d. R. jährlich in Printform und online veröffentlicht.

Alle verwendeten Daten liegen auf einem hausinternen Server mit einem lokalen Backup-System. Der Datenzugang im Netzwerk sowie auf dem Server ist passwortgeschützt und beispielsweise für Praktikanten oder Aushilfen nicht zugänglich. Auch die Angaben per Post oder Fax zurückgeschickter Fragebögen werden erfasst und nach einer Aufbewahrungsfrist durch eine darauf spezialisierte Firma vernichtet. Alle Daten werden nur für die Arbeit der Aktiven Bürgerschaft verwendet und nicht an Dritte weitergegeben. In wenigen Ausnahmefällen werden

---

4   vgl. www.aktive-buergerschaft.de/buergerstiftungsfinder, Zugriff 14. 03. 2014

Daten in anonymisierter Form für wissenschaftliche Studien und Berichte zur Verfügung gestellt. Zur Datensicherheit gehört auch der rücksichtsvolle Umgang mit Datenauswertungen, wie beispielsweise beim Bürgerstiftungs-Benchmark. Hier werden öffentlich nur die TOP10 Plätze in Publikationen oder Presseinformationen kommuniziert. Bei schlechteren Platzierungen wird der Rang nur der jeweiligen Bürgerstiftung mitgeteilt.

3.4 Datenverwendung

Die vorliegenden Daten werden sowohl zu Informationszwecken verschiedener Zielgruppen (potenzielle Förderer, Gremien von Bürgerstiftungen, allgemeine Öffentlichkeit) als auch für hausinterne Analysen und zur Steuerung der eigenen Arbeit verwendet.

3.4.1 Bürgerstiftungsfinder – Transparenz und Informationszugang

Anfang 2006 hat die Aktive Bürgerschaft Informationen zu Bürgerstiftungen erstmals in Verbindung mit einer internetbasierten Suchmaschine der Öffentlichkeit zur kostenfreien Nutzung zur Verfügung gestellt. Der »Bürgerstiftungsfinder« (vormals »Umkreissuche Bürgerstiftungen«) listet nach Eingabe der Postleitzahl die nächsten Bürgerstiftungen im Umkreis von 30, 50 und 100 Kilometern auf. Angezeigt werden Ansprechpartner und Kontaktdaten der Bürgerstiftungen, organisationsbezogene Daten (Rechtsform, Gründungsjahr, Kapital bei Gründung, Kapital zum Ende des Vorjahres, Spendeneinnahmen des Vorjahres, Projektfördersumme des Vorjahres) und weitere Informationen über die Arbeit der Bürgerstiftung. Neben der Suchfunktion können die Bürgerstiftungen auch nach Bundesländern, Postleitzahlen, Orts- und Regionalnamen sortiert werden. Da es keine gesetzliche Transparenzpflicht für gemeinnützige Organisationen in Deutschland gibt, haben sich die Bürgerstiftungen durch die »10 Merkmale« auf freiwilliger Basis zur Transparenz bekannt und nehmen hier eine Vorreiterrolle im Stiftungswesen ein.

Der Bürgerstiftungsfinder und die zuvor im Internet händisch geführte Liste von Bürgerstiftungen und Gründungsinitiativen waren zunächst aber vor allem als Orientierung für neue Gründungsinitiativen von Bürgerstiftungen angelegt. Da das Konzept der Bürgerstiftung auf dem Grundsatz »Eine Region, eine Bürgerstiftung« basiert, sollte die aus Unkenntnis unbeabsichtigte Gründung mehrerer Bürgerstiftungen für eine Stadt oder Region vermieden werden. Mit fortschreitender Verbreitung der Bürgerstiftungen werden die Daten zunehmend mehr für Informationszwecke einer allgemeinen bundesweiten und regionalen Öffentlichkeit verwendet. In Verbindung mit dem Länderspiegel Bürgerstiftungen wird auch Informationsbedürfnissen potenzieller Förderer entsprochen.

3.4.2 Länderspiegel Bürgerstiftungen – Analysen über die Entwicklung

Ebenfalls im Jahr 2006 hat die Aktive Bürgerschaft erstmalig und seitdem jährlich mit dem »Länderspiegel Bürgerstiftungen. Fakten und Trends« eine datenbasierte Dokumentation der Entwicklung der Bürgerstiftungen in Deutschland und in den Bundesländern vorgelegt.

Der Länderspiegel Bürgerstiftungen gibt Auskunft über die bundesweite und bundesländerspezifische Entwicklung der Bürgerstiftungen, veröffentlicht die Zahl der neugegründeten und bestehenden Bürgerstiftungen, den Umfang der flächendeckenden Verbreitung sowie den Zugang der Bevölkerung als potenzielle Stifter zu den Bürgerstiftungen. Die Gesamthöhe des Stiftungsvermögens in den Bürgerstiftungen, der Spendenzufluss und die Höhe der für Projekte und Fördermaßnahmen aufgewendeten Mittel werden jährlich ausgewiesen. In regelmäßigen, aber mehrjährigen Abständen werden in Sonderumfragen zum Länderspiegel Bürgerstiftungen Angaben zur Mittelherkunft (Privatpersonen, Unternehmen, öffentliche Hand, andere gemeinnützige Organisationen), zur Mittelverwendung (Bildung und Erziehung, Kunst und Kultur, Soziales, Gesundheit und Sport, anderes) und zu den Gremien (Alter, Geschlecht, Bildungsgrad, Berufsgruppen, zeitlicher Umfang des Engagements, regionale Verankerung und Vernetzung) erhoben.

Die Daten werden als Indikatoren oder für Berechnungen verwendet, um Trends in der Entwicklung der Bürgerstiftungen erkennen zu können. Die Hinzuziehung von externen Statistiken lässt Vergleiche zu. Untersuchungsfragen gelten beispielsweise der Verbreitung der Bürgerstiftungen (Fläche und Einwohnerzahl als Indikator), dem Vertrauen von Stiftern in das Modell der Bürgerstiftung (Höhe des Gründungskapitals als Indikator), der Größe und dem Wachstum der Bürgerstiftungen im Vergleich zu herkömmlichen Stiftungen (Stiftungskapital als Indikator und Vergleich mit Statistiken des Stiftungswesens) oder dem Umfang und dem Einfluss zweckgebundener Bestandteile des Stiftungskapitals auf das finanzielle Wachstum von Bürgerstiftungen (Umfang zweckgebundenen Kapitals, Stiftungskapital, Alter der Bürgerstiftung als Indikatoren).

In der Beilage »Bürgerstiftungen und Volksbanken Raiffeisenbanken: Gemeinsam mehr erreichen« wird regelmäßig das gesellschaftliche Engagement der Volksbanken Raiffeisenbanken für Bürgerstiftungen dargestellt. Untersucht wird dafür, welche Genossenschaftsbanken sich in welcher Form (Gründungsstifter, Förderer) für eine Bürgerstiftung engagieren.

3.4.3 Benchmarks – Unterstützung des strategischen Managements der Bürgerstiftungen

Ein bekanntes Problem des Managements von Nonprofit-Organisationen ist die oft fehlende Zielorientierung. Für das strategische Management von Bürgerstiftungen hat die Aktive Bürgerschaft daher eine Balanced Scorecard (vgl. Nährlich/Hellmann 2008) entwickelt, die über 30 Indikatoren eine ausgewogene Steuerung der verschiedenen Funktionen von Bürgerstiftungen ermöglicht. Im Jahr 2011 hat die Aktive Bürgerschaft erstmals aus den jährlich erhobenen Daten zum Länderspiegel Bürgerstiftungen einen Benchmark entwickelt. Er umfasst drei zentrale und messbare monetäre Kategorien: Vermögensaufbau, Spendeneinwerbung und Projektförderung. Berücksichtigt werden dabei jeweils die absoluten Summen sowie die Zahlen in Relation zur Bevölkerungszahl im Gebiet der jeweiligen Bürgerstiftung.

Zum einen dient der Benchmark dazu, dass Gremienmitglieder aus den Bürgerstiftungen die Entwicklung ihrer Stiftung im zurückliegenden Jahr im Vergleich zur Gesamtentwicklung aller Bürgerstiftungen in Deutschland objektiver einschätzen können und durch diese Indikatoren ein Feedback zur Arbeit ihrer Bürgerstiftung erhalten. Zum anderen sollen die Verantwortlichen in Bürgerstiftungen ihre Wachstumsziele besser kalkulieren und effektiver mit dem strategischen Management-Instrument der Balanced Scorecard arbeiten können. Dafür verwendet der Benchmark unter Einbezug amtlicher kommunaler Finanzdaten die Gemeindesteuereinnahmen pro Kopf als Indikator für das Potenzial von Zustiftungen und Spenden an die jeweiligen Bürgerstiftungen. Nach der unterschiedlichen Höhe des Steueraufkommens werden die Bürgerstiftungen bundesweit in acht Gruppen zusammengefasst. Innerhalb dieser Gruppen zeigen die Minimum- und Maximumwerte die Spannweite der Ausschöpfung des Fundraisingpotenzials an. Durchschnitts- und Medianwerte erleichtern eine Einordnung der eigenen Bürgerstiftung in der Gesamtentwicklung des Feldes.

3.4.4 Indikatoren für die Steuerung des Arbeitsbereiches

Drei unterschiedliche Beispiele sollen verdeutlichen, wie Daten für die Steuerung des Arbeitsbereiches Bürgerstiftungen verwendet werden. Zum einen die Vorstellung eines neuen Instrumentes für die Verwaltung von Zustiftungen durch die Aktive Bürgerschaft und seine Aufnahme und Verbreitung bei den Bürgerstiftungen. Zum anderen die Auswirkungen wirtschaftlicher und gesellschaftlicher Ereignisse auf die Entwicklung der Bürgerstiftungen. Und zum Dritten das Erkennen eines Trends, über den bislang nur Erkenntnisse in Form von Einzelfällen vorliegen.

3.4.4.1 Einführung und Einsatz von Stiftungsfonds

Aus einem internationalen Austauschprogramm brachte die Aktive Bürgerschaft Ende 2007 nach einem Besuch bei den kanadischen Bürgerstiftungen das Konzept der Stiftungsfonds mit nach Deutschland. Stiftungsfonds sind zweckgebundene Zustiftungen an eine Bürgerstiftung. Sie können jedoch vertraglich so ausgestaltet werden, dass sie ähnlich wie eine eigenständige Stiftung funktionieren und für eine Vielzahl von Anforderungen eingesetzt werden können. Der Vorteil für die Bürgerstiftungen liegt in dem sehr viel geringeren Verwaltungsaufwand gegenüber Treuhandstiftungen. Dies macht die Stiftungsfonds zu einem geeigneten Instrument für die Bewältigung des Wachstums und die Beteiligung vieler Stifter unter dem Dach einer Bürgerstiftung.

Das von der Aktiven Bürgerschaft durch Ratgeber (vgl. Aktive Bürgerschaft 2008) und Beratungen verbreitete Konzept hat seinen Weg in die Bürgerstiftungspraxis gefunden. Inzwischen arbeitet jede fünfte Bürgerstiftung mit diesem Instrument. Insgesamt werden mehrere hundert Stiftungsfonds von Bürgerstiftungen verwaltet.

Gleichzeitig zeigen die Daten auch, dass es für Bürgerstiftungen in Deutschland noch nicht selbstverständlich ist, angebotsorientiert auf potenzielle Stifter zuzugehen. Um hierfür ein entsprechendes Signal zu setzen und Anreize zu schaffen, wurde der Förderpreis Aktive Bürgerschaft für Bürgerstiftungen neu ausgerichtet. In der Kategorie »mitMachen« werden Konzepte ausgezeichnet, wie Bürgerstiftungen Stiftern und Spendern bei ihrem Engagement helfen. Darüber hinaus wurde in der Beratungsarbeit ein weiterer Ansatz integriert, der sich an Vermögens- und Steuerberater richtet und über Angebote von Bürgerstiftungen für deren Mandanten informiert.

3.4.4.2 Bürgerstiftungen und Finanzkrise

Eine der aktuell zunehmend diskutierten Fragen ist die nach den Auswirkungen der Finanzkrise bzw. der niedrigen Zinsen auf die Stiftungen. So sind bei vielen Stiftungen langfristige Vermögensanlagen, bei denen Renditen von 5 bis 10 Prozent keine Ausnahmen waren, inzwischen nicht mehr verfügbar. Aktuelle Anlagen von Stiftungen erwirtschaften pro Jahr eher um 3 Prozent oder weniger. Auch wenn Bürgerstiftungen ihre Arbeit noch zum überwiegenden Teil aus Spenden und weniger aus Vermögenserträgen finanzieren, stellt sich auch für sie die Frage nach den Auswirkungen der Niedrigzinsphase. Entsprechendes gilt für die Frage, wie Bürgerstiftungen im Vergleich mit anderen Stiftungen dastehen und wie attraktiv sie sind für Zustiftungen.

Hier zeigen die Daten, dass die Bürgerstiftungen nach einem Abschwung im Jahr 2009 durchgehend jährliche Wachstumsraten durch Zustiftungen um 12 Prozent verzeichnen konnten. Gleichzeitig stiegen auch die jährlichen Spendenzuflüsse für die zeitnahe Mittelverwendung. Auch scheint die Finanzkrise keinen nachhaltigen und kausalen Einfluss auf die Verbreitung der Bürgerstiftungen und das Vertrauen in das Bürgerstiftungsmodell zu haben. Beim Gründungskapital war in den ersten beiden Jahren der Finanzkrise ein Rückgang zu verzeichnen, danach stieg die Höhe wieder an. Auch die Zahl der Vermögens-Millionäre unter den Bürgerstiftungen nimmt weiter kontinuierlich zu. Kam zu Beginn der Finanzkrise auf neun Bürgerstiftungen eine Bürgerstiftung mit einem Vermögen von einer Million Euro oder mehr, war es beim letzten Erhebungszeitraum ein Verhältnis von sieben zu eins.

Betrachtet man das Vermögenswachstum aber näher, zeigt sich, dass von den hohen Zuwachsraten nicht mehr alle Bürgerstiftungen profitieren. Bei annähernd gleichem Gesamtwachstum hat sich der Median der Zuwächse binnen Jahresfrist in etwa halbiert. Das heißt, das Wachstum ist zwar stabil, wird aber von insgesamt weniger Bürgerstiftungen getragen.

Die Aktive Bürgerschaft empfiehlt den Bürgerstiftungen daher, sich in der Finanzkrise nicht auf das Einwerben von Spenden zu fokussieren, sondern sich als die bessere Option für das Stiften zu positionieren. Verwaltungskostenvorteile durch Stiftungsfonds und ehrenamtliches Engagement einerseits sowie größere Fördersummen durch koordinierte Projekte andererseits können den Bürgerstiftungen durchaus Wettbewerbsvorteile beispielsweise gegenüber gewerblichen Stiftungsverwaltern verschaffen.

3.4.4.3 Erfolgsmodell Bürgerstiftungen und Imitationen

Seit 2006 ist die Zahl der Neugründungen von Bürgerstiftungen rückläufig. Insgesamt gab es bis Ende 2012 rund 350 Bürgerstiftungen in Deutschland. Da in Fachkreisen ein Potenzial von 500 oder 600 Bürgerstiftungen prognostiziert wurde, stellte sich die Frage, was zu einem frühzeitigen Abschwung der Entwicklung geführt haben könnte. Eine Recherche nach Stiftungen mit dem Namen »Bürgerstiftung« oder »Bürger-Stiftung« zeigte, dass es in Deutschland bereits 700 Stiftungen gibt, die sich selbst als Bürgerstiftungen bezeichnen. Nur 350 dieser Stiftungen erfüllen die »Zehn Merkmale« und gelten in Fachkreisen somit als Bürgerstiftungen. Da die Unterschiede – zwischen Bürgerstiftungen und sich lediglich nur so nennenden Stiftungen – außerhalb von Fachkreisen bislang kaum thematisiert und dementsprechend in der Öffentlichkeit nicht bekannt sind, liegt der Schluss nahe, dass der Abschwung bei den Neugründungen von Bürgerstiftungen durch eine weitgehende Sättigung des regionalen Raumes erklärt werden kann.

Eine Analyse dieser Stiftungen nach ihren Gründungsjahren zeigte, dass nur wenige vor 1996, der Gründung der ersten Bürgerstiftung in Deutschland, nach dem Modell der Community Foundation errichtet wurden. Die Mehrzahl der Nicht-Bürgerstiftungen ist erst entstanden, als die Bürgerstiftungen in Deutschland bereits bekannt und populär waren. Da die Auswertung auch zeitlich und regional gebündelte Gründungswellen erkennen lässt, konnte so eine gezielte qualitative Untersuchung angeschlossen werden. Dabei zeigte sich, dass es sich hier oft um so genannte »kommunale Bürgerstiftungen« von Städten und Gemeinden handelte, die in vielen Fällen aus einem Vertriebsmodell von Sparkassen hervorgingen (vgl. Nährlich et al. 2013).

Um das Modell Bürgerstiftungen zu schützen – also dafür zu sorgen, dass in Bürgerstiftung auch das »drin ist«, was in Bürgerstiftung »gehört« – haben Aktive Bürgerschaft und Bundesverband Deutscher Stiftungen im September 2013 in einer gemeinsamen Erklärung auf diese Fehlentwicklung durch Kommunen und Sparkassen reagiert.[5]

4 Ausblick: Datengestützte Steuerung und Transparenz im Dritten Sektor

Die Erfahrungen mit einer datengestützten Steuerung von Arbeitsbereichen und Förderprogrammen sind nach jetzt fast zehnjähriger Erfahrung bei der Aktiven Bürgerschaft sehr positiv. Es ist gelungen, Datenerhebungen, -auswertungen und -management im Arbeitsalltag zu implementieren und dabei sowohl Kontinuität zu sichern als auch notwendige Flexibilität zu wahren. Die Kosten für Sach- und Personalkosten bewegen sich in vertretbaren Größenordnungen und wären vielfach ohnehin angefallen. Investitionskosten für z. B. Anpassungen der Datenbank amortisieren sich zudem auch, da Tools, Verfahren und Daten für neue Angebote und Projekte zum Einsatz kommen. So wurde eine datengestützte Steuerung auch im Arbeitsbereich Service Learning [6] eingerichtet, der vor fünf Jahren bei der Aktiven Bürgerschaft aufgebaut wurde.

---

5   vgl. www.aktive-buergerschaft.de/buergerstiftungen/richtigundnichtfalsch, Zugriff 14. 03. 2014
6   Das Bildungskonzept Service Learning ist ein Ansatz zur Förderung des freiwilligen Engagements und zur Unterstützung von schulischen Lern- und Entwicklungsprozessen. Service Learning verknüpft schulische Lerninhalte mit einer gemeinnützigen Tätigkeit. Seit 2009 führt die Aktive Bürgerschaft das Service Learning Programm »sozialgenial – Schüler enga-

So positiv die Erfahrungen sind, so verweisen sie gleichzeitig auf ein markantes Defizit in Deutschland. Während beispielsweise in den USA vergleichbare und darüber hinausgehende Informationen aufgrund einer gesetzlichen Transparenzpflicht für gemeinnützige Organisationen vorliegen und von der Öffentlichkeit und Vereinen, Verbänden und Stiftungen genutzt werden können, ist dies in Deutschland nicht möglich. Üblicherweise werden Forderungen nach einer Transparenz- und Publikationspflicht gemeinnütziger Organisationen mit Hinweisen auf Bürokratievermeidung und Steuergeheimnis von Politik und Verwaltung abgelehnt.

Im hier geschilderten Beispiel der Förderung von Bürgerstiftungen trifft die Bürokratievermeidung nicht zu, im Gegenteil. Ein wesentlicher Teil der Informationen liegt in Form von Jahresberichten und Jahresabschlüssen bei den Stiftungsaufsichtsbehörden vor. Diese können von der Öffentlichkeit jedoch nicht genutzt werden, weshalb die Bürgerstiftungen regelmäßig von dritter Seite – namentlich der Aktiven Bürgerschaft und anderen Institutionen und Personen- um die Bereitstellung von Informationen und die Teilnahme an Umfragen gebeten werden. Der Aktiven Bürgerschaft ist bislang keine Organisation bekannt, die ihre erhobenen Daten einer anderen Organisation für eigene Auswertungen zur Verfügung gestellt hat. Die Gründe sind angesichts des Aufwandes für die Datengewinnung durchaus nachvollziehbar, auch die Aktive Bürgerschaft hält dies grundsätzlich so. Insgesamt führt die fehlende Transparenzpflicht jedoch zu einem Zustand, der mit Bürokratievermeidung wenig zu tun hat.

Die Diskussion über Transparenz im Dritten Sektor sollte daher nicht nur aus Gründen eines gestiegenen Anspruchs an Kontrolle und Rechenschaft geführt werden, sondern auch hinsichtlich der Bedeutung für eine wirkungsvollere Steuerung bürgerschaftlichen Engagements. Die Einrichtung eines zentralen Registers aller rechtsfähigen und nicht-rechtsfähigen gemeinnützigen Organisationen mit wesentlichen Eckdaten und einem geregelten Zugang der Öffentlichkeit zu diesen Daten wäre ein wesentlicher Fortschritt.

Für viele gemeinnützige Organisationen sind die Erhebung oder der Zugang zu Daten und deren Auswertung für ihre Arbeit und ihre Profilierung gegenüber Öffentlichkeit, Staat und Wirtschaft mindestens so interessant wie neue Forschungsergebnisse. Wissenschaft und Forschungsförderung könnten hierbei einen wichtigen Beitrag leisten, sei es in der Kompetenzentwicklung, der Finanzierung oder in der Zusammenarbeit mit gemeinnützigen Organisationen. Damit stiege auch die Akzeptanz wissenschaftlicher Studien. Gleichzeitig würde die Da-

---

gieren sich« an rund 500 Schulen in Nordrhein-Westfalen durch. sozialgenial wird finanziert durch die WGZ BANK und unterstützt durch das Ministerium für Schule und Weiterbildung des Landes Nordrhein-Westfalen (www.sozialgenial.de, Zugriff 14. 03. 2014) tengrundlage empirischer Forschungen im Dritten Sektor verbessert. Da Antworten auf eine Frage bekanntlich neue Fragen aufwerfen, würden hiervon zweifelsfrei nachhaltige Impulse für die künftige Zivilgesellschafts- und NPO-Forschung ausgehen.

Literatur

Aktive Bürgerschaft (Hrsg.) (2013): Länderspiegel Bürgerstiftungen. Fakten und Trends, Berlin.
Aktive Bürgerschaft (Hrsg.) (2008): Vermögensverwaltung und Rechnungslegung. Mit Mustersatzungen für Treuhandstiftungen und Musterverträgen für Stiftungsfonds, Berlin.
Grabsch, A., Philipp, E. & J. Polterauer (2013): Methodik: Auswahl der Bürgerstiftungen und Stiftungsdaten. In: Aktive Bürgerschaft (Hrsg.): Diskurs Bürgerstiftungen. Was Bürgerstiftungen bewegt und was sie bewegen, Berlin, S. 64–66.
Nährlich, S. & B. Hellmann (2008): BürgerStiftungsCheck. Kennzahlen-orientiertes Management von Bürgerstiftungen auf Grundlage der Balanced Scorecard, Berlin.
Nährlich, S., Hellmann, B. & A. Grabsch (2013): Erfolgsbilanz nach 15 Jahren Bürgerstiftungen führt auch zu Imitationen. In: Aktive Bürgerschaft (Hrsg.): Diskurs Bürgerstiftungen. Was Bürgerstiftungen bewegt und was sie bewegen, Berlin, S. 84–88.

Transsektorale Vernetzung und assoziative Demokratie
Erfahrungen des Bundesnetzwerks Bürgerschaftliches Engagement (BBE)

Ansgar Klein/Thomas Olk

Abstract: Das Konzept der assoziativen Demokratie weist den Akteuren der organisierten Zivilgesellschaft und der Form ihrer vernetzten Kooperation eine wichtige Rolle bei der Formulierung einer politischen Agenda und ihrer Implementierung zu. Aktuelle Erfahrungen mit der politischen Rolle zivilgesellschaftlicher Organisationen in der Engagementpolitik haben das Interesse an Konzepten der assoziativen Demokratie verstärkt. Daher wird die in den 1990er Jahren geführte Debatte über die politische Rolle der Zivilgesellschaft (vgl. Cohen/Rogers 1994 und 1995, Hirst 1994) in diesem Beitrag wieder aufgegriffen und schließt damit an den aktuellen demokratiepolitischen Diskurs an (vgl. Roth 2011). Der Beitrag greift deren normative Überlegungen zur assoziativen Demokratie auf und bezieht sie auf nationale Erfahrungen des in Deutschland operierenden Bundesnetzwerks Bürgerschaftliches Engagement (BBE), in dem beide Autoren langjährige politische Verantwortung tragen. Insbesondere werden die Spannungslinien zwischen Vernetzung/Kooperation und organisationspolitischen Interessen sowie zwischen sektorspezifischen Perspektiven (Zivilgesellschaft, Staat, Wirtschaft) und gemeinsamen Interessen an einer zivilgesellschaftlichen Ordnungspolitik angesprochen.

Keywords: Bürgerschaftliches Engagement, Engagementforschung, Nonprofit-Organisationen, Dritter Sektor, Zivilgesellschaft, Zivilgesellschaftsforschung, Demokratie

1 Einleitung

Das Konzept der assoziativen Demokratie weist den Akteuren der organisierten Zivilgesellschaft eine wichtige Rolle bei der Formulierung einer politischen Agenda und ihrer Implementierung zu. Aktuelle Erfahrungen mit der politischen Rolle zivilgesellschaftlicher Organisationen in der Engagementpolitik haben das

Interesse an Konzepten der assoziativen Demokratie verstärkt. Daher wird die in den 1990er Jahren geführte Debatte über die politische Rolle der Zivilgesellschaft (vgl. Cohen/Rogers 1994a, 1994b, Hirst 1994) in diesem Beitrag wieder aufgegriffen und schließt damit an den demokratiepolitischen Diskurs erneut an (vgl. Roth 2011).

Der Beitrag greift deren normative Überlegungen zur assoziativen Demokratie auf und bezieht sie auf europäische Erfahrungen, insbesondere die des in Deutschland operierenden Bundesnetzwerks Bürgerschaftliches Engagement (BBE), in dem beide Autoren langjährige politische Verantwortung tragen. Insbesondere werden die Spannungslinien zwischen Vernetzung/Kooperation und organisationspolitischen Interessen sowie zwischen sektorspezifischen Perspektiven (Zivilgesellschaft, Staat, Wirtschaft) und gemeinsamen Interessen an einer zivilgesellschaftlichen Ordnungspolitik angesprochen.

Wir rekapitulieren zunächst Gründungsprozess und Strukturen des Bundesnetzwerks Bürgerschaftliches Engagement BBE[1] und analysieren dann die in der praktischen Netzwerkarbeit sichtbar gewordenen Spannungslinien zwischen zivilgesellschaftlichen Organisationen (3.) wie auch zwischen Zivilgesellschaft einerseits, den Akteuren aus Staat (4.) und Wirtschaft (5.)andererseits. Die Reflexion dieses Beispiels soll abschließend für einen Ausblick auf die Fortentwicklung assoziativer Demokratie durch Vernetzungsarbeit fruchtbar gemacht werden (6.). Der Beitrag zielt auf die Verbesserung einer Governance-Orientierung in der Engagement- und Demokratiepolitik als neuen Politikfeldern.

2 Umrisse eines normativen Konzepts der assoziativen Demokratie

Joshua Cohen und Joel Rogers (1994a, 1994b) schlagen in Reaktion auf die Probleme staatlicher Steuerung – orientiert an der Idee einer auf verschiedene Politikfelder auszuweitenden Demokratisierung – eine staatliche Förderung des Auf- und Umbaus zivilgesellschaftlicher Assoziationen vor[2]. Dieser Vorschlag zielt auf eine Stärkung des Einflusses der organisierten Zivilgesellschaft. Cohen/Rogers räumen jedoch ein, dass unter den Bedingungen von Demokratie und von garantierten Rechten der Assoziationsbildung auch mit der organisierten Macht einflussreicher, an Besitzstandwahrung interessierter Veto-Gruppen zu rechnen ist und dass assoziative Demokratie einen Rückhalt insbesondere in den einflussreichen Verbänden haben muss (vgl. Cohen/Rogers 1994a: 144f.).

---

1 vgl. http://www.b-b-e.de/netzwerk/gruendungsgeschichte/, Zugriff 17.03.2014.
2 Die Darstellung in Kapitel 2 greift zurück auf Klein 2001: 123–130.

Die Autoren schlagen die gezielte Förderung sekundärer, deliberativer Assoziationen[3] durch den Staat vor. Richtschnur dieser Politik müsse es sein, unterrepräsentierte Interessen ebenso zu fördern wie nicht-partikulare Formen der Interessenartikulation und die Sachkompetenz der Assoziationen.[4] Positive Erfahrungen mit der Einbindung der Tarifparteien könnten durchaus auch auf andere Politikfelder ausgedehnt werden. Es ist hier von der – in der Staatstheorie breit diskutierten (vgl. etwa Willke 1992) – Einsicht auszugehen, dass die für Entscheidungen erforderlichen Informationen oftmals in weit größerem Umfang bei anderen gesellschaftlichen Akteuren als dem Staat vorhanden sind.

Daher soll der Staat Aufgaben und Verantwortlichkeiten an die Zivilgesellschaft abgeben. Damit die zivilgesellschaftliche Übernahme zuvor staatlicher Funktionen durch Assoziationen eine reflexivere Art der Problemdefinition, die Ausrichtung auf allgemeine Interessen (»other-regarding«) sowie eine wechselseitige Kontrolle bei der Implementation gewährleistet, braucht es bestimmte Voraussetzungen: »The role of government in such a scheme would in effect be to help staff the deliberation, to set the broad requirements of participant inclusion, to ensure the integrity of the process, and, finally, to authorize the strategy conceived. It would devolve power to the civil society, but under universal terms not now embraced by its members«(Cohen/Rogers 1994a: 155).

Auch Assoziationen der Zivilgesellschaft müssen Lernprozesse durchlaufen, um nicht nur im Sinn von de Tocqueville oder der neueren republikanischen Demokratietheorie als Schule der Demokratie zu fungieren, sondern auch Funktionen im Hinblick auf die soziale Basis der Solidarität und eine für egalitäre Politik aufgeschlossene politische Kultur zu übernehmen: »The group acts with a more comprehensive understanding of the good of its members and is more open to cooperatively addressing that good« (ebd.: 156). Im Prozess gemeinsamer Beratungen und Deliberation wird in der assoziativen Demokratie Solidarität nicht nur reproduziert, sondern zunehmend überhaupt erst hervorgebracht. Derart entstehende neue Solidaritäten haben den Vorteil, als »dünne« Solidaritäten – »artifactual solidarities built on a background of common purposes and discussion«

---

3   Sekundäre Assoziationen grenzen sich dabei von den »primären« Assoziationen der Familie, der Firma, der politischen Partei und des Staates ab (vgl. Cohen/Rogers 1994a: 137).
4   In der deutschen Debatte hat etwa Claus Offe auf die Bedeutung der zivilgesellschaftlichen Assoziationsverhältnisse – ihrer Arbeitsteilung, der institutionellen Ausformung von Interessenaggregation und -vermittlung und von Verfahren der Konfliktregelung – für eine verstärkte Ausbildung »verantwortungsethischer Massenorientierung« hingewiesen. Allerdings betont Offe die Grenzen der strategischen Herstellbarkeit von in diesem Sinne besseren institutionellen Arrangements angesichts von Pfadabhängigkeiten nationaler und sektoraler institutioneller Ordnungen, von sozialen Machtverhältnissen und den destabilisierenden Auswirkungen des soziostrukturellen und kulturellen Wandels (vgl. Offe 1989).

(ebd.: 152) – Gemeinsamkeiten zwischen Menschen verschiedener Identität, Weltsicht und Moralvorstellungen zu stiften, die die Ausbildung gemeinsamer Blickwinkel im Sinne der Werte fairer Kooperation unter Gleichen fördern.[5]

Aus Sicht von Paul Hirst (1994), einem weiteren bedeutenden Verfechter assoziativer Demokratie, trägt diese unter Wahrung der Effizienz zu einer stärkeren Dezentralisierung, zur Stärkung föderaler Elemente und zur Entbürokratisierung bei. Der institutionelle Wandel hin zu einer assoziativen Demokratie soll die Rolle freiwilliger und selbstbestimmter Organisationen als Mittel demokratischer Steuerung ebenso stärken wie die staatliche Gewaltenteilung. Über eine assoziative Demokratie, so das demokratiepolitische Argument, ist die Beteiligung der Bürger nicht auf den demokratischen Wahlakt der repräsentativ-demokratischen Institutionen begrenzt. Die Bürger werden über ihre Vereinigungen an der Politik kontinuierlich beteiligt (vgl. ebd.: 20). Die liberal-demokratische Staatlichkeit ist dabei überhaupt erst die Bedingung der Möglichkeit des Ausbaus individueller Freiheiten. Hirst bezieht sich vor allem auf die Tradition der Pluralismustheorie und auf ein Verständnis von Demokratie als Kommunikation, das den schon bei Cohen/Rogers argumentierten Zusammenhang von deliberativer Politik, politischer Steuerung und einer Ausbildung von sozialen Solidaritäten in den Blick nimmt (vgl. ebd.: 34 ff.).

Die Unabhängigkeit und Selbstorganisation der Assoziationen dürfte durch eine Stärkung ihrer politischen Steuerungsfunktion nicht gefährdet werden. Zudem sei der Staat der unverzichtbare Garant individueller Rechte und friedlicher Umgangsformen auch zwischen den Assoziationen: »A self-governing civil society thus becomes the primary feature of society. The state becomes a secondary, but vitally necessary, public power that ensures peace between associations and protects the rights of individuals« (ebd.: 25 f.).

Hirst hebt die Rolle des Staates als Rahmengesetzgeber für den Pluralismus der Assoziationen und ihre interne Verfassung, aber auch als finanzieller Unterstützer hervor, betont freilich auch dessen weiterhin bestehende Alleinzuständigkeit in Bereichen wie territoriale Verteidigung oder Ausübung der Polizeigewalt. Das intensivierte Zusammenspiel des repräsentativ-demokratischen, föderal verfassten, gewaltenteiligen liberalen Staates und der Assoziationen der Zivilgesellschaft im Sinne einer assoziativen Fortentwicklung politischer Steuerung stärke

---

5 Cohen/Rogers beziehen sich zwar auch auf das republikanische Argument der Stärkung der Bürgertugend durch Bürgerbeteiligung, sehen aber in der Stärkung deliberativer Assoziationen in erster Linie die Voraussetzungen eines liberalen Universalismus im Sinne des »overlapping consensus« und einer politischen Konzeption der Gerechtigkeit bei John Rawls (1992). Nur wenn ein universalistischer Konsens in der politischen Kultur vorhanden ist, der sich unter den Bedingungen eines kulturellen und moralischen Pluralismus gleichsam als Schnittmenge zur Geltung bringt, ist egalitäre Politik möglich.

den Freiheitsraum der Individuen und helfe beim Abbau zentralisierter bürokratischer staatlicher Leistungserbringung, dem eigentlichen Gegenspieler der klassischen liberalen Ideen. Hirst hebt zwar die Bezüge assoziativer Demokratie zum politischen Liberalismus ausdrücklich hervor[6], betont allerdings, dass es nicht um eine assoziationalistische Utopie, sondern um eine Strategie der Ergänzung des liberalen Staates und um eine demokratiepolitische Fortentwicklung der repräsentativen Massendemokratie, des bürokratischen Wohlfahrtsstaates und der großen Verbände gehe (vgl. ebd.: 42).

3 Das Bundesnetzwerk Bürgerschaftliches Engagement: Netzwerkarbeit als Irritation etablierter Rollenmuster

Auf Empfehlung der Enquete-Kommission des Deutschen Bundestages »Zukunft des Bürgerschaftlichen Engagements« (vgl. Enquete-Kommission 2002) wurde am 5. Juni 2002 das BBE von den 31 Mitgliedern des Nationalen Beirates des »Internationalen Jahres der Freiwilligen 2001« gegründet. Diesem Beirat, der vom Bundesfamilienministerium bestellt worden war, gehörten Vertreter verschiedener Verbände, Kirchen, Arbeitgeberverbände und Gewerkschaften, Bundesländer und Bundesministerien, Kommunale Spitzenverbände sowie Zusammenschlüsse und Dachorganisationen unterschiedlicher Einrichtungen zur Förderung des bürgerschaftlichen Engagements an. Bei der Gründung des BBE war großer Wert auf eine eher unübliche trisektorale Netzwerk-Aufstellung gelegt worden: auf das Miteinander der Akteure aus Zivilgesellschaft, Staat/Kommune und Wirtschaft, da alle drei Sektoren jeweils spezifische Verantwortung für die Rahmenbedingungen und Kontexte des bürgerschaftlichen Engagements tragen. In der Zukunft wird die Bedeutung sektorübergreifender Kooperationen im welfare mix (vgl. Evers/

---

6 Der Schutz individueller Freiheitsrechte und privater Handlungsräume (»negative Freiheit«) bleibt von wesentlicher Bedeutung und eine Kritik des Kollektivismus wie auch ein Recht auf Austritt aus einer Assoziation als »the most basic right in an associative society« (Hirst 1994: 51) gehören zu den unverzichtbaren Voraussetzungen einer Ethik des demokratischen Assoziationalismus. Diese Ethik hebt jedoch zugleich als ihre zentrale Auffassung von Freiheit hervor, dass die Individuen das Recht haben, sich zusammenzuschließen (»positive Freiheit«): »By accepting the necessity of certain fundamental negative liberties as a starting point, associationalism retains the core of liberal individualism, and by accepting that positive freedom can be pursued through voluntary collectivities it goes beyond classical liberalism, but without falling into the problems of compulsory collectivism« (Hirst 1994: 51). In der Tradition von J. S. Mill und des entfalteten politischen Liberalismus des 19. Jahrhunderts (vgl. Göhler/Klein 1993: 445 ff.) ist der soziale Ausgleich auch ein wesentliches Anliegen des von Hirst verfochtenen Assoziationalismus.

Abbildung 3.1 Gremienstruktur des BBE; neben dieser Gremienstruktur mit 3 Ebenen gibt es derzeit 10 Arbeitsgruppen. Diese sind im mittleren Gremium, dem Koordinierungsausschuss, mit Sitz und Stimme vertreten.*

MITGLIEDERVERSAMMLUNG

stimmberechtigte Mitglieder			kooperierende Mitglieder		
Bund/Länder/ Kommunen	Bürgergesellschaft/Dritter Sektor	Wirtschaft/ Arbeitsleben	Nicht bundesweit tätige Organisationen und Institutionen	Einzelpersonen	Förderer

wählt den

KOORDINIERUNGSAUSSCHUSS
(max. 40 Mitglieder)

Mindestens 10 gewählte stimmberechtigte Mitglieder	Max. 16 der in den Netzwerkstatuten benannten Mitglieder	Max. 10 berufene Mitglieder aus den AG (SprecherInnen oder stellvertr. SprecherInnen)	Maximal 4 kooperierende Mitglieder

wählt den

SPRECHERRAT
(5 Mitglieder)

(3 VertreterInnen aus dem Bereich Bürgergesellschaft/ Dritter Sektor und jeweils 1 VertreterInnen aus den Bereichen Bund/ Länder/ Kommunen sowie Wirtschaft und Arbeitsleben)

* Zu den komplexen Statuten des BBE siehe http://www.b-b-e.de/netzwerk/das-netzwerk/inhalt-statuten/, Zugriff 17.03.2014.

Olk 1996) noch weiter wachsen, so dass auch die Bedarfe an Plattformen einer assoziativen Demokratie steigen.

Waren es im Gründungsjahr 2002 noch 31 Mitgliedsorganisationen, so umfasst das Mitgliederverzeichnis des BBE inzwischen mehr als 250 Mitgliedsorganisationen. In seinen aktuell 10 Arbeitsgruppen wird zu Themen wie rechtliche und organisatorische Rahmenbedingungen, Bildung und Qualifizierung, Freiwilligendienste, Perspektiven der lokalen Bürgergesellschaft, Migration und Integration, Kommunikation, Sozialstaat, Demographischer Wandel, Europäische Zivilgesellschaft sowie nicht zuletzt Zivilgesellschaftsforschung gearbeitet. Es werden zentrale Fragen rund um die Förderung des bürgerschaftlichen Engagements in Form von fachlichem Austausch und der Verabredung gemeinsamer Projekte vorangebracht.

Inzwischen hat sich das BBE als eine Wissens- und Kompetenzplattform für bürgerschaftliches Engagement und Zivilgesellschaft etabliert. In praktisch allen Prozessen der Feldentwicklung, der Erprobung neuer Institutionen und Vernetzungsformen, der politischen Erörterung von Handlungsprogrammen auf allen Ebenen des föderalen Staates und der Vorbereitung von Gesetzesvorhaben, der Koordination und Kooperation zwischen Akteuren unterschiedlichster Bereiche werden die Leistungen und Kompetenzen des BBE gerne und in wachsender Intensität in Anspruch genommen. Zugleich bündelt das BBE in seinen Arbeitsgruppen ein enormes Potenzial an Fachkompetenz und Netzwerkbeziehungen, die durch das freiwillige und unentgeltliche Engagement der Beteiligten zur Verfügung gestellt werden.

Von Beginn an bestand die Aufgabe, den besonderen Mehrwert eines solchen Netzwerkes gegenüber den Organisationen und Akteuren im Feld plausibel zu machen und diese – trotz aller möglicherweise vorhandenen Unterschiede in der Interpretation und Bewertung bestimmter Sachverhalte und der legitimen Verfolgung eigener Interessen – zur aktiven Mitwirkung an diesem Netzwerk zu bewegen. Dabei hat es sich als richtig erwiesen, in der Gründungsphase einen zeitraubenden und mühseligen Prozess der gemeinsamen Formulierung von Statuten durchzuführen.

So ist etwa durch die Unterscheidung zwischen gesetzten und gewählten Mitgliedern im Koordinierungsausschuss des BBE – dem mittleren Gremium zwischen Sprecherrat/Vorstand und Mitgliederversammlung – sichergestellt, dass in den Entscheidungsgremien des BBE bestimmte Typen von Organisationen in einem angemessenen Verhältnis zueinander vertreten sind. Damit ist es unmöglich geworden, etwa Akteure der Zivilgesellschaft, der Wirtschaft oder des staatlich-politischen Bereichs durch punktuelle Wahlakte gänzlich aus den Gremien heraus zu drängen. Auf der anderen Seite haben die Gründungsmütter und -väter der Versuchung widerstanden, großen Organisationen ein stärkeres Stimmengewicht zu verleihen als kleineren. Obwohl das für einige große Organisationen bis heute ein Problem ist, wird auch auf diese Weise deutlich signalisiert, dass es sich beim BBE nicht um einen hierarchisch strukturierten Lobbyverband, sondern um ein deliberatives Netzwerk handelt.

Damit wird zugleich auch deutlich, was das BBE nicht ist: Das BBE ist keine schlagkräftige politische Lobbyorganisation, die die partikularen Interessen einer bestimmten Branche oder eines bestimmten gesellschaftlichen Bereichs gegenüber Politik und Gesellschaft vertritt. Es handelt sich beim BBE vielmehr um ein Netzwerk, das im Sinne einer Wissens- und Kompetenzplattform Fachwissen rund um die Zivilgesellschaft und das Engagement generiert und Akteure aus unterschiedlichen Bereichen der Gesellschaft miteinander vernetzt. Zudem ist das BBE vor dem Hintergrund heterogener Mitgliedschaft aus allen drei Sektoren der Gesellschaft ein ausgezeichneter Ort für die Beratung von Struktur- und Ordnungsfragen der Zivilgesellschaft, die nicht allein dem korporatistischen Machtspiel ausgewählter Akteure mit dem Staat überlassen werden sollten. Nur in den Fragen, in denen sich alle Mitgliedsorganisationen einig sind, die also auf einen breiten Konsens der Mitgliedschaftsbasis aufbauen können, kann sich das BBE im Sinne eines Public Interest Lobbying nach außen artikulieren.

Dabei sind sich die verantwortlichen Vertreter der Gremien sehr wohl bewusst, dass die diesbezüglichen Erwartungen der Mitgliederbasis durchaus unterschiedlich ausfallen. Während große Mitgliedsorganisationen möglichen politischen Äußerungen von Netzwerken wie dem BBE gegenüber eher mit Skepsis begegnen, erwarten kleine Netzwerke und politisch weniger starke Mitgliedsorganisationen durchaus, dass sich das BBE in engagementpolitischen Fragen zu Wort meldet. Unabhängig von solchen unterschiedlichen Erwartungen an das BBE schätzt vor allem die fachliche Ebene aller Mitgliedsorganisationen den Fachaustausch in den Arbeitsgruppen und Gremien, die Erschließung neuer Kontakt- und Kommunikationsmöglichkeiten im Feld und nicht zuletzt die Information über neue Entwicklungen durch Fachveranstaltungen, Newsletter und Publikationen.

Mit seiner Trisektoralität – VertreterInnen von Staat, Wirtschaft und Zivilgesellschaft – steht das BBE allerdings auch im Schnittpunkt der Konflikte und Beziehungsdynamiken in und zwischen den drei großen Sektoren der Gesellschaft. In diesem Zusammenhang wird nicht überraschen, dass sich insbesondere die Beziehungsdynamik zwischen Zivilgesellschaft und Staat als besonders spannungsreich herausgestellt hat. Alle Akteure im Feld wissen, dass die Garantien und Leistungen des Staates eine zentrale Voraussetzung für eine lebendige Zivilgesellschaft darstellen. So sichert der demokratische Rechtsstaat den Bürgerinnen und Bürgern die zentralen Freiheitsrechte zu, die sie benötigen, um sich als freie und gleiche Bürgerinnen und Bürger im gesellschaftlichen Raum zu versammeln und zu organisieren. Der Sozialstaat wiederum sorgt mit seinen sozialen Daseinsvorsorge-

und Sozialleistungen dafür, dass die Bürgerinnen und Bürger über zeitliche und sonstige Freiräume verfügen, um sich freiwillig und unentgeltlich in ihrem Gemeinwesen zu engagieren. Mit seiner Bildungspolitik schafft der Staat wesentliche Voraussetzungen für aktive Bürgerschaft und bürgerschaftliches Engagement.

Vor diesem Hintergrund ist die Herausbildung von Engagementpolitik als einem eigenständigen Politikfeld in den letzten 15 Jahren positiv zu bewerten (vgl. Olk et al. 2010). Allerdings hängt sehr viel von den diesbezüglichen Politikprogrammen und Instrumenten ab. Die Enquete-Kommission, die ihren Bericht am 3. Juni 2002 vorgelegt hatte (vgl. Deutscher Bundestag 2002), beschwor die Vision einer solidarischen Bürgergesellschaft und bezeichnete das bürgerschaftliche Engagement in seiner Eigensinnigkeit als das Sozialkapital der modernen Gesellschaft. Durch bürgerschaftliches Engagement bringen sich selbstbewusste und gleiche Bürgerinnen und Bürger aus eigenem Recht in die Gesellschaft ein, gestalten ihr Gemeinwesen mit und sorgen auf diese Weise dafür, dass sich die Qualität des politischen und sozialen Gemeinwesens zum Wohle aller weiter entwickelt. Aus diesem Grund plädierte die Enquete-Kommission des Deutschen Bundestages für ein Konzept der Engagementpolitik, das darauf ausgerichtet ist, Zivilgesellschaft und bürgerschaftliches Engagement in ihrer Eigensinnigkeit und Autonomie zu stärken und Bürgerbeteiligung zu ermöglichen. Der Bericht der Enquete-Kommission verstand sich insofern auch als ein Demokratiebericht.

4 Netzwerke als Testfall zivilgesellschaftlicher Kooperationskultur

Die Gründung des BBE als ein trisektorales, an Organisationsmitgliedschaften orientiertes deliberatives Netzwerk mit demokratisch gewählten Gremien traf auf eine Ausgangssituation, die durch eng gewebte korporatistische Arrangements zwischen bereichsspezifisch agierenden Dachverbänden (Sport, Soziales, Umwelt, Kultur...) und dem Staat geprägt war. Das Verständnis gemeinsamer Themen und Anliegen ist jedoch mittlerweile deutlich gewachsen. Dafür spricht auch das mittlerweile von den Dachverbänden der organisierten Zivilgesellschaft gegründete »Bündnis für Gemeinnützigkeit«, in dem gemeinsame Anliegen der Engagementpolitik auf der Basis von Konsensbeschlüssen bearbeitet werden.[7]

Instruktiv sind jedoch auch die Konflikte, die das BBE durchlaufen hat. Sie machen deutlich, dass praktizierte »assoziative Demokratie« immer auch mit einer aus organisationspolitischer Konkurrenz begründeten Gegnerschaft zu rechnen

---

7 vgl. http://www.buendnis-gemeinnuetzigkeit.org/, Zugriff 17.03.2014, siehe auch den Beitrag von Weitemeyer in diesem Band.

hat. An dieser Stelle berichten wir ohne Namensnennung von diesen Erfahrungen. Netzwerke treffen auf vorhandene Strukturen von Macht und Einfluss auch in der Zivilgesellschaft. Die Dachverbände der organisierten Zivilgesellschaft verfügen über eigene Organisationstraditionen und Einflussräume auch gegenüber staatlichen Akteuren. In korporatistischen Arrangements verfolgen sie ihre Interessen gegenüber dem Staat und werden dies auch dann weiter tun, wenn es gelingt, verstärkt über Netzwerke zu kooperieren.

Für Konzepte »assoziativer Demokratie« bedeutet dies, die organisationspolitischen Interessenlagen und auch die korporatistischen Interessenarrangements der organisierten Zivilgesellschaft empirisch zu berücksichtigen und die daraus für Kooperationskulturen entstehenden Herausforderungen auch normativ stärker in Betracht zu ziehen. Unter welchen Voraussetzungen kann es gelingen, in einer durch Macht- und Einflusszonen gekennzeichneten Zivilgesellschaft Formen der assoziativen Demokratie zu stärken? Die nachfolgend präsentierten Beispiele aus der Netzwerkarbeit des BBE sollen diese Frage schärfen helfen. Nach zivilgesellschaftlichen Konflikterfahrungen präsentieren wir Konfliktkonstellationen und -erfahrungen mit Staat und Wirtschaft.

5 Deliberative Netzwerke versus korporatistische Arrangements und instrumentelle Konstellationen: Notwendige Lernprozesse zur Stärkung der zivilgesellschaftlichen Kooperationskultur

Das BBE arbeitet nach dem Prinzip: eine Stimme für jede Organisation. Dies hat seitens einiger Verbände zu Kritik geführt. Sie argumentierten, als große Verbände stünde ihnen auch *mehr Einfluss über gewichtetes Stimmrecht im Netzwerk* zu. Die deliberative Horizontal-Struktur des Netzwerks liegt quer zu den vertikalen, hierarchischen Strukturen der Willensbildung und Entscheidungsfindung in großen Verbänden und Dachverbänden. Die Entscheidungsfindung im Netzwerk ist zwar nicht mit starker politischer Durchsetzungskraft versehen, stellt aber für die Begründungsebene von politischen Maßnahmen einen legitimationsstarken Bezug dar, der auch als Einflussfaktor wirkt. Die große Bandbreite der Perspektiven eines Netzwerks kann zudem nicht nach Gesichtspunkten dominanter organisationspolitischer Interessen begrenzt und akzentuiert werden – insofern bilden Netzwerke als Plattformen der Meinungs- und Willensbildung Orte ergebnisoffener Lernprozesse, die für Verbandsstrategien durchaus auch Probleme darstellen können.

Kritik gab es auch hinsichtlich der vom BBE beanspruchten Kommunikation mit der Politik über die Ergebnisse gemeinsamer Beratungen und den damit verbunden *Public Interest-Lobbyismus: Hier würde das Netzwerk seine Zuständigkeit deutlich überschreiten.* Die einzig legitime Interessenpolitik für die Zivilgesellschaft käme von Seiten der Dachverbandsstrukturen der organisierten Zivilgesellschaft. Das BBE hat dem entgegen gehalten, es sei weiterhin legitim, Zivilgesellschaft, Politik und Wirtschaft mit den Ergebnissen der Netzwerkarbeiten zu beraten. Diese Form der Einflussnahme müsse weiterhin möglich sein.

Ein großer Verband trat mit der intern ergänzend beigebrachten Erläuterung auf, im BBE seien zahlreiche der eigenen Verbandsmitglieder organisiert – das war Anlass zur Sorge – und das BBE arbeite zu gut, um weiter dort mitwirken zu wollen. Hier wurde die *Wahrnehmung des Netzwerks als organisationspolitischer Konkurrent* am deutlichsten formuliert. Die für Netzwerkarbeit erforderliche Kooperationskultur kann keineswegs umstandslos vorausgesetzt werden, sondern muss selber erst Schritt für Schritt entwickelt werden. Die damit zusammenhängenden Prozesse der Vertrauensbildung sind daher von zentraler Bedeutung für die Entwicklung der Kooperationskultur im Netzwerk.

Seitens eines großen Dachverbandes gab es in schriftlicher Form sogar die Kritik, das BBE könne schon deswegen kein Netzwerk sein, weil es ja über demokratisch gewählte Gremien verfügt. Damit könne es sich gar nicht um ein Netzwerk handeln: *Demokratische Gremien seien keine Merkmale von Netzwerken und seien ausschließlich Verbänden vorbehalten.* Diese Kritik macht deutlich, dass Netzwerke wohl immer noch vielerorts als bloße Instrumente einer von einzelnen Organisationen oder dem Staat gesteuerten Kampagnen-Kommunikation gelten. Ein demokratisch gesteuertes Eigenleben wird vor diesem Hintergrund mit Misstrauen und Ablehnung belegt. Die hier dargestellten Vorbehalte gegen ein demokratisch gesteuertes Netzwerk sind bereits von den Begründern der Idee der »assoziativen Demokratie« als eine zentrale Herausforderung verstanden worden: Netzwerke können für Macht und Einfluss zentraler Organisationen der organisierten Zivilgesellschaft gerade dann zu einem Problem werden, wenn sie ihre Arbeitsprozesse demokratisch legitimieren.

6 Das Verhältnis von Staat und Zivilgesellschaft: Assoziative Demokratie als Herausforderung etatistischer Steuerung

In den Sozialwissenschaften ist die Einsicht in Grenzen von Staat und Markt gewachsen und wird zugleich der Gestaltungsspielraum der Zivilgesellschaft stärker reflektiert. In den politikwissenschaftlichen Diskussionen über einen Wandel von »Government« zu »Governance« hat sich zudem die Erfahrung zur Geltung gebracht, dass der Koordination des Zusammenwirkens von staatlichen und nicht-staatlichen Akteuren eine wachsende Bedeutung für die politische Steuerung zukommt (vgl. Benz 2004). Immer stärker sichtbar wird dabei die Notwendigkeit der Bereitstellung verbindlicher Regelungsstrukturen für die gewachsene Zahl der einzubindenden Akteure in die Steuerungsprozesse. Die folgenden Ausführungen betrachten die deutsche Situation (zur europäischen Diskussion siehe Heuberger et al. 2014), in der die Entwicklung vom Korporatismus zu Governance mit den dazu erforderlichen verbindlichen Verfahren der Kooperation offenbar noch am Anfang steht: Darauf deutet die Erfahrung des BBE mit dem gescheiterten Governance-Format des »Nationalen Forum[s] für Engagement und Partizipation« hin.[8]

In Deutschland besteht historisch ein enges Verhältnis korporatistischer Art zwischen politischer Verwaltung und bürgergesellschaftlichen Dachverbänden. Dies gewährleistet zwar auf der einen Seite verlässliche Zugänge und Beteiligungssicherheit für die vermittelnden Verbandsstrukturen, führt auf der anderen Seite aber zunehmend zu intransparenten Arrangements mit sehr selektiven Anreizen. In der jüngeren Vergangenheit ist eine verstärkte Tendenz im Verwaltungshandeln zu beobachten, die zivilgesellschaftlichen Interessen und Interessengruppen gegeneinander auszuspielen.

Nicht zuletzt hat das BBE im Verlauf des Prozesses des »Nationalen Forums für Engagement und Partizipation« (NFEP) 2009/2010 die Erfahrung machen müssen, dass sich ein als offener, partizipativer Governance-Prozess gestartetes Projekt in seiner entscheidenden Phase der Politikberatung und -gestaltung wieder in eine klassische Black-Box der Verwaltungsbürokratie rückverwandelt hat (BBE 2009a, b; 2010 a, b). Die Erwartung an das NFEP, zur Etablierung eines dauerhaften und strukturierten zivilen Dialoges in Deutschland im Kontext einer Bürgergesellschaftspolitik beizutragen, hat sich nicht nur nicht erfüllt, sondern scheint wieder in weite Ferne gerückt.

Zwar gab es zunächst vielversprechende Ansätze und eine allseitige Bereitschaft, sich gemeinsam auf die Suche nach Bausteinen für eine Engagementstrategie zu begeben (vgl. Embacher 2012, 2013). Doch wurde im Laufe des Verfahrens immer deutlicher, dass die Regierung nicht ernsthaft an einem solchen koopera-

---

8   Das Nationale Forum für Engagement und Partizipation des BBE (NFEP) war als Governance-Format vom BBE entwickelt und in den Jahren 2009/2010 vom Bundesministerium für Familie, Senioren, Frauen und Jugend, das in der Bundesregierung auch für die Engagementpolitik zuständig ist, gefördert worden, um für die Entwicklung einer nationalen Engagementstrategie die Bedarfe und Sichtweisen auf die Engagementförderung von Akteuren aus Zivilgesellschaft, Unternehmen, Gewerkschaften, Bund, Ländern und Kommunen sowie der Wissenschaft zusammenzuführen und die Ergebnisse der Diskurse der Politik zur Verfügung zu stellen. In 16 Dialogforen haben 450 Expertinnen und Experten diskutiert und die Ergebnisse wurden in 4 Bänden dokumentiert; http://www.b-b-e.de/publikationen/publikationen-engagementpolitik/, Zugriff 17.03.2014, siehe BBE 2009 und 2010 und Embacher 2013.

tiven Aushandlungsprozess interessiert war. Im Zweifel überwog das Bedürfnis nach Prozesskontrolle, welches vor allem dadurch zum Ausdruck gelangte, dass die Rolle der Dialogforen als begleitende Gremien der Ressortabstimmung kurz vor Beginn des Prozesses einseitig vom Bundesministerium für Familie, Senioren, Frauen und Jugend (BMFSFJ) dementiert (oder besser: demontiert) wurde. Die mit großem organisatorischen Aufwand und engagementpolitischer Expertise vorbereiteten Dialogforen wurden damit zu unverbindlichen Gesprächsrunden herabgestuft. Die Verstimmung über den Zick-Zack-Kurs der Regierung wurde dadurch vergrößert, dass hinterher Regierungsvertreter behaupteten, von einer Begleitung der Ressortabstimmung sei nie die Rede gewesen.

Dieser Top-Down-Eingriff in ein laufendes Partizipationsverfahren war geeignet, das Vertrauen der zivilgesellschaftlichen Akteure, aber auch der beteiligten Unternehmen zu erschüttern. Die Botschaft ist engagementpolitisch verheerend. Sie lautet: Politik lässt sich am besten durch stilles Einwirken im Verborgenen beeinflussen. Öffentliche Foren eignen sich nicht zur Formulierung von politischen Zielen und Strategien. Diese »Erkenntnis« wurde im Feld verstanden. Heute ist wieder alles wie zuvor: Die großen Verbände der Zivilgesellschaft nutzen ihre informellen Kanäle, der Staat hat die Akteure diskursiv und natürlich auch mit Hilfe seiner Förderpolitik unter Kontrolle, und die Unternehmen suchen nach eigenen Wegen, sich in der Bürgergesellschaft zu engagieren.

Die zahlreichen Handlungsempfehlungen, die in den Dialogforen des NFEP dennoch erarbeitet wurden, fanden am Ende in der Engagementstrategie der Bundesregierung kaum Niederschlag (vgl. BBE 2010b: 137 ff.). Vor allem in zentralen Bereichen – Reform des Zuwendungsrechts, Infrastruktur für bürgerschaftliches Engagement und Erwerbsarbeit bzw. Arbeitsmarktpolitik und Engagement – wurden die Empfehlungen weitgehend ignoriert.

Wollen staatliche Institutionen den zivilgesellschaftlichen Weg gehen, dann müssen sie mit den zivilgesellschaftlichen Akteuren auf Augenhöhe kommunizieren. Die Maxime staatlichen Handelns kann dann nicht sein, top town hierarchische Entscheidungen gegenüber den Bürgerinnen und Bürgern durchzusetzen, sondern horizontale Formen der Governance zu erproben, bei denen Akteure aus Politik und Verwaltung und Akteure der Zivilgesellschaft und der Wirtschaft auf der Grundlage gegenseitigen Respekts gemeinsam Lösungen aushandeln und in einem arbeitsteiligen Ko-Produktionsprozess umsetzen. Dieser kooperative Politikstil würde allerdings auch den Akteuren der Zivilgesellschaft einiges abverlangen. Bereichsspezifische Formen der Kommunikation und Vernetzung müssten überwunden und bereichsübergreifende Formen der Kommunikation und Vernetzung verstärkt werden. Gerade dies – also die Überwindung der Branchengrenzen zwischen Kultur, Wohlfahrtspflege, Sport, Umweltschutz etc. – hat in Deutschland noch keine lange Tradition und stellt eine der zentralen Baustellen dar, an denen nicht nur das BBE, sondern auch das »Bündnis für Gemeinnützigkeit« als eine Abstimmungsplattform der großen Dachverbände des Dritten Sektors arbeiten.

Die am engagementpolitischen Prozess beteiligten Akteure müssten sich dauerhaft darauf einstellen, neue Kooperationsverhältnisse einzugehen und tatsächlich – das heißt nicht nur rhetorisch oder verbal – an einer neuen Aufgaben- und Verantwortungsteilung zu arbeiten (vgl. Klein et al. 2010, Embacher 2013). Diese Forderung berührt vor allem die Stellung des Staates bzw. der verfassten Politik zu einer heute immer selbstbewusster gewordenen Bürgergesellschaft. Für die Debatte in Deutschland bieten die internationalen Standards eines »zivilen Dialogs« zunächst einmal einen wichtigen Analyserahmen. Beispiele erfolgreicher Compacts aus anderen europäischen Ländern sollten dringend auf ihr Transferpotential hin geprüft werden. Sie bieten eine wünschenswerte ordnungspolitische Ergänzung zur etablierten korporatistischen deutschen Praxis und wären für beide Seiten ein Gewinn an Verbindlichkeit, Transparenz und Vertrauen.

7 Das Verhältnis von Wirtschaft und Zivilgesellschaft

Die Bankenkrise und ihre Folgen haben deutlich gemacht: Eine nach neoliberalem Muster deregulierte Finanzwirtschaft ist nicht nur politisch und ökonomisch unverantwortlich, sondern hat auch gravierende Folgen für die Zivilgesellschaft. Doch zugleich wird deutlich: Neue Kooperationsbeziehungen zwischen Zivilgesellschaft und Wirtschaft sind von wachsender Bedeutung. Darauf hat jüngst eindrucksvoll Colin Crouch (2011) hingewiesen. Vor dem Hintergrund der Tatsache, dass es sich bei den 100 bedeutendsten Ökonomien der Welt nur noch bei 50 um Staatshaushalte handelt und die anderen 50 Hauhalte großer Unternehmen sind, gibt es zu einer Entwicklung neuer Verantwortungsrollen der Unternehmen kaum eine Alternative. Eine rein betriebswirtschaftliche Logik der Gewinnoptimierung kann angesichts dieser gesellschaftlichen Bedeutung der Unternehmen nicht mehr ausreichen. Längst müssen hier eine volkswirtschaftliche Perspektive sowie gesellschaftliche Verantwortungsrollen eingenommen werden (vgl. ebd.: 179 ff.). Da die Welt der Nationalstaaten, so Crouch, in der Globalisierung mit ihren Möglichkeiten der Regulierung wirtschaftlichen Handelns zwar nicht an ihr Ende, wohl aber an deutliche Grenzen gestoßen ist, plädiert er leidenschaftlich für eine neue Moralkommunikation zwischen Zivilgesellschaft und Wirtschaft, um neue und unverzichtbare Verantwortungsrollen der Unternehmen zu entwickeln und zu verankern.

Allerdings gehört der Begriff Zivilgesellschaft oder Bürgergesellschaft nicht zum aktiven Vokabular deutscher Top-Manager (vgl. zum Folgenden Heuberger/

Klein 2011). Ihre damit verbundenen Assoziationen sind eher zufällig, häufig eher persönlicher Natur und wenig differenziert. Nach erläuternder Einführung in den Bedeutungsgehalt von Zivilgesellschaft schälen sich zwei zentrale Perspektiven und Erfahrungsstränge heraus. Zum einen ist es der Dialog mit gesellschaftlichen Anspruchsgruppen – der Begriff ›Stakeholder‹ ist deutlich bekannter als der der Bürgergesellschaft –, zum anderen sind es Erfahrungen der Zusammenarbeit mit einzelnen zivilgesellschaftlichen Organisationen und Einrichtungen, die von Geld- und Sachspenden, der Gründung von Stiftungen über Corporate-Volunteering-Programme bis hin zu langfristigen Partnerschaften mit gemeinnützigen Einrichtungen reichen. Dennoch ist nicht zu übersehen, dass das Top-Management der Unternehmen in Deutschland bislang kein Verständnis von Bürgergesellschaft als Sphäre gesellschaftlicher Akteure mit erheblicher politischer Relevanz entwickelt hat. Sie tritt als solche für die meisten Wirtschaftsführer nicht in Erscheinung.

Erforderlich sind daher intensive konzeptionelle und praktische Diskurse zur Klärung des Verhältnisses von Bürgergesellschaft und Wirtschaft und von Erwerbsarbeit und Engagement. Eine neue gesellschaftliche Verantwortungsbalance wird es nur dann geben können, wenn sowohl Staat als auch Wirtschaft und Bürgergesellschaft bereit und in der Lage sind, die Perspektive der jeweils anderen Sphären einzunehmen, ihre Eigenlogik zu verstehen und anzuerkennen. Zu entwickeln ist eine Balance der in den jeweiligen Sektoren primären Steuerungsmedien Geld, Macht und Solidarität. Keine Sphäre darf dabei ihr Selbstverständnis und ihre handlungsleitenden Prinzipien zum alleingültigen Maßstab erheben. Vielmehr ist es erforderlich, die legitimen Ansprüche jeder Sphäre diskursiv zu prüfen und eigene Interessen mit Blick auf das Wohl der Gesamtgesellschaft zu relativieren. Keine Sphäre darf den Anspruch erheben, mit der ihr innewohnenden Rationalität die anderen zu dominieren.

Für Unternehmen ist die Perspektive einer transsektoralen gesellschaftlichen Verantwortungsteilung eher neu und ungewohnt. Kultur und Praxis von Verantwortungsteilung sollten auch Konsequenzen für die unternehmensbezogenen Formen der politischen und gesellschaftlichen Einflussnahme haben (vgl. Heuberger/Klein 2011).

8   Zur Aktualität assoziativer Demokratie: Ausblick

Der erfahrungsbezogene Überblick über Herausforderungen von Netzwerkbildung mit Blick auf zivilgesellschaftliche Assoziationen, Staat und Unternehmen macht deutlich: Das Konzept der assoziativen Demokratie muss empirisch erforscht und im Lichte der Befunde fortentwickelt werden. Die Bedeutung der zivilgesellschaftlichen Assoziationen für den Demokratisierungsprozess der Gesellschaft wird ohne eine Entwicklung ihrer Kooperationskultur miteinander und mit den Akteuren von Staat und Markt nicht hinreichend zur Geltung gebracht werden können.

Netzwerke als Plattformen der innersektoralen wie transsektoralen Abstimmung gewinnen insgesamt an Bedeutung und treten neben die etablierten korporatistischen Arrangements, die nach wie vor ihre Bedeutung in Deutschland behalten werden. Die Regeln und Verfahren der Kooperation von Staat und Zivilgesellschaft vor dem Hintergrund von Konzepten der assoziativen Demokratie müssen als transparente Verfahren von Governance etabliert werden. Gute Beispiele aus Mitgliedstaaten der Europäischen Union machen deutlich: Transparente und klare Regeln der Kooperation sind künftig erforderlich (»Compacts«). Der wachsende Kooperationsbedarf mit der Wirtschaft macht künftig Plattformen des Austausches und der gemeinsamen Planungen nötig.

Zu den aktuellen Handlungsempfehlungen und Zielen des BBE gehören die Einrichtung einer Enquete-Kommission des Deutschen Bundestages zu den aktuellen Herausforderungen der demokratiepolitischen Entwicklung und die Umsetzung einer engagementpolitischen Agenda, die Akzente auf die nachhaltige Entwicklung engagementfördernder Infrastrukturen legt (vgl. Klein et al. 2013, 2014, Klein/Embacher 2013). Besonders kritisiert werden instrumentalistische Zugriffe auf das Engagement als Ressource und wachsende Grauzonen zwischen Erwerbsarbeit und Engagement.

Diskutiert wird derzeit im BBE der systematische Aufbau eines vernetzten Wissensspeichers rund um die Diskurse der Engagement- und Demokratieförderung. Vor diesem Hintergrund wächst auch der Bedarf an einer systematischen Engagement- und Zivilgesellschaftsforschung (vgl. Klein/Schwalb 2013).[9] Das BBE hat mit der Neugründung einer Arbeitsgruppe zur Zivilgesellschaftsforschung die Voraussetzungen dafür verbessert, als eine Wissens- und Kompetenzplattform nicht nur die interdisziplinären Diskussionen der Wissenschaft, sondern auch die transdisziplinären Diskussionen zwischen Theorie und Praxis fortzuentwickeln.

---

9   Über die engagementpolitischen und engagementpraktischen Diskurse im BBE informieren regelmäßig der BBE-Newsletter und die Europa-Nachrichten des BBE: http://www.b-b-e.de/newsletter-abo/nl-an-abmeldesystem/, Zugriff 17. 03. 2014.

Literatur

Benz, A. (Hrsg.) (2004): Governance – Regieren in komplexen Regelsystemen. Eine Einführung, Wiesbaden: VS Verlag.

Braun, S. (Hrsg.) (2010): Gesellschaftliches Engagement von Unternehmen. Der deutsche Weg im internationalen Kontext, Wiesbaden: VS Verlag.

Bundesnetzwerk Bürgerschaftliches Engagement, BBE (Hrsg.) (2009a): Nationales Forum für Engagement und Partizipation. Erster Zwischenbericht, Berlin.

Bundesnetzwerk Bürgerschaftliches Engagement, BBE (Hrsg.) (2009b): Nationales Forum für Engagement und Partizipation. Materialien und Dokumente Band 2. Dezember 2009, Berlin.

Bundesnetzwerk Bürgerschaftliches Engagement, BBE (Hrsg.) (2010a): Nationales Forum für Engagement und Partizipation. Materialien und Dokumente Band 3. Juli 2010, Berlin.

Bundesnetzwerk Bürgerschaftliches Engagement, BBE (Hrsg.) (2010b): Nationales Forum für Engagement und Partizipation. Materialien und Dokumente Band 4. Dezember 2010, Berlin.

Cohen, J. & J. Rogers (1994a): Solidarity, Democracy, Association. In: Streeck, W. (Hrsg.): Staat und Verbände. Sonderheft 25 der Politischen Vierteljahresschrift, Opladen: Westdeutscher Verlag, S. 136–159.

Cohen, J. & J. Rogers (1994b): My Utopia or Yours? In: Politics & Society, Volume 22, Heft 4, S. 507–522.

Crouch, C. (2011): Das Befremdliche Überleben des Neoliberalismus, Frankfurt a. M.: Suhrkamp.

Enquete-Kommission »Zukunft des Bürgerschaftlichen Engagements«/Deutscher Bundestag (Hrsg.) (2002): Bericht: Bürgerschaftliches Engagement auf dem Weg in eine zukunftsfähige Bürgergesellschaft, Opladen: Leske + Budrich.

Embacher, S. (2012): Baustelle Demokratie. Die Bürgergesellschaft revolutioniert unser Land, Hamburg: Edition Körber-Stiftung.

Embacher, S. (2013): Vorhang zu und alle Fragen offen – Das Nationale Forum für Engagement und Partizipation als demokratiepolitisches Lehrstück. In: Klein, A., Sprengel, R. & J. Neuling (Hrsg.): Jahrbuch Engagementpolitik 2013. Staat und Zivilgesellschaft, Schwalbach/Ts.: Wochenschau-Verlag, S. 10–15.

Evers, A. (2014): Das Konzept des Wohlfahrtsmix, oder: Bürgerschaftliches Engagement als Koproduktion. In: bbeNewsletter, Nr. 4 vom 6.3.2014.

Evers, A. & T. Olk (Hrsg.) (1996): Wohlfahrtspluralismus. Vom Wohlfahrtsstaat zur Wohlfahrtsgesellschaft, Opladen: Westdeutscher Verlag.

Göhler, G. & A. Klein (1993): Politische Theorien des 19. Jahrhunderts. In: Lieber, H.-J. (Hrsg.): Politische Theorien von der Antike bis zur Gegenwart. Schriftenreihe der Bundeszentrale für politische Bildung Band 299. Zweite, überarbeitete Auflage, Bonn, S. 259–656.

Heuberger, F. W. & A. Klein (2011): Bundesnetzwerk Bürgerschaftliches Engagement (BBE). Neue gesellschaftliche Verantwortungsteilung. In: AmCham Germany & F.A.Z.-Institut (Hrsg.): Corporate Responsibility 2011. Corporate Volunteering – Freiwilliges Engagement von Unternehmen und Gesellschaft, Frankfurt a. M..

Heuberger, F., Klein, A. & M. Schwärzel (2014): Brauchen wir verbindliche Governanceregeln für den Umgang zwischen Staat und Zivilgesellschaft?. In: npoR Zeitschrift für das Recht der Non Profit Organisationen (im Erscheinen).
Hirst, P. (1994): Associative Democracy. New Forms of Economic and Social Governance, Cambridge, Oxford: Polity Press.
Kendall, J. (Hrsg.) (2009): Handbook on Third Sector Policy in Europe. Multi-level Processes and Organized Civil Society, Cheltenham u. a.: Edward Elgar Publishing.
Klein, A. (2001): Der Diskurs der Zivilgesellschaft. Politische Kontexte und demokratietheoretische Bezüge der neueren Begriffsverwendung, Opladen: Leske + Budrich.
Klein, A., Olk, T. & B. Hartnuß (2010): Engagementpolitik als Politikfeld. Entwicklungserfordernisse und Perspektiven. In: Olk, T., Klein, A. & B. Hartnuß (Hrsg.): Engagementpolitik. Die Entwicklung der Zivilgesellschaft als politische Aufgabe, Wiesbaden: VS Verlag, S. 24–59.
Klein, A., Sprengel, R. & J. Neuling (Hrsg.) (2013): Jahrbuch Engagementpolitik 2013. Staat und Zivilgesellschaft, Schwalbach/Ts: Wochenschau-Verlag.
Klein, A. & L. Schwalb (2013): Engagementforschung als Teil der Zivilgesellschaftsforschung. http://www.b-b-e.de/themen/wissenschaft-forschung1/materialien-und-hinweise/, Zugriff 17.03.2014.
Klein, A. & S. Embacher (2013): Der schwarz-rote Koalitionsvertrag aus engagementpolitischer Sicht. In: BBENewsletter, Nr. 25 vom 12.12.2013; auch publiziert im eNewsletter Wegweiser Bürgergesellschaft, Nr. 24 vom 20.12.2013.
Klein, A., Sprengel, R. & J. Neuling (Hrsg.) (2014): Jahrbuch Engagementpolitik 2014. Engagement- und Demokratiepolitik, Schwalbach/Ts: Wochenschau-Verlag.
Offe, C. (1989): Bindung, Fessel, Bremse. Die Unübersichtlichkeit von Selbstbeschränkungsformeln. In: Honneth, A., McCarthy, T., Offe, C. & A. Wellmer (Hrsg.): Zwischenbetrachtungen. Im Prozess der Aufklärung. Jürgen Habermas zum 60. Geburtstag, Frankfurt a. M.: Suhrkamp, S. 739–774.
Olk, T., Klein, A. & B. Hartnuß (2010): Engagementpolitik. Die Entwicklung der Zivilgesellschaft als politische Aufgabe, Wiesbaden: VS Verlag.
Olk, T. (2013): 10 Jahre Bundesnetzwerk Bürgerschaftliches Engagement. Eine Wissens- und Kompetenzplattform für Zivilgesellschaft und bürgerschaftliches Engagement hat sich etabliert. In: Klein, A., Sprengel, R. & J. Neuling (Hrsg.): Jahrbuch Engagementpolitik 2013, Schwalbach/Ts.: Wochenschau-Verlag, S. 234–240.
Rawls, J. (1992): Der Gedanke eines übergreifenden Konsenses. In: Rawls, J.: Die Idee des politischen Liberalismus. Aufsätze 1978–1989, Frankfurt a. M.: Suhrkamp, S. 293–332.
Roth, R. (2011): Bürgermacht. Eine Streitschrift für mehr Partizipation, Bonn: Bundeszentrale für politische Bildung.
Willke, H. (1992): Ironie des Staates. Grundlagen einer Staatstheorie polyzentrischer Gesellschaft, Frankfurt a. M.: Suhrkamp.

Autorinnen und Autoren

Prof. Dr. Helmut K. Anheier ist Professor für Soziologie an der Hertie School of Governance sowie der Ruprecht-Karls-Universität Heidelberg.

Holger Backhaus-Maul verantwortet das Fachgebiet Recht, Verwaltung und Organisation an der Philosophischen Fakultät III der Martin-Luther-Universität Halle-Wittenberg und ist Vorstandsmitglied der Aktiven Bürgerschaft e. V.

Dr. Antje Bischoff ist Leiterin des Kompetenzzentrums Stiftungsforschung im Bundesverband Deutscher Stiftungen.

Prof. Dr. Ingo Bode ist Professor für Sozialpolitik mit Schwerpunkt organisationale und gesellschaftliche Grundlagen im Institut für Sozialwesen der Universität Kassel.

Prof. Dr. Sebastian Braun ist Universitätsprofessor an der Humboldt-Universität zu Berlin.

Patrick J. Droß ist Doktorand und wissenschaftlicher Mitarbeiter der Projektgruppe Zivilengagement am Wissenschaftszentrum Berlin für Sozialforschung (WZB).

Dr. Matthias Freise ist Akademischer Oberrat am Institut für Politikwissenschaft der Westfälischen Wilhelms-Universität Münster.

Prof'in Dr. Dorothea Greiling ist Professorin für Management Accounting am Institut für Management Accounting der Johannes Kepler Universität Linz.

Sandra Hagedorn ist Wissenschaftliche Referentin im Kompetenzzentrum Stiftungsforschung im Bundesverband Deutscher Stiftungen.

Eva More-Hollerweger ist Vize-Direktorin und Senior Researcher des NPO-Kompetenzzentrums der Wirtschaftsuniversität Wien.

Miriam Hörnlein ist wissenschaftliche Mitarbeiterin im Forschungsprojekt »Engagementpotenziale in der Freien Wohlfahrtspflege« an der Martin-Luther-Universität Halle-Wittenberg.

PD Dr. Ansgar Klein ist Privatdozent für Politikwissenschaften an der Humboldt-Universität zu Berlin und Gründungsgeschäftsführer des Bundesnetzwerk Bürgerschaftliches Engagement (BBE).

Dr. Holger Krimmer leitet das Projekt »Zivilgesellschaft in Zahlen« des Stifterverbandes für die Deutsche Wissenschaft, der Bertelsmann Stiftung und der Fritz Thyssen Stiftung.

Andrea Kropik ist Soziologin und Sozialarbeiterin und arbeitet derzeit an ihrer Masterarbeit an der Wirtschaftsuniversität Wien.

Christoph Linzbach ist Ministerialdirigent im Bundesministerium für Familie, Senioren, Frauen und Jugend und leitet dort die Unterabteilung Engagementpolitik.

Reinhard Millner ist wissenschaftlicher Mitarbeiter am Kompetenzzentrum für Nonprofit Organisationen und Social Entrepreneurship der Wirtschaftsuniversität Wien.

Dr. Stefan Nährlich ist Geschäftsführer von Aktive Bürgerschaft e.V. und lehrt an der Universität Münster im Studiengang Nonprofit-Management und Governance.

Prof. Dr. Thomas Olk ist Professor für Sozialpädagogik und Sozialpolitik an der Martin-Luther-Universität Halle-Wittenberg und Vorsitzender des Bundesnetzwerkes Bürgerschaftliches Engagement (BBE).

Dr. Florian Pomper ist Leiter der Innovationsabteilung der Caritas der Erzdiözese Wien.

Fiona Predović arbeitet im Rahmen des Projekts »Zivilgesellschaft und Partizipation« am Kompetenzzentrum für Nonprofit Organisationen und Social Entrepreneurship der Wirtschaftsuniversität Wien.

Dr. Eckhard Priller ist wissenschaftlicher Mitarbeiter und Leiter der Projektgruppe Zivilengagement am Wissenschaftszentrum Berlin für Sozialforschung (WZB).

Olivia Rauscher ist Senior Researcher und Projektleiterin am Kompetenzzentrum für Nonprofit Organisationen und Social Entrepreneurship der WU Wien.

Christina Rentzsch ist Doktorandin und Mitarbeiterin im Projekt »Third Sector Impact« am Institut für Politikwissenschaft der Westfälischen Wilhelms-Universität Münster.

Prof'in Dr. Berit Sandberg ist Professorin für Betriebswirtschaftslehre/Public und Nonprofit-Management an der Hochschule für Technik und Wirtschaft Berlin.

Dr. Christian Schober ist Direktor und Senior Researcher am Kompetenzzentrum für Nonprofit Organisationen und Social Entrepreneurship der Wirtschaftsuniversität Wien.

Žana Simić ist wissenschaftliche Mitarbeiterin am Kompetenzzentrum für Nonprofit Organisationen und Social Entrepreneurship der Wirtschaftsuniversität Wien.

Prof'in Dr. Ruth Simsa ist Professorin für Soziologie und Mitglied im Vorstand des Kompetenzzentrums für Nonprofit-Organisationen und Social Entrepreneurship an der Wirtschaftsuniversität Wien.

Dr. Rupert Graf Strachwitz ist Direktor des Maecenata Instituts für Philanthropie und Zivilgesellschaft, Berlin.

Prof. Dr. Ludwig Theuvsen ist Professor für Betriebswirtschaftslehre an der Georg-August-Universität Göttingen.

PD Dr. Heike Walk ist Geschäftsführerin des Instituts für Protest und Bewegungsforschung in Berlin sowie Bereichsleiterin am Zentrum Technik und Gesellschaft der TU Berlin.

Prof'in Dr. Birgit Weitemeyer ist Direktorin des Instituts für Stiftungsrecht und das Recht der Non-Profit-Organisationen und Inhaberin des Lehrstuhls für Steuerrecht an der Stiftungshochschule Bucerius Law School in Hamburg.

Prof'in Dr. Gabriele Wilde ist Professorin für Politikwissenschaft mit Schwerpunkt Geschlechterforschung am Institut für Politikwissenschaft der Westfälischen Wilhelms-Universität Münster.

Peter Vandor ist wissenschaftlicher Mitarbeiter am Institut für Entrepreneurship und Innovation der Wirtschaftsuniversität Wien und wissenschaftlicher Leiter des Social Impact Award.

Prof'in Dr. Annette Zimmer ist Professorin für Vergleichende Politikwissenschaft und Sozialpolitik am Institut für Politikwissenschaft der Westfälischen Wilhelms-Universität Münster.

Druck: KN Digital Printforce GmbH · Schockenriedstraße 37 · 70565 Stuttgart